Praktische Reisetipps

Land und Leute

Oslo und Umgebung

Der Süden

Der Westen

Der Osten

Anhang

Kartenatlas

Martin Schmidt
Südnorwegen

Ja, vi elsker dette landet,
som det stiger frem, furet, værbitt,
over vannet, med de tusen hjem.

Ja, wir lieben dieses Land,
das, vom Meer zernagt und durchfurcht,
mit tausend Heimen aus den Fluten ragt.

Anfang der norwegischen Nationalhymne,
Text von Bjørnstjerne Bjørnson

Impressum

Martin Schmidt
Südnorwegen

erschienen im
Reise Know-How Verlag Peter Rump GmbH
Osnabrückerstraße 79
33649 Bielefeld

© Peter Rump 2000, 2003, 2005
4., komplett aktualisierte Auflage 2007

Alle Rechte vorbehalten.

Gestaltung
Umschlag: G. Pawlak, P. Rump (Layout);
G. Pawlak (Realisierung)
Inhalt: Günter Pawlak (Layout);
Barbara Bossinger (Realisierung)
Fotos: der Autor (ms), Wolfram Schwieder (ws), Anja Fröhlich (af)
Titelfoto: Martin Schmidt
Karten: Bernhard Spachmüller und der Verlag
Bildbearbeitung: connecting people, Klaus Werner

Lektorat: Michael Luck
Lektorat (Aktualisierung): Barbara Bossinger

Druck und Bindung
Fuldaer Verlagsanstalt GmbH & Co. KG

ISBN 978-3-8317-1585-5
Printed in Germany

Dieses Buch ist erhältlich in jeder Buchhandlung
Deutschlands, der Schweiz, Österreichs, Belgiens
und der Niederlande. Bitte informieren Sie Ihren
Buchhändler über folgende Bezugsadressen:

Deutschland
Prolit GmbH, Postfach 9,
D-35461 Fernwald (Annerod)
sowie alle Barsortimente
Schweiz
AVA-buch 2000
Postfach 27, CH-8910 Affoltern
Österreich
Mohr Morawa Buchvertrieb GmbH
Sulzengasse 2, A-1230 Wien
Niederlande, Belgien
Willems Adventure,
Postbus 403, NL-3140 AK Maassluis

Wer im Buchhandel trotzdem kein Glück hat,
bekommt unsere Bücher auch direkt über
unseren **Büchershop im Internet:**
www.reise-know-how.de

*Wir freuen uns über Kritik, Kommentare
und Verbesserungsvorschläge.*

*Alle Informationen in diesem Buch sind vom
Autor mit größter Sorgfalt gesammelt
und vom Lektorat des Verlages gewissenhaft
bearbeitet und überprüft worden.*

*Da inhaltliche und sachliche Fehler nicht ausgeschlossen werden können, erklärt der Verlag,
dass alle Angaben im Sinne der Produkthaftung
ohne Garantie erfolgen und dass Verlag wie Autor
keinerlei Verantwortung und Haftung für inhaltliche
und sachliche Fehler übernehmen.*

*Die Nennung von Firmen und ihren Produkten und
ihre Reihenfolge sind als Beispiel ohne Wertung
gegenüber anderen anzusehen.
Qualitäts- und Quantitätsangaben sind rein subjektive
Einschätzungen des Autors und dienen keinesfalls der
Bewerbung von Firmen oder Produkten.*

Martin Schmidt

Südnorwegen

Gewidmet:
Meinen Eltern

Reise Know-How im Internet

Aktuelle Reisetipps und Neuigkeiten
Ergänzungen nach Redaktionsschluss
Büchershop und Sonderangebote

www.reise-know-how.de
info@reise-know-how.de

Wir freuen uns über Anregung und Kritik.

Vorwort

Norwegen ist ein Erlebnis! Es ist das Land der mächtigen Fjorde, gewaltigen Berge und der filigranen Stabkirchen. Ein Reich voller Kontraste, Merk- und Denkwürdigkeiten. Das vorliegende Reisehandbuch will helfen, **Südnorwegen individuell** zu **entdecken**, sei es im lichtdurchfluteten Sommer, im goldenen, farbenfrohen Herbst, zur mystischen Winterszeit oder während des berauschenden Frühlings. Der Reiseführer geleitet dabei zu den großen Touristenattraktionen und auch zu zahllosen, weniger bekannten Natur- und Kultursehenswürdigkeiten. Er präsentiert detailliert das Reich der Fjorde und die endlose Küstenregion, ebenso den lieblichen Süden und die weiten Waldgebiete des Ostens.

Auf zahllosen Reisen konnte ich die Erfahrung machen, wie wichtig es ist, die Menschen und ihre Kultur zu kennen, um das Land und seine Besonderheiten zu verstehen. Das Buch möchte daher dem Besucher einen tieferen Blick in die Seele Norwegens gewähren und so ein Reisen mit „offenen Augen" ermöglichen. Neben den dafür benötigten **landeskundlichen Informationen,** die gerade auch der Vorbereitung und Einstimmung auf die Reise dienen, muss der Reisende natürlich auch die „harten" Informationen zur Hand haben, die ihm unterwegs helfen, ans Ziel zu kommen. Es wurde daher Wert auf eine umfangreiche Auflistung von Adressen, Internetlinks, Hintergrundinformationen und Tipps gelegt. Sie beinhalten – ganz wichtig im Falle eines Landes, das für sein Naturpotenzial berühmt ist – auch ausführliche Angaben zu sportlichen Aktivitäten.

Neben der herrlichen Landschaft laden auch die Städte Norwegens zu einem Aufenthalt ein. Auf Haupt- und Nebenwegen kann z.B. das quirlige Leben Oslos erkundet werden, es lockt die Küsten- und Kulturmetropole Bergen, weitere Ziele sind die Ölhauptstadt Stavanger und die Domstadt Trondheim. Dazu enthält das Buch umfangreiche **praktische Informationen** zu Unterkünften, Restaurants, Cafés, Verkehrsmitteln und städtischen Freizeitaktivitäten.

Speziell in einem Land mit hohem Preisniveau – und das ist Norwegen – ist es wichtig, die Preise zu kennen und bei Unterkünften genügend Auswahl und mehrere Alternativen zu haben. Das Buch listet daher zahllose Hotels und Campingplätze auf, preiswerte und teure, einfache und komfortable.

Der Reiseführer ist auch ein Handbuch mit Informationen und Hinweisen zum Reisen mit und ohne Auto, nach und in Norwegen. Er enthält Berichte über das Wegenetz, über Fahrten im Winter, zu Bahn und Buslinien, kurz: alles für eine Reise ohne Komplikationen.

Velkommen til Norge – willkommen in Norwegen!

Martin Schmidt

Inhalt

Praktische Reisetipps A–Z

An- und Rückreise	14
Ausrüstung	24
Autofahren	25
Behinderte	31
Ein- und Ausreisebestimmungen	31
Einkaufen und Preisniveau	32
Elektrizität	35
Essen und Trinken	35
Feste und Feiertage	39
Film und Foto	40
Geld	41
Gesundheit	41
Haustiere	42
Information	43
Jedermannsrecht	45
Karten	45
Mit Kindern unterwegs	46
Kino	48
Lernen und Arbeiten	48
Maße und Gewichte	50
Mietwagen	50
Mücken	51
Museen	51
Nachtleben	51
Notfall	52
Öffnungszeiten	53
Post	54
Radfahren	55
Rauchen	57
Reisezeit	57
Sicherheit	58
Sport und Freizeit	58
Sprache	69
Telefonieren	69
Trampen	70
Uhrzeit	71
Unterkunft	71
Verkehrsmittel in Norwegen	76
Versicherungen	82

Land und Leute

Naturraum	86
Geschichte	100
Staat und Gesellschaft	106
Wirtschaft	111
Bevölkerung	113
Religion	117
Kunst und Kultur	118

Oslo und Umgebung

Oslo	**134**
Östlich des Oslofjords	**171**
Halden	172
Sarpsborg	174
Fredrikstad	176
Der Oldtidsveien/Rv 110	180
Hvaler	180
Hankø	182
Moss	182
Drøbak	183
Askim und Mysen	186
Westlich des Oslofjords	**186**
Drammen	186
Horten	189
Holmestrand	190
Åsgårdstrand	191
Tønsberg	191
Nøtterøy und Tjøme	193
Westl. und nördl. von Tønsberg	194
Sandefjord	195
Larvik	198
Stavern	200
Ula	202
Rv 40	203

INHALT

Der Süden

Die Küste entlang	**206**
Porsgrunn/Skien	207
Kragerø	209
Jomfruland	213
Skåtøy	213
Drangedal	213
Risør	214
Tvedestrand und Lyngør	218
Arendal	219
Grimstad	221
Lillesand	223
Kristiansand	225
Mandal	232
Kap Lindesnes	234
Lista	235
Kvinesdal/Knaben/Feda	235
Flekkefjord	236
Sirdal	237
Nordsjøvegen	239
Egersund	241
Stavanger	243
Sola	254
Sandnes	255
Lysefjord – Prekestolen	256
Das Binnenland	**259**
Kongsberg	260
Numedal	262
Notodden	266
Rjukan	267
Bø i Telemark	271
Telemark-Kanal	272
Seljord	274
Morgedal	275
Kviteseid/Vrådal/Fyresdal	276
Dalen	278
Haukelifjell	280
Setesdal	281
Evje	282
Byglandsfjord	283
Rysstad	284
Valle	285
Bykle	285
Hovden	286

Der Westen

Hardangerfjord	**290**
Røldal	291
Sauda	291
Sand/Ryfylke	292
Odda	294
Westufer	296
Lofthus	298
Kinsarvik und Eidfjord	299
Ulvik und Granvin	302
Øystese/Norheimsund	303
Küste zw. Stavanger und Bergen	**305**
Karmøy	305
Haugesund	307
Rosendal	312
Bergen	312
Osterøy	332
Sotra/Øygarden	332
Nördlich von Bergen	**332**
Dale	332
Voss	333
Küste bis Sognefjord	334
Sognefjordregion	**337**
Äußerer Sognefjord und Dalsfjord	337
Vik/Vangsnes	339
Gudvangen/Nærøyfjord/ Undredal	341
Flåm	343
Aurland	345
Lærdal	347
Øvre Årdal	349
Kaupanger	350
Sogndal	351
Solvorn/Urnes/Hafsloh	353

Gaupne/Jostedalen	356	Geilo	416
Luster	358	Hardangervidda	418
Skjolden	360	Finse	420
Leikanger/Hermansverk	361	**Valdres**	**421**
Balestrand	362	Fagernes	422
Fjærland	364	Das Valdres-Tal	
Zwischen Sogne- und Nordfjord	**367**	ab Fagernes	424
Skei	367	Borgund-Stabkirche	425
Gaular	367	Beitostølen/Valdresflya	427
Førde	368	Vågåmo	431
Florø	370	Lom	432
Nordfjord	**373**	**Jotunheimen**	**436**
Måløy	373	Sognefjellveien	437
Selje/Vestkapp	375	Stichstraßen in das	
Nordfjordeid	377	Herz Jotunheimens	439
Ørsta/Volda	378		
Sandane	379	# Der Osten	
Olden	380		
Loen	381	**Mjøsa-See und Gudbrandsdal**	**444**
Stryn	383	Hadeland und Gjøvik	445
Wege zw. Geirangerfjord		Eidsvoll	447
und Trondheim	**385**	Hamar	448
Geirangerfjord	386	Lillehammer	450
Trollstigen und Åndalsnes	389	Ringebu	460
Ålesund	393	Vinstra	462
Hareid und Vogelinsel Runde	399	Otta	463
Molde	401	Dombås	465
Kristiansund	404	Dovrefjell	466
Zwischen Kristiansund		Oppdal	468
und Trondheim	407	**Östlich des Gudbrandsdal**	**470**
Gebirge und Täler westlich		Kongsvinger	470
des Gudbrandsdal	**408**	Elverum	472
Hønefoss und Tyrifjord	408	Østerdalsveien	474
Krøderen	409	Trysil	475
Hallingdal	**410**	Femund-See	
Nesbyen	411	und Nationalparks	476
Gol	412	Røros	478
Hemsedal	413	**Trondheim**	**482**
Torpo/Ål	416	Orkanger	492
Hol	416	Fosen	493

Anhang

Literaturtipps	496	Der Autor	515
Kleine Sprachhilfe	500	Danksagung	515
Register	509	Kartenverzeichnis	516
		Kartenatlas	nach Seite 516

Exkurse

Als Gast in Norwegen – Verhaltenstipps	15
Der Streit um das richtige Norwegisch	68
Das Land im Überblick	87
Reise durch die Vegetationszonen	88
Walfang	91
Nationalparks in Südnorwegen	93
Polarkreis, Polarnacht und Mitternachtssonne	98
Edvard Munch	124
Routen durch Südnorwegen	130
Der Friedensnobelpreis	143
Oslo auf Nebenwegen	149
Projekt Fjordbyen	153
Felszeichnungen – Erzählungen aus alter Zeit	181
Sehnsucht nach der Ferne	201
Theodor Kittelsen	209
Die Flucht in die Neue Welt	248
Niels Henrik Abel – Genie der Mathematik	256
Rosenmalerei	261
Snowshoe Thompson	269
Die Entstehung des modernen Skilaufs	275
Nisser – die Kobolde Norwegens	277
Tysnes – die Götterinsel	311
Gamalost – der Käse der Wikinger	339
Die Legende von der Heiligen Sunniva	375
Die Trolle	390
På Hytta – das Glück im Kleinen	417
Nordische Mythologie – von Göttern, Riesen und anderen Wesen	438
Ein Gesetz wird geschaffen – die Reichsversammlung u. der 17. Mai	447
Nationalpark Femund	477

12 Praktische Reisetipps A–Z

Praktische Reisetipps A–Z

Frischer Fisch wartet auf Käufer

Fjordpferd am Lysefjord-Pass

Anreise nach Norwegen – mit der Fähre von Rostock nach Trelleborg

An- und Rückreise

Auto/Fähre

Wer mit dem Auto anreist, kann fährfrei nach Norwegen gelangen, muss dann jedoch einen 150 km langen Umweg über die dänische Insel Fyn (Großer Belt, Nr. 12) in Kauf nehmen. Vielleicht ist es doch schöner, den Urlaub mit einer kleinen Kreuzfahrt zu beginnen.

Die **Wahl der Fährlinie** ist nicht einfach, gibt es doch ein breit gefächertes Angebot. Es kommt darauf an, wie viel Zeit man für die Anfahrt einplant, wie weit man die Reisekasse strapazieren kann/will und ob man Zwischenstopps einlegen möchte.

Auf alle Fälle sollte man sich vorab über die aktuellen, jährlich wechselnden **Preise** informieren. Es gibt zahllose Sondertarife, Nebensaisonrabatte, Studenten-Discounte und „Luxuspreis-Tage". **Fahrpläne** erhält man bei den Fährlinien, beim Norwegischen Fremdenverkehrsamt und in Reisebüros.

Bei den meisten Strecken von Deutschland und Norddänemark sollte wegen der hohen Nachfrage am besten zwei bis vier Monate vor Abfahrt gebucht werden. Die **Reservierung** der Rückreise kann auch von Norwegen aus, erfolgen. Nur ist es dann möglich, dass die günstigsten Tarife schon vergeben sind. Eine Alternative ist die Rückfahrt durch Südschweden über die **Vogelfluglinie** (Putgarten (D) – Rødby (DAN) und Helsingør (DAN) – Helsingborg (SWE), siehe Nr. 9, 10, 12 auf der Karte. Diese Passagen bedürfen keiner Buchung. Auch bei Tagesüberfahrten (dabei kein Zwang zum Mieten einer Kabine) von Norddänemark nach Norwegen reicht es, wenn man die Passage einige Tage oder Wochen im Voraus telefonisch bucht.

Die Sicherheit der Fähren ist tadellos, die Ausstattung mit Restaurants und Läden gut (Tax-Free-Shops auf den Strecken direkt nach Norwegen).

Die Überfahrt auf den Kurzfähren von Deutschland über Dänemark nach Schweden verläuft meist recht ruhig. Von Kiel nach Oslo bzw. Göteborg gibt es nur an einigen Tagen im Herbst und Winter höheren Seegang. Wind und Wetter stärker ausgesetzt sind die Fähren ab Norddänemark, weniger die Verbindung nach Oslo, mehr die Routen nach Kristiansand und Egersund. Achtung: Schnellfähren nehmen die Wellen etwas schwungvoller mit.

Die angegebenen Preise sind **Festpreise für 2007** (Wohnmobile: Autopreise plus 25-50 %). Die Zahlen in Klammern bezeichnen die Nummern in der Karte. Alle Fährpassagen sind telefonisch, über das Internet und im Reisebüro buchbar. Mehr Infos & Tipps zur Anreise auch auf: www.norwegeninfo.net.

Anreise über die Insel Seeland (Dänemark) und Südschweden

Die Überfahrten sind **kurz und** teilweise recht **preiswert.** Hinzu kommt aber noch eine 600 km lange Fahrstrecke auf der E 6 (Tempolimit: 90-110 km/h) durch Südschweden.

Als Gast in Norwegen – Verhaltenstipps

Betritt man die Wohnung eines Norwegers, zieht man immer die Straßenschuhe aus, egal wie sauber diese auch sein mögen. Zur Begrüßung reicht ein einfaches „Hei". Sollte man den Gastgeber schon einmal vorher getroffen haben, so ist es eigentlich höflich, „Takk for sist", „Danke für das letzte Mal" zu sagen. Vergisst man das jedoch, dann ist das heutzutage auch nicht weiter tragisch. In jedem Falle angebracht ist es, sich recht häufig mit einem „Takk" für alles Mögliche zu bedanken, und sei es für das Knöllchen am falsch geparkten Auto ...

Sieht man nun einen norwegischen Freund nach längerer Zeit wieder, so sollte man sich nicht davon irritieren lassen, wenn die Wiedersehensfreude eher gedämpft ausfällt. Man ist halt nicht so spontan. Zur Begrüßung sind kleine Mitbringsel gern gesehen. Möchte man dem Gastgeber eine Freude bereiten und den in Norwegen so teuren Alkohol verschenken (man nehme am besten Wein), tut man gut daran, sich zuerst der Einstellung der Freunde zu demselben zu vergewissern: Entweder der Norweger betrachtet Wein und Schnaps als das Lebenselixier schlechthin, oder aber, vor allem in Süd- und Westnorwegen, er meidet ihn, wo er nur kann.

Kommt es zu einem gemeinsamen Essen, so gilt es als höflich und fein, sich anschließend mit „Takk for maten", „Danke für das Essen" zu bedanken. Die dem Mahl folgenden Gespräche leitet man am günstigsten mit Bemerkungen über das Wetter ein: Da kann man nie etwas falsch machen. Ansonsten sind Bescheidenheit und ein wenig Zurückhaltung angesagt. Höchstens die neue Generation von jungen Wirtschaftsunternehmern würde ausführliche Erzählungen von eigenen Erfolgen und Taten gutheißen. Auch sollte man nicht zu sehr am Lande herumnörgeln. Der Norweger selbst spricht öfter recht selbstkritisch, ja fast masochistisch, über seine Heimat, vom Touristen hört man jedoch am liebsten nur nette Sachen. Denn nicht umsonst heißt es in der ersten Strophe der Nationalhymne: „Ja vi elsker dette landet", „Ja, wir lieben dieses Land", und man möchte doch wenigstens ab und zu ein paar Gründe erzählt bekommen, warum dies denn nun eigentlich so ist. Des weiteren wird es meist als überflüssig erachtet, wenn man am Preisniveau des Landes herummosert – es trifft den Einheimischen genauso wie den Touristen, und man hat sich längst damit abgefunden.

Zu guter Letzt: Es ist in Norwegen üblich, auch wenn eine Höflichkeitsform existiert, sich zu duzen und dabei den Vor- und Nachnamen zu verwenden, neuerdings auch gerne nur den Vornamen!

An- und Rückreise

Lohnende Stopps sind z. B. Roskilde (Wikingerschiffsmuseum, Dom), Kopenhagen, das Louisiana-Museum für moderne Kunst in Humlebæk (nördl. von Kopenhagen) und Helsingør (Hamlet-Schloss) in Dänemark. In Schweden lohnen Göteborg, die südschwedische Schärenküste mit niedlichen Holzhausorten und die Felszeichnungen in Tanum (vor der norwegischen Grenze, E 6) einen Zwischenstopp.

Unterkünfte unterwegs: Dänemark (Vorwahl 0045): Campingplatz Roskilde (toller Platz am Wasser, April-Sept., Tel. 46757996, 10 Hütten). Ganzjährig: DCU Camping Absalon (Kordals vej 132, Rødovre, Stadtplatz am Südrand Kopenhagens, Tel. 36410600); DCU Camping Hornbæk (Hornbæk, nordwestlich von Helsingør, Planetvej 4, Tel. 4970 0223); Undinegårdens Camping in Stenløse (zwischen Kopenhagen und Roskilde, Hütten ab 35 €, Tel. 48183032, www.undine.dk); Info: Camping Dänemark: DK-Camping, Industrivej 5D, 7150 Veilje Ø, www.dk-camp.dk, Tel. 75712962, Dansk Camping Union, www.dcu.dk; Jugendherbergen: Danhostel, Vesterbrogt. 39, 1620 Kopenhagen, www.danhostel.dk, Tel. 33313612.

Schweden (Vorwahl 0046): Viele von Mai bis Oktober geöffnete Campingplätze an der schwedischen Ostseeküste (z. B. in Varberg, Kungsbacka, Lysekil, Fjällbacka). Ganzjährig: Camping und Jugendherberge Liseberg Kärralund (in Göteborg, an der E 6 ausgeschildert, Abfahrt Liseberg, Straßenbahn Nr. 5 ab Zentrum, Hütten 50-100 €, Zimmer ab 35 €, Tel. 31/252761, www.liseberg.se); Hafsten Swe Camp Resort, 20 km ab Uddevalla (Str. 161 Richtung Lysekil, am Kreisverkehr in Rutviksbro nach Orust (Str. 160); Hütten 15-25 €, Tel. 522/644117, www.hafsten.se); Camping Schweden: www.camping.se; Sverige Vandrarhem (Jugendherbergen), Box 9, 45043 Smögen, Tel. 413/553450, www.svif.se; Göteborg Vandrarhem (Ausschilderung ab E 6 Abfahrt „mässan", Möladalsvägen, ganzjährig geöffnet, Tel. 31/401050).

Fährlinien/-strecken

● **Scandlines,** Tel. 01805-116688, www.scandlines.de. Es bietet sich an, die speziellen Durchgangstarife in Anspruch zu nehmen. Eine Vorabbuchung ist nicht notwendig. Bezahlt wird an der Fähre.

Vogelfluglinie: Fähren: **Puttgarden – Rødby (9)** (DAN) (Überfahrt: 45 Min.; rund um die Uhr, jeweils viertel vor und viertel nach jeder vollen Stunde); **Helsingør (DAN, nördlich von Kopenhagen)–Helsingborg (10)** (SWE) (Dauer: 20 Min.; rund um die Uhr, jeweils zehn Minuten nach und zwanzig Minuten vor jeder vollen Stunde); Durchgangstarif (Schweden Ticket): ca. 90 € (Auto + maximal 9 Pers.)

Rostock – Gedser (DAN) (16) (alle zwei Stunden) und **Helsingør (DAN) – Helsingborg (SWE) (10);** Durchgangstarif (Schweden Ticket): 105 €, Fr-So 115 € (Auto + max. 9 Pers.).

Rostock – Trelleborg (SWE) (17): NS 105 €, HS 150 € (Auto + Insassen), 3 x tägl., Vorabbuchung teils notwendig.

Saßnitz – Trelleborg (SWE) (18): NS 95 €, HS 115 € (Auto + Insassen), Vorabbuchung teils nötig.

● **Öresundbrücke,** www.oeresund-bruecke.de. Anstelle der Fähre von Helsingør nach Helsingborg kann man auch die Öresundbrücke **(12) von Kopenhagen nach Malmö** benutzen. Maut: 31 € pro Auto. An den Fähren Puttgarden – Rødby und Rostock – Gedser kann ein Durchgangsticket für Fähre und Brücke erworben werden (Kosten: 65-80 € pro Auto inkl. Insassen ab Puttgarden bzw. 70-100 € ab Rostock).

● **TT-Line,** Tel. 04502/80181, Fax 04502/801407, www.ttline.de.

Travemünde – Trelleborg (SWE) (15) (Überfahrt 7 Std.) und **Rostock – Trelleborg (17)** (5½ Std., Nachtüberfahrten länger): Auto inkl. 5 Pers. 170-190 €, NS 115 €, Kabine bei Nachtfahrten: ab 30 €/Pers., tägl. bis zu 4 Abfahrten, Vorabbuchung teils notwendig.

● **DFDS Seaways,** Van-der-Smissen-Str. 4, 22767 Hamburg, Buchung: Tel. 01805/304 350, www.dfdsseaways.de.

Kopenhagen – Oslo (13) (tägl. 17 Uhr Abfahrt, Ankunft 9 Uhr): NS ab 71 € p.P., Auto: 45 €, HS ab 120 € p.P., Auto: 45 €. Diese Fährlinie ist eine Alternative zu den Verbin-

Fährverbindungen

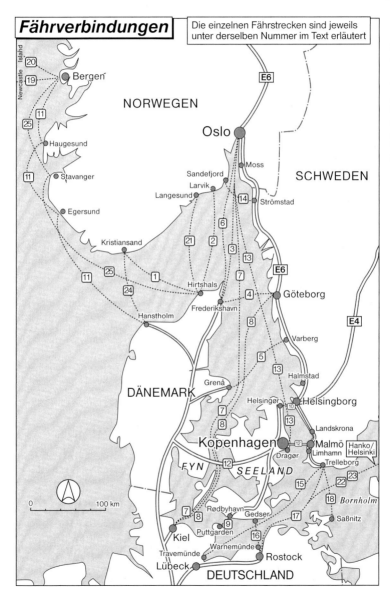

Die einzelnen Fährstrecken sind jeweils unter derselben Nummer im Text erläutert

An- und Rückreise

dungen von Stena (Kiel – Göteborg) und Color Line (Kiel – Oslo) (siehe unten).

Verbindungen ab Kiel/Deutschland

● **Color Line,** Postfach 6080, 24121 Kiel, Buchung/Reservierung: Tel. 0431/7300300, Fax 7300400; in Norwegen: Tel. 81000811, Fax 22830776, www.colorline.com.
Kiel – Oslo (7): Die Schiffe legen um 14 Uhr ab und um 9.30 Uhr an. Es verkehren die Kronprins Harald (wird ab Sept. 2007 durch das Komfortschiff Color Magic ersetzt) und der teurere Luxusliner Color Fantasy. Er ist das größte Kreuzfahrtfährschiff der Welt und bietet entspanntes, aber nicht immer preiswertes Reisen. Vorbuchung ist angeraten!
Preisbeispiele: Autosparpaket (inkl. 2 Personen): NS ab 330 € (Kr. Harald), ab 420 € (Fantasy/Magic), HS ab 390 € (Kr. Harald), ab 480 € (Fantasy/Magic); Autosparpaket (inkl. 4 Personen): NS ab 350 € (Kr. Harald), ab 440 € (Fantasy/Magic), HS ab 425 € (Kr. Harald), HS ab 510 € (Fantasy/Magic); Auf der Kronprins Harald gibt es zudem preiswerte Schlafsessel.
Preistipps: 50 % Studenten-/Seniorenrabatt, Mitte Aug. bis Mitte Juni (außer Fr/Sa ab Kiel & Sa ab Oslo); Super-Sparpaket für Frühbucher (begrenzte Platzanzahl).
Die Anlegestelle der Color Line ist vom Kieler Bahnhof aus über eine Fußgängerbrücke zu erreichen. Mit dem Auto der Ausschilderung „Norwegen Kai" folgen.

● **Stena Line,** Schwedenkai 1, 24103 Kiel, Buchung/Reservierung: Tel. 01805/916666, www.stenaline.de
Kiel – Göteborg (8): Teils zwar größere Kabinen als bei der Color Line, allerdings hat man nach der Überfahrt noch 300 km Weg nach Oslo vor sich. Die Preise sind niedriger als die der Color Line Strecke Kiel – Oslo. Abfahrt jeweils 19.30 Uhr, Ankunft 9 Uhr. Ganzjährig günstige Retourtarife und Studenten-/Seniorentarife. Preisbeispiele: Auto + 1 Pers.: NS ab 86 €, HS 165-185 €; Auto + max. 5 Pers.: NS ab 95 €, HS 185-215 €; Bett ab 17 €.
In Kiel mit dem Auto den Schildern „Schweden Kai" (liegt 400 m nördlich des Bahnhofs) folgen. Bus ab Göteborg, Infos: www.safflebussen.se, www.berlinlinienbus.de.

Verbindungen von Norddänemark nach Südnorwegen

Zwar sind ab der deutschen Grenze (Flensburg) noch 340 km bis zu den norddänischen Fährhäfen zurückzulegen, die bestens ausgebaute Autobahn (Tempolimit 110-130 km/h) ist jedoch schnell gefahren, da wenig Verkehr herrscht. Es geht hier zügiger vorwärts als in Südschweden, wo man die suburbanen Räume Malmös und Göteborgs passiert. Ab Norddänemark setzen täglich bis zu 13 Schiffe nach Norwegen über. Bei Tagesüberfahrten müssen keine Kabinen gebucht werden. Fr bis So sind die Preise höher als unter der Woche. Bei Wartezeiten auf die Fähre lohnen die Strände von Tversted, 15 km östl. von Hirtshals, unbedingt einen Besuch. Hier gibt es das beste Eis Dänemarks (mit *Guff* – einer krachsüßen Sahnehaube). In Hirtshals selbst lohnt das Aquarium einen Besuch.

Unterkünfte unterwegs (Vorwahl 0045): Tannisby Camping, 15 km östl. Hirtshals, in Tversted, in der Nähe des Tversted Strandes, Tel. 98931250; sehr schöner, sauberer Platz. Hirtshals Camping (Kystvein 6, Tel. 9894 2535, Mai-Sept.). Tornby Strand Camping (Hirtshals, 3 km südlich, 17 Hütten, 50-60 €, Tel. 98977877, www.tornbystrand.dk; April-Okt.); Svalereden Camping (Frederikshavn, Frederikshavnvej 112, Hütten 40-65 €, Tel. 98461937, www.svalereden.dk; ganzjährig geöffnet); Camping Dänemark: www.dkcamp.dk. Privatunterkünfte ab 15 € p.P. vermitteln die Touristeninformationen (man spricht deutsch). Frederikshavn Tursistbureau, Postboks 200, Skandiatorv 1, DK-9900 Frederikshavn, www.frederikshavn-tourist.dk, Tel. 98423266, Fax 98421299; Hirsthals Turistbureau, Nørregade 40, DK-9850 Hirtshals. Tel. 98942220, Fax 98945820, www.

AN- UND RÜCKREISE

hirtshals-tourist.dk. Die Jugendherbergen sind preiswert, 15 € p.P. (www.danhostel.dk).

Fährlinien/-strecken

● **Color Line** (Buchung und Rabatte: s. o.)
Hirtshals –Kristiansand (1): Im Sommer 5 Überfahrten tägl. (2½-4¼ Std.), davon 3 mit einer Schnellfähre. Im Winter 2-4 Überfahrten (keine Schnellfähren). Kabinenbuchung ist bei Nachtüberfahrten Pflicht. Auf der Schnellfähre „Silvia Ana" können nur Liegesitze gebucht werden.
Hirtshals – Larvik (2): 1-2 Abfahrten tägl. zu unterschiedlichen Zeiten (Dauer: 6-8 Std), Überfahrt mit der „Peter Wessel".
Frederikshavn – Oslo (6): Abfahrt ab Hirtshals meist 10 Uhr (8 Std. Fahrzeit), ab Oslo 19.30 Uhr (Ankunft 8 Uhr).
Preisbeispiele (für alle Strecken gleiche Preise): Autosparpaket (inkl. 5 Pers.) NS 95 €, HS 200-230 €, Schlafsessel/Bett (keine Zuzahlung bei Schnellfähren): ab 8/15 € (Schnellfähre, nur Sitze wie im Flugzeug).

Hirtshals – Stavanger – Bergen (25): Neue Strecke der Color Line. Fahrzeit bis Stavanger 11 Std., bis Bergen 21½ Std. Das Fährschiff ist die große und recht komfortable Prinsesse Ragnhild. Preise: Autosparpaket (inkl. 5 Personen) nach Stavanger NS ab 95 €, HS ab 200 €; nach Bergen NS ab 140 €, HS ab 300 €; Kabine ab 10 € pro Person.
● **Stena Line** (Buchung und Rabatte s. o.)
Frederikshavn – Oslo (3): Abfahrt ab Frederikshavn 10 Uhr (Ankunft 18.30 Uhr), ab Oslo 19.30 Uhr (Ankunft um 7.30 Uhr). Preisbeispiele: Autosparpaket (inkl. 5 Pers.): NS ab 70 €, HS 110-180 €, Kabine (nur für Nachtüberfahrt notwendig): ab 11 €, Tipp: Frühstücksbüfett 8 €, Mittagsbüfett 15 €; Die Überfahrt ist meist preiswerter als Frederikshavn – Oslo mit der Color Line.
Fredrikshavn – Göteborg (4), Grenå – Varberg (5), für diejenigen, die neben Dänemark gleich noch Schweden „mitnehmen" wollen. Man setzt jedoch von West nach Ost über und macht keinen fahrtechnischen Gewinn. Pkw inkl. 5 Pers. 70-105 €.

An- und Rückreise

●**Fjord Line,** Buchung/Reservierung über: www.fjordline.de oder MVA Travel, Postfach 1203, 18302 Ribnitz-Damgarten, Tel. 03821/7094410, Fax 03821/7094411. Mit der Fjord-Line ist man am schnellsten in Westnorwegen! Es gibt Spar- und Nebensaisontarife. Außerdem gibt es bis Mitte Juni und ab Mitte August Studenten- und Seniorenrabatt 50 % (außer auf Kabinenpreise).

Hanstholm – Egersund – Haugesund – Bergen (11): 3-7-mal/ Woche, verschiedene Zeiten 8/18 Stunden.

Staffelpreise wie bei Billigfluganbietern. Autosparpaket (inkl. 5 Pers.): 25-135 € (nach Egersund), 80-250 € (nach Bergen), Kabine ab 20/40 €.

Unterkunft: Hanstholm Camping (April-Sept., Tel. 0045/97965198); Tourist-Info: www.thy.dk, Tel. 0045/97921900.

●**Kystlink,** Buchung: Karl Greuther GmbH & Co. Kg, Martinistr. 58, 28195 Bremen, Tel. 0421/1760362, Fax 18575, www.kystlink.de. Sehr preiswerte Verbindung. Geringer Komfort, viele LKW, oft unpünktlich.

Hirtshals – Langesund bei Skien (21): täglich; ab Hirtshals 1.30 Uhr, Ankunft 7 bzw. 8 Uhr; ab Langesund 19 Uhr (Sa/So), Ankunft 24 Uhr.

Preisbeispiele: Autosparpaket (inkl. 5 Pers.) NS ab 65, HS ab 115 €, Kabine pro Person: 41-53 €; Studentenrabatte. Extrem günstige Hin- & Rückfahrtangebote!

●**Master Ferries,** Frankfurter Weg 70-72, 33106 Paderborn, Tel. 0180/5563556, Fax 05251/8735622, Kundenservice in Norwegen: 0047/81526500, www.masterferries.com.

Hanstholm – Kristiansand (24): Billigfährlinie, verkehrt z.Zt. nur im Sommer (es kann bald zu einer Routenänderung kommen), Überfahrt mit Schnellboot: 2 Std., Preisstaffelung wie bei Billigfluglinien. Autosparpaket (inkl. 9 Pers.) ab 9,20 € (meist jedoch 60 €).

Verbindungen zwischen Norwegen und Island

●**Smyril Line,** Slottsgt. 1/Bryggen P.O. Box 4135, 5835 Bergen, Tel. 55320970, Fax 5596 0272, www.smyril-line.com.

Jeden Dienstag (bis 7.9.) kann man ab Bergen zu den Shetland Inseln, den Färöer Inseln und nach Island übersetzen. Zurück nur in Richtung Hanstholm/Dänemark. Bergen–Island (20): Auto 145-205 €, Erw. 70-100 €.

Bus

Der Bus stellt im Sommer eine preisliche Alternative zur Bahn oder Fähre ab Deutschland dar. Es kann sogar **schneller als mit der Bahn gehen.** Alle Busunternehmen bieten Ermäßigungen für Kinder, Jugendliche, Studenten und Senioren.

Deutsche Touring

Deutsche Touring, Tel. 069/7903501. Ticketkauf und Reservierungen kann man unter www.deutsche-touring.com oder in den DTG-Ticket-Centern in 14 deutschen Städten sowie in DER-Reisebüros und den Reisezentren der Deutschen Bahn vornehmen.

Hamburg – Flensburg – Kristiansand – Stavanger: 3x wöchentlich. Ab Hamburg nach Stavanger 220 € (hin und zurück).

München – Nürnberg – Kassel – Hannover – Frankfurt/M. – Köln – Dortmund – Bremen – Hamburg – Oslo: 3x wöchentlich, z. T. mit Umsteigen. Ab München nach Oslo 245 €, ab Hamburg 155 € (hin und zurück).

Bremen – Hamburg – Lübeck – Oslo: täglich, z. T. sogar zweimal täglich, z. T. mit Umsteigen. Ab Bremen nach Oslo 170 € (hin und zurück).

Berlin Linienbus

Berlin Linienbus, Mannheimer Str. 33/34, 10713 Berlin, www.berlinlinienbus.de, Tel. 030/8619331 oder 0180/1546436.

Berlin – Rostock – Oslo: 2x täglich, ab Berlin 81 € pro Fahrt, 142 € retour. Von Zeit zu Zeit gibt es auch Sonderaktionen, bei denen man die Fahrt ab Berlin schon für 98 € retour bekommt.

An- und Rückreise

Abgesehen von den vorgestellten Verbindungen bieten die Busunternehmen auch innerhalb Deutschlands günstige Verbindungen an.

Bahn

Die beste Anreise-Variante bis Kopenhagen ist mit einem der folgenden **Nachtzüge:**

- **Basel** (ca. 18 Uhr) **– Freiburg – Offenburg – Karlsruhe – Mannheim – Frankfurt/M. – Neumünster – Flensburg – (…) – Kopenhagen** (ca. 10 Uhr des darauf folgenden Tages).
- **Hagen** (ca. 21.15 Uhr) **– Wuppertal – Solingen – Köln – Düsseldorf – Duisburg – Essen – Bochum – Dortmund – Hamm – Neumünster – Flensburg – (…) – Kopenhagen** (ca. 10 Uhr des darauf folgenden Tages).
- **München** (ca. 19 Uhr) **– Nürnberg – Würzburg – Fulda – Neumünster – Flensburg – (…) – Kopenhagen** (ca. 10 Uhr des darauf folgenden Tages).

Darüber hinaus gibt es eine Vielzahl an **Verbindungsmöglichkeiten,** bei denen man jedoch je nach Abfahrtsort und Zeit öfter umsteigen muss. Die erste Weiterreise-Möglichkeit nach Ankunft der Nachtzüge ist von Kopenhagen am frühen Nachmittag über Göteborg mit Ankunft in Oslo gegen 21 Uhr. So bietet sich im Vorbeifahren auch eine kurze Gelegenheit zum Kennenlernen der dänischen Hauptstadt. Möchte man dort einen längeren Aufenthalt einplanen, empfiehlt sich für die Weiterreise der Zug kurz nach 8 Uhr mit Ankunft in Oslo um 16.45 Uhr.

Die Tickets für die Weiterfahrt von Kopenhagen sollte man sich schon von zuhause mitbringen. Ein attraktiver Frühbucher-Rabatt und ein gesicherter Platz sind der Lohn dafür.

Eine weitere sehr gute Anreise-Möglichkeit bietet sich durch den Nachtzug ab Berlin Hauptbahnhof um 23.25 Uhr nach Malmö (Ankunft 8.01 Uhr). Dieser Zug verkehrt im Winter drei mal wöchentlich und ab Anfang Mai jede Nacht. Die Ostsee überquert er – während die Gäste schlafen – mit der Eisenbahnfähre Sassnitz-Trelleborg. Der Scanrail-Pass (s. u.) gilt in diesem Zug bereits ab Berlin, und lediglich der geringe Aufpreis für den Liege- oder Schlafwagen ist extra zu zahlen. In Malmö besteht direkter Anschluss nach Göteborg und dort wiederum nach Oslo. Ankunft ist 16.45 Uhr.

Es gibt bei den Bahngesellschaften eine große Zahl von Sonderangeboten. Einen Überblick darüber zu behalten ist nicht einfach, weshalb sich die Beratung durch ein spezialisiertes Bahn-Reisebüro wie z. B. Gleisnost (s. u.) empfiehlt.

Ermäßigungen gibt es häufig mit der deutschen BahnCard, der österreichischen VORTEILScard oder den Schweizer Halbtax-Abonnenten und den verschiedenen Frühbucher-Rabatten wie der „Sparnight" für die Nachtzugverbindung nach Kopenhagen: z. B. schon ab 39 € für eine einfache Fahrt im Liegewagen mit 6er-Belegung.

Bahnpässe bieten die Möglichkeit, sehr flexibel und preiswert zu reisen. Es gibt verschiedene Pässe mit unterschiedlicher Geltungsdauer und unterschiedlichem Geltungsgebiet. Ein wenig Planung vor der Reise hilft, viel Geld zu sparen.

Praktische Reisetipps A–Z

AN- UND RÜCKREISE

- **Scanrail-Pass:** www.scanrail.de, gilt für alle Strecken in Norwegen, Dänemark, Schweden und Finnland. Entweder 21 Tage ohne Einschränkung oder mit dem ScanRail Flexipass in 5, 8 oder 10 frei wählbaren Tagen binnen zwei Monaten: 230-374 € (Erwachsene). Diverse Rabatte für Busse, Fähren, Bahnen in Skandinavien. Für Kinder, Jugendliche und Senioren gibt es Ermäßigungen.
- **InterRail:** Es gibt das **InterRail Global,** das außer dem Heimatland alle Europäischen Länder abdeckt oder den **Inter-Rail One Coutry Pass** für ein bestimmtes Land. Die Preise variieren ja nach Land und Geltungsdauer. Mehr Infos bei Gleisnost (s. u.).

Buchung

Wer sich nicht selbst durch den Dschungel der Bahntarife und Fahrpläne schlagen und trotzdem Geld sparen will, erhält bei folgenden spezialisierten Bahn-Reisebüros kompetente Beratung – und auf Wunsch die Tickets und/oder Bahnpässe ins Haus geschickt:

- **Gleisnost am Stadttheater,** Bertoldstr. 44, 79098 Freiburg, Tel. 0761-383031
- **Gleisnost im Bahnhof Littenweiler,** Lindenmattenstr. 18, 79117 Freiburg, Tel. 0761-62037
- www.gleisnost.de

Flugzeug

Mit dem Flugzeug geht es am schnellsten. **Nonstop-Verbindungen** zum hochmodernen Flughafen Oslo Gardermoen (50 km nördlich der Hauptstadt) bestehen mit Linienfluggesellschaften aus dem deutschsprachigen Raum ab Wien mit Austrian Airlines, ab Hamburg, Frankfurt und München mit Lufthansa sowie ab Berlin, Düsseldorf, Frankfurt, Zürich und Wien mit Scandinavian Airlines System (SAS). Daneben fliegt Lufthansa von Frankfurt nach Stavanger sowie im Sommerhalbjahr von Hamburg nach Bergen. Die Flugzeit beträgt z. B. von Frankfurt/M. nach Oslo knapp zwei Stunden. Daneben gibt es einige Umsteigeverbindungen über europäische Hauptstädte nach Norwegen, die zwar billiger sein können als die Nonstop-Flüge, bei denen man aber auch eine längere Flugdauer einkalkulieren muss.

Flugpreise

Die Preise für einen Hin- und Rückflug nach Oslo betragen je nach Jahreszeit und Aufenthaltsdauer z. B. von Frankfurt/M. **knapp über 100 €** (einschl. aller Steuern, Gebühren und Entgelte).

Indirekt sparen kann man als Mitglied eines **Vielflieger-Programms** wie www.star-alliance.com (Mitglieder u. a. *Austrian Airlines, Lufthansa, SAS Scandinavian Airlines*). Die Mitgliedschaft ist kostenlos und mit den gesammelten Meilen von Flügen bei Fluggesellschaften innerhalb eines Verbundes reichen die gesammelten Flugmeilen dann vielleicht schon für einen Freiflug bei einem der Partnergesellschaften beim nächsten Flugurlaub. Bei Einlösung eines Gratisfluges ist langfristige Vorausplanung nötig.

Für die Tickets der Linien-Airlines kann man bei folgenden zuverlässigen Reisebüros meistens günstigere Preise als bei vielen anderen Reisebüros finden:

- **Jet-Travel,** Buchholzstr. 35, D-53127 Bonn, Tel. 0228/284315, Fax 284086, info@jet-travel.de, www.jet-travel.de. Sonderangebote auf der Website unter „Schnäppchenflüge".

AN- UND RÜCKREISE

Mini-„Flug-Know-How"

Check-in

Ohne einen **gültigen Reisepass oder Personalausweis** kommt man nicht an Bord. Bei den innereuropäischen Flügen muss man mindestens **eine Stunde vor Abflug** am Schalter eingecheckt haben. Viele Airlines neigen zum Überbuchen, d. h., sie buchen mehr Passagiere ein, als Sitze im Flugzeug vorhanden sind, und wer zuletzt kommt, hat möglicherweise das Nachsehen.

Das Gepäck

In der Economy-Class darf man meist nur **Gepäck bis zu 20 kg pro Person** einchecken (steht auf dem Flugticket) und zusätzlich ein Handgepäck von 7 kg in die Kabine mitnehmen, welches die Größe von 55 x 40 x 23 cm nicht überschreiten darf. Man sollte sich beim Kauf des Tickets über die Bestimmungen der Airline informieren. Dabei sollte man sich auch nach den neuen Regelungen zur Mitnahme von **Flüssigkeiten im Handgepäck** erkundigen, die Anfang November 2006 eingeführt wurden. Da sich diese Regelungen derzeit ständig ändern, wird hier nicht auf die Details eingegangen.

Aus Sicherheitsgründen dürfen **Taschenmesser, Nagelfeilen, Nagelscheren,** sonstige Scheren und Ähnliches nicht mehr im Handgepäck untergebracht werden. Diese sollte man unbedingt im aufzugebenden Gepäck verstauen, sonst werden diese Gegenstände bei der Sicherheitskontrolle einfach weggeworfen. Darüber hinaus gilt, dass Feuerwerke, leicht entzündliche Gase (in Sprühdosen, Campinggas), entflammbare Stoffe (in Benzinfeuerzeugen, Feuerzeugfüllung) etc. nichts im Passagiergepäck zu suchen haben.

●**Globetrotter Travel Service,** Löwenstrasse 61, CH-8023 Zürich, Tel. 01/2286666, zh-loewenstrasse@globetrotter.ch, www.globetrotter.ch. Weitere Filialen siehe Website.

Billigfluglinien

Preiswert geht es mit den so genannten Billigfluglinien, sofern man sehr früh bucht (beim Callcenter wird eine Zusatzgebühr von ca. 10 € fällig und der Anruf selbst ist teuer). Es werden keine Tickets ausgestellt, sondern man bekommt nur eine Buchungsnummer per E-Mail. Zur Bezahlung wird in der Regel eine Kreditkarte verlangt.

Im Flugzeug gibt es oft **keine festen Sitzplätze,** sondern man wird meist schubweise zum Boarden aufgerufen, um Gedränge weitgehend zu vermeiden. **Verpflegung** wird extra berechnet. Geld sparen kann man, wenn man den Proviant schon im Supermarkt kauft oder von zuhause mitbringt.

Für die Region interessant sind:

●**BudgetAir,** www.budgetair.nl. Von Amsterdam nach Oslo. Hinter dem Namen verstecken sich Restkontingente von z. B. SAS.
●**Germanwings,** www.germanwings.de. Von Köln/Bonn nach Oslo.
●**Norwegian,** www.norwegian.no. Von Berlin-Schönefeld, Hamburg, Düsseldorf, München, Genf, Salzburg und Zürich nach Oslo, Bergen und Trondheim.
●**Ryanair,** www.ryanair.de. Von Bremen und Hahn im Hunsrück (Buszubringer ab Frankfurt/M. Flughafen, kostenloser Parkplatz) nach Oslo Torp (kleiner Flugplatz, 120 km südöstlich von Oslo, bei Sandefjord; Buszubringer in die Hauptstadt und zum Flughafen Oslo Gardermoen).

Last-Minute

Wer sich erst im letzten Augenblick für eine Reise nach Norwegen entscheidet oder gern pokert, kann Ausschau nach Last-Minute-Flügen halten, die von einigen Airlines mit deutlicher Ermäßigung **ab etwa 14 Tage vor Abflug** angeboten werden, wenn noch Plätze zu füllen sind. Diese Last-Minute-Flüge lassen sich nur bei Spezialisten buchen:

- **L'Tur,** www.ltur.com, (D)-Tel. 01805/ 212121 (0,12 €/Min.), (A)-Tel. 0820/600800 (0,12 €/Min.), (CH)-Tel. 0848/808088 (0,12 SFr/ Min.); 140 Niederlassungen europaweit.
- **Lastminute.com,** www.de.lastminute.com, (D)-Tel. 01805/777257 (0,12 €/Min.).
- **5 vor Flug,** www.5vorflug.de, (D)-Tel. 01805/105105 (0,12 €/Min.).
- **www.restplatzboerse.at:** Schnäppchenflüge für Leser in Österreich.

- **Literaturtipps:** „Clever buchen, besser fliegen" und „Fliegen ohne Angst" aus der Praxis-Reihe, REISE KNOW-HOW Verlag.

Mitfahrzentralen

In jeder größeren Stadt gibt es Mitfahrzentralen, die auch Touren in Richtung Norwegen anbieten. Ab Mitteldeutschland kostet eine solche Mitfahrt um 50 € (ohne Fährtickets). Frühe Anmeldung bei den Zentralen ist anzuraten. www.mfz.de.

Ausrüstung

Kleidung

Günstig für Ausflüge an die regenreiche Westküste sind wasserdichte und windabweisende Jacken, zumindest sollte man nicht den Schirm vergessen. Zwecks der Mode braucht man sich dabei keine Sorgen zu machen. Legere Sportsachen sind selbst an Sonntagen in Großstädten angesagt. Nur für einige Nachtlokale gelten Kleiderregeln, wobei selbst dort neuerdings auch eine Jeans als ordnungsgemäße Hose durchgeht. Nur Turnschuhe dürfen es nicht sein.

Für Wandertouren durch das Gebirge sind wasserdichte Bergschuhe sehr anzuraten, da man oft über glitschige Steine klettern muss und oft kleine Feuchtgebiete zu durchwandern sind.

Ausrüstung für Campingplätze und Hütten

Wer in Hütten übernachtet, braucht in den meisten Fällen einen **Schlafsack**. Selten sind Bettdecken und Bezüge vorhanden, können aber manchmal geliehen werden. Als Schlafsack für die beheizbaren Hütten reicht ein preiswerter aus Kunstfaser. Diese halten zumeist im Bereich 10-15 Grad warm.

Wer im Zelt übernachten möchte, sollte auf einen Schlafsack mit einem Extrembereich von –5 bis –15 Grad zurückgreifen. Dies bedeutet nichts anderes, als dass man bei diesen Frostgraden gerade so überlebt. Norwegische Sommernächte werden in der Regel zwischen 12 und 8 Grad kühl. Und da hält ein solcher Schlafsack noch mollig warm. Aus Platzgründen sollten Rucksackreisende auf die leichten und bis auf Fußballgröße zusammenstauchbaren Daunenschlafsäcke zurückgreifen. Deren Nachteile sind jedoch, dass sie, wenn sie einmal nass wurden, nur schwer trocknen und mit 200-400 € recht teuer sind. Einen gleichwertigen Kunstfasersack gibt es schon zum halben Preis. Der ist dann aber auch doppelt so schwer und nimmt viel, vielleicht dringend benötigten Platz im Rucksack weg. Gut als Unterlage eignen sich bis auf 30 cm Kantenlänge zusammenlegbare, selbstaufblasbare **Isomatten.**

Als **Zelt** bietet sich ein möglichst stabiles und windfestes an. Wer mit dem Rucksack unterwegs ist, sollte keines nehmen, dass schwerer als 3 kg ist. Günstig ist es, wenn das Zelt **aus zwei Teilen** besteht. Ein Überzelt schützt das Innenzelt vor Regennässe und Kondenswasser durch Atem. Sollte man bei Niederschlag sein Zelt aufstellen wollen, ist es günstig, wenn das Außenzelt sich zuerst aufbauen lässt und danach das Innenzelt nur in das Gestänge eingehangen wird. Wer plant, in der Nähe von Seen zu campen, sollte darauf achten, dass der Zelteingang aus zwei Teilen besteht, einer normalen Plane und einem Gazenetz gegen Mücken. Vor dem Zeltaufbau sollte man den Untergrund von Steinen säubern.

Als **Campingkocher** empfiehlt sich der spiritusbetriebene Trangia-Sturmkocher. Auf Campingplätzen und in Hütten gibt es meist Kochplatten.

Autofahren

Wahrscheinlich die beste Art, das Land zu erkunden, ist das Auto. Man ist unabhängig, kann selbst das kleinste Dorf erreichen und weiß vor allem im Winter die Wärme im Wagen zu schätzen.

Der Straßenbelag ist recht gut, obwohl der Frost und die Spikes hie und da ein paar Löcher reißen können. Europastraßen haben meist eine komfortable Breite. Nebenstraßen sind vor allem im Fjordland manchmal recht eng. An kritischen Passagen gibt es Ausweichstellen (Møteplass, Schild mit einem weißen „M" auf blauem Grund).

Das **Verkehrsnetz** wird **immer weiter ausgebaut.** Unermüdlich gräbt man sich durch Berge, errichtet Brücken, baut neue Straßen oder verbreitert alte. Man merkt, dass durch überschüssige Ölgelder ausreichend monetäre Mittel vorhanden sind. Die Entwicklung geht so schnell, dass fünf Jahre alte Karten veraltet sein können, oder sie es schon sind, wenn sie in Druck gehen. Doch keine Sorge, aufgrund der guten Ausschilderung geht man schon nicht verloren. Allerdings sind als Richtung nicht immer Ortschaften angegeben, sondern Straßennummern (**E: Europastraße, Rv: Riksvei/Reichsstraße,** teilweise ergänzt durch die Himmelsrichtungen N – Nord, V – West, S – Süd, O – Ost). Die Nummern wurden in den vergangenen Jahren jedoch häufiger geändert (siehe auch Kap. „Karten").

Bei einer Fahrt durch Norwegen sollte man **pro Tag** nie mehr als **150-250 Kilometer** einplanen, so man es wirklich darauf anlegt, die Hektik des Heimatlandes hinter sich zu lassen. Auch angesichts der zahllosen Sehenswürdigkeiten auf engstem Raum, der vielen Fähren und der manchmal doch noch recht engen und kurvenreichen Straßen wird man bald merken, dass es auch mit noch weniger geht. Erfahrungsgemäß liegt die durchschnittliche Reisegeschwindigkeit in Ostnorwegen bei lediglich 70-80 km/h, in Westnorwegen bei erholsamen 60 km/h. Im Allgemeinen gilt: Man muss nicht alles in einem Urlaub erkunden. Man entscheide sich am besten für eine Region. Wer nur 14 Tage Zeit hat, ist nicht zu beneiden. Erst nach drei oder noch mehr Wochen stellt sich auch das relaxte Norwegen-Gefühl ein.

Touristische Hauptrouten werden derzeit als „turistveg" klassifiziert. Bis zum Jahr 2015 werden es 18 Straßen in ganz Norwegen sein. Diese haben sehr ansprechende Rastplätze und Infotafeln. Bereist ausgebaut sind u. a. die Rv 55 über das Sognefjell (Luster –Lom) und die Rv 7 am Hardangerfjord (www.turistveg.no).

Verkehrsvorschriften

Ließ man sich früher viel Zeit auf Norwegens Straßen, so reicht seit einigen Jahren die Fahrweise von immer noch sehr zurückhaltend bis recht sportlich. Der Grund liegt einerseits im Fahren als Freizeitbeschäftigung, andererseits im Versuch, auch in kurvigem Gelände noch vor dem Abendessen zu Hause zu sein. Für Urlauber sollte die Regel gelten: Nicht versuchen, die Natur nur noch vom Fahrzeugfenster aus zu erleben, innerhalb der geltenden Höchstgeschwindigkeiten zügig mitfahren und so oft wie möglich die vielen Rast- & Parkplätze ansteuern.

> **Bußgelder**
> - **Alkohol am Steuer:** ab 615 €
> - **20 km/h zu schnell:** ab 390 €
> - **Parkverbot:** 90 €
> - **Rote Ampel:** 640 €
> - **Überholverbot:** 640 €

Die **Geschwindigkeitsbegrenzung** in der Stadt liegt bei 50 km/h, sonst bei 80 km/h. Auf einigen autobahnähnlichen Abschnitten dürfen es 90 km/h sein. Ausnahmen: Je 15 km der E 6 nördlich und südlich von Oslo, wo man probeweise 100 km/h schnell sein darf, und Teile der E 18 zwischen Horten und Kristiansand, wo nur 70 km/h erlaubt sind. Die Limitierungen sollten eingehalten werden, weil so manche Straße unvermittelt enger werden kann, schon 3 km/h Übertretung die Urlaubskasse belasten können (siehe Kasten „Bußgelder") und viele **Radargeräte** (*Automatisk Trafikk Kontroll*) im Land aufgebaut sind.

Die **Promillegrenze** liegt **bei 0,2 Promille** und an die sollte man sich halten, wenn man keine Lust auf gefilterte Luft hinter schwedischen Gardinen hat. Des Weiteren gilt: **Abblendlicht auch am Tage einschalten!** Bei Vergesslichkeit – zahlen! Es ist verboten, mit dem **Handy** ohne Freisprechanlage zu telefonieren.

Fahrten durch Winternorwegen

Gelaugt wird nur auf Schnellstraßen in der Nähe größerer Orte, ansonsten wird gestreut. Allerdings ist der Split schnell verweht. Auf Nebenstraßen bildet sich oft eine festgefahrene Schneedecke. Da Räumfahrzeuge und Spikes die Fahrbahnoberfläche aufrauen, sind die Straßen meist jedoch nicht sehr glatt. Trotzdem sollte man nicht immer mitteleuropäische Verkehrsverhältnisse erwarten. In Küsten- und Fjordregionen kann bei Temperaturen um die 0 °C häufiger Blitzeis auftreten, im Binnenland kommt es nach starkem Schneefall öfter zu Verzögerungen beim Räumen und einzelne Pässe werden dann vorübergehend für mehrere Stunden gesperrt. Die Skigebiete des Landes sind von den Fähren aus jedoch passfrei und im Normalfall völlig problemlos erreichbar. Im Fall der Fälle jedoch gilt: Bei Glätte sanft und gleichmäßig lenken und bremsen und generell etwas mehr Zeit einplanen als normal notwendig. Winterreifen (von Sommerreifen wird dringend abgeraten!) sind in der Regel ausreichend, Spikes bzw. Schneeketten im Gepäck beruhigen die Nerven aber erheblich. Ihre Verwendung ist auf norwegischen Straßen vom 1.11. bis zur ersten Woche nach Ostern erlaubt. Da Spikes bei Schneemangel die Fahrbahn schädigen und Asphaltstaub aufwirbeln, läuft derzeit eine Kampagne gegen Spikes. Ein Resultat ist, dass in Oslo eine tägliche Spikesgebühr in Höhe von 25 NOK entrichtet werden muss und mehr gestreut wird. **Einige Straßen im Gebirge sind im Winter gesperrt.**

● **Größere, im Winter gesperrte Straßen**
E 69, Skårsvag – Nordkap, Okt.-Apr.
Rv 13, Vikafjell (Vik – Voss), Jan.-Apr.
Rv 13, Gaularfjell (nördl. Balestrand), Dez.-Mai
Rv 51, Valdresflya (nördl. Beitostølen), Nov.-Mai
Rv 55, Sognefjell (Skjolden – Lom), Nov.-Mai
Rv 63, Geirangervegen, Nov.-Mai
Rv 63, Trollstigen, Okt.-Mai
E 69 Skarsvåg – Nordkap (Okt.-April)
Rv 886 Vintervollen – Grense Jakobselv (Nov.-Mai)

Nach Schneestürmen können zeitweise auch die Rv 7, westlich von Geilo (Alternativstrecke Rv 50) und die E 134 bei Haukeligrend gesperrt werden.

Straßen mit Wintersperre sind auf den meisten Karten verzeichnet.

● **Verleih von Spikes** („piggdekk"): Oslo: Auto-Grip A/S, Breivollvn. 27, Postboks 154 Alnabru, 0668 Oslo, Tel. 22645350, Fax 22644247 (1750 NOK/Woche); Kristiansand: Heros Dekksenter AS, Ny Teglverksvej 17, 4632 Kristiansand, Tel. 0047/38144140 (1350 NOK/Woche).

● **Infos zur aktuellen Wetter- und Verkehrssituation:** Tel. 175; www.vegvesen.no unter „Vegmeldinger"; **Wörterliste:** Midlertidig stengt / kolonnekjøring = Vorübergehend geschlossen / Fahren in der Kolonne; Nattog vinterstengte veger = Nachts und im Winter geschlossene Straßen; Fjellovergangar = Gebirgspässe; stengt = geschlossen/gesperrt; stengt på grunn av uvær = gesperrt auf Grund von Unwetter; fare for ras = Gefahr von Erdrutschen; flom = Überflutung; snø = Schnee; is = Eis; snøslaps = Schneematsch; tåke = Nebel; midlertidig stengt = zwischenzeitlich gesperrt; vinterstengt = im Winter gesperrt; nattestengt = nachts gesperrt; kjøreforhold = Fahrbedingungen.

● **Hilfreich** kann es auch sein, sich in Hotels oder Touristeninformationen nach der aktuellen Verkehrssituation zu erkundigen.

● **Teilweise** kann es auf Pässen auch zu **„Kolonnekjøring"** kommen, d. h. die Straße darf nur in Kolonne befahren werden. In so einem Fall müssen bis zu ein paar Stunden Wartezeit auf das Leitfahrzeug eingeplant werden!

Mehr Infos zum Winter in Norwegen auf www.norwegeninfo.net.

Typisch Norwegisch

- **Abblendlicht:** Das Abblendlicht muss auch am Tag eingeschaltet werden!
- **Tiere auf der Fahrbahn:** Besonders im Fjordland kann es vorkommen, dass man sich die Straße mit Ziegen und Schafen teilen muss. Nur zu gerne lassen sie sich zu einem Sonnenbad auf der Fahrbahn hinreißen. Erhöhte Aufmerksamkeit ist also dringend angeraten. Auch kommt es immer wieder vor, dass Rentiere oder Elche die Straße queren!
- **Kreisverkehr:** Man könnte den Eindruck gewinnen, der Kreisverkehr sei in Norwegen erfunden worden. Selbst das kleinste Dorf leistet sich einen anstelle von Ampeln. Vorfahrt hat, wer sich im Kreisverkehr befindet!
- **Tunnel:** Auch der Tunnel scheint eines der Lieblingskinder der Verkehrsplaner zu sein. Auf manchen Strecken in Westnorwegen gibt es Dutzende auf nur wenigen Kilometern. Der längste Straßentunnel Europas führt von Lærdal nach Aurland und ist über 20 km lang. Zumeist sind die Tunnel beleuchtet und gut belüftet, doch es gibt auch Ausnahmen wie die Tunnel der Straße zum Lysefjord. Die meisten Tunnel haben eine Durchfahrtshöhe von 4,50 m im Mittelbereich.
- **Fähren:** Ihre Anzahl nimmt immer weiter ab, u. a. weil eben so viele neue Tunnels gebaut wedin. Trotzdem gibt es noch um die 200 Fährstrecken, die ein schnelles Vorankommen erheblich behindern. Doch wer ist schon zum Rasen nach Norwegen gekommen! Man sollte sie also eher als willkommene Abwechslung sehen. Für kurze, 10- bis 15-minütige Verbindungen muss man 50 NOK für das Auto (inkl. Fahrer), 100-120 NOK für das Wohnmobil (je nach Länge) und 20 NOK pro Person (Kinder 9 NOK) zahlen. Für 45-minütige Überfahrten sind etwa 90 NOK für das Auto, 160-20 0 NOK für das Wohnmobil und 30 NOK pro Person einzuplanen.
- **Rechts vor links:** Hauptstraßen sind oft als solche nicht ausgeschildert und nur am Vorfahrtsschild in der einmündenden Nebenstraße erkennbar. Meist herrscht jedoch sowieso rechts vor links, auch wenn die gerade befahrene Straße eindeutig die breitere ist.

Der Preis fürs Autofahren

Der Liter **Super Bleifrei** *(blyfri)* kostet 11-12 NOK, **Diesel** ab 10 NOK *(Diesel-avgiftsfri* darf nicht von Urlaubern getankt werden!). Die Literpreise sollen nach Plänen der Regierung nun in etwa stabil bleiben, Preissteigerungen von 20-30 Øre pro Jahr waren bisher die Regel. Am billigsten sind die stets geöffneten Automatiktankstellen Smart und Uno, wo man mit Geldscheinen direkt an der Zapfsäule bezahlt. *Bensinstasjoner* außerhalb der Großstädte schließen meist ab 22/24 Uhr. Zu beachten ist, dass nur Zapfsäulen mit dem Vermerk *kontant* gegen Bares ihr Benzin abgeben. Für andere *(kort)* braucht man eine Kunden- und/oder Kreditkarte.

Zu den Kosten für das Tanken addieren sich Abgaben für **Fähren** und **Mautstraßen** *(bom, bomveg)*. Oslo, Bergen, Stavanger und Kristiansand verlangen eine „Eintrittsgebühr", welche schon weit vor dem Zentrum erhoben wird. Die Mautstellen teilen sich in drei Bereiche: *Auto Pass, Mynt/Coin, Manuell*. Der erste Bereich ist für Dauerkunden mit einem Abonnement reserviert. Wer hier durchfährt, riskiert eine Nachzahlung mit Aufschlag. *Mynt/Coin,* ist mit einer Box ausgestattet, in die man die abgezählte Summe einwirft. Wer es nicht passend hat, fährt bei *Manuell* durch und zahlt an der Kasse.

Einige **neue Mautstellen sind vollautomatisch** (derzeit nur in Bergen und die Rv 45 bei Stavanger). Hier wird das Auto nur registriert und man bekommt die Rechnung dann zugesandt (was bei ausländischen Pkw aus Kostengründen öfter ausbleibt). Erkennbar sind diese Mautstationen an den „Ikke Stop"- („Nicht anhalten"-) Schildern.

Auch für viele Landstraßen ist ein „Wegezoll" fällig. Die Preise reichen von 10 NOK bis zu sagenhaften 145 NOK für die Strecke Fjærland – Sogndal. Zudem heißt es auf sehr vielen kleinen, privaten Gebirgsstraßen zahlen (meist 20-40 NOK). Pro Urlaub kommen so je Auto gerne 150-300 NOK (18-36 €) zusammen (für Fahrzeuge über 3,5 Tonnen oft das Doppelte). In Städten werden mit den Geldern neue Tunnel und Verkehrsprojekte finanziert. Auf dem Lande zahlt man mit dem Obolus ein bereits fertig gestelltes Bauwerk ab, was sich dann meist einige Jahre hinzieht, aber die Hoffnung mit sich bringt, es irgendwann kostenfrei nutzen zu dürfen.

Noch ein Wort zum **Parken**. Es ist in den meisten Orten **im Sommer kein Problem** – wenn man auf die teureren Parkhäuser zurückgreift. Parkplätze sind nach 17 Uhr meist kostenlos und wie leergefegt. Viele Geschäfte und die meisten Museen sind dann aber auch schon geschlossen. Ansonsten zahlt man für eine Stunde 2-4 €, seltener 1,60 €. Private Parkflächen (durch schwarzweiße Schilder gekennzeichnet!) sind meist noch etwas teurer. Zudem muss hier oft rund um die Uhr

Norwegische Hinweisschilder

Automatisk Trafikk Kontroll: Hier wird geblitzt!
Barn leker: spielende Kinder
Bompenger: Mautstelle
Bomvei: Mautstraße
Dårlig veidekke: schlechte Fahrbahn
Elgfare: erhöhte Gefahr durch Wildwechsel, insbesondere Elche!
Ferist: Stahlroste, die quer über der Fahrbahn liegen und das freie Umherwandern von Weidevieh unterbinden sollen.
Helleristninger: Felszeichnungen
Høy Ulykkesrisiko: große Unfallgefahr
Ikke Stop: nicht anhalten
Ingen Innkjørsel: keine Einfahrt
Kjør sakte: langsam fahren
Møteplass: Ausweichstelle an engen Straßenstellen, markiert durch ein weißes M auf blauen Grund
Omkjøring: Umleitung!, schwarzer Pfeil auf orangefarbenem Grund
Opphøyed gangfelt/fartsdempere: Asphaltbuckel, die in Wohngebieten die Geschwindigkeit bremsen sollen
Parkering forbudt: Parken verboten
Parkeringsplass: Parkplatz
Senk Farten: langsam fahren
Sentrum: Zentrum
Severdighet: Sehenswürdigkeit ⌘
Stavkirke: Stabkirche
Turistkontor: Touristeninformation
Veiarbeid/Vegarbeid/Vegarbeidsområde: Baustelle

gezahlt werden und die Zahldauer wird häufig kontrolliert! Meist gratis ist das Parken in Kleinstädten und vor Supermärkten (Kundenplätze!).

Wohnmobil/Wohnwagen

Das Fahren mit dem Wohnmobil (*bobil*) erfreut sich immer größerer Beliebtheit, sowohl bei Einheimischen als auch bei ausländischen Besuchern. Allerdings wird es gern gesehen, wenn das WoMo auf den Campingplätzen abgestellt wird. Da einige schwarze Schafe dies nie taten und zudem ihre Chemietoilette am Rastplatz entsorgten, ist in Südnorwegen an einigen Stellen das Parken nur bis 20 Uhr oder 2 Stunden erlaubt.

Die zugelassenen **Abmessungen für Wohnwagen** sind: max. Breite 2,30 m, Gesamtlänge max. 18,50 m.

Obgleich die meisten **Straßen** in den letzten Jahren deutlich entschärft wurden, gibt es noch einige, die für das Befahren **mit dem Wohnanhänger** zu schmal und **ungeeignet** sind (z. B. Rv 63: Geirangervegen und Trollstigen, Rv 550: von Jondal nach Utne, Rv 511: von Sudeneshavn nach Kopervik, Straße Lysebotn – Sinnes/Rystad (im Setesdal), Nebenstraße Dale – Voss, Rv 465: von Farsund (Halbinsel Lista) nach Liknes, Rv 461: Førland – Moi – Konsomo, Rv 501: Hauge i Dalane – Heskestad, Rv 520: Sauda – Røldal und Rv 13: Røldal – Nesflaten, Snøvegen: Lærdal – Aurland, Rv 258: Videseter – Grotli, Rv 651: Volda – Straumshamna, Turtagrø – Øvre Årdal, Stichstraßen im Jotunheimengebirge). Allgemein gilt: Am sichersten sind Haupt- und Europastraßen.

Entsorgungsstationen für die Chemietoilette gibt es auf fast allen Campingplätzen und an vielen Tankstellen.

●**Informationen** (u. a. zum Nachfüllen von Gasflaschen) gibt es beim Norsk Caravanklubb, Postboks 104, 1921 Sørumsand, Tel. 63829990, Fax 63829999, www.norskcaravanclub.no und beim Norwegischen Fremdenverkehrsamt.

Automobilclub/Service

Bei einer Panne oder auch einem Unfall kann man unter folgenden Nummern **Hilfe** bekommen:

●**Dänemark:** FALCK, Tel. 79424242, oder DAH, Tel. 70108090.
●**Schweden:** Assistancekåren, Tel. 020/912912; Motormännens Riksförbund, Tel. 020/912912; sowie FALCK, Tel. 087/679000.
●**Norwegen:** NAF, Tel. 81000505.

Hilfe ist z. B. für ADACPlus-Mitglieder oder ÖAMTC-Mitglieder teilweise kostenlos. Man kann sich auch direkt an seinen **Automobilclub** wenden. Hier die Telefonnummern der drei größten Automobilclubs in Deutschland, Österreich und der Schweiz:

●**ADAC,** Tel. 0049/89/222222, unter 0049/89767676 erfährt man, wo sich in der Nähe des Urlaubsortes ein Deutsch sprechender Arzt befindet; die Liste kann man auch vorab anfordern.
●**ÖAMTC,** Tel. 0043/1/2512000 oder 01/2512020 für medizinische Notfälle.
●**TCS,** Tel. 0041/22/4172220.

Trotzdem ist es sehr wichtig, die **grüne Versicherungskarte** dabei zu haben und sich im Falle eines Unfalls unbedingt die Versicherung und die Versicherungsnummer des **Unfallgegners** zu notieren.

●**Straßeninfo:** Statens Vegvesen: Tel. 0047/81548991, in Norwegen: Tel. 175.
●**Autowerkstätten** (bilverksted) finden sich in Norwegen in fast jedem noch so kleinen Ort, meist entlang der Hauptstraßen. Achtung: Reparaturservice an Sonn- und Feiertagen kostet meist mindestens 250 €. Aber auch ansonsten bezahlt man ca. doppelt so viel wie daheim.

Behinderte

Behinderte werden in Norwegen stark in die Gesellschaft integriert. Es gibt in fast allen Einrichtungen – sei es nun ein Museum, ein Kaufhaus, ein Hotel oder ein Campingplatz – Schrägen, Lifte oder Rolltreppen. Sogar verschiedene Angel- und Picknickplätze sind so angelegt, dass sie für körperlich Behinderte gut zu erreichen sind. Trotzdem gibt es natürlich noch genügend Hindernisse, z. B. bei öffentlichen Verkehrsmitteln; Niederflurbusse findet man in ganz Norwegen nicht.

Infos bei **Norges Handikappforbund,** Nils Hansens vei 2, 0667 Oslo, Tel. 0047/22170255, www.nhf.no.

Ein- und Ausreisebestimmungen

Für einen Aufenthalt von bis zu drei Monaten benötigen Staatsbürger Deutschlands, Österreichs und der Schweiz einen **Personalausweis,** der noch mindestens 6 Monate gültig ist.

In Deutschland, Österreich oder der Schweiz lebende **Staatsbürger von Nicht-EU-Staaten** müssen grundsätzlich **ein Visum** bei der entsprechenden Botschaft des Königreichs Norwegen beantragen:

- **Deutschland:** Rauchstr. 1, 10787 Berlin, Tel. 030/505050, Fax 505055, www.norwegen.org.
- **Österreich:** Reisnerstr. 55-57, 1030 Wien, Tel. 01/7156692, Fax 7126552, www.norwegen.or.at.
- **Schweiz:** Bubebbergplatz 10, 3001 Bern, Tel. 031/3105555, Fax 3105550, www.amb-norwegen.ch.

Auch für alle Durchreiseländer über Land müssen Nicht-EU-Bürger ein Visum beantragen. Die diplomatischen Vertretungen kann man hier in Erfahrung bringen:

- **Deutschland:** www.auswaertiges-amt.de (Länder- und Reiseinformationen), Tel. 030/5000-0, Fax 5000-3402.
- **Österreich:** www.bmaa.gv.at (Bürgerservice), Tel. 05/01150-4411, Fax 05-01159-0.
- **Schweiz:** www.dfae.admin.ch (Reisehinweise), Tel. 031/3238484.

Im Jahr 2001 ist Norwegen dem Schengener Abkommen beigetreten. An den **Fähren** finden aber dennoch in unregelmäßigen Abständen **Kontrollen** statt, vor allem bei jüngeren Reisenden. **Grenzübergänge zu Schweden** sind meist frei passierbar, an Nebenstraßen sind Zollhäuschen selten.

Einfuhr

Die Strafen für unerlaubte Alkoholeinfuhr sind immer noch ziemlich hoch.

Verboten ist die Einfuhr von Giften, Pflanzen (auch Kartoffeln!), Säugetieren und Vögeln, Fleisch (nicht für Konserven), Milch, Eiern und Wurst, Narkotika, Getränken mit mehr als 50 % Alkohol; Waffen nur mit Sondergenehmigung.

Frei ist die Einfuhr von 1 l Schnaps (max. 60 Vol. % Alkohol) und 1,5 l anderer alkoholischer Getränke (max. 22 Vol. % Alkohol) oder stattdessen 3 l alkoholischer Getränke mit max. 22 Vol. % Alkohol. Zusätzlich dürfen 2 l Bier eingeführt werden. Da die Bestimmungen erst ab 2,5 Volumenprozent Alkohol gelten, fällt Radler oftmals nicht unter diese Regelungen; 200 Zigaretten oder 250 g Tabak plus 200 Blättchen. Proviant bis 700 NOK. Über die Quote hinaus dürfen 4 Liter zollpflichtig mitgenommen werden. Für Wein sind pro Liter 47 NOK, für Spirituosen 325 NOK zu zahlen. Infos: www.toll.no und www.norwegen.org.

Ausfuhr

Norwegen gehört nicht zur EU. Daher gibt es bei der Rückreise auch auf europäischer Seite **Freigrenzen, Verbote und Einschränkungen.** Folgende folgende **Freimengen** darf man zollfrei einführen:

- **Tabakwaren** (über 17-Jährige in EU-Länder und in die Schweiz): 200 Zigaretten oder 100 Zigarillos oder 50 Zigarren oder 250 g Tabak
- **Alkohol** (über 17-Jährige in EU-Länder): 1 l über 22 % Vol. oder 2 l bis 22 % Vol. und zusätzlich 2 Liter nicht-schäumende Weine; (in die Schweiz): 2 Liter (bis 15 % Vol.) und 1 Liter (über 15 % Vol.)
- **Andere Waren für den persönlichen Gebrauch** (über 15-Jährige): nach Deutschland 500 g Kaffee, nach Österreich zusätzlich 100 g Tee, (ohne Altersbeschränkung): 50 g Parfüm und 0,25 Liter Eau de Toilette sowie Waren bis zu 175 €. In die Schweiz Waren bis zu einem Gesamtwert von 300 SFr pro Person.

Wird der Warenwert von 175 € bzw. 300 SFr überschritten, sind **Einfuhrabgaben** auf den Gesamtwert der Ware zu zahlen und nicht nur auf den die Freigrenze übersteigenden Anteil. Die Berechnung erfolgt entweder pauschal oder nach dem Tarif jeder einzelnen Ware zuzüglich sonstiger Steuern.

Einfuhrbeschränkungen bestehen für Tiere, Pflanzen, Arzneimittel, Betäubungsmittel, Feuerwerk, Lebensmittel, Raubkopien, verfassungswidrige Schriften, Pornografie, Waffen und Munition; in Österreich auch für Rohgold und in der Schweiz auch für CB-Funkgeräte. **Nähere Informationen** gibt es bei:

- **Deutschland:** www.zoll.de oder beim Zoll-Infocenter Tel. 069/469976-00.
- **Österreich:** www.bmf.gv.at oder beim Zollamt Villach Tel. 04242/33233.
- **Schweiz:** www.zoll.admin.ch oder bei der Zollkreisdirektion in Basel Tel. 061/2871111.

Achtung: Es dürfen nur maximal **15 kg Fischfilet** pro Person ausgeführt werden.

Einkaufen und Preisniveau

Norwegen ist das einzige Land in Skandinavien, in dem das **zollfreie Einkaufen noch möglich** ist. In mehr als 3000 Geschäften, die mit einem Tax-free-Schild gekennzeichnet sind, kann man sich die gekaufte Ware verpacken und versiegeln lassen. Man füllt einen Global-Refund-Scheck aus. Diesen zeigt man später an der Grenze vor und bekommt 11-18 % des Kaufpreises zurück, sofern dieser 308 NOK pro Einkauf in einem Geschäft übersteigt. Besonders die beliebten

Einkaufen und Preisniveau

Pullover mit dem typischen Norwegermuster bekommt man so um einiges billiger.

Der Tax-free-Einkauf ist jedoch leider fast die einzige Vergünstigung, die einen in Norwegen erwartet, denn das Preisniveau ist mit das höchste der Welt. Es gilt daher einige Regeln zu beachten, um relativ kostengünstig über die Runden zu kommen.

Zunächst einmal sollte man, natürlich in Übereinstimmung mit den Einfuhrregeln, durchaus einiges an **Essen mitnehmen.** Praktisch sind da z. B. Tütensuppen, einige Konserven, eine Salami und, wer es denn braucht, Süßigkeiten. Man sollte darauf achten, Lebensmittel nur bei **Rema 1000** einzukaufen. Recht günstig sind auch noch **Rimi, Kiwi** und **Lidl,** nur etwas teurer Coop-Prix und Bunnpris. Sicher sind diese Läden mit ihrer etwas bescheidenen Auswahl keine Einkaufsparadiese, aber einfach weitaus preiswerter als die besser sortierten Coop-Mega, Ica und Spar. Unbedingt zu meiden sind die gnadenlos teuren Campingplatzläden, Kioske (Narvesen, 7-eleven) und Tankstellen.

Souvenirstand der Samen im Gebirge

Einkaufen und Preisniveau

Bei der **Kleidung** liegen die norwegischen Preise oft auf deutschem Niveau. Recht kostengünstig sind H&M, Cubus und KappAhl. Hinzu kommt, dass zur touristischen Hauptsaison (Januar/Februar und Juni/Juli) die Zeit der Schlussverkäufe ist. Diese machen mit grellen „Salg"-Schildern auf sich aufmerksam und versprechen 30-50 % Rabatt. Vor allem norwegische Qualitätssportartikel sind dann in Intersport-Läden zu Niedrigpreisen zu haben.

Teils sehr geschmackvolle **Souvenirs** finden sich in den überall anzutreffenden Husfliden-Läden. Zu erstehen sind u. a. die mollig warmen Norwegerpullover, knuffige Elche, kleine Bildbände (Norwegen, Trollgeschichten) und die unvermeidlichen (Latex-) Trolle.

Spartipp

Bei bestimmten Unterkünften, Veranstaltungsorten, Museen, Tourveranstaltern, Sportstätten etc. kann man Rabatt bekommen, wenn man im Besitz eines Internationalen **Studentenausweises** (ISIC) ist (siehe Stichpunkt „Discounts" unter www.isic.de). Den Ausweis muss man allerdings schon zu Hause bei STA Travel oder beim Studentenwerk ö.Ä. erworben haben (10 € bzw. 20 SFr). Man muss Immatrikulationsbescheinigung/Schülerausweis, Personalausweis und Passbild vorlegen.

- **Deutschland,** in Bamberg und 4x in Berlin, z. B. Dorotheenstr. 30, Tel. 030/201165063, www.statravel.de.
- **Österreich,** in Graz, Innsbruck, Linz, Salzburg und in Wien, Garnisongasse 7, Tel. 01/14014870, www.statravel.at.
- **Schweiz,** in Bern, Genf, Lausanne und in Basel, Freiestr. 15, Tel. 058/4504170, www.statravel.ch.

Preisbeispiele/Produkte

(Kurs: 1 € = 8 NOK)

Noch recht preiswert ist **Brot** *(brød)* zu haben, für deutsche Gaumen jedoch schmeckt es recht fad und bröselig. Die billigste Version, das Kneippbrød, kostet etwa 6 NOK. Allerdings hat man es recht schnell über. Am ehesten munden alle Mehrkornbrote *(Flerkornbrød),* das milde *Middelhavsbrød* (Mittelmeerbrot) und das *Dansk Ruggbrød* (Dänisches Roggenbrot), das ähnlich wie das deutsche Brot schmeckt. Kosten: 14-18 NOK. Die dazugehörige, oft leicht gesalzene *(lettsaltet)* **Butter** *(smør)* kostet um die 20 NOK (500 g). Als Belag empfiehlt sich der würzige **Jarlsberg Käse** (500 g zu 30 NOK) und der karamellige **Ziegenkäse Geitost G 35** (500 g à 40/50 NOK).

Wurst ist extrem teuer. 100 g der billigsten Sorte kosten 10 NOK. Meist jedoch zahlt man 15-20 NOK. (Günstig ist eine Dose *leverpostei* (Leberpastete) für 12 NOK. Ähnlich verhält es sich mit Steaks u.Ä.: 2 Stück kosten 40-60 NOK. Am besten kauft man die typischen norwegischen **Kjøttboller** (Fleischklopse) oder **Fiskekarbonader** (Fischfrikadellen), die 2-Personen Packung für 30-40 NOK.

250 g **Spaghetti** kosten 7-10 NOK, die Tomatensauce dazu 12 NOK.

Die billigste **Tiefkühlpizza** heißt „Grandiosa", kostet 22 NOK, ist mit Schinkenstreifen sowie einem Berg Käse belegt und avancierte aufgrund ihres Preises zum norwegischen Tiefkühl-Fast-Food schlechthin.

Als Dessert eignet sich **Joghurt** mit Moltebeeren. Die 0,5-l-Packungen sind mit 12 NOK die preiswertesten.

Süßigkeiten sind in Norwegen oft bis zum Rand mit Farbe und Konservierungsstoffen vollgepumpt. Sehr gut schmecken jedoch **Freia-Schokolade** (Tafel für 8-10 NOK) und **Chips** (Packung für 8-12 NOK).

Bei **Erfrischungsgetränken** zahlt man 10 NOK für die 0,5-l-Flasche und 11-14 NOK für die 1,5-l-Flasche. 1 l Orangensaft ist für 6-8 NOK zu haben. (Achtung: „Saft" heißt auf Norwegisch *juice,* „Sirup" hingegen *saft!)* **Milch** kostet 9-10 NOK. Am besten ist die H-melk, was gute Vollmilch *(helmelk)* und keine H-Milch ist! Sehr wässrig ist hingegen die Magermilch, die *skummet-melk.* Buttermilch heißt *kulturmelk*. Im Verhältnis zum Inhalt ist **Bier** (*øl*) am teuersten. Die 0,7-l-Flasche kostet ca. 25 NOK, die 1,25-l-Ausgabe 50 NOK. Kurioserweise haben 0,33-l-Flaschen den niedrigsten Literpreis. Eine „flaske" Tuborg kostet ca. 10 NOK, andere Marken ca. 9 NOK. Am preiswertesten ist „Grans Lettøl" (2,5 % Alkohol, 4 NOK/0,33-l-Flasche). Am empfehlenswertesten sind die Marken „Hansa" und „Ringnes" sowie das nur zu Weihnachten gebraute *juleøl*. Achtung: In einigen Regionen gibt es Bier nur im Ølutsalg.

Am Imbissstand gibt es zumeist nur *pølse* (Wiener Würstchen) für 10-15 NOK (verpackt in Brötchen oder *lompe*, einen Teigfladen) und Hamburger (40-60 NOK).

Marktstände am Straßenrand bieten frische, nicht ganz billige landwirtschaftliche Produkte der Region an: *jordbær* (Erdbeeren), *moreller* (Süßkirchen), *epler* (Äpfel), *plommer* (Pflaumen), *bringebær* (Himbeeren), *poteter* (Kartoffeln). Der Zusatz *fersk* heißt „frisch". Die schmackhaften Joghurte und/oder Marmeladen („*syltetøy*") enthalten auch *moltebær* (Moltebeere), *tyttebær* (Preiselbeere), *skogbærer* (Waldbeeren), *blåbær* (Heidelbeere). An Gemüse findet sich im Laden u. a.: *agurk* (Gurke), *tomat* (Tomate), *blomkål* (Blumenkohl), *squash* (Zucchini). *Løk* ist Zwiebel, *hvitløk* hingegen Knoblauch. Das preiswerteste Obst *(bananer* 8 NOK/kg) und Gemüse gibt es bei Rema 1000 und in den Läden der Einwanderer (siehe „Oslo").

Eine norwegische Spezialität sind **Garnelen** (*reker*). Nachdem man ihre Schale abgepult hat, genießt man sie am besten roh mit Zitrone oder gekocht. Kosten: tiefgekühlt bei Rema 1000 ab 25 NOK/kg oder frisch am Hafen für bis zu 80 NOK/kg.

Elektrizität

Es werden die **gleichen Steckdosen wie in Mitteleuropa** verwendet und das bei den üblichen **220 Volt/Wechselstrom.**

Essen und Trinken

Die norwegische Küche ist deftig und greift auf die natürlichen Ressourcen des Landes zurück. Elch und Ren sind ebenso auf der Speisekarte zu finden, wie Schneehuhn und Fisch jedweder Art. **Typische Gerichte** sind *fårikål* (Hammelbraten in Kohl), *sodd* (Lammeintopf), *pinnekjøtt* (Lammrippchen) und Stockfisch, getrockneter und wieder eingeweichter Kabeljau. Eine Sonderform des Stockfisches ist der *lutefisk*, ein gelaugter Dorsch, dessen Konsistenz ein wenig an Qualle in Seifenwasser erinnert. Die geruchs- und geschmacksintensive Art der Verarbeitung des eigentlich ganz vorzüglich schmeckenden Fisches hat folgende Bewandtnis: Es war einmal ein armer Fischer, dessen Vater schwer krank im Bett lag. Der Sohn wollte ihm einen Stockfisch aufweichen und kochen. Dabei fiel ihm jedoch das Meerestier in einen Topf voller Lauge. Da er es sich nicht leisten konnte, die Mahlzeit zu verwerfen, servierte er dem Vater den nun recht traurig anzuschauenden Fisch, mit dem überraschenden Ergebnis, dass der Mann rasch gesundete ...

Häufig wird man, zumindest in **besseren Restaurants,** neben Steak und Schnitzel, Lachs, Forelle (*ørret*), Schneehuhn-, Elch- und Rentierbraten serviert bekommen, z. T. werden die schmackhaften Gerichte mit leckeren norwegischen Preiselbeeren (*tyttebær*) garniert.

Einfacher als diese Mahlzeiten sind, versehen mit Gemüse und norwegischen Kartoffeln, **kjøttboller** (Fleischklopse) und **fiskeboller** (Fischklopse aus Fischmehl). Oft kann man auch **lapskaus,** einen sich schnell verfestigenden Mischmasch aus Gemüse und Fleisch, und **kylling** (Hähnchen) erhalten.

Als Dessert gibt es u. a. die traditionelle **rømmegrøt.** Die leckere, leicht säuerlich schmeckende Grütze ist die typische bäuerlich-norwegische Begrüßungsspeise in den Märchen von *Asbjørnsen* und *Moe.* Beliebt sind auch **Waffeln** und **lefser,** ein süßliches Fladenbrot aus Mehl und Kartoffeln. Man bestreicht diese Spezialitäten z. B. mit Marmelade aus den Moltebeeren (die nur in Skandinavien wachsen) oder belegt sie mit dem bräunlichen **Ziegenkäse geitost.** Der ist, auch als Brotbelag, Norwegens ganzer Stolz. Er schmeckt leicht karamellig und würzig. Mit Sicherheit bedarf es einiger Zeit der Gewöhnung, wonach man schnell zum Liebhaber werden kann.

Kaum anfreunden wird man sich dagegen mit dem strengen, alles vernichtenden Geschmack des **gamalost (alter Käse).** Bei ihm versteht selbst die Mehrzahl der Norweger nicht, wie man so etwas verzehren oder auch nur herstellen kann. Eine Besonderheit ist dieser haltbare Käse, den schon die Wikinger kannten, dennoch, enthält dieser doch weder Salz noch Zucker, nur 1 % Fett, 50 % Proteine und zudem den Stoff Chitosan, der Fett bindet und cholesterinsenkend wirkt.

Die Mahlzeiten

Frühstück (frokost) besteht wie bei uns aus einigen Schnitten, Müsli, Milch und Obst. Das **Mittagessen** wird zwischen 11.30 und 12.30 Uhr eingenommen. Da es jedoch wiederum nur aus ein paar Schnitten besteht, heißt es **Lunsj.** „Middag" selbst speist man erst nach der Arbeit/Schule am Nachmittag zwischen 15 und 17 Uhr. Es kann aber auch, je nach Region und Gewohnheit, das „**kveldsmat**", das **kalte Abendessen** zwischen 19 und 21 Uhr, ersetzen. Kuchen und Unmengen an Kaffee, dem alkoholfreien „Laster der Nation", passen zu jeder Tages- und Nachtzeit.

Restaurants

Es ist ja nicht so, dass es keine guten Restaurants gäbe, gerade Oslo ist voll

---

Rømmegrøtrezept

Zutaten: 500 ml Seterrømme (oder Crème fraiche), 200 ml Weizenmehl, 500 ml Milch, 1 Messerspitze Salz, Zucker, Zimt.

Man lasse die *rømme* 5 Minuten kochen und gebe unter stetem Rühren die Hälfte des Mehls hinzu. Anschließend lasse man das Ganze auf kleiner Flamme weiterköcheln bis sich das Fett absetzt. Dieses schöpfe man nun ab, füge das restliche Mehl und nach und nach die Milch hinzu, welche die Rømme geschmeidig macht. Dabei gut umrühren und alles auf kleiner Flamme 5 Minuten weiterkochen lassen. Man serviere die *rømmegrøt* mit Zucker und Zimt und gieße das flüssige Fett darüber.

ESSEN UND TRINKEN

davon. Doch die Preise! Allein der Gedanke, für ein simples Essen 20-30 € hinblättern zu müssen, ließ schon viele zu Gasthaus-Abstinenzlern werden.

Einzige preiswerte Alternative sind die Filialen der landesweit vertretenen Pizzaketten **Peppes Pizza** und **Dolly Dimple's**. Eine oft sehr gute *Stor-Pizza* (große Pizza) kostet 200-240 NOK und reicht für 3 Personen. Die *Medium-Pizza* (170-200 NOK) ist für zwei Esser gedacht. Manchmal locken auch „All- you-can-eat"-Angebote für 100-120 NOK.

Vom Versuch, die selbst in Restaurants erhältlichen, synthetisch schmeckenden **Hamburger** zu verkosten, sei an dieser Stelle abgeraten. Die Fleischklöpse im Sesampack entwickeln sich leider immer mehr auch zum norwegischen Nationalgericht, und man muss ja nun wirklich nicht jede, zumal zweifelhafte, Mode mitmachen. Auch die **Döner** schmecken im Land der Wikinger eher ungewohnt und ein wenig fad.

Wer nun aber doch einmal etwas anderes als diese Gerichte zwischen die Zähne bekommen möchte, der sollte auf das **„Dagens Rett"** oder **„Dagens Middag"** achten. Bei dieser norwegischen Besonderheit handelt es sich um **Tagesgerichte zu besonders günstigen Preisen** (meist zwischen 70 und 90 NOK). Speziell in China-Restaurants und in den Cafeterias der Touristenzentren wird man schnell fündig. Recht günstig ist auch die Restaurantkette Egon (u. a. in Oslo, Bergen, Kristiansand, Ålesund, Lillehammer; www.egon.no). Das Mittagsgericht *(Lunchtallerken)* kostet 100 NOK, nach 15 Uhr sind Speisen für rund 200 NOK zu haben. Zudem gibt es tägl. vor 18 Uhr (So & Mo ganztägig) „Pizza-„All-you-can-eat"-Angebote für rund 110 NOK. Ein Vorteil für Mitteleuropäer sind die ungewöhnlichen **Essenszeiten** der Norweger. Da man meist zwischen 15 und 17 Uhr essen geht, sind die Preise zwischen 12 und 13 Uhr am niedrigsten. Günstig ist, dass *et glass vann,* „ein Glas Wasser", in jedem Restaurant gratis zu haben ist.

Noch ein paar Hinweise

In vielen kleineren Orten wird man Restaurants nur in den Hotels finden, diese sind dann aber auch für Nicht-Gäste zugänglich. Das Essen ist vielfach recht ordentlich, wenngleich nur selten Extraklasse. Besonders **gute oder schöne Restaurants** sind im Buch mit einem **+** gekennzeichnet. Die Preise für ein normales Gericht, Fleisch oder Fisch, liegen bei **160-240 NOK** (20-30 €), oft auch darüber, und variieren recht stark. Nicht selten findet man in einem Restaurant Gerichte mit Preisdifferenzen von bis zu 15 €. Daher ist es wichtig, dass man auch das Richtige bestellt. Vielerorts gibt es die Speisekarte auch auf Deutsch oder Englisch. Ansonsten hilft der kleine **Sprachführer** im „Anhang" weiter.

Jeg vil gjerne ha... („jei wil järne ha") oder *Jeg skal ha ...*: Ich möchte bitte ...
Jeg vil gjerne betale: Ich möchte bezahlen.

biff: Beefsteak
elg: Elch
erter: Erbsen
fisk: Fisch
forretter: Vorspeisen (meist etwas kleinere Hauptgerichte)
gås: Gans
gravlaks: gebeizter Lachs
hovedretter: Hauptgerichte
kake: Kuchen

Essen und Trinken

karbonade: Frikadelle
kjøtt: Fleisch
kjøttboller: Fleischklößchen
krydder: Gewürz
kylling: Hähnchen
ørret: Forelle
poteter: Kartoffeln
reinsdyr: Rentier
rype med multer: Schneehuhn mit Moltebeeren
røkelaks: Räucherlachs
sodd: Lammeintopf
stek: Steak

Restaurants im eigentlichen Sinne heißen auch in Norwegen so. Außerdem gibt es das **Café** (auch mit K geschrieben), das **Kro** (Raststätte, zumeist recht preiswert, 70-100 NOK, einfache Speisen) und die **Gatekjøkken** (Imbissstube mit Hamburgern und Pølse, den norwegischen Wienern).

Alkohol

Oft scheint es, als sei der Alkohol **der Norweger liebstes Thema** und die Norweger des Alkohols liebste Opfer. Getrunken wurde schon immer viel und gern. Sei es nun der Dunkelheit, der Kälte oder irgendwelcher Sorgen wegen, aus Freude, vielleicht auch aus Schmerz, oder einfach nur so, als Beschäftigung am Abend. Und da Vater Staat seine Schäfchen kennt, gibt es die 0,5 l Flasche **Bier** *(øl)* **im Laden erst ab 2,60 €**, Wein und Hochprozentiges nur im staatlichen „Vinmonopol". Nicht jeder Ort hat einen solchen Spezialladen, nicht jeder hat Zutritt. Über 18 muss man sein, bei Schnaps über 21, ohne stieren Blick und ohne Alkoholfahne. Dann erst bekommt man die Flasche Wein für 70-300 NOK, harte Sachen ab 200 NOK bis unendlich. Anschließend darf die „heiße Ware" mit nach Hause genommen und nur in geschlossenen Räumen konsumiert werden. Und da ein paar Bretter notfalls auch einen Raum bilden können, sind norwegische Biergärten stets von einem schmucken Zäunchen umgeben ... Im Übrigen darf in der hiesigen Gastronomie nur das ausgeschenkt werden, wozu die Schankgenehmigung berechtigt. Die kann im schlimmsten Fall nur Bier umfassen, was aber immer seltener vorkommt. Was es hingegen nach wie vor gibt, ist das Schnapsverbot an Sonntagen ... Na denn: Skål!

Unter den alkoholischen Getränken ist **der aus Kartoffeln gebrannte Aquavit Norwegens Nationalgetränk.** Berühmteste Marke ist dabei der Linie Aquavit. Dieser reist zunächst stets, wie ein Zertifikat bestätigt, auf einem Handelsschiff, in alten Eichenfässern gelagert, einmal über den Äquator und zurück, bevor er in den Handel gelangt. Unterwegs erst erhält er sein volles Aroma, denn erzählt wird, dass ein Seemann den Schnaps als Ballast auf seinen Bootsreisen mit sich führte und eines schönen Tages daheim entdeckte, dass der Aquavit doch nun viel vollmundiger schmeckt. Die Flasche Linie Aquavit kostet in Norwegen etwa 35 €, in Deutschland hingegen nur 15 €.

Barbeque

Beliebt, und in den letzten Jahren zur Manie geworden, ist das **Grillen im Freien.** Zumeist geschieht dies an Strand und See, wobei den anderen

Feste und Feiertage

Teurer Alkohol: Vor dem Ausgehen wird zu Hause erst mal „billig" vorgefeiert ...

Gästen Rauchwolken schon von weitem anzeigen, wen gerade wieder der Heißhunger gepackt hat. Die Zutaten für ein preiswertes Picknick im Freien sind ein paar **pølser** (die einen auf Schritt und Tritt verfolgende norwegische Ausgabe der Wiener Würstchen), die dazugehörigen Brötchen sowie ein Aluminiumgrill, der inklusive Holzkohle und Feueranzünder für 2 € in allen Supermärkten erhältlich ist.

Feste und Feiertage

Das größte Fest im Jahr ist der **Nationalfeiertag am 17. Mai.** Man zelebriert mit Umzügen, Tausenden von Fahnen und viel guter Stimmung das Datum, an dem im Jahr 1814 Norwegen seine erste Verfassung erhalten hat. Besonders sehenswert sind die Veranstaltungen in Oslo, Bergen und Lillehammer.

Beliebt als Urlaubsperiode ist **Ostern** (påske). Seit Beginn des 20. Jahrhunderts, mit dem Aufkommen von Autos und dem Bau von ersten Bahnlinien, ist es Tradition mit Kind und Kegel ins Gebirge zu ziehen und sich auf den sonnenbeschienenen Hochebenen die Osterbräune zu holen. Sämtliche Loipen sind in dieser Zeit hoffnungslos überfüllt, und Hütten werden zu Jahresrekordpreisen vermietet. Immer beliebter wird auch der winterliche Kurzurlaub über **Neujahr.** Allerdings – es ist ja noch finster und oft sehr kalt – sind in dieser Periode bei weitem nicht so viele unterwegs wie zu Ostern, und Hütten sind zu normalen Preisen zu haben.

Neben dem 17. Mai ist wohl **Weihnachten** *(jul)* Norwegens schönstes Fest, dem die Adventszeit als Zeit der Vorbereitung vorangeht. So mussten früher bis zum 13.12., dem Tag der Lucia, alle wichtigen Arbeiten auf dem Hof getan sein, um nicht *Luzifer* herauszufordern. Weihnachten feiert man mit speziellem Weihnachtskuchen, mit Rosinen und Kardamom, sowie dem guten *juløl,* dem Weihnachtsbier. Im Wohnzimmer steht eine Tanne, geschmückt u. a. mit norwegischen Fahnengirlanden, die Gaben bringt der „Nisse". Um ihn, der gleichzeitig der Beschützer von Haus und Hof ist, bei Laune zu halten, stellt man am Weihnachtsabend ein Schüsselchen Hafergrütze vor die Tür. Auch die Tiere der Umgebung werden bedacht. Für die Vögel bindet man einen Bund Hafer an den Zaun, und das Hofvieh der Bauern bekommt spezielles Weihnachtsfutter. Für die Menschen gibt es Haferbrei, Kabeljau oder Lutefisch. Anschließend erfolgen der gemeinsame Tanz um den Tannenbaum und die Geschenkevergabe. Ein typisches Gericht für den ersten Weihnachtsfeiertag ist *får i kål,* in Kohl eingelegter, fetter Hammelbraten.

War Weihnachten ehedem das heidnische Fest zur Wintersonnenwende, so ist **Jonsok** oder **St. Hans** der entsprechende Festtag zur Sommersonnenwende. Gefeiert wird mit riesigen Lagerfeuern, Gesang und reichlich Alkohol in der Nacht vom 23.6. zum 24.6.

Gleichfalls mit Freudenfeuern wird in einigen Regionen am 29.7. das **Olsok-Fest** begangen, in Gedenken an den in Stikklestad im Jahr 1030 gefallenen König *Olav Haraldson,* der die Christianisierung Norwegens entscheidend vorantrieb. Weitere Feiertage: Der **1. Mai, Christi Himmelfahrt** und **Pfingsten.**

Wichtige Feste sind zudem (siehe bei den jeweiligen Orten): Holmenkollen-Festspiele in Oslo im März (Skisprung/Biathlon); Jazzfestivals in Voss, Molde, Kongsberg und Oslo; Bergen-Festspiele im Mai (Konzerte, Theater und Kunst); Oslo Marathons im Mai und September. Weitere Infos unter: www.norwegeninfo.net.

Film und Foto

Reist man nach Norwegen, so sollte man viele, viele Filme mitnehmen und am Ende noch einige mehr einstecken. Denn zum einen wird, ob der grandiosen Landschaften, der eine oder andere einen regelrechten Fotozwang erleben, zum anderen sind in Norwegen Diafilme mit 6-8 € und Bilderfilme mit

Geld, Gesundheit

3,50-5 € doch ausnehmend teuer. Speziell ISO 200er- und ISO 400er-Filme sind fast unbezahlbar. Diese eignen sich aufgrund ihrer höheren Lichtempfindlichkeit gut für die dunkle Jahreszeit. Im Sommer hingegen sind 100er-Filme, will man keine Innenaufnahmen machen, völlig ausreichend. Ein Polarisationsfilter ist in Anbetracht des teils grellen Lichtes durchaus anzuraten.

Digitale Bilder können in Fotoläden entwickelt werden, u. a. bei Foto Knudsen. Die Preise liegen bei 3-5 NOK/Bild.

Geld

Die **Währung ist die norwegische Krone (NOK). 1 NOK entspricht 100 Øre.** Es existieren nur noch 50-Øre-Münzen. Der Betrag wird jeweils auf- oder abgerundet.

1 € entspricht 8,2 NOK, für 1 SFr bekommt man 5,1 NOK. 100 NOK sind 12,3 € bzw. 19,8 SFr (Stand: April 2007). Der Kurs ist in Norwegen günstiger als zu Hause!

Bargeld kann man in allen Banken, bei vielen Touristeninformationen und auf Postämtern tauschen. Allerdings ist der Kurs schlechter als wenn man mit der Maestro-Karte (früher in Deutschland EC-Karte genannt) sein Geld vom Geldautomaten abhebt, außerdem werden hohe Gebühren verlangt.

Mit der **Maestro-(EC-)Karte** kann man an nahezu allen Automaten problemlos Geld abheben. Je nach Hausbank wird pro Abhebung eine Gebühr von ca. 1,30-4 € bzw. 4-6 SFr berechnet.

Die **Kreditkarte** ist sehr nützlich. Mit ihr erhält man auf Banken problemlos Geld; sie wird in vielen Läden und Hotels auch als Zahlungsmittel akzeptiert. Von Barabhebungen per Kreditkarte ist abzuraten, weil dabei 0-5,5 % an Gebühr einbehalten werden. Aber für das **bargeldlose Zahlen** berechnet der Kreditkartenaussteller nur eine Gebühr für den Auslandseinsatz von ca. 1-2 %. Die **Banken** haben in der Regel Mo-Fr 9-15 Uhr, Do bis 17 Uhr geöffnet.

Siehe unter „**Notfall**", was zu tun ist, wenn die Geldkarten gestohlen worden sind oder verloren wurden.

Gesundheit

Die gesetzlichen Krankenkassen von Deutschland und Österreich garantieren eine Behandlung im akuten Krankheitsfall auch in Norwegen, wenn die Versorgung nicht bis nach der Rückkehr warten kann. Als Anspruchsnachweis benötigt man die **Europäische Krankenversicherungskarte,** die man von seiner Krankenkasse erhält.

Im Krankheitsfall besteht ein Anspruch auf ambulante oder stationäre Behandlung bei jedem zugelassenen Arzt und in staatlichen Krankenhäusern. Da jedoch die Leistungen nach den gesetzlichen Vorschriften im Ausland abgerechnet werden, kann man gebeten werden, zunächst **die Kosten der Behandlung** selbst zu tragen. Obwohl bestimmte Beträge von der Krankenkasse hinterher erstattet werden, kann doch ein Teil der finanziellen Belastung beim Patienten bleiben und zu Kosten in kaum vorhersagbarem Umfang führen. Deshalb wird zusätzlich eine **private Auslandskrankenversicherung** dringend empfohlen. Diese sollte außerdem eine zuverlässige Reiserückholversicherung enthalten, denn der Krankenrücktransport wird von den gesetzlichen Krankenkassen nicht übernommen.

Schweizer sollten bei ihrer Krankenversicherungsgesellschaft nachfragen, ob die Auslandsdeckung auch für Norwegen inbegriffen ist. Sofern man keine Auslandsdeckung hat, kann man sich kostenlos bei Soliswiss (Gutenbergstraße. 6, 3011 Bern, Tel. 031/ 3810494, info@soliswiss.ch, www.soliswiss.ch) über mögliche Krankenversicherer informieren.

Zur Erstattung der Kosten benötigt man ausführliche **Quittungen** (mit Datum, Namen, Bericht über Art und Umfang der Behandlung, Kosten der Behandlung und Medikamente).

Der Abschluss einer **Jahresversicherung** ist in der Regel kostengünstiger als mehrere Einzelversicherungen. Günstiger ist auch die **Versicherung als Familie** statt als Einzelpersonen. Hier sollte man nur die Definition von „Familie" genau prüfen.

Bei Gesundheitsproblemen wendet man sich an die **legevakt** („Ärztewache", medizinisches Notfallzentrum). Außer in den Großstädten ist dies in die Krankenhäuser integriert. Adressen und Telefonnummern stehen in allen Telefonbüchern unter diesem Stichwort) bzw. an eine Privatpraxis. **Apotheken** findet man unter *apotek,* **Zahnärzte** sind unter *tannlege* und **Krankenhäuser unter** *sykehus* bzw. *sjukehus* aufgelistet. Für die Konsultation eines Arztes sind in jedem Fall 150 bis 250 NOK zu zahlen. Manchmal muss der Arztbesuch, aber immer der Zahnarztbesuch, zunächst komplett bezahlt werden. Das Geld wird später zurückerstattet. Wer in Norwegen arbeitet, ist über seinen Arbeitgeber abgesichert.

Sprachprobleme gibt es kaum. Alle Ärzte sprechen Englisch, viele auch Deutsch (zumal nicht wenige auch aus Deutschland stammen).

Telefonnummern/Adressen

- **Notarzt:** 113.
- **Oslo Legevakt:** Storgata 40, Tel. 22932293.
- **Bergen Legevakt:** Vestre Strømkaien 19, Tel. 55568760.
- **Trondheim Legevakt:** St. Olavs Hospital, Tel. 73522500.
- **Stavanger Legevakt:** Stavanger Universeitetssykehus, Arm Hansensvei 20, Tel. 51510 202.
- **Kristiansand Legevakt:** Egsveien 102, Tel. 38076900.
- **Ålesund Legevakt:** Åleseund Sjukehus, Åse, Tel. 70143113.

Weitere Infos unter www.legevakten.no (Adressen und Telefonnummern: unter „Finn legevakt" den Namen des Ortes eingeben).

Haustiere

Seit 1994 dürfen Hunde und Katzen eingeführt werden. Allerdings dauert die Anmeldung dafür (Ausstellen eines

Information

Einfuhrantrags, Impfungen, Identitätsnachweis und Markierung) bis zu sechs Monate. Infos und Unterlagen erhält man beim Norwegischen Fremdenverkehrsamt in Hamburg. Die Prozedur ist notwendig, da es in Norwegen keine Tollwut gibt und dies auch dauerhaft so bleiben soll. Im Vergleich zu früheren Zeiten ist die Einfuhr nun fast ein Kinderspiel. Achtung: Schnellfähren bekommen den meisten Haustieren oft weniger gut. Infos zur Einfuhr auch auf der Internetseite: www.norwegen.org.

●**Literaturtipp: Verreisen mit Hund,** *Mark Hofmann,* erschienen in der Praxis-Reihe des Reise Know-How Verlags.

Information

Touristeninformation

Beim **Norwegischen Fremdenverkehrsamt** kann man allgemeine Prospekte zu Norwegen erhalten. Besonders nutzbringend ist die Broschüre: „Transport and Accomodation". Zwar sind nur sehr teure Unterkünfte aufgelistet, dafür aber alle Fährverbindungen und viele Bus-/Bahnverbindungen, inkl. Preise.

●**Innovation Norway,** Postfach 113317, 20433 Hamburg, www.visitnorway.com.

Durch ein weißes „i" auf grünem Grund gekennzeichnete Touristeninformationen, in Norwegen meist **Turistkontor** genannt, gibt es wie Sand am Meer, das heißt, **in jeder noch so kleinen Ortschaft.** Im Sommer haben sie unter der Woche bis 18 Uhr, oft bis 20 oder sogar 22 Uhr geöffnet, am Wochenende häufig bis 17 oder 19 Uhr. Die Turistkontore sind in Norwegen hilfreiche Anlaufstellen für Erkundigungen aller Art. Sei es nun, dass man die nächste Bus- oder Bahnverbindung erfahren möchte, Briefmarken erstehen will, checken lassen möchte, wo noch ein Bett frei ist, oder den Weg zum nächsten Sportcenter sucht. Hier wird einem mit Sicherheit weiter geholfen, meist sogar auf Deutsch.

Hier nun einige wichtige **regionale Touristeninformationsstellen,** weitere sind bei den Orten unter der Rubrik „Praktische Informationen" aufgelistet.
Vorwahl Norwegen: 0047

Oslo und Oslofjord

●**Visit Oslo,** Fridtjof Nansens plass 5, 0160 Oslo, Tel. 24147700, Fax 22429222, www.visitoslo.com.

Südostküste (Risør und Umgebung)

●**Info Sør,** Brokelandsheia, 4993 Sundebru, Tel. 37119000, Fax 37119001, www.infosor.no.

Kristiansand, Südnorwegen, Setesdal

●**Destinasjon Sørlandet – Kristiansand,** Vestre Strandgate 32, 4612 Kristiansand, www.sorlandet.com, Tel. 38121314, Fax 3802 5255.
●**Setesdal Reisetrafikklag,** N-4735 Evje, www.setesdal.com, Tel. 37931400, Fax 3793 1455.

Informationen im Internet

Computer mit kostenlosem Internetzugang sind in Norwegen in fast allen Bibliotheken vorhanden, oftmals selbst in den kleinsten Orten. Die unten aufgeführten Seiten sind natürlich nur eine Auswahl. Es ist jedoch fast jede norwegische Region im Internet vertreten. Interessiert man sich für einen speziellen Ort, sucht man ihn am besten über die **norwegische Suchmaschine: //kvasir.no**. Hier sind unter der Rubrik „Reisen" und dem Unterpunkt „Norge" fast alle Ortsadressen aufgelistet. Ein Update des vorliegenden Reiseführers findet sich auf der Homepage des Autors: www.norwegeninfo.net.

Nachfolgend sind nur einige Links zu Norwegen aufgeführt. Eine über 1000 Links umfassende Liste zu Norwegen findet sich in der Linksammlung: **www.norwegeninfo.net.**

- **Allgemeine Informationen/Regionen**
www.visitnorway.com (Seite des Fremdenverkehrsamtes)
www.norwegen.org (Seite der Botschaft, Infos zu Kultur, Wirtschaft, Arbeiten, Politik, Studium/Ausbildung, Wohnen)

- **Forum/Informationsaustausch**
www.norwegen-freunde.de (sehr gutes Forum mit Einträgen von Norwegenfans)
www.dnfev.de (Deutsch-Norwegische Freundschaftsgesellschaft, Infos zu Norwegen, Arbeiten und Studieren, Wirtschaft, Politik)

- **Unterkünfte/Hütten/Fahrpläne**
www.bbnorway.com (B&B-Unterkünfte)
www.vandrerhjem.no (Jugendherbergen)
www.camping.no
www.rlb.no (Index mit den meisten Unterkünften in Norwegen und Internetadressen – regional geordnet; auf Norwegisch und Englisch)
www.rutebok.no (Bus-, Bahn-, Fähr- und Flugverbindungen in Norwegen, auch auf Englisch)

- **Sport**
www.skiinfo.no (alle Wintersportgebiete, Schneehöhen)
www.etojm.com (sehr gute Seite zum Wandern in den norwegischen Gebirgen)
http://fishbooking.com (Angeln in Norwegen)

- **Zeitungen/Bücher/Musik/Media**
www.aftenposten.no (Tageszeitung aus Oslo),
www.nrk.no (norwegischer Rundfunk, unter „nettradio": Radio übers Internet)
www.nordlandversand.de (Versand von Büchern und Karten)
www.nordische-musik.de (Infos zu Folk, Jazz, Pop aus Skandinavien)

- **Wetter**
www.dnmi.no (norwegischer Wetterdienst, regionale Vorhersagen unter: „Fylker, Sted")

- **Hot-Spots**
www.hotspot-locations.com (W-LAN Hot-Spots für Reisende mit Laptop)

- **Weitere Links** finden sich in den jeweiligen Kapiteln dieses Norwegenführers.

Vestfold
(Sandefjord, Larvik, Tønsberg)
- **Sandefjord Reiselivsforening og Turistkontor,** Kurbadet, Thor Dahlsgate 7, 3210 Sandefjord, www.visitsandefjord.com, Tel. 33460590, Fax 33460620.

Westnorwegen
- **Bergen Turistkontor,** Vågsallmenningen 1, 5014 Bergen, Tel. 55552000, Fax 55552001, www.bergen-travel.com.
- **Destinasjon Stavanger,** Rosenkildetorget 1, P.O. Box 11, 4001 Stavanger, 51859200, Fax 51859202, www.visitstavanger.com.
- **Sogn og Fjorddane Reiselivsråd AS,** Postboks 299, 6852 Sogndal, Tel. 57672300, Fax 57672806, www.sfr.no.

Møre og Romsdal
(Molde, Ålesund, Kristiansund)
- **Møre og Romsdal Reiselivsråd,** Fylkeshuset, 6404 Molde, Tel. 71245080, Fax 7124 5081, www.visitmr.com.
- **Ålesund Turistkontor,** Rådhuset, 6025 Ålesund, www.visitalesund.com, Tel. 70157600, Fax 70157601.

Lillehammer und Ostnorwegen
- **Lillehammer Turist AS,** Jernbanetorget 2, 2609 Lillehammer, Tel. 61289800, Fax 6128 9801, www.lillehammerturist.no.
- **Røros Reiseliv,** Peder Hiortsgt. 2, 7361 Røros, Tel. 72410050, Fax 72410208, www.rorosinfo.com.

Trondheim und Umgebung
- **Trondheim Aktivum,** Munkegata 19, 7411 Trondheim, Tel. 73807660, Fax 73807670, www.visit-trondheim.com.

Freundschaftsgesellschaft

- **DNF – Deutsch-Norwegische Freundschaftsgesellschaft e.V.,** Christophstr. 20, 45130 Essen, Tel. 0201/777181, Fax 8776171, www.dnfev.de.

Jedermannsrecht

Das Jedermannsrecht ist ein **uraltes, 1957 dann schriftlich festgehaltenes Gesetz, dass den Aufenthalt in freier Natur regelt** und „jedermann" erlaubt, sich frei, umsichtig und umweltfreundlich in der Wildnis aufzuhalten und zu bewegen. In der Zeit, da Schnee das Land bedeckt, dürfen auch Nutzflächen betreten werden. Es darf in Seen gebadet und auf ihnen gepaddelt werden. Es ist erlaubt, frei wachsende Blumen, so sie nicht unter Naturschutz stehen, und Beeren zu pflücken sowie kostenlos im Salzwasser zu angeln. Auch darf man im freien Gelände bis zu zwei Tage am Stück wild zelten (in Fjellregionen so lange man will), einzige Bedingung: Ein Mindestabstand von 150 m zum nächsten Haus oder Grundstück muss eingehalten werden. Auf alle Fälle ist der Frieden der Anwohner nicht zu stören. Möchte man auf Weideland oder gekennzeichnetem Privatbesitz campieren, sind die Besitzer um Erlaubnis zu fragen. Verboten ist offenes Feuer vom 15.4. bis 15.9. und das Verlassen der Wege mit Motorfahrzeugen jeglicher Art. Tiere dürfen nicht gestört werden, was speziell für die Vogelfelsen gilt.

Karten

Man sollte unbedingt darauf achten, eine **aktuelle Karte** zu haben. Es wird schnell und viel gebaut, und auch die

Straßennummern ändern sich gelegentlich. Gerade sie sind jedoch wichtig für den Autofahrer, da auf Wegweisern oft nur Straßennummern und keine Orte angegeben sind. Ob man eine veraltete Karte hat, kann durch einen kleinen Test schnell herausgefunden werden. Eines der letzten Projekte war der Tunnel, der den Oslofjord bei Drøbak (40 km südlich von Oslo) unterquert. Ist dieser nicht eingezeichnet, so ist das Exemplar veraltet.

Zu empfehlen ist der **Veiatlas Norge** im günstigen Maßstab 1:300.000. Der Atlas geizt zwar in manchen Fällen mit den Entfernungsangaben, insgesamt aber ist er wohl das beste Kartenwerk. Auf dem Kartenblatt finden sich touristische Informationen und im Anhang Stadtpläne aller Städte des Landes! Neuerdings gibt es diesen Atlas auch als Faltkartenwerk und als Teil des Skandinavien Atlas, herausgegeben vom Verlag freytag & berndt.

Alle Orte, die in diesem Reiseführer besprochen werden, sind in der vom REISE KNOW-HOW Verlag herausgegebenen Karte **„Südschweden/Südnorwegen"** (Maßstab 1:875.000, 8,90 €) im Index rot verzeichnet. Nordnorwegen (ab Mosjøen nach Norden) ist auf der ebenfalls vom REISE KNOW-HOW Verlag herausgegebenen Karte **„Finnland & Nordskandinavien"** (Maßstab 1:875.000, 8,90 €) abgebildet.

Eine **Übersichtskarte** im Maßstab 1:1.000.000 und **spezielle Karten für Wohnmobiltouristen** sind **beim Norwegischen Fremdenverkehrsamt** erhältlich (Postfach 113317, 20433 Hamburg, Tel. 0180/5001548, Fax 040/22710815).

Wanderkarten: Vom norwegischen Landesvermessungsamt werden Karten im Maßstab von 1:50.000 (flächendeckend!) bis 1:100.000 (wichtige Wandergebiete) herausgegeben – zu bestellen sind sie in jeder Buchhandlung. Oder man kauft sie vor Ort im Buchhandel oder bei Touristeninformationen. Eine komplette **Übersicht** gibt es bei: Nordland-Shop, Vornholtstr. 7, 49586 Neunkirchen, Tel. 05465/476, Fax 05465/834, www.nordland-shop.de.

● Literaturtipp: Ein nützlicher Ratgeber ist in der Reihe Praxis im REISE KNOW-HOW Verlag erschienen: **„Richtig Kartenlesen"** von *Wolfram Schwieder*.

Mit Kindern unterwegs

Für Kinder ist Norwegen zweifellos das **Land der ungeahnten Möglichkeiten.** An fast jeder Ecke lauern ver-

Im Land der Trolle und Rentiere

MIT KINDERN UNTERWEGS

steinerte Trolle, Gnome und märchenhafte Feen. Birkenwälder sind mit ihren moosbewachsenen Miniaturwelten der ideale Abenteuerspielplatz im Reich der Natur, und Vogelfelsen laden mit ihren Bewohnern zu Entdeckungstouren ein.

Kindgerechte Badeplätze gibt es u. a. am Sognsvann und auf der Insel Langøyene in Oslo, an den Stränden von Jæren bei Stavanger, in Mandal und der Gegend zwischen Sandefjord und Kristiansand. Im sehr kinderfreundlichen Land Norwegen findet man zudem auf sehr vielen Campingplätzen **Spielplätze,** in vielen Zügen, auf Fähren und teils sogar in Banken und Bibliotheken Wickelräume und Spielecken.

Für Kinder unter 3-5 Jahren ist **vieles kostenlos,** etwa Flüge, Bahnreisen und der Eintritt ins Museum. Bis 14 bzw. 16 Jahren muss **nur die Hälfte bezahlt** werden. In Hotels gibt es für den Nachwuchs meist ein kostenloses Extrabett im Zimmer der Eltern.

Wer trotz des „Spielplatzes Natur" einen **Freizeitpark** aufsuchen möchte, folgende Empfehlungen: TusenFryd-Vergnügungspark und Vikinglandet südlich von Oslo, Telemark Sommarland in Bø, Freizeitpark Kongepark und das Badeland Havanna bei Stavanger, der ideenreiche Hunderfossen-Familienpark bei Lillehammer, die Bäder in Namsos, Raufoss und Gol sowie die **Aquarien** in Bergen und Ålesund. Nahe Grong gibt es einen Familienpark mit Elchen und ein Lachsaquarium, weitere stehen in Lærdal und in Sand. **Tierparks** finden sich in Kristiansand (einziger norwegischer Zoo), Oslo (Reptilienpark, Storgata 26) und Flå im Hallingdal (Bärenpark).

Unbedingt empfehlenswert ist ein Besuch im **Internationalen Kinderkunstmuseum** in Oslo. Spannend ist sicher auch das Wikingerschiffsmuseum und das Technische Museum, beide in Oslo, das Fahrzeugmuseum in Lillehammer, die Botanischen Gärten in Bergen, Trondheim und Oslo sowie ein Besuch der Musikinstrumentenausstellung in Trondheim und der Spielzeugabteilung des Bergener Freilichtmuseums.

Rundfahrten mit schnaufenden Dampflocks begeistern in Hamar, Kristiansand und Trondheim.

Kino

In Norwegen werden stets **alle Filme im Original mit Untertiteln** gezeigt. Dabei liegt der Schwerpunkt auf amerikanischen Produktionen. In Oslo, Bergen, Stavanger und Trondheim wird man jedoch auch viele europäische Werke zu sehen bekommen, sehr selten jedoch deutsche Filme. In diesen Großstädten gibt es auch Filmclubs (zumeist die Cinematek), die gegen eine Halbjahresgebühr von 100 NOK, hernach für 30 NOK, jedem Einlass gewähren. Im Großkino kostet der Eintritt zwischen 60 und **90** NOK. Tage mit verbilligtem Eintritt gibt es keine.

Lernen und Arbeiten

Sprachkurse

Neben den Volkshochschul- und Universitätskursen in Deutschland bieten sich noch die folgenden Möglichkeiten:

●**University of Oslo,** International Summer School, P.O. Box 1082 Blindern, 0317 Oslo; Tel. 22856385, Fax 22854199, www.uio.no/iss. Es gibt Anfänger- und Fortgeschrittenenkurse. Es wird jedoch nur eine sehr begrenzte Anzahl an Teilnehmern zugelassen (Bewerbungsschluss: 1.2.). Neben den Sprachkursen werden auch Medien, Umwelt, Literatur, entwicklungspolitische und energiewirtschaftliche Kurse in Englisch angeboten. Die Lehrgänge dauern 6 Wochen, von Ende Juni bis Anfang August.
●**Sommerkurs for utenlanske norskstuderende,** Sydnesplassen 7, 5007 Bergen, Tel. 55582407, Fax 55589660, www.hf.uib.no/i/nordisk/sommer/. Zu diesem Kurs werden etwa 60 Studenten zugelassen, außerdem ist ein Grundverständnis der Sprache Voraussetzung. Die Dauer der Lehrgänge beträgt 4 Wochen, von Anfang Juli bis Anfang August. Da es hier nur Norwegischstudenten gibt, lernt man intensiver als in Oslo.
●**Rosenhofschule:** www.oslovo.no/rosenhof; Tel. 22387700. Norwegischkurse in Oslo.
●**Einwöchige Norwegischkurse** werden auch in Hovden angeboten. Informationen unter: www.norwegischkurse.de. Zudem finden regelmäßig Sprachreisen nach Nord-Norwegen statt. Infos unter: www.norwegeninfo.net.
●**Kurse des Nordkolleg Rendsburg,** Am Gerhardshain 44, 24768 Rendsburg, Tel. 04331/14380, Fax 04331/143820, www.nordkolleg.de.

Mehr Infos zu Kursen (u. a. in Halle, Leipzig und Köln) unter: www.norwegeninfo.net.

LERNEN UND ARBEITEN

Studieren

Wer in Norwegen studieren möchte, muss gute **Englischkenntnisse** nachweisen oder, je nach Studiengang, einen **Norwegischkurs** belegen. Dabei ist entweder der Test des Bergener Sommerkurses oder Trinn III (Level 3) der Osloer Sommerschule mit 500 Punkten oder besser zu bestehen, wobei der Bergener Test komplizierter ist. Sprachkurse können machmal auch in der Studienzeit absolviert werden.

Langwierige Anmeldeprozeduren und Probleme mit der Anerkennung deutscher Seminarscheine machen es nicht einfach, in Norwegen einen Studienplatz zu erhalten bzw. ein deutsches Studium fortzusetzen. Infos erteilen die jeweiligen Universitäten. Von ihnen ist die Osloer mit 36.000 Studenten die größte (und hoffnungslos überlaufen). Es empfiehlt sich eher der Besuch der Bergener Uni (17.000 Studenten), der neuen Uni in Stavanger, der nördlichsten Uni der Welt in Tromsø oder der Naturwissenschaftlich-technischen Universität zu Trondheim. In diesen Städten ist zugleich das Preisniveau deutlich niedriger als in Oslo.

Adressen

- **National Academic Information Center,** Postboks 8150, 0033 Oslo, Tel. 21021860, Fax 21021802.
- **Oslo Universitetet,** Blindern, 0316 Oslo, Tel. 22855050, Fax 22854374, www.uio.no.
- **Bergen Universitetet,** Postboks 7800, 5020 Bergen, Tel. 55580000, www.uib.no.
- **Stavanger Universitetet,** www.uis.no.
- **NTNU,** 7491 Trondheim, Tel. 73595000, Fax 73595310, www.ntnu.no.
- **Tromsø Universitetet,** www.uit.no.
- **Hochschulen in Norwegen:** www.kvasir.no/c/biz/branch/edu/high.
- **Folkehøgskole:** siehe „Land und Leute/Staat und Gesellschaft/Bildungswesen".
- **Infos zum Studium in Norwegen:** www.norwegen.no und www.dnfev.de.
- **Wohnheimplätze/Unterkünfte:** vermittelt immer der Studentsamskipnaden. Oslo: www.sio.uio.no, Bergen: www.sib.uib.no.
- **Deutsche Schule Oslo,** Bogstadveien 74, 0366 Oslo, Tel. 22931220, Fax 22931230, www.deutsche-schule.no.

Arbeiten

Im Sommer können junge Leute zwischen 18 und 30 Jahren **auf Bauernhöfen** arbeiten. Kost und Logis sind frei und man erhält ein kleines Taschengeld. An folgende Adresse wendet sich auch, wer an einer Au-pair-Stelle interessiert ist:

- **Atlantis Jugendaustausch,** Atlantis Youth Exchange, Rådhusgata 4, 0151 Oslo, Tel. 22477170, Fax 22477179, www.atlantis.no.
- **Pädagogische Bauernhöfe:** Skarsbu Gård, Langlivn. 12, 3080 Holmestrand, Tel. 0047/33050013, www.kristoffertunet.no, www.camphill.no, www.steinerskolen.no.
- Auf der Suche nach einem **Sommerjob** wendet man sich direkt an den jeweiligen Arbeitgeber, liest die Aushänge in Hochschulen und Universitäten bzw. besucht folgende Internetseite: www.sommerjobb.no.

Wer in Norwegen **länger als drei Monate arbeiten** will, muss sich bei der örtlichen Polizei eine Aufenthaltsgenehmigung ausstellen lassen, die meist ohne Probleme zu bekommen ist. Zudem braucht man eine norwegische Personenkenn-Nummer (D-Nummer), die jeder bei der Kontoeröffnung in Norwegen oder beim Folkeregister er-

Masse und Gewichte, Mietwagen

hält. Hat man eine Arbeit gefunden, meldet man diese beim *Skatteetaten* an.

Adressen

- **Zentralstelle für Arbeitsvermittlung,** Feuerbachstr. 42-46, 60325 Frankfurt/M., Tel. 069/71110, Fax 069/7111555.
- **Bundesministerium für Soziale Verwaltung,** Stubenring 1, 1010 Wien, Tel. 01/401480.
- **Österreichisches Komitee für Internationalen Studienaustausch,** Türkenstr. 4, 1090 Wien, Tel. 01/401480.
- **Bundesamt für Ausländerfragen,** Bundesgasse 8, 3003 Bern, Tel. 031/3222111.
- **Stellenangebote in Norwegen** im Internet: www.nav.no, www.finn.no, www.norwegen info.net.
- **Jobtrainingscenter: Baltic-Training-Center,** August Bebel Straße 32b, 18055 Rostock, Tel. 0381/1207393, Fax 0381/1207395, www.btcweb.de (Sprachkurse, Jobvermittlung); **Nordic Training and Job Center,** Schiffbrücke 50, 24939 Flensburg, Tel. 0461/5090037, www.ntjc.de.
- Weitere **Hinweise** unter: www.norwegen.no, www.dnfev.de und www.trolljenta.net.
- Für **Berufspraktika** wendet man sich direkt an den jeweiligen Arbeitgeber.

Maße und Gewichte

Eigentlich ist **alles wie daheim,** allein, es wird **als inoffizielle Entfernungsangabe** oft **noch die Norwegische Meile** verwendet. Sie entspricht 10 Kilometern. Vor allem auf dem Land wird der entsprechenden Frage auch eines Touristen ganz selbstverständlich geantwortet, dass es z. B. noch 2 „mil" bis ans Ziel sind. Das kleine Wörtchen „mil" überhört der Fremde dabei gerne ...

Mietwagen

Mietwagen sind vor Ort gebucht **nicht gerade billig,** doch wer unbedingt möchte, findet Anbieter in allen größeren Orten und an allen Flughäfen. Auch helfen Hotels und Touristeninformationen bei der **Vermittlung.** Im Telefonbuch stehen Mietwagen unter *bilutleie.* Buchen kann man auch bei Reisebüros im Heimatland, denn im Sommer sollte man, besonders im Norden, das Fahrzeug vorbestellen.

Tipp: Mietwagen können online bis 50 % preiswerter über die **deutschen (!) Homepages** der internationalen Anbieter gebucht werden (Zahlung mit Kreditkarte). Ein Kleinwagen kostet so z. B. über Europcar für 3 Tage je nach Standort und Zeit 130-160 €.

Vor Ort ist **Rent-A-Wreck** am günstigsten. Für einen, allerdings nicht selten 10 Jahre alten Kleinwagen zahlt man für 3 Tage rund 125 €. Um nicht das schlechteste Modell zu bekommen, sollte man vorbuchen oder früh am Tage da sein. Die Preise der anderen Anbieter liegen bei Buchung vor Ort bei rund 100 €/Tag (!). Ist man schon in Norwegen, kann es sich also lohnen, ein Internetcafé aufzusuchen und den Wagen online zu reservieren und zu bezahlen.

- **Rent-A-Wreck:** Tel. 81522050 (Zentrale Norwegen), www.rent-a-wreck.no.
- **Europcar:** Zentrale für Norwegen: Tel. 67165800; Oslo: Tel. 22831242; Bergen: Tel. 55367000; www.europcar.de.
- **Avis:** Zentrale für Norwegen: Tel. 81533044; Kundenservice: Tel. 66701010; Hauptbüro: 66771100; www.avis.de.

MÜCKEN, MUSEEN, NACHTLEBEN

- **Budget** (auch Wohnmobile): Zentrale für Norwegen: Tel. 481560600, Fax 466711135, www.budget.de.
- **Transfer-Car:** Wer Glück hat, kann für verschiedene Firmen gratis den Mietwagen zurück zur Ausgangsmietstelle fahren. Tel. 90754194 (Mo-Fr 8-16 Uhr); www.transfercar4u.no (siehe unter: „ledige biler").
- **Verleih von Wohnmobilen** (ab 9500 NOK/Woche): **Arve Oppsahl,** Industriv. 39, 7080 Heimdal, Tel. 72592800, Fax 72592801, www.arveopsahl.no; **Askjems,** Åshaugveien 4, 3170 Sem, Besucheradresse: Kreuzung E 18/Rv 35, Tel. 33319040, Fax 33319041; www.askjems-utleie.no.

Mücken

Zunächst einmal wird man an der Küste und an den Fjorden mit diesen lästigen Plagegeistern nicht so viel zu tun haben, da sie Salzwasser meiden. Auch an Wildbächen ohne Stillwasserbereiche fühlen sie sich nicht sehr wohl. Häufiger jedoch trifft man Mücken **an den Seen Ostnorwegens** und im Juni und Juli **im Binnenland Nordnorwegens** an. Man vertreibt sie noch am ehesten mit Autan oder mit Rauch. Hilfreich ist auch dichte Kleidung und ein Moskitonetz am Zelteingang.

Museen

Zweifelsohne beheimatet Norwegen einige der interessantesten Museen Skandinaviens. Besonders zu empfehlen sind die in den letzen Jahren eröffneten, didaktisch hervorragend aufbereiteten **Informationszentren** nahe der großen **Natursehenswürdigkeiten**. Zudem bilden zahllose Freilichtmuseen, Galerien, Kunst- und Historische Museen einen spannenden Kontrast zur wilden Landschaft Norwegens.

Leider sind die **Eintrittspreise** sehr hoch. Sie variieren zwischen 70 und 100 NOK für national bedeutende und moderne Museen, 40 und 60 NOK für ältere, etablierte Museen und Freilichtanlagen in Großstädten sowie zwischen 20 und 40 NOK für die Bauernhöfe der ländlichen Regionen (Bygdetun/Tun) und Kirchen. Nur einige Museen in Oslo sowie die Gelände verschiedener Freilichtmuseen können gratis besichtigt werden. Meist werden 20 % Studenten- und Seniorenrabatt gewährt. Familienkarten kosten zwischen 150 und 200 NOK. (Mit jährlichen Preissteigerungen muss gerechnet werden!) Mit der Rabattkarte der Color Line ist manches 20 % billiger.

Nicht verpassen sollte man vor allem die Museen der Halbinsel Bygdøy und das Munchmuseum in Oslo, das Ölmuseum in Stavanger, Troldhaugen in Bergen, Maihaugen in Lillehammer, das Hardangervidda Natursenter in Eidfjord, das Gletschermuseum in Fjærland, das Gebirgsmuseum in Lom, die Stabkirchen in Urnes, Lom, Heddal und Borgund.

Nachtleben

Ein durchaus üppiges Nachtleben spielt sich **in Oslo, Bergen, Trondheim, Stavanger und Tromsø** ab. Einige gemütliche Kneipen haben auch noch Lillehammer, Kristiansand, Tønsberg, Haugesund und Ålesund. In den meisten anderen Orten sieht es jedoch ein wenig mau aus. Sind Pubs oder Discos vorhanden, gehören sie dann oft zu größeren, teuren Hotels.

Da die **Preise fürs Ausgehen schwindelerregende Höhen** erreichen können, hat man sich in Norwegen etwas einfallen lassen. Man nennt es das „Vorspiel". Das Wort stammt zwar aus dem Deutschen, hat aber mit der üblichen sexuellen Konnotation nur so viel gemein, als dass man eben vor dem „Eigentlichen" noch etwas macht, im norwegischen Fall – trinken. Man trifft sich zuhause und pichelt erst mal ein paar Flaschen Bier und etwas Wein, um so die notwendige Basis für die abendliche Sause auswärts zu schaffen. Anschließend müssen dann vom 40-60 Kronen teuren Kneipenbier nur noch wenige getrunken werden, um sich bei Laune zu halten. Wein schlägt im Lokal übrigens mit 40-50 NOK für das winzige 0,1 l-Glas zu Buche.

Nachdem in den letzten Jahren die **Kleiderordnung gelockert** wurde, darf der Gast heute die meisten Kneipen und Discos auch in Jeans betreten (wenn er mindestens 18 Jahre alt ist). Meist muss man – aus Prestigegründen – sogar 20 bis 25 Lenze zählen, um eingelassen zu werden. Lästig und gewöhnungsbedürftig ist die Begutachtung durch einen Türsteher. Allerdings, über Altersgrenzen lässt sich auch verhandeln, und den kräftigen Männern am Eingang sollte man einfach ein Lächeln schenken.

Discos, die nicht einem Hotel angeschlossen sind, findet man eigentlich **nur in Oslo, Bergen, Stavanger und Trondheim.** An Eintritt werden oft 50-80 NOK verlangt, unter der Woche ist der Zugang manchmal gratis.

Wer nun aus Altersgründen oder am Preisniveau scheitern sollte, für den bleibt nicht viel übrig. Da hilft nur das abendliche Umherzigeunern in den Städten oder „die Runde" auf dem Lande. Dabei handelt es sich um „konspirative" Zusammenkünfte der örtlichen Jugend. Man trifft sich, im Fahrzeug sitzend, auf dem, zumeist ausgiebigst asphaltierten, zentralen Platz der Gemeinde, um anschließend endlose Autorunden zu drehen. Gegen Mitternacht hat der Spuk dann meist wieder ein Ende.

Notfall

Wird der **Reisepass oder Personalausweis im Ausland gestohlen oder verloren,** muss man dies bei der örtlichen Polizei melden. Darüber hinaus sollte man sich an die nächste diplomatische Auslandsvertretung seines Landes wenden, damit man einen Ersatz-Reiseausweis zur Rückkehr ausgestellt bekommt (ohne Pass oder Personalausweis kommt man nicht an Bord eines Flugzeuges!).

Auch in **dringenden Notfällen,** z. B. medizinischer oder rechtlicher Art, sind die Auslandsvertretungen bemüht, vermittelnd zu helfen. Hier die Adressen der Auslandsvertretungen in Norwegen, Dänemark und Schweden:

Deutsche Vertretungen

- **Norwegen: Oslo,** Oscarsgate 45, Tel. 23275400, oder in dringenden Notfällen außerhalb der Dienstzeiten: Tel. 90850802; **Bodø,** Sjøgata 21, Tel. 75528855 oder 75520520; **Haugesund,** Haraldsgaten 140, Tel. 92497368; **Kirkenes,** Marcus Thranes Vei 7, Tel. 90053170; **Kristiansand,** Vigeveien 50, Tel. 90518732; **Stavanger,** Nedre Strandgate 27, Tel. 51841220; **Tromsø,** Advokatfirmaet Steenstrup Stordrange DA, Sjøgate 2, Tel. 77617800 oder 48016513; **Trondheim,** c/o Siemens AS, Bratsbergvegen 5, Tel. 7395 9309 oder 73959363; **Ålesund,** Einarvikgata 8, Tel. 70100970.
- **Dänemark:** Kopenhagen, Stockholmsgade 57, Tel. 35459900, oder in dringenden Notfällen außerhalb der Dienstzeiten: Tel. 4017 2490.
- **Schweden:** Stockholm, Artillerigatan 64, Tel. 08/6701500 oder in dringenden Notfällen außerhalb der Dienstzeiten: unter 070/8529420.

Österreichische Vertretungen

- **Norwegen: Oslo,** Thomas Heftyes gate 19-21, Tel. 22552348; **Ålesund,** Fjelltunveien 71, Tel. 70128944; **Bergen,** Edvard Griegsvei 3b, Tel. 55336141; **Kristiansand,** Svanedamsveien 56, Tel. 38000555; **Tromsø,** Storgaten 80/82, Tel. 77682663; **Trondheim,** Granaasveien 13, Tel. 73980100.
- **Dänemark:** Kopenhagen, Sölundsvej 1, Tel. 39294141.
- **Schweden:** Stockholm, Kommendörsgatan 35/V, Tel. 08/6651770.

Schweizerische Vertretungen

- **Norwegen:** Oslo, Bygdøy Allé 78, Tel. 22542390.
- **Dänemark:** Kopenhagen, Amaliegade 14, Tel. 33141796.
- **Schweden:** Stockholm, Valhallavägen 64, Tel. 08/6767900.

Diebstahl oder Verlust von Geld

Bei Verlust oder Diebstahl Kredit- oder Maestro-Karte sollte man diese umgehend sperren lassen. Für deutsche Maestro- und Kreditkarten gibt es die einheitliche **Sperrnummer 0049/116116** und im Ausland zusätzlich 0049/30/40504050. Für österreichische und schweizerische Karten gelten:

- **Maestro-(EC-)Karte,** (A)-Tel. 0043/1/2048 800; (CH)-Tel. 0041/44/2712230, UBS: 0041/800/888601, Credit Suisse: 0041/800/800488.
- **MasterCard/VISA,** (A)-Tel. 0043/1/71701 4500 (MasterCard) bzw. Tel. 0043/1/7111 1770 (VISA); (CH)-Tel. 0041/58/9588383 für alle Banken außer Credit Suisse, Corner Bank Lugano und UBS.
- **American Express,** (A)-Tel. 0049/69/9797 1000; (CH)-Tel. 0041/44/6596333.
- **Diners Club,** (A)-Tel. 0043/1/5013514; (CH)-Tel. 0041/44/8354545.

Notrufe

- **Feuerwehr:** 110
- **Polizei:** 112
- **Notarzt:** 113
- **Medizinisches Notfallzentrum Oslo:** Oslo Legevakt, Storgata 40, Tel. 22118080, hilft auch mit Informationen zu anderen *legevakt* im Land, www.legevakten.no.

Öffnungszeiten

In Norwegen existiert **kein einheitliches Ladenschlussgesetz.** Der **Einzelhandel** in Städten hat jedoch meist von 9 bis 16.30 oder 17 Uhr geöffnet, am Donnerstag bis 18 oder 19 Uhr, am Samstag bis 13 Uhr. **Einkaufszentren,** die Dutzende Läden unter einem

Dach vereinen, sowie **Lebensmittelsupermärkte** haben in der Regel werktags von 10 bis 20 Uhr (seltener bis 21 Uhr) und am Samstag bis 14 oder 16 Uhr geöffnet. Die großen, unübersehbaren Zahlen an der Häuserfront geben die Öffnungszeiten an. Die Zahl in Klammern gibt dabei die Öffnungszeit am Samstag an.

Noch länger einkaufen kann man an den teuren **Tankstellen** (teils rund um die Uhr, teils bis 22 oder 23 Uhr), in vielen **Bunnprisläden** (Mo-So geöffnet) und an **Kiosken,** wie Narvesen und 7eleven. Die haben in Oslo oft durchgehend geöffnet, ansonsten, vor allem in kleineren Städten, bis 22/23 Uhr und am Samstag, kurioserweise, nur bis 18 oder 19 Uhr.

Achtung: An den **Feiertagen** sind alle Läden geschlossen, besonders zu beachten sind der Gründonnerstag und der 17.5. (Nationalfeiertag), die anderen Feiertage entsprechen denen in Deutschland.

Für **Museen, Ausstellungen und Gebäude** gilt (wenn es sich nicht um nationale Attraktionen handelt): Sie sind geöffnet von etwa 10/11 Uhr bis 14/15 Uhr, und dies meist nur in der Zeit von Ende Juni bis Mitte August. Ruhetage sind zum Teil der Montag oder der Dienstag. An den Feiertagen (siehe oben) haben viele Einrichtungen geschlossen, das ist aber von Fall zu Fall unterschiedlich.

Achtung: Die Öffnungszeiten von Museen und Ausstellungen **ändern sich leider sehr oft!**

Post

Die Postämter haben zumeist **von 8 bis 16.30,** Samstag bis 13 Uhr geöffnet.

Unterschieden wird die **teurere A-Post** (Luftpost) und die **preiswertere**

Alter norwegischer Briefkasten

B-Post (Landweg). B-Post-Briefmarken müssen meist extra verlangt werden. Luftpost erreicht das Ziel normalerweise nach 2-3 Tagen. Auf dem Landweg brauchen Brief und Karte 3-4 Tage länger. Preise: A-Post 6,50 NOK für Norwegen, 8,50 NOK für Resteuropa, 10,50 NOK für den Rest der Welt, B-Post 6, 8 und 9 NOK. Preiserhöhungen von 50 Øre pro Jahr sind einzuplanen (www.posten.no). **Briefmarken** *(frimerker)* verkaufen meist auch die Touristeninformationsstellen und Kioske. Achtung: Nur **rote Briefkästen** mit dem Vermerk *utlandet* sind die richtigen.

Hinweis: Auf dem Postamt muss, um bedient zu werden, eine **Nummer gezogen** werden.

Ein 35 x 30 x 10 cm großes **Paket** nach Europa kostet inkl. Verpackung unabhängig vom Gewicht rund 105 NOK.

Man beachte, dass auf der Post **kein Telefonservice** angeboten wird! Die Telefonnummer des Postservices lautet: 81000710.

Radfahren

Das Radeln ist eine wunderbar natürliche Art, Norwegen kennen zu lernen. Oft ist man allein mit sich und der Natur. Nur wenige Europastraßen, wie die E 6, sind stark frequentiert. Gewöhnungsbedürftig sind die unendlich vielen Tunnels vor allem in Fjordnorwegen. Auch ist Radfahren in Norwegen oft **anstrengend und schweißtreibend**. Eine Ausnahme von der Regel sind folgende Gebiete: die Regionen Jæren und Karmøy bei Stavanger; Fylke Østfold und Vestfold, südlich von Oslo; die Straßen am Ufer der Fjorde, namentlich entlang des Sogne-, des Hardanger- und des Nordfjords; Küstenstraße Rv 17 (Namsos – Bodø).

Stetig, aber gemächlich bergan und bergab geht es in den zentralnorwegischen Tälern Valdres, Setes-, Halling- und Numedal. Diese sind auch die Verbindungswege von Oslo bzw. Kristiansand in die Fjordregion. Herrlich, wenngleich durch vielen Verkehr nervig, ist die Fahrt durch das Gudbrandsdal (Lillehammer – Dombås). Zum Glück gibt es hier öfters verkehrsarme Parallelwege zur E 6. Am Ende des Tales kann man dann, von Dombås aus, durch das schöne Romsdal zur recht flachen Küste zwischen Ålesund und Kristiansund gehen (Transport zurück mit Bahn und Bus möglich).

Spezielle **Radkarten und Rundfahrtvorschläge** gibt es u. a. bei den Fremdenverkehrsämtern im Fylke Vestfold (z. B. in den Orten Larvik, Sandefjord, Tønsberg – Küstenfahrradweg) und in Lillehammer (Prospekt: Trollradeln – Mountainbiking im Gebirge). Wer es etwas härter mag, kann mit der Bergenbahn nach Finse fahren, um dort auf dem Rallarveg über Stein und Schnee nach Flåm zu biken (1000 m Höhenunterschied, vgl. Kap. „Westnorwegen/Sognefjordregion/Flåm/Aktivitäten"), oder sich an der alten Straße hinauf zum Vøringfoss versuchen (siehe Kap. Westnorwegen/Hardangerfjord/Eidfjord"). Außerdem besteht die Möglichkeit, in Wintersportorten, zum Beispiel wie Oppdal und Hemsedal, die Seilbahnen zu nehmen und sich seinen eigenen Weg bergab zu suchen. Um etliche Erfahrungen reicher ist man auch nach einer Fahrt auf der bis zu 21 % steilen Stalheimskleiva (vergleiche Kap. „Der Westen/ Sognefjordregion/ Gudvangen") oder nach einer Tour Richtung Lysebotn am Lysefjord. Ebenfalls ungemein anstrengend sind die Strecken zwischen Kristiansand und Flekkefjord. Absolut nicht zu verachten und nur etwas für Biker mit Endlos-Kondition sind die Straße über den Sognefjell-Pass, der Weg hinab zum Geirangerfjord und den berühmten Trollstigen hinauf. Ein wahres Eldorado für Mountainbiker sind zudem die Hochebenen, wie die bei Lillehammer (Nordseter, Sjusjøen) und im Fylke Hedmark sowie das Golsfjell (zwischen Gol und Geilo). Hunderte Kilometer von einsamen, meist mittelschweren Gebirgsstraßen (oft festgefahrene Schotterwege) können „erfahren" werden.

Bei der **Fahrradbeförderung** mit öffentlichen Verkehrsmitteln nach Norwegen gibt es leider immer wieder Probleme. Die von Deutschland nach Norwegen verkehrenden Busse nehmen meist keine Räder mit, so dass man auf die teureren Fähren und Züge ausweichen muss. Dabei ist das Fahrrad in Deutschland bei der Bahn als „Fahrradpaket" mit dem Ziel Norwegen aufzugeben. Eine Ausnahme bilden nur Nahverkehrszüge. Es lohnt sich daher mit diesen bis Kiel zu reisen, dort eine Nacht zu verbringen und am nächsten Tag die Fähre nach Oslo zu nehmen.

Auch in Norwegen selbst muss das Fahrrad spätestens 24-48 Stunden vor der Abfahrt als Gepäckstück am Bahnhof aufgegeben werden (Kosten: 50-80 NOK). Der Transport auf Schiffen, Fähren und in Bussen ist in Norwegen kein Problem, ja z. T. sogar angebracht oder vorgeschrieben, denn einige **Tunnels** sind für Zweiräder gesperrt bzw. nicht gerade empfehlenswert. Zu ihnen gehören fast alle Tunnels an Europastraßen. Gut zu befahren sind da nur die E 16 von Oslo nach Lærdal, die E 136 von Domås nach Ålesund und die küstennahen E 39/E 18. Doch auch auf diesen Strecken kann es manchmal vorkommen, dass Tunnels mühselig auf Nebenstraßen oder, günstiger, per Fähre zu umfahren sind.

Fahrräder können auf vielen Campingplätzen und bei einigen Touristeninformationsstellen ausgeliehen werden (80-120 NOK, z. T. 150 NOK pro Tag). Im Buch sind diese Möglichkeiten jeweils erwähnt.

Den **Prospekt „Sykkelferie i Norge",** mit Routentipps und der Möglichkeit, weitere Spezialführer zu bestellen, gibt es unter folgenden Adressen:

●**Sykkelturisme i Norge SND,** (Fahrradtourismus), Fylkeshuset, 3706 Skien, Fax 37529955, www.bike-norway.com/tysk.asp.
●**Norwegischer Fahrradverein: Sykkelistens Landsforening,** Boks 8883, Youngstorget, 0028 Oslo; Besuchsadresse: Storgaten 23 D, 0028 Oslo, Tel. 22473030, Fax 22473031, www.slf.no, der Verein gibt auch eine Karte mit Radrouten in Norwegen heraus (Sykkelruter i Norge). Kosten: 100 NOK.

Rauchen, Reisezeit

- **Trollsykling** (Trollradeln), Pb. 373, 2602 Lillehammer, Tel. 61289970, Fax 61269250 (Prospekte zum Mountainbiking in der Region Lillehammer), www.trollsykling.com.
- **Destinasjon Vestfold,** Thor Dahlsgt. 1, 3210 Sandefjord, Tel. 33486000, Fax 4606101 www.vestfold.no (Prospekte zum Rad fahren in der Region).
- Das staatliche Verkehrswesen gibt gratis einen ausführlichen **Tunnelführer** für Fahrradfahrer (Tunnelguide for Syklister) heraus. Für 110 NOK zu bestellen unter: Tel. 22473047, E-Mail: postordre@slf.no.
- **Infos Norwegische Bahn:** Tel. 81533010

Rauchen

Der Glimmstängel ist in Norwegen extrem teuer. In allen öffentlichen Gebäuden, Restaurants, Pubs und Verkehrsmitteln sowie innerorts am Autosteuer ist das Rauchen strikt verboten!

Reisezeit

Für den **Sommerurlaub** eignet sich die Zeit von **Mitte Juni bis Ende August,** wobei es Ende Juni/Anfang Juli am längsten hell ist, nördlich des Polarkreises die Mitternachtssonne scheint und Mitte August die wenigsten Touristen unterwegs sind. Hauptreisezeit ist der Juli, und auch dann sind nur wenige Regionen, wie der Vigelandspark in Oslo, die Küstenstadt Bergen, der Gletscher Briksdalsbreen und das Nordkap, wirklich überlaufen.

Im Winter eignet sich besonders der **März.** Es ist recht lange hell, und die Temperaturen liegen bei erträglichen minus 5 bis plus 5 Grad, und das bei sehr guten Schneeverhältnissen.

Bei einer Winterreise ist zu beachten, dass einige Pässe dauerhaft oder zeitweise gesperrt sind (vgl. Kap. „Auto fahren"). Viele Landschaften haben gerade im Winter ein „zweites Gesicht" und gewinnen zusätzlich an Reiz (z. B. Hardangerfjord und obere Valdres).

Der Jahresverlauf

Der Winter beginnt im Binnenland mit den ersten Schneefällen etwa Mitte November und endet mit dauerhaftem Tauwetter Ende März/Anfang April. An der Küste unterhalb 600 m ist diese Jahreszeit im eigentlichen Sinne nicht vorhanden. Die Fjordregionen sind unter 200 m oft schnee- und frostfrei, jedoch nicht ganz so mild wie die äußeren Meeresufer. Tageslicht herrscht im Januar im Süden ca. 9.30-15.30 Uhr.

Frühlingshaft ist es im Süden und Südwesten in Meerwassernähe mit dem Blühen der ersten Krokusse schon an den letzten Märztagen, im Osten nicht vor Mitte Mai und nördlich des Polarkreises erst Ende Mai/Anfang Juni, wo diese Jahreszeit kurz und hektisch ist. Am schönsten ist die Obstbaumblüte an Hardanger- und Sognefjord um den 17. Mai. Die letzten Bäume grünen Mitte Juni.

Sommerlich wird es in Norwegen, abgesehen von einigen einzelnen warmen Tagen im Mai, nicht vor Anfang/Mitte Juni. Die beste Zeit zum Verreisen ist der **Juli, der wärmste**

SICHERHEIT, SPORT UND FREIZEIT

Monat des Jahres. Am wenigsten Regen fällt jedoch im Mai. Günstig für einen Sommerurlaub ist auch Anfang August, wenn die meisten Reisenden schon wieder zuhause sind und es oft noch angenehm warm ist.

Der **Herbst** kommt mit Temperaturen um die 10/15 Grad schon Anfang September. In dieser Zeit verfärbt sich auch das Laub im Gebirge zu zauberhaften, kräftigen Rot- und Orangetönen. Im Tiefland dauert dies noch bis Anfang Oktober, wenn der Winter im Gebirge schon Einzug hält.

Sicherheit

Auf dem Land und in kleineren Städten gibt es kaum Probleme mit der Sicherheit. Für ein abgestelltes, vollbeladenes Auto kann zwar manchmal die Regel „Gelegenheit macht Diebe" gelten, doch sind Einbrüche oder Schlimmeres eher die Ausnahme.

In Oslo und anderen größeren Orten des Landes sieht es schon etwas anders aus. Es ist festzustellen, dass die Anzahl der Delikte in den letzten Jahren stark zugenommen hat und es Probleme mit **Straßenkriminalität,** Drogen und, speziell in Oslo-Ost, mit gewaltbereiten Jugendbanden gibt. Trotzdem gilt Norwegen zu recht noch immer als eines der sichersten Reiseländer der Welt, und wenn man sich an die altbekannten Sicherheitsmaßregeln hält und Autos nicht voll beladen in den dunkelsten Ecken des Ortes abstellt, im Gedränge etwas auf die Taschen aufpasst und finstere, bierselige Pubs meidet, sollte es keinerlei Probleme geben. Etwas Vorsicht kann jedoch freitags und samstags ab Mitternacht in Groß- und einigen Kleinstädten nicht schaden, wenn speziell in Kneipenvierteln dem Alkohol gut zugesprochen wurde.

Sport und Freizeit

Im sportverrückten Norwegen dürfte es kaum verwundern, dass es an Betätigungsfeldern eine breite Auswahl gibt. Besonders beliebt ist es, **mit Kind und Kegel eine „tur" zu unternehmen:** im Sommer per pedes durchs Gebirge, im Winter „på ski" über Zehntausende Kilometer Loipen, auf den Spuren des Skikönigs *Bjørn Dæhlie* und des Meisters aller Klassen *Ole Einar Bjørndalen.* Auch der alpine **Skilauf** ist seit einigen Jahren schwer im Kommen. Sicher haben dazu die mit Gold gekrönten Erfolge der sehr populären *Kjetil André Aamodt* und *Lasse Kjus* beigetragen. Und überhaupt kommt es nicht von ungefähr, dass man in vielen Wintersportarten eine weltweite Macht ist. Neben Skilaufen lernt man schon von Kindesbeinen an, sich auf Eis wohlzufühlen und den Schlittschuhrillen des einstigen mehrfachen Olympiasiegers *Johann Olav Koss* zu folgen. Auch ist das Land die angestammte Heimat der **Skisprungschanzen.** In Ostnorwegen gibt es in einigen Orten gleich drei oder vier, in Oslo sogar Dutzende. Die bekanntesten sind zweifellos der Holmenkollen in der Hauptstadt und die Skiflugschanze von Vikersund. Doch trotz dieser idealen Bedingungen sind die Norweger in den letzten Jahren nicht gerade extrem erfolgreich im Schanzenspringen gewesen, ganz im Gegensatz zum **Fußball.** Unvergessen ist dabei der 2:1-Triumph der norwegischen Nationalmannschaft über den Fußballgiganten Brasilien während der Fußballweltmeisterschaft 1998. Das beste Team der norwegischen Eliteliga, die, der allgemeinen Lotto- und Totosucht folgend auch gleich „Tippeliga" heißt, ist der auch international immer erfolgreicher spielende Serienmeister Rosenborg Trondheim.

> **Hinweis:**
> Unter der Rubrik **„Aktivitäten"** im Informationsteil der einzeln aufgeführten Orte und Gebiete sind die meisten Sportmöglichkeiten der jeweiligen Region aufgelistet. Weitere werden bei den einzelnen Hotels und Campingplätzen unter der Rubrik „Unterkunft" erwähnt.

Angeln

Eine rund **25.000 km lange Küstenlinie** (einschließlich aller Inseln und Fjorde sogar 58.000 km!) und über **200.000 Seen sowie zahllose Bäche** bieten dem Petrijünger ein wahres Eldorado. Meist muss auch auf den Fisch nicht allzu lange gewartet werden. Sollte sich jedoch im See nichts regen wollen, so kann es durchaus sein, dass in ihm schlicht nichts Lebendiges mehr anzutreffen ist: Einige Binnengewässer Südnorwegens hat der saure Regen aus Mitteleuropa in fischlose Gewässer verwandelt.

Das Angeln im Meer und in Fjorden ist kostenlos. Für Binnengewässer ist zunächst in norwegischen Postämtern eine staatliche **Angelabgabe** *(fiskeavgift)* zu bezahlen (90 NOK, für Lachs 180 NOK, Wochenkarte 45 NOK). Danach kann man vor Ort, in Touristeninformationen, Kiosken, Campingplätzen, Sportgeschäften und Tankstellen einen **Angelschein** *(fiskekort)* erwerben.

Achtung: Seit 2004 dürfen nur noch max. 15 kg Fischfilet pro Person ausgeführt werden.

Folgende Fische beißen häufig

- **Lachs** *(laks):* Das Lachsangeln ist besonders beliebt und teuer. Leider gibt es in vielen Bächen keinen Wild-, sondern nur noch Zuchtlachs. 100.000 entweichen jährlich den Aufzuchtanlagen und verdrängen die angestammten Populationen. Zuchtlachs unterscheidet sich etwas in Farbe, Form und Geschmack vom Wildlachs. Die Angelsaison beginnt Anfang Juni. Geangelt wird an „Rastplätzen", an denen der vom Meer in den Bach zurückschwimmende Lachs Pausen einlegt. Man verwendet Spinnköder oder Fliegen. Besonders gute Lachsflüsse gibt es in Stryn, Gaula, Etne, Lærdal, Sand, Grong, Mälselv (bei Bardufoss), Alta, Lakselv, Tana Bru.
- **Meeresforelle** *(sjøørret)*/**Bachforelle** *(ørret):* gut zu fangen u. a. an den Mündungen kleinerer Flüsse und Bäche, die Bachforelle in Gebirgsbächen mit schneller Strömung.
- **Äsche** *(harr):* in Ostnorwegen, im Mittellauf von Bächen und Flüssen.
- **Dorsch** *(torsk):* zu fangen immer kurz über dem Meeresgrund.
- **Köhler** *(sei):* lebt in Ufernähe an Steilküsten und im Fjord, meist nicht weit unter der Oberfläche.

SPORT UND FREIZEIT

- **Pollack** (lyr): lebt über zerklüftetem Meeresgrund, oft auch in Hafenmolen.

Hervorragende Meeresangelgebiete
- **Südliches Westnorwegen:** Bømlo, Tysnes.
- **Westnorwegen:** Mündung Sognefjord, Umgebung Molde, Insel Hitra.
- **Mittelnorwegen:** Halbinsel Fosen.

Informationen
- Eine **Spezialbroschüre** zum Thema kann beim Norwegischen Fremdenverkehrsamt in Hamburg bestellt werden.
- **Norges Jeger- og Fiskeforbund** (Norwegischer Jäger- und Anglerverband), Pb. 94, 1378 Nesbru, Tel. 66792200, Fax 66901587, www.niff.no.
- Infos auch unter: www.dorschfestival.de, www.anglerboard.de, www.fishbooking.com.

Baden

Wer die Kühle nicht scheut, wird entlang der Küste **viele überwältigend schöne Sandstrände** mit klarem Wasser für ein erfrischendes Bad finden. Nördlich von Ålesund beträgt die Wassertemperatur selten mehr als 16 °C. An der Südküste hingegen werden Werte von 18 °C, manchmal auch 20 °C, erreicht. Einige **Binnenseen**, z. B. in der Telemark und in Oslo, können sich noch weiter aufheizen. Wer es allerdings wohl temperiert wünscht, sollte lieber in die **Badeparks** in Bø (Telemark Sommarland), Hovden, Raufoss und Sandnes gehen. Die beste Badezeit ist zwischen Anfang Juli und Mitte August.

Bergsteigen/Klettern

In der rauen norwegischen Gebirgswelt findet der Bergsteiger **viele Klettergebiete mit unterschiedlichen Schwierigkeitsgraden.** Selbst nahe der Großstädte liegen einige einfachere Felsen und Gipfel. Anspruchsvoller sind die Kletterwände des Romsdals (mit der 1000 m hohen, extrem schwierigen Trollwand), des Setesdals, der Umgebung von Vrådal, des Hemsedals und der Gebirgsregion Jotunheimen. Hier ist als Ausgangspunkt das **Turtagrø Hotel** empfehlenswert.

Bei Touren ist auf alle Fälle zu beachten, dass über 1000 m Höhe die Klimabedingungen ungleich rauer sind als in den Alpen. Man sollte auf rasche Wetterumschwünge gefasst sein und entsprechende Vorsorge treffen. Solide **Erfahrungen mit Fels und Eis** sowie entsprechende Kondition sind ohnehin unabdingbare Voraussetzungen. Noch ein Hinweis: Die norwegische Einteilung der Schwierigkeitsgrade geht nur bis zu Grad 9, welcher dem deutschen Grad 10 entspricht. Bis zu Grad 7 ist die Einteilung identisch.

Informationen
- **Norwegischer Kletterverband:** Norges Klatreforbund, Serviceboks 1, U.S., Sognsveien 75, 0840 Oslo; Tel. 21029830, Fax 2102 9017, www.klatring.no.
- **Infos zu Klettergebieten:** Romsdal/Trollveggen: Åndalsnes Klatreklubb, Elvebakken 10, 6300 Åndalsnes, Tel. 92461857, sjkavli@online.no; Hurrungane (Jotunheimen): Turtagrø Hotel, 5834 Fortun, Tel. 57680800, www.turtagro.no; Oslo: Kolsås Klatreklubb, Colbjørnsensgt. 8b, 0256 Oslo, Tel. 2256 0431, www.kolsaas.no.
- **Kurse und Touren:** bietet auch die Outdoor-Kette Skandinavisk Høyfjellsutstyr in Oslo, Stavanger, Hemsedal und Lillehammer an (Skandinavisk Høyfjellsutstyr, Bogstad-

veien 1, 0355 Oslo, Tel. 22469075, Fax 22691472).

Gletscherwandern

Die majestätische Weite des Jostedalsbreen, des größten Festlandgletschers Europas, verlockt geradezu zu Wanderungen durch das weiß-aquamarinblaue Paradies. Da sich die Gletscher jedoch ständig vorwärts bewegen und, aufgrund des unebenen Untergrundes, viele gefährliche Gletscherspalten aufweisen, sollte unbedingt auf eigenmächtige Touren verzichtet werden!

Äußerst eindrucksvolle geführte Gletscherwanderungen unterschiedlichster Schwierigkeitsgrade werden u. a. von Jondal aus auf den Folgefonngletscher und von Briksdal, Jostedal und Fjærland auf den Jostedalsbreen unternommen. Die Preise liegen, je nach Dauer, bei 130 bis 400 NOK. Der Verleih von Eispickeln, Steigeisen und Seil ist im Preis inbegriffen.

Informationen
- **Folgefonni Breførerlag,** 5627 Jondal, Tel. 55298921, www.folgefonni-breforarlag.no.
- **Olden Aktiv,** 6792 Briksdalsbre, Tel. 5787 3888,, www.briksdalsbreen.com.
- **Jostedalen Breførarlag,** 6871 Jostedal, Tel. 57683111, www.bfl.no.

Gold waschen/Mineralien

Also reich wird dadurch wohl niemand werden, aber Spaß macht es trotzdem, und vielleicht, wer weiß, hat man plötzlich doch ein neues Klondike entdeckt.

In Norwegen ist Goldwaschen am Femundsee im Süden sowie im Norden in Narvik (www.katterat.no) und Karasjok (www.koas.no) möglich. Auf Mineralien- und Gesteinssuche kann man sich auch in Evje (im Setesdal), in Dalen, im Blaafarveværket (bei Hokksund), in Drangedal und in Eidsvoll begeben.

Golf

Augenblicklich gibt es in Norwegen etwa **250 Plätze.** Die bekanntesten liegen in Oslo, Stavanger, Tønsberg und Trondheim, der nördlichste in Hammerfest. Gastspieler sind immer herzlich willkommen.

Informationen
- **Norges Golfforbund,** Postbox 163 Lilleaker, N-0216 Oslo, Tel. 22864296, Fax 2273 6621, www.golf.no.

Hundeschlitten fahren

Dieses einmalige Wintererlebnis bieten fast alle Wintersportorte an. Organisierte Touren durch den Wald oder über die Hochebene gibt es u. a. in Lillehammer, Beitostølen, Ål und Trysil sowie bei:

- **Nowaja Adventure,** 2443 Drevsjø, Tel. 62459203, Fax 62459142.
- **Alaskian Husky Tours,** Norjordet, 2550 Os, Tel./Fax 62498766.
- **Røros Husky Adventures,** Ormhaugen Gård, 7374 Røros, Tel. 72414194, Fax 724141 42, www.roroshusky.no.
- **Alaskan Husky Tours,** Postboks 239, 7374 Røros, Tel. 62498766, Fax 62498765, www.huskytour.no.

Jagd

In Norwegen findet der Waidmann prächtige Jagdgebiete. Ob Elch, Hirsch, Hase, Reh, alle Tiere sind noch recht zahlreich vertreten (und der Autor hofft, dass dies auch in Zukunft so bleiben möge ...!). Es muss eine **Jagdabgabe** von 210 NOK gezahlt werden. Außerdem kommt bei einigen Tieren, z. B. beim Elch, eine **Erlegungsgebühr** von 8000 NOK hinzu. Benötigt wird eine beglaubigte Kopie des heimischen Jagdscheins und eine Einwilligung des Grundeigentümers.

Informationen

(zu Einfuhrbestimmungen von Waffen und zu Jagdrevieren):
- **Direktoratet for Naturforvaltning,** Tungasletta 2, N-7047 Trondheim, Tel. 73580500, Fax 73580501, www.dirnat.no.

Kanu/Paddeln

Hervorragende Möglichkeiten hierzu bieten der Halden- und der Telemarkskanal sowie diverse Seen in Ostnorwegen (z. B. der Femundsee). Auch kann man auf den zumeist recht ruhigen Fjorden wunderbar paddeln (speziell auf den Wasserarmen nördlich und nordöstlich von Bergen). Kanus und Ruderboote verleihen fast alle Campingplätze am Wasser. Der beliebteste Wildwasserfluss (viele Einstiegsmöglichkeiten) ist bei Kanuten die Sjoa bei Heidal (Rv 257). Informationen geben die Paddeln-/Raftinganbieter im Tal der Sjoa (siehe „Beitostølen"). Weitere Anbieter:

- **Femund Canoe Camp,** Tel. 62459019, www.femund-canoe-camp.com. Paddeln auf dem Femund-See.
- **Moreld,** Tel. 97195740, www.moreld.net. Paddeln auf dem Sognefjord.
- **Njord,** Tel. 97194511, www.njord.as. Kajakfahren auf dem Sognefjord.
- **Icetroll:** Tel. 57683250, www.icetroll.com. Paddeln auf dem Gletschersee.
- **Villmarkskompaniet,** Tel. 62454300, www.villmarkskompaniet.no. Paddeln und Rafting in Trysil.

Informationen

- **Norges Padleforbund,** Service boks 1, Ullevål Stadion, 0804 Oslo, Tel. 21029835, Fax 21029836, www.padling.no.
- **Literaturtipp:** Wissenswertes rund um den Kanu-Sport bietet das bei REISE KNOW-HOW in der Reihe Praxis erschienene „Kanu-Handbuch" von *Rainer Höh*.

Orientierungssport

In Mitteleuropa ziemlich unbekannt, zählt der Orientierungslauf mit Karte und Kompass in Norwegen zu den Freizeitaktivitäten schlechthin. Über 200 Pfade können erwandert werden. Es finden sogar Meisterschaften statt.

Informationen

- **Norges orientierungsforbund,** Haugar Skolevei 1, N-1351 Rud.

Rafting ist beliebt in Norwegen

Outdoortravel

Die wilde, ursprüngliche Natur Norwegens kann auf verschiedenste Art und Weise entdeckt und erlebt werden. Diverse Anbieter haben sich auf sportbegeisterte Reisende spezialisiert. Hier eine kleine Auswahl:

Südnorwegen
- **Viking Adventures,** in Evje im Setesdal, Tel. 0047/37710095, www.raftingsenter.no. Rafting, Kajak, Klettern, Hochseilgarten, Elchsafari, Wandern, Reiten, Mountainbiking, Wandern, Schneeschuhwandern.

Westnorwegen
- **Sognadventure,** Vik am Sognefjord, Tel. 48278469, www.sognadventure.no. Gebirgstouren im Sommer und Winter, Paddeln, Hundeschlittentouren.

- **Fjordbui,** Aurland & Flåm, Tel. 57633200, www.fjordbui.no. Kajak, Wandern, Radfahren, Gletscherwandern, norwegisches Essen.

Ostnorwegen
- **Dæsbekken Villmarksenter,** östl. Elverum, Tel. 62954857, www.villmarksenter.hm.no. Biber-, Bären- und Elchsafari, Rafting, Klettern, Fotosafari, Hundeschlittenfahren.

Rafting

Auch in Norwegen ist diese Sportart absolut trendy. Zumeist sechs bis acht Personen teilen sich den Platz im Schlauchboot und schießen über die Strudel des Gebirgsflusses dahin. Einfache bis mittelschwere Touren kosten 500-600 NOK und werden u. a. im Setesdal, in Geilo, in Skei i Jølster und bei

SPORT UND FREIZEIT

Åndalsnes angeboten. Der beliebteste Raftingfluss ist die Sjoa bei Vågåmo/Beitostølen. Hier stehen auch schwere und mehrtägige Wildwassertouren auf dem Programm (die Adressen von Anbietern stehen bei den entsprechenden Abschnitten im Reiseteil).

Reiten

Die Möglichkeit zu Reittouren, u. a. auf den knuffigen norwegischen Fjordpferden, besteht fast überall im Land („Pferd" = *hest*). Etwas Besonderes sind sicherlich Ausflüge in die weiten Hochgebirgsebenen, wie z. B. der Hardangervidda, entlang der Fjorde sowie durch die ostnorwegischen Wälder.

Informationen
- **Hest i Turistnæring,** v/ Anders Johnsen, 4990 Søndeled, Tel. 37154505, Fax 37154610, www.hest.org, www.hest.no und www.nhest.no.
- Auf Fjordpferde spezialisiert hat sich das **Norsk Fjordhestsenter** in Nordfjordeid, am Nordfjord, Tel. 57864800, Fax 57864801, www.norsk-fjordhestsenter.no.

Segeln

Die wild zerklüftete Küste mit einsamen Schären und einladenden Fjordlandschaften ist wie geschaffen für ausgedehnte Segeltouren. **Gute Karten** sind jedoch dringend anzuraten, der Orientierung und der Strömungsverhältnisse wegen. Die Hauptkartenserie (Maßstab 1:50.000 bis 1:100.000) deckt die gesamte Küste ab; erhältlich bei: Norges Sjøkartverk, Postboks 60, N-4001 Stavanger.

Außerdem gibt es im Land etwa 120 **Gästehäfen.** Sie werden jeder für sich im Buch „Gästehäfen in Norwegen" (NORDIS Verlag) erläutert. Boote können auch gechartert werden.

Seglerverband
- **Kongelig Norsk Seilerforening (KNS),** Huk Aveny 1, N-0287 Oslo, Tel. 23275600, Fax 23275610, www.kns.no.

Skilauf

Norwegen ist das Land, in dem *Søndre Norheim* den modernen Skilauf im kleinen Ort Morgedal erfand. Auch wurden einige uns gebräuchliche Worte, wie Ski und Slalom, der Landessprache entliehen. Tausende Loipen durchziehen das Land, und seit etwa 20 Jahren ist auch der Abfahrtslauf immer populärer geworden. Die „Skisucht" kennt in Norwegen kaum Grenzen. Saison ist eigentlich immer. Auch wenn im Tal schon der Frühling Einzug hält – das Volk zieht es über Ostern in die verschneiten Berge. Und wenn die Sonne brennt – dann verreist man zum Gletscherskilauf oder trainiert mit Rollern unter den Brettern für die nächste Saison.

Wetterverhältnisse

Im Hochgebirge sollte man ständig auf **Wetterumschwünge** gefasst sein und sich stets vorab über die aktuelle Wetterlage informieren!

Schnee liegt an der Küste fast nie, im Binnenland jedoch meist überreichlich. Normal sind 50 cm, teilweise, wie in Røldal und Hovden, auch mehrere Meter. Im Dezember und Januar sind selbst in Südnorwegen die **Tage sehr kurz.** Hell wird es erst gegen halb zehn, um vier ist es schon wieder dunkel. Zudem kann es recht kalt werden (-10 bis -20 Grad), wobei es sich um eine trockene, gut zu ertragende Kälte handelt.

Die **beste Zeit zum Ski laufen ist Ende Februar und im März.** Die Temperaturen liegen um die null Grad, Schnee gibt es noch mehr als genug, und es ist teils schon wieder bis 18 (!) Uhr hell. **Meiden sollte man unbedingt die Osterfeiertage.** Die Preise für die Unterkünfte schnellen in schwindelerregende Höhen, und fast alle Norweger tummeln sich dann in den Loipen und auf den Pisten. Preislich am günstigsten sind die ersten beiden Januarwochen.

Langlauf (langrenn)

Ob über weite Hochebenen oder durch tief verschneite Wälder, es ist für jeden etwas dabei. Allein im Osloer Stadtgebiet gibt es 2000 Kilometer gespurte Loipen *(løyper)*. Die landschaftlich schönsten Langlaufregionen sind: Lillehammer, inkl. Gålå, Skei, Sjusjøen und Nordseter, wo auch das alljährliche Birkebeinerrennen stattfindet, das Rondane-Gebirge, die Region Telemark (Rauland, Vrådal, Lifjell, Gautefall), Gol und Geilo, Finse, das Valdrestal (Beitostølen) sowie Ostnorwegen (Trysil). Überall stehen mehrere Kilometer kostenlos zu nutzender, beleuchteter Loipen *(lysløyper)* zur Verfügung. In allen Skizentren sind Skiausrüstungen für etwa 450 NOK pro Woche zu leihen.

Extremwanderungen führen über die Hardangervidda und durch das Jotunheimen-Gebirge.

Abfahrtslauf (alpin)

Verhältnisse wie in den Alpen darf man natürlich nicht erwarten. Hier geht es dafür ruhiger und gelassener zu. Dass man sich nicht langweilen wird, dafür sorgen die gut präparierten Pisten und die herrliche Landschaft mit ihren, besonders im Januar und Februar, intensiven Farbschauspielen und den märchenhaft erstarrten Wasserfällen. Der Tagespass *(heiskort)* kostet 240-300 NOK, der 6-Tage-Pass 1200-1300 NOK. Skiausrüstung ist für 600-900 NOK pro Woche zu leihen *(skiutleie)*.

Große Skigebiete:

- **Hemsedal** (www.hemsedal.com, 16 Lifte, Höhenunterschied (H): 800 m) – Norwegens alpinstes Skigebiet. Viele Angebote, aber teuer und sehr „in".
- **Geilo** (www.geilo.no, 17 Lifte, H: 275 m) – alteingesessener Wintersportort am Rande der Hardangervidda.
- **Lillehammer** – Ein Skipass für das Hafjell (www.hafjell.no, 13 Lifte, H: 830 m), das Kvitfjell (www.kvitfjell.no, 8 Lifte, H: 840 m), Skei (www.skeikampen.no, 11 Lifte, H: 323 m) und Gålå (www.gala.no, 7 Lifte, H: 315 m). Wohl das kompletteste Angebot Norwegens.
- **Trysil** (www.trysil.com, 25 Lifte, H: 685 m) – das größte Skigebiet des Landes, aber nicht ganz preiswert.
- **Weitere empfehlenswerte Skigebiete** sind: Beitostølen, Oppdal, Bjorli, Hovden, Rjukan/Rauland und Gautefall. Auch in Oslo gibt es einige Lifte (www.tryvann.no).

Sport und Freizeit

Sommerskilaufen

Bis Juni kann man die Lifte und Loipen in Røldal nutzen. Anschließend öffnen die Sommerskizentren in Jondal (Folgefonngletscher), in Stryn (oberhalb des Nordfjords) und am Galdhøpiggen (Jotunheimen).

Informationen

Informationsmaterial senden die örtlichen Turistkontore (siehe bei den jeweiligen Orten) und das Norwegische Fremdenverkehrsamt in Hamburg zu. www.skiinfo.no (sehr gute Seite mit Schneehöhen, Infos zu offenen Liften & den Skigebieten), www.skiingnorway.com.

Surfen

Auch das Surfen erfreut sich in Norwegen immer größerer Beliebtheit. Gut, die kalifornischen Monsterwellen wird hier wohl keiner antreffen, aber trotzdem dürfte für fast alle Ansprüche etwas zu finden sein. Populär ist die Küstenregion westlich von Stavanger (Solastranden). Surfausrüstung („Seilbrett") kann dort in vielen Hotels und auf Campingplätzen geliehen werden.

Tauchen

Erstaunlich spannend ist die Unterwasserwelt vor der Küste Norwegens. Neben einer überraschend vielseitigen Fauna und Flora gibt es auch viele **Wracks** zu erkunden, die jedoch keinesfalls geplündert werden dürfen (falls überhaupt noch etwas zu finden ist).

Möglichkeiten zum Abtauchen bieten sich z. B. auf Sotra (westlich von Bergen), auf Solund (Äußerer Sognefjord), in Ålesund (Atlanterhavsparken und auf Runde) sowie bei Molde (Atlanterhavsveien).

Informationen

- **Norges Dykkerforbund** (Norwegischer Taucherverband), Serviceboks 1, Ullevål Stadion, 0840 Oslo, Tel. 21029742, Fax 2102 9741, www.ndf.no.
- **„Tauchprojekt Sørlandet"**, Vest-Agder Fylkeskommune, Vestre Strandgate 23, Postboks 770, 4601 Kristiansand, Tel. 38074675, Fax 38026957.
- **Informative Homepages:** www.nordtaucher.de; www.norway-team.com.
- **Literaturtipp:** Eine Einführung in das „Tauchen in kalten Gewässern" bietet der in der Reihe Praxis im REISE KNOW-HOW Verlag erschienene Titel von Klaus Becker.

Wandern

Norwegen ist ein ideales Land für Wanderungen. Und so vielfältig die Natur, so mannigfaltig sind auch die Touren. **Markierte Routen** gibt es u. a. zu den Gipfeln der Gebirge Jotunheimen, Rondane und Dovre. Man kann tagelange Trips über die raue „Hochebene" der Hardangervidda unternehmen und über uralten Fels zur Klippe des Prekestolen wandern; auch die endlosen Wälder der Telemark und die Ufer des Femundsees in Ostnorwegen laden zu einem Besuch ein. Die meisten dieser Wandergebiete liegen in den naturbelassenen Nationalparks.

Auf bekannten Touristenstrecken, wie zum Prekestolen und auf der Vogelinsel Runde, genügen gutes Schuhwerk, ausreichend Proviant sowie Regenschutz und warme Sachen für oft nicht vorhersehbare Wetterum-

Sport und Freizeit

schwünge. Die Strecken sind mit Steintürmchen, roten „T"s oder Punkten gekennzeichnet. Auch ist der Weg als Trampelpfad oft sehr gut zu erkennen. Jedoch sollten die ausgewiesenen Routen in jedem Falle eingehalten werden, da die norwegische Natur nicht mit der der deutschen Mittelgebirge zu vergleichen ist. Bei plötzlich auftretendem Nebel oder bei rutschigem Untergrund können Extratouren schnell gefährlich werden.

Im Hochgebirge, außerhalb bekannter Touristenstrecken, sollte man **niemals ohne Karte und Kompass** wandern und beide Hilfsmittel auch sicher lesen können. Des Weiteren leisten auf Hochebenen ein Höhenmesser und das Satelliten-Navigationssystem GPS gute Dienste. Für viele Strecken sind sie jedoch nicht unbedingt Voraussetzung. Zahllose Gebirgsrouten sind markiert, wobei man die kleinen Farbpunkte oder Felstürmchen schnell mal verfehlen kann. Ausreichend Proviant, regenfeste, warme Kleidung (am besten Gore Tex und darunter Wolle), gute Wanderschuhe und eine solide Kondition sind zwingende Voraussetzungen. Taschenmesser, Streichhölzer, Taschenlampe, Verbandszeug, eine Mütze gegen Auskühlung sowie Sonnen- und Mückenschutzcreme sollten durchaus mitgenommen werden.

Es ist üblich, am Campingplatz, am Auto oder an den Hütten **Informationen über die gewählte Route und die Dauer der Wanderung zu hinterlegen:** So kann im Notfall effektiv geholfen werden!

In den meisten Wandergebieten gibt es vom norwegischen Wanderverein DNT (Den Norske Turistforeningen, Mitgliedschaft 63 €) betriebene **Hütten,** die seltener auch bewirtschaftet werden.

Beliebte Wandergebiete

- **Hardangervidda:** Europas größtes Hochplateau *(vidda).* Baumlose Hochebene, viele Seen. Bewirtschaftete Hütten. Ein- und mehrtägige Touren möglich. Infos im Text unter: Hardangervidda, Haukelifjell, Lofthus, Eidfjord.
- **Jotunheimen:** Norwegens höchstes Gebirge. Grandiose Bergmassive. Sehr viele Wanderwege, bewirtschaftete Hütten. Ein- und Mehrtageswanderungen möglich. Infos im Text unter: Jotunheimen, Lom, Beitostølen, Skjolden.
- **Rondane:** Uriges, sehr karges Gebirge mit sehr geringen Niederschlagsmengen. Infos im Text unter: Rondane.
- **Dovrefjell:** Raues Gebirge mit der Möglichkeit, Moschusochsen zu beobachten. Infos im Text unter: Dovrefjell, Hjerkinn.
- **Südwestnorwegen:** Raue Hochebenen mit vielen Stauseen zwischen Stavanger und Setesdal. Infos im Text: Setesdal, Prekestolen.
- Einige im Text beschriebene, **bekannte Kurz- und Eintageswanderungen:** Prekestolen (Felskanzel), Lofthus (Mönchstreppen), Runde (Vogelbeobachtung), Besseggengrad (Panoramawanderung in Jotunheimen), Galdhøpiggen (höchster Berg Skandinaviens), Torghatten (Berg mit Loch).
- **Gute Ausgangspunkte für Tageswanderungen** sind auch: Sogndal, Fjærland, Lom, Lillehammer, Geilo (Hallingdal), Lofthus/Eidfjord, Beitostølen.

Informationen

- **DNT,** Postboks 7 – Sentrum, 0101 Oslo, Besuchsadresse: Storgaten 3, Oslo, Tel. 2282 2800, Fax 22822801, www.etojm.com, www.turistforeningen.no, www.huettenwandern.de.
- **Literaturtipps:** In der Reihe Praxis sind im REISE KNOW-HOW Verlag eine Vielzahl passender Ratgeber vom Autor *Rainer Höh* er-

Der Streit um das richtige Norwegisch

Als Norwegen 1814 von Dänemark an Schweden fiel und sich so, nach der Festlegung einer eigenen Verfassung, ein neues nationales Selbstbewusstsein aufbaute, stand die Frage an, ob wirklich das vom alten Hausherren aufgezwungene Dänisch die offizielle Landessprache bleiben solle. Das Bürgertum schien damit wenig Probleme zu haben, die ländliche Bevölkerung jedoch konnte und wollte mit der im fernen, städtischen Oslo gesprochenen Amtssprache wenig anfangen. Man unterhielt sich so oder so in völlig anderen, seit Jahrhunderten gewachsenen Dialektformen. Diese sah auch der **Sprachforscher Ivar Aasen** (1813-1896) als das urnorwegische Sprachsubstrat an. Er zog los, Wörter zu sammeln, Redewendungen aufzuklauben und das **Landsmål**, die Landessprache, zu kreieren. Das Ergebnis war eine Schriftsprache, welche wesentlich besser die Mundarten des Landes wiederzugeben vermochte. In der Hauptstadt hingegen, wo man mittlerweile auch einsah, dass es zu einer Strukturreform kommen musste, wollte man vielmehr das Dänische „vernorwegisieren", und so entstand unter Leitung von *Knud Knudsen* das **Riksmål** (Reichssprache).

Offiziell wurden beide Schriftsprachen 1885 anerkannt und im Zuge mehrerer Rechtschreibreformen von Riksmål in **Bokmål** (Buchsprache) und von Landsmål in **Nynorsk** (Neunorwegisch) umbenannt. Der von Ivar Aasen entworfenen Variante des Norwegisch geben nur etwa 15 % der Bevölkerung den Vorzug. Per Gesetz müssen jedoch 25 % aller Formulare, Beiträge und Sendungen in Neunorwegisch abgefasst bzw. in einem regionalen Dialekt ausgestrahlt werden. In einigen Schulen ist das Nynorsk die Schriftsprache des Unterrichts, so sich mindestens 10 Schüler zusammenfinden. Lernen und anwenden können muss diese Variante des Norwegischen allerdings jeder.

Alles in allem sind sich Nynorsk und Bokmål **recht ähnlich,** wobei Ausnahmen die Regel bestätigen. So heißt: „Wann kommst du?" auf Bokmål *Når kommer du?*, auf Nynorsk jedoch *Kva tid kjem du?* Am schnellsten begegnet der Tourist dem Neunorwegischen bei einem Blick auf die Briefmarken des Landes, wo, oft zur allgemeinen Überraschung, nicht das vertraute *Norge,* sondern *Noreg* steht. Auch heißt es z. B. auf Nynorsk nicht *kirke* (Kirche), sondern *kyrkje* und nicht *sykehus* (Krankenhaus), sondern *sjukehus.*

Nun liegt sicher die Vermutung nahe, dass man sich mit etwas Willen als Einheimischer dennoch gut mit seinen Landsleuten verständigen kann. Doch leider kommt eine unüberschaubare Zahl von **Dialekten** hinzu. Fast jedes Dorf, jedes Tal, hegt und pflegt seine Mundart wie einen prunkvollen Schatz. Und wenn man ganz genau lauscht, so wird man vielleicht zumindest die folgenden Dialekte unterscheiden können: Bergensk, das in Bergen gesprochene Norwegisch, mit einer recht harten, fast deutschen Betonung; Vestlansk, in den Fjordregionen gesprochen, mit einem etwas kratzigem Klang; Trøndersk, der Region um Trondheim, meist etwas quietschig und schnell gesprochen; Norlansk, der Gegend Bodö und Lofoten, kommt etwas umnebelt daher und ist ein Wunderwerk an Idiomen; sowie der Osloer Dialekt, mit seiner hauptstädtisch korrekten und doch etwas bierseelig-dänischen Aussprache.

SPRACHE, TELEFONIEREN

schienen: „Winterwandern", „GPS Outdoor-Navigation", „Orientierung mit Kompass und GPS" und „Wildnis-Küche".

Sprache

In Norwegen existieren heute **zwei offizielle Schriftsprachen,** zum einen das vom Dänischen beeinflusste **„Bokmål",** die Buchsprache, zum anderen das **„Nynorsk",** das Mitte des 19. Jahrhunderts vom Sprachforscher *Ivar Aasen* aus Dialektformen geschaffene Neunorwegisch. Beide Versionen sind recht ähnlich, wobei es durchaus grammatikalische Unterschiede gibt. Auch differieren verschiedene Wörter. Ungefähr 15 % der Bevölkerung, zumeist in Westnorwegen, schreibt auf Nynorsk. In Oslo ist Neunorwegisch extrem unbeliebt. Es verrät halt, so meint man, eine gewisse bäuerliche Unbedarftheit. Das Norwegisch ist dem Deutschen und Englischen sehr ähnlich. Etwa ein Viertel der Worte (z. B. *reise, glass, koste, sende)* können ohne Probleme verstanden werden. (Siehe auch „Kleine Sprachhilfe" im „Anhang".)

Als zweite Sprache gibt es noch das **Samisch,** das der finno-ugrischen Sprachfamilie angehört und unter der Urbevölkerung, den Samen, wieder gelehrt wird.

Als Tourist ist es nicht unbedingt notwendig, eine dieser Sprachen zu beherrschen. Mit **Englisch** kommt man problemlos durchs Land. Man könnte sogar manchmal den Eindruck gewinnen, dass diese Sprache möglichst rasch zur neuen gemeinsamen Landessprache emporgehoben werden soll. Mit **Deutsch** sieht es schon etwas problematischer aus, wobei es immer mehr an Beliebtheit gewinnt und in der Schule als Zweitsprache oft dem Französischen vorgezogen wird. Auch sprechen oder zumindest verstehen noch viele ältere Leute deutsch, jedoch kann es da vorkommen, dass sie, wenn sie den Zweiten Weltkrieg noch miterleben mussten, dem Englischen uneingeschränkt den Vorzug geben.

Mehr Infos zur Sprache auf: www.norwegeninfo.net. Wer Norwegisch erlernen möchte, kann das mit dem **Sprechführer „Norwegisch – Wort für Wort"** (als Buch und CD) aus der Kauderwelsch-Reihe des REISE KNOW-HOW Verlages (siehe Anhang) tun.

Telefonieren

Von fast allen Telefonzellen kann man nach Deutschland telefonieren: **Vorwahl** nach Deutschland: 0049, nach Österreich: 0043, in die Schweiz: 0041, nach Norwegen: 0047.

Münztelefone werden mit 1-, 5- oder 10-NOK-Münzen bedient. Die meisten Telefone akzeptieren neben Münzen aber auch **Telefonkarten** *(telefonkort).* Telefonkarten kann man an allen „Narvesen"-Kiosken, an fast allen sonstigen Kiosken, in vielen Läden (besonders auf dem Lande) und auf den meisten Bahnhöfen erwerben. Ein Gespräch nach Mitteleuropa dauert für 40 NOK

(Telefonkarte) etwa 11 Min., für 90 NOK 28 Min. und für 140 NOK 50 Min. (auf Campingplätzen kann es teurer sein!). Wer die Möglichkeit hat, einen privaten Festnetzanschluss zu nutzen, sollte das tun. Hier senken sich die Kosten auf 1-1,50 NOK pro Minute.

Telefoniert man nach oder in Norwegen, braucht man **keine Ortsvorwahl!** Diese ist in der achtstelligen Telefonnummer integriert! Nummern mit Extrakosten beginnen in Norwegen mit einer 8, Handynummern mit einer 9 oder 4.

Mit dem **Handy** muss, um z. B. nach Deutschland telefonieren zu können, immer die 0049 vorgewählt werden, für Gespräche innerhalb Norwegens ist stets die Vorwahl 0047 vor die Rufnummer zu setzen. Das eigene **Mobiltelefon** lässt sich in Norwegen problemlos nutzen, denn die meisten Mobilfunkgesellschaften haben Roamingverträge mit den norwegischen Gesellschaften MCP (GSM 1800 MHz) sowie NetCom und Telenor (beide GSM 900/1800 MHz). Wegen hoher Gebühren sollte man bei seinem Anbieter nachfragen, welcher der Roamingpartner günstig ist und diesen per **manueller Netzauswahl** voreinstellen. Nicht zu vergessen sind die **passiven Kosten,** wenn man von zu Hause angerufen wird (Mailbox abstellen!). Der Anrufer zahlt nur die Gebühr ins heimische Mobilnetz, die Weiterleitung ins Ausland zahlt der Empfänger.

Wesentlich preiswerter ist es sich von vornherein auf **SMS** zu beschränken, der Empfang ist dabei in der Regel kostenfrei. Der Versand und Empfang von **Bildern per MMS** hingegen nicht nur relativ teuer, sondern je nach Roamingpartner auch gar nicht möglich. Die **Einwahl ins Internet** über das Mobiltelefon um Daten auf das Notebook zu laden ist noch kostspieliger – da ist in jedem Fall ein Gang in das nächste Internetcafé weitaus günstiger.

Falls das Mobiltelefon **SIM-lock-frei** ist (keine Sperrung anderer Provider vorhanden ist) und man sich länger in Norwegen aufhält, kann an Kiosken eine norwegische Netzkarte (*SIM-kort*) mit Gesprächsguthaben für das Handy erwerben. Um das Guthaben aufzufüllen kauft man später eine *påfyllingskort*. Hinweis: Seit 2006 ist für die Registrierung der SIM-Karte meist eine norwegische Personenkenn-Nummer (siehe „Lernen und Arbeiten") notwendig!

Die wichtigsten **Notrufe** sind im Kap. „Gesundheit" aufgeführt.

Auskunft Inland: Tel. 180, Auskunft Ausland: Tel. 181.

Trampen

Mit dem allgemeinen Anstieg der Transportkosten erfreut sich Trampen in Norwegen immer größerer Beliebtheit. In abgelegenen oder sehr touristischen Regionen, wo nur bis auf den letzten Platz belegte Autos anzutreffen sind, kann es jedoch zu längeren Wartezeiten kommen. Günstigste Standorte sind Parkbuchten an großen Hauptstraßen, Einkaufszentren und Bushalte-

Uhrzeit, Unterkunft

stellen, wo man zur Not auf den öffentlichen Transport umsteigen kann. Wenn man zu Orten gelangen möchte, in die es nicht einmal Busverbindungen gibt, lohnt es sich, erst einmal die nächste Touristeninformation zu kontaktieren. Dort findet man bestimmt irgend jemanden, der das gleiche Ziel hat.

Gefahren bestehen bei dieser Fortbewegungsart in der Regel kaum.

Uhrzeit

Alles wie daheim. Auch von Winter- auf Sommerzeit wird am gleichen Tag umgestellt.

Unterkunft

Hinweis: Da seit September 2006 Übernachtungspreise mit 8 % Mehrwertsteuer belastet werden, kam es vielfach zu einem **Anstieg der Kosten.**

Hotels

Die Bezeichnung Hotel/Hotell ist in Norwegen gesetzlich geschützt und garantiert eine standardgemäße Ausstattung. Eine Besonderheit ist das Høyfjellhotel (Hochgebirgshotel), welches diesen Namen nur tragen darf, wenn es mindestens in einer Höhe von 700-800 m liegt.

Die **Qualität der rund 400 Hotels ist gut,** wenngleich der Standard nicht immer dem in Mitteleuropa üblichen entspricht. Wird das Hotel vor Ort gebucht, sind die Preise immens hoch. So muss für ein Mittelklassehotel mit einem Doppelzimmerpreis (DZ) von rund 1200 NOK gerechnet werden. Selbstverständlich haben dafür alle Zimmer TV und Telefon. Im Sommer gehen die Preise teils um 15-20 % herunter. Wer jedoch nur in Hotels übernachten möchte, sollte sich unbedingt einen Hotelscheck kaufen, mit dem zusätzlich Rabatt gewährt wird (25-50 %):

- **ProSkandinavia Schecks:** Sie gelten in über 400 Hotels in ganz Skandinavien. (Bestellung u. a. bei: ADAC Nürnberg – Tel. 0911/ 208004, Elch Reisen Berlin – Tel. 030/ 36285000, www.proskandinavia.no.
- **Scan + Hotel Pass:** Bis zu 50 % Rabatt auf 200 Hotels in Skandinavien (außer Finnland). Der Pass ist im Internet auf www.scanplus.no erhältlich, bei der Ankunft in Norwegen in einem Hotel der Rainbow und der Norlandia Gruppe oder bei Fjordtra (www.fjor.de) in Deutschland: Tel. 0511/3883434.
- **Fjord Pass:** Norwegens bester Pass. Kostet 100 NOK, gilt ganzjährig für 2 Erwachsene und ihre Kinder. Rabatt erhält man auf ca. 200 Hotels, Pensionen und Hütten in Norwegen. Billigste Übernachtung: 28 €/Person. (Fjord Tours, Strømgt. 4, 5015 Bergen, Tel. 55557660, Fax 55312060, www.fjordpass.no)
- **Nordischer Hotelpass:** Gilt in über 130 Hotels Skandinaviens. Bis zu 50 % Ermäßigung auf Übernachtungen in Choice Hotels. Billigste Übernachtung: 33 €/Person. (Bestellung: in Deutschland, Tel. 0800/1855522, www.choicehotels.no).

Wer nicht immer in Hotels übernachten möchte, sollte die Unterkunft vorab über das Internet buchen. Die Preise sind teilweise deutlich niedriger als vor Ort!

- **Choice Hotels,** www.choicehotels.no, DZ ab 800 NOK/Nacht. Ein „low price calendar" verrät die momentan günstigsten Unterkünfte.
- **Thon Hotels,** www.thonhotels.no, DZ ab 800 NOK. Es gibt drei Hotelkategorien: Bud-

UNTERKUNFT

Mundal Hotel in Fjærland

get, City und Conference. DZ in Cityhotels meist erst ab 1500 NOK.
- **First Hotels,** www.firsthotels.no, DZ ab 800 NOK, aber oft ausgebucht.
- **Norlandia,** www.norlandia.no, DZ ab 950 NOK. Die günstigsten Preise sind bei langfristigerer Planung fast immer buchbar.
- **SAS Radisson,** www.sasradisson.com, DZ ab 950 NOK. Der günstigste Preis ist schnell ausgebucht. Danach kostet es schnell 2000 NOK.
- **Rica,** www.rica.no, DZ ab 800 NOK (mit Ferienpass). Der günstigste Preis ist nur selten zu haben. Meist: 1500 NOK.

Hinweise

Vor allem in Oslo, teils auch in Bergen, sollte man die Zimmer **im Voraus buchen,** da es durch Messen oder Sportveranstaltungen durchaus einmal zu Engpässen kommen kann. Ansonsten ist es in der Regel kein Problem, auch von einem Tag auf den anderen ein Zimmer zu erhalten. In jedem Fall stehen die örtlichen Fremdenverkehrsbüros mit Rat und Tat zur Seite.

Obgleich alle norwegischen Hotels einen hohen Zimmerstandard haben, sehen die Gebäude selbst nicht immer besonders ansprechend aus. Deshalb sind schöne alte und/oder **romantische Hotels** im Text mit einem + gekennzeichnet. Historische Hotels liegen u. a. in Balestrand, Utne, Solvorn und Bergen. www.historiskehotel.no.

Preisklassen

Die **im Buch angegebenen Preise** beziehen sich auf das jeweils günstigste Angebot des Hotels für ein Doppelzimmer bei Belegung mit zwei Personen. Sonderangebote oder besonders niedrige reguläre Preise werden zusätzlich angegeben. Achtung: Während der in Norwegen sehr beliebten Osterzeit steigen ausnahmslos alle Preise um das Doppelte bis Dreifache an!

(*****) **über 1000 NOK** pro DZ (meist kostet in dieser Preisklasse ein DZ 1200 NOK)
(****) **800-1000 NOK** pro DZ
(***) **600-800 NOK** pro DZ
(**) **500-600 NOK** pro DZ
(*) **unter 500 NOK** pro DZ (Hotelzimmer in den Preiskategorien (*) und (**) sind selten, wer preiswert übernachten will, sollte in die recht guten Campinghütten ausweichen.

Pensionen/Hostels/B&B

Die familiären **Gästehäuser** *(gjestehus)* stellen eine preiswerte und gemütliche Alternative zu den großen, meist extrem teuren Hotels dar. 500-800 NOK zahlt man für ein Doppelbettzimmer. Zum Teil Aufschlag für Bettwäsche. Einer Pension entsprechen oft auch die Jugendherbergen (s. u.).

Viele Schilder verweisen in Norwegen auf *„rom"*, wobei freie **Zimmer in Bauernhäusern** gemeint sind. Kosten: 500-600 NOK.

Preiswerte, gute Unterkünfte, speziell in Großstädten sind **Bed & Breakfast.** Infos: www.bbnorway.com, Zimmer ab 450 NOK. Vorbuchung ratsam!

In Oslo, Trondheim und Bergen gibt es **Schlafsaalunterkünfte** (ab 110 NOK). Eine telefonische Vorbestellung (ein bis drei Tage vor Ankunft) ist ratsam.

Jugendherbergen

Die etwa 75 Jugendherbergen heißen in Norwegen *vandrerhjem* („Wanderheim"), sind oft einer Pension vergleichbar und für Gäste jeden Alters gedacht. Die Ausstattung (WC, Küche, Aufenthaltsräume, TV) ist in der Regel hervorragend. Es stehen Schlafsäle, Einzel- und Doppelbettzimmer zur Verfügung. Allerdings sind die Preise recht hoch, so dass man im Endeffekt teils besser fährt, wenn man eine Hütte auf einem Campingplatz mietet. Preise: Bett im Schlafsaal bzw. in Herbergen auf dem Land 120-150 NOK, Bett im 4-Bett Zimmer bzw. in Städten/Tourismuszentren: 170-200 NOK. Einzelbettzimmer: 200-400 NOK, Doppelbettzimmer (oft mit Hotelstandard): 350-600 NOK; ohne Jugendherbergsausweis: +25 NOK (Ausweis muss man vorab im Heimatland erwerben, sonst muss man eine Tagesmitgliedschaft erwerben. Adressen: s.u., Tipp: Kann man auch als Familie beantragen). Bettwäsche kann geliehen werden (ab 50 NOK), Schlafsäcke sind meist erlaubt.

● **Hinweis:** Die im Text genannten Preise gelten für Nicht-Mitglieder! Mitglieder erhalten 15 % Rabatt.
● **Norske Vandrerhjem / Hostelling International Norway,** PB 53 Grefsen, 0409 Oslo, Tel. 23124510, www.vandrerhjem.no (Adressen & Preise).
● **Deutsches Jugendherbergswerk,** Bismarckstr. 8, 32756 Detmold, Tel. 05231/74010, www.jugendherberge.de, 12-20 €. Auf der Website kann man auch weltweit buchen.
● **Österreichischer Jugendherbergsverband,** Schottenring 28, 1010 Wien, Tel. 01/5335 3530, www.oejhv.or.at, 10-20 €.

Unterkunft

● **Schweizer Jugendherbergen,** Schaffhauserstr. 14, 8042 Zürich, Tel. 044/3601414, www.youthhostel.ch, 22-55 SFr.

Camping und Campinghütten

Die Auflistung aller **1200 Campingplätze** würde jeden Rahmen sprengen. So habe ich versucht, die (subjektiv) besten eines jeden Ortes herauszufiltern. Sicherlich wird man, gar keine Frage, noch so manchen anderen netten Platz entdecken. Einen Mangel an attraktiven Campingplätzen gibt es jedenfalls nicht. Überfüllte Areale trifft man lediglich hin und wieder an der Sonnenküste, zwischen Tønsberg und Arendal sowie in der Umgebung der Großstädte an. Doch selbst dann ist eine Ausweichstelle nicht weit.

Die **Qualität der Plätze** ist allgemein **recht gut.** Es existiert in Norwegen eine 1- bis 5-Sterne-Klassifizierung, welche Rückschlüsse auf die **Ausstattung,** jedoch nicht immer auf den Preis zulässt. Ein einfacher Platz bietet, außer einer Sanitäranlage und einer kleinen Camperküche, meist keinen Komfort. Viele Areale besitzen jedoch noch einen Aufenthalts- und TV-Raum sowie Fahrrad- und/oder Bootsverleih. Komfortplätze haben oft auch Sauna, Schwimmbad und diverse Sportanlagen. Eine Küche, Kinderspielplätze und Möglichkeiten zum Angeln bieten fast alle Anlagen!

Einige Plätze haben ganzjährig geöffnet. Diese sind in den Ortsbeschreibungen erwähnt. Bitte beachten: Die saisonale **Öffnungszeiten** können von Jahr zu Jahr um einige Tage variieren (die meisten Saisonplätze haben von Mitte Juni bis Mitte August geöffnet).

Campingkosten

● **Preis pro Zelt:** ab 100 NOK, normal: 125 NOK, Komfortplätze: 150 NOK, Stadtplätze: 160-220 NOK. Seltener wird pro Person noch eine Gebühr von ca. 15 NOK verlangt, Duschen meist 10 NOK. Waschbecken gratis.
● **Ein Caravan-Stellplatz** kostet in der Regel 100-130 NOK, auf einzelnen Komfortplätzen allerdings bis zu 150-200 NOK. Strom kostet 15-30 NOK. Alle im Buch erwähnten Plätze haben Stromanschlüsse für Wohnmobile/Caravane. Entsorgungsstellen für Chemietoiletten haben fast alle Plätze und sehr viele Tankstellen.
● **Campingkarte (CCS):** Bisher war die Karte nur für ein schnelleres Ein- und Auschecken nützlich. Seit 2006 wird sie jedoch auf allen Pluscamp Plätzen verlangt. Die 19 Plätze dieser Kette sind qualitativ gut und ganzjährig geöffnet. Die Campingkarte bietet neben einer Versicherung auch einige Vergünstigungen. Erhältlich ist sie für 100 NOK vor Ort oder unter: Reiselivsbedriftenes Landsforening, Postboks 5465 Majorstua, 0305 Oslo, Tel. 23088620, Fax 23088621, firmapost@rbl.no.

Campingplatzhütten

Nahezu alle Campingplätze vermieten **Hütten.** Außer den winzig kleinen Kabinen für 2 bis 4 Personen sind die Hütten in der Regel ansprechend groß, sauber und teils einem Hotelzimmer ebenbürtig. Die **Preise** der Unterkünfte **variieren** je nach Jahreszeit und Hüttengröße **sehr stark!** Ausgestattet sind die teuren (600-1000 NOK) mit Küche und Bad, oft auch mit TV und Kamin. Die preiswerteren haben nicht immer ein eigenes Bad oder eine Küchenecke; Sanitäranlagen und Kochmöglichkeiten sind dann aber selbstverständlich auf dem Campingplatz vorhanden. Viele Hütten haben etwas Kochgeschirr. Kissen und Decken sind meist vorhanden. Bettwäsche kann manchmal geliehen werden (Haben Sie Bettwäsche? *Har du* sengklœr? Aussprache: „har dü sängklär"). Vorteilhaft ist es jedoch, um Überraschungen vorzubeugen, eigene Bettwäsche bzw. einen Schlafsack mitzunehmen (**Tipp:** Zur Unterlage immer ein Laken mitnehmen!). Campingplatzhütten müssen nicht vorgebucht werden. In Gebieten mit vielen Touristen (Sognefjordregion, Großstädte) ist es jedoch ratsam vor 17 Uhr die Campingplätze anzusteuern oder telefonisch gegen Mittag eine Unterkunft für den Abend zu reservieren.

Zur Not kann auch auf reine Hüttenzentren ausgewichen werden. Diese heißen in Norwegen **Hytteutleie** oder **Hyttegrend**, sind an Straßen durch ein schwarzes Häuschen auf weißem Hintergrund ausgeschildert und meist recht idyllisch im Wald oder am Berghang gelegen. Angeboten werden oft recht preiswerte (300-800 NOK) Holzhütten oder Holzhäuser mit einfacher bis sehr komfortabler Ausstattung.

Sehr viele Hütten auf Campingplätzen und in Hüttenzentren können auch **im Winter** gemietet werden. Es sollte bei Kurzaufenthalten immer am Vortag bestellt werden, damit vorgeheizt werden kann! Für längere Aufenthalte ist, vor allem in Wintersportgebieten, eine mehrwöchige Vorausbuchung ratsam.

Preiskategorien für Hütten:

- ****** – über 800 NOK:** Luxushütten mit allem Komfort, mit Platz für mindestens 6-8, nicht selten über 10 Personen.
- ***** – 600-800 NOK:** Komforthütte, die gleichfalls keine Wünsche offen lässt, oft auch TV und Kamin und Platz für mindestens 4, meist jedoch 6-8 Personen bietet.
- **** – 400-600 NOK:** Geräumige und gute Hütten für mindestens 4 Personen; zumeist auch mit Bad und Kochnische.
- *** – 250-400 NOK:** Recht kleine und einfache Hütten mit Platz für 2-4 Personen; Kochnische ist meistens vorhanden, Bad oft nur in der Sanitäranlage des Campingplatzes.

Hinweis: Wird im Buch **/*** angegeben, heißt dies, dass es Hütten der Kategorie 2 und 3 auf dem Campingplatz gibt. Die Preise beziehen sich auf die Hauptsaison im Sommer. Nebensaisonpreise sind teils 25-30 % niedriger.

Rorbuer

Ursprünglich waren Rorbuer **auf Pfählen erbaute Unterkünfte für Fischer** auf den Inselgruppen der Lofoten und Vesterålen. Einige Anbieter in der Küsten- und Fjordregion Südnorwegens haben den Baustil aufgegriffen und bieten nun auch halb über dem Wasser erbaute Stelzenhäuser an. Der Preis für diese gemütlichen Unterkünfte liegt oft bei happigen 500-1000 NOK pro Tag, für die Hütte, die 4-6 Personen Platz bietet.

Ferienhäuser

An herrlichen Ferienhäusern mangelt es gewiss nicht im Land und gerade für Familien lohnt es sich, eine Woche oder länger an einem Ort zu verweilen und die Seele baumeln zu lassen.

Oft tragen auch die Unterkünfte den Namen Hytte. Der Name sollte aber nicht täuschen. Meist verbergen sich dahinter gute Komfortgebäude mit Terrasse, Sauna und etlichen Zimmern. Der Preis liegt dementsprechend bei 800-1500 €/Woche. Etwas bescheidenere, aber gleichfalls sehr gute Häuser gibt es für 400-800 €/Woche. Platz ist meist für 6-10 Personen.

Prospekte und Vermittlung

Ferienhausanbieter ohne Vermittlungsgebühren mit Unterkünften zum Originalpreis der Vermieter: www.norwegeninfo.net; www.statskog.no.

Große Ferienhausanbieter mit Provisionsaufschlag, aber umfassenden Servicepaket: Novasol: Tel. 040/23885924, www.novasol.de; Dancenter: www.dancenter.de; Mach Nordferien: Tel. 02502/23060, www.mach-nordferien.de.

Ferien auf dem Bauernhof

- **Prospekte** zu Ferien auf norwegischen Bauernhöfen (ab 300 €/Zimmer/Woche) können beim Norwegischen Fremdenverkehrsamt bestellt werden.

Wanderhütten

Im norwegischen Gebirge stehen zahllose, von Wandervereinen betriebene Hütten, die **immer eine Tageswanderung auseinander** liegen. Einige von ihnen sind bewirtschaftet, in anderen werden nur Lebensmittel gelagert, die entweder mit Geld oder durch neue Waren vergütet werden müssen. Andere Hütten wiederum, zu denen oft die *seter* (Almhütten) zählen, bieten nur ein Dach über dem Kopf. Zur Nutzung der Hütten – natürlich gegen ein Entgelt (80-200 NOK) – muss man Mitglied im DNT (Den Norske Turistforening) sein (Adresse siehe unter „Sport und Freizeit/Wandern").

Verkehrsmittel in Norwegen

Bahn

Eine der schönsten und erholsamsten Arten, Norwegen zu entdecken, ist sicherlich die Fahrt mit der Bahn. Allerdings ist das **Streckennetz sehr dünn, die Preise sind eher hoch und die Verbindungen zeitlich recht unzuverlässig.** Meistens muss man, will man nicht dieselbe Strecke zurückfahren, in den Bus oder in das Schnellboot umsteigen. Die Züge sind in der Regel, selbst wenn sie Ekspresstog heißen, **nicht sehr schnell.** Schuld daran ist die zerklüftete Topografie des Landes. Aber man muss ja auch nicht immer so hetzen. Eine **Sitzplatzreservierung** ist für einige Strecken und Abfahrten obligatorisch (20 NOK).

Preisnachlässe

- Leider wurden in den letzten Jahren die Rabattangebote sehr stark eingedünnt. Nach wie vor gibt es 50 % **Studentenrabatt** auf Grüne Abfahrten (10 % auf Weiße) nur für norwegische Studenten. Allerdings bekommt eigentlich jeder, der danach (auch auf Englisch) verlangt, am Schalter ein Studentenrabattticket. Im Zug wird meist ein Auge zugedrückt.
- Auf Abfahrtsplänen sollte man auf **Grønne Avganger** achten. Einige Ermäßigungen gelten nur auf diesen, mit einem grünen Punkt markierten „Grünen Abfahrten" (meist sind dies die Abfahrten früh am Morgen, ca. 7 bis 8 Uhr).
- **NSB Kundekort:** Die Kundenkarte (mit Foto) kostet rund 400 NOK und gewährt 30 % Rabatt auf alle Abfahrten. Erhältlich ist die Karte an allen Fahrtkartenschaltern in Norwegen.
- **Minipris:** Für alle Verbindungen mit einem Regionalzug (Regiontog) gibt es für Frühbucher eine begrenzte Anzahl von Minipreis Tickets. Diese kosten 199 bis 299 NOK. (Internet: www.nsb.no, Tel. 81500888 – 50 NOK Zuschlag bei telefonischer Bestellung; Die Tickets müssen sofort bezahlt werden.)
- Nachtzüge sind meist wesentlich teurer. Für Schnellzüge (*signaturtog*) ist teils ein Zuschlag fällig. Platzkarten müssen für Signatur- und Expresszüge gekauft werden.
- **Kinderrabatt:** Kinder unter 4 Jahren reisen gratis, bis 16 Jahren zu 50 % des normalen Fahrpreises.
- **Gruppenrabatt:** Auf Grünen Abfahrten erhalten Gruppen ab 10 Personen 25 % Rabatt. Wird das Ticket im Ausland gekauft, gibt es die Ermäßigung schon ab 8 Personen.
- **Rundtourangebote der Norwegischen Bahn** (buchbar in Norwegen am Fahrkartenschalter): „Norwegen in einer Nussschale"

Verkehrsmittel in Norwegen

(Norge i et nøtteskall), Oslo – Flåm (Bahn), Flåm – Gudvangen (Boot), Gudvangen – Voss (Bus), Voss – Oslo (Bahn), 1850 NOK, ab Bergen 800 NOK. Weitere Angebote ab Oslo und Bergen sind u. a. „The Royal Fjord Tour" & „The World Heritage Tour". Infos zu allen Angeboten unter www.fjordtours.no, Tel. 81568222.
- **Eisenbahnpässe:** siehe „An- und Rückreise/Bahn".
- **Informationen:** NSB Reisesenter, Oslo Sentralstasjon, 0048 Oslo, Tel. 22368085; NSB Kundentelefon: 81500888, nur innerhalb Norwegens; Buchung und Informationen in Deutschland z. B. bei: Norden Tours (Tel. 040/37702270), Polarkreis Reisebüro (Tel. 06803/3636), Troll Tours (Tel. 02982/8368), Wolters (Tel. 0421/8999290), www.nsb.no (telefonische und Internetbuchung möglich).

Die wichtigsten Bahnstrecken in Norwegen

- **Bergen-Bahn**

Nachdem man 27 Jahre lang den Streckenverlauf diskutiert hatte, begannen 1898 endlich die Bauarbeiten der Bahnlinie von **Oslo nach Bergen.** Bei einer Fahrt mit der Bergen-Bahn wird man schnell verstehen, warum die Planungen so viel Zeit in Anspruch nahmen und die Strecke auch erst 1909 in Betrieb ging. Schon kurz hinter Oslo, in den eigentlich sehr lieblichen Landschaften Ringerike und Hadeland, verstellen ungeahnt viele kleine Berge und Schluchten den Weg. Westlich von Hønefoss biegt dann die Bahn in das langgezogene Hallingdal ein. Es geht nun stetig bergauf, und ab dem 800 m hoch gelegenen Wintersportort Geilo wird es dramatisch. Die Fahrt führt durch die einsame **Hochgebirgslandschaft der Hardangervidda.**

Allerdings verhindern zwischen dem Bahnhof Finse, dem mit 1222 m höchsten Punkt der Strecke, und Myrdal, dem Abzweig zur Flåm-Bahn, einige Tunnels den Blick auf die grandiose Berglandschaft – verständlich angesichts der meterhohen Schneewehen im Winter, die sonst ein Fortkommen unmöglich machen würden.

Nach der Reise über das „Dach Norwegens" führt die Strecke durch das atemberaubend enge Raundal hinab nach Voss.

Wenige Kilometer weiter westlich ist man schon wieder auf Meeresniveau. Vorbei an grüner Fjordlandschaft erreicht man Bergen, den Endpunkt dieser ereignisreichen Strecke.

Platzkarte ist von Oslo bis Myrdal (und zurück) obligatorisch.

Fahrstrecke: Oslo – Hønefoss – Nesbyen – Gol – Geilo – Finse – Myrdal– Voss – Bergen, 5x täglich, 6½ bis 7½ Std.

- **Flåm-Bahn**

In Serpentinen und Spiralen windet sich die steilste Normalspurstrecke der Welt auf nur 20 Kilometern Länge von 2 m (Flåm) auf 865 m Höhe (Myrdal). So kann es passieren, dass man **an einem Tag,** binnen 50 Minuten, **Sommer und Winter** erlebt. Unzweifelhaft eine der schönsten Bahnstrecken Europas. 3-6 mal täglich.

- **Sørland-Bahn**

Die Sørlands-Bahn führt **von Oslo** aus, über die Fährstadt Kristiansand, in das quirlige **Stavanger.** Die Strecke durch Südnorwegen gehört sicher nicht zu den spektakulärsten des Landes, man reist aber trotzdem durch eine sehr **schöne Wald- und Seenlandschaft.** Erst auf den letzten Kilometern bekommt man die Küste zu Gesicht, es sei denn, man steigt in Busse um und besucht so hübsche Orte wie Risør oder Kragerø.

Fahrstrecke: Oslo – Drammen – Kongsberg – Nordagutu – Bø – Kristiansand – Egersund – Stavanger (Alternative zu Beginn: Oslo – Drammen – Tønsberg – Sandefjord – Larvik – Skien – Nordagutu); 5x täglich, ca. 8 Std.

- **Nordland-Bahn**

Mit der Nordland-Bahn kann man innerhalb Norwegens **am weitesten nördlich gelangen.** Zwischen dem **Zielbahnhof Bodø** und der nur an das schwedische Schienennetz angeschlossenen Stadt Narvik bestehen nur Busverbindungen.

Von Oslo aus fährt man in Richtung Norden durch das liebliche Gudbrandsdal. Kurz hinter Dombås schraubt sich die Strecke auf

Fernbusverbindungen von Nor-Way Bussekspress

Preisangaben von 2007 beziehen sich auf den Ort mit * (www.nor-way.no)

Die Preise sind die Normalpreise für die Strecken. Einen „Makspris" (Maximalpreis) von 395 NOK gab es Anfang 2007 auf folgenden Routen: 135, 440; auf diesen Strecken lag er bei 490 NOK: 142 (nachts 590 NOK), 145 (nur nachts), 147, 149, 180.

Nr.	Name	Strecke
101	Oslofjord Ekspressen (5-6x tägl.)	Sandvika–Oslo*–Fredrikstad (150 NOK)–Skjærhalden (200 NOK)
130	Trysilekspressen (6-8x tägl.)	Oslo*–Elverum–Trysil (300 NOK)
135	Østerdalekspressen (1x tägl.)	Oslo*–Røros (470 NOK)–Trondheim (615 NOK)
142	Dag og Nattekspressen	Oslo*–Åndalsnes (tags 450 NOK/nachts 600 NOK) –Molde/Ålesund (tags 450 NOK/nachts 600 NOK)
145	Møreekspressen (2-3x tägl.)	Oslo*–Lom–Stryn–Ørsta (645 NOK) –Hareid (680 NOK)–Ålesund
147	Nordfjordekspressen (3x tägl.)	Oslo*–Gardermoen–Lillehammer (290 NOK)– (460 NOK)–Stryn–Måløy (630 NOK)
148	Gudbrandsdaleksp. (4-5x tägl.)	Oslo*–Gardermoen–Hamar–Lillehammer (290 NOK) –Otta (410 NOK)–Skjåk
149	Nordmørsekspressen (1x tägl.)	Oslo*Dombås–Oppdal–Kristiansund (820 NOK)
152	Totenekspressen (5-7x tägl.)	Oslo*–Gjøvik (240 NOK)
160/ 161	Valdresekspressen (3x tägl.)	Oslo*–Fagernes (250 NOK)–Beitostølen/Lærdal–Årdalstangen (400 NOK)
162	Øst-Vestekspressen (1x tägl.)	Lillehammer*–Fagernes–Lærdal–Flåm (350 NOK)– Voss–Bergen (520 NOK)

das Dovrefjell hinauf. Im Gegensatz zur Bergen-Bahn wird man hier im Winter keine Probleme mit dem Schnee haben, gehört doch das Fjell zu den niederschlagsärmsten Regionen Norwegens. Weiter geht die Fahrt über den Wintersportort Oppdal nach Trondheim. Hier muss man zumeist den Zug wechseln. Fernab der Küste geht es nun weiter durch eine schöne Wald- und Seenlandschaft zum Zielort Bodø.

Fahrstrecke: Oslo – Hamar – Lillehammer – Otta – Dombås – Oppdal – Trondheim (5x täglich, 6 Std.) – Mo i Rana – Bodø (ab Trondheim 3x täglich, 10 Std.)

● **Romsdal-Bahn**

Durch das schöne Romsdal geht die Fahrt, vorbei an einer anfangs weiten, waldreichen Landschaft. Kurz vor dem **Endpunkt** der Strecke in **Åndalsnes** erscheinen dann, zum Greifen nah, die 1000 m hohen Felsen der Trolltindane. Im Ort selber bestehen Busverbindungen zur Küste, Richtung Molde oder Ålesund. Teilweise wird der Zug durch einen Bus (TogBus) ersetzt, der dann gleich bis Ålesund weiterfährt.

Fahrstrecke: Dombås – Åndalsnes, 7x täglich, ca. 2 Std.

● **Røros-Bahn**

Parallel zur Nordland-Bahn verläuft diese Strecke durch die weite, waldreiche und zum Teil liebliche Landschaft des Østerdal **von Oslo nach Trondheim**. Unterwegs passiert man das unter dem Schutz der UNESCO stehende Bergwerksörtchen Røros. Der Nachteil im Vergleich zur Bahn durchs Gudbrandsdal ist, das es nur langsam vorwärts geht und das Gezuckel nach einigen Stunden schon etwas nervtötend ist. Allerdings findet man hier immer einen freien Sitz, für den man keine Platzkarte benötigt.

Verkehrsmittel in Norwegen

Nr.	Linie	Strecke
170	Sogn og Fjordane ekspressen (3x tägl.)	Oslo*-Gol-Sogndal-Skei (580 NOK)-Førde-Florø (670 NOK)
180	Haukeliekspressen (4x tägl.)	Oslo*-Åmot-Haugesund (600 NOK)-Bergen (700 NOK)
182	Telemarkekspressen (10x tägl. So 2x)	Seljord*-Bø-Ulefoss-Skien-Porsgrunn-Larvik-Sandefjord (220 NOK)-Torp-Tønsberg (270 NOK)
185	Rjukanekspressen (4x tägl.)	Oslo*-Rjukan (300 NOK)
186	Rjukanekspressen (1-3x tägl.)	Rjukan*-Notodden-Skien/Porsgrunn (260 NOK)
190	Sørlandsekspressen (5x tägl.)	Oslo*-Arendal (280 NOK)-Kristiansand (300 NOK)
194	Grenlandsekspressen (7x tägl.)	Oslo*-Drammen-Skien (240 NOK)
210	Sørlandsekspressen (2x tägl.)	Kristiansand*-Arendal-Horten-Moss-Fredrikstad (410 NOK)-Sarpsborg
221	Setesdalekspressen (x tägl.)	Haukeligrend-Hovden (330 NOK)-Kristiansand*
300	Sør-Vestekspressen (3-4x tägl.)	Stavanger*-Flekkefjord-Kristiansand (340 NOK)
400	Kystbussen (4 x tägl.)	Stavanger*-Haugesund-Stord-Bergen (420 NOK)
430	Vestlandsbussen über Nordfjordeid (2-5x tägl.)	Bergen*-Førde-Nordfjordeid-Volda-Ålesund (560 NOK)
431	Vestlandsbus ü. Stryn (3x tägl.)	Bergen*-Førde-Stryn (440 NOK)-Stranda-Ålesund
440	Ekspressbussen Bergen -Trondheim (2x tägl.)	Bergen*-Førde-Stryn-Lom (520 NOK)-Trondheim (740 NOK)
450	Sognebussen (2-4x tägl.)	Sogndal (360 NOK)/Øvre Årdal-Lærdal-Aurland-Voss-Bergen*
611	Rørosekspress (Mo-Sa 2x tägl.)	Trondheim*-Støren-Røros (230 NOK)
612	Nord-Østerdalekspressen (Mo-Fr 1x tägl.)	Trondheim*-Ulsberg-Tynset (240 NOK)-Alvdal-Folldal
630	Mørelinjen (Mo-Fr, So 1-2x tägl.)	Trondheim*-Surnadal-Halsa-Molde-Ålesund (500 NOK)

Fahrstrecke: Oslo – Kongsvinger/Hamar-Elverum – Røros – Trondheim, 1-2x täglich, ca. 8 Std.

Bus

In Norwegen existiert ein **weitverzweigtes und zuverlässiges Busnetz.** Fast jedes Dorf besitzt eine Anbindung, sehr oft aber nur einmal täglich. **Regionalbusse** verkehren am Samstag und Sonntag nur sehr selten, meistens überhaupt nicht! Haltestellen sind durch ein winziges Verkehrszeichen – weißer Bus auf blauen Grund – gekennzeichnet und als solche oft nur schwer zu erkennen. Fahrpläne hängen zumeist nicht aus. Infos zu den Fahrzeiten erteilen aber alle Touristeninformationsstellen oder die Büros der Busunternehmen. Sie liegen an Verkehrsknotenpunkten, die als *busstasjon* oder *skysstasjon* (*skyss* = Mitfahrgelegenheit) bezeichnet werden. Offen haben diese meist Mo-Fr 8-16 Uhr, in größeren Orten bis etwa 20 Uhr und am Wochenende etwa 8.00-15.00 Uhr. Die Öffnungszeiten variieren jedoch stark und ändern sich schnell. Tickets werden im Bus bezahlt (15-25 % Studentenrabatt).

Das **Fernbusliniennetz** wird von der Firma **Nor-Way Bussekspress** dominiert. Die Busse verkehren meist mehr-

Verkehrsmittel in Norwegen

mals täglich und auch an Wochenenden. Die Firma bietet Verbindungen zu allen wichtigen Orten und Touristenzentren an (vgl. nebenstehenden Plan). Generell wird auch hier im Bus bezahlt. Eine Reservierung ist nicht erforderlich, ein freier Platz wird garantiert. Jährliche Preissteigerungen von 10-40 NOK sind einzuplanen! Mit zunehmender Entfernung wird es etwas billiger. Studenten erhalten 25 % Rabatt. 50 % Studentenermäßigung gibt es für alle Strecken in Nordnorwegen (nördlich von Bodø), insofern die Fahrstrecke mehr als 150 km beträgt. Als Legitimation reicht ein Studentenausweis aus der Heimat.

- **Infos:** Nor-Way Bussekspress, Bussterminalen, Galleriet, Schweigaardsgate 8-10, 0185 Oslo oder Karl Johans gate 2, 0150 Oslo, Tel. 81544444, Fax 22001631, ruteinformasjon@nor-way.no, www.nbe.no, Auskunft per SMS: eine SMS an +47 2177 senden. Stichwort: NBE und dann Abfahrtsort, Ankunftsort und Datum angeben.
- **Kostenlose Fahrpläne:** im Büro in Oslo und im Internet.
- **Kundenkarte** *(kundekort):* Wurde 2005 abgeschafft. Wiedereinführung aber möglich.
- **Rabatte:** Studenten: 25 % in Südnorwegen, 50 % im Norden und einigen ausgewählten anderen Routen, Senioren: 33 %, Kinder: bis 4 Jahre gratis, 4-15 Jahre 50 %; **Tipp:** Gruppenrabatt schon ab 2 Personen 25 %, ab 12 Personen 33 %.
- **Makspris:** Auf einigen Strecken gibt es einen Maximalpreis, der unabhängig von der Fahrstrecke gilt. Er liegt meist bei 390-490 NOK. Die betreffenden Routen und der Preis ändern sich den Marktverhältnissen entsprechend recht häufig.
- **Buspass:** 21 Tage freie Fahrt auf allen Strecken des Nor-Way Bussekspress; Kosten: 2300 NOK. Buchung über: Deutsche Touring, Adenauer Allee 78, 20097 Hamburg, Tel. 040/2804538, Fax 040/2804838.

- **Weitere Fernbuslinien:** www.timekspressen.no (Raum Oslo), www.lavprisekspressen.no (Oslo - Bergen/Trondheim/Kristiansand ab 50 NOK; extrem gute Preise bei Vorbestellung über das Internet), www.konkurrenten.no (Oslo - Kristiansand)
- **Wörter für norwegische Reiseportale:**
fra sted/avreisested = Abfahrtsort
til sted/reisemål = Zielort
via sted = über
søk = Suche starten
dato = Datum, tid = Zeit
rutetabell = Fahrplan
rutetider = Abfahrtszeiten
takst/pris = Preis
DX7 = täglich außer Sonntag
- **Routeninformationen** zu allen Busstrecken gibt es in den Touristeninformationen, über Tel. 177 und unter www.rutebok.no.

Flugzeug

Mit dem Flugzeug ist schnell fast jeder Winkel Norwegens zu erreichen. Die **Hauptflughäfen** sind **Oslo-Gardermoen, Stavanger, Bergen, Trondheim und Bodø.** Von ihnen aus kann man u. a. nach Ålesund, Kristiansund, Sogndal und Svolvær fliegen. **Flugpässe** drücken den Preis:

- **Preiswerte Flüge** von und nach Skandinavien sowie innerhalb Norwegens bietet **Kilroy Travels** an (Tel. 0047/81559633, in Norwegen: Tel. 02633, www.kilroytravels.com).

Fluggesellschaft SAS Braathens

Neuer Zusammenschluss von SAS Norge und Braathens. Die Airline bedient alle größeren Flughäfen in Süd- und Nordnorwegen, wie Oslo, Bergen, Trondheim, Stavanger, Ålesund, Bodø und Alta (Kosten: 500 bis 1000 NOK pro Strecke und Richtung). Zeitweise gute Sonderpreise: Oslo - Stavanger/Bergen/Ålesund ab 380 NOK pro Richtung; Oslo - Bodø/Alta ab 560 NOK pro Richtung. Für den Zeitraum vom 1.5. bis 31.9. können Urlauber zudem mit dem Northern

Verkehrsmittel in Norwegen

Light Pass reisen. Er gilt für die Strecken von SAS Braathens und Widerøe. Ein Flug kostet mit ihm 90-170 € pro Richtung. Kostenlos erhältlich ist der Pass in allen Reisebüros.
- **Braathens**, PB 55, 1330 Fornebu, Tel. 6759 7000, Kundencenter: 05400, www.flysas.com (Onlinebuchungen möglich); Buchungen auch in allen Reisebüros.

Fluggesellschaft Widerøe

Von Widerøe werden 34 Flugplätze in ganz Norwegen angeflogen. Einige **Verbindungen** sind: Oslo – Stavanger/Bergen/Sogndal/Ørsta/Trondheim/Røros; Trondheim – Brønnøysund/Mo i Rana/Bodø; Bodø – Svolvær/Leknes/Røst/Andenes/Narvik/Tromsø. Widerøe ist Mitglied der SAS Group. Es können über Widerøe somit auch alle SAS-Anschlussflüge gebucht werden.

Widerøe bietet ausländischen Besuchern im Sommer einen Flugpass an. **Das Norwegen Entdecker Ticket (NET):** Norwegen wird in 3 Zonen unterteilt. Die Grenzen liegen bei Trondheim und Tromsø. Das Ticket ermöglicht 14 Tage lang unbegrenztes Fliegen. Innerhalb einer Zone kostet dies 345 €. Für 2 Zonen sind 435 € zu berappen. Ganz Norwegen schlägt mit 515 € zu Buche. Extrawoche: 230 €. Buchung spätestens 3 Tage vor Abflug über: booking.support@wideroe.no bzw. Tel. 81001200 oder über: Top-Nord GmbH, Tel. 0761/22700, www.top-nord.de.

Youth Tickets: Dieses neue Angebot richtet sich an Jugendliche bis 26 Jahre, bzw. an Studenten bis 32 Jahre. Es gibt bis zu 50 % Rabatt auf die normalen Flugpreis. Buchung u. a. über das Internet: www.wideroe.no.
- **Widerøe Flyselskap**, Postboks 131, 1325 Lysaker, www.wideroe.no, Tel. 81001200, 67116195.

Norwegian

Norwegische Fluggesellschaft mit Dumpingpreisen: Oslo – Stavanger/Bergen/Trondheim ab 350 NOK pro Richtung, Oslo – Bodø/Harstad/Narvik/Tromsø/Alta/Kirkenes ab 450 NOK pro Strecke. Internetbuchung notwendig! www.norwegian.no (auch auf Deutsch) – Bezahlt wird mit der Kreditkarte. Kundencenter: Tel. 81521815.

Allgemeine Infos

- Infos zu allen norwegischen Flughäfen, An- und Abflügen sowie Flughafenbussen auf www.avinor.no (unter „Lufthavner" bzw. „Airports"); Flughafenbusse in Norwegen: www.flybussen.no.

Schnellboot/Fähre

Schnellboote sind die ideale, ja zwangsläufige Ergänzung im Verkehrssystem der zerklüfteten Küstenregion. Die wichtigsten Verbindungen sind im Vestland: Bergen – Stavanger, Bergen – Sognefjord (Sogndal) und Bergen – Nordfjord (Måløy, Selje). Auch verkehren Boote von Flåm nach Sogndal, in den wilden Nærøyfjord und nach Lærdal. Ebenso gibt es ein Boot von Balestrand in den Fjærlandsfjord. Weitere Expressboote verkehren zu den vorgelagerten Inseln Südwestnorwegens und von Molde nach Ålesund. (weitere Hinweise im Buch bei den entsprechenden Regionen/Orten: Zu Beginn eines Kapitels werden die Schnellbootlinien der Region erwähnt; im Informationsabschnitt der Orte finden sich weitere Anmerkungen).

- **Flaggruten** (40 % Rabatt für Studenten und Rentner): Stavanger – Bergen (650 NOK, Minipreis für Retourticket: 850 NOK, Studenten 570 NOK), Tel. 05505, www.flaggruten.no.
- **Fylkesbaatane** (50 % Rabatt für Studenten, Rentner): Bergen – Selje (650 NOK), Bergen – Sogndal (500 NOK), Tel. 55907070, www.fylkesbaatane.no.

Als Autofahrer wird man um die Benutzung von **Fähren** nicht herumkommen. Obwohl kühne Tunnel- und Brückenbauten immer mehr Fähren

VERSICHERUNGEN

überflüssig machen, verkehren immer noch an die 200 Boote. Bei kurzen Strecken (10-15 Minuten) liegt der Preis bei 50 NOK für Auto und Fahrer und bei 20 NOK für jede weitere Person (Kinder 10 NOK). Die Gebühren variieren allerdings stark. Die Fährlinien sind bei den Ortsbeschreibungen unter „An- und Weiterreise" aufgelistet.

Hurtigrute

Angepriesen wird die **Fahrt entlang der norwegischen Küste** als die schönste Seereise der Welt. 11 Tage dauert die extrem erlebnisreiche Fahrt **von Bergen nach Kirkenes,** an der russischen Grenze, und zurück. Dabei passiert man unglaublich schöne Fjorde, wilde Berglandschaften und idyllische Orte. Gegründet wurde die Hurtigrute (norwegisch: *Hurtigruten*) als Postschiffverbindung am 2. Juli 1893. 1917 erweiterte man die Linie bis Kirkenes. Die 2500 Seemeilen lange Strecke, in deren Verlauf 35 Häfen angelaufen werden, diente der Versorgung und Anbindung der nördlichen Landesteile. Wegen mangelnder Rentabilität sollte die Hurtigrute in den letzten Jahren mehrmals stillgelegt werden. Aufgrund der Beliebtheit bei Touristen und der einheimischen Bevölkerung existiert sie jedoch bis heute. Man sondert zudem zunehmend die alten Dampfer aus und ersetzt sie durch modernere, komfortablere Schiffe. Die Romantik leidet darunter natürlich ein wenig.

Die (hohen) **Kosten** (abhängig vom Alter des Schiffes und vom Kabinentyp): Die gesamte Strecke (Bergen – Kirkenes – Bergen) schlägt in der Nebensaison, also Winter und Herbst, mit 800-1500 € zu Buche. Im Sommer sind 900-5000 € zu berappen. Es können auch Teilstrecken gebucht werden (z. B. Bodø – Lofoten). Der Preis von Bergen nach Kirkenes beträgt 65 % des oben angegebenen Betrages, Kirkenes – Bergen 55 %.

Preisbeispiele (Preissteigerungen sind einzukalkulieren):

Bergen – Ålesund 1080 NOK, Bergen – Trondheim 1800 NOK.

Kurze Deckspassagen sind in der Regel auch kurzfristig vor Ort am Schiff erhältlich. Reisen mit Kabine sollten jedoch bis zu einem Jahr im Voraus bestellt werden! Eine Kabine (keine Buchungspflicht) kostet je nach Ausstattung und Art des Schiffes zwischen 200 und 540 NOK im Winter sowie 210 und 1250 NOK im Sommer. Die Autopreise liegen etwa bei der Hälfte des Personenpreises.

Rabatte: Auf den Personenpreis für Teilstreckenfahrten: 50 % Rabatt für Kinder, Rentner, Familien, Studenten und Schüler. In der Nebensaison gibt es auch Rabatte für einen Ehepartner bzw. Lebensgefährten, wenn beide zusammen reisen.

Buchungen in Reisebüros oder bei NSA, Kl. Johannisstr. 10, 20457 Hamburg, Tel. 040/376930, Fax 040/364177, Buchung in Norwegen: 81030000, www.hurtigruten.de.

Informationen zu den **Teilstrecken** und deren Preise im Internet nur über www.hurtigruten.no.

Versicherungen

Zum Thema Auslandskrankenversicherung siehe „Gesundheit".

Andere Versicherungen

Egal welche weiteren Versicherungen man eventuell abschließt, hier ein Tipp: Für alle abgeschlossenen Versicherungen sollte man die **Notfallnummern** notieren und mit der **Policenummer** gut aufheben! Bei Eintreten eines Notfalles sollte die Versicherungsgesellschaft sofort telefonisch verständigt werden!

Ist man mit einem Fahrzeug unterwegs, ist der **Europaschutzbrief** eines Automobilclubs eine Überlegung wert. Wird man erst in der Notsituation z. B. in Norwegen Mitglied, gilt diese Mitgliedschaft auch nur für dieses Land und man ist in der Regel verpflichtet fast einen Jahresbeitrag zu zahlen, obwohl die Mitgliedschaft nur für einen Monat gültig ist.

Ob sich lohnt, weitere Versicherungen abzuschließen wie eine Reiserücktrittsversicherung, Reisegepäckversicherung, Reisehaftpflichtversicherung oder Reiseunfallversicherung ist individuell abzuklären. Aber gerade diese Versicherungen enthalten viele **Ausschlussklauseln,** sodass sie nicht immer Sinn machen.

Die **Reiserücktrittsversicherung** für 35-80 € lohnt sich nur für teure Reisen und für den Fall, dass man vor der Abreise einen schweren Unfall hat, erkrankt oder schwanger wird, gekündigt wird, nach Arbeitslosigkeit einen neuen Arbeitsplatz bekommt, die Wohnung abgebrannt ist u.Ä. Nicht gelten hingegen: Krieg, Unruhen, Streik, etc.

Auch die **Reisegepäckversicherung** lohnt sich seltener, da z. B. bei Flugreisen verlorenes Gepäck oft nur nach Kilopreis und auch sonst nur der Zeitwert nach Vorlage der Rechnung ersetzt wird. Wurde eine Wertsache nicht im Safe aufbewahrt, gibt es bei Diebstahl auch keinen Ersatz. Kameraausrüstung und Laptop dürfen beim Flug nicht als Gepäck aufgegeben worden sein. Gepäck im unbeaufsichtigt abgestellten Fahrzeug ist ebenfalls nicht versichert. Die Liste der Ausschlussgründe ist endlos ... Überdies deckt häufig auch die Hausratversicherung schon Einbruch, Raub und Beschädigung von Eigentum auch im Ausland.

Eine Privathaftpflichtversicherung hat man in der Regel schon. Verfügt man über eine Unfallversicherung, sollte man prüfen, ob diese im Falle plötzlicher Arbeitsunfähigkeit aufgrund eines Unfalls im Urlaub zahlt. Auch durch manche **Kreditkarten** oder **Automobilclubmitgliedschaft** ist man für bestimmte Fälle schon versichert. Die Versicherung über die Kreditkarte gilt jedoch meist nur für den Karteninhaber!

Land und Leute

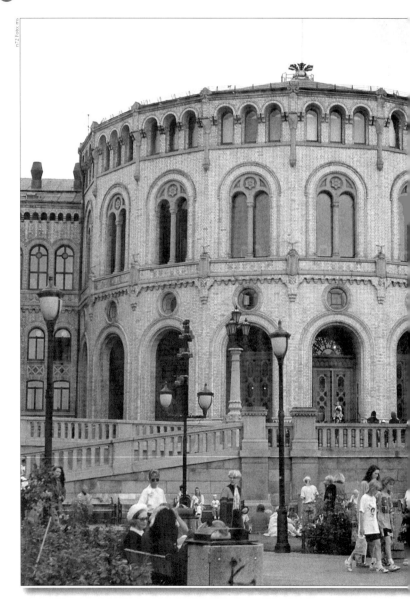

Land und Leute

Felszeichnungen im Østfold

Volkssport Skilauf

Das Parlamentsgebäude in Oslo

Naturraum

Geografie

Norwegen ist mit einer **Fläche von 323.758 km²** etwas kleiner als Deutschland, mit einer Nord-Süd-Ausdehnung von 1750 km jedoch mehr als doppelt so lang. Das von seinen Bewohnern *Norge* oder *Noreg* genannte Land, dessen Name wahrscheinlich von „gate til nord", „Weg nach Norden", stammt, ist, wie es sich für einen Weg gehört, nur sehr schmal (430 km bis 6,3 km, nördlich von Narvik) und somit, neben Chile und Kroatien, wohl der „beste geografische Witz" auf Erden.

Die **Küstenlänge,** inklusive aller **150.000 Inseln** und der zahllosen **Fjorde,** summiert sich auf unglaubliche **25.148 km,** was knapp dem halben Umfang der Erdkugel entspricht. Der längste und mächtigste aller Fjorde ist dabei der 205 km ins Landesinnere hineinreichende Sognefjord. Unweit desselben liegen auch, im Jotunheimen-Gebirge, die höchsten Gipfel des Landes, der 2469 m hohe Galdhøpiggen und der 2452 m hohe Berg Glittertind.

Westlich der Bergmassive wölbt sich wie ein Deckel der **486 km² große Jostedalsbreen, der mächtigste Festlandgletscher Europas,** über das Felsgestein. Ist die Landschaft hier schroff und wild, so dominieren im Osten dichte skandinavische Wälder sowie das über 200 km lange Tal Gudbrandsdal. Landwirtschaft wird vor allem in der Region um Oslo, im flachen Jæren bei Stavanger und nahe Trondheim betrieben. Die Waldgrenze liegt im südlichen Binnenland bei 900-1000 m, an der windigen Küste bei etwa 300 m und in Norden des Landes bei 150-200 m.

Gegründet wurden die heute größten Orte des Landes im 11./12. Jahrhundert nahe eines Süßwasser führenden Flusses, Baches oder Sees und an windgeschützten Fjordarmen, den mittelalterlichen Hauptverkehrswegen im gebirgigen Norwegen. Der Anlass für die Anlage einer Siedlung war kirchlicher (Klostergründung) oder verwaltungstechnisch-wirtschaftlicher Art.

Geologie und Geomorphologie

Hauptbildungszeit der norwegischen Landmasse war der Zeitraum des Ordovizium/Silur. Vor 500 bis 400 Millionen Jahren stießen die Nordamerikanische und die Eurasische Kontinentalplatte zusammen. Tiefengesteine wurden gefaltet und emporgehoben. Es entstanden die **Kaledoniten.** Ein Teil dieses Urgebirges sind die heutigen Felsmassive Norwegens. Sie bestehen zum größten Teil aus magmatischen und metamorphen Gesteinen wie Graniten und Gneisen.

Vor ca. 600.000 Jahren begann sich, bedingt durch einen Anstieg der Niederschläge und ein Absinken der Temperaturen, eine mehrere tausend Meter mächtigen **Eiskappe** herauszubilden. Das Eis, das sich langsam gen Süden bewegte, rundete dabei die Spitzen der Berge zu Kuppen, die in Norwegen *Fjelle* genannt werden. Es entstanden auch weitläufige Hochebenen *(vidda)*, wie die der Hardangervidda, und schon bestehende Täler wurden durch die mächtige gefrorene Last nochmals vertieft. Als sich das Eis vor etwa 10.000 Jahren zurückzog, waren viele Täler so weit abgesunken, dass sie unter dem Meeresspiegel lagen, mit Salzwasser voll liefen und sich die für Norwegen typischen **Fjorde** bildeten. Diese sind dort am tiefsten, wo der Gletscher einst am mächtigsten war, also im Landesinneren. So liegt z. B. der Grund des Sognefjordes bei Balestrand 1300 m unter der Wasseroberfläche, während er kurz vor der Mündung in die Nordsee nur 20 m tief ist. Andere Täler entstanden durch den Abfluss von Schmelzwässern unter dem Eis. Drang hernach Seewasser ein, so bildete sich eine Förde, wie z. B. der Oslofjord, der sich zudem besonders gut hat eintiefen können, da das Gebiet Teil einer unterirdischen Störungs- oder Grabenzone ist, die in Richtung Süden noch durch das Rhein- und Rhônetal markiert wird.

Am Küstensaum des Landes wurden bestehende Inseln zu flachen Felseilanden, den Schären, abgehobelt. Ganze Insellabyrinthe solcher Art sind der Südostküste Norwegens und dem Festlandsgebiet zwischen Trondheim und Bodø vorgelagert.

Noch heute kann die Wirkung des Eises auf die Landschaft in Norwegen beobachtet werden. Als bestes Beispiel bietet sich da der Nigardbreen, ein Ausläufer des mächtigen Plateaugletschers Jostedalsbreen, an. Die norwegischen **Gletscher** sind jedoch keine Relikte der letzten Eiszeit. Sie bil-

Das Land im Überblick

Fläche: 323.758 km², zzgl. der teilautonomen Gebiete Svalbard (62.924 km²) und Jan Mayen (380 km²) im Nordatlantik sowie Bouvetøya (58,5 km²) und Peter I Øy (180 km²) im Südatlantik.
Nord-Süd-Ausdehnung: ca. 1750 km
West-Ost-Ausdehnung: max. 430 km, min. 6,3 km (nördlich von Narvik)
Küstenlänge (inkl. aller Fjorde und Inseln): 25.148 km
Höchster Berg: Galdhøpiggen im Jotunheimengebirge (2469 m)
Längster Fjord: Sognefjord (205 km)
Längstes Tal: Gudbrandsdal (über 200 km)
Größter Gletscher: Jostedalsbreen (486 km²)
Einwohner: 4,7 Millionen, davon etwa 40.000 Samen (14 Einwohner/km²)
Größte Städte: Oslo (Hauptstadt) 540.000 Einwohner (mit Vororten über 800.000), Bergen 242.000, Trondheim 160.000, Stavanger 115.000, Kristiansand 77.000, Fredrikstad 71.000
Sprache: Norwegisch in zwei Schriftversionen (Bokmål und Nynorsk), Samisch
Religion: 89 % evangelische Lutheraner, ca. 35.000 Katholiken, 21.700 Muslime
Verwaltung: 19 Fylke (Provinzen)
Staatsform: Parlamentarische Monarchie seit 1905, Verfassung von 1814
Staatsoberhaupt: König *Harald V.*, seit 1991
Regierungschef: *Jens Stoltenberg*, seit Herbst 2005
Währung: Norwegische Krone (NOK) 1 Krone = 100 Øre
BSP je Einwohner: 38.730 US $ (2005)
Arbeitslosenrate: 2,1 % (2007)

NATURRAUM

deten sich erst nach einer neuerlichen Klimaverschlechterung vor gut 2500 Jahren. Während der kühlen Jahre der sogenannten „Kleinen Eiszeit", im 17. Jahrhundert, erreichte die Ausdehnung des gefrorenen Nass ihr Maximum. Zu dieser Zeit wurden in einigen Tälern, wie dem Loendal und dem Jostedal, sogar ganze Höfe vom Eis verschlungen. Seit der Mitte des 18. Jh. ziehen sich die Gletscher jedoch wieder zurück, wobei es zu Beginn der 90er Jahre des 20. Jh. wieder erste sanfte Anzeichen für ein Vorrücken des Eises gab.

Flora

Den klimatischen Bedingungen folgend, kann man Norwegen in **fünf Vegetationszonen** untergliedern:

Nordeuropäische Laubwaldregion

Dieses Gebiet umfasst einen schmalen Küstenstreifen entlang des Oslofjordes. Es gedeihen **Erlen, Linden, Eichen, Ulmen und Rotbuchen,** deren größter Bestand des Landes in Larvik liegt. In den letzen Jahrhunderten wurde diese Region auch zunehmend **landwirtschaftlich genutzt,** so dass inmitten der Anbauflächen nur noch Relikte des ursprünglichen Waldes anzutreffen sind. Botanisch interessant sind die Inseln Jeløy bei Moss, Håøya bei Drøbak (Boot ab Oslo) sowie Fornebu, Lindøya und vor allem Gressholmen im Stadtgebiet von Oslo.

Nordeuropäische Mischwaldregion

Das Areal erstreckt sich, der vom Golfstrom erwärmten Küste folgend, vom Oslofjord (hier Glomma und Vorma folgend, bis zum Mjøsasee reichend) über Kristiansand, Stavanger, Bergen, Molde nach Trondheim und folgt den Fjorden ins Landesinnere. Kennzeichnend für das Gebiet ist die Grenze für das Vorkommen von Eichen, die gleichzeitig den Übergang zur Borealen Nadelwaldzone markieren. Anzutreffen sind in der

Reise durch die Vegetationszonen

Die Abfolge von der ersten über die zweite bis zur dritten Vegetationszone ist hervorragend in Oslo zu beobachten. Dominieren hier auf den vom golfstromerwärmten Wasser umspülten Inseln des Oslofjords und der Innenstadt noch Kastanie, Linde, Ahorn, Erle und Rotbuche, so setzt sich mit zunehmender Entfernung vom Fjord mehr und mehr die Fichte und die anspruchslose Birke durch. Ab Höhen von nur 200 m, im Waldgebiet der Nordmarka, haben etwas mehr Wärme liebende Laubbäume dann schon ausgesprochenen Seltenheitswert. Auf Kahlschlagflächen und im Unterholz der Wälder gedeihen Unmengen von Himbeeren, Walderdbeeren und Blaubeeren.

Deutlich wird man bei einer Fahrt auf der E 16, von der Valdres über das Filefjell nach Lærdal, den Übergang von der dritten über die vierte in die zweite Vegetationszone miterleben können. Zunächst befindet man sich in der Borealen Nadelwaldzone. Es gedeihen an Bäumen fast nur Fichte und Kiefer. Sommers ist es oft warm und trocken, zur kalten Jahreszeit herrscht meist strenger Frost. Fährt man nun hinauf ins Gebirge, so wird der Wald immer lichter. Es dominiert die kleine Fjellbirke, die Bergkuppen sind waldlos und schon ab Anfang Oktober die Heimat des Winters. Nach einer Passhöhe um die 1000 m reist man hinab in ein wasserreiches Tal. Der Untergrund besteht plötzlich aus Moosen und es wachsen, im Einflussbereich des Golfstromes, Buchen (z. B. an der Borgund-Stabkirche), Eichen sowie allerlei Obstbäume.

FLORA

Nordeuropäischen Mischwaldzone vorwiegend **Nadel-Nutzhölzer** (Fichte), durchsetzt mit **Erle, Espe, Birke und Eberesche.** Kultiviert wurden auch **Esche, Hasel, Ulme, Eiche, Winterlinde und Rotbuche.** Markant für dieses Gebiet sind gleichfalls der immergrüne **Ilexstrauch**, der z. B. im Zentrum von Bergen gedeiht, sowie die in den vergangenen Jahrhunderten eingeführten **Rosen**, für die Molde berühmt wurde, und die zahllosen **Obstbäume** (Apfel, Kirsche, Birne) entlang der Ufer von innerem Hardanger- und Sognefjord.

Die äußere **Küste** dieser Zone ist **nahezu waldfrei**. Eine Ursache dafür sind sowohl die oft auftretenden Orkane als auch der Holzeinschlag der letzten Jahrhunderte, zum Beispiel für den Schiffbau. Die Küstenregion hat einige **Moore** vorzuweisen, deren Torf von ehemaligen größeren Waldbeständen zeugt. Eine typische Pflanze für diese Gegenden ist das **Wollgras**, mit seinem buschigen, weißen Köpfchen, u. a. anzutreffen auf der Vogelinsel Runde.

Boreale Nadelwaldzone

Diese Zone umfasst fast gesamt Ostnorwegen und das zentrale Südnorwegen bis in eine Höhe von etwa 900 m, wo ein 100 bis 200 Höhenmeter breiter Saum aus **Fjellbirken** die Waldgrenze und damit den Übergang zum Kahlfjell markiert. Nordwärts reicht das Gebiet der Borealen Nadelwaldzone bis in die Gegend von Bodø. Es dominieren lichte **Fichten- und Kiefernbestände**, durchsetzt mit etwas **Grauerle, Zitterpappel und Eberesche.** Kennzeichnend für diese Vegetationszone ist auch die für Norwegen typische **Moltebeere.** Sie gedeiht in sumpfigen Gebieten, in Südnorwegen vereinzelt in Höhen um 700/800 m (z. B. in der Gegend um Geilo), im „Moltebeer-Bezirk" Nordland fast überall. Die Pflanze wird etwa 30 cm

Landschaft in der Valdres

hoch. Die Frucht ähnelt der einer Brombeere. Unreif sieht sie grünlich-rötlich aus, verfärbt sich mit zunehmender Reife jedoch gelb. Sie schmeckt vorzüglich als Konfitüre, Joghurt oder pur. Das Pflücken der Moltebeere ist wegen ihrer Seltenheit jedoch nur wenigen Einheimischen gestattet.

Subarktische Region

Dieses Gebiet schließt weite Teile Nordnorwegens und die Kahlfjelle zwischen Kristiansand und Trondheim ein. Dominant ist im Gebirge des Südens, in einer Höhe von 800-1000 m, und in den nördlichen Landesteilen die kleine **Fjellbirke**. An geschützten Stellen gedeihen auch **Kiefern**. In Südnorwegen, z. B. in Jotunheimen, wachsen bis in etwa 1200 m Höhe **Zwergsträucher**, wie die Zwergbirke Betula nana. Bis in Gebirgslagen von 1600-1900 m sind auch noch **Flechtenteppiche** anzutreffen. Darüber jedoch dominieren kahle Blockhalden und Gletscher.

Botanisch interessant ist in dieser Region vor allem das **Dovrefjell**, mit Besonderheiten wie der Einblütigen Glockenblume, der Frühlingsküchenschelle, dem nur hier gedeihende Dovre-Löwenzahn und dem Norwegischen Beifuß.

Arktische Region

Eine letzte, fünfte Vegetationszone, die arktische, umfasst geringe Teile der nordnorwegischen Küste (Vardø) und Spitzbergen.

Fauna

Am häufigsten wird der Besucher wohl dem **Rentier** begegnen, allerdings nur den zahmen, meist an Lagern der Samen weidend. Um wildlebende Exemplare dieser Hirschart zu sichten, bedarf es schon längerer Touren durch Jotunheimen und über die Hardangervidda. Das Fell des Ren ist im Sommer hellbraun bis grau, im Winter eher weiß. Das Tier erreicht eine Schulterhöhe von etwas über einem Meter.

Weitaus seltener wird man in Norwegen den König der Wälder, den **Elch** (norwegisch: elg), antreffen. Der Einzelgänger erreicht eine durchaus beachtliche Größe. Mit einer Schulterhöhe von über zwei Metern ist das Tier doppelt so groß wie das Ren, und mit einem Lebendgewicht von 600-800 kg kann es, bei Wildwechsel, auch einem Mittelklassewagen schnell gefährlich werden. Warnende Straßenschilder sollte man ernst nehmen – Nils, Busfahrer aus der Valdres: „Einen Winter habe ich auf der 200 km langen Strecke von Fagernes nach Oslo 32 Elche gezählt." Leider ist dem, der den Elch sucht, vor allem im futterreichen Sommer, meist kein solches „Jagdglück" beschieden. Viele mussten fünfmal nach Norwegen reisen, um das erste Exemplar zu Gesicht zu bekommen.

Weitere Säugetierarten sind, neben den 200 im Dovrefjell grasenden **Moschusochsen**, einige umherziehende **Braunbären**, **Wölfe** und **Luchse** in Ostnorwegen sowie u. a. **Füchse, Hasen, Rehe** und **Hirsche**.

Entlang der Küste gibt es zahllose Kliffs. Hier nisten von April bis Anfang August Millionen von Seevögeln. Die bekanntesten sind die putzigen **Papageientaucher**, mit ihren roten Füßen nicht zu übersehen. Auch gibt es **Lummen, Alke, Basstölpel, Austernfischer, Möwen** und **Seeadler**. Die schönsten Vogelfelsen sind Runde, Værøy und Røst. Häufig anzutreffen sind in den Küstenregionen auch **Robben**.

Walfang

Die Tradition des Walfangs reicht in Norwegen und dem restlichen Europa bis in die Zeit des frühen Mittelalters zurück. Ihren ersten Höhepunkt erreichte die Jagd auf die Meeressäuger zwischen dem 16. und 17. Jahrhundert. Ganze Flotten liefen damals aus, um von Segel- oder Ruderbooten aus den Tieren den Garaus zu machen. In der Folge, beschleunigt durch Erfindung und Einsatz der kanonenbetriebenen Harpune auf großen Dampfschiffen, kam es zu einer raschen Dezimierung der Walpopulationen. Zu Beginn des 20. Jahrhunderts waren so etliche Arten, etwa Grönlandwale und Nordkaper, schon akut vom Aussterben bedroht. Daraufhin kam es schon in den 1930er Jahren zu einer ersten Reduzierung der Fangquoten. Seit 1968 gibt es erste Fangverbote, seit 1986 ist der gewerbsmäßige Walfang nicht mehr zugelassen, woran sich bis 1993 auch Norwegen hielt. Seitdem wurden jedoch hier wieder jährliche Fangquoten von 200 bis 400 Zwergwalen zugelassen. Ein Sturm der Entrüstung ging um die Welt. Schnell wurden die Norweger zum Sündenbock und zu den „Schlächtern im Hohen Norden" erklärt. In Norwegen selbst reagierte die große Mehrheit der Bevölkerung auf diese Kritik mit Unverständnis. Man verwies auf die Tradition und darauf, dass der Walfang etwas so Normales sei wie Schaf- oder Rinderzucht. Auch wolle man eine zunehmende Abwanderung aus Gegenden wie den Lofoten, wo Walfang seit jeher betrieben wird, vermeiden und wies Erhebungen vor, die den Zwergwalbestand auf 80.000 Tiere schätzten, somit also nicht gefährdet. Die Gegner dieser Logik meinen, dass der Walfang eh nur ein Zubrot für die Bevölkerung sei, im ganzen Land rund 300 Menschen von der Jagd auf die Tiere leben und die verwertbaren Produkte heute wirtschaftlich völlig überflüssig seien. Außerdem hat man Angst, dass, gerät erst einmal ein Teil des schwer erkämpften „Wal-Friedens" ins Wanken, später vielleicht das gesamte Gefüge zusammenbrechen könnte.

Als Tourist sollte man auf alle Fälle an **Fotosafaris** teilnehmen, um so die alternative, völlig harmlose und zugleich unvergesslich eindrucksvolle Jagd mit der Kamera zu unterstützen. Touren starten ab Nyksund, Stø und Andenes auf den Vesterålen.

An Zuchttieren wird man in Norwegen immer wieder **Schafe**n und **Ziegen** begegnen. Beide Arten lässt man zumeist entlang der Straßen weiden. Dies jedoch nicht, um Autofahrer zu ärgern oder sich das Schlachten ersparen zu wollen, sondern um die dahinterliegenden Weiden als Futterreserve für den Winter aufzusparen.

In den zahllosen Seen und Flüssen Norwegens gibt es u. a. **Forellen, Barsche, Karpfen, Hechte** und **Lachse.** Letztere sind jedoch nur noch zum Teil Wildlachse, da es immer wieder vorkommt, dass Zuchtlachse aus ihren Bottichen entkommen und die ursprüngliche Population an Wildlachsen verdrängen oder dezimieren.

Im Meer leben vor allem **Dorsch, Makrele, Hering** und **Seelachs;** aber natürlich auch **Wale,** darunter die riesigen, bis über 20 m langen Pottwale, die schwarz-weißen Schwertwale und die nur wenige Meter langen Zwergwale.

Nationalparks

Derzeit gibt es in Norwegen **35 Nationalparks** (sieben davon auf Spitzbergen). Der erste (im Rondane-Gebirge) wurde 1962 gegründet. In den nächsten Jahren sollen noch weitere Parks hinzukommen, zu spät allerdings, wie viele meinen, da der Ressourcenverbrauch in der Zwischenzeit, u. a. durch die Anlage von Stauseen und die Verlegung von Starkstromleitungen, schon enorm war. Dennoch ist der Vorsatz, der auch die Umverlegung von Straßen und Leitungen beinhaltet, allen Lobes wert, sollen doch, dem Grundsatz nach, in einem großen Nationalpark die ursprüngliche Landschaft mit ihrer Fauna und Flora bewahrt und geschützt werden. Natürlich stehen die Naturgebiete auch Touristen offen und bieten ihnen die **schönsten Wandergebiete des Landes.** Das impliziert selbstverständlich, dass man sich vernünftig verhält, also das Naturinventar nicht mutwillig zerstört, Pflanzen abreißt oder Tieren zu nahe kommt. In Nationalparks übernachtet man entweder in einer der zahllosen Hütten (Infos beim DNT, siehe Kap. „A–Z/Sport und Freizeit/ Bergsteigen") oder zeltet wild in der freien Natur. Dabei sollte man den Platz so verlassen, wie man ihn gerne antreffen möchte, nämlich sauber!

Informationen
● **Direktorat for naturforvaltning,** Tungasletta, 7005 Trondheim, Tel. 73580500, www.dirnat.no.

Umwelt- und Naturschutz

Riesige Gebirge, endlose Wälder, prächtige Fjorde, gigantische Gletscher – das Naturpotential Norwegens schien grenzenlos. Doch seitdem das Land im Gefolge der erfolgreichen Ölförderung zu einer der führenden Industrie- und Wohlstandsnationen wurde, bekam das Traumbild Risse. Wenngleich das Land als eines der ersten ein Umweltministerium einrichtete, lebt man bis heute eher nach dem Motto: So viel Natur kann man bei so weni-

NATIONALPARKS IN SÜDNORWEGEN

Nationalparks in Südnorwegen

Einige der neuen Parks haben keine Besucherzentren und sind kaum erschlossen. Infos in den Touristeninformationen der Gegend und unter: www.etojm.com sowie www.dirnat.no.

- **Hardangervidda:** zwischen Hardangerfjord und Numedal; **3422 km²;** riesige Hochebene, durchschnittlich in 1000 und 1500 m Höhe. Fast waldlos und mit rauem Klima. Moore, Wiesen, Restseen der letzten Vereisung. Wildrentiere. Ideal für Wetterfeste mit guter Orientierung. (Siehe „Der Westen/Gebirge und Täler westlich des Gudbrandsdal".)

- **Folgefonn:** am Hardangerfjord gelegen; **545 km²;** 2005 neu etablierter Nationalpark, der einen der schönsten Gletscher des Landes unter Schutz stellt. (Siehe „Der Osten/Mjøsa-See und Gudbrandsdal/Otta".)

- **Jostedalsbreen:** zwischen Sogne- und Nordfjord; **1310 km²;** mit 486 km² größter Gletscher des europäischen Festlandes. Nur mit Führern zu begehen. (Siehe „Der Westen/Sognefjordregion/ Gaupne/Jostedalen".)

- **Jotunheimen:** zwischen Sognefjord und Lom; **1151 km²;** gewaltiges, raues Gebirge mit den höchsten Gipfeln des Landes. Ideal für Ein- und Mehrtageswanderungen. Eine der beliebtesten Touren Norwegens führt zum Besseggengrad. Gut mit dem Auto erreichbare Einstiegspunkte. (Siehe „Der Westen/Gebirge und Täler westlich des Gudbrandsdal".)

- **Ormtjernkampen:** zwischen Lillehammer und Fagernes; **9 km²;** Urwaldgebiet, in das seit unzähligen Jahrzehnten nicht mehr eingegriffen wurde. (Siehe „Der Osten/Lillehammer/Umgebung".)

- **Rondane:** nahe der E 6, bei Otta gelegen; **963 km²;** kahle Gebirgslandschaft, die speziell im September ihre farbenprächtigen, herbstlichen Reize entfaltet. Bester Einstiegsort ist östl. von Otta. (Siehe „Der Osten/Mjøsa-See und Gudbrandsdal/Otta".)

- **Dovre:** nördlich des Rondane-Nationalparks, östlich von Dombås; **289 km²;** 2003 neu eingerichtet; schneearme, raue, weite Berglandschaft mit bis zu 1700 m hohen Bergen, wilden Rentieren und Mooren mit Permafrostböden.

- **Dovrefjell-Sunndalsfjella:** an der E 6, zwischen Dombås und Oppdal gelegen; **1692 km²;** raues Gebirge mit dem 2286 m aufragenden Snøhetta; Europas einziger Moschusochsenstamm, Rentiere, Vogelschutzreservat Fokstua, spezielle Tier- und Pflanzenwelt. (Siehe „Der Osten/Mjøsa-See und Gudbrandsdal/ Dovrefjell".)

- **Femundsmarka:** südlich von Røros; **390 km²;** Berg-, Wald- und Seenlandschaft östlich der großen Wasserfläche des Femund. (Siehe „Der Osten/Östlich des Gudbrandsdal/Femund-See".)

- **Gutulia:** östl. v. Femundsee; **19 km²;** Waldgebiet mit hunderte Jahre alten Bäumen. In der Umgebung auch zwei Pflanzenschutzreservate. (Siehe „Der Osten/ Östlich des Gudbrandsdal/Femund-See".)

- **Forollhogna:** in der nördlichen Hedmark, zwischen Røros und der E 6 gelegen; **1062 km²;** unberührte und wenig erschlossene Gebirgslandschaft mit reichem Tier- und Pflanzenleben, Mooren und einigen Seen. (www.forollhogna.com – Almhütten/Reiten.)

- **Skarvan og Roltdalen:** in Sør-/Nord-Trøndelag, östlich Trondheim und Stjørdal, zwischen der E 14 (Meråker) und der Rv 705 (Tydal); **441,4 km²;** unberührte Wald- und Gebirgslandschaft mit kleinen Urwäldern, Mooren und Kulturdenkmälern.

Land und Leute

gen Einwohnern nun wirklich nicht zerstören.

Ein erstes Alarmsignal, wie anfällig auch dieses nordische Idyll ist, war der Reaktorunfall im ukrainischen Tschernobyl 1986. Radioaktive Wolken bedrohten den Nordteil des Landes. Tausende Rentiere mussten notgeschlachtet werden. Pilze und Beeren waren plötzlich über Jahre hinweg ungenießbar.

Nun ging es Schlag auf Schlag. Schon im folgenden Jahr ereilte das Land der zweite Schock, ergab doch die Ozonschutzkonferenz, deren Vorsitzende die damalige norwegische Ministerpräsidentin *Gro Harlem Brundtland* war, dass das **Ozonloch** auch den Nordteil der Nordhalbkugel, und damit Norwegen, bedroht. Der Staat beschloss daraufhin eine drastische Reduzierung des FCKW-Ausstoßes und schaffte es tatsächlich, die Werte in der Folgezeit um 90 % zu senken. Doch es war wie verhext, denn wiederum nur ein Jahr später, 1988, bedrohten nun **„Killeralgen"** alles Leben in der küstennahen Nordsee. Die Einleitung von 40.000 Tonnen Stickstoff pro Jahr durch skandinavische Firmen ließ kilometerbreite grüne Teppiche gedeihen und brachte nicht nur die Fischindustrie, die eh schon mit den Folgen der Überfischung der Meere zu kämpfen hatte, zur Verzweiflung.

Waren bis dahin alle Umweltkatastrophen nur teilweise Norwegen anzulasten, so bekam die weiße Weste endgültig schmutzige Flecken, als im November 1987 die norwegische Umweltgruppe „Bellona" in Bodenproben vom Gelände der Chlorfabrik in Porsgrunn eine Überschreitung der Schwermetallwerte um das Hundertfache feststellte.

In der Folge, und zusätzlich angeschoben durch den Skandal um den mit Titanschlämmen verseuchten Jøssingfjord, **reagierte der Gesetzgeber.** Man verpflichtete die Industrie, 5 % ihrer Einnahmen für Umweltschutz auszugeben, führte 1989 endlich das bleifreie Benzin ein und förderte die Renaturierung vieler Seen in Südnorwegen, bei denen der Saure Regen zu einem Absinken des ph-Wertes und damit zum Fischsterben geführt hatte. Trotz Kalkung sind jedoch heute noch viele Gewässer im Sørland keine Angelgewässer. Auch gehört Norwegen in Sachen **Hausmüll** weiterhin zu den schwarzen Schafen, Abfalltrennung ist in geringem Maße allenfalls in den Großstädten ein Thema, und was der Wasser- und Energieverbrauch anbelangt, sind die Norweger Weltspitze. Der jährliche **Stromverbrauch** pro Kopf liegt bei 25.000 kWh (Deutschland z. B. erreicht nur etwa ein Viertel dieses Wertes). Allerdings ist der norwegische Energiebedarf auch nicht weiter verwunderlich, denn zum einen beheimatet das Land mit der Aluminiumindustrie einen der energieintensivsten Wirtschaftszweige, zum anderen versucht man, verbunden mit hohen Energiekosten, dem kalten und unfreundlichen Winter entgegenzuwirken, u. a. mit dem Beheizen von Fußgängerzonen, dem Ausleuchten jeder Ecke im Haus und mit Dutzenden von Elektroheizkörpern in den

UMWELT- UND NATURSCHUTZ

Räumen ... So verständlich dies einem jeden, der das Land in der kalten Jahreszeit einmal besucht hat, auch erscheinen mag, so unverständlich ist es, dass diese „Kultur" auch im Sommer weitestgehend beibehalten wird.

Möglich macht diese Verschwendung der Billigstrom aus über **300 Wasserkraftwerken** des Landes, die, bei aller Umweltverträglichkeit, zur Zerstückelung des Landes durch die Anlage gewaltiger Stauseen und die Verlegung von breiten Starkstromtrassen durchs Gebirge beitragen. Es kommt so zu einem immensen Flächenverbrauch und zur Regulierung vieler Flüsse, wobei schon 63 % aller Gewässer genutzt werden. Neuestes Projekt der Kraftwerkslobby ist die Anlage neuer Stauseen im Gebirge bei Lom, was zur Minderung des Wasserdurchflusses der Otta, des einzigen naturbelassenen Flusses der Region, um bis zu 90 % führen würde. Glücklicherweise wurde das Projekt, auf die Initiative von Bürgerbewegungen hin, vom Storting zunächst gestoppt, wenngleich nicht aus der Welt geschafft. Man denkt nun über einen Teilausbau nach und zieht den vermehrten Bau von umweltschonenderen Kleinkraftwerken in Betracht. Auch kommt es derzeit zur Errichtung von Hunderten Windkraftanlagen an der norwegischen Küste. So sehr dies eine Investition in die Zukunft ist, so stark wirkt der begonnene Bau eines riesigen Gaskraftwerkes nördlich von Bergen diesen positiven Bestrebungen entgegen.

Die Probleme bzw. Unschlüssigkeit der derzeitigen staatlichen **Umweltpolitik** werden z. B. in der Nichteinhaltung des Kyoto-Abkommens und in der wunderlichen Besteuerung von Autos deutlich. Das Auto wird als naturbelastender Luxusgegenstand betrachtet und ist dementsprechend teuer. Der Staat ist jedoch gleichzeitig bestrebt, die Landflucht aufzuhalten und betreibt so einen gewaltigen Ausbau

Ölbohrer

des Straßennetzes, mit dem Erfolg, dass fast jedes noch so winzige Dorf an der zerklüfteten Westküste einen fährfreien Verkehrsanschluss hat. Da die Bevölkerungsdichte aber sehr gering ist, verkehren aus wirtschaftlichen Gründen nur ein bis zwei Busse pro Tag. Das Auto wird so zur Lebensnotwendigkeit, nicht zuletzt, weil der nächste Laden oft 10, 20 km entfernt liegt. Weil aber nun neuere Fahrzeuge extrem kostspielig sind (siehe oben), kauft sich „Ola Nordman" ein preiswertes, 15 Jahre altes Vehikel ohne Katalysator, was wiederum extrem umweltschädlich ist ...

Auch in den Großstädten kann kaum jemand auf das Auto verzichten, ist doch der öffentliche Nahverkehr langsam, teuer und unzuverlässig. Die Straßen allerdings sind, dank der Einnahmen aus den Mautgebühren, vorbildlich. Mit dem Fahrzeug sind fast alle Orte schnell und ohne Stau zu erreichen. Ein Lichtblick ist das in Norwegen seit einigen Jahren produzierte Elektroauto „Think" (www.think.no).

Umweltschutzabteilung
- **Miljøverndepartement,** Boks 8013 Dep., 0030 Oslo, Tel. 22349090, www.dep.no/md.

Wetter/Klima

In kaum einem Land Europas dürfte das Wettergeschehen schwerer vorherzusagen und spannender sein als in Norwegen. Dementsprechend ist es täglich in aller Munde und seit Jahrhunderten **das beliebteste Gesprächsthema der Norweger,** nicht zuletzt der Fischerei und Seefahrt wegen. Auch das Fernsehen Nrk 1 widmet dem Wetter, in der „Dagsrevy", eine ausführliche, endlose Minuten dauernde Analyse, denn was für den einen Fjord gilt, kann 10 km weiter schon Lug und Betrug sein – „Jedem Tal sein Wetter". Getreu diesem Motto können Urlaubsberichte heimkehrender Touristen völlig verschieden ausfallen, obwohl sie doch alle im gleichen Jahr das Land besucht haben ...

Grund für die vielen Wetter im Land ist Norwegens zerklüftete Gestalt und der milde **Golfstrom,** der die Küste bevorzugt. Er folgt den Westwinden und transportiert warmes Wasser aus dem Golf von Mexiko in Richtung Norwegen. Durch ihn sind auch die **klimatischen Unterschiede zwischen Binnen- und Küstenland** größer als die zwischen dem Süden und dem Norden Norwegens. **Wetterscheiden** sind dabei v.a. das Gebirge Jotunheimen, der Gletscher Jostedalsbreen, die Hardangervidda und das schwedisch-norwegische Grenzgebirge zwischen Trondheim und den Lofoten. Westlich dieser Massive, nahe der vom Golfstrom umflossenen Küste, sind die Winter mild (5-2 °C) und fast immer schneefrei; die Sommer sind kühl (14-18 °C) und oft regnet es im Stau der Berge (bis zu 2000 mm, gemessen in der Regenhauptstadt des Westlandes, Bergen). Ostnorwegen ist weitaus trockener, mit Niederschlagswerten wie in Hamburg (600-1000 mm), und weist kontinentaleres Klima auf. Die Temperaturen sinken im Winter oft auf −10 bis −25 °C ab und

WETTER/KLIMA

Klimatabelle

	Januar	Mai	Juli	Oktober
Oslo (80 m)	-2,3 49 6	14 44 16	19,9 84 18.40	8,1 76 11.30
Fjord	Niederschlag pro Jahr: 763 mm, Frosttage: 143			
Bergen (0 m)	2,7 193 6	12,9 89 16	16,6 152 18	9,8 254 11
Küste	Niederschlag pro Jahr: 2250 mm, Frosttage: 78			
Trondheim (0 m)	-1,7 68 4.45	10,5 49 16.40	15,3 70 20.20	6,7 106 11.20
Fjord	Niederschlag pro Jahr: 925 mm, Frosttage: 136			
Røros (600 m)	-11,2 30 5	5 24 16.30	12,4 79 20	1,1 31 11.30
Binnenland	Niederschlag pro Jahr: 480 mm, Frosttage: 221			

Erläuterungen:
1. Zeile: Durchschnittstemperatur in °C am Tag
2. Zeile: Niederschlag in mm
3. Tageslänge in Std. (Rundungen)
Frosttage: Tage, an denen zumindest kurzzeitig die Temperatur unter 0 °C lag

Als Regel kann gelten, dass die angegebenen Tagesdurchschnittstemperaturwerte im Verlauf des Monats um 5-7 Grad nach oben und unten differieren. Die **Tageshöchstwerte im Juli** liegen in Oslo bei 25-28 Grad, in Bergen bei 21-23 Grad, in Trondheim bei 20-25 Grad und auf den Lofoten bei 18-22 Grad. Die wärmsten Sommerorte sind Bø in der Telemark und Nesbyen im Hallingdal, der norwegische Rekordhalter mit 35 Grad. Durchweg kühl ist es mit maximal 15-17 Grad in der Region um die Halbinsel Stad, wo auch das norwegische Westkap liegt. Im **Gebirge über 1000 m** sind die Klimaschwankungen extrem: Je nach lokaler Wetterlage kann es im Sommer mit über 20 Grad angenehm warm werden oder aber sogar Neuschnee geben.
   Vegetationsperiode: Oslo: 11.4.-25.11.; Bergen: 15.3.-15.12.

Polarkreis, Polarnacht und Mitternachtssonne
von *Wolfram Schwieder*

"Wir fahren durch bis zum Nordkap, wir wollen schließlich die **Mitternachtssonne** sehen" – eine solche oder ähnliche Antwort ist keine Seltenheit, wenn man die eiligen Nordlandfahrer auf der E 6 in Norwegen zu ihrem Reiseziel befragt.

Andererseits erhält man erstaunte Rückfragen, wenn man von Reiseplänen Ende März ins winterliche Nordnorwegen erzählt. "Ja, dort ist doch dann **Polarnacht** und alles stockdunkel, oder?!"

Die allgemeine **Erklärung** für beide Phänomene sowie für die Lage und Bedeutung der Polarkreise liegt in der **Stellung der (gedachten) Erdachse** zur Ebene der Umlaufbahn der Erde um die Sonne: Man stelle sich die Erde als ein Grillhähnchen vor, aufgespießt auf die eigene mehr oder weniger senkrechte Achse und sich in 24 Stunden einmal um sich selbst drehend. Dabei wird sie von der seitlich stehenden Sonne gegrillt.

Nun ist der Grillspieß leider schräg montiert, so dass ein Ende des Hähnchens trotz ständigen Drehens keine Wärme abbekommt, während das andere Ende ständig der Sonne ausgesetzt ist. Zum Glück sitzt der ganze schräg montierte Grill auf einer riesigen Drehvorrichtung, die einmal im Jahr um die Sonne herumfährt, so dass jedes Ende nur ein halbes Jahr der ständigen Sonne ausgesetzt ist, während die Mitte mehr oder weniger gleich bräunt.

Nun hat die Erde nicht die Form eines Hähnchens, sondern nahezu die einer Kugel, und daher lässt sich eine ziemlich genaue Linie festlegen, über der zu den Enden (Polen) hin mindestens einmal im Jahr trotz der Drehbewegung der Schein der Sonne nicht hinreicht, bzw. über der ein halbes Jahr später der Schein der Sonne nicht verschwindet.

Diese Linie, der **Polarkreis**, ist genau um denselben (Winkel-)Abstand vom Pol entfernt, wie die "schräg montierte" Erdachse von der Senkrechten zur Umlaufbahn, nämlich knapp 23,5°. Daraus ergibt sich die geografische Breite des Polarkreises mit 90° (Pol) minus 23,5° gleich 66,5°. Zum Vergleich: Wien und München liegen auf ca. 48°, Hamburg auf ca. 54°, Oslo auf ca. 60° und das Nordkap auf ca. 71° nördlicher Breite.

Oberhalb dieser Breite gibt es, je näher man dem Pol kommt, mehr und mehr Tage im Sommer, an denen die Sonne nicht untergeht ("Mitternachtssonne"), und Tage im Winter, an denen die Sonne nicht aufgeht (Polarnacht). Und das gilt natürlich für **alle Gebiete nördlich von 66,5°**, also auch für Teile Grönlands, Alaskas und Sibiriens (und, ein halbes Jahr versetzt, für die Region um den Südpol).

Die Schiefe der Erdachse, die durch unterschiedliche Tageslängen auch unsere Jahreszeiten verursacht, ist also in ihrer extremen Form der Grund für Mitternachtssonne und Polarnacht. Die Grenze für das Auftreten dieser Extremformen ist der Polarkreis.

Wer sich nicht mit der Vorstellung der Erdbewegungen plagen möchte, kann sich an folgendem Jahreslauf orientieren: Am Frühlingsanfang, um den 21. März, ist weltweit Tag- und Nachtgleiche und daher der Tag überall zwölf Stunden lang (außer direkt am Nordpol, dort beginnt der Polartag). Im **Frühling** werden die Tage schneller länger, je weiter man nach Norden kommt. Am Nordkap (71,2°) hat die Tageslänge bereits um den 12. Mai 24 Stunden erreicht, in Svolvær (Lofoten, 68,2°) ist es um den 26. Mai soweit.

Zum Sommeranfang um den 21. Juni erreicht diese Bewegung ihren Höhepunkt; am Polarkreis, also so weit südlich wie möglich, ist der Tag 24 Stunden lang. Im **Sommer** werden die Tage wieder kürzer, die Grenze des 24-Stunden-Tages und damit der Mitternachtssonne

Polarkreis, Polarnacht und Mitternachtssonne

verschiebt sich rasch nach Norden, und bereits um den 30. Juli ist die Sonne auch am Nordkap zum letzten Mal um Mitternacht zu sehen. Trotzdem wird es nachts noch lange nicht dunkel, da auch die Dämmerung länger dauert als in Mitteleuropa.

Zum Herbstanfang um den 23. Sept. herrscht wieder Tag- und Nachtgleiche, am Nordpol beginnt die Polarnacht. Im **Herbst** verschiebt sich nun umgekehrt die Grenze der 24-Stunden-Nacht vom Nordpol nach Süden bis zum Polarkreis. Die Polarnacht beginnt am Nordkap um den 18. November, in Svolvær um den 5. Dezember, wobei man sich, wiederum wegen der langen Dämmerungszeiten, diese Nacht nicht als wochenlange absolute Finsternis vorstellen darf.

Am Winteranfang um den 21. Dez. erreicht die Polarnacht den Polarkreis, es gibt also einen Tag, an dem die Sonne dort nicht aufgeht. Im **Winter** werden die Tage wieder länger, in Svolvær geht die Sonne um den 7. Januar zum ersten Mal wieder auf, am Nordkap scheint sie um den 24. Januar erstmals wieder, und bis zum Frühlingsanfang im März sind zwar die Temperaturen winterlich, die Tage aber in ganz Lappland schon wieder so lang wie in Mitteleuropa.

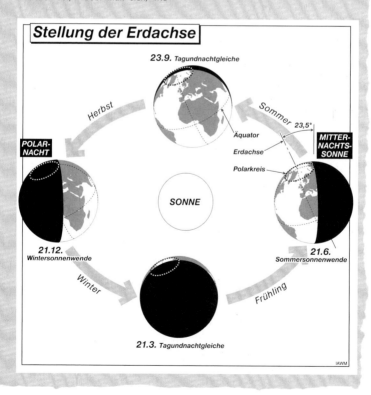

steigen im Juli teils auf über 25 °C an. Lokale klimatische Unterschiede sind in beiden Großregionen häufig. So sind die im Luv der Gebirge gelegenen Orte Lærdal, Lom und Hjerkinn mit 300-400 mm Niederschlag so trocken, dass die Felder künstlich bewässert werden müssen. Die Fjordregionen haben, da es öfter windstill ist, im Gegensatz zur Küste recht warme Sommer, die sogar Obstbäume gedeihen lassen. Küstennahe Gebirge sind oft niederschlagsreich und vergletschert, im Binnenland gelegene trockener und mit strengerem Winterfrost. Beiden Bergregionen ist stürmisches, oft schnell wechselndes Wetter gemein. Apropos Sturm: Dieser tobt ganzjährig besonders heftig aus Richtung West/Südwest nahe der Halbinsel Stad. Diese bildet so eine der wenigen Nord-Süd-Wetterscheiden und findet mit den Bezeichnungen „Sør for Stad" (südlich von Stad)/„Nord for Stad" (nördlich von Stad) in fast jeder Wettervorhersage Erwähnung.

Aktuelle Wetterprognosen sind auf den Rückseiten der überall ausliegenden Zeitungen *Dagbladet* und *VG* zu finden.

Mitternachtssonne und Polarnacht

Durch die Schrägstellung der Erdachse kommt es nördlich der geografischen Breite von 66,5° (Polarkreis) zum sommerlichen Phänomen des **24-Stunden-Tageslichtes.** Zur Zeit der Sommersonnenwende, am 21.6., ist es am Polarkreis genau einen Tag und eine Nacht lang hell. Je weiter nördlich man reist, umso länger dauert die Zeit des Dauerlichtes. In Bodø scheint die Mitternachtssonne vom 4.6. bis 8.7., auf den Lofoten vom 28.5. bis zum 15.7.

Natürlich kommt es im Winter dann auch zum umgekehrten Phänomen, was speziell für die Lofoten heißt, dass vom 5.12. bis 7.1. die **Dunkelheit regiert.** Allein um die Mittagszeit dämmert es ein klein wenig.

Hinzu kommen in dieser Jahreszeit die Farbspiele des **Polarlichtes.** Der flackernde Lichtschein entsteht am Firmament durch elektrisch geladene Teilchen, die von der Sonne ausgesandt werden und die nur im Bereich der Pole in die Atmosphäre eindringen können. Dort werden sie vornehmlich durch Sauerstoffatome zum Leuchten gebracht. Es entfaltet sich dann ein magisches Schauspiel aus grünen, goldenen und roten Bändern und Formationen. Zu sehen ist das Polarlicht, bei klarem Himmel, recht häufig nördlich des Polarkreises. In Südnorwegen jedoch nur noch an etwa 30 Tagen im Jahr, wobei natürlich während der Sommermonate aufgrund der Helligkeit nichts erkennbar ist.

Geschichte

Das Eis taute, und Menschen kamen. Die ersten zwischen 10.000 und 8000 v. Chr. Sie besiedelten das Land von Süden her sowie aus Richtung der Kola-Halbinsel im Nordosten. Um 4000 v. Chr. begannen die ersten Sippen mit

Geschichte

Ackerbau und Viehhaltung, speziell entlang des klimatisch begünstigten Oslofjords. In den folgenden Jahrtausenden drangen immer mehr germanische Stämme nach Norden vor und brachten um 1800 v. Chr. die Kunde von der Bronzeherstellung mit nach Norwegen. So konnten nun allerlei Schmuckgegenstände, Waffen, aber auch Werkzeuge hergestellt werden. Eine wesentliche Verbesserung erfuhren diese durch die Verwendung von Eisen um 500 v. Chr. Aus diesen Zeiten sind in Norwegen auch zahllose **Felszeichnungen** mit kultischen Ornamenten, wie Sonnenrädern und Fruchtbarkeitssymbolen, erhalten. Kulturelle Details und heidnische Götterehrungen wurden erstmalig um 200 n. Chr. in der keilartigen Runenschrift in Stein gemeißelt. Die Menschen begannen sich in Sippen zusammenzuschließen, deren Könige die sogenannten *Jarle* waren.

Gegen Ende des 10. Jahrhunderts begann die zivilisatorische Blütezeit des nun **Normannen oder Wikinger** genannten Volksstammes. Den Beginn der allmählichen Dominanz in Europa markiert der Überfall auf das englische Kloster Lindisfarne im Jahr 793. Ein Grund für diese und folgende Attacken waren die zunehmende Überbevölkerung und Stammesfehden in der Heimat, entlang der Fjorde. Wer überleben wollte, suchte sein Glück in neuen Ländern. Dabei stand das wüste Rauben, Plündern, Morden und Brandschatzen nicht allein im Vordergrund. Man war vielmehr auch ein fahrendes Handelsvolk mit einer zur Perfektion getriebenen Schiffsbautechnik. Die schlanken **Drachenboote** trugen die Wikinger zunächst nach England, in die nach ihnen benannte Normandie und nach Irland. Sie begannen diese Gebiete zu besiedeln und gründeten Siedlungen wie Dublin und Jorvik (York). Die Dörfer dienten in der Folgezeit u. a. als Zwischenstationen auf weiteren Entdeckungsfahrten. Eine solche führte die harten Männer auch nach Island. Dort lebte eine Zeit lang auch der recht blutrünstige, aus seiner norwegischen Heimat wegen Mordes verbannte **Erik**

Runenstein

Geschichte

der Rote. Als er auch auf Island seinem Hang zur Gewalt nicht Einhalt gebieten konnte, wurde er erneut vertrieben. So entdeckte er 982 „Grønland". Um für dieses Gebiet neue Siedler zu finden, kehrte er trotz aller Gefahren nach Island zurück. Hier erzählte Erik publicityträchtig von einem grünen Land, eben Grønland. Erstaunlicherweise hielten sich in diesem doch eher eisigen Lande die Siedlungen bis zum Jahr 1400, als wahrscheinlich eine Klimaverschlechterung das weitere Überleben unmöglich machte. Eine dieser Ansiedlungen auf Grønland war auch der Ausgangspunkt für die Entdeckungsfahrt des Sohnes von Erik dem Roten, **Leif Erikson,** nach Amerika. Das von ihm entdeckte legendäre Vinland (wahrscheinlich eher mit Weideland denn mit Weinland zu übersetzen) liegt, dem norwegischen Forscher *Helge Ingstad* nach, am Punkt L'anse au Meadows, im Norden Neufundlands.

In der ursprünglichen Heimat der weltreisenden Wikinger setzte gegen Ende des 9. Jahrhunderts eine entscheidende Umstrukturierung ein. So konnte nach der Schlacht am Hafrsfjord, im Jahr 872, unter König *Harald Hårfagre* (Harald Schönhaar), aus dem Geschlecht der *Ynglinge,* das in Kleinkönigreiche zersplitterte **Land** zum ersten Mal **geeinigt** werden. Allerdings zerfiel das Reich nach dem Tod des Königs im Jahre 940 zunächst wieder und wuchs erst einige Jahrzehnte später, unter *Olav II. (Olav Haraldson),* zu einer Nation zusammen. Olav II. war zugleich der König, der das **Christentum** nach Norwegen brachte. Allerdings setzte sich der monotheistische Glaube erst nach seinem gewaltsamen Ableben in der Schlacht von Stiklestad im Jahr 1030 und seiner Heiligsprechung in Nidaros (Trondheim) durch. Aus dieser Zeit stammen auch die norwegischen **Stabkirchen,** die mit ihren Drachen und Kreuzen das Schwanken der Bevölkerung zwischen heidnischem Götterglauben und Christentum zum Ausdruck bringen.

Eingeleitet wurde das europaweite **Ende der Vorherrschaft** der Wikinger durch den Versuch *Harald Hardrådes,* England zwischen 1047 und 1066 zu

Wikingerschiff

GESCHICHTE

erobern. Seine ärgsten Widersacher waren dabei die Normannen, die sich einst hier niedergelassen hatten.

Die alten Göttermythologien der Normannen und die Historie bis Ende des 12. Jahrhunderts wird im imposanten Epos der jüngeren **Edda,** dem Hauptwerk der altnordischen Literatur, von *Snorre Sturluson* beschrieben.

Im 13. Jahrhundert, unter *Håkon Håkonson* und dem glanzvollen König *Sverre,* hatte Norwegen mit seinen Kolonien in Island, Grønland, den Shetland und Orkney Inseln sowie einigen heute zu Schweden gehörenden Provinzen seine größte Ausdehnung. Neben der immer dominanter werdenden Kirche wuchs, vor allem in Bergen, der Einfluss der **Handelsvereinigung der Hanse** (siehe „Der Westen/Bergen/Geschichte"). Das Land erlebte eine wirtschaftliche Blütezeit, der jedoch Jahrhunderte des Niedergangs folgen sollten.

Eingeleitet wurde die schwere Zeit durch den Tod des Königs *Håkon Magnusson* im Jahr 1319. Da er keine männlichen Nachkommen hinterließ, kam es zur Krönung seines Enkels, des Schweden *Magnus Eriksson*. Geschwächt wurde das Land durch eine schwere **Pestepidemie,** die 1349 auf einem Schiff nach Bergen eingeschleppt wurde und fast zwei Drittel der Bevölkerung das Leben kostete. Kurz nach diesem verheerenden Schlag trat der König seine Macht an seinen erst zehnjährigen Sohn *Haakon VI.* ab. Dieser wurde sogleich mit der dänischen **Prinzessin Magarethe I.** vermählt. In der Folgezeit galt sie als eine der mächtigsten Personen, die Skandinavien je gesehen hat. Ihrem Einfluss ist es zu verdanken, dass nach dem Tod Haakons im Jahr 1380 ihr erst 5-jähriger Sohn *Olav* gekrönt wurde. So konnte das norwegische Königshaus an das dänische gebunden werden. Als dann einige Jahre später auch die Schweden Probleme mit der Nachfolge im adligen Haus hatten, kam es 1397 in der **Kalmarer Union** zur Vereinigung der drei Reiche. Wenngleich dieser Pakt nur kurz währte, so verblieb doch zumindest **Norwegen in dänischer Hand.** Für das Land begann eine finstere Zeit, in der man von der Regierung in Kopenhagen sträflich vernachlässigt wurde. 400 Jahre sollte die kulturelle, wirtschaftliche und politische Pariarolle währen. Dänisch war Amtssprache, es regierten dänische Beamte, und es gab keine höheren Bildungseinrichtungen. Das Leben spielte sich südlich des Skagerak ab, wenngleich es im 18. Jahrhundert, durch die Aufstockung der Handelsflotte, zumindest in den Städten zu einem bescheidenen Wohlstand kam.

Eine historische Wende wurde mit den **Napoleonischen Kriegen** eingeleitet. 1807 verbündete sich Dänemark/Norwegen mit Frankreich gegen England und schloss sich der französischen Kontinentalsperre an. Daraufhin blockierten die Engländer die norwegischen Häfen, was speziell auf den vom Fischexport abhängigen Lofoten von 1808 bis 1812 zu schweren Hungersnöten und einer tiefgreifenden Wirtschaftskrise führte. Da Napo-

Geschichte

Wache vor dem Königlichen Schloss in Oslo

leon in der Völkerschlacht zu Leipzig, anno 1813, geschlagen wurde, war Dänemark/ Norwegen auf der Verlierer-, Schweden auf der Gewinnerseite. Als Reparationszahlung wurde im Kieler Frieden, im Januar 1814, beschlossen, dass **Norwegen** von Dänemark **an Schweden** abzutreten ist. Den Norwegern wurde zwar eine gewisse Autonomie zugestanden, nach ihrer Bereitschaft, überhaupt eine neue Union unter dem Schwedenkönig *Karl Johan* einzugehen, wurden sie jedoch nicht gefragt.

Dennoch, man begriff den Wechsel als einmalige Chance zu mehr Selbstständigkeit. Daher versammelten sich auf einem Guthof bei Eidsvoll, nördlich von Oslo, 112 norwegische Bürokraten, Geschäftsleute und Bauern, um auf der **Riksforsammling** eine eigene, den Prinzipien der Französischen Revolution und den amerikanischen Grundrechten folgende Verfassung zu verabschieden. Nur fünf Wochen dauerten die Diskussionen, und am 17. Mai, dem heutigen Nationalfeiertag, konnte die **neue Verfassung** unterzeichnet werden. Da zu dieser Zeit die schwedischen Truppen noch nicht wieder einsatzfähig waren, blieb dem großen „Bruder" nichts anderes übrig, als zunächst die norwegische Gesetzgebung zu akzeptieren. Schon einen Monat später jedoch kam es zu einer Invasion schwedischer Truppen, die in nur zwanzig Tagen die Kapitulation des nur ungenügend ausgestatteten norwegischen Heeres erzwangen. Im Friedensvertrag von Moss, am 14. August 1814, wurden dann trotzdem die norwegische Verfassung und das neue **Parlament,** das **Storting,** anerkannt, unter der einen Bedingung, dass Norwegen die Zwangsunion mit Schweden ohne weitere Forderungen aufrechterhalten würde.

Norwegen besaß nun mit seiner eigenen Gesetzgebung eine neue **nationale Identität,** was zusammen mit dem wirtschaftlichen Aufschwung infolge der industriellen Revolution zu einem nie dagewesenen Aufblühen von Wissenschaft und Kultur führte. 1854 wurde die erste autonome Universität gegründet und in Oslo die Prachtstraße Karl-Johan angelegt. Der Bau von Schloss und Storting untermauerte den Willen zur Selbstverwaltung. *Ivar Aasen* schuf das von dänischen Einflüssen unabhängige Neunorwegisch (siehe Exkurs). **Künstler** wie *Henrik Ibsen, Edvard Munch* und *Edvard Grieg,* die die Probleme und die arg geschundene Seele ihres Landes und Volkes niederschrieben, malten und vertonten, erlangten weltweite Anerkennung. **Forscher** wie *Fridtjof Nansen* und *Roald Amundsen* setzten die uralte Entdeckertradition fort und gaben so dem Land neues Selbstbewusstsein, welches u. a. im immer sicherer werdenden Auftreten des norwegischen Storting gegenüber der schwedischen Unionsregierung zum Ausdruck kam. Nur folgerichtig war dann die Entscheidung des norwegischen Parlaments am **11. März 1905,** das Land für **souverän** zu erklären. Der Volksentscheid, den Schweden einforderte, ergab eine Mehrheit von 99,5 % der Stimmen für ein Ende der Union – nach über 500 Jahren war Norwegen wieder selbstständig (große Feierlichkeiten 2005). Als neuer König bestieg der dänische Prinz *Carl* als *Haakon VII.* den Thron.

Es folgte die Zeit der zwei **Weltkriege.** Nur im ersten konnte Norwegen seine **Neutralitätspolitik** durchhalten, im zweiten wurde das Land am 9. April 1940 von deutschen Truppen überfallen und so direkt in das Kriegsgeschehen verwickelt. Der König kündigte sogleich aktiven Widerstand an, und es gelang der norwegischen Armee, sich den feindlichen Einheiten immerhin zwei Monate zu widersetzen. Der Angriff der Wehrmacht hatte zum Ziel, der Rohstoffe des Landes habhaft zu werden, Narvik einzunehmen, dessen Hafen Ausgangspunkt für die Verschiffung schwedischen Eisenerzes war, und freie Bahn in Richtung der Sowjetunion zu schaffen. Zu diesem Zweck wurden an der Küste zahllose Bastionen, der sogenannte Westwall, erbaut. Anfang 1942 erhob sich der norwegische Kollaborateur und Nationalsozialist **Vidkun Quisling,** eine Marionettenfigur des Hitler-Regimes, zum Ministerpräsidenten, obgleich er in Norwegen so beliebt war wie Ungeziefer in der Wohnstube.

Mit der deutschen Kapitulation am 8. Mai 1945 endete der 2. Weltkrieg. Nordnorwegen war völlig zerstört. Alle Orte im Süden des Landes, in denen sich der König 1940 auf seiner Flucht in Richtung England aufgehalten hatte, waren dem Erdboden gleichgemacht. Über 10.000 Tote waren zu beklagen, viele seelische Wunden aus dieser Zeit sind noch heute bei älteren Norwegern nicht verheilt. Am 24. Oktober 1945 wurde der des Hochverrats und Mordes angeklagte Vidkun Quisling auf der Festung Akershus hingerichtet.

In der Folgezeit begann man, mit dem Geld aus den Reparationszahlungen das Land wiederaufzubauen und einen Sozialstaat nach schwedischem Vorbild zu formen. 1945 war das Land **Gründungsmitglied der UNO,** deren erster Generalsekretär der damalige norwegische Außenminister *Trygve Lie* wurde. 1949, nach dem Scheitern eines

Nordischen Verteidigungsbündnisses, wurde Norwegen Mitglied der NATO.

Im Jahre **1969** wiesen Bohrungen in der Nordsee nach, was man schon seit Anfang der 60er Jahre dort vermutete: umfangreiche **Öl- und Gasvorräte.** Aus dem Aschenputtel wurde ein Großverdiener.

Drei Jahre später, 1972, kam zum ersten Mal der Gedanke auf, dass man zwar nun ein Ölmagnat sei, sich aber doch wohl kaum von Resteuropa separieren dürfe. In einer **Volksabstimmung über den EG-Beitritt** zeigte sich aber, dass 53,5 % der Norweger, die ihre Stimme abgaben, diese Ansicht nicht teilten. Zu groß war die Angst vor Fremdbestimmung, die man doch bis 1905 und im 2. Weltkrieg hatte über sich ergehen lassen müssen.

In den 1980er Jahren konnte das Land dank der Einnahmen aus dem gut laufenden Ölgeschäft all seine Auslandsschulden zurückzahlen. Da die wirtschaftliche Macht wuchs und man sich auch befähigt fühlte, in Europa stärker aktiv zu werden, entschloss man sich **Anfang der 1990er Jahre** zu erneuten **Beitrittsverhandlungen mit der EU.** Die Volksabstimmung erfolgte 1994 nach den Plebisziten in Finnland und Schweden. Der Hintergedanke der europafreundlichen Regierung bei dieser Terminplanung war einfach: Bei den skandinavischen Nachbarn war, Umfragen zufolge, die EU-Akzeptanz größer als in Norwegen, und so sollten diese Länder im Falle positiver Abstimmungsergebnisse Vorbildwirkung haben. Die damalige Ministerpräsidentin *Gro Harlem Brundtland* verwies zudem auf mögliche günstige wirtschaftliche Auswirkungen eines EU-Beitritts. Allerdings ließ sich auch nicht verleugnen, dass diese nur den größeren Städten zugute kommen würden. In weiten Teilen hatte man berechtigte Ängste vor EU-Normen, Eurokratie und fremden Fischern in eigenen Gewässern. Folgerichtig entschied man sich wieder gegen den Beitritt, diesmal mit 52,3 % etwas knapper als 1972. Ganz entscheidend für den Ausgang zukünftiger Abstimmungen wird es sein, ob Norwegen in der EU seine Identität bewahren könnte. Zu kurz ist die eigene Historie, zu zerbrechlich die norwegische Selbstfindung.

Staat und Gesellschaft

Verfassung

Norwegen ist eine **konstitutionelle Monarchie,** in der der König zwar relativ wenig Macht, aber doch ein – manchmal entscheidendes – Mitspracherecht hat. Gewählt werden alle vier Jahre die Kommunal- und Regionalverwaltung sowie das **Storting (Parlament).** Es gibt keine Prozenthürden. Das Storting setzt sich aus 165 Abgeordneten zusammen. Die Regionen des Landes entsenden ihre Abgeordneten im Verhältnis zur Einwohnerzahl.

Stimmrecht haben in Norwegen Personen über 18 Jahren. Ausländer dürfen an Kommunalwahlen teilnehmen.

Verfassung, Politik

Administrativ ist Norwegen in **19 Großregionen,** die *Fylke,* und über **400 Gemeinden** (davon 47 Stadtgemeinden) gegliedert. Diese können mit 500-2000 km² beachtlich groß sein.

Artikel 3 der Verfassung lautet: „Die ausübende Gewalt liegt beim König." Staatsoberhäupter sind seit 1991, in der Nachfolge von König *Olav V.,* König *Harald V.* (*1937) und seine Frau Königin *Sonja* (Kinder: Kronprinz *Haakon,* seit 25.8.01 verheiratet mit *Mette-Marit Tjessem Høiby,* und *Märtha Louise,* welche seit der Heirat mit dem Schriftsteller *Ari Behn* im Mai 2002 ein bürgerliches Leben führt).

In Artikel 49 der Verfassung heißt es: „Das Volk übt die gesetzgebende Gewalt über das Storting aus." Ministerpräsident ist seit Herbst 2005 *Jens Stoltenberg* von der Arbeiterpartei.

Politik

Im Parlament sind derzeit **sieben Parteien** vertreten, eine Vielfalt, die bei wichtigen Entscheidungen, die klare Mehrheiten verlangen, sehr hinderlich sein kann.

Größte Partei ist traditionell die **sozialdemokratische Arbeiterpartei (Ap).** Allerdings erlebte diese nach dem Ausscheiden der Sympathieträgerin *Gro Harlem Brundtland* in den

Das norwegische Parlament von innen

Staat und Gesellschaft

1990er Jahren einen bis dato nie dagewesenen Popularitätsrückgang. Und obgleich der ebenfalls nicht unbeliebte *Jens Stoltenberg* im Jahr 2000 den Parteivorsitz übernahm, musste die Partei bei der Wahl im September 2001 einen Stimmenverlust von 10,7 % hinnehmen. Die Gründe hierfür wurden allgemein in der zögerlichen Haltung der Ap gegenüber Wirtschafts- und Arbeitsmarktreformen gesehen. Auch hatten viele Wähler den Eindruck, dass die Partei nach Jahrzehnten an der Macht in ihrer Handlungsfähigkeit eingeschränkt sei.

Dies scheint sich in der Zwischenzeit jedoch geändert zu haben, und so geriet die konservativ-liberale Koalition aus Kristlig-Folkepartiet, Høye und Venstre wegen mangelndem sozialem Engagement zunehmend in Bedrängnis und wurde bei den Parlamentswahlen im September 2005 abgewählt. Die Mehrheit der Mandate konnte eine rot-grüne Koalition aus Arbeiterpartei, der bäuerlichen Zentrumspartei und der grünen Sozialistischen Linkspartei auf sich vereinen.

Die wichtigsten Parteien

(Der politische Trend: In Klammern die Prozentzahlen der Wahl vom September 2005, im Vergleich zur letzten Wahl 2001.)

- **Arbeiterpartiet** (Die Arbeiterpartei), entspricht in ihren Zielen in etwa der SPD und der britischen Labour Party. Die Partei wurde 1887 gegründet und ist traditionell die dominante politische Kraft des Landes (32,7 %, +8,4 %).
- **Høyre** (Die Rechten oder Konservativen), stärkste bürgerliche Partei, die auf Besitzrecht, Privatinitiative und persönliche Freiheit baut. Etwas liberaler als die CDU (14,1 %, –7,1 %).
- **Venstre** (Die Linken), 1884 aus verschiedenen Gruppierungen gegründet und damit älteste Partei des Landes. Trotz des Namens Liberal-konservatives Profil (5,9 %, +2 %).
- **Senterpartiet** (Die Zentrumspartei), Partei der Mitte, gegen einen EU-Beitritt. Traditionell die Partei der Landwirte (6,5 %, +0,9 %).
- **Kristlig Folkepartiet** (Christliche Volkspartei), rechtsliberale Partei mit der Zielsetzung, christliche und moralische Werte zu schützen (6,8 %, –5,6 %).
- **Sosialistisk Venstrepartiet** (Die Sozialistische Linkspartei), linke Partei mit grünem Profil und der Forderung nach mehr sozialer Gerechtigkeit (8,8 %, –3,7 %).
- **Fremskrittspartiet** (Die Fortschrittspartei), 1973 gegründet, Partei des sehr rechten Spektrums. Sie fordert mehr Recht und Ordnung und eine noch restriktivere Asylpolitik. Ein Teil ihrer Politiker schockiert zuweilen mit skandalösen ausländerfeindlichen Äußerungen (22,1 %, +7,4 %).
- Auf kommunaler Ebene ist mit 2-5 % auch die **Kommunistische Partei (Rote Wahlallianz)** von Bedeutung.

Bildungswesen

Die **zehnjährige Schulpflicht** beginnt im Alter von sechs Jahren. Die Pflichtschule ist eine Gesamtschule mit drei Stufen, der Primärstufe (1.-4. Klasse), der Mittelstufe (5.-7. Klasse) und der Sekundarstufe (8.-10. Klasse). Abgeschlossen wird mit einer Prüfung. Die ersten Jahre sind frei von Benotung. Danach gibt es die Noten 1 bis 6, wobei die 1 die schlechteste und die 6 die beste Note ist.

Nach der Pflichtschule kann die **Vidergåênde skole (Gymnasium)** besucht werden. Hier schließt man eine Lehre ab oder das Abitur. Es können naturwissenschaftliche, technische,

BILDUNG, GESUNDHEIT, MEDIEN

geisteswissenschaftliche, künstlerische oder Sport-Zweige gewählt werden.

Anschließend besteht die Möglichkeit, eine **Hochschule oder Universität** zu besuchen. Der Abschluss wird hier mit Noten zwischen 1,5 und 4,5 bewertet. Dem Gleichheitsprinzip folgend, wird eine 1 oder 5 fast nie vergeben, da es ja immer noch jemanden geben kann, der noch besser oder schlechter ist. Daher reizt man vor allem den Zensurenbereich von 2,0 bis 3,0 voll aus. Noten besser als 1,5 beinhalten eine Einladung beim König.

Ab 18 Jahren besteht, sowohl für Norweger als auch für Ausländer, die Möglichkeit des Besuchs einer **Folkehøgskole.** Diese werden teils kirchlich geleitet und bieten u. a. Kurse in Kunst, Medienwissenschaft, Tanz, Bibelkunde, Pädagogik, Führungskräftetraining und Sprachen (u. a. Norwegisch als Fremdsprache) an.

•**Information Office for Christian Folk Highschool,** Grensen 9a, 0159 Oslo, Tel. 22396450, www.folkehogskole.no.

Gesundheits- und Sozialwesen

35 % der Staatsausgaben kommen allein dem Gesundheits- und Sozialsektor zugute. Es gibt eine **allgemeine Krankenkasse,** in die der Arbeitgeber einzahlt. Im Krankheitsfall beträgt die maximale Zuzahlung, die abhängig vom Lohn ist, 150 €. Es muss zuerst ein Arzt für Allgemeinmedizin konsultiert werden (privat oder in der „legevakt", dem Ärztezentrum). Bei Bedarf wird der Patient dann an einen Spezialisten vermittelt. Ist eine Operation notwendig, muss man sich in eine Warteliste eintragen lassen, es sei denn, es handelt sich um einen Notfall. Dabei soll eigentlich gewährleistet sein, dass man binnen maximal sechs Monaten behandelt wird. Real liegt die Wartezeit jedoch, aufgrund von Ärztemangel und niedrigen Arbeitszeiten, bei bis zu fünf Jahren. Erwiesenermaßen hatten viele den operativen Eingriff dann schon nicht mehr nötig ...

Den Zahnarztbesuch deckt die Krankenkasse nicht ab. Er muss komplett selbst bezahlt werden.

In den Ruhestand tritt man in Norwegen zumeist im Alter von 67 Jahren. Die garantierte jährliche Mindestrente liegt bei 85.000 NOK. In sozialen Notfällen und nach 78 Wochen Arbeitslosigkeit hilft das Sozialamt weiter. Dieses ist auch verpflichtet, Alkohol- und Drogenabhängige zu unterstützen und zu resozialisieren.

1981 führte Norwegen als erstes Land der Welt den **Posten eines Ombudsmannes für Kinder,** also eines staatlichen Kinderbeauftragten, ein. Dieser wird alle vier Jahre vom König ernannt und hat weitreichende Prüf- und Untersuchungsbefugnisse gegenüber allen Einrichtungen für Kinder, egal ob diese staatlich oder privat geführt werden. Auch kann sich jedes Kind kostenlos per Telefon oder Post an den Ombudsmann wenden.

Massenmedien

Presse

Zeitungen und Zeitschriften sind in Norwegen in privater Hand, stehen

Staat und Gesellschaft

aber oft einer politischen Partei recht nahe. Die größten Blätter sind die in jedem noch so kleinen Laden angebotenen **Boulevardblätter** VG (*Verdens Gang* – Lauf der Welt, konservativ) und *Dagbladet* (Das Tageblatt, Mittelinks). Die Berichterstattung dieser Publikationen ist oberflächlich, allerdings nicht so reißerisch und etwas seriöser als in vergleichbaren Zeitungen in Deutschland. Aber auch unter den anderen norwegischen Blättern ist keines dabei, dass nur annähernd ein deutlich höheres Niveau anstreben würde. Klatsch und Tratsch dominieren auch hier und alles unter dem Motto: „Norge først" – „Norwegen zuerst". Deshalb sind mindestens die ersten fünf Seiten dem eigenen Land gewidmet, bevor ganze ein bis allerhöchstens zwei Seiten mit trockenen Auslandsreportagen folgen, mit maximal sieben bis acht Themen. Gebessert hat sich die Situation etwas, nachdem das Format der großen Zeitungen in den letzten Jahren verkleinert wurde. Die flexiblere Gestaltung der Blätter macht so eine umfassendere Berichterstattung möglich.

Größte seriöse Tageszeitung des Landes ist die **„Aftenposten",** die gerne als die „gute, alte Tante aus Oslo" bezeichnet wird. Folgerichtig sind die Berichte vergleichsweise konservativ. Eher sozialdemokratisch sind hingegen „Dagsavisen" und „Morgenbladet". Letztere Zeitung erscheint wöchentlich und kann mit der deutschen „Zeit" verglichen werden.

Neben diesen Publikationen gibt es große Regionalzeitungen, wie z. B. die „Bergens Tidende" aus Bergen, das „Stavanger Aftenblad" und die Trondheimer „Adresseavisen" sowie **über 120 Lokalblätter,** was im Verhältnis zur Einwohnerzahl mit Sicherheit rekordverdächtig ist und voraussetzt, dass jede Familie mindestens zwei bis drei Abonnements hat. Über die Welt wird man aus diesen Publikationen jedoch nichts erfahren, da bleiben sie stumm.

Die kurioseste Zeitung des Landes wirkt wie ein schwerfälliges Relikt aus eisigen Zeiten der gesellschaftlichen und ideologischen Konfrontationen: „Klassekampen" (Der Klassenkampf).

Wie aus einer anderen Welt wirkt auch das einzige **Nachrichtenmagazin** des Landes, die extrem linke „Ny Tid" (Neue Zeit). Ihm gegenüber stehen die christlichen Zeitungen „Dagen" und „Magasinett".

Für Touristen mit etwas Norwegischkenntnissen ist es mit Sicherheit spannend, das Geschehen in der persönlichen Lieblingsregion des Landes im Internet mitzuverfolgen. Alle Zeitungen im Netz finden sich unter: www.norske-aviser.com.

Für **Informationen zu Veranstaltungen in Oslo** ist die Donnerstags- und Freitagsausgabe des Dagbladet zu empfehlen. Einen Tag alte Ausgaben deutscher und schweizerischer Zeitungen und Nachrichtenmagazine sind an fast allen Narvesen-Kiosken erhältlich.

Fernsehen

In Norwegen gibt es **fünf große Kanäle,** von denen Nrk 1 und Nrk 2 staatlich sind. Das Programm bestimmen meist die allgegenwärtigen amerikanischen Serien und der Sport, dem nachmittags teils sechs Stunden am Stück gewidmet werden. Filme sendet man nur maximal einen pro Tag und Sender. Ausländische Produktionen werden stets im Original mit Untertiteln ausgestrahlt.

Beste **Nachrichtensendung** ist die **„Dagsrevy"**, täglich um 19 Uhr. Ein Mal wöchentlich, außer im Sommer, wird das Auslandlandsjournal „urix" ausgestrahlt. Es ist das erste des Landes und erst seit 1998 (!) auf Sendung.

Über Satellit empfängt man in Norwegen **alle deutschen Kanäle**.

Rundfunk

Landesweit senden die lokal aufgegliederten Programme Nrk 1 und Nrk 2, die privaten Sender P 4 und Kanal 24, beide mit einer kurios-abenteuerlichen Mischung aus Pop, Schlager, Hip Hop und Kinderliedern, bei der man getrost jeden Stilbruch erwarten darf, und der Jugendsender Nrk Petre. Hinzu kommen in den größeren Orten diverse Lokalstationen.

In Oslo kann man ab 22 Uhr, auf 93 Mhz, die **Nachrichten der BBC** empfangen. Popmusik sendet hier der beliebte Sender Radio 1 (102 Mhz). Alternative Musik strahlt Radio Tango (105,8 Mhz) aus. Abends empfängt man auf der Kurzwelle garantiert den Deutschlandfunk und die Deutsche Welle.

Wirtschaft

Noch bis ins 20. Jahrhundert hinein zählte Norwegen zu den ärmeren Ländern Europas. Mit den ersten **Erdölfunden** am 24. Oktober 1966 und der Erschließung des Ekofisk-Feldes in der Nordsee begann jedoch eine beispiellose Erfolgsstory. Binnen weniger Jahrzehnte machte das Schwarze Gold das Land zu einem der wohlhabendsten der Welt, auf einer Stufe mit der Schweiz, Luxemburg und den USA. Es konnten sämtliche Auslandsschulden abbezahlt und ein 1660 Milliarden Kronen (Ende 2006) schwerer **Krisenfond** angelegt werden. Als glücklicher Umstand kommt hinzu, dass man auf das Öl und Gas, deren Reserven noch mindestens zwanzig Jahre vorhalten werden, als Energielieferant noch nicht einmal angewiesen ist und so der Welt **zweitgrößter Rohölexporteur** ist (15 % des BSP werden mit Erdöl erwirtschaftet).

99 % des eigenen Strombedarfs wird aus **Wasserkraft** gewonnen. Diese war lange so preiswert, dass zu Beginn des 20. Jahrhunderts die Ansiedlung großer energieintensiver Indus-

Troll – einziges jemals in Norwegen hergestelltes (Benzin-)Auto

triebereiche, wie die der Aluminiumherstellung und der petrochemischen Industrie, eingeleitet werden konnte. Vor dem Hintergrund großer Forstgebiete in Ostnorwegen etablierte sich auch die Papier- und Zellstoffindustrie. Die größten Werke des Landes liegen zumeist nahe großer Wasserfälle, die zur Energiegewinnung gezähmt wurden, und/oder in Gebieten mit großen Höhenunterschieden, wo man im Gebirge riesige Stauseen anlegte. Die größten und ältesten Industrieorte, wie Øvre Årdal, Odda, Rjukan, Sarpsborg und Porsgrunn, liegen daher nicht selten in dramatisch-schöner Umgebung.

Trotz der industriellen Nutzung ist das Naturpotential Norwegens, gerade im Vergleich mit Mitteleuropa, immer noch großartig. So kamen denn 2005 auch etwa 3,2 Mio. ausländische Besucher, die meisten aus Deutschland (750.000), nach Norwegen, Tendenz steigend. Der **Tourismussektor** hat sich, nicht zuletzt dank des vorbildlichen Angebots an Informationsstellen und Unterkünften, als ein bedeutender Wirtschaftssektor etabliert. Einmal abgesehen von Oslo und Bergen, die nach wie vor am häufigsten besucht werden, konnte so vor allem in ländlichen und strukturschwachen Gebieten eine kräftig fließende sommerliche Einnahmequelle geschaffen werden.

Nur 3 % der Oberfläche des Landes sind landwirtschaftlich nutzbar, so dass dieser Wirtschaftszweig nur wenigen zehntausend Menschen Arbeit und Lohn bietet. Auch muss die **Agrarwirtschaft** stark subventioniert werden. Ähnlich steht es um die **Fischerei.** Schrumpfende Fischbestände als eine Folge der Überfischung in den 1950er- und 1960er Jahren führten zu einem spürbaren Rückgang des Erwerbszweiges und zu wirtschaftlichen Strukturproblemen an der Küste. Ein möglicher Ausweg sind die überall anzutreffenden Fischfarmen, die sich vor allem auf die Zucht von Lachsen spezialisiert haben.

Neben den durchaus wachsenden Bereichen Forstwirtschaft und Rohstoffabbau (Kupfer, Titan, Marmor) ist die **Schifffahrt** seit jeher bedeutend. Die norwegische Handelsflotte gehört, neben denen der Billigflaggenländer, zu den größten der Welt. Auch ist der Schiffsbau ein ökonomisch wichtiger Faktor. Man spezialisierte sich neben der Herstellung von Transportschiffen auf die Produktion von **Ölbohrinseln.** Einer der wichtigsten Konzerne dieser Branche ist Kværner.

Die **niedrige Arbeitslosenrate** von 2,1 % (Anf. 2007) ist vor allem auf eine hohe Beschäftigungsrate im weitreichenden Dienstleistungssektor und auf eine aktive Arbeitsmarktpolitik zurückzuführen. Die durchschnittlichen Stundenlöhne liegen bei 120-160 NOK.

Derzeit größtes Problem der norwegischen Ökonomie ist schlicht – das **Geld.** Es gibt einfach **zu viel** davon! Konkret bedeutet das die Gefahr einer Inflation und konjunkturellen Überhitzung. Um diese zu vermeiden, wird u. a. der Preis für einige Waren künstlich hoch gehalten. Auch fließt das

Bevölkerung

meiste Geld aus Öleinnahmen in einen Fond zur Finanzierung der Zukunft nach dem Versiegen der Bohrlöcher. Dieser umfasste Ende 2006 rund 1660 Mrd. NOK (207 Mrd. €) und wächst um etwa 525 Mio. NOK täglich. Mit diesen unvorstellbaren Summen könnten z. B. alle Staatsschulden des Nachbarlandes Schweden mit einem Schlag abbezahlt werden.

Der Sozialapparat Norwegens sieht von den Ölgeldern relativ wenig. Er wird größtenteils durch eine bei 24 % liegende Mehrwertsteuer getragen.

Diese jedoch kann jetzt schon kaum noch die Ausgaben decken, was dazu führt, dass in einem der reichsten Länder der Welt die Kommunen fast pleite sind und der Rotstift zum täglich gebrauchten politischen Handwerkszeug gehört. Zudem stellen Politologen immer wieder fest, dass in Norwegen der Kapitalismus da verankert ist, wo eigentlich der Sozialstaat zum Tragen kommen müsste und semisozialistische Praktiken in Bereichen etabliert sind, wo eigentlich die freie Marktwirtschaft regieren sollte. So soll z. B. das Gesundheitswesen rentabel arbeiten, also Gewinn abwerfen, und Museen und kulturelle Einrichtungen erhalten kaum Subventionen, was u. a. die hohen Eintrittspreise erklärt. Auf der anderen Seite werden nur wenige ausländische Waren importiert, um so die einheimische Wirtschaft vor Konkurrenz zu schützen. Es kommt daher fast einer Revolution gleich, dass sich die deutsche Lebensmittelkette Lidl in Norwegen hat etablieren können.

In Norwegen leben lediglich **4,7 Mio. Menschen.** Die Bevölkerungsdichte von 14 Einwohnern pro Quadratkilometer ist mit die niedrigste in Europa. Auch ist der Ausländeranteil an der Bevölkerung von 8 % einer der niedrigsten der Alten Welt.

Die Samen

Eine Minorität sind die etwa **40.000 Samen,** die oft als „Indianer des Nordens" bezeichneten **Ureinwohner Skandinaviens.** Mit den nordamerikanischen Eingeborenenvölkern teilten sie bis in die 1970er Jahre das gleiche Schicksal. Die erzwungene Assimilation hieß in Norwegen „Norwegisierung". Es durfte nur die norwegische Landessprache gesprochen werden. Sesshaft sollten die nomadisch lebenden Samen werden, aber Land durfte an sie so gut wie nicht verkauft werden. Seit dieser Zeit hat sich jedoch viel getan. 1969 wurde der Samische Reichsverband gegründet, der zunehmend eine kulturelle Gleichstellung erreichte, die im 1989 gegründeten samischen Parlament gipfelte, welches allerdings nur beratende Funktionen besitzt. Auch werden heute wieder die Traditionen und Sprache der Samen gelehrt. Sprachrohr für ihre Kultur sind der erste samische Film aller Zeiten, „Der Pfadfinder", sowie die auch international recht bekannte samische Sängerin *Mari Boine*.

Ein Teil ihrer Musik ist auch das traditionelle **Joiken.** Die Texte erzählen von

Rentierrennen auf dem Samenmarkt

der Natur, von Tieren und Erlebnissen. Die Melodien wirken für mitteleuropäische Ohren vielleicht etwas gequält, sind aber vielleicht gerade deshalb ein ungemein interessantes Hörerlebnis, wie man es in Europa gar nicht vermuten würde.

Traditionelle Wirtschaftsformen der Samen sind der **Fischfang** und vor allem die **Rentierzucht.** Ein halbes Jahr lang wanderte man dabei nomadisierend von Weideplatz zu Weideplatz. Heute sind die Herden meist auf sich allein gestellt und werden später mit Hilfe von Hubschraubern oder Schneemobilen zusammengetrieben.

Die größte Gemeinde der Samen lebt heute in Oslo. Außerhalb der Finnmark fallen in Norwegen nur gelegentlich Camps der Bergsamen entlang der Straße auf. Hier werden Rentierfelle, die typischen Samenschuhe und Messer feilgeboten.

Alltagsleben

Man ist, wie der Norweger gern betont und zeigt, ein Volk unverbesserlicher **Individualisten;** das Motto lautet: *„Du må alltid tenke for deg selv"* – „Du musst immer für dich selbst denken." Zugleich existiert **aber auch** ein **ausgeprägtes Kollektivgefühl**, was vor allem in den Medien durch Satzanfänge wie „Wir, die Norweger..." und „Wir und Europa..." zum Ausdruck kommt. **Gleichheit** (oder sollte man sagen Gleichmacherei) in der Gesellschaft, die am besten eine ohne Klassen sein sollte, steht an oberster Stelle. So ist z. B. die Schule in den ersten Jahren eine Institution für grundsätzlich alle, für Lernschwache wie auch für Hochbegabte. Ungenügende Leistungen werden mit Phrasen wie „Könnte etwas besser gewesen sein" umschrieben. Nie jedoch wird man das vernichtende Wort „schlecht" hören. Auf der anderen Seite ist es aber auch so gut wie unmöglich, ein Lob auszusprechen. Lehrer *Guy* meint dazu: „Meine Tochter ist eigentlich recht gut in der Schule. Wenn ich dies aber voller Stolz meinen Nachbarn erzählen würde, könnten sie dies als Arroganz und Wichtigtuerei auslegen." Ähnlich verhält es sich mit persönlichem Wohlstand. Aus Angst vor scheelen Blicken wird man ihn eher verbergen als öffentlich zur Schau stellen, getreu dem fast schon zum Leitmotiv gewordenen Satz: „Glaub nur nicht, dass du etwas besseres bist; denk nicht, dass du mehr kannst als all die anderen." Da freut man sich doch lieber im Stillen. Wobei beim **Lohn/Gehalt** auch kein Verbergen hilft. Diese werden nämlich Jahr für Jahr **in den Gemeindeblättern veröffentlicht,** wahrscheinlich um allen Spekulationen vorzubeugen, wobei es ein ausgeklügeltes Steuersystem ohnehin fast unmöglich macht, wesentlich mehr als der Nachbar zu verdienen. So sind bis zu einem Jahresverdienst von 270.000 NOK 20-35 % Steuern zu bezahlen. Von jeder Krone mehr müssen zusätzlich 12 % an den Fiskus abgeführt werden. Ein Campingplatzbesitzer meinte dazu: „Dieses Land geht mir manchmal wahrlich auf den Geist. Es ist immens teuer, voller verworrener Reglementierungen, und es ist dabei fast unmöglich, zu richtigem Wohlstand zu gelangen. Da verbringen meine Frau und ich doch lieber den gesamten Winter im preiswerten Spanien." Dabei wird gerne vergessen, dass der norwegische Sozialstaat solche Ausflüge für viele erst möglich macht. Doch anstatt sich darüber zu freuen, beklagt man sich lieber über die Preise für Alkohol und Essen und glorifiziert dabei nur zu gerne Resteuropa, dessen mannigfaltigen sozialen Probleme man nicht beachtet – und oft gar nicht kennt! Wie denn auch, wo doch in den Zeitungen das Weltgeschehen mit maximal zwei Seiten gewürdigt wird und es dabei sogar noch fraglich ist, ob mehr Informationen überhaupt erwünscht wären, sind doch in der kleinen „Wir-die-Norweger-Gesellschaft" die Sechslinge von Nachbars Lumpi und das ausgeprägte Vereinsleben meist von größerem Interesse als ein Krieg auf dem Balkan. Verwunderlich ist dabei, dass die „norwegische Großfamilie" gleichzeitig ein **Volk von Kosmopoliten** ist. Man engagiert sich wie kaum ein anderes Land für die Welthungerhilfe, gibt im Vergleich zu anderen Industriestaaten Unmengen für Entwicklungshilfe aus und ist stolz darauf, ein so kleines, unbescholtenes Land zu sein, das international so viel bewegt: Man denke nur an die Osloer Treffen von Palästinensern und Israelis und an den Friedensnobelpreis. Oft kommt es dabei auch zu großen Enttäuschungen, wenn man von „den Anderen" doch wieder mal übergangen wird und es sich herausstellt, dass das eigene Land doch nicht der Nabel der Welt ist; und dies, wo man doch versucht, tatsächlich viel dafür zu tun. So gehören z. B. die Aufnahmekontingente für Flüchtlinge aus Krisenregionen zu den höchsten Europas (im Verhältnis zur Einwohnerzahl). Auch wurden die Einwanderungs- und Asylregelungen in den 1990er Jahren zunehmend gelockert. Die Bewilligungsprozeduren können jedoch endlos und frustrierend sein. Zudem gehören **Ausländer** oft – mit Ausnahme der Akademiker – zu den ärmsten Menschen der Gesellschaft, ganz wie im restlichen Westeuropa auch. Schockierende Studien aus den letzten Jahren belegen, dass im von Afrikanern und Asiaten dominierten Ostteil Oslos das Lohnniveau 30 bis 50 % und die Lebenserwartung 10 bis 15 Jahre niedriger liegen als im wohlhabenden Westteil der Stadt. Die angestrebte gesellschaftliche Gleichheit scheint sich daher im selbsternannten Musterstaat auch nur auf Einheimische zu beschränken.

Bleibt zum Schluss die Frage, wo sich denn der Norweger in seinem teuren und eigentlich doch so schönen Lande am liebsten aufhält. Zur Lagebeurteilung noch einmal der Osloer Lehrer Guy: „Nun, am wohlsten fühlen wir uns eigentlich auf Wanderungen oder bei Skitouren, allein im Wald. Kommen wir nach Hause in unsere Urlaubshütte oder Holzhaus, Stein wäre zu großer Luxus, muss es warm und behaglich sein. Für diese Gemütlichkeit würden wir gern all unseren Lohn ausgeben. Und das müssen wir im Grunde genommen auch, da man allein kaum ein Haus oder eine Wohnung mieten kann, sie müssen gekauft werden."

Die Frau in der Gesellschaft

Ende des 19. Jahrhunderts beschrieb *Henrik Ibsen* in seinem anklagenden Drama „Nora – ein Puppenheim" die schlimme Lage der Frauen in Norwegen. Sie wurden als Anhängsel ihres Gatten angesehen und durften nicht einmal über eigenes Geld verfügen. Doch seine Nora lehnt sich gegen das System auf und beginnt entgegen allem Konformismus und aller Traditionen ihr eigenes Leben zu gestalten. Ibsen war damit seiner Zeit voraus und unterstützte so aktiv eine wachsende Frauenbewegung in den Zeiten der nationalen Erneuerung. Ende des 19. Jahrhunderts konnten erste, zunächst nur sehr bescheidene und langsam wachsende Erfolge verzeichnet werden. So wurde 1888 durch eine Änderung des Ehegesetzes den Frauen zumindest schon einmal eigener Besitz zugestanden, und 19 Jahre später durften wohlhabende Damen erstmalig für das Parlament abstimmen. Erst 1913, aber nach Finnland immerhin als zweites Land der Welt (!), führte Norwegen das allgemeine Frauenwahlrecht ein. 1945 saß mit *Kristin Hansteen* zum ersten Mal eine Frau im Kabinett. Heute sind die Plätze in Storting und Regierung meist zu mindestens 40 % mit Frauen besetzt. Auch leitete mit *Gro Harlem Brundtland* eine Frau für lange Zeit die Geschicke des Landes.

Es gibt einen **öffentlichen Beauftragten** (Ombudsmann/-frau) **für die Gleichstellung der Geschlechter,** wobei Norwegen 1978 das erste Land der Welt war, das diesen Posten schuf. Ein Gleichstellungsgesetz soll regeln, dass bei Einstellungen und Karriere Chancengleichheit zwischen Mann und Frau herrscht. In der Praxis sind zwar erstaunlich viele (auch leitende) Positionen mit Frauen besetzt, die Posten in den obersten Chefetagen werden jedoch zu 96,5 % von Männern gehalten. Auch erhalten Frauen für die gleiche Arbeit immer noch nicht den gleichen Lohn, sondern nur 86 %.

Ein Erfolg konnte bei der **Betreuung von Kindern** erzielt werden. Es kann wahlweise Mutter- oder Vaterschaftsurlaub beantragt werden.

Religion

Über 90 % der Norweger sind Mitglied der **evangelisch-lutherischen Staatskirche.** Hinzu kommen ca. 30.000 Katholiken. Anderen Religionsgemeinschaften gehören insgesamt etwa 150.000 Mitglieder an. Viele davon sind Muslime, die größte Moschee Norwegens steht im Osloer Stadtteil Grønland.

Die Religion ist dort am stärksten im Menschen verankert, wo die dramatische norwegische Natur seit jeher starken Einfluss auf die Bewohner hat. Dies trifft vor allem auf die ländlichen Gebiete der Fylke Aust/Vest-Agder und Sogn og Fjordane zu, wobei letztere Provinz das christliche Verhältnis von Mensch und Natur mit der Bezeichnung „Gemeinde und die Fjorde" schon im Namen trägt. Charakteristisch für diese Gebiete ist, dass die Alkohol-Verkaufsstellen des „Vinmonopolet" seltener anzutreffen sind als im eher weltlichen Ostnorwegen; die Christliche Volkspartei erzielt speziell in einigen Gemeinden Vest-Agders ihre besten Ergebnisse. Cafés und Restaurants mit Alkoholausschank bekommen schwerer eine Konzession. So durfte z. B. in Kragerø ein Gartencafé nicht eröffnen, da es gegenüber der Kirche lag ...

Kunst und Kultur

Architektur

Norwegens Beitrag zur Welt der Architektur ist zweifellos die **Stabkirche.** Die älteste von ihnen (in Urnes) steht sogar unter dem Schutz der Unesco. Erbaut wurde sie in der Zeit von 1130 bis 1150, also 100 Jahre, nachdem sich das Christentum unter *Olav Haraldson,* auch *Olav der Heilige* genannt, im Lande der Wikinger durchsetzen konnte. Von da an bis ins 14. Jahrhundert hinein wurden 700, vielleicht sogar 1000 solcher Holzpagoden errichtet. Die Zeiten überdauert haben jedoch nur 29 Kirchen. Zu viele wurden in den Zeiten der Pest im 14. Jahrhundert vernachlässigt und zerfielen. Andere wiederum wurden vor allem im 19. Jahrhundert abgerissen. Von Denkmalschutz sprach zu dieser Zeit noch niemand, man benötigte infolge des Bevölkerungszuwachses schlicht größere Gotteshäuser. Was lag da näher, als vom alten, düsteren, fensterlosen Bau das Holz zu verwenden ...

Von den heute noch erhaltenen Stabkirchen haben nur sechs ihre ursprüngliche Form oder konnten in diese zurückversetzt werden. Häufig wurden Fenster eingebaut, man erweiterte die Gebäude zu einer Kreuzkirche und bestuhlte den Innenraum, denn wer mochte schon gerne in einer stockfinsteren Kirche stehend dem Pfarrer lauschen. Viele Gebäude wurden Ende des 19. Jahrhunderts in Freilichtmuseen umgesetzt, etwa in Oslo, Bergen, Trondheim und Lillehammer, und konnten so vor dem Verfall bewahrt werden. Eine Kirche erstand der preußische König *Friedrich Wilhelm IV.* und ließ sie in das heute polnische Riesengebirge verfrachten, wo sie immer noch steht.

In seiner ursprünglichen Gestalt besteht der Stabkirchbau aus **steil übereinander getürmten Giebeldächern.** Unten bilden sie Pultdächer, die den Söller, einen laubenähnlichen Umgang überdecken. An den Enden der Giebel thronen meist **Drachenköpfe.** Sie dienen der Abwehr von Dämonen und sind Ausdruck für den Wankelmut der Erbauer, konnten sie sich doch noch immer nicht so recht zwischen altem Götterglauben und Christentum entscheiden. So stellt auch die prachtvolle Pflanzen- und Tierornamentik der Portale vereinzelt heidnische Motive dar, und den Abschluss der Eingangssäulen bilden gelegentlich fabelartige Geschöpfe, zumeist in Löwengestalt. Gedeckt ist der Bau mit Holzschindeln; die müssen alle vier Jahre geteert werden, weshalb die Kirchen äußerlich mal hell wie der Tag und mal dunkel wie die Nacht erscheinen.

Errichtet wurde ein Stabkirchbau auf **Holzsäulen,** den *Staven,* wovon sich

Borgund-Stabkirche (links); Urnes-Stabkirche – ehem. Nordportal (rechts)

ARCHITEKTUR

auch der norwegische Name für das Gebäude ableitet: *Stavkirke*. Die Stämme dazu wurden zunächst im Wald entrindet, dann ließ man sie mehrere Jahre trocknen. Hernach setzte man sie im Ganzen nebeneinander auf ein Fundament und verband sie durch Andreaskreuze im oberen Schiff. Der Größe des Innenraums nach können **verschiedene Bautypen** unterschieden werden: Der kleinste und zudem jüngste ist der Numedals-Typ (z. B. in Uvdal und Nore). In diesem Fall wird die gesamte Dachkonstruktion von nur einem Mast getragen. Nächstgrößter Bau ist der Valdres-Typ, mit vier Säulen, zu besichtigen u. a. in Hurum und Lomen. Größte und prächtigste Bauart ist die mit 14 bis 20 Masten, der Sogne-Typ. Hierbei handelt es sich um den ältesten Stil, die Kirchen sind auch am besten erhalten. Die bekanntesten und schönsten Stabkirchen, namentlich die von Borgund, Heddal, Urnes, Lom, Hopperstad und Ringebu, zählen zum Sogne-Typ.

Abgeschlossen werden die Masten des Öfteren mit plastischen Köpfen an der Oberseite, vermutlich eine heidnische Maskerade im Dunkeln des Kirchenschiffes, in das nur spärlich Licht durch wenige winzige Öffnungen eindrang. Um den Innenraum aufzuhellen, wurde er im 18./19. Jahrhundert oft mit Rosenmalerei ausgeschmückt (vgl. Exkurs im Kap. „Der Süden/Binnenland/ Numedal).

Kunst und Kultur

Ein profanes Gegenstück zur Stabkirche sind die **Stabbure,** kleine bis hausgroße Lagerhäuser mit einem überhängenden ersten Stock. Erbaut wurden sie auf Pfählen, um im Sommer den Nagern den Zugang zum eingelagerten Heu zu verwehren und im Winter die Eingangstür ohne viel Schneeschaufeln erreichen zu können. Viele dieser Speicher aus der Zeit des 16. bis 18. Jahrhunderts stehen heute noch in der Region der Telemark und in Freilichtmuseen, die schönsten in denen von Oslo, Valle im Setesdal und in Lillehammer.

Steinerne Bauwerke aus der Zeit der Romanik gibt es nur sehr wenige. Erhalten sind kleine Kirchen wie die in Vik am Sognefjord, in Kinsarvik am Hardangerfjord, in Borre bei Horten, in Sem bei Tønsberg, in Seljord, die Mariakirche in Bergen und die Gamle Aker-Kirche in Oslo. Den Übergang zur Gotik spiegeln am besten der Dom von Stavanger und vor allem der **Nidaros-Dom** zu Trondheim wider. Er ist das größte sakrale Bauwerk Skandinaviens und ein nationales Heiligtum.

Die meisten norwegischen Landkirchen und fast alle noch erhaltenen Holzhäuser, z. B. in Risør, Kragerø und Skudeneshavn, wurden im 19. Jahrhundert erbaut. Beliebte **Baustile** der Zeit waren der an die Stabkirchen erinnernde Drachenstil (Hotel in Dalen), der verschnörkelte Schweizer Stil, wie ihn z. B. die Villa Breidablikk in Stavanger und das Kvikne's Hotel in Balestrand aufweisen, und der Empire-Stil mit seinen markanten Walmdächern. Klassizistische Strenge beweisen einige zur Zeit der nationalen Selbstfindung errichteten Gebäude in Oslo, u. a. das Uni-Hauptgebäude.

In der modernen norwegischen Architektur wird – wie überall – oft Glas und Metall verwendet, das Osloer SAS Plaza Hotel und die Osloer Aker Brygge sind gute Beispiele dafür. Vor allem für neue Museumsbauten, z. B. beim Hardangervidda Natursenter in Eidfjord, greift man jedoch immer häufiger auf herkömmliche Materialien wie Holz zurück. Auch besitzen solche Gebäude immer öfter die für Norwegen einst so typischen grasbewachsenen Dächer. Doch Bauten dieser Art sind die Ausnahme: Das Bild der Städte und größeren Ortschaften dominiert oft der Beton, allgegenwärtig ist auch der alles vernichtende Asphalt.

Ein **Architekturmuseum** liegt in der Kongens gate 4 in Oslo.

Die meisten **alten Holzgebäude** wurden in den letzten Jahrzehnten **in zahllose Freilichtmuseen umgesetzt,** um so u. a. für ihre Erhaltung garantieren zu können. Die Museen heißen meist „Bygdetun", „Bygdemuseum" oder tragen einen Eigennamen, der auf *tun* (Anlage) oder *gård* (Hof) endet. Die schönsten und größten Freilichtmuseen liegen in Oslo und Lillehammer.

Literatur

Norwegen – eine kleine Nation als **literarische Großmacht!** Die Dramatik der Landschaft, die verwirrenden Städte, der Kulturenwandel vom Bauerntum zur Ölnation scheinen mehr

LITERATUR

als genügend Stoff und Inspiration zu liefern.

Nach Edda und der Skaldendichtung über Könige und Krieger des 9./10. Jahrhunderts kam es zu Zeiten der Union mit Dänemark zu einer Lähmung allen kulturellen Lebens in Norwegen. Erst über 300 Jahre nach der Ausrufung des Staatenbundes gelang es **Ludvig Holberg** (1684-1754), dem „Molière des Nordens", das literarische Vakuum zu füllen und zu internationalem Ansehen zu gelangen. Allerdings musste er noch fast all seine Zeit in Dänemark verbringen, hatte er nur dort genug Möglichkeiten, seine komödiantischen Werke zu publizieren und umzusetzen.

Im 19. Jahrhundert begannen sich für die norwegische Literatur ungeahnte Möglichkeiten zu entfalten. Es herrschte nach dem Unionswechsel Norwegens eine fruchtbare Aufbruchstimmung, die unterschiedlichste Blüten trug, jedoch allgemein zum Ziel hatte, ein neues Norwegen literarisch zu manifestieren. Als Begründer dieser Art Nationalliteratur gilt allgemein **Henrik Wergeland** (1808-1845), der mit seinen Werken gegen Unterdrückung und Ausbeutung kämpfte. Seiner Schwester **Camilla Collett** (1813-1896), die sich vornehmlich für die Gleichberechtigung der Frau einsetzte, wird die Schaffung des ersten norwegischen Romans, „Die Töchter des Amtmanns", zugesprochen, der 1854 erschien. Die nordischen Gebrüder Grimm, **Peter C. Asbjørnsen** (1812-1885) und **Jørgen Moe** (1813-1882), schufen eine umfassende Märchensammlung und gaben so dem Land seine „traumhafte" Geschichte zurück. Übersinnlich geht es auch in einem Teil der Werke von **Jonas Lie** (1833-1908) zu. Neben dem Leben von Bauern und Arbeitern beschreibt er schicksalhafte Fügungen und wunderhafte Taten, z. B. in „Der Hellseher". Die soziale Realität hingegen umreißen die Werke von **Alexander Kielland** (1849-1906), Großbürgertum und soziale Missstände anprangernd, und die des Nationaldichters **Bjørnstjerne Bjørnson** (1832-1910). Er, der mit Sicherheit nationalistischste Verfasser seiner Zeit, war ein radikaler Gesellschaftskritiker, Schilderer des norwegischen Bauernlebens und Schöpfer der Nationalhymne „Ja vi elsker dette landet" (Ja, wir lieben dieses Land). Und obwohl er für seine Theaterwerke, Dramen, journalistischen Essays und Romane, wie „Der Brautmarsch", 1903 den Literaturnobelpreis erhielt, so stand und steht er doch im Schatten des großen **Henrik Ibsen** (1828-1906), eines der wichtigsten Dramatiker des 19. Jahrhunderts. Geboren als Sohn eines Kaufmanns in Skien, trat der junge Ibsen 1844 in Grimstad eine Lehre in der örtlichen Apotheke an. Hernach studierte er in Christiania (Oslo) und schrieb seine ersten Dramen. Nachdem er die Theater in Bergen und Christiania geleitet hatte, ging er 1864 nach Italien, siedelte 1868 nach Deutschland um und kehrte erst 13 Jahre später in sein Heimatland zurück. Ibsens Werke sind psychologisch tiefgründig, oft anklagend und Konflikte thematisierend. In

Kunst und Kultur

Dramen wie „Stützen der Gesellschaft" (1877) proklamiert er den Umbruch der bis dahin unantastbaren bürgerlichen Welt. Er erzählt wie einzelne Personen, etwa „Nora" (1879), ihre gesellschaftlichen Fesseln sprengen und sich emanzipieren oder, wie „Peer Gynt" (1867), der scheinbar heilen Welt mit entlarvender Ironie ins Gesicht lachen. Weitere bedeutende Dramen sind „Der Volksfeind" (1882) und „Die Wildente" (1884).

Bekannteste norwegische Autoren um die Jahrhundertwende und in den ersten Jahrzehnten des 20. Jahrhunderts waren die Literaturnobelpreisträgerin von 1928, **Sigrid Undset** (1882-1949), bekannt geworden durch ihren mittelalterlichen Gesellschaftsroman „Kristin Lavransdatter" (1920-1922), und der in sehr ärmlichen Verhältnissen in Garmo bei Lom geborene **Knut Hamsun** (1859-1952). Sein nicht gerade einfaches Leben schildert er eindrucksvoll im Erfolgsroman „Hunger" (1890). Liebeserzählungen wie „Pan" (1894) und der Roman „Der Segen der Erde" (1907), eine Lobpreisung des bäuerlichen Lebens, folgen. Der nun schon international anerkannte Hamsun erhält 1920 den Nobelpreis für Literatur. Diesem Triumph folgt eine Zeit, in der Hamsun zunehmend antidemokratische Tendenzen in seinem Schreiben und Denken offenbart. Höhepunkt ist seine huldvolle Haltung *Hitler* gegenüber, die ihn 1941 den Einmarsch deutscher Truppen in Norwegen begrüßen lässt und ihn zu einem der umstrittensten Autoren Europas macht. Hamsun wird 1947 wegen Landesverrats verurteilt. Den Versuch einer Selbstrechtfertigung strebt er in seinem letzten Buch „Auf überwachsenen Pfaden" an.

Den Kriegsjahren folgen die **realistischen Romane** der 1950er Jahre, mit Personen, die ihre Welt neu zu ordnen beginnen oder die alte zu verarbeiten suchen. Autoren dieser Zeit sind u. a. *Kjell Askildsen, Terjei Vesaas* und *Bergljot Hobæk Haff*. Auch hauchte *Kjell*

Statue der norwegischen Literaturnobelpreisträgerin von 1928

Aukrust zu dieser Zeit seinen humorvollen Fabelfiguren „Solan Gunderson" und „Ludvig" Leben ein.

In den 1960er und 1970er Jahren wurde die Literaturszene in Reaktion auf die sozioökonomischen Veränderungen und in Einklang mit der weltweiten Protestkultur zunehmend kritischer, politischer und von einem **Sozialrealismus** marxistisch-leninistischer Provenienz durchdrungen. Typische Vertreter dieser Strömung sind *Dag Solstad, Kjartan Fløgstad* („Dalen Portland"), *Jan Erik Vold* und *Edvard Hoem*. Gleichzeitig erlebte **Frauenliteratur** eine Renaissance, die Themen waren Emanzipation, Beziehungskrisen und Erziehung. Wichtige Vertreterinnen dieser feministischen Strömung sind *Bjørg Vik, Cecile Løveid* und *Liv Køltzow*.

Wegweisend für die 1980er und 1990er Jahre ist, dass die Themen vielschichtiger wurden. Man wendete sich von alten Ideologien und rigiden Denkmustern ab und verfasste eher „lebendige" und „leichtere" Geschichten über das Leben und die Liebe, Gott und die Welt. Politik trat in den Hintergrund. Verbunden mit dieser Umkehr ist ein beachtlicher internationaler Erfolg der Autoren. Allen voran ist **Jostein Gaarder** zu nennen, der mit seinem 1994 erschienenen philosophischen Roman „Sofies Welt" einen Welterfolg feierte (1999 verfilmt). Auch Schriftsteller wie *Lars Saabye Christensen* („Der Alleinunterhalter") und *Erik Fosnes Hansen* („Choral am Ende der Reise", „Momente der Geborgenheit") erfreuen sich in Deutschland wachsender Beliebtheit. Nennenswerte Newcomer der letzten Zeit sind auch *Linn Ullmann* mit ihrem Familienportrait „Die Lügnerin" und der in Norwegen sehr populäre *Erlend Loe*. Von ihm erschien in deutscher Übersetzung „Die Tage müssen anders werden, die Nächte auch", ein unterhaltsames Buch über die Sinnsuche Jugendlicher Mitte 20. Gleichfalls amüsant, wenngleich oft verwirrend wüst, beschreibt der heute in Hamburg lebende **Ingvar Ambjørnsen** die Probleme der Aussteiger und Querköpfe Norwegens. Am bekanntesten sind der herbe Generationenroman „Weiße Nigger" und die fast schon zur Kultliteratur aufgestiegenen „Elling" Bücher. Das moderne Norwegen und seine gesellschaftlichen Probleme schildern auch die Romane und Krimis von *Knut Faldbakken* („Das Jahr der Schlange", „Pan in Oslo"), *Anne Holt* („Das achte Gebot"), *Unni Lindell* („Pass auf was du träumst"), *Karin Fossum* („Der Mord an Harriet Krohn") und *Gunnar Staalesen,* der seinen Privatdetektiv Varg Veum in Büchern wie „Gefallene Engel" und „Das Haus mit der grünen Tür" das moderne Bergen erkunden lässt und so ein unverkennbares Portrait seiner Stadt kreiert. Wie dieser Autor schon länger auf dem deutschen Markt vertreten sind *Edvard Hoem* („Fährfahrten der Liebe") sowie *Herbjørg Wassmo,* die für ihre Tora-Trilogie den Literaturpreis des Nordischen Rates bekam.

Norwegische Poesie, wie die von *Paal-Helge Haugen, Stein Mehren,* des 1994 verstorbenen *Rolf Jacobsen* und

Kunst und Kultur

Edvard Munch

Geboren 1863 in Christiania (Oslo) wuchs Edvard Munch in bescheidenen Verhältnissen auf. Seine Kindheit und Jugend waren geprägt von Tod, Leid und Trauer. Er, der selbst eine kränkelnde Konstitution hatte, verlor im Alter von fünf Jahren die Mutter. Kurze Zeit später begann seine jüngere Schwester an Depressionen zu leiden, und seine ältere Schwester verstarb an Schwindsucht, eine Erfahrung, die er in seinem frühen Werk „Das kranke Kind" zu verarbeiten versuchte. Das Bild, in dem er radikal mit der Kunstrichtung des Realismus brach, entstand 1885/86 nach einem kurzen Studienaufenthalt in Paris. Zurück in Norwegen, schloss er sich Ende der 80er Jahre des 19. Jahrhunderts der anarchistischen Gruppe der Christiania-Bohème an, die sein Leben stark beeinflusste. Nach einer großen Ausstellung erhielt er 1889 ein Künstlerstipendium und kehrte zeitweise nach Paris zurück. Nach dem Tod des Vaters 1890 begann die wichtigste Periode seines künstlerischen Schaffens. Es entstanden zunächst die von tiefer Trauer geprägten Bilder „Nacht" und „Melancholie", danach, als ob er nun alle Anspannung und seelischen Qualen von sich weisen wollte, „Der Schrei". Das Werk ist mit seiner Kraft und Intensität zweifellos ein Meisterwerk und gilt als das erste expressionistische Bild überhaupt.

In seiner Heimat wegen dieser modernen Arbeiten geächtet, wandte er sich erneut Frankreich und diesmal auch Berlin zu. Auch hier führten seine Bilder zunächst zu einem großen Eklat, der zur Schließung seiner ersten Ausstellung nach wenigen Stunden führte. Allerdings, nach angemessener Gewöhnungszeit, erkannte man nach und nach Munchs künstlerisches Potenzial. Es entstanden Bilder wie „Der Tanz des Lebens" und „Die Mädchen auf der Brücke".

1909 kehrte der Maler als gefeierter Künstler endgültig nach Norwegen zurück und schuf hier Werke, die nun auch die lichten Seiten des Lebens beleuchteten. Seine Sonnenbilder zählen dazu. Munch starb im Januar 1944 in Oslo. Seine bekanntesten Werke hängen im Munch-Museum und in der Nationalgalerie in der Hauptstadt.

---

der samischen Lyrikerin *Rauni Magga Lukkari,* findet bisher fast nie den Weg in deutsche Bücherregale. Übersetzt hingegen wurden die Kinder- und Jugendromane von *Ellenor Raffaelsen* und *Unni Lindell.*

Malerei und Bildende Kunst

Zweifellos bedeutendster norwegischer Maler ist **Edvard Munch** (1863-1944). Er gilt als Wegbereiter des Expressionismus und damit als einer der epochalen Künstler schlechthin (vgl. Exkurstext).

Für die Zeit vor Munch sind als wichtige Landschaftsmaler und Romantiker der von *Caspar David Friedrich* stark beeinflusste **Johan Christian Claussen Dahl** (1788-1857) sowie **Hans Gude** (1825-1903) und **Adolph Tidemand** (1814-1876) zu nennen, deren gemeinsames Bild „Brautfahrt in Hardanger" fast ein nationales Symbol ist, so oft wird es abgebildet (im Original zu sehen in der Nationalgalerie). Stimmungsvoll sind die Werke von **Harriet Backer** (1845-1932), märchenhaft und mystisch die berühmten Trollbilder **Theodor Kittelsens** (1857-1914; siehe auch Exkurs im Kapitel „Der Süden/Kragerø"). Wichtigster abstrakter Gegenwartsmaler des Landes ist **Jakob Weidemann** (1923-2001).

Spricht man von der bildenden Kunst Norwegens, fällt automatisch der Name **Gustav Vigeland** (1869-1943). Begann dieser Bildhauer zunächst mit kleineren Arbeiten in Holz, wandte er sich, unter dem Einfluss Rodins, recht bald dem Stein zu. Dabei wurden seine Werke immer monumentaler und arteten mit der Vigeland-Anlage fast in Gigantomanie aus. Der Skulpturenpark, der das Leben in all seinen Facetten darzustellen versucht, wurde 1924 begonnen. Die Gemeinde Oslo stellte Vigeland den Park zur Verfügung und er verpflichtete sich testamentarisch, all seine Arbeiten der Stadt zu überlassen.

Musik

Klassik

Im Jahr 1843 war es, da Norwegens größtes musikalisches Genie das Licht der Welt erblickte: **Edvard Grieg.** Im Alter von 15 Jahren siedelte er nach Leipzig über und erhielt dort am Musikkonservatorium eine vierjährige Ausbildung, die sein künstlerisches Schaffen entscheidend förderte. Anschließend hielt er sich zu weiteren Studienzwecken in Kopenhagen auf und traf dort u. a. auf *Rikard Nordraak,* der die Norwegische Nationalhymne vertonte. Im Jahr 1866 ließ sich Grieg in Christiania (Oslo) nieder und begann eine nationale Musik auf der Grundlage alter Volksmusiktraditionen aufzubauen. 1869 reiste der Künstler mit einem Stipendium nach Italien, wo er mit *Franz Liszt* zusammentraf und sich inspirieren ließ. Zurückgekehrt in die norwegische Hauptstadt, begann eine fruchtbare Zusammenarbeit mit dem Dichter *Bjørnstjerne Bjørnson.* Allerdings erfuhr die Freundschaft einen Dämpfer, als Henrik Ibsen Edvard Grieg bat, die Musik zu seinem Bühnenstück „Peer Gynt" zu schreiben. Die „Peer Gynt Suite" wurde dann des Komponisten bekanntestes Werk und zählt heute, mit ihren oft interpretierten Teilen „Morgenstimmung" und „Solveigs Lied" zu den bedeutendsten klassischen Vertonungen der Welt. Ab 1874 erhielt Grieg ein Künstlergehalt und nahm seine Unterrichtstätigkeit in seiner Heimatstadt Bergen auf. 1885 siedelte er dort in die Villa „Troldhaugen" um, in der er zusammen mit seiner gleichfalls musikalisch hochbegabten Frau Nina seinen Lebensabend verbrachte. Edvard Grieg starb im Jahre 1907.

Gleichfalls aus Bergen stammen der Meistergeiger und Komponist *Ole Bull* (1810-1880) sowie der in Norwegen recht bekannte und geschätzte Komponist *Harald Sæverud,* Verfasser der „Ballad of Revolt". Musikalisch neue Wege beschritten *Johan Svendsen* (1840-1911) und *Johan Halvorsen.*

Die wohl bekanntesten lebenden Interpreten klassischer und volkstümlicher Werke sind *Sissel Kykjebö,* bekannt geworden durch ihren Auftritt bei der Eröffnung der Winterolympiade 1994 in Lillehammer, und *Per Vollestad.*

Kunst und Kultur

Pop/Rock

Sie waren der Stern am Pophimmel Mitte der 1980er Jahre, **„A-ha",** die smarten Jungs mit den klaren Stimmen und ihren einfühlsamen Mainstream-Symphonien. Kometenhaft war ihr Aufstieg, und sie hinterließen eine Wüste. Man tat sich schwer mit internationalen Erfolgen. Wenn etwas aus Skandinavien kam, dann war es schwedisch. Allenfalls „Dance with a Stranger" und *Espen Lind* konnten Anfang und Mitte der 1990er Jahre kurzzeitig auf sich aufmerksam machen, waren jedoch nach wenigen Wochen schon wieder im Nichts verschwunden. Doch die norwegische Musikindustrie arbeitete weiter mit Hochdruck an einem internationalen Durchbruch.

Folgerichtig konnte mit *Lene Marlin* 1999 der erste länger andauernde Hitlisten-Erfolg seit langem verbucht werden. Später kamen u. a. *Kings of Convenience, Röyksopp* und *Kurt Nilsen* hinzu.

Folk/Modern Folk

In Sachen Rock und Folk ist nun schon seit Jahren die samische Sängerin **Marie Boine** europaweit erfolgreich. Virtuos schafft sie es, Altes mit Neuem zu verbinden. Samische Melodien wie das Joiken werden mit Instrumenten wie Panflöte, Geige und E-Gitarre begleitet und zu einem neuen Klang verwoben. Die Lieder erzählen von ihrem Volk, seinen Problemen und Hoffnungen. Obgleich die Künstlerin heute in Oslo lebt, schöpft sie nach wie vor ihre Inspirationen in der Weite des Nordens. Sehr empfehlenswert sind die Aufnahmen „Bálvvoslatjna – room of worship" sowie „eallin".

Wichtigstes Instrument der traditionellen und modernen norwegischen Folkszene ist die Hardanger-Fiedel. Meisterhaft spielt sie **Annbjørg Lien,** deren Album „Baba Yaga" besonders hervorzuheben ist. Meist auf die klassische Geige greift hingegen **Susanne Lundeng** zurück. Mit ihrem Album „Walz for the red fiddle" schuf sie eine geniale Symbiose aus traditioneller und zeitgenössischer Folkmusik. Diesen Mix bieten auch die besinnlichen

Skulptur „Sinnataggen" im Vigeland-Park

Balladen der in Deutschland immer populärer werdenden Sängerin **Kari Bremnes**. Zu empfehlen ist speziell das Album „Soløye".

Auf dem Gebiet des **Modern Folk** (Folk mit modernen Musikelementen) sind die stark von der traditionellen, norwegischen Musik beeinflussten schwedischen Bands *Garmarna, Triakel, Hedningarna* und *Hoven Droven* zu erwähnen.

Jazz

Das Land besitzt zweifellos **eine der aktivsten Jazzszenen Europas.** Und aufgrund der guten Voraussetzungen – es finden etliche Jazzfestivals statt, und vor allem in Oslo gibt es viele Clubs – verwundert es nicht, dass Musiker wie *Terje Rypdal, Nils Pedder Molvær, Silje Nergaard, Rebekka Bakken, Ketil Bjørnstad* und *Jan Garbarek* schon seit Jahren international sehr erfolgreich sind. Als musikalischer Einstieg ist Garbareks Platte „Legend of the Seven Dreams" sehr zu empfehlen. Magischer und mit kirchlichen Klängen verwoben ist das Werk „Officium".

Ein Tipp für musikalisch anspruchsvolle Ohren sind die Jazz-, Pop- und Klassikeinspielungen der Osloer Firma „Kirkelig Kulturverksted". Sie sind an einem gesonderten Stand in fast jedem Plattenladen Norwegens zu finden.

Theater und Film

Mit der Zeit der nationalen Neuerung ab 1814 hielt auch die Theaterkultur Einzug in Norwegen. Allerdings dauerte es noch seine Zeit, bis **1850** vom Geiger und Komponisten *Ole Bull* in Bergen das **erste Theater** des Landes gegründet wurde. Als zweites folgte erst 1899 das Nationaltheater in Oslo. Heute existieren neben diesen und den größeren Schauspielhäusern in Trondheim und Stavanger Bühnen in fast allen kleineren Orten, so z. B. in Molde, Førde, Skien, dem Geburtsort Ibsens, und Mo i Rana. Orte ohne festes Ensemble werden traditionell vom „Riksteater" (Reichstheater) mit Kultur versorgt. Dieses tingelt Jahr für Jahr durchs Land und legt dabei im Dienste der Schönen Künste per Auto, Bus, Zug oder Theaterboot Tausende Kilometer zurück. Gezeigt werden, wie auch im Nationaltheater, vornehmlich Stücke von *Henrik Ibsen,* dem wichtigsten Theaterdramatiker Norwegens. Aufgeführt werden u. a. „Die Wildente", „Peer Gynt" und „Nora – Ein Puppenheim".

Die Hauptstadt Oslo ist zudem Sitz der Norwegischen Oper, die bekannt ist für ihre teils hypermodernen Interpretationen, des Norwegischen Theaters, in dem alle Aufführungen auf Neunorwegisch sind, und zahlloser privater Showtheater wie dem Dizzie und dem Black Box Theater.

Ein kleines **Theatermuseum** liegt in Oslo am Christiania torv.

Der **Film** kam nach Norwegen, als *Hugo Hermansen* zu Beginn des 20. Jahrhunderts die ersten Kinos im Lande eröffnete. Einige Jahre später, um 1920, gab es in Christiania (Oslo) schon sage und schreibe 26 Lichtspielhäuser. Die bekanntesten Regisseure der damaligen Christiania-Filmgesell-

Kunst und Kultur

schaft waren *Peter Lykke-Seest,* mit seinem Hauptwerk „Die Waisen", und *Ottar Gladtvet.* 1932 wurde die „Norsk Film" mit eigenem Produktionsstudio gegründet.

Erste international anerkannte Streifen des Ateliers wurden „Der Bastard" von *Helge Lund,* gedreht 1941, und der vom Überlebenskampf gegen die Natur erzählende Film „Ni liv" („9 Leben") von *Arne Skouen* aus dem Jahr 1957.

Mit zunehmender Förderung der Filmindustrie Ende der 1980er Jahre ging es, nach einigen eher bescheidenen Krimis und dem sehr guten Puppenanimationsfilm „Flåklypa Grand Prix", mit den cinematografischen Werken bergauf. Viele der auch international bekannt gewordenen Produktionen lassen sich grob drei Gruppen zuordnen. Zum einen sind da die mystisch-atmosphärischen Filme. Mit ihnen, namentlich mit dem sogar für den Oscar nominierten Streifen „Veiviseren" („Der Pfadfinder"), gelangen die ersten Erfolge. Kurioserweise handelt es sich bei diesem Film von *Nils Gaup* eigentlich um keinen „echt" norwegischen Film, sondern um die erste samische Produktion überhaupt. Erzählt wird die spannende Geschichte einer Verfolgung durchs winterliche Lappland. Ein weiteres bekanntes Werk ist der sinnlich-ergreifende Streifen „Eine Handvoll Zeit" von *Martin Aspehaug,* in dem die Zeit sich verflüchtigt wie der Rauch aus dem Wasserkocher.

Neben solcherart mystischen Werken produzierte man auch zunehmend Historienfilme. Die bekanntesten sind die Verfilmung von *Sigrid Undsets* Roman „Kristin Lavransdatter", mit Norwegens bekanntester Schauspielerin *Liv Ullman,* sowie „Hamsun" mit *Max von Sydow.* Ein Buch *Hamsuns* wurde mit dem sehenswerten Streifen „Pan" verfilmt.

Den Übergang zur dritten Kategorie bildet „Der Telegraphist", in dem in der Hauptrolle ein überdrehter Lebemann als Retter von Haus und Hof auftritt. Erzählt werden humorvolle, teils tragikomische Geschichten, in denen die norwegische Kultur das ein oder andere Mal auf die Schippe genommen wird. Paradebeispiele sind der Film „Eggs", mit zwei gleichgeschalteten Brüdern in der norwegischen Wildnis, und „Wenn der Postmann gar nicht klingelt", mit seiner bizarren Handlung im tristesten Teil Oslos.

Erfolgreichster norwegischer Film der letzten Jahre ist die Verfilmung des Buches „Blutsbrüder" von *Ingvar Ambjørnsen.* Unter dem Namen „Elling" verfilmte Regisseur *Petter Næss* auf subtile und doch humorvolle Weise die Wiedereingliederung eines psychisch schwachen Menschen in die Gesellschaft.

Gleichfalls große internationale Erfolge feierten die Filme „Heftig og Begeistret" und „Kitchen Stories".

Ein **Filmmuseum** befindet sich in Oslo in der Dronningensgt. 16. Ein Skandinavisches Filmfestival findet Mitte August in Haugesund statt. Kurzfilmfestivals gibt es in Grimstad und Oslo.

Folklore

Trachten

Untrennbar mit jedem größeren Fest, jeder Hochzeit, mit allen Taufen und Konfirmationen sowie selbstverständlich mit dem Nationalfeiertag verbunden ist das Tragen von Trachten (bunader). Dabei repräsentiert die kunstvoll bestickte Kombination aus Hemd, Weste, Überzug, Kniebundhose oder Rock bei Frauen die Identität einer bestimmten Region, eines Tales oder einer Familie. Die Farben der Oberteile sind zumeist schwarz, grün oder rot. Dazu trägt man oft auch, etwa im Setesdal und in der Telemark, Silberschmuck. Viele Trachten haben über Generationen überlieferte Muster, neu angefertigte werden jedoch auch häufig mit moderneren Accessoires versehen.

Volkstanz und Volksmusik

Teil der alten norwegischen Landkultur sind auch Volkstänze wie der schwungvolle Paartanz *Springar*, der ruhigere, gleichmäßigere *Gangar* sowie der wilde Einmanntanz *Halling*, der der Kultur des Hallingdals entspringt. Begleitet werden die Tänze von Weiden- oder Holzflöten, Maultrommeln und Fiedeln. Die bekannteste ist die Hardanger-Fiedel. Sie kommt mit vier Spiel- und vier Resonanzsaiten daher und klingt ungemein erbaulich. Wundervoll interpretiert wird die Volksmusik von *Egil Storbekken* und *Leif Sørbye* (CD: „Folk Music From Norway" von Arc Music). Anschaulich illustriert wird der Volkstanz in Freilichtmuseen im Hallingdal, im Setesdal, Lillehammer und Oslo.

Tracht aus Romerike

Routen durch Südnorwegen

Die folgenden Routen können selbstverständlich nur Vorschläge sein, wie man das Land bereisen könnte. Sie führen auf touristischen Wegen zu den wichtigsten bzw. berühmtesten Sehenswürdigkeiten Norwegens. Wer nicht zum ersten Mal im Lande ist, tut gut daran, auch abseits dieser Tourenvorschläge das Interessante zu suchen. Infos über nationale Touristenstraßen finden sich unter www.turistveg.no.

- **Norwegen-Schnuppertour** (2 Wochen in Norwegen)
Oslo – E 134 – Kongsberg – Haukelifjell – Låtefoss – Hardangerfjord – Eidfjord (Abstecher Vøringfoss) – Ulvik – Voss – (Abstecher Gudvangen) – Rv 13 – Vik – Balestrand – Moskog – E 39/ Rv 60 – Stryn (Abstecher Briksdalsbreen) – Rv 15 – (Abstecher Geiranger) – Lom – Sognefjellpass – Luster (Abstecher Nigardbreen) – Sogndal – E 16 – Lærdal – Stabkirche Borgund – Valdres – Oslo

Auf dieser Strecke erlebt man die Hauptstadt Oslo mit ihren interessanten Museen, den romantischen Hardangerfjord und die imposanten Wasserfälle Låtefoss und Vøringfoss. Man durchquert herrliche Fjordlandschaften, das imposante Jotunheimen-Gebirge und besucht die Gletscher Briksdals- und/oder Nigardbreen. Auch liegen entlang der Route die schönsten Stabkirchen Norwegens (Borgund, Urnes, Lom).

Wer noch 3 bis 4 Tage mehr zur Verfügung hat, kann von Eidfjord über die Rv 7 eine Runde in Richtung Bergen, einen der schönsten Orte Norwegens, drehen. Zurück geht es über die E 16 nach Voss.

- **Südnorwegen pur** (2 bis 3 Wochen)
Kristiansand – E 39 – Mandal (Abstecher Lindesnes) – Stavanger (Abstecher Prekestolen) – Haugesund – E 134 – Langfoss – Rv 13 – Eidfjord – Bergen – E 16 – Voss – Rv 13 – Ulvik – Rv 7 – Geilo – Rv 40 – Numedal – Kongsberg (Abstecher Stabkirche Heddal) – Tønsberg – E 18 – Kragerø – Risør – Kristiansand

Die Tour führt zum Südkap Norwegens, Lindesnes, in die Ölhauptstadt Stavanger und zum gigantischen Fels Prekestolen. Auch sieht man einige herrliche Wasserfälle (Låtefoss, Langfoss, Vøringfoss), die Stadt Bergen, das Stabkirchtal Numedal und die sonnenreiche Südküste mit pittoresken Holzhausorten wie Kragerø, Risør und Tvedestrand.

Wer noch 3 bis 4 Tage mehr einplant, kann ab Voss über Gudvangen und Flåm nach Geilo fahren. Unterwegs lohnen eine Fahrt mit der Flåmbahn und ein Abstecher zum Snøvegen (Schneeweg).

- **Süd- und Westnorwegen** (3 Wochen)
Kristiansand – Rv 9 – Setesdal (Abstecher zum Lysefjord) – Haukelifjell – E 134 – Hardangerfjord – Rv 7 – Bergen – E 16 – Voss – (Abstecher zum Nærøyfjord) – Rv 13 – Vik – Balestrand – Moskog – E 39/ Rv 60 – Stryn – Geiranger – Serpentinenstraße Trollstigen – Åndalsnes – E 136 – Dombås – Vågåmo – Rv 15 – Lom – Rv 55 – Sognefjell – Sogndal – Lærdal – E 16 – Stabkirche Borgund – Valdres – Oslo

Abgesehen von der Fahrt durch das romantische Setesdal, dem Abstecher zum wilden Lysefjord und der Fahrt über den grandiosen Trollstigen ist diese Route eine Kombination aus den ersten beiden Touren.

Routen durch Südnorwegen

● **Westnorwegen pur** (3 Wochen)
a) Oslo – E 134 – Kongsberg – Stabkirche Heddal –
b) Kristiansand – Setesdal –
Haukelifjell – Hardangerfjord – Eidfjord – Rv 7 – Bergen – E 16 – Voss – Rv 13 – Vik – Balestrand – Moskog – Skei – E 39/ Rv 60 – Stryn – Rv 15 – Måløy/Vestkapp – Vogelinsel Runde – Ålesund – Molde – Åndalsnes – Trollstigen – Geiranger – Rv 15 – Lom – Rv 55 – Sognefjell – Sogndal – Lærdal – Snøvegen (Schneeweg) – Flåm – Rv 50 – Hol (Geilo) – Rv 7 – Hallingdal – Gol – Oslo

Neben den schon erwähnten Attraktionen erlebt man u. a. noch die urtümliche Westküste und die Vogelinsel Runde mit ihren Tausenden von Papageientauchern und Möwen.

● **West- und Ostnorwegen** (3 Wochen)
Oslo – E 16 – Valdres – Stabkirche Borgund – Lærdal – Sognadal – Rv 55 – Sognefjell – Lom – Rv 15 – Stryn – Rv 60 – Geirangerfjord – Trollstigen – Molde – Kristiansund – Trondheim – Rv 30 – Røros – Stabkirche Ringebu – Lillehammer – Oslo

Neben Stabkirchen, Fjorden und den Bergen Jotunheimens sieht man das schöne Trondheim mit dem Nidarosdom, die unter UNESCO-Schutz stehende Bergwerksstadt Røros und den Olympiaort von 1994, Lillehammer.

● **Per Bahn und Boot**
Oslo – Flåm – Bergen – Stavanger – Kristiansand – Oslo
Oslo – Flåm – Bergen – Selje – Ålesund – Kristiansund – Trondheim – Oslo

Oslo und Umgebung

Stadtpläne Umschlag vorn, S. 141, Farbkarte S. XXI OSLO UND UMGEBUNG 133

Oslo und Umgebung

n030 Foto: ms

n031 Foto: ms

Der Holmenkollen – Oslos Wahrzeichen

Insel Nakholmen im Olsofjord

Das Nationaltheater in Oslo

Überblick

Die **Gegend um den Oslofjord** ist die am dichtesten besiedelte des Landes. Etwa 25 % aller Norweger haben Haus und Hof entlang des 100 km ins Binnenland reichenden und bis zu 300 m tiefen Meeresarmes. An seinen Ufern liegen mit Tønsberg im Westen, Sarpsborg im Osten und Oslo im Norden die ältesten Orte des Königreiches.

Speziell für die Hauptstädter stellt der **Fjord** eine wichtige Verkehrsachse und ein beliebtes Freizeitrevier dar. Insbesondere an schönen Sommerwochenenden könnte man meinen, halb Norwegen sei auf dem Wasser versammelt, der Sonne zu Ehren und dem vielleicht bootlosen Nachbarn zum Trotz (sollte es den überhaupt geben). In harten Wintern kann es passieren, dass der Fjord als einer der wenigen im Land am Rande zufriert und so zur Bühne für Sonntagsspaziergänge auf Eis wird.

Oslo ⌕XXI/C1

Überblick

Ein bisschen wie abgetrennt vom ländlichen Norwegen liegt die Hauptstadt Oslo in der südöstlichsten Ecke des Landes. Es ist die größte Siedlung des Königreiches und für viele Norweger ein verwirrender gordischer Knoten, allerdings mit den besten Arbeitsplätzen unter der Sonne. Reist man als Gast mit der Fähre an, so mag man jedoch eher glauben, mit **540.000 Einwohnern** Europas größtes Dorf vor sich zu haben, ein kleinteiliges, farbenfrohes Häusermeer, eingebettet zwischen hohe Berge, endlose Wälder und die spiegelglatte Oberfläche des Fjordes. Es dominieren nicht wie anderswo prunkvolle Bauten, wuchtige Schlösser und große Anwesen. Oslos Herz ist sicher nicht in der Architektur zu suchen, es schlägt vielmehr hinter den Fassaden aus Holz, Beton und Backstein, offenbart sich erst beim zweiten Hinsehen. Wer es aber den Einheimischen gleichtut, **alles etwas ruhiger angehen** lässt, in einem der unzähligen Restaurants einen Kaffee schlürft, den Tag im Park vor dem Parlament genießt oder an einem sonnigen Wintertag durch die verschneiten, golden beleuchteten Straßen bummelt, wird sicher recht bald die Stadt für sich entdecken und lernen, sie einfach nur zu genießen.

Für einen ersten Eindruck bieten sich die **Rundblicke** von der weltberühmten Holmenkollen-Skisprungschanze, dem Fernsehturm Tryvannstårn und den Fähren auf dem Fjord an. Doch es überzeugt nicht nur die Lage der Stadt, sondern auch ihre **kulturelle Vielfalt.** Über fünfzig Gebäude, Museen und Ausstellungen können besichtigt werden. Zu den attraktivsten zählen das einmalige Munch-Kunstmuseum, das moderne Skimuseum und die Museumshalbinsel Bygdøy, deren Freilichtanlage mit alten norwe-

Oslo – Karl Johans gate

gischen Bauernhäusern zu einem Spaziergang einlädt. Auch liegen hier die Sammlungen von Wikinger- und Polarschiffen, die von Reisen zu den Geheimnissen der Welt künden.

Oslo ist eine überaus **dynamische Stadt** und das wirtschaftliche Wachstumszentrum Skandinaviens schlechthin. Man ist bemüht, mit modernen Glasbauten neue, weltstädtische Akzente zu setzen. Unweit von Bahnhofsviertel und Aker Brygge ist Oslo dagegen noch immer ein Ort, dessen beliebteste Plätze weiterhin die Liegewiesen sind und dessen eigentliches geografisches Zentrum versteckt hinter Bäumen idyllisch am See liegt. Allerdings wird weiter mit Hochdruck an einem Imagewechsel gearbeitet. Baustellen gibt es wie Sand am Meer und neue Projekte allerorten, wobei man in Sachen Kultur deutlich langsamer ist. Fast ein Jahrzehnt stritt man sich um die Lage der neuen Oper, bis man einen geeigneten Platz am Wasser fand. Es ist überhaupt erstaunlich, dass man sich um deren Lage so viel Gedanken machte, sehen doch ansonsten Einwohner wie Planer Oslo eher mit einer gewissen Lustlosigkeit.

Dies mag u. a. daran liegen, dass die meisten Bewohner aus ländlichen Gegenden des Landes stammen und eigentlich nur der **Arbeitsplätze** wegen hier sind. Einen persönlichen Bezug haben die Menschen eher zum Heimatort als zur Großstadt Oslo, von der stets behauptet wird, dass sie eigentlich rein gar nichts mit Restnorwegen zu tun habe. Vielleicht ist auch das der Grund für die Massenfluchten an sonnigen Wochenenden. Dann trifft man die Menschen auf den 2000 Kilometern Wanderwegen und Loipen der Nordmarka an und nicht auf der sonst so lebendigen Karl Johans gate.

Je nachdem, wie viele Museen man besuchen möchte, sollte man für den Aufenthalt in der Stadt ein bis drei Tage einplanen.

Stadtgeschichte

Eine erste Besiedlung der Region erfolgte schon vor 7000 Jahren, wovon u. a. die **Felszeichnungen** an der Seemannsschule, in der Nähe des Ekeberg-Campingplatzes, zeugen. Die eigentliche **Gründung Oslos** wird auf das Jahr **1050** geschätzt. Wobei man es da mit der Jahreszahl nicht so genau nimmt, oder nehmen kann, und zur Jahrtausendwende schon mal den 1000sten Geburtstag der Stadt feierte. Gesichert ist hingegen, dass König *Harald Hårdråde*, am Mündungsbereich des Alnaelva (unterhalb des Ekeberges, östlich des heutigen Zentrums) die ersten Gebäude wie den Königshof und die Clemenskirche erbauen ließ. Überreste sind noch im Minneparken an der Oslogata zu sehen. Der Name der Siedlung, Oslo, stammt entweder von „Lo-elvens os" (Mündung des Lo-Flusses) oder von „ass lo" (Götterebene).

Im Zuge der Christianisierung, in der zweiten Hälfte des 11. Jahrhunderts, wurde der Ort zum **Bischofssitz** erhoben und war so für längere Zeit einer der kirchlich-geistigen Mittelpunkte des Landes. Die Grundmauern eines 1147 erbauten Zisterzienserklosters sind heute auf der Insel Hovedøya zu besichtigen. Hauptstadt war Oslo seinerzeit jedoch nur teilweise, wurde doch als politisches Zentrum jener Ort definiert, in dem sich der König samt Gefolge aufhielt. Dies waren neben Oslo auch die Städte Nidaros (Trondheim, mit Bischofs- und Königshof), Tunsberg (Tønsberg, älteste Stadt des Landes) und vor allem Bergen, damals wichtigste Stadt im Nordwesten. Erst **1299,** da der König seine Zentralverwaltung nach Oslo verlegte, wurde der damals 4000 Einwohner zählende Ort reguläre **Hauptstadt.** Zur Sicherung wurde 1308 der Bau der Festung Akershus vollendet. Als 1319 *Haakon V.* starb und keinen männlichen Nachfolger hinterließ, inthronisierte man einen aus der schwedischen Herrscherdynastie stammenden König. Nach seinem Tod im Jahr 1380 wusste die dänische Witwe *Magarethe I.* ihre Macht so geschickt auszunutzen, dass es 17 Jahre später zu einer Verflechtung der nordischen Königshäuser kam. Da Oslo seine Hauptstadtfunktion an Kopenhagen verlor und durch die Pest knapp fünfzig Jahre zuvor arg gebeutelt war, verkam die Stadt zur Bedeutungslosigkeit.

Als Anfang des 17. Jahrhunderts *Christian IV.* an die Macht kam, hatte Oslo nur wenige tausend Einwohner. Außerdem musste ständig damit gerechnet werden, dass die Stadt von den Schweden eingenommen werden würde; die Festung Akershus war einfach zu weit entfernt, um ausreichenden Schutz zu bieten. Nachdem am 17. August 1624 ein Großfeuer die Stadt in Schutt und Asche gelegt hatte, ergriff Christian IV. die Gelegenheit und gründete am 27. September desselben Jahres unterhalb der Festung Akershus das **neue Oslo,** welches den bescheidenen Namen **Christiania** erhielt. Der Stadtplanung der Renaissance entsprechend wurde der Ort schachbrettförmig angelegt und die Festung zum Schloss umgebaut. Um zukünftige Brände zu vermeiden, durften – völlig unnorwegisch – nur Stein- oder Fachwerkhäuser erbaut werden. Wirtschaftlich ging es nur langsam voran, trotz des florierenden Holzexportes vor allem nach Holland und England (Wiederaufbau des abgebrannten London).

Das änderte sich erst mit dem Jahr 1814, als die Dänen Norwegen an Schweden abtreten mussten. Der Sohn des schwedischen Königs *Karl Johan* wurde Statthalter in Christiania und stellte sich an die Spitze der **Unabhängigkeitsbewegung.** Eine Welle der nationalen Identitätsfindung war losgetreten, und die Stadt wurde **Verwaltungszentrum** der schwedischen Provinz Norwegen. Dies und die zunehmende **Industrialisierung** (Textil-, Metallverarbeitende-, Nahrungs- und Genussmittelindustrie, Schiffsbau) ließen die Bewohnerzahl Christianias rasant ansteigen. Zählte die Stadt 1855 32.000 Einwohner, waren es 45 Jahre später schon 228.000. Die **Lebensbedingungen waren elend.** Es entstanden graue Mietshausviertel und Arbeitersiedlungen, alte Arbeiterquartiere wie Pipervika gammelten vor sich hin (In den 1930er Jahren niedergerissen, um Platz für den Rathausklotz zu schaffen). Damals nahm auch eine krasse **soziale Differenzierung** in der Stadt ihren Anfang. In der Østkant (östlich des Akerselva) entstanden die typischen Arbeiterviertel mit kleinen, armseligen Häusern, in der *Vestkant* die Nobelviertel mit mondänen Villen. Noch heute ist es für viele Osloer von Bedeutung, auf der „richtigen" Seite des Flusses zu wohnen.

Im Jahr **1925** erhielt die Stadt ihren **alten Namen Oslo zurück.**

Der 2. Weltkrieg hinterließ kaum Spuren in Oslo (der 1. ging ganz an Norwegen vorbei) und endete mit der Hinrichtung des Kollaborateurs und Ministerpräsidenten von Hitlers Gnaden *Viktor Quisling* auf der Festung Akershus. Der Rest des Landes lag jedoch in Trümmern. Geradezu als Zeichen der Wiederauferstehung fanden schon **1952** die **Olympischen Winterspiele in Oslo und Umgebung** statt. Sie läuteten die rasche Nachkriegsentwicklung der Stadt ein. Man begann mit dem Bau großer **Satellitenstädte,** deren erste Lambertseter und Grorud waren. Außerdem entwickelte sich Oslo zunehmend zu einem bedeutenden, skandinavischen **Dienstleistungs- und Verwaltungszentrum.** Fast alle norwegischen Behörden, Versicherungen und Banken haben hier ihren Sitz. Die Stadt wuchs rasant, man vernachlässigte jedoch permanent den innerstädtischen Bereich. Dieser drohte schon lange durch steigende Mieten und den überhandnehmenden Autoverkehr tagsüber zu ersticken und abends zu veröden. 1971 wurden als Gegenmaßnahmen erste **Fußgängerzonen** eingerichtet, die jedoch kaum etwas daran änderten, dass man Oslo in Norwegen und Schweden als behäbiges graues Nest belächelte.

Anfang der 1980er Jahre jedoch kam die Trendwende. Durch die Lockerung der Sperrstunde schossen Cafés und Kneipen wie Pilze aus dem Boden. Die Einnahmen aus dem Ölgeschäft und einer Straßenmaut ermöglichen es, dass viele Hauptverkehrsstraßen in Tunnels verlegt und so die Innenstadt weiter verkehrsberuhigt wurde. Auch begann man nun mit der Restaurierung vieler Gebäude und dem Bau diverser gläserner Einkaufszentren. Oslo ist heute eine lebensfrohe Stadt, voller Kultur und mit einem beeindruckenden, wenngleich teuren Nachtleben, das nun sogar Schweden und Dänen anzieht, die mal so richtig eine Sause machen wollen. Verlässt man jedoch das Zentrum, so findet man noch, das etwas kleinstädtisch-verschlafene Oslo, das so gar nicht Metropole sein will.

Umwelt

Von den **454 km² Stadtgebiet** sind 156 km² (34 %) als bebaute oder noch zu bebauende Fläche ausgewiesen. Der Rest wird von **242 km² Wald, 8 km² Park- und Sportanlagen, vierzig Inseln und 343 Seen** in Anspruch genommen. In den Waldgebieten der Nord-, Ost- und Vestmarka wurden viele Stauseen zum Zweck der Trinkwasserversorgung angelegt. Als Resultat hat Oslo für eine Großstadt sehr **sauberes Trinkwasser.** Doch so gut die Kessellage auch für die Wasserversorgung ist, der Luftqualität schadet sie nur. Vor allem im Winter erstickt die Stadt manchmal im eigenen Mief. Schuld an der (winterlichen) Misere sind auch die Spikesreifen, die feinen Asphaltstaub aufwirbeln. Aus diesem Grunde wird seit 2000 für den Gebrauch von Spikes („piggdekk") auch eine tägliche Gebühr von 25 NOK erhoben.

Für gelegentliche Reinigungen der Luft sorgen die Niederschläge (720 mm im Jahresdurchschnitt). Die fallen in der kalten Jahreszeit meist als Schnee, mit abnehmender Tendenz in den letzten, recht warmen Wintern. Die Sommertemperaturen in der Stadt können sich mit denen Hamburgs oder Bremens messen, und **fast 1800 Sonnenstunden** im Jahr sprechen für sich.

Im Ortsbild fallen zuweilen etwas mausgraue Gebäude auf (z. B. die Gamle-Aker-Kirche). Diese wurden aus **Kalkgestein** der Kambro-Silurzeit (vor 500-400 Mio. Jahren) erbaut. Auch bildete sich in diesem Erdzeitalter der **Alaunschiefer,** der im Bereich der Straße Grensen zu Tage tritt. Das Sedimentgestein bereitet den Stadtplanern oft Kopfzerbrechen, da es die Eigenschaft besitzt, sich bei der Berührung mit Wasser und Luft auszudehnen und so unberechenbar zu werden.

Stadtpläne Umschlag vorn, S. 141, Farbkarte S. XXI **UMWELT, SEHENSW.**

Sehenswertes

Die **Innenstadt** ist recht klein, so dass **alles bequem zu Fuß erreichbar** ist. Für die wenigen außerhalb gelegenen Sehenswürdigkeiten nimmt man am besten öffentliche Verkehrsmittel.

Stadtzentrum

Auf 1,5 Kilometern Länge durchzieht die **Karl Johans gate** das Stadtzentrum. Sie beginnt am Bahnhof, der von hypermodernen Einkaufszentren umgeben ist, und endet am Schloss. Sie ist Haupteinkaufsstraße, Flaniermeile und der ganze Stolz der Osloer. Die Geschäfte sind zwar nicht mehr so nobel wie noch vor ein paar Jahren und zunehmend touristischer, der Stimmung tut dies keinen Abbruch. Besonders im Sommer geht es hoch her. Alle treffen sich hier: Straßenmusiker und Selbstdarsteller, Einheimische und Touristen. Man diniert im Grand Café, speist in einem der zahlreichen Restaurants, oder besucht die heißesten Discos – turbulentes Leben, sehen und gesehen werden bis tief in die Nacht. Allerdings gehören zu einer Großstadt auch die Schattenseiten, welche in den letzten Jahren auf dem unteren Karl Johan, in der Nähe des Bahnhofs deutlich bemerkbar waren.

Etwas abseits von all dem Trubel steht die **Domkirche.** Die eher kleine und schlichte Backsteinkirche wurde 1697 eingeweiht. Ihr Inneres überrascht durch einen eigenwilligen Kontrast zwischen barocker Altartafel, Kanzel und Orgel und den eher modernistisch wirkenden Deckengemälden, welche zwischen 1936 und 1950 entstanden. Die Glasmalereien stammen von *Emanuel Vigeland,* dem Bruder des Bildhauers *Gustav Vigeland.* (Geöffnet: täglich 10-16 Uhr, Winter 12-18 Uhr, Messe: So 11 Uhr, Orgelrezitation: Mi 12 Uhr, Orgelmusik: Sa 13 Uhr, gratis, **Hinweis:** Wegen Restaurierungsarbeiten bleibt der Dom **bis 2008 geschlossen.**) Wer Ruhe sucht, sollte um die Kirche herum in die im 19. Jahrhundert erbauten **Basarhallen** gehen. Hier laden ein nettes Café und Läden zum Verweilen ein.

An jener Stelle, wo die Karl Johans gate nicht mehr Fußgängerzone ist, steht das **Storting, das Parlament.** Das bescheidene gelbe Backsteingebäude wurde 1866 errichtet. Bei einer Führung sieht man den prächtigen Versammlungssaal mit dem Gemälde von *Oscar Wergeland.* Es stellt die Reichsversammlung in Eidsvoll dar, bei der 1814 die norwegische Verfassung verabschiedet wurde. (Führungen: Juli bis Mitte August 10, 11.30 (deutsch) und 13 Uhr, ansonsten: Sa 10, 11.30, 13 Uhr, gratis.)

Vor dem Parlament erstreckt sich bis zum 1899 eingeweihten **Nationaltheater** der **Park Studenterlunden,** eine kleine grüne Ruhezone im Herzen der Stadt. Gegenüber des Theaters liegt das klassizistische Gebäude der **Universität.** Bevor das mit wuchtigen Säulen versehene Haus im Jahr 1854 vollendet werden konnte, wurden die Baupläne vom deutschen Stararchitekten *Karl Friedrich Schinkel* noch einmal überarbeitet. Sehenswert sind im Inneren die Gemälde „Geschichte", „Alma Mater" und „Die Sonne" von *Edvard*

🍴 1	Lofoten Fiskerestaurant,	🛏 39	Perminalen
🛍	Einkaufszentrum Aker Brygge	🍴 40	Det Gamle Raadhus
★ 2	Friedensnobelpreiscenter	☕ 41	Café Celsius,
● 3	Konserthus	🛍	Oslo Kunstforeningen,
M 4	Stenersenmuseum		gegenüber Bare Jazz
🍴 5	Vegeta Vertshus	🎵 42	Gamle Logen
🍴🛍 6	Victoria Terrasse	M 43	Museum für Zeitgenössische
M 7	Ibsenmuseum		Kunst
♠ 8	Königliches Schloss	M 44	Architekturmuseum
🛏 9	Cochs Pensjonat	🍴 45	Engebret Café
☕ 10	Lorry	○ 46	Coco Chalet
○ 11	Archimboldo,	☕ 47	Café Image/So What!
🛍	Galerie Kunsternes Hus	🍴 48	Stortorvets Gjestgiveri
🛏 12	Radisson SAS Scandinavia Hotel	☕ 49	UngInfo
☕ 13	Tullins Café	🛍 50	Glasmaganiset
🎵 14	Oslo Jazzhus	● 51	Deichmanske bibliotek
M 15	Historisches Museum	★ 52	Rockefeller Music Hall
● 16	T-bane-Haltestelle	M 53	Astrup-Fearnley-Museum
⛴ 17	Fähre nach Bygdøy und Nesodden	🛏 54	City Hotel
🛍 18	Kunstnerforbundet	✉ 55	Post
🛈 19	Touristeninformation	○ 56	Pascal
○ 20	Theatercaféen	🛏 57	Comfort Hotel Børsparken
🎬 21	Kino Saga und Klingenberg	🛏 58	Thon Hotel Astoria
🛏 22	Hotel Continental	○ 59	Café Cappuccino
🍴	mit Rest. Annen Etage	⛪ 60	Domkirche
○ 23	Nationaltheater	🍴 61	Peppes Pizza
● 24	Universitätshauptgebäude	🛏 62	Royal Christiania Hotel
🍴 25	Brasseri 45	🛈 63	Den Norske Opera
🛍 26	Einkaufszentrum Paleét,	🍴 64	Arakataka
🍴	Restaurant Egon und Blom	🛍 65	Einkaufszentrum Oslo City
M 27	Nationalgalerie	● 66	Oper (im Bau)
☕ 28	Café Amsterdam	🛏 67	Radisson SAS Plaza Hotel
🛏 29	Bristol Hotel	🎵 68	Oslo Spektrum
☕ 30	Snorre Kompaniet	🛏 69	Thon Hotel Spectrum
🛏 31	Bondeheimen Hotel	🛍 70	Lidl
🛏 32	Grand Hotel	🚌 71	Busbahnhof
🛏 33	P-Hotel	● 72	Goethe-Institut
🛏 34	Thon Hotel Munch	🅿 ❶	Parkplatz „Wergelandsveien"
M 35	Kunstindustriemuseum	🅿 ❷	Parkplatz „Festung Akershus"
★ 36	Festung Akershus mit Museum	🅿 ❸	Parkhaus „Gunerius"
☕ 37	Smuget	🅿 ❹	Parkhaus „Spektrum"
M 38	Theatermuseum	🅿 ❺	Parkhaus „Frydenlund"

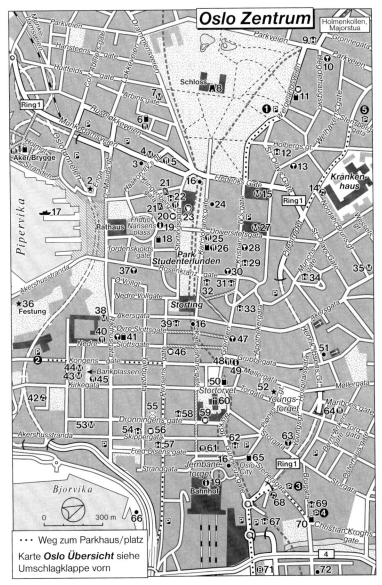

Munch. Zu finden sind sie in der Aula, in der bis 1990 auch der Friedensnobelpreis verliehen wurde. Heute erfolgt die Zeremonie im Rathaus. (Geöffnet: 20.6.-20.8. 12-14 Uhr.)

Hinter der Universität liegen interessante Museen. Das **Historische Museum** besitzt eine sehenswerte frühgeschichtliche Abteilung (Oldsaksamling). Zu sehen sind auch ein Wikingerraum und reich verzierte Stabkirchenportale. Eines der schönsten ist das Portal der ehemaligen Kirche von Ål aus dem 12. Jahrhundert, mit der Weltenesche als Ornamentik und einer Sphinx-ähnlichen Figur mit Menschenkopf im Maul. Beachtenswert ist auch das Westportal der einstigen Stabkirche zu Hylestad im Setesdal. Dargestellt sind Szenen aus der Sigurd-Sage. Christlicher hingegen die Verzierungen des Portals der Hemsedal-Stabkirche aus dem 13. Jahrhundert mit den Heiligen Drei Könige hoch zu Ross. Die kleine **Ethnografische Sammlung,** welche 1857 gegründet wurde und zu der Entdeckungsreisende wie *Amundsen* und *Nansen* beigetragen haben, zeigt in der zweiten Etage Objekte der süd- und nordamerikanischen sowie der arktischen Kulturräume. In der dritten Etage wird Afrika und im vierten Stock Ostasien präsentiert. Das Museum rundet die vom Umfang her etwas bescheidene Münzabteilung (Myntkabinett) ab. Zu sehen ist u. a. die **Friedensnobelpreis-Medaille,** die *Fridtjof Nansen* 1922 erhielt. (15.5.-14.9. Di-So 10-16 Uhr, 15.9.-14.5. Di-So 11-16 Uhr, gratis, Sonderausstellungen: 40 NOK).

Gegenüber dem Historischen Museum liegt die **Nationalgalerie** mit einer umfassenden Sammlung alter und neuer Meister. Von besonderem Interesse dürfte der Munch-Saal sein mit dem Bild „Der Schrei", das als erstes expressionistisches Gemälde der Welt gilt. (Hierbei handelt es sich um eine andere Version des 2004 aus dem Munch-Museum gestohlenen Bildes.) Außerdem sind Werke von *Cezanne, Picasso, Manet, Gaugin* und *Caspar David Friedrich* zu sehen. Vervollständigt wird die Sammlung mit russischen Ikonen sowie Skulpturen aus der Antike und von *Rodin.* Leider werden bislang die Kunstschätze des Museums sehr lieblos und chaotisch präsentiert. Ein Umbau ist jedoch geplant. (Di, Mi, Fr 10-18 Uhr, Do 10-20 Uhr, Sa/So 10-17 Uhr, Mo geschlossen, Eintritt gratis!)

Am Endpunkt der Karl Johans gate steht das **Königliche Schloss.** Den Auftrag zum Bau gab 1825 der schwedisch-norwegische König *Karl Johan*. Bei der Fertigstellung 1848 war man jedoch verblüfft, wie schlicht es ausgefallen war. Ob deswegen bei der Innenrenovierung in den letzten Jahren so viel Geld für Verschönerungsarbeiten „zum Fenster hinausgeworfen" worden ist, wie in Zeitungen moniert wurde...? Einen Eindruck davon kann man sich im Sommer auf täglichen Führungen (100 NOK) zwischen 11 und 18 Uhr (z. T. ab 13 Uhr) verschaffen. Die englischsprachige Tour findet um 14 Uhr statt. Wenn die Fahne auf dem Dach weht, weilt der König im Hause.

(Wachablösungen: täglich 13.30 Uhr, www.kongehuset.no.)

Der ganzjährig geöffnete schöne **Schlosspark** ist eine wahre Oase der Ruhe in der quirligen Innenstadt.

Das Hafengebiet

Über die Kvadratur, jenes im 17. Jh. unter *Christian IV.* angelegte quadratische Stadtviertel, gelangt man zur **Hafenbucht Pipervika,** die im 20. Jh. einige einschneidende Umgestaltungen erfuhr. Begonnen hat alles 1933 mit dem Abriss eines ärmlichen Stadtviertels, um dem Bau des mondänen **Rathauses** Platz zu machen. 1950 wurde es anlässlich der 900-Jahr-Feier Oslos eröffnet. Es ist mit seinen zwei wuchtigen Türmen auf den ersten Blick sicher kein architektonisches Glanzstück. Das imposante Innere des Gebäudes kann besichtigt werden, wenngleich die naturalistischen Gemälde nicht jedermanns Sache sein dürften. (1.5.-31.8. 9-17 Uhr, 20 NOK; 1.9.-30.4. 9-16 Uhr, 40 NOK)

Rechts vom Rathaus liegt der alte Westbahnhof, wo 2005 das **Friedensnobelpreiscenter** eröffnet wurde. Das sehenswerte Museum ist ganz den friedenstiftenden Aktivitäten in aller Welt gewidmet. Kinder und Erwachsene können lernen, wie sie zu Frieden und Versöhnung beitragen können. Auch erfährt man viel über die verschiedenen Friedensnobelpreisgewinner. (Geöffnet: Juni-Aug. 10-18 Uhr, ansonsten Mo, Di Fr 10-16 Uhr, Do 10-18 Uhr, Sa/So 11-17 Uhr, 80 NOK.) Angeschlossen ist auch ein gemütliches Restaurant mit für Osloer Verhält-

Der Friedensnobelpreis

Seit 1901 werden jedes Jahr im Oktober die neuen Nobelpreisträger bekannt gegeben. Der schwedische Ingenieur **Alfred Nobel** (1833-1896) hatte in seinem Testament verfügt, dass die Zinsen seines umfassenden Vermögens zu gleichen Teilen Menschen zugute kommen sollten, die sich in den Bereichen der Physik, Chemie, Medizin und Literatur besonders engagiert zeigten. Vielleicht mit Hinblick auf seine Erfindung des Dynamits verfügte er auch die Prämierung friedenssichernder Leistungen.

Diese Auszeichnung sollte von einem norwegischen Nobelkomitee überreicht werden. Vermutlich geschah dies, um Norwegen als Juniorpartner in der damaligen Union mit Schweden auch zu berücksichtigen und weil schon seinerzeit das norwegische Parlament, das Storting, international als Schlichter auftrat. Ein Ausschuss des Storting wählt den Preisträger aus.

In der Regel wird der Friedensnobelpreis vom norwegischen König in Oslo verliehen, die anderen Nobelpreise überreicht der schwedische König in Stockholm am Todestag Nobels (10. Dezember).

Das Nobelinstitut in Oslo hat an der Ecke Parkveien/Drammensveien seinen Sitz. Zu den Trägern des Friedensnobelpreises gehören u. a. der Forscher und Humanist *Fridtjof Nansen* (1922), der Journalist und Pazifist *Carl von Ossietzky* (1936), der Missionsarzt *Albert Schweitzer* (1952), *Willy Brandt* (1971), *Leszek Walesa* (1983), *Michail Gorbatschow* (1990), *Nelson Mandela/Frederik de Klerk* (1993), *Rabin/Peres/Arafat* (1994) und „Die Ärzte ohne Grenzen" (1999).

nisse fairen Mittagspreisen *(lunsj;* 110-180 NOK).

Neben dem Museum liegen die Gebäude der **Aker Brygge,** eine **alte Werft,** die Ende der 1980er Jahre zu einem schicken **Einkaufszentrum** umgebaut wurde. Dies hat sich durchaus gelohnt, wurde doch das kleine Stadtviertel zum neuen „In"-Zentrum für Shopping und Nachtleben. Gesteigert werden konnte die Attraktivität noch durch die Verlegung der Schnellstraße in einen Tunnel unter dem Wasser. Nun kann man also in aller Ruhe auf einem der (teuren) Restaurantboote verweilen und den Blick hinüberschweifen lassen zur **Festung Akershus.** Der Grund für die Errichtung des stattlichen Bauwerks war vermutlich ein Angriff des Grafen von Sarpsborg, der Oslo 1287 niederbrannte. Nach 12 Jahren Bauzeit wurde die Festung im 17. Jh. im Zuge des Neuaufbaus Oslos zum Renaissanceschloss umgestaltet. Es entstanden u. a. neue Treppentürme, Burggräben und Bastionen sowie mit Goldleder tapezierte königliche Gemächer. Den letzten großen Angriff widerstand das befestigte Schloss 1737. Besichtigt werden können die Schlosskirche, diverse Repräsentationsräume, das königliche Mausoleum und das Arbeitszimmer des Dichters *Henrik Wergeland.* Herrlicher Blick über Hafen und Fjord. (Öffnungszeiten des Museums: Mai-Aug. Mo-Sa 10-16 Uhr, So 12.30-16 Uhr, Führungen 11, 13 und 15 Uhr; die restliche Jahreszeit nur Führungen: Do 12 und 14 Uhr, 13 Uhr auf Englisch; 50 NOK; Nur das Festungsgelände: 6-21 Uhr, gratis)

Auf dem Gelände der Festung liegen drei Museen (Hinweisschilder). Zunächst das **Christiania Bymodell,** ein Stadtmodell des alten Christiania samt Multimediashow und das eindrucksvolle **Hjemmefrontmuseet (Widerstandsmuseum).** Aufgearbeitet wird hier die leidvolle Zeit der deutschen Besatzung 1940-1945, mit Bild- und Zeitdokumenten wird der norwegische Widerstand geschildert (1.6.-31.8. Mo-Sa 10-17 Uhr, So 11-17 Uhr, 1.9.-31.5. Mo-Fr 10-16 Uhr, Sa/So 11-16 Uhr, 30 NOK). Hinter dem Schloss liegt die dritte Ausstellung, das **Forsvarsmuseet (Verteidigungsmuseum),** das die norwegische Militärgeschichte schildert (1.5.-31.8. Mo-Fr 10-17 Uhr, Sa/So 11-17 Uhr, 1.9.-30.4. Di-Fr 11-16 Uhr, Sa/So 11-17 Uhr, meist gratis, Ausstellungen bis 40 NOK).

Nordöstlich der Festung, in Richtung Domkirche und Bahnhof, liegt **„Kvadraturen",** das 1624 von *Christian IV.* neu angelegte quadratische Stadtzentrum. Das Viertel schwankt heutzutage zwischen Kunst und Kommerz und weist einige schmucke, aber auch viele absolut einfallslose, düstere Gebäude auf. Sehenswert sind die zahlreichen Museen, deren Glanzpunkt das **Museet for Samtidskunst (Museum für Zeitgenössische Kunst)** am beschaulichen Bankplassen ist. Es liegt in einem gründerzeitlichen Bankhaus und beherbergt Werke aus der Zeit ab 1945 und wechselnde, thematisch oft

Hafenbucht Pipervika,
Blick auf die Aker Brygge

sehr hochwertige Ausstellungen (Di, Mi, Fr 10-18, Do 10-20, Sa/So 10-17 Uhr, Mo geschlossen, gratis).

Ebenfalls am Bankplassen, in der Nummer 3, liegt das Ende 2007 in neuen Räumlichkeiten eröffnete **Architekturmuseum.** Die sehenswerte Ausstellung zeigt alle Facetten der norwegischen Architektur. Das Gebäude selbst wurde 1830 als Zweigstelle der Norwegischen Bank erbaut. Der Architekt war seinerzeit *Christian Heinrich Grosch*, der viele Gebäude im Oslo des 19. Jahrhunderts entwarf. (Die neuen Öffnungszeiten standen noch nicht fest. Vermutlich: Di-Fr 11-18 Uhr, Sa/So 12-16 Uhr)

Schräg gegenüber, am anderen Ende des Platzes, liegt das älteste Café Oslos, das 1857 gegründete **Engebret Café** (im Sommer mit Biergarten).

Unweit entfernt, zwischen der Øvre und Nedre Slottsgate, erweitert sich die Rådhusgate zum **Altstadtplatz Christiania torv,** mit dem gemütlichen Café Celsius und dem **Theatermuseum.** Die kleine Ausstellung ist im alten, 1641 erbauten Rathaus von Oslo untergebracht und veranschaulicht die Theatergeschichte der Stadt (Mi 11-15 Uhr, Do, So 12-16 Uhr, 30 NOK). Der Brunnen auf dem Platz stellt den Zeigefinger Königs *Christian IV.* dar, welcher aussagen soll: „Hier wird die neue Stadt gegründet" (vgl. „Stadtgeschichte").

Zurück am Bankplassen gelangt man über diesen geradeaus zum

OSLO

Astrup-Fearnley-Museum. In dem modernen Museumsgebäude wird Gegenwartskunst ansprechend präsentiert. Wenngleich viele Werke sich sicherlich nur schwer erschließen, so sprechen doch Namen wie *Anselm Kiefer, Francis Bacon* und *Andy Warhol* trotz allem für einen Besuch der privaten Sammlung. (Dronningens gate 4, Di, Mi, Fr 11-17 Uhr, Sa/So 12-17 Uhr, Do 11-19 Uhr, gratis!)

In der gleichen Straße liegt das **Filmmuseum** mit dem Norwegischen Filminstitut und einem Kinoclub. (Dronningens gate 16, Di, Mi, Fr, So 12-17 Uhr, Do bis 19 Uhr, Sa 12-16 Uhr, gratis!)

Letztes Museum des Viertels ist das **Postmuseum** mit der größten Briefmarkensammlung des Landes. Die gezackten Sammelobjekte können auch käuflich erworben werden. Die **Hauptpost** um die Ecke weist eine schöne, jugendstilistische Innenarchitektur auf. (Kirkegaten 20, Mo-Fr 10-17 Uhr, Sa 10-14 Uhr, So 12-16 Uhr, gratis.)

Verlässt man nun die Kvadraturen in Richtung Westen, so gelangt man zu zwei weiteren, zwischen Rathaus und Schlosspark gelegenen Museen. Zum einen ist dies das **Stenersenmuseum,** das unterhalb der Brücke zur Konzerthalle zu finden ist. Gezeigt wird norwegische Malerei von 1850 bis 1970, u. a. mit Zeichnungen von *Edvard Munch*. Im Erdgeschoss finden temporäre Ausstellungen statt. (Di/Do 11-19 Uhr, Mi, Fr-So 11-17 Uhr, 45 NOK.)

Läuft man zum Schlosspark, liegt am Drammensveien (Eingang Arbiensgt. 1) das **Ibsenmuseum.** Zu besichtigen ist die Wohnung, in der der weltbekannte Dramatiker von 1895 bis zu seinem Tod 1906 lebte. Die im Originalzustand erhaltenen Räume sind nur im Rahmen einer Führung zu besichtigen. Die angeschlossene Ausstellung wurde anlässlich des Ibsenjahres 2006 neu gestaltet und reflektiert anschaulich Ibsens Leben und Werk (24.5.-15.9. Di-Do 11-18 Uhr, Führungen zu jeder vollen Stunde bis 17 Uhr; 16.9.-23.5. Di-So 11-16 Uhr, 70 NOK).

Das Ibsenmuseum liegt am Drammensveien, einer der im 19. Jahrhundert mondänsten Straßen der Stadt, durch die die erste elektrische Straßenbahn des Nordens führte. Den Wohlstand des Stadtviertels spiegelt auch die drei Straßenzüge weiter südlich, oberhalb des Ruseløkkveien gelegene **Victoria Terrasse** wider. Der mächtige Baukomplex wurde bis 1913 als Polizei- und Verwaltungsgebäude errichtet. Da hier später die Gestapo ihren Hauptsitz hatte, wurde das Haus in der Nachkriegszeit in Richtung Schloss mit einem nüchternen Anbau versehen, da der König nicht länger wünschte auf dieses Ensemble sehen zu müssen. Heute beherbergt die Victoria Terrasse feinere Läden und Restaurants.

Wer nun nach dem kulturellen Stadtrundgang etwas ausspannen möchte, dem sei ein Ausflug auf die **Inseln des Oslofjordes** empfohlen. Die Boote legen von der Halbinsel Vipetangen, südlich der Festung Akershus ab. (Im

Königliches Schloss

Sommer 1x/Std., im Winter etwa 3x tägl.)

Die Route 92 verbindet **Hovedøya** (Park, Zisterzienserklosterruinen von 1147, Badeplatz), **Lindøya** und **Nakholmen** (beide mit vielen niedlichen Holzhäusern bebaut). Die Fähre 93 läuft ebenfalls Hovedøya und Lindøya an, außerdem noch **Bleikøya** und **Gressholmen,** die Insel mit den vielen Kaninchen und einem Naturschutzgebiet (ein Café gibt es auch). Als Bade- und Zeltplatz ist **Langøyene** bekannt (Linie 94). Die Wassertemperatur ist am seichten, kinderfreundlichen Badeplatz immer etwas höher (nicht selten über 20 °C).

Auch auf der Museumshalbinsel Bygdøy (s. u.) gibt es Badestrände (Huk), Parks, noble Villenviertel und hübsche Holzhäuser. Zu erreichen ist Bygdøy im Sommer mit der Fähre ab dem Rathaus, mit dem Auto über die E 18 (Abzweig Bygdøy, man bleibt innerhalb des Mautrings) oder mit dem Bus Nr. 30 (ab Nationaltheater oder Hauptbahnhof).

Museumshalbinsel Bygdøy

●**Norsk-Folkemuseum:** Das sehenswerte **Freilichtmuseum** ist das größte in Norwegen. Neben den 153 Holzgebäuden und Gehöften aus allen Teilen des Landes ist sicherlich die nach dem Vorbild der Borgund-Stabkirche in den Originalzustand zurückversetzte Gol-Stabkirche die Hauptattraktion. Um 1200 erbaut, wurde sie 1884, kurz vor dem Abriss, hierher umgesetzt. Zu sehen sind außerdem Osloer Fachwerkhäuser, mit einem alten Krämerladen, wo es köstliche Bonbons gibt. Auch finden regelmäßig Fol-

OSLO

kloreveranstaltungen statt. 2.1.-14.5. und 15.9.-31.12. Mo-Fr 11-15 Uhr, Sa und So 11-16 Uhr; 15.5.-14.9. 10-18 Uhr; Sommer 90 NOK (Studenten 60 NOK), Winter 70 NOK (Studenten 45 NOK), Familien 150 NOK)

● **Vikingskiphuset:** Zu sehen sind **drei** prächtige **Wikingerschiffe,** welche allerdings nie das Meer gesehen haben dürften, denn sie stellen Grabbeigaben für Könige und Häuptlinge dar. Die Schiffe waren für die Fahrt nach „Walhalla" gedacht, weitere Gegenstände wie Waffen, Schmuck, Kleider und Küchengeräte für das „Leben" unterwegs. Auch mussten Diener und Pferde den Herren bei seiner Fahrt ins Jenseits begleiten, sie wurden bei der Bestattung getötet. Die Boote der Wikinger sind vermutlich aus Einbäumen hervorgegangen, die durch Ansetzen von sich überlappenden Planken nach oben hin vergrößert wurden. Der Kiel ist ein Überbleibsel des Einbaumes. Gebaut wurde von außen nach innen. Man begann mit einem leicht gebogenen Balken aus der Mitte eines Baumes (meist Kiefer) und verband selbigen mit dem Vorder- und Achtersteven. Zwischen diese spannte man weitere, mit Holznägeln oder mit in Teer getränkten Wollschnüren verbundene, Planken. So entstand die Außenschale. Da man keine Sägen kannte, wurden die Teile wie Tortenstücke aus einem Stamm herausgeschlagen. Das Holz riss dabei an gewachsenen Fasern, war somit biegsam und stabil. Die Planken waren 2-3 cm dünn, was das Boot schnell und leicht machte. Die obersten Planken enthielten Pforten für die Aufnahme der Riemen. Schilde wurden außenbords befestigt. Für die Rahsegel, die mit Pferdefett Wasser abweisend gemacht wurden, mussten bis zu 200 Schafe ihre Wolle lassen. Gestevert wurde das mit Teer abgedichtete Wikingerschiff mit einem Ruder steuerbords (an der rechten Außenwand).

Gegenüber vom Eingang liegt das am besten erhaltene **Oseberg-Schiff.** Man fand es 1904 unter einem Grabhügel in der Nähe von Tønsberg. Das über 21 m lange und 5 m breite Schiff war vermutlich eine Grabbeigabe für *Königin Alvhild,* die um 850 beigesetzt wurde. In mühsamer Kleinarbeit konnte es rekonstruiert werden, wobei der Steven und deren Ornamentik auf Vermutungen beruht. Im Grab fand man zudem verzierte Wagen und Schlitten sowie Schmuck und Hausrat – alles jetzt in Vitrinen zu bewundern.

Außerdem sind im Museum das 1880 bei Sandefjord gefundene und hochseetaugliche **Gokstad-Schiff** (mit 23 m Länge und 30 Tonnen Traglast das stabilste und größte Schiff) und Teile des **Tune-Schiffs** zu sehen. (Mai-Sept. 9-18 Uhr, Okt.-April 11-15 Uhr, 50 NOK, Studenten 25 NOK.)

● **Kon-Tiki-Museum:** Zu bestaunen sind das Balsafloß **„Kon-Tiki"** und das **Papyrusboot „Ra II"** des 1914 in Larvik geborenen und 2002 verstorbenen Ethnologen **Thor Heyerdal.** Mit der „Kon-Tiki" überquerte er 1947 den Südpazifik. Ausgangspunkt war Callao (Peru), Endpunkt der 101 Tage langen Fahrt Tahiti. *Heyerdal* wollte seine Theorie beweisen, dass es den südamerikanischen Stämmen möglich gewesen war, den Pazifik zu überqueren und so Polynesien zu besiedeln. Eine weitere These *Heyerdals* behauptete, dass es afrikanischen Stämmen schon lange vor den Wikingern möglich war, auf Schilfbooten den Atlantik zu überqueren. Wieder trat der Forscher selbst den Beweis an und startete 1969 mit dem nach altägyptischem Vorbild angefertigten Papyrusboot „Ra I" in Richtung Südamerika. Der Versuch scheiterte. Ein Jahr später hatte er mit der „Ra II" Erfolg: Nach 57 Tagen war die Karibik erreicht – eine gewaltige Leistung, steht man im Museum und betrachtet das zerbrechliche Boot. (Juni-Aug. 9.30-17.30, April/Mai/Sept. 10.30-17 Uhr, Okt.-März 10.30-16 Uhr, 45 NOK.)

● **Fram-Museum:** Gezeigt wird das **Polarschiff „Fram",** welches 1892 unter der Leitung *Colin Archers* erbaut wurde und im Originalzustand erhalten ist. Das 39 m lange und 11 m breite Schiff war seinerzeit eine Neuentwicklung, deren Besonderheit darin bestand, dass der eiförmig gewölbte Bauch des Schiffes vom Druck des Eises nicht zerdrückt, sondern emporgehoben wurde. Ersten Gebrauch von der „Fram" machte der Forscher *Fridtjof Nansen* (1861-1930). 1893 stach er in See, mit dem Ziel, sich mit den Eismassen Richtung Nordpol treiben zu lassen und diesen dann zu Fuß und mit Hundeschlitten zu erreichen. Er drang jedoch nur

Oslo auf Nebenwegen

Fern der Innenstadt, noch weit hinter dem gläsern gen Himmel stürmenden Plaza Hotel, liegt **das kleinstädtische Oslo.** Ein geruhsam vor sich hin träumendes Reich, voll von provinziellem Charme, dessen Mittelpunkt Kuba ist, eine betonierte Rotunde am Ufer des plätschernden Akerselva, umgeben von Liegewiesen und einem ehemaligen, zum Studentenheim umgebauten Getreidesilo. Hier ist der eigentliche Nabel Oslos. Hier liegen die Viertel, deren Zentrum, wen wundert's, immer ein Park ist.

Zunächst ist da, westlich von Kuba, hinter den winzigen Holzhäusern des Telthusbakken, der **St. Hanshaugen,** ein grüner Hügel, von dem die Sonnenhungrigen einen Gratisblick auf das weite Häusermeer der Innenstadt und den Fjord haben. Am Park entlang verläuft der Ullevållsveien. Folgt man ihm, vorbei an einigen prächtigen Gründerzeitbauten, und hernach dem Sognsveinen, die winzigen Häuser eines um die Jahrhundertwende entstandenen Altenheimes passierend, so gelangt man nach **Ullevål Hageby.** Die Häuser sind auch hier klein, aus Stein und von ungewöhnlich viel Grün umgeben. Kein Wunder, entstand doch hier eine der wenigen Gartenstädte der 1920er Jahre nach dem Boom des tristen Miethausbaus Ende des 19. Jahrhunderts. Dass Miethäuser heute keineswegs grau, eng und unfreundlich sein müssen, beweist das Viertel **Grünerløkka,** auch Oslos „Greenwich Village" genannt, unweit der traditionellen Fabrikmeile am Akerselva, östlich von Kuba. Der schönste Teil, mit einheitlich gründerzeitlicher Bebauung und grün wuchernden Innenhöfen, liegt zwischen dem Brunnen auf dem Olaf Ryes plass und der Pauluskirche im Norden. Östlich von Grünerløkka liegt, na klar, ein Park. Entgegen seinem Namen, Sofienberg, ist er topfeben. Er begrenzt nach Süden hin ein weiteres schmuck renoviertes Areal mit Gründerzeitbauten und grenzt in der anderen Richtung an **Rodeløkka,** ein mit winzigen Holzhäusern bestücktes Gebiet entlang der Straßen Fjell- und Langgata, nahe der alten Backsteingebäude der Freia-Schokoladenfabrik. So muss Oslo wohl noch vor wenigen Jahrzehnten ausgesehen haben. Doch wie schon erwähnt, die Stadt ist das Wachstumszentrum des Landes, und läuft man von hier in Richtung Süden, in das Viertel **Tøyen,** so sieht man die Auswirkungen des Bevölkerungswachstums. Es dominieren 1960er-Jahre-Wohnsilos Marke „schnell und billig". Umso erstaunlicher ist es, dass sich unterhalb des Kampenparkes ein weiteres Kleinod der modernen Stadtplanung entziehen konnte. Das Viertel heißt **Kampen** und gruppiert sich mit seinen kleinen Puppenhäusern um die Kirche am Berg.

Zum Abschluss sei noch ein Abstecher nach **Grønland** empfohlen, hinter dem gläsernen Turm des SAS Plaza, entlang der Straßen Brugata und Grønlandsleiret gelegen. Keine Bange, einen extra Mantel benötigt man nicht, und auch die vielen Läden mit ihren orientalischen Gewürzen, tropischen Früchten und arabischen Gemischtwaren strafen den Namen der Gegend Lügen.

Mit Grønland endet auch unsere zentrumsnahe Entdeckungsreise. Weiter außerhalb liegen z. B. im Südosten der Stadt weitere, traumhafte Holzhausviertel oberhalb des Fjordes. Auch lohnen hier die märchenhaften Inseln Ulvøya (Wolfsinsel), Ormøya (Schlangeninsel) sowie Malmøya (Erzinsel) einen Abstecher. Zu erreichen sind sie mit dem Fahrzeug über die E 18 und mit dem Bus Nr. 85.

bis auf 86 Grad und 14 Minuten vor. Den Triumph musste er dem Amerikaner *Perey* überlassen, der den Pol 1909 als erster Mensch betrat. Doch auch der Südpol war bis dato unerforscht, und so segelte im Jahr 1910 der zweite bedeutende norwegische Polarforscher, *Roald Amundsen* (1872-1928), erneut mit der „Fram" gen Süden, um den Südpol zu erobern, was ihm vor dem Engländer *R.F. Scott* am 15. Dez. 1911 gelang.

Vor dem Museum liegt das **Schiff „Gjøa"**, mit dem *Amundsen* 1903–06 die Nord-West-Passage (Grønland – Kanada) erkundete und Forschungen zum Erdmagnetismus anstellte sowie die Kultur der Inuit erforschte. (Mitte Juni bis Ende Aug. 9-18.45 Uhr, Mai bis Mitte Juni und Sept. 10-16.45 Uhr, Okt.-April 10-15.45 Uhr, 40 NOK.)

● **Norsk Sjøfartsmuseum:** Im Seefahrtsmuseum sind neben Informationen zu Bootsbau, Fischfang und Seefahrt auch viele **Schiffsmodelle** und etliche **Fischerboote** ausgestellt. (16.5.-31.8. 10-18 Uhr, 1.9.-15.5. Mo-Mi, Fr-Sa 10.30-16 Uhr, Do bis 18 Uhr, 40 NOK.)

● **Schloss Oscarshall:** Am Anfang der Halbinsel liegt das 1847-1852 erbaute **Lustschlösschen** Königs *Oscar I*. Zu sehen sind Gemälde und ein Park. (5.6.-4.9. Mi-So Führungen stündlich 12-16 Uhr. 50 NOK.)

● **HL Senteret:** Das neu eröffnete Studiencenter für Holocaust und religiöse Minoritäten veranschaulicht beeindruckend und umfassend anhand von Bild und Ton den Genozid unter der Naziherrschaft. Im Gebäude des Museums wohnte der norwegische Staatsfeind und Hitlerverehrer *Vidkun Quisling*. Die Villa selbst war somit auch ein Symbol für Unterdrückung und Gewalt. (Huk Aveny 56; Geöffnet: Di-Fr 10-16.30 Uhr, Sa/So ab 11 Uhr, 50 NOK; Familien 75 NOK; www.hlsenteret.no).

Nördlich des Zentrums

Ab der Karl Johans gate in die Akersgate, wo viele Zeitungen ihren Sitz haben, in Richtung Norden. Vorbei an den Regierungsgebäuden und der aus dem 19. Jahrhundert stammenden Trefoldighetskirke (Mi 16-20 Uhr) gelangt man zum **Kunstindustriemuseum.** Gezeigt wird Kunstgewerbe aus zwölf Jahrhunderten. Neben Glas, Keramik und Möbeln zählt zu den Ausstellungsstücken auch der um 1150 angefertigte **Baldishol-Teppich,** einer von nur fünf erhaltenen Bildteppichen aus der Zeit der Romanik. Abgerundet wird die Ausstellung durch eine ostasiatische Abteilung, eine Designgalerie und die Königlich Norwegische Trachtengalerie. (St. Olavs gate 1, Di, Mi, Fr 11-17 Uhr, Do bis 20 Uhr, Sa/So 12-16 Uhr, 25 NOK)

Ein kurzes Stück weiter liegt rechts der **Vår Frelsers Gravlund,** wo u. a. *Ibsen, Munch* und *Bjørnstjerne Bjørnson* begraben sind. Die Gräber liegen auf einer Wiese unterhalb eines Hügels (Schilder an den Osteingängen).

Nördlich des Friedhofes, am Akers-/Telthusbakken, steht die **Gamle-Aker-Kirche.** Sie wurde um 1100 im romanischen Stil erbaut und ist die älteste Kirche Oslos. Nach Jahren des Verfalls wurde sie Mitte des 19. Jahrhunderts restauriert. Obgleich im schlichten Inneren die Kanzel aus dem Jahre 1715 sehenswert ist, so sind die wahren Schätze der Kirche wohl unter dem Fundament zu suchen. Einer alten Sage nach soll der Bau auf vier Stelen aus massivem Gold ruhen, um die herum sich ein See erstreckt, auf dem golde-

Stimmungsvoller Blick über Oslo

ne Enten schwimmen, bewacht von feuerspuckenden Drachen. Vermutlich hat die Sage ihren Ursprung darin, dass es am Aker-Berg reichhaltige Silbergruben gab. (Di-Fr 12-14 Uhr, gratis, Gottesdienst: So 10 und 12 Uhr).

Neben dem Gebäude liegt das idyllische Sträßchen **Telthusbakken.** Hier, und an der 300 m weiter südlich gelegen **Damstredet,** ist noch ein Teil der ursprünglichen Holzhausbebauung Oslos erhalten. Man folgt dem Telhusbakken bergab und kommt zu einer Rotunde, **Kuba** genannt, auf der früher ein Gaswerk stand. Unterwegs passiert man einen hohen, zum Studentenwohnheim umgebauten Beton-Kornspeicher. Hinter der kleinen Holzbrücke, über den romantischen Fluss Akerselva, liegt das ehemalige Arbeiterviertel **Grünerløkka,** einer der beliebtesten Stadtteile, vor allem bei der Jugend. Die Gründerzeithäuser beherbergen Kneipen, Restaurants, Läden, ein innovatives Theater und Wohnungen für jeden Geldbeutel. Aufgelockert wird die Enge der Straßen durch zwei schöne, leider nicht immer saubere Parks, dem Birkelunden und dem Olav Ryes plass.

Von Grünerløkka geht es nun entweder weiter nach Osten, durch den Sofienbergpark zum Botanischen Garten und dem Munchmuseum (ca. 1,5 km; siehe: „Östlich des Zentrums") oder nach Süden, über den Markveien und der Torgata, zurück zur Karl Johans gate (Länge: ca. 4 km).

OSLO

Östlich des Zentrums

Der Rundgang beginnt vor der Domkirche. Vorbei am recht feinen, alteingesessenen Kaufhaus **„Glasmagasinet"** geht es in die nicht ganz so feine **Torggata.** Hier liegen einige Kneipen, preiswerte Imbissstände, ein Rema 1000 und das Kino Eldorado. Die Straße mündet auf dem Youngstorget. Dieser Platz steht wie kein anderer symbolisch für die Seele Norwegens. Die monumentalen Bauten aus den 1960er Jahren beherbergen die Zentrale der linken Partei Norwegens („Venstre"), die Büros der extremen Rechten („Fremskritspartiet") und der Gewerkschaft. In den alten Basarhallen haben sich Cafés und Läden angesiedelt, gegenüber residieren Oper und Post. Dazwischen der tägliche Markt auf dem zentralen Platz, mit Produkten der Bauernhöfe, nepalesischen Hemden und diversen, nervigen Plastikprodukten.

Östlich des Youngstorget liegt **Grønland,** zu erreichen über die Youngsgata und die Brugata. Hier liegen die Wohnungen und Läden der Einwanderer Oslos. Die vielen Gemüse- und Gewürzstände lassen schnell vergessen, in welchem Land man sich befindet. Neues Herzstück des Viertels ist der **Grønland Basar** (Tøyengata 2, Mo-Fr 10-20 Uhr, Sa bis 18 Uhr), mit einem Hauch von Orient und etwas preiswerterem Essen.

Folgt man den Straßen Grønlandsleieret und Tøyengata, erreicht man nach 1,5 km das **Munch-Museum,** eines der bedeutendsten Kunstmuseen des Landes. Testamentarisch überließ *Edvard Munch* der Stadt Oslo Tausende von Gemälden und Grafiken, und obwohl das Museum bereits vergrößert wurde, können nicht alle Objekte gezeigt werden. Die bekanntesten Werke sind natürlich ohne Unterbrechung zu bestaunen, andere werden ausgetauscht. Im Erdgeschoss ist eine Ausstellung über das oft leidvolle Leben des großartigen expressionistischen Malers zu sehen. Im Café kann man dann das Gesehene nachwirken lassen. Nach dem spektakulären Kunstraub im August 2004, bei dem die 2006 beschädigt wiedergefundenen Gemälde „Der Schrei" und „Madonna" gestohlen wurden, wird nun über einen Umzug des Museums nachgedacht (Tøyengata 53, T-bane-Linien 2-5, Haltestelle Tøyen, Auto: über den Ring 1 auf die Rv 4 und der Ausschilderung folgen. Geöffnet: Mitte Juni bis Ende Aug. tägl. 10-18 Uhr, ansonsten Di-Fr 10-16 Uhr, Sa/So 11-17 Uhr, 65 NOK, Studenten 35 NOK).

Gegenüber dem Museum erstreckt sich der **Botanische Garten** mit über 1000 Pflanzen und einem kleinen Tropenhaus. Auf dem Gelände liegen auch das **Mineralogisch-geologische Museum** (Gesteine, Mineralien, Meteoritenteile und ein Stück vom Mond), das interessante **Paläontologische Museum** (Fossilien, Dinosaurier-Skelett), das **Botanische Museum** (Herbariumsammlung) und das **Zoologische Museum** (ausgestopftes Getier, teils etwas angestaubt, aber durchaus interessant präsentiert). (Zwischen Sarsgata und Tøyengata, T-bane 1-5, Straßenbahn 10, 11, Museen: Di-So

11-16 Uhr, Garten bis 20 Uhr, Winter bis 17 Uhr, 40 NOK.)

Vom Munch-Museum kann man mit der T-bane Nr. 2-5 zurück ins Zentrum fahren (Haltestelle unterhalb des Munch-Museums, am Ende der Straße Hagegata – siehe „T" in der Karte im vorderen Umschlag).

Etwa 1,5 km südlich des Botanischen Gartens, zwischen Schnellstraßen und Bahngleisen, befindet sich der **älteste Teil Oslos.** Allerdings ist die historische Kulisse im Viertel spärlich. So sind im **Ruinenpark Gamlebyen** (Oslogate, Straßenbahn 19, St. Halvards plass.) nur armselige Mauerreste zu sehen. Gegenüber liegt der **Oslo Ladegård.** Das 1720 erbaute Haus steht auf den Ruinen der aus dem 13. Jh. stammenden Bischofsburg. Dokumentiert wird die Entstehung Alt-Oslos. (Führungen: im Sommer So 15 Uhr, 40 NOK.) Hinter dem Haus liegt ein kleiner Barockgarten in einem Stadtviertel, das sich im Umbruch befindet. In den nächsten Jahren sollen die Gleise und Straßen in Tunnel verlegt werden und am Hafen die neue Oper errichtet werden. Einen Eindruck von den Bautätigkeiten rund um die angrenzende Bucht Bjørvika hat man von einem weiteren, diesmal sehr schön gestalteten Ruinenpark. Zu ihm gelangt man, indem man der Straßenbahnlinie weiter folgt und vor der Brücke nach rechts abbiegt.

Westlich des Zentrums

Von der Karl Johans gate führt der Weg am Schloss vorbei durch den Schlosspark, die Straßen Hegdehaugsveien und **Bogstadveien** hinauf. Hier liegen die teuersten Läden und Wohnungen der Stadt. Nach etwa 1,5 km erreicht man die **Kreuzung Majorstua** (teils Majorstuen geschrieben). Geradeaus sieht man bei gutem Wet-

Projekt Fjordbyen

Nachdem weltweit die Hafenanlagen immer größere Dimensionen erreichen und somit aus den Siedlungskernen heraus in das Umland verlegt werden, bieten sich an den Ufern neue städtebauliche Möglichkeiten. Dies ist auch in Oslo der Fall, und so möchte man bis zum Jahr 2030 den Fjordbereich einer Rosskur unterziehen und komplett umgestalten. Der erste Schritt ist mit dem **Neubau der Oper** (Einweihung 2008) in der Nähe des Bahnhofs bereits getan. Das vom berühmten Architekturbüro „Snøhetta" entworfene Gebäude soll mit seinem begehbaren, marmorverkleideten Dach innere und äußere Offenheit ausstrahlen. Der hypermoderne Große Saal wird 1356 Sitzplätze umfassen und um den Kunstgenuss nicht zu stören, wird die hinter dem Haus liegende Schnellstraße in einen Tunnel verlegt.

Der Oper anschließen wird sich das **BARCODE Viertel.** Geplant ist ein Gebiet mit abwechslungsreicher, luftiger Bebauung. Die parallel angelegten Gebäudekomplexe werden individuelle Formen haben, die Freiheit und Großzügigkeit ausstrahlen sollen.

Ähnliches gilt für das gleichfalls schon in Angriff genommene **Projekt Tjuvholmen.** Bis 2012 entsteht als Verlängerung der Aker Brygge ein neues Stadtviertel mit Büros, Wohnungen, einem vom Stararchitekten *Renzo Piano* geplanten Kunstmuseum, Skulpturenpark und Badeplatz.

●**Weitere Infos:** www.tjuvholmen.com; www.oslo.technopole.no/fjordcity.

ter die Sprungschanze des Holmenkollen. Links, den Kirkeveien entlang, erreicht man nach 700 m den Frognerpark (auch Vigelandspark genannt). Der Höhepunkt des Areals ist die fulminante **Vigeland-Anlage.** Sie entstand in den 1920er bis 1940er Jahren und ist das Lebenswerk des Bildhauers *Gustav Vigeland.* 200 „menschliche" **Skulpturen** in allen Lebenslagen sind zu bewundern. Zentraler Blickfang ist ein aus 122 verknoteten Menschenleibern bestehender Monolith. Bewerten mag diese Kunst jeder für sich, beeindruckend ist sie allemal. Und wer Zeit hat, sollte sich alles noch einmal im Zwielicht der Dämmerung ansehen. (Haupteingang Kirkeveien, Straßenbahnlinien 12 und 15, Tag und Nacht geöffnet, gratis.) Noch mehr Arbeiten zeigt das am südlichen Parkrand gelegene **Vigeland-Museum.** Zu sehen ist das ehemalige Atelier samt Plastiken und Zeichnungen des Künstlers. (Nobelsgate 32, Juni bis Aug., Di-So 11-17 Uhr, Sept. bis Mai Di-So 12-16 Uhr, 45 NOK.) Noch innerhalb des (südlichen) Parkbereichs befindet sich in einem hübschen Fachwerk-Herrenhof das **Stadtmuseum** (Bymuseum). Dokumentiert wird, auf recht unspektakuläre Art und Weise, die Geschichte Oslos. Außerdem gibt es eine Gemäldesammlung zu sehen. (1.6.-31.8. Mi-So 12-16 Uhr, Di bis 19 Uhr, 50 NOK, So gratis.)

Neben dem Vigelandspark liegen das beheizte Frognerbad, eines der beliebtesten Freibäder der Stadt, und das **Skøytemuseet (Schlittschuhmuseum).** Ausgestellt sind z. B. Schlittschuhe aus Knochen. Auch eine Reminiszenz an *Olav Koss,* den König auf Kufen, kommt nicht zu kurz. (Middelthunsgate 26, am Frogner Stadion, Di/Do 10-14 Uhr, So 11-14 Uhr, 20 NOK.)

Wer mit Kindern unterwegs ist, kann zum **Internationalen Kinderkunstmuseum** (Barnekunstmuseet) gehen. Gezeigt werden u. a. Zeichnungen und Skulpturen von Kindern aus über 180 Ländern (Lille Frøens vei 4, T-bane 1, Frøen, www.barnekunst.no; Ende Juni bis Anfang Aug. Di-Do, So 11-16 Uhr, Mitte Jan. bis Mitte Juni und Mitte Sept. bis Anfang Dez. Di-Do 9.30-14 Uhr, So 11-16 Uhr, 50 NOK, Kinder 30 NOK).

Liebevoll aufbereitet ist das **Straßenbahnmuseum** in der Vognhall 5 (Wagenhalle 5). Mo und So 12-15 Uhr sind herkömmliche und kuriose Trambahnen und Busse aus Oslo zu besichtigen. Das Museum liegt im Gardeveien 5, nahe der T-bane-Haltestelle Majorstua. Sollte gerade einer der Straßenbahnenthusiasten im Hause werkeln, kann man das Museum auch außerhalb der Öffnungszeiten besichtigen (30 NOK).

Außerhalb der Innenstadt
Westlicher Teil

Monumental überragt die weiße, schon von weitem sichtbare **Sksprungschanze Holmenkollen** die Stadt. Die weltbekannte Anlage wurde 1892 eingeweiht. Damals lag der Schanzenrekord bei lediglich 21,5 m. Für die Olympischen Spiele 1952 wurde die Anlage vergrößert und in den

Stadtpläne Umschlag vorn, S. 141, Farbkarte S. XXI

1980er Jahren nochmals umgebaut. Da jedoch der Bakken nicht mehr der Norm entsprach, wird die Schanze demnächst abgerissen und bis 2009 in neuem Glanze wiedererrichtet. 2011 ist sie dann einer der Austragungsorte der Nordischen Ski-WM.

Der Schanze angeschlossen ist das sehr sehenswerte **Skimuseum,** das die Geschichte des Wintersports dokumentiert. Einträchtig beieinander stehen hier uralte Holzlatten und hochmoderne Rennski wie die des Olympiasiegers *Finn-Christian Jagge*. Außerdem sieht man Teile der Polarausrüstung *Roald Amundsens*, Modelle der Sprungschanze sowie die Technik der Holzskiherstellung. (T-bane 1 ab Majorstua bis Holemenkollen; Auto: (Schlechte Ausschilderung!) Vom Ring 1 in den Wergelandsveien einbiegen, der Hauptstraße folgen und über Hegdehaug- und Bogstadveien nach Majorstua. Hier gerade aus der Ausschilderung folgen; Alternative: über Ring 2 nach Majorstua und weiter wie oben. Juni-Aug. 9-20 Uhr, Mai/Sept. 10-17 Uhr, Okt.-April 10-16 Uhr, 70 NOK.)

Wer nun während der Bauzeit der Schanze die Aussicht über Oslo vermisst, kann diese auch vom 1,5 km nördlich gelegenen **Restaurant Frognerseteren,** mit dem weltbesten, aber nicht preiswertesten Apfelkuchen, erleben (der Hauptstraße folgen, an der Kreuzung rechts halten). Theoretisch hätte man auch vom 600 m hoch gelegenen Fernsehturm Tryvannstårnet eine tolle Sicht auf die Stadt, den Fjord und die endlosen Wälder der Nordmarka, wenn dieser nicht aus Brandschutzgründen 2005 geschlossen worden wäre.

Unterhalb des Holmenkollen, im Tal, liegt das **Gut Bogstad.** Der herrschaftliche Sitz wurde im 18. Jh. erbaut. Zu sehen sind Möbel und Gemälde sowie ein englischer Garten. (Sørkedalsveien 826, unweit nördlich des Bogstad-Campingplatzes, T-bane 2 bis Røa, dann Bus 41, Ende Mai-Ende Sept., Führungen: Di-Sa 13, 14 Uhr, So 4 x, 60 NOK, Park gratis.)

Erwähnung verdient noch das **Emanuel-Vigeland-Museum:** Das von *Emanuel Vigeland*, dem Bruder *Gustav Vigelands*, geschaffene Gebäude, ein Mausoleum, besticht durch eine einzigartige Akustik und Malereien, den Menschen in jeder noch so anzüglichen Lebenslage zeigend. Nach dem Motto: Alles was Gott geschaffen hat, ist rein. (Grimelundsveien 8 – keine Ausschilderung! T-bane 1 bis Slemdal bzw. Auto: vom Ring 3 n. Slemdal abbiegen. Ab T-bane- Haltestelle: Stasjonsveien–Frognerseterveien–Grimelundsveien; nur So 12-16 Uhr! 30 NOK, oft Warteschlangen).

Westlich von Oslo, in der Kommune Bærum, liegt das **Henie-Onstad Kunstsenter.** Das Museum für Moderne Kunst wurde von dem Eiskunstlaufstar der 30er Jahre, *Sonja Henie*, und ihrem Mann, dem Reeder *Nils Onstad*, gegründet. Es liegt auf einer idyllischen Halbinsel mit Park und Badestrand. Das Innere wirkt etwas steril. Zu sehen sind Malerei von u. a. *Picasso*, *Matisse* und *Hundertwasser* sowie Plastiken von *Henry Moore*. (Høvikod-

OSLO

den – bei Sandvika, E 18, Busse 151, 161, 251, 252 und 261 ab Oslo Hauptbahnhof, Di-Do 11-19 Uhr, Fr-So 11-17 Uhr, 80 NOK, Mi ab 15 Uhr gratis.)

Zweigt man in Sandvika auf die E 16 und dann auf die Rv 168 ab, so gelangt man zum alten **Handelsplatz Bærums Verk** mit den Holzgebäuden des 1610 gegründeten Eisenwerkes, außerdem mit dem ältesten Gasthaus Norwegens (1640), einem Ofenmuseum, einer Kunstgalerie und einem Einkaufszentrum. (Bus 143, 153, Museum: geöffnet Sa 12-16 Uhr, So 12-15 Uhr, 15.6.-15.8. Mo-So 12-16 Uhr, 20 NOK.)

Für Kinder und Technikbegeisterte lohnt an Sonntagen im Sommer der Ausflug zum nördlich gelegenen Lommedal, wo eine **Museumsbahn** verkehrt (50 NOK, Infos: Tel. 67562660).

Südlich von Bærums Verk erhebt sich unverkennbar der **Kolsås.** Auf dem markanten, unter Naturschutz stehenden Berg lassen sich Wander- und Klettertouren zu einigen kulturgeschichtlichen Sehenswürdigkeiten (Burgreste, Felszeichnungen) unternehmen. Lohnend ist es auch, den Berg aus Gabbro in 3 Stunden zu umrunden (siehe „Praktische Informationen/Wanderungen").

Nördlicher Teil

Am südlichen Rand des Trinkwasserschutzgebietes Mariedalsvannet liegt das **Technische Museum.** Das größte Museum dieser Art in Norwegen zeigt auf drei Etagen Ausstellungen zu Themen wie Öl, Energie, Wasserwirtschaft und Telekommunikation. Außerdem Autos, Fluggeräte und Dampfmaschinen. Zudem gibt es viele spannende Aktivitäten zu Themen wie Mathematik, Physik und Anatomie. Das Museum ergänzt ein Planetarium. (Kjelsåsveien 143, Bus 55 bis Kjelsås, 20.6.-20.8. 10-18 Uhr, 21.8.-19.6. Di-Fr 9-16 Uhr, Sa/So 11-18 Uhr, 80 NOK, Studenten 40 NOK.)

Südöstlicher Teil

Über die E 6 in Richtung Süden (Göteborg) erreicht man die Abfahrt Mortensrud. Hier liegt die **Mortensrud kirke,** eine moderne Symbiose aus Natur und Architektur. Das 2002 erbaute Gotteshaus liegt auf einer kleinen Erhebung, inmitten eines Kiefernwaldes. Im Inneren ragen die Felsen des Untergrundes wie Inseln aus dem Betonfußboden. Die Wände bestehen aus einer Stahl-/Glaskonstruktion, auf die eine transparent geschichtete Schiefermauer aufgesetzt wurde – Das Haus ist eine bislang kaum wahrgenommene Sehenswürdigkeit Oslos. (T-bane 3 bis zur Endhaltestelle Mortensrud. Die Kirche liegt in Richtung der E 6, im Helga Vaneks v.; Geöffnet: Mo-Do 10-14 Uhr, Fr 10-12 Uhr, So 11-13 Uhr, Mi zudem 19-21 Uhr.)

Am südöstlichen Stadtrand liegt der für europäische Verhältnisse eher mittelgroße **Vergnügungspark Tusenfryd** (Tausendschön) mit Achterbahn, Westerndorf, Badeland und vielen anderen Attraktionen (für die manchmal noch extra bezahlt werden muss). Am empfehlenswertesten ist wohl das Wikingerdorf. (Gelegen an der E 18, Parken: 40 NOK; Shuttlebus ab Hbf. (30

Stadtpläne Umschlag vorn, S. 141

PRAKTISCHE INFORMATIONEN

NOK) oder Bus 541; www.tusenfryd.no; Geöffnet: Mai/Sept. nur Sa/So, Juni-Aug. täglich, 10.30-19 Uhr; 290 NOK, Kinder 240 NOK, ab 60 Jahren 100 NOK, im Herbst: 200/150 NOK.)

Praktische Informationen

Touristeninformation

- **Oslo Promotion A/S,** Fridtjof Nansens plass 5, 0160 Oslo – schräg gegenüber des Rathauses, in der Straße Richtung Karl Johans gate, Tel. 81530555 (auch Hotelreservierungen), Fax 23158811, www.visitoslo.com – Empfehlenswert der kostenlose Oslo Guide mit den Öffnungszeiten der Sehenswürdigkeiten. Stadt- und Hafenrundfahrten (Bus ab 200 NOK; Boot ab 100 NOK) Okt.-März: Mo-Fr 9-16 Uhr; Apr./Mai/Sept. Mo-Sa 9-17 Uhr; Juni-Aug. Mo-So 9-19 Uhr; Oslo Virtuell: www.virtualoslo.com.
- Ein **zweites Fremdenverkehrsbüro** mit erweiterten Öffnungszeiten liegt im Turm „Trafikanten" **vor dem Bahnhof.** Geöffnet: Mo-Fr 7-20 Uhr, Sa/So 8-18 Uhr (Juni-Aug. bis 20 Uhr), an Feiertagen: 10-16 Uhr.
- **UngInfo,** Møllergata 3, Tel. 24149820, Fax 24149821, mail@unginfo.no, www.unginfo.oslo.no. Alternatives Infobüro für Jugendliche, Studenten und Budgetreisende. Herausgeber des alternativen Stadtmagazins „Uselt" (www.use-it.no). Gratis Internet & Gepäckaufbewahrung. Vermittlung von preiswerten Zimmern. Geöffnet: Mo-Fr 11-17 Uhr, Juli/Aug. Mo-Fr 9-18 Uhr.

Der Oslo-Pass

- Preis: 1 Tag 210 NOK, 2 Tage 300 NOK, 3 Tage 390 NOK, Kinder: 90, 110, 140, NOK. Mit dem Pass ist der Besuch aller Museen und Sehenswürdigkeiten, die Fahrt mit öffentlichen Verkehrsmitteln (Stadtgebiet Oslo), der Besuch des Tøyen- und Frogner-Bades und das Parken auf öffentlichen Parkplätzen (blaue Schilder) kostenlos. Rabatt u. a. auf Stadtrundfahrten, Auto- und Skiverleih. Erhältlich in der Touristeninfo, an Narvesen-Kiosken, in den meisten Hotels und Campingplätzen. Die Anschaffung des Passes lohnt sich in der Regel.

Orientierung und Parken
Anfahrt mit dem Auto

Oslo liegt eingezwängt zwischen dem Waldgebiet der Nordmarka und dem Oslofjord. Richtung Innenstadt den Ausschilderungen „Sentrum" oder „E 18" folgen. Die E 18 unterquert das Zentrum in einem langen Tunnel. Vor und nach der Tunneleinfahrt auf die Abzweige „Sentrum Ø" (Ost) und „Sentrum V" (West) achten und dann auf den Ring 1 abbiegen. Dieser führt in einem Bogen um das Zentrum. Entlang der Ringstraße liegen diverse Parkhäuser (siehe unten). Über die E 18 sind auch die Campingplätze, die Museumshalbinsel Bygdøy, die Holmenkollen-Schanze, das Munch-Museum und die Stadtringe 2 und 3 zu erreichen. Da Ausschilderung und Straßenqualität in Oslo nicht sehr gut sind, empfiehlt es sich öffentliche Verkehrsmittel zu nutzen. Die Einfahrt in die Innenstadt kostet eine **Maut** (zu zahlen bei der Fahrt vom Stadtrand in Richtung Zentrum. Die Grenze bildet ungefähr der westliche und östliche Abschnitt des Ringes 2): 20 NOK (Stand Jan. 2007), zu zahlen u. a. bei Fahrten vom Bogstad-Campingplatz und Holmenkollen ins Stadtzentrum. Ausschilderung im Zentrum: Richtung „Stockholm" geht es nach Osten zur E 6 und E 18, Richtung „Drammen" nach Westen zur E 18.

Parkmöglichkeiten

Parkhäuser: (www.europark.no) Das Parken in Parkhäusern ist extrem teuer und kostet in der Regel 33-45 NOK/Stunde, bzw. 150-180 NOK/Tag. Die meisten Parkhäuser sind über den Ring 1 zu erreichen (u. a. Ibsen Parkhaus). Am teuersten sind jene an der Aker Brygge, am preiswertesten (rund 35 NOK): „Gunerius", „Spektrum" und „Galleriet Øst", siehe Karte. Mit 25 NOK/h und 140 NOK/Tag ist das Parkhaus „Frydenlund" das preiswerteste. Es liegt auf dem Gelände der Hochschule Oslo, nördlich des Schlossparks (zu erreichen über die Pilestredet, vor der Hochschule in die Stensberggt. einbiegen, dann nach links in die Falbesgt.).

Oslo

Hinweis: Trotz der hohen Preise sollten voll beladene Autos im Parkhaus abgestellt werden.

Parkplätze: Preiswerter als Parkhäuser! Kommunale Parkplätze mit blauem Schild sind zudem billiger als private (schwarzes Schild). Es muss nur Mo-Fr 8-17 Uhr und Sa 9-15 Uhr gezahlt werden; 4 Parkzonen: rot (23 NOK/Std.), gelb (13 NOK/Std.), blau und grün (7 NOK/Std.); rot: Zentrum innerhalb des Ringes 1 und Bogstadveien; gelb: innerhalb des Ringes 2 (empfehlenswerte Parkplätze: hinter den Mauern der Festung Akershus (siehe Stadtplan – P1), am Schlosspark/Wergelandsveien (siehe Stadtplan – P5), in den Straßen hinter dem Schlosspark (Umgebung Parkveien) und in Grünerløkka; blau: außerhalb des Ringes 2; grün: Halbinsel Bygdøy (Fähre ins Zentrum).

Bahnhof

Die *Sentralstasjon* liegt östlich des Zentrums, am Ende der Einkaufsstraße Karl Johans gate. Züge Richtung Gol, Geilo (3,5-4 Std.), Voss und Bergen (4-5x tägl., 6,5-7,5 Std.); Lillehammer (15-20x tägl., 2-2,5 Std.), Dombås und Trondheim (5x tägl.; 6,5 Std.); Moss und Fredrikstad (10-15x tägl.; 1 Std.); Tønsberg, Sandefjord und Skien (10-15x tägl, 3 Std.), Kristiansand (5x tägl., 4,5 Std.) und Stavanger (5x tägl., 7,5-8 Std.). 10-15x tägl. Lokalzüge nach Gjøvik, Eidsvoll, Kongsvinger, Drammen, Kongsberg, Mysen; Fernzüge nach Narvik, Stockholm, Kopenhagen, Malmö und Hamburg; NSB Tel. 81500888.

Busbahnhof

Er liegt am Ende der Passage Galleriet, von der Bahnhofshalle über eine Brücke erreichbar, (Hinweisschilder beachten). Mit Nor-Way-Bussekspress-Filiale (Tel. 81544444). Busse u. a. nach Kristiansand (300 NOK; 5-6 Std.), Stavanger (560 NOK; 11 Std.), Bergen (610 NOK; 10-12 Std.), Trondheim (300-600 NOK; 11 Std.), Sogndal (450 NOK; 7-8 Std.), Ålesund (720 NOK, 10 Std.), Stryn (550 NOK; 8-10 Std.); Fernbusse: 101, 130, 135, 142, 145, 147, 148, 149, 152, 154, 160, 161, 170, 180, 185, 190, 194. Mit Time Ekspress u. a. nach Drammen, Kongsberg, Askim, Kongsvinger, mit dem Konkurrenten nach Kristiansand und dem Lavprisekspress nach Bergen und Trondheim (www.lavpriseks sen.no); 3x täglich nach Stockholm (370 NOK, Studenten 300 NOK; 8 Std.); 2x täglich Kopenhagen (380 NOK, Studenten 300 NOK; 8,5 Std.)

Flughafen

Oslo-Gardermoen liegt 50 km nördlich der Hauptstadt, an der E 6. Verbindungen u. a. nach Berlin, Hamburg, Frankfurt am Main und München. Innerhalb Norwegens u. a. nach Bergen, Stavanger, Kristiansand, Sogndal, Trondheim, Ålesund, Bodø; Info: Passagierservice: Tel. 81550250, Büro: Tel. 64812000; www.osl.no (Oslo-Torp: siehe unter „Sandefjord".)

Anfahrt: Flughafenzug *(flytoget):* 160 NOK bis Hbf. und Nationaltheater, 190 NOK bis in die westlichen Vororte Sandvika und Asker, 50 % Rabatt für Studenten, Jugendliche bis 20 Jahre; Kinder/Jugendliche bis 16 Jahre in Begleitung eines Erwachsenen reisen gratis! (Stand: Jan. 2007); verkehrt ab Flughafen zwischen 5.36 Uhr und 0.36 Uhr, ab Hbf. zwischen 4.45 Uhr und 0.05 Uhr, Tel. 8150 0777, www.flytoget.no; Der Flughafen hat auch einen Bhf. mit Zugverbindungen nach Lillhammer und Trondheim. www.nsb.no.

Flughafenbus *(flybuss):* Der SAS flybuss verkehrt zwischen dem Radisson SAS Scandinavia Hotel in der Nähe des Schlossparks, dem Bahnhofsvorplatz, dem Busbahnhof und dem Flughafen tägl. 0-24 Uhr (Nachtzuschläge zwischen 1.30 Uhr & 4 Uhr); 120 NOK, 220 NOK für Hin- & Rückfahrt, Studenten: 60 NOK, Kinder/Jugendliche unter 16 Jahren 60 NOK, in Begleitung Erwachsener gratis, Tel. 22804971, www.flybussen.no/oslo.

Fernbusse Nr. 145, 147, 148 nach Norden und Nordwesten, Winterbus nach Hemsedal.

Taxi: Oslo Taxi (Tel. 02323), Kosten 650 NOK.

Parken: P4 & P5 100 NOK/Tag, 350 NOK/Woche, gratis Shuttlebus, ansonsten bis zu 270 NOK/Tag; preiswerte Parkplätze am Gardermoen Hotel B&B: 200 NOK/Woche, 40 NOK für Transfer/Pers. & Gardermoen Parkering (www.gardermoenparkering.no; an der Rv 35): 100 NOK/Tag, 360 NOK/Woche inkl. Transfer.

Unterkünfte in Flughafennähe: SAS Radisson Airport Hotel, direkt am Flughafen, Tel. 63933000, sehr teuer (DZ rund 1600 NOK); Norlandia Oslo Airport Hotel, Tel. 63949500, Fax 63949501, Shuttlebus ab B25 (50 NOK), 4.50-23.35 Uhr (DZ rund 1100 NOK); Quality Hotel Gardermoen Airport, in Jessheim, Tel. 22334200, am Besten vorbuchen: www.choicehotels.no, Shuttlebus (nettbuss) ab B25 (50 NOK), (DZ 900-1200 NOK); Thon Hotel Gardermoen, neues, preiswerteres Hotel, Tel. 23080200, Fax 230 80290, www.thonhotels.no, Shuttlebus 50 NOK, (DZ meist 800 NOK); Gardermoen Gjestegård, einfaches B&B, Tel. 63940800, Fax 63940801, www.gg-gardermoen.no, Shuttlebus ab der oberen Ebene (45 NOK) muss über Tel. 63978245 bestellt werden (nach der automatischen Antwort 3 drücken), (DZ 730-860 NOK); Gardermoen Hotel Bed & Breakfast, einfaches B&B, Tel. 63930050, Fax 63999035, Shuttlebus ab der oberen Ebene 45 NOK (über das Hotel zu bestellen), (DZ 700-800 NOK).

Fähren

Fähren der Color Line (nach Kiel und Hirtshals) legen in Filipstad, zwischen Zentrum und Bygdøy, an (Kai an der E 18; Bus zum Bahnhof). Stena Line und DFDS Seaways verkehren ab Vippetangen, nahe der E 18, des Bahnhofs und der Festung Akershus.

Stadtverkehr

Tickets und Infos (kostenlose Streckennetz- und Fahrpläne) im **Trafikanten,** dem grünen Turm vor dem Hauptbahnhof. Mo-Fr 7-20 Uhr, Sa/So 8-18 Uhr; (Tel. 177, www.trafikanten.no). **Tickets** (Einzel-, Flexi- und Tageskarte) gibt es auch beim Fahrer und an Kiosken. Mit der Oslo-Karte ist alles kostenlos. **Preise:** Einzelfahrkarte *(enkeltbillett)* am Automaten 20 NOK, beim Fahrer 30 NOK; 8-Fahrten Karte *(Flexikort)* 160 NOK; 24 Stunden Karte *(Dagskort)* 60 NOK; 7-Tages Karte *(7 dagers kort)* 210 NOK; Monatskarte *(Månedskort)* 670 NOK. Das Verkehrssystem ist gut ausgebaut. Allerdings verkehren die Verkehrsmittel nur im 15-20 Minuten Takt, auf Nebenstrecken und abends alle 30 Minuten.

Hinweis: Demnächst soll ein **elektronisches Fahrkartensystem** eingeführt werden. Dazu benötigt man die Karte „Flexus-kort", die für etwa 100 NOK am Trafikanten und an allen Kiosken erhältlich sein soll. Die Karte ist drei Jahre gültig und kann an Automaten aufgeladen werden. Gültig soll diese auch im Großraum Oslos sein. Wann genau die Einführung der Karte erfolgt ist noch ungewiss.

T-bane (U-Bahn)

Die U-Bahn heißt in Oslo „T-bane" *(Tunnelbana)*, obgleich nur die Zentrumshaltestellen unter der Erde liegen. Fünf Linien verkehren von Ost nach West. Alle, außer Nr. 1 bedienen die Haltestellen Majorstua (Vigelandspark), Nasjonalteatret (Nationaltheater, Rathaus, Aker Brygge), Stortinget, Jernbanetorget (Hauptbahnhof) und Tøyen (Munch-Museum). Verspätungen gibt es leider öfter. Tickets müssen vor dem Einsteigen abgestempelt werden. Züge von 5-0.30 Uhr.

Straßenbahn/Bus

Es gibt acht Straßenbahnlinien *(trikk)*. Zentrale Haltestellen: Stortorvet (Domkirche) und Jernbanetorget (Hauptbahnhof). Über 20 Buslinien fahren in den letzten Winkel der Stadt. Die meisten Busse halten am Hauptbahnhof. Nachtbusse kosten 50 NOK.

Taxi

Pro Kilometer zahlt man ca. 12 NOK, minimal jedoch 65-75 NOK (je nach Uhrzeit, gültig bei 1-4 Personen). Am Wochenende ist es oft schwierig, ein Taxi zu bekommen. Standorte: u. a. Karl Johans gate, Hauptbahnhof. Oslo Taxi: Tel. 02323, 22388090.

Fähren

Zum normalen Ortstarif verkehren folgende Fähren: im Sommer: Aker Brygge/Rathaus – Bygdøy (Linie 91); ganzjährig: ab Vippetangen (südlich der Festung Akershus) zu den Inseln im Oslofjord (Hovedøya und Nakholmen Linie 92; Gressholmen Linie 93; Langøyene (nur im Sommer) Linie 94). Eigene Tarife haben die Boote ab Aker Brygge nach der Nesodden-Halbinsel und Drøbak.

Mietwagen

Am Flughafen Gardermoen: Avis, Hertz, Europcar, Rent A Wreck. In Oslo: Avis, Munkedamsveien 27, Tel. 23239200; Hertz, Holbergsgate 30, Tel. 22210000, Fax 22110093; Europcar, Oslo/Vika, Tel. 22831242; Budget, Tel. 81560600; Bislet Bilutleie, Pilestredet 70, Tel. 22600000, Fax 22600119; Rent A Wreck, Filipstadveien 5, östlich des Color-Line-Anlegers, am Kreisverkehr des Munkedamsveien (siehe Karte), Tel. 22833111, und in Oslo-Ost (T-bane-Haltestelle Økern, Tel. 23375949); Centrum Bruktbilutleie (Gebrauchtwagen), Tel. 22222221; Bilutleiefirmaet Second Hand, Tel. 22064760.

Hinweis: Am günstigsten ist es, den Mietwagen über die deutschen Seiten der Anbieter im Internet vorzubuchen. Bis zu 50 % günstiger als vor Ort. Preiswert sind: www.europcar.de und www.avis.de.

Unterkunft

Ob Jugendherberge oder Luxushotel, es wird sich für jeden Geschmack etwas finden. Jedoch nicht für jeden Geldbeutel, denn will man nicht zelten, findet sich kaum etwas unter 150 NOK pro Person.

Preiswertere Hütten und Zimmer sollten ein paar Tage im Voraus telefonisch gebucht werden, denn manchmal kann es sehr eng werden mit den Unterkünften!

Vermittlung von Unterkünften:

●**In der Touristeninformation**

●**UngInfo**, Møllergata 3, 0179 Oslo, Tel. 2414 9820, Fax 24149821, mail@unginfo.no, Internet: www.unginfo.oslo.no; Mo-Fr 11-17 Uhr, Juli-Aug. Mo-Fr 9-18 Uhr, Sa/So geschlossen. Kostenlose Vermittlung von preiswerten Privatunterkünften (ab 120 NOK pro Person), vorzugsweise an Jugendliche und Studenten, jedoch nicht nur. Auch ist hier ein alternatives Stadtmagazin erhältlich (www.unginfo.oslo.no/useit), und man kann kostenlos im Internet surfen! Gepäckaufbewahrung.

●Wer länger in Oslo bleiben möchte kann sich im Sommer in zwei **Studentenhäusern** einmieten: Nordnorsken, John Colletts alle 110, 0870 Oslo, Tel. 22233451, bestyrer@nordnorsken.no (ab 200 NOK/Tag, 2500 NOK/Monat); Anker studentbolig, Storgata 55, Eingang: Torggata, 0182 Oslo, Tel. 229 97300, studentbolig@anker.oslo.no (ab 2500 NOK/Monat).

●**Oslo-Paket:** Wer in den 30, dem Oslo-Pass angeschlossenen, Hotels bucht, bekommt den Oslo-Pass gratis. Infos in der Touristeninformation.

Luxus-/First Class Hotels (*****)

●**Grand Hotel+,** Karl Johans gate 31, Tel. 23212000, Fax 23212100. Altes, traditionsreiches Hotel direkt an der Prachtstraße Karl Johans gate. Im Grand Café des Hotels speisten seinerzeit schon *Ibsen* und *Munch*. Außerdem gibt es noch eine Bar, Fitnessraum, Sauna und Swimmingpool. Ein DZ ist ab 1500 NOK zu haben. Suiten ab 2000 NOK.

●**Radisson SAS Plaza Hotel,** Sonja Henies plass 3, Tel. 22058000, Fax 2208010. Der hohe Glasturm ist eine der neuesten Hotelattraktionen der Stadt. Ein Panoramafahrstuhl bringt den Besucher zur Nachtbar im 33. Stockwerk, Rundblick auf Oslo inklusive. Natürlich gibt es auch Restaurant, Sauna und Swimmingpool. Ein DZ ist ab 1400 NOK zu haben.

●**Radisson SAS Scandinavia Hotel,** Holbergsgt. 30, Tel. 23293000, Fax 23293001.

Preisklassen der Hotels
(*****) **über 1000 NOK** pro DZ (meist kostet ein DZ 1200 NOK)
(****) **800-1000 NOK** pro DZ
(*** **600-800 NOK** pro DZ
(**) **500-600 NOK** pro DZ
(* **unter 500 NOK** pro DZ (eher selten)
Wer preiswert übernachten möchte, sollte in die recht guten Campinghütten auszuweichen.

Besondere Auszeichnungen
Einige besonders **alte und/oder romantische Hotels** sind im Buch mit einem **+** gekennzeichnet.

Stadtpläne Umschlag vorn, S. 141   **PRAKTISCHE INFORMATIONEN**

Auch das zweite SAS Hotel dominiert im Stadtbild. In dem modernen Bau gibt es Restaurant, Bar, Fitnessraum, Sauna und Swimmingpool.
- **Hotel Continental,** Stortingsgaten 24-26, Tel. 22824000, Fax 22429689. Vornehmes Hotel, in dem auch Restaurant (Annen Etage) und Bar zur Spitzenklasse in Oslo gehören.
- **Holmenkollen Park Hotel Rica+,** Kongeveien 26 (nahe der Sprungschanze), Tel. 22922000, Fax 22146192. Prächtiges Holzhaus mit herrlichem Stadtblick und Edelrestaurant, kurz: ein Hotel erster Güte. Auch im Angebot: Bar, Fitnessraum, Sauna, Hallenbad, Fahrradverleih. Ein DZ gibt es ab 1000 NOK.
- **Royal Christiania Hotel,** Biskop Gunnerus gt. 3, Tel. 23108000, Fax 23108080. Mondänes Hotel mit güldenen Aufzügen, von welchen man einen imposanten Blick auf den glasüberdachten Innenhof mit Piano und Restaurant hat, und, fährt man bis zur letzten Etage, auf die Stadt Oslo insgesamt. Die kleine Fahrstuhlfahrt können auch Nicht-Gäste einmal unternehmen. Restaurant, Bar, Fitnessraum, Sauna, Swimmingpool.
- **Bristol Hotel,** Kristian IV's gate 7, Tel. 22826000, Fax 22826001. Gediegenes, elegantes Hotel mit gutem Restaurant und Bar.
- **Bondeheimen Hotel** (*****), Rosenkrantzgt. 8, Tel. 23214100, Fax 23214101. Komfortables Best Western Hotel der oberen Preisklasse. Traditionelles norwegisches Essen in der Kaffistova. Eigener Souvenirladen (Husfliden).
- **Choice Hotels,** www.choicehotels.no. Die Hotelgruppe hat 5 Hotels in Oslo, u. a. das Comfort Hotel Børsparken in der zentralen Tollbugate 4. Bei Buchung über das Internet oft Sonderangebote ab 800 NOK/DZ.
- **Losby Gods,** Losbyveien 270, Tel. 67923 300, Fax 67923301, www.losbygods.no. Östlich Oslos, im Süden des Ortes Lillestrøm. Historisches Hotel mit Golfanlage. Komfortable, funktionale Zimmer, stilvolle Aufenthaltsräume. Schwindelregende Preise unter der Woche, am Wochenende, wenn keine Konferenzen sind (also meist im Sommer): 860 NOK/DZ.
- **Hotel Gabelshus+,** Gabelsgate 16, Tel. 23276500, Fax 23276560. Romantisches Hotel, in dem kein Zimmer dem anderen gleicht.

Mittelklassehotels (****/***)
- **Anker Hotel** (****), Storgata 55, Tel. 2299 7500, Fax 22997520, Überdimensionaler, nüchterner Hotelbau, Marke „Wohnburg", aber mit akzeptablen Zimmern.
- **City Hotel** (***), Skippergaten 19, Tel. 22413610, Fax 22422429. Einfaches, aber angenehmes Zentrumshotel südlich des Bahnhofs. DZ ohne Bad ab 650 NOK, mit Bad ab 800 NOK. TV. Frühstück 50 NOK.
- **MS Innvik,** Boot in der Nähe des Stena Line Anlegers, Tel. 22419500. Das Schiff verkehrte noch vor kurzem in Westnorwegen und bietet nun eine B&B Unterkunft für 750 NOK/DZ sowie einen Club mit Kneipe, Frühstück am Wasser: 60 NOK.
- **Thon Hotel Munch,** Munchs gate 5 (westlicher Ring 1, Zentrum), Tel. 23219600, Fax 23219601. Gut ausgestattetes Mittelklassehotel mit überzeugenden Preisen. DZ 800 NOK. 25 % Rabatt auf das Ibsen Parkhaus.
- **Thon Hotel Astoria,** Dronningsgate 21 (Zentrum), Tel. 21145550, Fax 21145551. Gutes Mittelklassehotel mit W-Lan, Restaurant, Bar. DZ 800 NOK.
- **Thon Hotel Spectrum,** Brugata 7, Tel. 23362700, Fax 23362701. Mittelklassehotel im Stadtteil Grønland, 250 m nördlich des Hbf. DZ 800 NOK. Parken im Spektrum Parkhaus.
- **P-Hotel,** Grensen 9, Tel. 23318000, Fax 23318001, www.p-hotels.no. Neue Budget-Kette. Buchung erfolgt online, Bezahlung vor Ort mit Kreditkarte. DZ 750 NOK inkl. Frühstück. Gratis W-Lan.
- **Holmen Fjordhotell,** 15 km westlich von Oslo in der Gemeinde Asker gelegen, Tel. 66772700, Fax 66772701, www.holmenfjord hotell.no. Komfortables Spa-Hotel am Fjord. Sehr hohe Winterpreise, günstige Juli-Angebote (DZ 850 NOK inkl. Frühstück). Gratis Parkplatz. Von der E 18 auf die Rv 165 abbiegen, dann noch knapp 1 km.

Pensionen/
Preiswerte Unterkünfte (**/*)
- **Anker Hostel** (*), Storgate 55 (Straße ab Domkirche, 700 m; Straßenbahn 12, 13, 15 ab Hbf. bis Hausmannsgate), Tel. 22997200, Fax 22997220, www.ankerhostel.no. Im Hochhausblock des Anker Hotels. Nette

Oslo und Umgebung

Räumlichkeiten. Bett ab 175 NOK, ohne Bettwäsche u. Frühstück, DZ 500 NOK.
- **Cochs Pensjonat** (**), Parkveien 25 (in der Nähe des Schlossparks), Tel. 23332400, www.cochs.no. DZ ab 600 NOK, 3-Bett ab 750 NOK, 4-Bett ab 900 NOK. Etwas nüchterne, dafür aber kostengünstige Zimmer.
- **Ellingsen Pensjonat,** Holtegate 25 (Querstr. hinter dem Schlosspark), Tel. 22600359, ep@tiscali.no. Kleine Pension in alter Villa. DZ ab 550 NOK.
- **Perminalen** (**), Øvre Slottsgate 2, Tel. 23093081. Neues Bed & Breakfast-Haus hinter dem Storting. Bett 335 NOK, DZ 720 NOK.

Folgende Pensionen bieten gute **Privatzimmer;** (D) = Wir sprechen Deutsch: **Vigelandsparken B&B,** Kirkeveien 15, gegenüber dem Frognerpark, Tel. 22443143, bb-oslo@online.no, DZ 400-500 NOK, EZ 250 NOK, 3-Bett-Z. 600 NOK, gratis Parkplatz (D); **Villa Frogner,** Nordraaksgt. 26 (Parallelstr. zum Vigelandspark), Tel. 22561960, www.bedandbreakfast.no, DZ 850 NOK, 3-Bett 1000 NOK, 4-Bett 1200 NOK, Apartments zum gleichen Preis; **Solveig's B&B,** Tåsen terrasse 11, (T-bane 3 Richtung Sognsvann, Haltestelle Tåsen) Tel. 22236041, www.solveigs.com, 3 Zimmer, DZ 500 NOK; **Den Blå Dør B&B,** Skedsmogata 7, nahe Munch-Museum, Tel. 22199944, DZ 450 NOK; **B&B Oslo West,** Holmenkollveien 3B, Tel. 22495849 (T-bane 2, Makrellbekken); **Hasleveien 8,** Pension Hasleveien, www.hasleveien.com, Tel. 22352 308, Einfache Pension im Nordosten. (Über Ring 2 zum Carl Berner plass, dort nach Norden (Trondheimsvn.), dann 1. Str. rechts; Straßenbahn 17), DZ 400 NOK.

Außerhalb: Berger Gard, Tel. 66845447, www.bergergard.no, Bauernhof mit DZ für 750 NOK, Aufenthaltsraum, W-Lan, (13 km westl., E 18 bis Hvaler, dann ausgeschildert); **Emma Gjestehus,** Høyrabben 4 in Sandvika, Tel. 67130659, www.emmagjestehus.no. Sehr gut ausgestattete Pension. Gute DZ für 550 NOK. Aufenthaltsraum, Küche. Angeschlossenes Sportcenter. Westl. Oslo. Von E 18 in Sandvika auf E 16 abbiegen, dann Ausschilderung Emma Hjorth folgen. Rezeption Sa/So nur bis 17 Uhr; **Eikeli Gjestehus,** westl. Oslo in Bærum, Nordveien 39, nahe der Øvrevoll Galopprennbahn, Tel. 67165300, www.eikeli.no. Älteres Gästehaus mit einfachen Zimmern (DZ 660 NOK, Bad auf dem Flur). TV-Zimmer, Küche.

Mehr B&B's unter: www.bbnorway.com/sider/oslo_bergen.htm und www.norwegen info.net.

Jugendherbergen

(Unbedingt vorher reservieren!)

- **Oslo Vandrerhjem Haraldsheim,** Haraldsheimvn. 4, Tel. 22222965, Fax 22221025, www.haraldsheim.oslo.no, 2.1.-22.12. Bett 220/245 NOK, DZ 500/575 NOK. Sehr gute Herberge im Nordosten der Stadt. Aufenthalts- und TV-Zimmer, Waschmaschinen, Küche; Straßenbahn 17 bis Sinsenkrysset; über die Wiese den Berg hinauf. Byw. T-bane 4/6 bis Sinsen stasjon, Ausgang Hans Nilsen Hauges gate und in der Str. nach rechts, unter dem Ring 3 durch, Straßenbahnschienen kreuzen. Oben auf dem Berg liegt die JH. Über Ring 3 erreichbar.
- **YMCA Rønningen,** Myrerskogveien 54, Tel. 21023600, Fax 21023601, www.oslohos tel.com, 28.5.-20.8., Bett 175 NOK!, DZ 580 NOK, 4-Bett 750 NOK, Sommerhostel im Betonbau der Rønningen Folkehøgskole. Straßenbahn 10, 12 bis Storo. Ab hier Bus 56 bis Rønningen, 3 Min. bergab und Ausschilderung Folkehøgskole folgen.
- **Vandrerhjem Holtekilen,** Micheletsvei 55, in Stabekk in Richtung des Fjordes gelegen, oslo.holtekilen.hostel@vandrerhjem.no, Tel. 67518040, Fax 67591230, 1.5.-1.9. Schöne JH westlich Oslos. Vorortzug oder Bus (151, 153, 161, 162, 252, 261 bis Kveldsroveien in Stabekk). Auto: E 18 nach Westen, Abfahrt Strand. Bett 220, DZ 500 NOK.

Campingplätze/Hütten

- **Bogstad Camping,** Ankerveien 117 (im Nordwesten Oslos, an der E 18 Richtung

Im Hafen Pipervika – frische Krabben

Drammen ausgeschildert; Bus 32, 45 ab Hbf. oder T-bane 2 bis Røa, dann Bus 32, 34), www.bogstadcamping.no, Tel. 22510800, Fax 22510850, ganzjährig geöffnet. Oslos größter, aber bestimmt nicht bester Platz (viele Dauergäste, oft voll und nicht gerade sauber). Schöne Lage am Bogstad-See. Golf, Minigolf, TV-Raum, Badeplätze. 36 Hütten (***/****), Zelt ab 245 NOK.

- **Ekeberg Camping,** Ekebergveien 65 (2 km südöstlich des Hbf., an der E 18 Richtung Stockholm/Trondheim ausgeschildert, Bus 34, 46 ab Hbf., Haltestelle Ekeberg Camping), Tel. 22198568, Fax 22670436, www.ekebergcamping.no; 24.5.-31.8. Keine Hütten, toller Panoramablick, viele Dauergäste, oft voll und nicht gerade sauber, Kiosk, Zelt ab 200 NOK, ab 24 Uhr geschlossen.
- **Oslo FjordCamping Stubljan,** Ljansbrukveien 1 (südöstlich von Oslo, zwischen Fjord und E 18, Bus 83 ab Hbf.), Tel. 22752055, Fax 22752056, ganzjährig geöffnet. Keine Hütten, dafür Wohnwagenverleih (300-400 NOK), Zelt 150 NOK. Bis zu einem sehr schönen Abschnitt des Oslofjordes sind es nur 200 m. Leider nahe der Fernverkehrsstraße gelegen.
- **Langøyene Camping,** vom 20.5.-20.8. kann man auch gratis auf der Insel Langøyene zelten. Dazu nimmt man das Boot 94 ab Vippetangen, südlich der Festung Akershus. Achtung: Man sollte nicht das letzte Boot verpassen! Rezeption im Kiosk.
- **Trollvasshytta Konferansesenter,** Rødkleivfaret 1 (Richtung Holmenkollen fahren, Ausschilderung an der Brückenunterführung beachten, T-bane 1 bis Lillevann), Tel. 2214 9539, Fax 22493955. Empfehlenswerte Unterkunft am Waldesrand. Einfache, aber saubere Hütten und Zimmer ab 650 NOK. Gratis Parkplatz, T-bane Haltestelle um die Ecke.
- **Vestby Hyttepark,** Tel. 64959800, Fax 64959801, www.vestbyhyttepark.no, 30 Min. südl. Oslo, an der E 6 gelegen (Abfahrt Vestby Nord, Richtung Westen). Auf dem Gelände des Sørli Hofes können ganzjährig 13 Hütten und Zimmer für 500-900 NOK angemietet werden. Wohnwagen: 200 NOK.

- **Ramton Camping,** Tel. 31282249, www.ramton.no, 40 Min. südwestl. Oslo. Ab E 18 nach Slemmestad abbiegen (Rv 165). Im Slemmestad auf dem Sundbyveien nach Nærnes. Idyll. Lage am Fjord, aber nur sehr wenige Stellplätze für Zelte! Keine Küche. Hütten & App. 500-750 NOK.
- **Wohnwagenstellplatz: Sjølyst** Bobilparkering, Tel. 22509193, www.bobilparkering.no, geöffnet: 1.6.-15.9., 120 NOK. Sehr schlichte Anlage am Wasser neben der E 18, west. der Innenstadt, nahe Bygdøy. Abfahrt: Sjølyst. Außerhalb des Mautringes.
- **Studenterhytta,** Hütte des Studentenvereins in der Nordmarka, ab 125 NOK/Pers., Tel. 22499036, www.studenterhytta.no.

Restaurants

Oslo quillt über vor Restaurants und Cafés. Leider sind, wenn man nicht gerade Pizza oder Hamburger verzehren will, die Preise enorm hoch. Wer jedoch gewillt ist, tiefer in die Tasche zu greifen, kann mit einer erlesenen Küche rechnen. Die Osloer jedenfalls nutzen das Angebot, vor allem am Wochenende, weidlich aus. Hier nun eine kleine Auswahl an **klassischen und guten Restaurants,** in denen ein Essen 150-400 NOK (nach oben hin offen) kostet. Besonders gute Restaurants sind **mit einem + gekennzeichnet:**

- **Annen Etage+,** Stortingsgaten 24-26 (Hotel Continental). First-Class-Restaurant mit internationalen und norwegischen Spezialitäten.
- **Det Gamle Raadhus+,** Nedre Slottsgata 1, Tel. 22420107. Oslos ältestes Restaurant in einem kleinen alten Osloer Häuschen. Gediegenes Ambiente und schmackhaftes Essen.
- **Engebret Café+,** Bankplassen 1, Tel. 2282 2525. Gegenüber des Museums für Moderne Kunst in einem alten Häuschen. Die Preise sind hoch, das Restaurant aber ist sehr angenehm.
- **Blom+,** Karl Johans gate 41 B, Tel. 2242 7300. Stilvolles Gasthaus, in dem man es sich zwischen alten Wappen und Portraits gemütlich machen kann.
- **Holmenkollen Restaurant,** Holmenkollveien 119, Tel. 22139200. À-la-carte-Restaurant mit herrlichem Blick über Oslo.
- **Bagatelle+,** Bygdøyallé 3, Tel. 22121440. Eines der besten Gourmet-Restaurants Skandinaviens, dessen Chefkoch *Terje Næss* schon eine Weltmeisterschafts-Goldmedaille für Kochkunst erhielt (Zwei Michelin-Sterne).
- **Stortorvets Gjestgiveri,** Grensen 1. Eins der ältesten Restaurants Oslos mit etwas angestaubtem Café im Erdgeschoss. Manchmal Live-Musik (Jazz). Dagens Rett ab 80 NOK.
- **Lofoten Fiskerestaurant,** im hinteren Bereich der Aker Brygge gelegen. Weltweit eines der besten Fischrestaurants. Die Preise liegen bei 250-300 NOK, mittags bei 200 NOK, die sehr gute *Lofotens fiskesuppe* liegt bei 100 NOK und bietet ein geschmackliches Erlebnis.
- **Arakataka,** Mariboesgate 7 (hinter dem Youngstorget). Gourmetrestaurant. Schlemmen zu vergleichsweise günstigen 180 NOK.
- **Lille Herbern,** das Restaurant liegt auf einer Insel vor Bygdøy und hat nur im Sommer geöffnet. Um nach Lille Herbern zu gelangen, läutet man eine Glocke am Ende des Herbernveien. Die Straße liegt etwa 400 m vor dem Fram-Museum.

Wer nicht über ein grenzenloses Budget verfügt, wird u. a. hier fündig:

- **Brasseri 45,** Karl Johans gate/Universitetsgata. In einem schmucken Haus aus dem Jahr 1897 liegt in der 1. Etage dieses nette Restaurant. Vor allem die Preise überzeugen: Kleine Gerichte *(smårett):* 100 NOK, Hauptgerichte *(hovedrett):* 160-200 NOK.
- **Vegeta Vertshus,** Munkedamsveien 3, in der Nähe des Schlossparks. Sehr gutes **vegetarisches Restaurant,** Kleiner Teller: 100 NOK, Großer Teller: 110 NOK, all you can eat: 150 NOK.
- Ein zweites gutes **vegetarisches Restaurant, Krishna's Cuisine,** liegt im Kirkeveien 59b (Majorstua), Tagesgericht *(dagens rett):* 90 NOK, Mittagsgericht *(lunsj porsjon)* 70 NOK, gr. Salat: 60 NOK (So geschlossen).

Engebret Café

- Ein drittes, neues **vegetarisches Restaurant** mit Öko-Essen ist **Spisestedet** (Hjelmsgate 3, Querstr. des Bogstadveien; ab 14 Uhr geöffnet, So geschlossen) Gerichte für 60-100 NOK, kleine *(liten)*, mittlere *(normal)* und große *(stor)* Portionen.
- **Curry & Ketchup,** Kirkeveien 51 (Majorstua), 13-24 Uhr. Indisches Essen für 70-100 NOK.
- **Peppes Pizza,** Karl Johans gate 1 (beim Hbf.), Hegdehaugsveien 31, Stortingsgaten 4, Drammensveien 40, Frognerveien 54. Eine Pizza für 3 Personen kostet 190-230 NOK, Pizzabestellung: Tel. 22555555.
- **im Einkaufszentrum Paleét: Restaurant Egon,** Karl Johans gate 37. Angenehmes Ambiente, man kann für 110 NOK so viel Pizza essen, wie nur geht, und zwar: So ganztags, Mo-Sa 10-18 Uhr. Ähnliche Knüllerpreise gelten auch für den dahinter gelegenen **Inder.** Allerdings schmeckt hier alles etwas eintönig. **Im Keller des Paleét** gibt es hingegen das vielleicht abwechslungsreichste preiswerte Essen Oslos. Für 90-140 NOK kann man italienische, mexikanische, chinesische und griechische Gerichte essen.

Günstige Restaurants liegen auch im **Stadtteil Grünerløkka** – siehe unter „Kneipen/Nachtleben".
- **Stadtteil Grønland** (hinter dem SAS-Plaza-Glasturm gelegen): Hier gibt es einige preiswerte, einfache Restaurants. Sehr zu empfehlen ist das **Punjab Sweet House** (Grønlandsleiret 24). Leckeres indisches Essen für 70-90 NOK. Preiswert ist auch das **Curries** im Grønland Basar (Tøyengata). Gerichte für 50-100 NOK.
- **Im Einkaufszentrum Aker Brygge:** Im zweiten Gebäude finden sich einige preiswerte italienische und chinesische Gaststätten. Ein Essen kostet 70-100 NOK.
- **Insel Bygdøy:** Rodeløkken Kafé, im Wedels vei (am Beginn der Halbinsel), mit traditionellen norwegischen Gerichten für 60-100 NOK.
- **Østbanehallen:** Halle neben dem Hbf., Tacos ab 70 NOK, Pizza ab 70 NOK.
- **Universität:** Auf dem Campus in Blindern (T-bane 5, Blindern) befindet sich die Cafete-

ria Frederike mit preiswerten Essen für Studenten (40 NOK), Mi, Fr, Sa Bier ab 35 NOK im Pub.
- **Imbiss:** Kebab gibt es für 30 NOK in der Storgata und der Brugata. Die billigsten Pølser (Wiener Würstchen) sind in der Torggata für 10 NOK zu haben. Frische Krabben gibt es für 60 NOK/Liter am Hafen.

Cafés

- **Theatercaféen+,** Stortingsgaten 24-26, Tel. 22824050. Traditionsreicher Platz mit stilvoller Caféhausatmosphäre und Jugendstildekor. Teurer, aber leckerer Kuchen. Feine Abendmenüs in gediegenem Ambiente.
- **Grand Café+,** Karl Johans gate 31 (Grand Hotel), Tel. 23212000. Im Erdgeschoss des Grand Hotel gelegener ehemaliger Treff der Osloer Bohème. Die Portraits berühmter Gäste zieren die Wände des Cafés.
- **Kaffistova,** Rosenkrantzgate 8. Einfaches, doch schon seit Jahren beliebtes Café mit traditionellen Gerichten.
- **Kaffebrenneriet,** Kleine Kaffeebar mit diversen Außenstellen. Ideal für den morgendlichen Schluck. Im Zentrum: Akersgata 16 & Akersgata Ecke Grensen (Mo-Fr 7-19 Uhr, Sa 9-17 Uhr, So geschlossen); neben dem Friedensnobelpreismuseum, nahe der Aker Brygge (Mo-Fr 7-18 Uhr, Sa 9-17 Uhr, So 10-17 Uhr).
- **Café Cappuccino,** abseits aller Hektik hinter dem Dom in den Basarhallen gelegenes Freiluftcafé und Restaurant. Ideal im Sommer zum Ausruhen nach dem Stadtrundgang.
- **Coco Chalet,** Prinsesgt. 21. Gemütliches Café, z.T. in einem glasüberdachten Innenhof gelegen (meist bis 23 Uhr geöffnet).
- **Pascal,** Tollbugt. 11. Altmodische Bäckerei mit Deckenmalereien und Wiener Caféhausatmosphäre. Großes Kuchensortiment (Mo-Fr 8.30-17 Uhr, Sa 10-17 Uhr, So geschlossen). Eine neue Außenstelle des Cafés liegt im Friedensnobelpreismuseum (akzeptable Mittagspreise: 110-180 NOK/Gericht).
- **Albin Upp,** Galerie & sehr gemütliches Kunstcafé (Di-Fr 12-17 Uhr, Sa/So bis 16 Uhr). Lage: Briskebyveien 42 (direkt hinter dem Schloss 500 m der Riddervoldsgt. folgen).
- **Byråkrat,** Café & Pub im Restauranthaus Mona Lisa (Grensen 10 – Straße beginnt an der Domkirche). Tägl. 9-12 Uhr Jazzfrühstück.
- **Bare Jazz,** Grensen 8. Gemütliches Jazzcafé im Hinterhof. Mo-Sa ab 10 Uhr geöffnet.
- **Tea Lounge,** im Stadtteil Grünerløkka, Thorvald Meyersgate 33b, am Birkelundenpark. Tees aus aller Welt. Ab 11 Uhr geöffnet, So ab 12 Uhr.
- **Bagel & Juice:** Prinsens gate/Øvre Slotts gate. Alles in Sachen Saft, Kaffee und Schokolade. 7.30-18 Uhr (Sa/So ab 9/10 Uhr).
- **Frognerparken Kafe/Herregårdskroen,** die gemütlichen Sommercafés liegen im Frognerpark nahe der Vigelandsanlage.
- **Archimboldo,** Wergelandsgate 17. Gemütliches Künstlercafé im Kunstnernes hus. Blick auf Schloss und Park.
- **Frognerseteren Kafé,** Holmenkollveien 200, an der Straße die vom Holmenkollen weiter in den Wald führt (rechts halten). Der Welt bester Apfelstrudel (*eplekake*) für rund 55 NOK und Osloblick.

Kneipen/Nachtleben

Kaum zu bezahlen sind die Restaurants, Kneipen und Discos an der Aker Brygge, entlang der Rosenkrantzgate und Stortingsgata. Da ist manches in der Fußgängerzone („Karl Johan") noch billiger. Günstig im Preis sind die Lokalitäten in den Stadtvierteln Grünerløkka und Grønland. Der halbe Liter Bier kostet um die 60 NOK, im günstigsten Fall 40 NOK. Discos verlangen nicht selten 70 NOK Eintritt.

Zentrum

- **Tullins Café,** Tullinsgt. 2 (gegenüber dem SAS Hotel), 14-2 Uhr, Gemütliche Kneipe, viele Studenten (Essen ab 70 NOK).
- **Café Amsterdam,** Kristian Augustsgate (an der Nationalgalerie). Herrlicher schummriger Pub mit etwas hohen Preisen, aber viel Atmosphäre, 11.30-2 Uhr, kein Türsteher, auf das Alter (ab 21 Jahren) achtet keiner.
- **Café Bacchus,** in den Basarhallen am Dom liegt dieser gemütliche Pub, bei dem man, um zur oberen Etage zu gelangen, wohl eine Bergsteigerlizenz braucht, bis 24 Uhr.
- **Ett Glass,** Rosenkrantz gate/Karl Johans gate. Hier will man trendy sein und verlangt

für das durchgestylte Interieur auch gleich ein paar Kronen mehr. Geöffnet bis 1/3 Uhr.
- **Café Celsius**, am Christiania torv (Rådhusgate) liegt dieses sehr beliebte, wenngleich überdurchschnittlich teure Café.
- **Café Image/So What!**, Grensen 9 (im Hof). Rock Café und Independent Club (Disco). Drinnen geht's locker zu. Geöffnet bis 3.30 Uhr. Mindestalter 18, am Wochenende 22 Jahre (versteh's wer will).
- Weitere gute Discos sind die **Snorre Kompaniet** (Eintritt 40-80 NOK) und das teure **Smuget**, beide in der Rosenkrantzgate und zumeist erst ab 21 oder 23 Jahren (wenn jedoch ältere dabei sind, kommt man gelegentlich auch ab 18 hinein). Gute Clubdiscos sind **Skansen** (Rådhusgaten 25, Eintritt frei) und **Mars** (Storgata 22, ab 18 Jahre!). Lateinamerikanische Klänge erklingen im **Las Palmeras** (Storgata 24) und im **Salsa House** (Storgata 25), Weltmusik im **The Nomad** (Møllergata) und **Belleville** (Haakon VII's gate 5).

Bogstad-/Hegdehaugsveien

Entlang der beiden Straßen finden sich einige nette Kneipen. Beliebt ist das **Lorry**, ein alter Pub mit über 100 Sorten Bier, besucht von Künstlern, Musikern und Schauspielern (unweit des Schlossparks, Ecke Parkveien). Etwas weiter folgt, in der Nebenstraße Holtegata, die schummrige **Mikrobryggeri** *(Minibrauerei)*. Einen Besuch wert sind auch der alteingesessene Pub **Broker** (Bogstadveien, zwischen Industri- und Schultzgata), mit über 100 Jahre altem Interieur, sowie **Den Gamle Majoren Lab** *(Das Laboratorium des alten Majors;* Bogstadveien 66), wo es den Besucher Schaudern lässt. Östlich des Bogstadveien, in der Nähe des Parks St. Hans Haugen, liegt in der Bjerregaards gate der düstere **Underwater Pub**. Di und Do treten hier Studenten und Opernsänger kostenlos auf. Studenten sei der Besuch im Studentenpub **Chateaux Neuf** empfohlen (an der Haltestelle Majorstua rechts vorbei, die Valkyriegata stadtauswärts entlang. Das C.N. liegt rechts an einem Platz in einem kastenförmigen Bau).

Grünerløkka

Vor allem in der Thorvald Meyers gate, in der Nähe des zentralen Olav Ryes plass, liegen etliche nette Kneipen, wie z. B. das **Kafé Sult** (Hunger) Bier 45, Essen 100 NOK, **Mucho Mas** (mit guter preiswerter Küche, Gericht 80 NOK), **Café Noah's Ark** und **Fru Hagen** (Essen ab 80 NOK). Die Atmosphäre ist zumeist herzlich, leger und das Bier etwas preiswerter. Oft schon ab 1 Uhr geschlossen.

Theater

- Zu kulturellen Veranstaltungen ganz allgemein informiert das **Stadtmagazin „What's on?"**, erhältlich bei der Touristeninformation.
- Es gibt 13 Theaterhäuser in Oslo. Die beliebtesten sind folgende: **Nationaltheatret**, mit vielen Stücken von Ibsen. Während der Sommerzeit finden Führungen statt (Tel. 22001400); **Det Norske Teater** (Kristian IV. gate 8), alle Aufführungen auf Neunorwegisch (Nynorsk) (Tel. 22424344); **Dukketeatret på Frogner** (Puppentheater), Tel. 2242 1188; **Den Norske Opera,** zählt zu den Geheimtipps in Europa, die Stücke sind oft erschreckend modern; die Oper liegt in der Storgata 23 (Tel. 23315000); **Black Box Teater**, recht neues, innovatives Theater auf der Aker Brygge (Tel. 23407770). Ab Herbst 2008 wird ihre Heimstätte im neuen Opernhaus am Bahnhof sein. **Parkteatret**, alternatives Theater am Olav Ryes plass in Grünerløkka.

Kino

- Die Filme werden in Originalsprache mit Untertiteln gezeigt. Der Eintrittspreis liegt bei 70-80 NOK. Zu den größten Kinos im Zentrum zählen: **IMAX 3D-Kino** (Aker Brygge), **Saga** und **Klingenberg** (in der Nähe des Nationaltheaters) sowie das **Colosseum** (Majorstua; großes THX Kuppelkino). Stilvoll sind das alte **Gimle Kino** in der Bygdøy Allé 39, westlich des Schlossparks und das **Frogner Kino** (Frognerveien 30), ein traditionsreiches Haus mit Stuckdecke und Café; nach Umbau Oslos modernstes Kino. Die **Cinematek** in der Dronningens gate 16 zeigt Filmklassiker. Leider muss man hier erst für 100 NOK Mitglied werden (gültig für ein halbes Jahr), damit man für 30 NOK Einlass erhält. **Soria Moria** (Vogtsgt. 64), Kino, Konzerte und Kulturinsel. Essen ab 70 NOK.

Galerien und Bibliotheken

- Die größten und bekanntesten Galerien sind: der **Kunstnerforbundet** (Kjeld Stubs gate 3, in der Nähe des Rathauses) und der **Oslo Kunstforeningen** (Rådhusgaten 19, neben dem beliebten Café Celsius) sowie das **Kunsternes Hus** (mit Künstlercafé) im Wergelandsveien 17 am Schlosspark.
- Die 1999 neu eröffnete **Universitäts-Bibliothek** befindet sich zentral auf dem Campus in Blindern, nahe Blindernveien. **Stadtbibliothek** ist die **Deichmanske bibliotek** in der Akersgata.

Konzerte/Volkstanz/ Unterhaltung

- Regelmäßig werden **Konzerte** im Oslo Spektrum (Sonja Henies Plass 2) und im Konserthus (Munkedamsveien 14) aufgeführt. Im Sommer finden hier Mo und Do um 21 Uhr, im Freilichtmuseum Sa um 14 Uhr **Volkstanzaufführungen** statt.
- Gute **Jazzkonzerte** gibt es regelmäßig im Oslo Jazzhus (Pilestredet 30) und im Blå Jazzclub (Brenneriveien 9, ab 20 Jahre).
- Für **Clubkonzerte** sind Gamle Logen (Grev Wedels plass, hinter der Festung Akershus), Rockefeller Music Hall (Torggata 16, nahe Youngstorget, ab 18 Jahren) und Smuget (Rosenkantzgate 22, in der Nähe des Rathauses) empfehlenswert.
- Im Kanalen Underholdningssenter, Klingenberggt. 4, gibt es **Simulatoren, Brett- und Computerspiele**.

Festivals/Veranstaltungen

- **Holmenkollen Skifestival,** Skisprung-, Biathlon- und Langlaufwettbewerbe, Mitte März. Stehplatzticket: 120 NOK.
- **Grete-Waitz-Lauf** im Mai (Marathonlauf nur für Frauen).
- **Bislet Games,** Leichtathletikveranstaltung an den letzten Junitagen, besetzt mit internationalen Leichtathletikstars.
- **Oslo Grieg Festival,** viele Konzerte, speziell in der Nationalgalerie, Ende Juli.
- **Oslo Jazz Festival,** Anfang August. Oslo gilt bei vielen als die neue Jazz-Hauptstadt des Nordens. Allein dieses Festival bietet über 80 Konzerte. www.oslojazz.no.
- **Oslo Kammermusikfestival,** Ende August.
- **Ultima Festival,** Anfang Oktober. Größtes Festival moderner, experimenteller Musik. www.ultima.no.
- **Oslo Marathon** im September (Oslo Marathon: P.O. Box 5889 Majorstua, 0308 Oslo).
- Ende Juni ist die Hauptstadt Zielort für eines der härtesten **Amateurradrennen** der Welt. Jährlich legen über 3000 Teilnehmer die 540 km lange „Store Styrkeprøve", „Die Große Kraftprobe", von Trondheim nach Oslo an einem Tag zurück (Tel. 22579748, Fax 2257947, www.styrkeproven.com).

Mehr Infos zu Festivals und Veranstaltungen auf www.norwegeninfo.net.

Sport und Aktivitäten
Baden

- Die beiden **Hauptbäder** mit 27 °C warmem Wasser und allem Schnick-Schnack sind: Frogner (am Vigeland-Park) und Tøyen (am Munch-Museum); Preise: 70 NOK.
- **Baden im See:** Populärster und vielleicht schönster Platz ist der Sognsvann (T-bane 5 bis zur Endhaltestelle), auch ideal für Kinder, Sommertemperaturen bei 19-22 Grad.
- **Baden im Fjord:** Die höchsten Temperaturen (um 20 Grad) erreicht der kinderfreundliche Platz auf der Insel Langøyene. Herrlich sind auch die Plätze Paradisbukten und Huk (auf Bygdøy, auch FKK, am Südende der Halbinsel, Boot ab Rathaus).

Fahrrad fahren (Verleih)

- **Fahrräder der Stadt Oslo:** Für 50 NOK bekommt man in der Touristeninformation ein Ticket mit dem die Ausleihe aller Stadtfahrräder gratis ist.
- Drahtesel gibt es auch für etwa 250 NOK/Tag an der T-bane-Haltestelle Voksenkollen.
- Fahrradfahren ist im Zentrum von Oslo nicht sehr angenehm. Fahrradwege gibt es kaum. Am günstigsten ist es, entlang des Flusses Akerselva nach Norden in die **Nordmarka** zu radeln (wo es unendlich viele Tourenrad- und Mountainbike-Wege gibt) oder sich auf einem Fahrradweg am Fjord entlang zur ruhigen Insel Bygdøy zu begeben. Karten sind in allen Buchläden erhältlich. (Siehe auch „Wanderungen".)

Tennis
• Dem Zentrum am nächsten liegen die kommunalen **Plätze des Frogner-Parks** (50 NOK).

Golf
• Am Bogstad-See, nahe dem Camping, liegt der wohl bekannteste Golfclubs Norwegens, des **Oslo Golfklubb** (Tel. 22504402, Fax 22510560, www.oslogk.no). Weitere: **Groruddalen Golfklubb** (Tel. 22216718), **Bærum Golfklubb**, Lommedalen (Tel. 67562870), **Ballerud Golf- og Treningssenter** (in Høvik, Tel. 67124124).

Bowling
• Zentrumsnahe Bowlingbahnen liegen in der Torggate 16 (**Oslo Bowlingsenter**) und am Drammensveien 40 (**Solli Bowlinghall**).

Wintersport
Unweit des Holmenkollen liegt der neue Tryvann Vinterpark mit 4 Liften und 381 m Höhenunterschied (www.tryvann.no, Tagespass 270 NOK). Kleiner und preiswerter ist die Anlage am Grefsenkollen (2 km nordöstlich der Jugendherberge Haraldsheimen). Auch gibt es Skianlagen am Kolås (westlich der Stadtgrenze) und in Nittedal, am Varingskollen (24 km nördlich von Oslo, 345 m Höhenunterschied). Außerdem stehen über 2000 km gespurte Loipen zur Verfügung. Die meisten, auch beleuchteten, Loipen liegen im Dreieck Holmenkollen/Studenterhytta/Ullevålseter. Ein Blick auf die Karte verrät, die Möglichkeiten, Øst- und Vestmarka mitgerechnet, sind fast unbegrenzt!
• **Skiausrüstung** kann beim A/S Skiservice, an der Haltestelle Voksenkollen (T-bane-Linie 1), geliehen werden (Tel. 22139500). Auch sind hier, für 80-100 NOK, **Schlitten** erhältlich. Beliebt bei Alt und Jung sind Rodeltouren von der Haltestelle Frognerseteren den Korketrekkeren (Korkenzieher) hinab zur Midstuen stasjon. Hinauf kommt man wieder mit der T-bane.
• **Alpintoget (Winterzug):** Geilo Tagestour 400 NOK (inkl. Ticket, Liftkarte), 2 Tage ab 700 NOK; Kongsberg Tagestour 280 NOK; Kvitfjell bei Lillehammer 475 NOK, 2 Tage ab 600 NOK; Skibus zum Norefjell.

• **Schlittschuhlaufen:** Wer noch nicht Gelegenheit hatte, auf einer Haupteinkaufsstraße Schlittschuh zu laufen – in Oslo hat er sie! An kalten Tagen wird nämlich das Wasserbecken auf der Narvise an der Karl Johans gate in eine Spritzeisbahn verwandelt. Wem das zu klein ist, kann in die Stadien Valle Hovin und Frogner ausweichen. Neuerdings gibt es auch eine Spritzeisbahn mit Schlittschuhverleih an der Aker Brygge.

Stadt- und Bootsrundfahrten
• **Oslo Sightseeing**, Tel. 23356890, Fax 23356899, Abfahrt ab Rathauskai

Wanderungen
• **Akerselva:** Gleich hinter dem Glasturm des Plaza Hotels (Grønlandsleieret) beginnt der 8 km lange Wander- und Fahrradweg entlang des Akerselva. Er führt über 150 Höhenmeter durch Parks und vorbei an Industriearchitektur des 19. Jh., wie der 1856 eröffneten Segeltuchfabrik nördlich der Rotunde Kuba. Man passiert ein zum Studentenwohnheim umgebauten Getreidesilo, 20 Wasserfälle und, kurz vor dem See Mariedalsvann, wo auch das Technische Museum liegt, einige Badestellen. Unterhalb der Beierbrua liegt außerdem in einem roten Häuschen ein kleines Café, wo Waffeln gereicht werden.
• **Nordmarka:** Das **große Waldgebiet im Norden der Stadt** eignet sich hervorragend für Kurz- oder Mehrtageswanderungen, z. B. vom Parkplatz am **Sogsvann** (T-bane 3 bis Endhaltestelle) 2,5 km Rundweg um den See oder am rechten Ufer vorbei in Richtung Alm Ullevålseter (1 Std. pro Richtung, Imbiss). Kurz vor der Alm zweigt zudem ein Weg nach Bjørnholt ab (1 Std. pro Richtung, Kanuverleih, übernachten im Lavoo: 200 NOK).
• Ebenfalls schön ist die Wanderung **vom Holmenkollen zum Frognerseter-Restaurant,** mit einigen alten Holzhütten, und weiter **zum Fernsehturm Tryvannstårnet.** Dazu überquert man auf einer Holzbrücke die Straße Richtung Frognerseteren und folgt ihr unterhalb auf einem idyllischen Waldweg. Anschließend läuft man am Frognerseter-Restaurant links vorbei, bergauf in den Wald hinein. Kurze Zeit später erreicht man die

Haltestelle Frognerseteren. Hinter ihr geht's nun weiter durch einen kleinen Birkenwald (Hinweisschild beachten), solange bis man die Hauptstraße wieder erreicht. Dieser folgt man dann vorbei an einem idyllischen See (hier evtl. Möglichkeiten zum Wildcampen) bis zum Tryvannstårnet.

●**Umrundung des Berges Kolsås** (westlich von Oslo): Guter Einstiegspunkt ist die S-Bahn-Haltestelle Valler. Man folgt dem Dæliveien bis zum Dalbo-Naturreservat und hält sich nun rechts, bis man auf den Gamle Ringeriksvei trifft. Diesem folgt man nach Nordwesten, bis hinter den Steinbruch. Man unterquert die Straße und läuft hinab in das neue Wohnviertel von Helset, folgt dem Helsetveien und Skollerudveien nach Bærums verk. Diesen alten Handelsplatz durchquert man nach Süden und folgt parallel dem Lommedalsveien, bis dieser den Bach überquert. Unterhalb der Brücke liegt ein winziges Wasserkraftwerk von 1917 (Führing: Di-Do 13 Uhr). Es geht nun bergan in ein hübsches Wohnviertel; dort folgt man dem oberen Weg der Steinsoppgrenda nach Süden bis zur S-Bahn-Haltestelle Kolsås. Der Bahnlinie kann man nun bis zur Haltestelle Valler folgen. Unterwegs lohnt ein Abstecher den Toppåsveien hinauf zum Kolsåsstupene-Naturreservat. Den schönen Rundgang begleiten oft Schilder zur Natur und Kultur (allerdings auf Norwegisch). Ein Schild der Straße Heggelia (Nebenstraße des Toppåsveien) zeigt die Fossilienvorkommen der Region des Oslofeldes.

Shopping
Haupteinkaufsstraßen
Karl Johans gate (teuer), Grensen (viele Bekleidungsläden), Torggate (Rema 1000-Lebensmittelmarkt), Storgate (preiswerte Kleidung und Rema 1000), Brugate/Smalgangen/Grønlandsleiret (preiswertes Obst und Gemüse).

Märkte
Stortorvet (Blumen), Youngstorget (Obst, Gemüse, Kleidung).

Einkaufszentren
Aker Brygge (60 Läden, 35 Restaurants, sehr teuer und edel), Paleét (Karl Johans gate 37-43, 45 Läden und 13 teilweise recht preiswerte Restaurants), Glasmagasinet (am Stortorvet am Dom, u. a. über 25 Bekleidungsläden), Steen & Strøm (Nedre Slottsgate), Oslo City (am Hauptbahnhof, 100 Geschäfte), Byporten (neues, innen bonbonfarbenes Einkaufszentrum neben dem Hauptbahnhof), Østbanehallen (alte Bahnhofshalle neben dem modernen Hauptbahnhof), Gunerius (Storgata, preiswerte Ramschläden).

Geschäfte
Buchhandlung Tanum (Karl Johans gate 37-43, Paleét, größte in Norwegen, auch breites Angebot an Karten und englisch- und deutschsprachigen Büchern); Norli International Bookshop (Universitetsgt. 20); Heimen Husflid (Rosenkrantzgate 8, Pullover, Norwegen-Souvenirs); Basarhallene am Dom (Kunstgewerbe, Gewürze); Platekompaniet (Klingenberggate, CDs in der Preislage von 79-129 NOK); Akers Mic (Tollbugt./Kongensgt., sehr große Auswahl an klassischer und Jazzmusik); Kodak Fotoladen (Torggt., einer der preiswerteren); Sporthuset (Grensen 5-6, Sportartikel); Skandinavisk Høyfjellsutstyr (Bogstadveien 1, Outdoor), Juhls Silvergally, Roald Amundsensgt. 2, am Rathaus, Toller Silberschmuck aus Nordnorwegen! Mehr Läden unter www.norwegeninfo.net.

Einer der eigenwilligsten Läden Oslos liegt in der Huitfeltsgt. 28 (Tel. 22551718). Hier verkauft der **Erfinder Arnold Selnes** Patente, Erfindungen und Kuriosa. 2800 Medaillen hat er für seine Arbeiten erhalten. Egal ob es darum geht, das Wachstum von Nutzpflanzen unter Kälte und Trockenheit zu verbessern oder medizinisch-technische Geräte zu ersinnen, er scheint sich über fast alles Gedanken zu machen. Für den Besucher zeigt sich sein Erfindergeist am ehesten in dem Sammelsurium alter Fahrräder, die er aus Einzelteilen neu zusammensetzte und nun ab 300 NOK zum Verkauf anbietet.

Internet
UngInfo (Møllergata 3, wenige, aber kostenfreie Rechner), **Deichmanske Bibliotek** (Henrik Ibsens gate 1, gratis Internet), **Akers Mic** (Akers gate 39, nahe Karl Johans gata,

im Keller des CD Ladens), **@rctic** (im Hauptbahnhof), **Nettcafé** (Akersgate 39), **It Palasset** (T-bane-Haltestelle Majorstua).

Kostenloses W-Lan: An allen Hochschulen und der Uni. „Betroffen" sind davon auch die im Text erwähnen Kneipen/Cafés: Amsterdam, Tea Lounge, Archimboldo, Gamle Majors Lab, Chateaux Neuf und die T-bane Station Nationaltheater.

Sicherheit

Oslo ist noch immer eine sichere Stadt, wenngleich die Probleme in den letzten Jahren nicht weniger wurden. Ein wenig Vorsicht ist demnach nachts in den Stadtteilen **Grønland und Tøyen** (Munch-Museum), speziell an den T-bane Haltestellen angebracht. Auch in der **Gegend um den Bahnhof** zeigen sich die Schattenseiten der Stadt.

Vollbepackte Autos sollten nachts im Parkhaus, tags zumindest sehr zentral oder an der Unterkunft abgestellt werden. Zudem werden **Fahrräder** öfter zum Ziel von Dieben.

Sonstiges

- **Goethe Institut,** Grønland 16, 0188 Oslo, Tel. 22057880, Fax 23364100.
- **Polizei,** Grønlandsleiret 44, Tel. 22669050.
- **Arbeitsvermittlung für Ausländer,** Trondheimvn. 2, Tel. 22981900.
- **Hauptpost,** Dronningsgata 15.
- **Telefon/Telegramm,** Kongensgt. 12 und 21.
- **Fundbüros,** Grønlandsleiret 44, Tel. 2266 9055, Dronningsgate 27.
- **Apotheke,** Jernbanetorget Apotek, Tel. 23358100, am Platz vor dem Hauptbahnhof, 24 Std. geöffnet.
- **Arzt,** Legevakt Oslo, Storgata 40 (Str. beginnt am Dom), 0182 Oslo, Tel. 22932293.
- **Telefonshop,** Brugata (Seitenstr. der Storgata), preiswert telefonieren per Vermittlung oder Telefonkarte (man wählt die Nummer auf der Karte).
- **Waschsalon,** A-snarvask, Thorvald Meyers gate 18 (Grünerløkka).

Umgebung von Oslo

- Östlich von Oslo, in **Fetsund,** in der Nähe des Satellitenvorortes Lillestrøm, am Glomma-Delta, liegt das **Flößereimuseum** mit Ausstellungen zu Technik und Kunst. (11-16 Uhr, gratis.)
- Unweit nördlich, in **Sørumsand,** beginnt die 4 km lange **Schmalspurbahn „Tertitten".** Sie verkehrt im Sommer für 50 NOK pro Person (Kinder 25 NOK) täglich zu jeder vollen Stunde zwischen 11 und 15 Uhr.
- **Frognerstrand Camping,** in Nes an der Rv 2, 50 km nordöstl. Oslo, Tel. 63907460, www.frognerstrand.no. Einfacher, aber sauberer Platz am Fluss Glomma. 13 einfache Sommerhütten für 300-500 NOK.

Östlich des Oslofjords

Die hügelige Wald- und Seenlandschaft ist ein eher unspektakulärer Teil Norwegens, was nicht heißt, dass er uninteressant ist. Die meisten fahren auf schnellstem Wege zu den bekannten Sehenswürdigkeiten des Westlandes oder die Lofote. Wer sich aber für **Felszeichnungen,** alte **Festungen** und eine für norwegische Verhältnisse **liebliche Landschaft** mit wogenden Feldern begeistert, sollte hier Zwischenstopps einplanen. Leider ist Østfold auch **eine der wichtigsten Industrieregionen** (Holzverarbeitung, Chemie) Norwegens, wobei man sich besonders in Moss und Sarpsborg städtebaulich nicht mit Ruhm bekleckert hat; Fredrikstad hingegen ist recht hübsch und sehenswert.

Auch die Nähe zu Oslo führt zu einer zunehmenden Zerstörung durch den Bau neuer Wohngebiete und Schnellstraßen. Die neuesten Projekte

ÖSTLICH DES OSLOFJORDS

waren ein **Tunnel unter dem Oslofjord bei Drøbak** (55 NOK Maut), der die Hauptstadt entlasten soll, und die 2005 eröffnete **Svinesundbrücke** (20 NOK Maut; auch bei der Ausreise nach Schweden!) an der E 6, welche Norwegen mit Schweden verbindet. Das mächtige Bauwerk ist rund 700 m lang, 60 m hoch und hat eine Bogenspannweite von etwa 250 m. Parallel verläuft die alte, 1946 aus Granit errichtete Brücke.

Winterimpression bei Drøbak

Halden ⌕XXI/D3

Überblick

Sechs Kilometer östlich der E 6 liegt das **26.000-Einwohner**-Städtchen Halden. Der Ort verdankt seine Gründung der strategischen Grenzlage zu Schweden, die seit dem Frieden von Roskilde 1658 durch den Iddefjord verläuft. Die vielen Holzflößersiedlungen wurden zu einem Garnisonslager vereint, und 1661 begann man mit dem Bau einer mächtigen Festungsanlage zum Schutze vor dem skandinavischen Nachbarn. Dies erwies sich auch aus wirtschaftlicher Sicht als klug, entwickelte sich doch Halden, im

Schatten der Burg, zu einem florierenden Handelsplatz.

Heute ist die Stadt ein wichtiger **Industrieort** der Region Østfold, mit Holzverarbeitungs- und Kunststofffabriken.

Sehenswertes

Hauptsehenswürdigkeit der Stadt ist die **Festung Fredriksten** (erbaut 1661-1701). Sechsmal wurde sie belagert, jedoch nie eingenommen. Der größte Angriff erfolgte Ende des 18. Jh. unter dem Schwedenkönig *Karl XII*. Als die Haldener Bürger riesige Truppenverbände auf den Ort zumarschieren sahen, zündeten sie heldenhaft ihre eigenen Häuser an und verschanzten sich in der Festung. Das Feuer schlug die Schweden in die Flucht und ließ sie von einem weiteren Angriff auf die Landesgrenzen der norwegischen Provinz absehen. Diesem geschichtlichen Ereignis ist sogar eine Strophe der Nationalhymne gewidmet. Heute beherbergt die weitläufige Festungsanlage eine kriegshistorische Ausstellung, eine alte Apotheke, eine Bäckerei und eine Brauerei. Zudem bietet sich ein herrlicher Blick über die Stadt. Wanderwege laden zu einem Spaziergang ein. (Ende Mai bis Mitte August, täglich 10-17 Uhr.)

Unten im Ort sind eigentlich nur das **Theater** mit der einzigen erhalten gebliebenen Barockszene Norwegens, die spätklassizistische **Immanuels-Kirche** (1833) und der **Rød Herregård** erwähnenswert. Der schöne herrschaftliche Hof stammt aus dem 17. Jahrhundert und ist umgeben von einem Barockgarten sowie einem schönen Naturpark. (Führungen finden im Sommer Di-So 12, 13, 14 Uhr statt (50 NOK); Lage: 800 m westlich des Zentrums, an der Rv 21.)

In der Umgebung Haldens lohnt eine **Bootstour** auf dem 75 km langen **Halden-Kanal**. Man schippert dabei durch die idyllische Wald- und Seenlandschaft Østfolds und passiert wenige Kilometer östlich des Ortes die Brekke-Schleuse, die einen erstaunlichen Höhenunterschied von 26,6 m aufweist! In **Ørje** angekommen (70 km nördlich von Halden), kann man ein **Kanal- und Holzflößereimuseum** besichtigen (Sommer tägl. 11-17 Uhr.) Tickets für die Tour gibt es in der Touristeninformation Halden.

Touristeninformation

● **Halden Turist,** Torget 2, 1767 Halden, Tel. 69190980, am Markt unweit des Bahnhofs, www.haldentourist.no.

Orientierung

● Die Rv 21 aus Richtung E 6 kommend führt direkt ins Zentrum der Stadt. Die Haupteinkaufsstraße liegt nördlich des Flusses Tista, die Festung und der Bahnhof befinden sich südlich des Flusses.

An- und Weiterreise

● **Bahnhof,** am südlichen Ufer des Tista-Flusses. Züge Richtung Oslo und Schweden.
● **Busbahnhof,** nur 100 m linker Hand vom Bahnhof entfernt gelegen, Tel. 69180311.

Unterkunft

● **Grand Hotel,** Jerbanetorget 1, Tel. 6918 7200, Fax 69187959, (*****), Wochenende (****). In Bahnhofsnähe. Neu renovierte Zim-

ÖSTLICH DES OSLOFJORDS

mer, nettes Ambiente. Besonders schmuck ist der Speisesaal im Empirestil mit großem Kachelofen. Gemütliche Bar.

Jugendherberge

● **Halden Vandrerhjem,** P.B. 2110, Brødløs, 1760 Halden, Tel. 69216600, Fax 69216603; 22.6.-8.8. Einfache Anlage mit günstigen Preisen: Bett 150 NOK, DZ 400 NOK; 3 km nördlich des Bahnhofs, Ortsteil Brødløs, Bushaltestelle 300 m.

Camping/Hütten

● **Fredrikssten Camping,** an der Festung, Tel. 69184032, nur im Sommer, Hütten.
● **Kirkeng Camping,** 1798 Aremark, Tel. 69199298, Fax 69199058, ganzjährig geöffnet. Nahe der Rv 21, ca. 33 km nordöstlich von Halden gelegen. 4 Hütten (*/***), Bootsverleih, Minigolf, Bademöglichkeiten, Tennis.
● **Stora Lee Camping,** Tolsby Gård, 1798 Aremark, Tel. 69198656, www.storalee.no. Nur Mai bis Ende September geöffnet. Schöne Lage nahe der Rv 21, ca. 33 km nordöstlich von Halden. Hütten (**/***), Bootsverleih und Minigolf.

Aktivitäten

● In Halden gibt es u. a. zwei Schwimmhallen, ein Bowlingcenter, Theater und Kino.
● **Wandern:** Auf der Rückseite der Festung beginnt der Wanderweg durch das tolle Waldgebiet der Ertemarka zur Hütte Ertehytta. Wandern kann man auch im Naturschutzgebiet Lundsneset (am See Søndre Boksjø, an der Grenze zu Schweden).

Umgebung

● Richtung Norden geht es weiter auf der E 6. Als kleine Zwischenstopps bieten sich der große Grabhügel (750 n. Chr.) von **Nygård** und die Felszeichnungen am **Hof Hjelmungen** (1 km weiter nördlich) an.
● Bei **Skjeberg** (romanische Kirche mit Runen) kann man auf die Rv 110, den sogenannten „Oldtidsveg" (Vorzeitweg, siehe unter „Fredrikstad/Umgebung") oder zum **Badeplatz Sandvika** (siehe unter „Sarpsborg") abbiegen.

Sarpsborg ⌕XXI/C,D2

Sarpsborg, ein etwas blass-grauer **Industrieort,** wurde 1016 von König *Olav Haraldson* gegründet und ist somit immerhin eine der ältesten Siedlungen Norwegens, wenngleich man dies bei einer Fahrt durch das Zentrum kaum glauben mag. Die **50.000-Einwohner**-Stadt lebt hauptsächlich von der Holzveredelung und vom Holzexporthafen, was auch nur unschwer zu übersehen ist. Der Wasserfall Sarpsfoss an der Glomma, dem längsten Fluss Norwegens, liefert mit seinen zwei Kraftwerken die notwendige Energie.

Wer in den Ort trotzdem etwas Zeit investieren möchte, kann z. B. durch den doch recht idyllischen **Kulåspark** mit Grabhügeln aus der Eisenzeit schlendern. (Lage: Ab Bhf. die Jernbanegate immer geradeaus.) Zu sehen ist hier auch der aus dem 18. Jahrhundert stammende **Borregaard Hovedgård.** Ein zweiter schöner Gutshof ist der **Hafslund Hovedgård.** Er stammt aus der Zeit des Rokoko und ist umgeben von einem hübschen Englischen Garten mit Grabhügel und Felszeichnungen. Leider liegt die Anlage an der Rv 127 in der Nähe des Industriegebietes. Auf der Suche nach dem alten Sarpsborg wird man im schönen **Borgarsyssel-Museum** fündig. Neben den Ruinen der Nicolas-Kirche aus dem 12. Jh. werden auch alte Häuser aus der Region Østfold präsentiert. Zudem können eine archäologische und Kirchenkunst-Ausstellung, ein Rui-

SARPSBORG

nenpark und ein alter Marktplatz besichtigt werden. Für Kinder gibt es den Hof barnas gård. (Mitte Mai-Ende Aug. Di-Fr 10-16 Uhr, Sa/So 12-16 Uhr, Lage: östlich des Zentrums.)

Touristeninformation

●**Sarpsborg Turistinformasjon,** St. Mariengate 86, Postboks 246, 1702 Sarpsborg, Tel. 69156535, zwischen Fußgängerzone und Kirche, Eingang: Glengsgaten. www.visit sarpsborg.no.

An- und Weiterreise

●**Bahnhof,** Varteiggt. 31, liegt sehr zentrumsnah; Züge Richtung Oslo, Moss, Fredrikstad, Askim/ Mysen und nach Schweden. Zum Stadtzentrum folgt man der Jernbanegata.
●**Busbahnhof,** Haftor Johnssons gt. 19, westlich des Zentrums; **Fernbusse 101, 210.**

Unterkunft

●**Quality Hotel og Badeland,** Bjørnstadveien 20, Grålum, Tel. 69101500, Fax 69101501, (*****), Sommer teilw. (****). Neues Hotel mit angenehmem Ambiente, ansprechendem Restaurant und eleganten Zimmern. Außerdem Disco und ein für jedermann zugängliches Badeland.
●**Hotel St. Olav,** Glensgata 21, Tel. 69152055, Fax 69152098, post@hotelstolav.no, (***). Von Deutschen geleitetes, angenehmes Hotel.

Camping/Hütten

●**Høysand Camping,** Skjeberg, südlich von Sarpsborg, an E 6 ausgeschildert, Tel. 6916 8125, Fax 69227730. Sauberer, schöner Platz am Bootshafen. Ruhige Lage. 1.5.-1.10. Großes Aktivitätscenter.
●**Utne Camping** (**), E 6, 8 km nördl. Sarpsborg in Greåker, ganzjährig geöffnet, Tel. 69147126, 20 einfache Hütten (*) und bessere Appartements (****).

Jugendherberge

●**Sarpsborg Vandrerhjem Tuneheimen,** Tunevn. 44, 1170 Sarpsborg, Tel. 69145001, Fax 69142291, www.sarpsborgvandrerhjem.no. Ganzjärig geöffnet. Schöne Anlage (Bett 290 NOK, DZ 700 NOK) an der Rv 127, 2 km westlich des Bahnhofs (im Zentrum der Olav Haraldsonsgate folgen). Haltestelle des Expressbusses Oslo-Göteborg.

Kino

●R. Amundsensgate 17, Tel. 69114362.

Festivals

●Zum Gedenken an *Olav den Heiligen* finden Ende Juli/Anfang August alljährlich die **St. Olavs Festtage** statt, mit Mittelalterfest und Musik, Theateraufführungen und Ausstellungen, www.olavsdagene.no.

Aktivitäten

●**Bootsrundfahrt:** Es besteht die Möglichkeit einer Rundfahrt auf der Glomma, dem längsten Fluss Norwegens. Gleich nördlich des Bahnhofes steht dafür das Schiff „Krabben" bereit. Zur Buchung wendet man sich an die Touristeninformation.
●**Baden:** Sandvika/Høysandbad: Der hübsche, traditionsreiche Badeort liegt ca. 10 km südlich von Sarpsborg an der E 6 bei Skjeberg. Man kann hier im Fjord Steinbergkilden baden und nebenbei noch Minigolf und Tennis spielen!
●**Weitere Aktivitäten:** 2 Golfplätze, Klettern, Reiten, Bowling.

Umgebung

●**„Tomta"** – **Roald-Amundsen-Gedenkstätte:** Zu sehen ist das Geburtshaus des großen Polarreisenden (täglich 10-16 Uhr während des Sommers, Lage: wenige Kilometer südlich von Sarpsborg an der Rv 111 Richtung Fredrikstad).
●Nur 15 km südwestlich liegt der ungleich interessantere Ort Fredrikstad! Nur wer es eilig hat, sollte auf der E 6 bleiben. Pausen könnten an den 3000 Jahre alten **Felszeichnungen in Kalnes** (nahe der Landwirtschaftsschule) und am **Freilichtmuseum in Råde** eingelegt werden.

Fredrikstad ⌕XXI/C2,3

Überblick

Fredrikstad ist ein netter, etwas verschlafener Ort mit zwei ungleichen Stadthälften: Auf der einen Seite des Flusses Glomma das moderne neue Zentrum mit guten Einkaufsmöglichkeiten, auf der anderen Seite Gamlebyen, die Festungsaltstadt. Zum Einkaufen sollte man einfach den Schildern „Sentrum", zum Bummeln und Flanieren der Ausschilderung „Gamlebyen" folgen.

Nachdem die Schweden Sarpsborg zerstört hatten, wurde hier am Ufer der Glomma 1567 von *Fredrik II.* Fredrikstad gegründet. 100 Jahre später, etwa zur selben Zeit wie in Halden, begann man auch hier mit dem Bau einer Schutzfestung. Das Fort Kongsten ist aber wesentlich kleiner als sein Pendant an der schwedischen Grenze. Auch entwickelte sich Fredrikstad im Gegensatz zu Halden nur langsam und wurde immer wieder durch Brände zerstört. Heute jedoch ist der **71.000-Einwohner-Ort** ein wichtiges Industrie- und Handelszentrum und die mit Sicherheit **schönste Stadt südöstlich von Oslo.**

Sehenswertes

Gamlebyen mit seiner geschlossenen Holzhausbebauung ist etwas Besonderes in einem Land, in dem man oftmals nicht gerade zimperlich mit alter Bausubstanz umgeht. Angelegt wurde die Altstadt 1567, zur Festung um- und ausgebaut jedoch erst 1660, nachdem die schwedische Grenze näher gerückt war. Es entstand durch das Ausheben von Wassergräben eine Insel.

Bei einem Bummel durch die holprigen Kopfsteinpflastergassen sind vor allem das 300 Jahre alte **Provianthaus,** mit bis zu 4 m dicken Wänden, vier großen Backöfen und einem Tonnengewölbe, der **Artilleriehof** und die **Kalender-Kaserne** (Torvkaserne) zu beachten (Wegweiser auf dem zentralen Marktplatz). Der Aufbau des 1788 fertiggestellten Gebäudes spiegelt die astronomische Zeitrechnung wider: Das Bauwerk hat vier Eingangstüren (= vier Jahreszeiten), 365 Fenster und 52 Zimmer mit insgesamt sechzig Türen. Jedes Fenster besitzt 24 Scheiben. Auf dem Dach stehen zwölf Schornsteine. Gleichfalls am Markt stehen das 1784 erbaute **Alte Rathaus** mit dem Pranger und der im gleichen Jahr errichtete **Hof Donkejongården.** Er gehörte 1807 bis 1837 dem Brigadearzt *Abraham Falch Simer,* der 21 Kinder hatte und sicherlich jeden Winkel des Hauses zu nutzen wusste.

Die alte **Zugbrücke** (Altstadtzugang von Südosten her) wurde 1695 erbaut. Zwischen Zapfenstreich und Weckruf wurde sie immer hochgezogen, wozu bis zu 30 Soldaten benötigt wurden. Wenn der Postbote kam nachdem die Brücke hochgezogen war, wurde die Post per Laufseil über den Wassergraben geschickt. Über dem Portal ist an der Seite der Leitspruch *Christian V.* eingraviert: „Pietate et justitia" – „Mil-

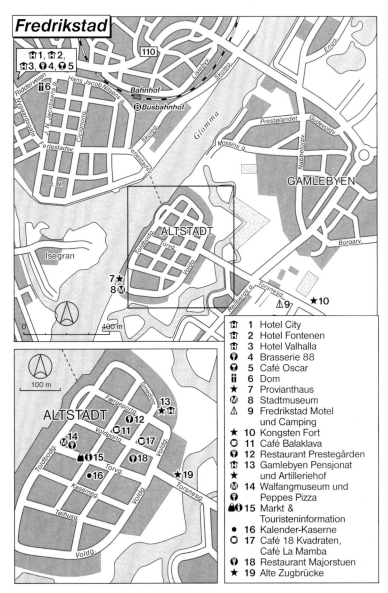

ÖSTLICH DES OSLOFJORDS

de und Gerechtigkeit". In der Wachstube von 1740 ist eine **Glasbläserei** untergebracht.

Läuft man über die Brücke und weiter geradeaus, ist nach ca. 500 m der eingangs erwähnte Festungsposten **Kongsten Fort** erreicht. Leider lohnt sich der ganze Aufwand nicht so recht, und so sollte man eher in die Altstadt zurückkehren und dem recht interessanten **Stadtmuseum** einen Besuch abstatten. Die einzelnen Abteilungen liegen in Gebäuden mit so schaurigen Namen wie „Alte Sklaverei", 1731 für die 27 Festungssklaven erbaut, und „Pulverturm". Die maritime Ausstellung befindet sich auf einer kleinen Insel in der Glomma, im Fort Isegran. (Mai-Okt., Mo-Fr 11-17 Uhr, Sa/So 12-17 Uhr; 40 NOK).

Ein zweites, kleineres Museum ist dem **Walfang** gewidmet und im Keller des Bullgården untergebracht. Zu sehen sind Gegenstände vom Walfang im südlichen Eismeer bis zur letzten Saison 1967-68, Fotos von Walfängern aus Østfold und Filme vom Jagdgebiet (Juni-Aug. Sa/So 12-16 Uhr, 10 NOK).

Im modernen Teil Fredrikstads ist allein der **neugotische Dom** sehenswert. Er besitzt mit etwa 4000 Orgelpfeifen eine der größten Orgeln Norwegens.

Touristeninformation

●**Turistinformasjon,** Tøihusgata 41, 1632 Gamle Fredrikstad, Tel. 69304600, in der Altstadt unweit der Kirche gelegen (Tel. 69390122, www.opplevfredrikstad.com, u. a. Hüttenvermittlung). Geöffnet: Mitte Juni-Mitte Aug. Mo-Fr 9-17 Uhr, Sa/So ab 12 Uhr; ansonsten: Mo-Fr 9-16.30 Uhr.

Orientierung

●Alle Straßen führen in das neue Fredrikstader Zentrum, welches an der Kreuzung der Rv 110 und der Rv 109 liegt. Zur Gamlebyen folgt man einfach der Ausschilderung oder nimmt die Fähre, welche unterhalb des Bahnhofes zur Altstadt übersetzt.

An- und Weiterreise

●**Bahnhof,** nördlich der Glomma. In Richtung des neuen Stadtzentrums folgt man der Hauptstraße Brønneløkkveien nördlich des Bahnhofes nach links ca. 700 m. Nach Gamlebyen geht es hinab zum Fluss und mit der Fähre zum anderen Ufer. Züge (10-15x tägl. Richtung Oslo, Sarpsborg und Schweden.
●**Busbahnhof,** inmitten des neuen Stadtzentrums. **Fernbus 210/101,** www.ostfold-kollektiv.no.

Unterkunft

●**Hotel City,** Nygaardsgate 44/46 (nahe der Rv 108), Tel. 69385600, Fax 69385601, (*****), Sommer (***). Modernes Hotel mit großen Zimmern (verschiedene Stile), Restaurant, Bar, Fitnessraum und Sauna.
●**Hotel Fontenen,** Nygaardsgate 9/11, Tel. 69300500, Fax 69313264, (****), kleineres Hotel mit 52 Betten und guter Ausstattung (Restaurant, Sauna, Fahrradverleih).
●**Hotel Valhalla,** Valhallsgate 3, Tel. 69368950, Fax 69368960, www.hotelvalhalla.no. Stattliche Villa hoch über der Stadt. Die Zimmer sind recht einfach. DZ 1000 NOK.
●**Gamlebyen Pensjonat,** Smedjegaten 88, Tel. 69322020, Mitten in der Altstadt im Artilleriehof. Einfache Zimmer (**/***) ohne eigenes Bad, aber mit Charakter. Eigener Parkplatz.

Camping/Hütten

●**Fredrikstad Motel und Camping,** Torsnesveien 16, Tel. 69320315, nur im Sommer geöffnet. Großes, karges Wiesenareal nahe

In der Altstadt von Fredrikstad

der Festung Kongsten. (Ab der Fähre nach Gamlebyen: die Altstadt durchqueren, über die Zugbrücke, dann 500 m geradeaus.) Es werden 27 Motelzimmer (**) angeboten und Fahrräder vermietet.
- **Bevø Camping,** Tel. 69349215, www.bevo. no. Südöstlich der Stadt gelegen, über die Rv 107 (Ausschilderung Bevø) erreichbar. Akzeptabler Platz in schöner Lage. Er besitzt eine nette Badestelle, Minigolf sowie Kanuverleih und Hütten (ab 500 NOK).

Essen und Trinken
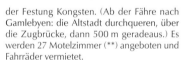

Gamlebyen:
- **Peppes Pizza,** Torvgata 57, in der Altstadt. Sie werden immer wieder gern gegessen, die schmackhaften Gerichte dieser landesweiten Pizzakette. Man sitzt hier in einem schönen Kellergewölbe. Eine 3-Personen-Pizza kostet um die 170 NOK.
- **Majorstuen,** Voldportgt. 73. Stilvolles Restaurant mit sehr guter Küche (Gerichte für rund 250 NOK).
- **Restaurant Prestegården,** Færgeportgt. 78, Gourmetrestaurant im alten Pfarrhof.
- **Café Balaklava,** Ecke Kirkegaten/Voldportgaten. Stilvolles Gartencafé in der Altstadt.
- **Café 18 Kvadraten,** Raadhusgt. 18. Altstadtcafé mit einfachen Gerichten.
- **Café La Mamba,** Voldportgt. 74, in der Altstadt gelegen. Guter Kuchen. Wein & Kaffee.

Neues Stadtzentrum:
Pizzerien und Restaurants, mit norwegischer und internationaler Küche, liegen in der Storgata und am Kai der Nygaardsgata.
- **Café Oscar,** Storgata 5, gemütlicher Pub mit Biergarten am Wasser.
- **Brasserie 88,** Storgt. 21, beliebtestes Restaurant der Stadt. Gute Küche. Kleine Gerichte *(småretter)* 125 NOK, ansonsten (Stockfisch, Ente, Sushi ...) ab 180 NOK.
- **Pizzanini,** Storgt. 5, tägl. ab 15 Uhr geöffnetes Pizzarestaurant. Zudem Pasta ab 120 NOK, Fleischgerichte ab 180 NOK.

Kino

- Nygaardsgate 2-4, Tel. 69306580.

Aktivitäten

- **Kongsten-Sportanlage:** Sie liegt in der Nähe des Kongsten Forts. Es gibt eine Schwimmhalle, Bowlingbahnen und Minigolf.
- Schöne **Badestellen** über die Rv 117 erreichbar.

Umgebung

Der Oldtidsveien/Rv 110

In jedem Fall lohnt eine Fahrt über den Oldtidsveien (**Altertumsweg**) zwischen Fredrikstad und Skjeberg (E 6). Neben der lieblichen Landschaft ist allerhand Kulturhistorisches zu entdecken.

Die Gräber und Felszeichnungen entlang der Route belegen, dass dieses Gebiet schon vor über 4000 Jahren besiedelt gewesen sein muss. Die Sehenswürdigkeiten sind gut ausgeschildert und erläutert.

3000 Jahre alte **Felszeichnungen** (helleristninger) findet man **bei Begby, Hornes und Solberg.** Zu sehen sind Schiffe, Tiere, Sonnenräder, Wagen samt Gespann und filigrane Darstellungen von Menschen (ähnlich denen auf den Felszeichnungen im schwedischen Tanum, an der E 6 gelegen).

Steinkreise und Hügelgräber gibt es bei **Hunn,** ein **Hünengrab** aus der Bronzezeit bei **Gunnarstorp.**

Kulturzentrum Storedal: Der botanische und geologische Park nördlich der Rv 110 und die „singende" Skulptur „Ode ans Licht" wurden insbesondere für Blinde angelegt.

- **Camping:** In Borge folgt man der Ausschilderung zum **Revebukta-Campingplatz** (Tel. 69169551). Über endlose Schleichwege gelangt man zu dem an einer Meeresbucht gelegenen Platz. Es gibt keine Hütten, dafür einen schönen Sandstrand. Die sanitären Einrichtungen sind in keinem guten Zustand.
- Die ruhige Straße Rv 110 lässt sich auch sehr gut **mit dem Fahrrad** erkunden, das auf dem Fredrikstad-Campingplatz oder über Tel. 69305940 geliehen werden kann.

Hvaler ♪XXI/C,D3

Diese **idyllische Inselgruppe** liegt **südlich von Fredrikstad** und steht im Kontrast zum Festland: Kahle Schären, hübsche kleine Orte, Kiefernwälder wie in Norddeutschland, Obstbäume und Sandstrände machen diese Inseln zu einem Erlebnis. Wer allerdings mit dem Fahrrad die Gegend erkunden möchte, wird wohl nicht bis zum letzten Eiland (Kirkøy) vordringen können, es sei denn, man hat ein Faible für lange Unterseetunnels. An der Mautstelle muss man zahlen (Auto: 50 NOK). Doch wie gesagt, es lohnt sich! Nicht zuletzt auch wegen des Akerø Forts von 1660 (Insel Akerøya) und der schönen Steinkirche im Ort Hvaler (auf der Insel Kirkøy), die um 1100 erbaut wurde.

- **Fremdenverkehrsamt** in Sjærhalden **auf Kirkøy,** Tel. 69379900. www.hvaler.net.
- **Busverbindung** Sjærhalden – Hvaler (Kirche) – Fredrikstad, 10-x täglich.
- **Camping:** Hvaler Camping, Tel. 47289797, www.hvalercamping.com. Zu finden auf der in der Mitte des Archipels gelegenen Insel **Spjærøy.** Schlichte bis komfortable Hütten in teils schöner Lage ab 400 NOK. Einige Dauercamper, Kiosk, Bootsverleih.
- **Fahrradverleih** über das Fremdenverkehrsamt. Tel. 69379352.

Felszeichnungen – Erzählungen aus alter Zeit

Mit dem Einsetzen von Ackerbau und Fischfang zwischen 4000 und 2000 v. Chr. begann auch die Zeit der nordischen Geschichtsschreibung in Stein. Man erzählte von der Jagd mit Speer, Pfeil und Bogen, zu Fuß, auf Ski oder im Boot. Beutetiere waren Ren, Bär, Fisch und Wal, manchmal mit einer Lebenslinie vom Maul zum Herzen oder mit dem Knochenbau dargestellt, als Teil des Wiedergeburtsritus. Auch sind kreisrunde oder linienförmige, zu beackernde Felder zu sehen, zusammen mit Menschen mit deutlichen Phallussymbolen als Zeichen der Fruchtbarkeit.

Um 1000 v. Chr. tauchen auch zunehmend Räder mit Speichen auf, als kultisches Symbol für die kreisrunde Sonne. Die Verbindung zum Rad kommt dabei nicht von ungefähr, heißt doch das nordische Sonnenfest „Julfest" (*hjul* = „Rad") und wurde zum Zeichen der Wiederkehr des Lichtes am ersten Vollmond nach dem 6. Januar gefeiert. Mit der Geburt Christi verlegte man dieses Fest auf den 25. Dezember. Dementsprechend heißt Weihnachten im Norwegischen immer noch „jul".

Begleitet werden die Sonnenräder oft von eingeritzten Fußspuren. Es wird vermutet, dass diese entweder die Gegenwart des Sonnengottes symbolisieren oder aber Dämonen „vom Feld kicken" sollen. Auch hat das Boot – neben seinem Stellenwert für die Jagd und Unternehmungen – kultische Bedeutung, dient es doch als Fahrzeug der Toten auf dem Weg ins Jenseits.

ÖSTLICH DES OSLOFJORDS

Hankø ⌕XXI/C2,3

Die **idyllische Insel mit der Sommerresidenz des Königs** liegt westlich von Fredrikstad und ist über die Rv 117 zu erreichen. In Vikane kann man dann eine Fähre nehmen, die binnen 10 Minuten nach Hankø übersetzt.

●**Unterkunft: Hankø Hotel & Spa,** Tel. 69382850, Fax 69382851, www.comwell hanko.no, (*****), modernes und sehr ansprechendes Hotel mit Spa, Tennisbahnen, Sporthalle und eigenem Strand.

Von Fredrikstad fährt man über die Rv 110 zur E 6 zurück. Es geht nun vorbei am idyllischen Vansjø, und nach 32 km ist Moss erreicht.

Moss ⌕XXI/C2

Moss kann man riechen – und das Verrückte daran: Die Einwohner sind auch noch stolz darauf! Schuld ist die schon 1883 gegründete **Papier- und Zellulosefabrik.** Hinzu kommen noch weitere 200 Betriebe und ein moderner Containerhafen. Also nichts wie weg? Ja, möchte man fast sagen, wäre da nicht die abwechslungsreiche **Insel Jeløy,** die „Perle im Oslofjord". Neben der schönen Landschaft und dem milden Klima ist auch die **Galerie F15** mit temporären Ausstellungen und Café hervorzuheben. (Di-So 11-17 Uhr). Sie wurde vor 20 Jahren in einem alten Gutshof eröffnet und liegt in Alby, am Südende des Eilandes. Am Parkplatz neben dem herrschaftlichen Haus beginnt ein Netz von **Wanderwegen.** Sie führen durch dichten Kiefern-, Fichten- und Laubwald zu herrlichen Geröllstränden und schönen Wiesen. Für Botaniker wird die Flora des Eilandes vulkanischen Ursprungs von Interesse sein.

Hauptsehenswürdigkeit des **27.000-Einwohner**-Ortes Moss selbst ist der **Konventionsgården** am nördlichen Ufer des Moss-Flusses. Das Hauptgebäude des Eisenwerkes wurde 1778 erbaut und stand 1814 im Blickpunkt der Weltöffentlichkeit, als hier die Moss-Konvention zwischen Norwegen und Schweden unterzeichnet wurde. Norwegen wurde dabei zugestanden, sein neu gegründetes Parlament und die neue Verfassung behalten zu dürfen, wenn es der Zwangsunion mit Schweden weiter angehören würde.

Mehr zur Stadt erfährt der Besucher im ansprechend gestalteten **By-og Industrimuseum** (Fossen 21/23). Dokumentiert wird die Mühlenindustrie des Ortes, zudem umfasst die Ausstellung die Themen Papier, Glas und Wasserkraft. (Geöffnet: Juli-Aug. 11-15 Uhr, ansonsten Di-Fr 11-15 & So 12-15 Uhr.) Gelegen ist das Museum in der Mølleby, der Mühlenstadt, einem umgestalteten ehemaligen Industriegelände, das heute die Hochschule, das Kino, die Bibliothek, Restaurants und Kneipen beheimatet (nördl. der Innenstadt, am Fluss gelegen).

Touristeninformation

●Im Stadtzentrum gegenüber der Kirche gelegen, Tel. 69241520, www.visitmoss.no. Geöffnet: Im Sommer 9-19 Uhr, So 10-16 Uhr, ansonsten: bis 16 bzw. 14 Uhr.

Farbkarte S. XXI

MOSS, DRØBAK

An- und Weiterreise

- **Bahnhof,** südlich des Stadtzentrums. Züge Richtung Oslo, Fredrikstad und Schweden.
- **Busbahnhof,** 100 m nördlich der Fußgängerzone und etwa 500 m nördlich des Bahnhofs. **Fernbus 210,** Busse nach Jeløy.
- **Fähre:** Autofähren nach Horten (stündlich), zum gegenüberliegenden Fjordufer (Überfahrt 35 Min., Auto 100 NOK, Erwachsene 30 NOK) und nach Dänemark. Der Fähranleger befindet sich südlich des Zentrums in Bahnhofsnähe.
- **Flugplatz:** Südöstlich der Stadt liegt der Militärflughafen Rygge. Dieser soll vermutlich bald Zielflughafen für Billigflieger werden. (Bahnverbindung nach Oslo, 120 NOK).

Unterkunft

- **Mossesia Motell,** Strandgaten 27 (hinter dem Bahnhof), Tel. 69253131, Fax 69254242, www.mossesia.com, (***/****). Einfaches Hotel.
- **Hotel Refsnes Gods,** Godset 5 (Insel Jeløy), Tel. 69278300, Fax 69278301, (*****). Das komfortable Hotel liegt auf einem alten Herrensitz und bietet noble Suiten, moderne Zimmer, ein teures Restaurant und eine Sauna. Es werden auch Fahrräder vermietet.

Jugendherberge

- **Vandrerhjem Vansjøheimen,** im Nespark, auf einer Halbinsel im Vansjø. Tel. 69255334, Fax 69250166, 1.6.-1.9., DZ 600 NOK, Bett 220 NOK. Die Herberge liegt etwa 700 m östlich des Zentrums (Rv 19). Schöner Aufenthaltsraum mit Kamin.

Camping/Hütten

- **Nes Camping,** an der Nordspitze der Insel Jeløy, Tel. 69270176. Großer, terrassierter Platz, an einer Bucht gelegen, viele Dauercamper. Es gibt 12 einfache Hütten (*/**), Bootsverleih, Minigolf und eine Badestelle.
- **Larkollen Camping,** Larkollen, Tel. 6926 3194. 10 km südlich von Moss an der Rv 119 in Meeresnähe gelegen. 8 Hütten (*/**), Badeplätze, Angelstellen, Boote.

Baden

- In Moss und Umgebung gibt es nicht weniger als **48 Badestrände.** Diese liegen u. a. auf der Insel Jeløy (in Alby, Refsnes & Vårli) und in Larkollen (14 km südl. von Moss an der Rv 119).

Umgebung

- 5 km südlich von Moss können das 1190 gegründete **Værne-Kloster,** eine idyllische Ruine umgeben von Laubwäldern und Alleen, und die romanische **Rygge-Kirche** aus dem 11. Jahrhundert besichtigt werden (in Rygge, nahe der E 6).
- Auch unweit nördlich von Moss kann in **Son** ein interessanter Zwischenstopp eingelegt werden: Son ist ein idyllischer Badeort mit vielen Holzhäusern aus der Holländerzeit. Vom 17. bis zur Mitte des 19. Jahrhunderts war Son ein wichtiger Holzhafen mit eigenem Zollrecht, dessen Stern erst sank, als 1720 das Handelszentrum Moss gegründet wurde. Die wichtigsten erhaltenen Gebäude sind der schlohweiße Thornegården aus dem Jahr 1647 (1761 umgebaut), der rote Spinnerigården (um 1640) und der Stoltenberggården (17. Jh.). Besucht werden kann das Kystkultursenter im Zentrum am Wasser (geöffnet Mitte Mai-Mitte Sept. Di-So 12-17 Uhr). Zu sehen sind dort ein Museumshafen und ein Fischerhaus.

Drøbak ⇗XXI/C2

Überblick

Dort, wo der Oslofjord nur noch um die 1000 m breit ist, liegt der **beschauliche Badeort** Drøbak. Gegen Ende des 19. Jahrhunderts etablierte sich hier eine Künstlerkolonie, in der u. a. der Maler *Christian Krogh* eine Zeit lang wohnte. Der Ort steht mit seinen niedlichen Holzhäusern und verwin-

ÖSTLICH DES OSLOFJORDS

Vorsicht, Weihnachtsmann!

kelten Gässchen, mit den herrschaftlichen Villen und der schönen Holzkirche (1776) in Kontrast zum nahen Oslo. Besonders an kalten Wintertagen strahlt Drøbak einen unwiderstehlichen Charme aus. Das werden wohl noch mehr Leute so empfunden haben, gibt es doch hier das Weihnachtshaus, in dem man ganzjährig herumstöbern kann (s.u.). Außerdem soll hier *Julenissen,* der norwegische Weihnachtsmann, wohnen. Der arme Kerl muss offensichtlich schon des Öfteren mit dem Verkehr in Konflikt geraten sein, warnt doch nun die Autofahrer ein weltweit wohl einmaliges Schild: „Vorsicht: Weihnachtsmann überquert die Straße".

Sehenswertes

Die geschichtsträchtigste Sehenswürdigkeit des **4000-Einwohner**-Ortes ist die **Festung Oscarsborg.** Sie liegt auf einer Insel im Fjord und wurde 1845 erbaut. Am 9. April 1940 ist durch Kanonenschüsse von der Festung das deutsche Kriegsschiff „Blücher" versenkt worden. Allerdings geschah das eher durch Zufall, war man doch auf einen Angriff gar nicht vorbereitet und alle wichtigen Befehlshaber bei einem Vortrag in Oslo. Daher entschloss man sich, einfach draufloszuballern. Man traf den Munitionsraum und das Schiff explodierte. Die Vereinnahmung Norwegens konnte so zwar nicht verhindert, aber doch entscheidend verzögert werden, was der Königsfamilie Zeit zur Flucht gab! (Fähre ab Drøbak.)

Gleich am Markt liegt das in Norwegen einmalige **Weihnachtshaus** *(Julehus).* Das ganze Jahr über kann man sich hier in weihnachtliche Stimmung versetzen, so dies im Juli nötig sein sollte, und dabei allerlei bunte Sachen kaufen. (März bis Okt. Mo-Fr 10-17 Uhr, Sa 10-15 Uhr, Nov. Mo-Fr 10-19 Uhr, Sa 10-15 Uhr, Dez. Mo-Fr 10-20 Uhr, Sa 10-16 Uhr, 1.12.-23.12 auch So 12-16 Uhr, Eintritt frei! Post für den Weihnachtsmann richte man an folgende Adresse: Julenissen, N-1441 Drøbak.)

Für einen Sommerausflug eher prädestiniert sind wohl das **Salzwasser-Aquarium,** (11-16 Uhr, Sommer 11-19 Uhr, 30 NOK) am Bootshafen und die **Maritimen Sammlungen.** (Mai-Sept. 11-19 Uhr, Okt.-April 11-16 Uhr, täglich, Kroketønna 4, 20 NOK.) Und wer an Bootsmotoren und Dampfmaschinen nicht interessiert ist, kann zumindest das recht hübsche **Follo-Museum** besichtigen. Ausgestellt sind hier einige 250 Jahre alte Häuser aus der Region um Drøbak (Juni-Sept. Di-Fr 11-16 Uhr, Sa/So 12-17 Uhr, Belsjøveien, oberhalb von Drøbak).

Rund 25 km nördlich von Drøbak liegt eine Außenstelle des Museums, das **Haus des Polarforschers Roald Amundsen**, Uranienborg. Das Haus ist so erhalten, wie er es vor seiner letzten Reise verlassen hat (Roald Amundsen vei 192 in Svartskog; Wegbeschreibung im Museum; Geöffnet: Mitte Mai-Mitte Sept. Di-So 11-16 Uhr).

Touristeninformation

• Das **Turistkontor** befindet sich am Hafen. Tel. 64935087, www.akershus.com.

Orientierung

• Biegt man von der E 6 auf die Rv 153 oder Rv 152 ab, landet man direkt auf einem Parkplatz im Zentrum des Ortes. Drøbak liegt etwa 38 km südlich von Oslo.

An- und Weiterreise

Bus 541, ab dem Hauptbahnhof (Strandgata) in Oslo (70 NOK). Im Sommer fährt ab der Aker Brygge in Oslo täglich ein **Boot** nach Drøbak und zu der nördlich gelegenen Badeinsel Håøya.

Unterkunft

• **Reenskaug Hotel**, Storgate 32, Tel. 6498 9200, Fax 64989222, (*****). Kleines, gemütliches Hotel im Zentrum.
• **Vestby Hyttepark**, in Vestby an der E 6, südlich von Drøbak, Abfahrt Vestby-Nord (Sørli Gård), Tel. 64959800, www.vestbyhyttepark.no, Hütten (**), Apps. ab 500 NOK.
• **Studentsamskipnaden i Ås**, Drøbakvn., 1432 Ås, Tel. 64949870, 5.6.-4.8., B&B im Studentenwohnheim. Der Ort liegt 10 km östlich von Drøbak an der Bahnstrecke nach Oslo. (Ausweichquartier, falls es in Oslo zu voll ist.)

Aktivitäten

• **Baden/Spaziergang:** Man geht das steile Sträßchen vom Markt hinab zum Hafen und biegt nach rechts ab. An einem Neubau folgt man links einem idyllischen Weg, der oberhalb des Fjordes entlangführt. Auf diese Weise (oder über eine Abkürzung an der Kirche vorbei) gelangt man zu herrlichen Badeplätzen, die mit ihren hölzernen Umkleidekabinen an das Badeleben zu Beginn des 20. Jh. erinnern. An einem Kiosk gibt es Toiletten und Erfrischungen. Oberhalb, nahe der Kirche, liegt der Anker der Blücher.
• **Fahrrad fahren:** Drøbak ist von Oslo aus sehr gut mit dem Fahrrad zu erreichen. Drahtesel kann man in Oslo ausleihen. Dann nimmt man die von hier abgehende Fähre nach Nesodden (jene Halbinsel, die der Hauptstadt gegenüber liegt). Ab hier fährt man in Richtung Süden und gelangt über Nebenstraßen nach etwa 30 km nach Drøbak. Man sollte für diese Fahrt einige Kondition mitbringen, da diverse Anstiege zu überwinden sind!

Essen und Trinken

• **Galleri Café Teskje**, Niels Carlsensgate 7 (an der ins Zentrum führenden Hauptstr.). Leckere Kuchen, Tapas, Salat, Calzone. Gartenlokal unter Apfelbäumen.
• **Den gamle bageri**, Havnebakken (in der Str. vom Markt zum Hafen). Traditionsreiche Bäckerei. Ab 10 Uhr geöffnet.
• **Skipperstuen**, Lokal am Bootshafen. Italienisch/norwegisches Essen.

Auf Schnellstraßen geht es Richtung Oslo. Die E 18 zum Zentrum ist die schönere Strecke. Wer nach Westen will, kann Oslo auf der Rv 23, nördlich von Drøbak umfahren (Richtung Drammen, Oslofjordtunnel Maut: 55 NOK).

Askim und Mysen ⤳XXI/D2

Östlich von Oslo, im Binnenland Østfolds, liegt die ländliche Region Askim/Mysen. **Land- und Forstwirtschaft** dominieren. Entlang der Glomma, an der Straße Rv 21 (Ørje – Rømskog) und beiderseits des Halden-Kanal (siehe unter „Halden") findet man hervorragende Angelreviere und viel unberührte Natur. Im Kontrast zum Grün der Landschaft steht der imposante, schneeweiße **„Østfold-Dom"** aus dem 12. Jahrhundert (in Eidsberg, südlich von Askim). Eine weitere, Ende des 17. Jahrhunderts zum Schutz vor den Schweden erbaute Festung steht in Rødenes (östlich von Mysen, am Rødenes-See). Im Ort steht außerdem eine schöne Steinkirche aus dem 12. Jahrhundert.

Touristeninformation
●Reiseliv Indre Østfold, Østfold Næringspark, 1814 Askim, Tel. 69817595, www.visit indre.no.

An- und Weiterreise
●Bahnlinie 560 ab Oslo und Sarpsborg, Askim und Mysen.

Camping/Hütten
●**Sukken Camping,** Ørje, Tel. 69811077, Fax 69811824. Einfacher Platz mit 10 Hütten und Fahrradverleih.
●**Olberg Camping,** 1860 Trøgstad, Tel. 6982 8610, Fax 69828555, ganzjährig geöffnet. 3-Sterne-Campingplatz mit 4 Hütten, Tennisplatz, Ruderboot- und Fahrradverleih. An der Rv 22 nördlich von Mysen gelegen.
●**Dal Gård,** 1878 Hærland östlich von Mysen, Tel. 69895571, www.dalgard.no. Historischer Hof mit tollen Hütten ab 600 NOK.

Westlich des Oslofjords

Zu dieser Region gehören die Provinz Vestfold und Teile der Provinz Buskerud. Hier liegt das **Kernland der norwegischen Wikingerkultur** mit der ältesten Stadt des Landes, Tønsberg, den Fundorten der Gokstad- und Oseberg-Schiffe sowie den Königsgräbern von Borre. Die Landschaft ist lieblich, mit Feldern, kleinen Bergen und der romantischen Schärenwelt von Tjøme. Dank des milden Klimas und der vielen klaren Tage gehört Vestfold neben dem Sørland zu den beliebtesten Sommer-Urlaubsregionen der Norweger. Die Ortschaften bieten interessante Museen, sind aber von der Bausubstanz her nicht so hübsch wie die weiter südlichen Orte Risør, Kragerø und Lillesand.

Von Oslo aus erreicht man über die Autobahn E 18 Drammen.

Drammen ⤳XXI/C1

Überblick

Ein Platz zum längeren Verweilen ist der Industrieort sicher nicht. Und sollte der Ort je einen Stadtplaner gehabt haben, so muss dieser ein Brückenliebhaber gewesen sein. Kreuz und quer überspannen die Betonstreben die Mündung des Drammen-Flusses. Dahinter eine auf den ersten Blick lieblos hingeworfene Mischung aus Alt

Farbkarte S. XXI

DRAMMEN

und Neu. Gleiches gilt auch für die westlich gelegenen Siedlungen Mjøndalen und Hokksund, welche fast reine Wohngebiete sind. Allerdings fördern ungastliche Orte oftmals die Kreativität, und so tut sich in Drammen seit einigen Jahren recht viel. Der Bragernes-Kai wurde komplett neu gestaltet, auf dem Gelände einer alten Papierfabrik *(papirbredden)* haben die neue Bibliothek, die Hochschule, der Wissenschaftspark und die internationale Kulturschule Einzug gehalten. Außerdem soll das gesamte Flussufer zu einem Park umgestaltet werden und auf das andere Ufer wird bald die gewagte **Brückenkonstruktion „Ypsilon"** führen.

Entstanden ist Drammen 1811 durch die Vereinigung der Orte Bragernes und Strømsø. Jahrhundertelang lebte man von der Holzverarbeitung und der Flößerei. Heute beheimatet die **58.000 Einwohner** zählende Stadt zudem den **größten Autoimporthafen des Landes.** Jeder Norweger weiß es, gehen doch hier, kaum dass der vierrädrige Freund das Festland erreicht hat, die Fahrzeugpreise um mehr als das Doppelte in die Höhe!

Sehenswertes

Nördlich vom Drammen-Fluss verläuft die **Straße Spiralen,** wegen der wohl die meisten Besucher nach Drammen kommen. Es handelt sich um einen 1600 m langen Tunnel, welcher sich in sechs Spiralen zum **Aussichtsberg Spiraltoppen** emporschlängelt. Ein wenig schwindlig wird es einem bei dieser Fahrerei schon, aber man wird mit einem schönen Blick über den Ort belohnt (Wandermöglichkeiten, Restaurant). Entstanden ist dieser Spiraltunnel, weil man Baumaterial brauchte und dieses aus Umweltschutzgründen im Berg abgebaut hat. Eine selten gute Idee, für die wie so oft der Bürgerwille verantwortlich war (7.30-20 Uhr). Auf dem Gipfel befindet sich auch ein kleines Freilichtmuseum.

Im Zentrum lohnt der **Bragernes Torg** (Markt), mit Stadtkirche (aus dem 19. Jahrhundert) und Rathaus (erbaut 1872), eine Besichtigung. Für die Restaurierung des Ensembles erhielt die Stadt sogar den begehrten Nostra-Preis.

Südwestlich des Bahnhofs liegt das **Drammen Museum** im Herrenhof Marienlyst aus dem Jahr 1780, wo u. a. mit Rosenmalerei verzierte Bauernmöbel zu sehen sind (Di-So 11-15 Uhr, 35 NOK). Ebenfalls auf der südlichen Seite des Drammenselva, weiter in Richtung Westen (Nedre Eikervei), befindet sich das hübsche **Gulskogen-Sommerhaus** von 1804 (10.6.-15.8. Di-So 11-15 Uhr), mit einer romantischen Gartenanlage sowie einem schönen Spazierweg am Fluss entlang.

Touristeninformation

●**Turistkontor,** Bragernes Torg 6, 3008 Drammen, Tel. 32806210, direkt am Markt.

Orientierung

●Immer der Ausschilderung „Sentrum" folgen und die Augen offen halten nach einem größeren Marktplatz mit Kirche: Das ist sie nämlich, die Innenstadt.

WESTLICH DES OSLOFJORDS

An- und Weiterreise
- **Bahnhof:** Er liegt gegenüber des Marktes am jenseitigen Flussufer. Züge Richtung Oslo und Kristiansand/Stavanger.
- **Busbahnhof:** Neben dem Bahnhof! **Fernbusse 180, 185, 190, 194.**

Unterkunft
- **Rica Park Hotel,** Gamle Kirkeplass 3, Tel. 32263600, Fax 32263777, (*****). Feines Zentrumshotel mit Restaurant, Bar und Fahrradverleih.

Camping/Hütten
- **Drammen Camping,** Buskerudveien 97, Tel. 32821798. Der Platz liegt am Drammen-Fluss, 5 km westlich des Ortszentrums an der Rv 11. Vermietet werden auch 11 baugleiche Hütten (*). (Busverbindung)

Theater/Kino
- **Prachtvoller Theaterbau** von 1870, der nach einem Brand 1997 wieder neu eingeweiht wurde. Øvre Storgate 12 (Tel. 32213100, Mo-Fr 11-17 Uhr).

Aktivitäten
- **Kjøsterudjuvet:** Bei diesem Zungenbrecher handelt es sich um eine wunderschöne Klamm mit bis zu 50 m hohen Wänden. Sie liegt westlich von Drammen, oberhalb der an der Rv 11 gelegenen Trabbahn.
- Im Winter stehen über **100 km Loipen und zwei Lifte** zur Verfügung.

Shopping
- **Steen & Strøm Kaufhaus,** am Drammen-Fluss. 10-20 Uhr, 70 Läden.
- **Blumenmarkt** auf dem Bragernes Torg.

Blick vom Spiraltoppen auf Drammen

Farbkarte S. XXI

HORTEN

Von Drammen kann man nun entweder auf der E 184 Richtung Westen nach Kongsberg zum Haukelifjell und nach Bergen weiterfahren (siehe Kapitel „Der Süden/Binnenland") oder auf der E 18 südwärts durch die unten beschriebene Region Vestfold.

Die E 18 durchquert ein weites Tal und führt über Sande (mittelalterliche Kirche) in den Ort Holmestrand (siehe „Horten/Umgebung"). Hier besteht die Möglichkeit, auf die Rv 310 nach Horten, Borre und Åsgårdstrand oder auf die Rv 315 in das Binnenland Vestfolds abzubiegen.

Horten ⌁XXI/C2

Überblick

Horten (**25.000 Einwohner**) entstand durch die Verlegung des Hauptstützpunktes der norwegischen Marine im Jahr 1820 von Stavern hierher. Zeugen dieser Zeit sind die Festung (1830-1842) und die neugotische Backsteinkirche (1855). Später wurde der Ort zu einem Fährhafen ausgebaut, 1849 kam es zur Gründung der Werft. Das Stadtrecht verlieh man Horten 1907. Wenngleich der Ort keinen ungemütlichen Eindruck hinterlässt, so gibt es hier doch abgesehen von einer Handvoll eher ungewöhnlicher Museen, nicht viel. Und wen diese nun nicht so brennend interessieren, der sollte gleich weiterfahren, z. B. in das südlich gelegene Åsgårdstrand.

Sehenswertes

Nördlich des Zentrums, im ehemaligen Marinestützpunkt Karljohansvern, liegt das **älteste Marinemuseum der Welt,** mit über 100 Schiffsmodellen, einem Torpedoboot, einem U-Boot und einer Ausstellung zur Entwicklung des Schiffsbaus während der letzten 1000 Jahre (im Sommer 12-16 Uhr; gratis). Eine Stippvisite wert sind auch das **Preus Fotomuseum** (Geschichte der Fotografie, Technik, Hunderte von Kameras, historische und moderne Fotografien, im Sommer 12-16 Uhr, neben dem Marinemuseum) und das **Automuseum** (*Bilmuseet*, über 40 Autos und Motorräder, im Sommer 12-15 Uhr, 35 NOK, Jernbanegate, in Hafennähe).

Touristeninformation

●**Turistkontor,** Tollbugata 1, Tel. 33031708, am Gästehafen im Zentrum, www.visithorten.com.

Orientierung

●Über die Rv 310 gelangt man direkt in das Zentrum, wo sich auch unmittelbar am Gästehafen der Busbahnhof und der Fähranleger befinden.

An- und Weiterreise

●**Busbahnhof:** Teatergate (unweit des Hafens), Zubringerbus zum Bahnhof in Skoppum, Fernbus 210; Bus nach Tønsberg, Åsgårdstrand und Torp.
●**Fähre,** ab Zentrum Horten nach Moss (30 Minuten, Auto 70 NOK, Erwachsene 28 NOK).

Unterkunft

●**Grand-Ocean Hotell,** Jerbanegt. 1, Tel. 33041722, Fax 33044507, (****). Akzepta-

bles Mittelklassehotel mit Restaurant, Bar, Sauna, Fahrradverleih.
- **Eiken Pensjonat**, Gamleveien 36, Rv 310, am Wasser im Norden, Tel. 33047908, (**/***).

Camping/Hütten

Die Touristeninformation vermittelt Hütten im Raum Horten.
- **Rørestrand Camping,** Parkveien 34, Tel. 33073340, 1.5.-1.9. Der einfache Platz liegt 1,5 km südlich von Horten nahe der Rv 19, direkt am Wasser. 24 Hütten werden vermietet (*/**).

Aktivitäten

- **Angeln:** Ein gutes Angelrevier ist der westlich von Horten gelegene Borrevannet (auch seltene Vogel- und Pflanzenwelt).
- **Fahrrad fahren:** Südlich von Horten beginnt der 105 km lange, markierte **Küstenfahrradweg.** Infos dazu in der Touristeninformation, wo man auch Fahrräder ausleihen kann.
- Am Markt liegen **Theater** und **Kino**.

Umgebung nördlich von Horten

Holmestrand (9000 Einw.) ⌕XXI/C2

Einige Holzhäuser waren dem Verkehr schon geopfert worden, als der Gedanke aufkam, einen 1700 m langen Tunnel zu bauen. Trotzdem findet man noch einige nette Ecken. Ein beliebter Badeort und Künstlertreffpunkt ist der Ort nach dem Bau eines Aluminiumwerks (über 1000 Beschäftigte) aber wohl nicht mehr.

Sehenswert sind die in der Form eines Y erbaute Stadtkirche (1674) und die **Kirche von Botne.** Letztere liegt 4 km westlich des Ortes und ist mit schönen Kalkmalereien aus dem 15. und 17. Jahrhundert verziert. Nördlich von Horten auf der Insel Løvøya kann eine alte Steinkapelle aus dem 13. Jahrhundert besichtigt werden (1950 wiederaufgebaut). Dort, wo heute der Brunnen liegt, entsprang eine Quelle mit heilendem Wasser. Bis zur Reformation fanden hierher Pilgerfahrten statt.

- **Züge** gehen Richtung Oslo, Tønsberg und Skien. **Fernbus 190.**
- **Camping:** Sand Bade und Campingplatz, Snekkestad, 3080 Holmestrand, Tel. 33062 060, 1.5.-31.8. Einfacher 2-Sterne-Platz ohne Hütten, dafür mit Badestelle. Südlich von Holmestrand an der E 18.

Umgebung südlich von Horten

4 km südlich der Stadt liegt der **Nationalpark Borre** mit dem größten Königsgräberfeld in Skandinavien. Vermutlich haben hier Mitglieder des ersten Königsgeschlechts von Norwegen, der „Ynglinge", ihre letzte Ruhestätte gefunden. In der Nähe des Parks wurde das architektonisch ansprechende **Midgard Historisk Senter** eröffnet. Ausstellungstücke und Filme erzählen von der Kulturgeschichte Vestfolds und dem Alltagsleben der Wikinger (Mo-Fr 10-16 Uhr, Sa/So 11-17 Uhr, 40 NOK, Park gratis). Ein Küstenwanderweg führt ab hier in Richtung Åsgårdstand. Unweit entfernt liegt die **romanische Kirche von Borre,** aus dem Jahr 1094, mit einem prächtigen Barockaltar (1667).

- **Unterkunft: Borre Familie Camping,** Tel. 33082390, Fax 33367099, 1.5-1.9. Nahe der Borre-Kirche gelegener Platz 4 km südlich von Horten. Hütten (*/**); viele Dauercamper.

- Horten Vandrerhjem Klokkergården, Sandeveien 5, Tel. 33031379, Fax 33070864, www.hortenvh.no, schöne JH in Borre, 20.6.-15.8., Bett 250 NOK, DZ 475 NOK.

Åsgårdstrand ⤤XXI/C2

Etwa 8 Kilometer südlich von Horten liegt dieser pittoreske Badeort mit seinen weißen Holzhäusern und viel Atmosphäre. Berühmt wurde Åsgårdstrand durch **Edvard Munch,** der hier so manchen Sommer in seinem „Glückshäuschen" am Hafen verbrachte. Er kaufte die Fischerhütte aus dem 18. Jh. 1897 und malte hier einige seiner wegweisenden Bilder, wie z. B. „Die Mädchen auf der Brücke" und „Inger am Strand". Das Haus und seine karge Einrichtung ist noch wie zu *Munchs* Zeiten erhalten und entweder durch einen kleinen Park am Wasser oder über eine idyllische Straße oberhalb des Åsgårdstrand Hotels zu erreichen (im Sommer Di-So 11-19 Uhr, 20 NOK).

- Die **Touristeninformation** im Åsgårdstrand Hotell am Hafen, Tel. 33081040.
- **Bus** nach Holmestrand u. Horten.
- **Unterkunft: Åsgårdstrand Hotell+,** Havnegaten 6, Tel. 33081040, Fax 33081077, (*****). Schönes, altes Hotel mit gutem Restaurant, Sauna, eigenem Strand und Golfplatz.
- **Essen und Trinken:** Am Markt liegen das gemütliche **Munch-Café** und die **Kneipe Nausted.**

Von Åsgårdstrand aus gelangt man über die Straßen Rv 19 und Rv 311 nach Tønsberg. Alternativ fährt man über Slagen (die Straße verläuft parallel zur Rv 311) nach Tønsberg, so kann man sich noch den Oseberghaugen ansehen (s. u.).

Tønsberg ⤤XXI/C2

Überblick

Tønsberg (**37.000 Einwohner** und Hauptstadt des Fylke Vestfold) ist **Norwegens älteste Stadt** (gegründet 871) und eine der wohlhabendsten. Lange Zeit war sie das bedeutendste Handelszentrum des Landes. Zu Wehrzwecken wurde im 13. Jahrhundert auf dem Slottsfjell die Festung „Castrum Tunsbergis" erbaut. Die Reste dieser damals größten Burganlage Norwegens können besichtigt werden. Ansonsten ist aber aus dieser Zeit nichts erhalten geblieben. Auch Holzhäuser existieren nur noch wenige, die Stadt gibt sich modern. Dennoch lohnt ein kurzer Zwischenstopp, und sei es nur, um ein wenig in den Cafés am Hafen zu verweilen oder in der Schärenlandschaft der Gemeinden Nøtterøy und Tjøme herumzuschippern. Womit man dann auch voll im Trend läge, denn die Haupterwerbsquelle der Stadt war und ist Schifffahrt und Schiffsbau.

Sehenswertes

Der 63 m hohe Schlossberg (*Slottsfjell*) beherbergt die **größte Ruinenanlage Skandinaviens.** Zu besichtigen sind Burgreste von 1200, die Ruinen der St. Michaelkirche von 1191 und der Turm „Slottsfjelltårnet", der allerdings erst 1888 erbaut wurde. (Geöffnet im Sommer von 11-18 Uhr, Eintritt 20 NOK.)

Im Zentrum der Stadt können die **Domkirche** von 1858 (Mo-Fr 8-13 Uhr) und das moderne **Haugar-Vestfold-Kunstmuseum** besichtigt werden. Es wurde 1995 in der alten Seemannsschule untergebracht und präsentiert Arbeiten norwegischer Künstler. (Gråbrødregaten 17, wechselnde Öffnungszeiten, meist 11-16 Uhr, 45 NOK.)

Wenige Kilometer nördlich von Tønsberg, bei Slagen, zwischen den Straßen 19 und 311, liegt der Oseberghaug (Infoweg zum Hügel). Unter dem Grabhügel fand man 1904 das 21,5 m lange **Oseberg-Schiff**, eine Grabbeigabe für die Königin *Alvhild*, die 834 hier beigesetzt wurde. Außer dem grünen Hügel sticht aber nichts Besonderes ins Auge. Das Originalboot ist jetzt im Wikingerschiffsmuseum in Oslo zu bewundern. Eine Kopie und das Wikingerschiff von Klåstad präsentiert das **Vestfold-Fylkesmuseum**. Erläutert werden die Geschichte Tønsbergs und die Bedeutung der Stadt zu Wikingerzeiten. Die Walfangabteilung zeigt eine Sammlung alter Walskelette. In Richtung des Schlossberges sind 13 alte Almhäuser der Region zu besichtigen, inklusive eines Dachbodens aus dem Jahr 1407. (Farmannsveien 30, www.vfm.no; östlich des Schlossberges, im Sommer Mo-Fr 10-14 Uhr, So 12-17 Uhr, 50 NOK, Studenten 30 NOK.)

Ganzjährig (nach Vereinbarung) kann die im Nauen Gård gelegene, 1844 gegründete **Glockengießerei** besucht werden. Angeschlossen ist auch ein **Glockenmuseum**, welches anhand von Ausstellungsstücken und Diashows die Geschichte der Glocke illustriert (Tel. 33359040 oder über das Turistkontor).

Touristeninformation

- **Tønsberg Brygge,** Nedre Langgate 36b, 3126 Tønsberg, Tel. 33354520, www.vestfold.com, www.visitonsberg.com.

Orientierung

- Über die **Rv 308** gelangt man am Schlossberg vorbei (Tunnel) zur Nedre Langgate am Hafen. Am Kasten des Rica Klubben Hotel gelangt man über die Tollbodgate zum Bahnhof. Nach links geht es zum Vandrerhjem, dem Schlossberg und dem Freilichtmuseum, nach rechts zum Kunstmuseum.
- Die **Rv 19** führt ins Zentrum und direkt am Bahnhof und den Abzweigen zum Schlossberg, Vandrerhjem und den Museen vorbei.
- **Citymaut:** 15 NOK

An- und Weiterreise

- **Bahnhof:** 200 m nördlich des Zentrums. Züge in Richtung Skien und Oslo.
- **Busbahnhof:** Folgt man vom Bahnhof aus der Jernbanegaten, so gelangt man zum Busbahnhof. **Fernbusse, 182, 190, 210,** nach Oslo, www.timekspressen.no. Regionalbus 101 ab Bahnhof nach Notterøy und Tjøme.

Unterkunft

- **Rica Klubben Hotel,** Nedre Langgate 49, Tel. 33359700, (*****). 92 angenehme Zimmer in kastenförmigem Haus. Gutes Restaurant, außerdem Pub, Bar und Disco.
- **Hotel Maritim,** Storgt. 17, Tel. 33002700, Fax 33317252, (****). Der nicht gerade ansehnliche Kastenbau ist mit die billigste Hotelunterkunft in der Stadt. Einfache Zimmer ab 850 NOK.

Jugendherberge

- **Vandrerhjem,** Dronning Blancasgt. 22, Tel. 33312175, Fax 33312176, ganzjährig geöffnet (außer Weihnachten/Neujahr), DZ 575

NOK, Bett 275 NOK. Schönes Haus, am östlichen Hang des Schlossberges gelegen, 200 Meter bis zum Bahnhof.

Camping/Hütten

- **Furustrand Camping,** 6 km östlich von Tønsberg in Tolvsrød, Tel. 33324403, Fax 33327403, ganzjährig geöffnet, Bus 111 und 116. Auf dem großen, komfortablen Platz werden 12 gute Hütten und komfortable, kastenförmige „Villawagen" zu im Sommer unzivilisierten Preisen angeboten (ab 1000 NOK; Nebensaison ab 600 NOK) sowie 6 Apartments (800, Winter 500 NOK) vermietet. Leider ist der Strand kiesig. Boote und Fahrräder können geliehen werden.
- **Skallevold Camping,** 6 km östlich von Tønsberg in Tolvsrød, Tel. 33330287, 1.5.-31.8., Bus 111, 116. Recht idyllische Lage. 2 Hütten (500 NOK), Sandstrand. 2003 sanierte Sanitäranlage.

Essen und Trinken

- **Am Hafen** (Tønsberg Brygge): Peppes Pizza, Magarita (Soul, Music Bar) und Esmeralda (Restaurant, Pub, Biergarten, Disco). In der Nähe (Nedre Langgate 49): das Harlekin (Bar und Disco).
- **Preiswertes Essen:** Restaurant Mama Rosa (italienische Küche, Stoltenbergs gate 46). Nedre Langgaten (Straße parallel zum Fjord): Restaurant Måken (gute Küche, Biergarten), Pizzabar Kong Sverre.

Theater/Kino

- **Amateuertheater** und **Kilden-Kino,** Kilden 8, Tel. 33329090.
- **Tønsberg Kino,** Nedre Langgate 32, Tel. 33319717.

Bibliothek

- Um sie zu erbauen, wurde der größte Architekturwettbewerb Norwegens ausgeschrieben, und es hat sich gelohnt! Das Gebäude liegt in der Storgt. 16, Tel. 33319485. Im Lesesaal gibt es auch deutsche Zeitungen. Internetanschluss.

Internet

- **Tønsberg Internet,** Nedre Langgate 26b, 50 NOK/Std.

Aktivitäten

- **Bootsausflug:** Mit der „D/S Kysten I" kann man eine schöne Schärenrundfahrt unternehmen. Allerdings besteht das Angebot nur im Juli. Abfahrt ist 12 Uhr. Die Kosten liegen bei 140 NOK. Infos unter Tel. 33312589 oder in der Touristeninformation.
- **Bowling:** Centrum Bowlingsenter, Stoltenbergsgate 46; Sjøsentere Bowling in Tolvsrød.
- **Fahrrad fahren:** Es gibt sehr viele Fahrradwege in Tønsberg. Es bieten sich außerdem Ausflüge zu den Inseln der Gemeinden Nøtterøy und Tjøme und eine Fahrt auf dem Fahrradwanderweg Horten – Tønsberg – Larvik an. **Verleih:** im Turistkontor (140 NOK pro Tag).
- **Paddeln:** Tønsberg Kajak Club, Nordbyen 36, Tel. 33369826, Verleih von Kajaks (60 NOK je Stunde).
- **Weitere Angebote:** Reiten, Tauchen, Tennis, Squash, Golf, Schwimmhalle.

Sonstiges

- **Apotheke:** Nedre Langgate 37, Storgate 32; **Ärztewache:** im Krankenhaus Vestfold Sykehus, nahe Rv 19; **Post:** Storgaten 20, Straße beginnt am Markt; **Vinmonopolet:** im Kaufhaus Steen & Strøm, Str. am Bahnhof.

Umgebung

Nøtterøy und Tjøme XXI/C2,3

Südlich av Tønsberg liegt die Gemeinde **Nøtterøy**. Weite Teile der lieblichen **Insel** gehören noch zum erweiterten Stadtgebiet Tønsberg. Bemerkenswert ist, dass nicht weniger als drei ehemalige Staatsminister aus dieser Gegend stammen, und das bei nur 19.000 Einwohnern. Eine lange

Tradition haben die Seefahrt und die Fischerei.

Sehenswert ist die aus dem 12. Jahrhundert stammende **Nøtterøy-Kirche** (täglich 9-13 Uhr). Vielleicht sollte man ihr einen Besuch abstatten, denn etwas weiter, in **Tjøme,** ist das Ende der Welt! Zumindest trägt der südlichste Zipfel der recht touristisch geprägten Inselgruppe diesen Namen: „Verdens Ende". Auf dem felsigen Kap steht ein originelles Wippfeuer aus dem Jahr 1932, in dessen Korb ein Licht gesetzt wurde, das den Schiffen heimleuchten sollte.

- **Touristeninformation im Zentrum von Tjøme.** Geöffnet im Sommer Mo-Fr 10-15 Uhr.
- Ein **Bus** fährt von Tønsberg nach Nøtterøy, Tjøme und weiter zum „Ende der Welt".
- **Unterkunft: Rica Havna Hotel,** Havnaveien 50, Tjøme, Tel. 33303000, Fax 33303001, (****/*****). Schönes Hotel mit umfangreichen Freizeitangebot, Restaurant und Bar (Fahrradverleih, Tennis, Squash, Minigolf, Bootsverleih).
- **Camping/Hütten**
Verdens Ende Motel und Camping, Tel. 33391010, ganzjährig geöffnet. Bus nach Tønsberg. Platz mit 22 teils einfachen, teils komfortablen Hütten (*/**), kurz vor dem „Ende der Welt".
MA Mostranda Camping, Tel. 33390710, www.mostranda.com, 1.5-1.9., Bus 102. In den Schären gelegenes Areal mit schönem Sandstrand und 17 Hütten (***/****). Viele Dauercamper.
- **Baden:** Schöne Badestellen liegen im Ort Tjøme, in Hvasser und am Verdens Ende.

Westlich und nördlich von Tønsberg (Straße 312)

In **Sem,** 5 km westlich von Tønsberg, liegt der 1699 errichtete und für norwegische Verhältnisse recht mondäne **Jarlsberg Hovedgård.** An seiner Stelle lag ehedem ein Königshof. Begrenzt wird der Herrensitz von der romanischen **Sem-Kirche** (1100), dem ältesten Gotteshaus Vestfolds. (Geöffnet im Sommer Di-Fr 9-14 Uhr.)

Ebenfalls sehenswert ist die 17 km nördlich der E 18 gelegene **Stabkirche von Høyjord.** Erst 1905 entdeckte man, dass es sich bei dem Bau auch um eine solche handelt. Kein Wunder, gleicht doch nach Umbauten im Jahr 1689 ihr Äußeres eher einer einfachen Holzkirche. Bei Restaurierungsarbeiten von 1948 bis 1953 versetzte man weite Teile des Innenraumes zurück in den Originalzustand. Der älteste Teil der Kirche ist der romanische Chor aus dem 12. Jahrhundert. (Geöffnet im Juli Mo-Fr 17-18 Uhr und Sa 11-12 Uhr.)

Auf der küstennahen Straße 303 oder der E 18 geht es nach Sandefjord.

Bei Sandefjord

Stadtplan S. 196, Farbkarte S. XXI

SANDEFJORD

Sandefjord ⤷XXI/C3

Überblick

Die Stadt (**41.000 Einwohner,** Fylke Vestfold) ist großzügig angelegt, mit breiten Straßen, wuchtigen Gebäuden und einem großen Park am Hafen. Entstanden ist dieses Ortsbild nach dem großen Brand im Jahre 1900. Über Jahrzehnte hinweg war Sandefjord Ausgangspunkt für den Walfang, seitdem dieser verboten ist, versucht man nun Touristen zu ködern. Und da das weitläufige Stadtbild sicherlich nicht jedem imponiert, bietet man dem Besucher drei interessante Museen und errichtete ein wasserumtos-tes Walfangmonument. Die Angebote scheinen auch gut anzukommen, geht es doch während des Sommers immer recht quirlig zu, wobei auch Ausflüge zu den Stränden der Halbinseln Vesterøya und Østerøya südlich von Sandefjord hoch im Kurs stehen.

Sehenswertes

Das **Hvalfangstmuseet (Walfangmuseum)** ist das einzige seiner Art in Europa. Es besteht aus einer kultur- und einer naturhistorischen Abteilung. Erläutert werden u. a. die unterschiedlichen Methoden des Walfanges. Zu sehen ist auch ein riesiges Walskelett. (Museumsgate 39, Mai bis Sept. täg-

WESTLICH DES OSLOFJORDS

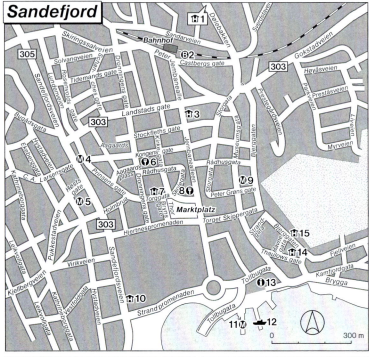

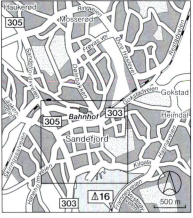

- 🏠 1 Fremstads B&B
- Ⓑ 2 Busbahnhof
- 🏠 3 Clarion Home Hotel Atlantic
- Ⓜ 4 Seefahrtsmuseum
- Ⓜ 5 Stadtmuseum
- 🍴 6 Restaurant Kong Sverre
- 🏠 7 Hotel Kong Carl
- 🍴 8 Restaurant La Scala
- Ⓜ 9 Walfangmuseum
- 🏠 10 Rica Park Hotel
- Ⓜ 11 Kai Museumsbrygga
- ⛴ 12 Fähre nach Strömstad
- ℹ 13 Touristeninformation
- 🏠 14 Milly's
- 🏠 15 Lisbeth's Gjestehus
- △ 16 Sjøbakken Camping

SANDEFJORD

lich 11-17 Uhr, ansonsten 11-15 Uhr, 40 NOK.)

Außerdem sind das **Seefahrtsmuseum** (Segelschifffahrt und Wikingerleben, Ende Juni bis Anfang August, täglich 12-16 Uhr, ansonsten So 12-16 Uhr, Okt. bis April geschlossen, Prinsensgt. 18, z. Zt. geschlossen) und das **Bymuseum (Stadtmuseum,** Hofanlage von 1792, wie Seefahrtsmuseum, Hystadveien 21) zu besichtigen.

Läuft man zum Hafen, so können dort am Kai Museumsbrygga noch das **Walfangschiff „Southern Actor"** und das **Wikingerschiff „Gaia"** bestaunt werden. (Geöffnet/Rundfahrten: 6.6.-16.8. 11-17 Uhr.) Letzteres ist eine Nachbildung des berühmten Gokstad-Schiffes, welches unter dem Grabhügel Gokstadhaugen gefunden wurde (Rv 303, Richtung Tønsberg, kurz hinter Sandefjord). Das Original steht heute im Wikingerschiffsmuseum in Oslo.

600 m südlich des Grabhügels, in Heimdal, entsteht die **Vikinger Verden** (Wikingerwelt). Es soll das umfassendste Dokumentationszentrum der Geschichte der Wikinger werden.

Reste des alten Sandefjord stehen noch in Form niedlicher Holzhäuser in der Straße Bjerggaten.

Touristeninformation

- **Sandefjord Turistkontor,** Thor Dahls gate 1, 3210 Sandefjord, www.visitsandefjord.com, www.vestfold.com, Tel. 33460590, am Hafen.

Orientierung

- Immer der Ausschilderung „Sentrum" folgen. So gelangt man unweigerlich zum Hafen, wo sehr viele, schön betonierte Parkplätze zur Verfügung stehen.

An- und Weiterreise

- **Bahnhof:** zum Zentrum über die Jernbanealleen. Täglich 10-15x Züge Richtung Skien, Tønsberg und Oslo.
- **Busbahnhof:** neben dem Bahnhof. **Fernbusse 182, 190.** Busse mehrmals täglich u. a. nach Larvik, Tønsberg und Vesterøya.
- **Fähre:** Sandefjord – Strömstad (Schweden); Color Line (20 €/p.P., 22 €/Auto; Color Line Norge: Tel. 81000811).
- **Flughafen Torp:** www.torp.no. Nördlich Sandefjord, nahe E 18, mit Ryanair nach Bremen, Frankfurt/ Hahn, London; Mietwagen: Europcar (Tel. 33464200), Avis (Tel. 33469550) Rent A Wreck (Tel. 33468787); Busse: Flybuss Torp-Ekspressen (www.torpekspressen.no) nach Oslo Galleriet (140 NOK; Anschluss an Flüge); Bus nach Sandefjord, Tønsberg, Oslo Galleriet (160 NOK); **Fernbus 182** (u. a. zum Telemarkskanal in Ulefoss); Vestfold Taxi (Tel. 33420200).

Unterkunft

- **Clarion Home Hotel Atlantic,** Jernbanealleen 33, Tel. 33468000, Fax 33468020, (*****). Älteres Stadthotel im Zentrum. Neben modernen Zimmern gibt es noch Bar, Sauna und Fitnessraum.
- **Rica Park Hotel,** Strandpromenaden 9, Tel. 33447400, Fax 33447500, (*****), Sommer DZ ab 900 NOK. Großes Hotel am Hafen mit Restaurant, Hallenbad, Sauna und Fitnessraum.
- **Hotel Kong Carl+,** Torggate 9, Tel. 33463117, Fax 33463119, (*****). Das kleine Hotel ist in einem schönen Holzhaus von 1690 untergebracht und besitzt zudem ein erstklassiges Restaurant. Die Zimmer sind eher gediegen denn modern.
- **B&B,** zentrumsnah ab 500 NOK: Fremstads, Dølebakken 42, Tel. 33466009; Lisbeth's Gjestehus, Bjerggata 33, Tel. 33460826, sehr gemütlich; Milly's, Thaulowsgate 9, Tel. 33473337.

Camping/Hütten

- **Norsk Båt og Hytteutleie,** Box 302, 3201 Sandefjord, Tel. 33464651, nbh@vestfold.net. Hütten und Boote.

WESTLICH DES OSLOFJORDS

● **Sølløkka Leirsted Camping,** Tel. 33453441. Geöffnet 1.5.-1.9. www.sollokka.no. Einfacher, aber schön am Wasser gelegener Platz der Methodistischen Kirche. 10 Hütten in Reihenbauweise (*/**). Badeplatz. Über die Rv 303 erreichbar.

● **Granholmen Camping,** Rv 303, 4 km südlich von Sandefjord, Tel. 33458177. Der idyllisch an einem Meeresarm gelegene Platz bietet gute Bademöglichkeiten in der Schärenwelt und einen Bootsverleih.

● **Sjøbakken Camping,** auf der Halbinsel Vesterøya, Tel. 33473746. Sehr schöner, kleiner Platz am Wasser (Bus Nr. 170).

Essen und Trinken

● In der Jernbanealléen liegt die gute à-la-carte-Restaurant **La Scala.** Preiswerter ist die **Pizzeria Kong Sverre** in der Dronningensgate. In der am Markt beginnenden Hjertnessprommenade liegt das bis 3 Uhr geöffnete **Promenade Café** (geöffnet ab 11 Uhr, So ab 14 Uhr; Café, Bar, Konzerte) und am Hafen der **Biergarten Sjøbua.**

Kino

● Im **Rathaus,** neben dem Rica Park Hotel.

Internet

● **Café4U,** Storgata 14 (in der Nähe des Marktes), Internet 40 NOK/Std.; preiswertes Essen.

Aktivitäten

● **Baden:** Seit 1996 existiert ein neuer Badepark in der Nähe des Hafens. Viele hübsche Badeplätze findet man außerdem auf den Halbinseln Vesterøya und Østerøya südlich von Sandefjord.

● **Fahrrad fahren:** z. B. zu den Halbinseln Vesterøya und Østerøya. **Farradverleih:** Im Turistkontor und im Sykkelsenter, Aasgaardsplass 2, Tel. 33468040.

● **Weitere Angebote:** Bootsrundfahrten, Bowling (Kilgata 39), Tennis, Segeln – Infos im Turistkontor.

Über die E 18 oder die landschaftlich schönere Straße 303 erreicht man Larvik. Kurz vor Larvik mündet die von Norden kommende Rv 40 (Kongsberg – Larvik, Beschreibung unter Umgebung von Larvik) in die E 18.

Larvik

Überblick

Von der alten Bausubstanz der Stadt sind nur zwischen dem neu gestalteten, sehr einladenden Markt und der in der Nähe des Bahnhofs gelegenen Halbinsel Tollerodden einige Holzhäuser erhalten geblieben. Ansonsten gibt sich Larvik (**41.000 Einwohner**) modern. Und obwohl die Stadt, gerade bei sommerlichem Trubel, keinen unfreundlichen Eindruck hinterlässt, liegen die wahren Sehenswürdigkeiten der Region außerhalb der Stadtgrenzen.

Gegründet wurde Larvik an der Mündung des Flusses Lågen. Auf ihm konnte man schnell und preiswert das in der Telemark geschlagene Holz zur Weiterverarbeitung und Verschiffung an die Küste transportieren. Noch heute bestimmen große **holzverarbeitende Betriebe** das Bild der Stadt. Berühmt ist die Larviker **Werft!** Auf ihr ließ 1892 der Schotte *Colin Archer* das Polarschiff „Fram" bauen, mit dem u. a. *Roald Amundsen* Richtung Südpol aufbrach. Zu besichtigen ist es aber nicht hier, sondern im Fram-Museum in Oslo.

Bleibt noch zu erwähnen, dass in Larvik **Norwegens einziges Mineral-**

wasser („Farris") abgefüllt wird (schmeckt etwas salzig ...). Auch ist der Ort ein bedeutender Fährhafen und Anlaufstelle diverser Schiffe der Color Line.

Sehenswertes

Im **Herregården** (1864-1877 erbaut), der ehemaligen Residenz des dänischen Statthalters *Graf Gyldenløve*, ist das **Stadtmuseum** untergebracht. An der Felswand in der Nähe des Hauses sind die Namen der hier zu Besuch weilenden Könige eingehauen. In den Räumen des Museums kann man sich so interessanten Dingen wie der Betrachtung von Ofenplatten widmen ... (24.6.-15.8. 12-16 Uhr, ansonsten nur So 12-16 Uhr, Lage: in der Nähe des Kreisverkehrs, östlich des Bahnhofs.)

Obwohl der örtliche Kunstverein im Stadtmuseum auch ein paar Räume unterhält, sollte man vielleicht eher mal im **Seefahrtsmuseum** vorbeischauen. Es befindet sich in einem alten Zollgebäude am Wasser, in der Nähe des Kreisverkehrs östlich vom Bahnhof. Zu sehen ist eine interessante Ausstellung zum ca. 780 gegründeten Wikinger-Handelsplatz Kaupang. Dieser wurde unweit Larviks entdeckt und war vermutlich noch vor Tønsberg Norwegens erste Stadt (Ausgrabungsstelle in Tjølling). Außerdem ist die Ausstellung *Colin Archer* und dem Ethnologen *Thor Heyerdal*, einem gebürtigen Larviker, gewidmet (im Sommer Di 16-20 Uhr, Mi-So 12-16 Uhr, 40 NOK, Studenten 25 NOK).

Dessen Geburtshaus steht denn auch nur unweit entfernt auf der etwas weiter südlich gelegenen Landspitze Tollerodden. Auch liegen hier noch ein hübscher Park, die Reste der alten Werft und die **Larvik-Kirche,** aus dem Jahr 1677. Sehenswert ist diese vor allem wegen des Gemäldes von *Lucas Cranach d. Ä.* „Jesus segnet die unschuldigen Kinder". (Di-Fr 11-13 Uhr.)

Wer nach dem Stadtbummel Lust auf etwas Natur hat, dem sei ein Besuch des am Farris-See gelegenen **Bøkeskogen** empfohlen, dem nördlichsten Buchenwald der Welt, welcher zudem die Farris-Mineralquelle beherbergt.

Bis 2008 wird zwischen Larvik, Skien und Kragerø der norwegische **Geo-Park** angelegt (www.geanor.no).

Touristeninformation

●**Turistkontor,** Post Box 200, Storgate 48, 3251 Larvik, Tel. 33139100, in der Straße am Bahnhof gelegen (www.visitlarvik.no).

Orientierung

Die Straße 303 führt direkt ins Zentrum.

An- und Weiterreise

●**Bahnhof:** Im Zentrum am Hafen gelegen. Züge Richtung Skien, Tønsberg und Oslo.
●**Busbahnhof:** am Bahnhof, **Fernbusse 182, 190,** Regionalbusse u. a. nach Stavern und Ula.
●**Fähre:** Die Color Line bietet eine Fährverbindung zum dänischen Frederikshavn an (Buchung: Tel. 81000811). Kai am Bahnhof.

Unterkunft

●**Quality Grand Hotel Farris,** Storgt. 38, Tel. 33187800, Fax 33187045, (*****). Großer weißer Kasten im Zentrum der Stadt. Die Zimmer sind aber sehr ordentlich.

WESTLICH DES OSLOFJORDS

- **Trudvang Gjestegaard,** Gårdsbakken 43 (Kreuzung E 18/Rv 303), Tel. 33165270, www.trudvang.no, (***/****). Sehr schöne und alte Hofanlage, tolle Zimmer! Neues Freibad.
- **Lysko Gjestegaard:** Kirkestredet 10 (am Seefahrtsmuseum), 3256 Larvik, Tel. 3318 7779, Fax 33130330, (***/****). In dem romantischen kleineren Gästehaus mit historischen Zimmern mit Rosenmalereien und Bauernmöbeln gibt es DZ ab 700 NOK.
- **Seierstad Gjestegård,** Seierstad, 3270 Larvik, Tel. 33111092, Fax 33111260, (*). Der Gästehof liegt 5 km ab Larvik-Zentrum an der E 18 Richtung Oslo. Das einfache DZ gibt es schon ab 450 NOK.
- **elleVilla,** Colin Archer gt. 4, Tel. 33114500, www.ellevilla.no. Sehr gemütliche Pension mit neuen, liebevoll gestalteten Zimmern (***).

Kino

- Storgate 20 (Straße am Bahnhof).

Aktivitäten

- **Fahrrad fahren:** Die Umgebung von Larvik bietet sich sehr gut für Fahrradausflüge an. Außerdem liegt der Ort am **Küstenfahrradweg** Horten – Larvik – Nevlunghaven. **Fahrradverleih:** im Turistkontor und im Storgaten Service Senter, Storgaten 14, Tel. 33186450.
- **Weitere Angebote:** Bowling, Squash, Tennis, Reiten – Infos im Turistkontor.

Shopping

- **Husfliden,** Sigurdsgate 4, in der Nähe des Marktes. Hier gibt es die beliebten Norwegerpullover und Kunstgewerbe.
- **Großes Shoppingcenter** 2 km südl. der Stadt.
- **Auen Urtegard,** Kräuterhof an der Rv 215, 30 Min. nordwestl. Larvik. Hofverkauf, Kanuverleih

Umgebung südlich von Larvik

Stavern ⌕XX/B3

An der Straße 301 liegt eingebettet in eine idyllische Schärenlandschaft der alte Festungsort Stavern. Diesen verwöhnt die Sonne mit nicht weniger als **200 Bilderbuchtagen im Jahr.** Wen wundert es also, dass man hier auf Scharen sonnenhungriger Nordländer stößt. Staverns Gründung als dänisch-norwegische Küstenfestung erfolgte mit der Anlage der **Citadelløya** (Zitadelleninsel) um 1680. Ein weiteres, noch heute vom norwegischen Militär genutztes Fort, die **Frederiksvern Verft,** entstand 70 Jahre später. Im charmanten Zentrum des Ortes fallen die vielen Holzhäuser und Cafés ins Auge. Speziell nahe dem Rathaus, am Platz mit den vier weißen Wasserpumpen aus dem Jahr 1777, sind noch **alte Garnisonsgebäude** erhalten. Sehenswert ist auch die barocke **Stavern-Kirche** (1756 erbaut, Di-Fr 11-13 Uhr). Überragt wird der Ort von der pyramidenförmigen **Minnehalle,** einem 1926 errichteten Monument für gefallene Seefahrer.

Empfehlenswert ist auch ein Abstecher zum malerischen **Dorf Nevlunghavn** westlich von Stavern. 1,5 km vor dem Ort weist ein kleines Schild in Richtung „Mølen" (Parkplatz am Ende des Schotterweges). Hierbei handelt es sich um **Überreste der Vestfold-Moräne,** die vor ca. 10.000 Jahren hier abgelagert wurde und am gegenüberliegenden Fjordufer in Form der Insel Jomfruland wieder zu Tage

Sehnsucht nach der Ferne

Die Zeit der großen norwegischen Entdeckungsreisen begann Ende des 10. Jahrhunderts, als seit einigen Jahren *Bjarni Herjulfssons* Kunde von einem fernen Land weitab der Heimat umhergeisterte. Also machte sich **Leiv Eriksson (Erik der Rote)** auf, dieses unbekannte Reich im Westen zu finden, zu erkunden und zu besiedeln. Er erreichte das Vinland (Weideland) um das Jahr 1000 und entdeckte so 500 Jahre vor *Kolumbus* Amerika.

Ende des 19. Jahrhunderts, in einer Zeit, als Norwegen nach Jahren der (Selbst-)Vergessenheit reanimiert wurde, fanden sich etliche Nacheiferer des schon legendären Leiv Eriksson. Einer der ersten war **Fridtjof Nansen** (1861-1930), der außer durch seine Forschertätigkeit auch mit seiner humanitären Arbeit für Flüchtlinge des 1. Weltkrieges weltberühmt wurde. Seine größten Expeditionsleistungen sind die Überquerung des grönländischen Inlandeises 1888 per Ski und 1894 die Erkundung des Treibeises zwischen der Nord-Ost-Meerespassage und dem Nordpol, wofür er sich mit dem speziell zu diesem Zweck erbauten Schiff „Fram" („Vorwärts") in der Eisdrift treiben ließ, die seiner Theorie nach von den Westsibirischen Inseln über den Nordpol in Richtung Spitzbergen/Grönland verlief. Zwar konnten 90° Nord nicht erreicht werden, Nansens Theorie bewahrheitete sich jedoch 1897, als das Packeis die „Fram" nahe Spitzbergen wieder freigab.

Eine weitere Fahrt mit der „Fram" unternahm der zweite große norwegische Polarforscher und Entdecker jener Zeit, **Roald Amundsen** (1872-1928). Sein Plan war es eigentlich, den Nordpol zu erobern. Da ihm jedoch der Amerikaner *Peary* im Jahr 1909 zuvorkam, änderte er kurzfristig die Reiseroute um 180° und wandte sich dem Südpol zu. Auch hier war Eile geboten, denn schon war der Engländer *Robert F. Scott* mit dem gleichen Ziel unterwegs. Man traf sich 1911 am Ross-Schelfeis, und der Wettlauf begann. Gestartet wurde im Oktober. Scott entschied sich für die westliche und bereits erforschte Route, Amundsen wählte die östliche, unbekannte, dafür aber kürzere Strecke, die sich als die bessere erwies. Am 14. Dezember 1911 erreichte er als erster Mensch den Südpol. Scott, der mit Motorschlitten und Ponys unterwegs war, kam erst einen Monat später an. Völlig erschöpft und enttäuscht starb er auf der Rückreise. Seine Aufzeichnungen jedoch überdauerten die Zeiten und bieten heute einen spannenden und tragischen Einblick in die Zeit der Erforschung der letzten weißen Flecken unserer Erde. Auch Amundsens Buch über die Entdeckung des Südpols ist noch erhältlich. Möglich machten Amundsens Erfolg auch seine früheren Reisen. Als erstem gelang es ihm z.B., mit dem fast schon winzigen Schiff „Gjøa" die Nord-West-Passage von 1903 bis 1906 zu durchqueren.

Bekanntester und aufsehenerregendster Reisender in Sachen Abenteuer und Forschung ist der in Larvik geborene Ethnologe **Thor Heyerdal**. Seine erste Fahrt führte ihn 1947 mit dem Balsafloß „Kon-Tiki" nach Tahiti. Er wollte so seine Theorie untermauern, dass die Bewohner dieser Eilande aus Südamerika einwandern konnten, indem sie ihre zerbrechlichen Boote der Meeresströmung des Humboldtstromes anvertrauten. 1955/56 leitete er eine weitere Expedition zu den Osterinseln, wobei Ausgrabungen drei Kulturepochen nachwiesen. Den Reisen über den Pazifik folgte 1969 die Fahrt mit dem Papyrusboot „Ra I", benannt nach dem ägyptischen Sonnengott. Mit dieser waghalsigen Passage über den Atlantik, die erst im zweiten Anlauf mit der „Ra II" glückte, sollte bewiesen werden, dass die amerikanischen Kulturen entscheidend von den afrikanischen beeinflusst werden konnten. Letztes Projekt war die Erforschung der kanarischen Pyramiden als Teil einer weltweit verbreiteten Bauform.

Im Gegensatz zu Heyerdahl auf den Spuren Amundsens und Nansens arbeiten heute in den Polargebieten die Meteorologin und Glaziologin **Monica Kristensen**, die Forschungsprojekte in der Antarktis leitet, sowie **Erling Kagge**, der 1992/93 den Südpol als erster allein und ohne technische Hilfsmittel bezwang.

Westlich des Oslofjords

tritt. Eine kleine Wanderung vorbei an wilden Rosen und über vom Eis geschliffene Steinblöcke lohnt in jedem Fall. Auch zu sehen sind 230 **alte Steinsetzungen** (Gräber) in Schiffsform aus der Wikingerzeit. Für Geologen gleichfalls interessant ist der nördlich des Ortes in Tveidalen gelegene **Steinbruch,** wo der helle „Larvikit" abgebaut wird. Das Gestein (ein Plutonit aus der Zeit des Perm) kommt, wie der Name schon vermuten lässt, nur in dieser Gegend vor und fand u. a. für das Pflaster des Marktplatzes von Larvik Verwendung.

Ula ⌫XXI/C3

Östlich von Stavern, im Schärengarten von Ula und **Kjerringvik,** findet man **herrliche Sandstrände** und idyllische Holzhäuser! Hübsch ist auch die nahe der Straße 303, im Ort **Tjølling,** gelegene Basilika aus dem 12. Jahrhundert.

- **Touristeninformation:** in Hafennähe, in Stavern, Tel. 33197300.
- **Busverbindungen mit Larvik,** ab Stavern Bus 01, 15-20x täglich.
- **Fähre:** Helgeroa – Langesund (im Sommer)
- **Unterkunft**

Hotel Wassilioff+, Stavern, Tel. 33113600, Fax 33113601, www.wassilioff.no, (*****). Das prächtige weiße Gebäude zählt zu den Historischen Hotels in Norwegen. Erlesen ist auch das Restaurant!

Jahren Gård: Stavern, südlicher Ortsrand, an der Hauptstraße, Tel. 33199030, Fax 33199946. In dem alten Hof gibt es das schlichte DZ für 500 NOK, 4 Pers. 600 NOK.

- **Camping/Hütten**

Solplassen og Rakke Camping, Stavern, Tel. 33199282, 1.4.-31.10. Großer, ordentlicher Platz unter Kiefern. Viele Dauercamper. 46 Hütten (**/****), die großen nur zur Wochenmiete, die kleinen ab 2 Nächten Aufenthalt. Minigolf, Spielplatz, Sandstrand. Etwa 1 km südl. Stavern.

Etwa 4 Kilometer westlich von Stavern befinden sich an der Bucht Naverfjorden nicht weniger als **sechs riesengroße Campingplätze!** Endlose Wohnwagen- und Caravanburgen bestimmen das Bild. Alle Plätze liegen an Sandstränden, verleihen Hütten und Boote und sind permanent überlaufen. Zwei empfehlenswerte sind: **Kjærstranda Familiecamping,** Stavern, 1.5.-1.9., Tel. 33195730, 10 Hütten ab 400 NOK, Sandstrand, und **Oddane Sand Camping** in Nevlunghavn, Tel. 33188270, Fax 33189033, 1.4.-1.10.; es gibt 21 Hütten (**/***) und einen wunderbaren gelben Sandstrand!

Ula Badestrender og Camping, Ula, Tel. 33193020, www.ula-camping.no, 15.5.-1.9.; 10 Hütten (*/**), Juli nur wochenweise für 3300 NOK, herrlicher Sandstrand, kein Autoverkehr! Tolle Lage! Bootsverleih.

- **Baden:** In dem hübschen Örtchen Ula südöstlich von Larvik gibt es einen schönen Sandstrand. Weitere liegen zwischen Stavern und Nevlunghavn.
- **Fahrradverleih:** Stavern Turistkontor, Tel. 33197300; Hedlund Sykkelutleie, Stavern, Tel. 33195808, Fahrräder werden bis zu einem Umkreis von 15 km angeliefert! 1 Tag: 120 NOK.
- **Wandern:** Von Stavern nach Helgeroa schlängelt sich der mit blauen Punkten markierte, 35 km lange **Küstenpfad.** Die Wanderung ist völlig unproblematisch. Einstiegsmöglichkeiten u. a. auch in Nevelunghavn.
- **Weitere Angebote:** Tennis, Reiten und Tauchen – Infos in den Touristeninformationen in Larvik und Stavern.

Der Oslofjord kann bis auf die Fahrrinne zufrieren

Umgebung nördlich von Larvik

Rv 40 XX/B2,3

Biegt man von der E 18 nach Norden auf die Straße 40 ab (Richtung Kongsberg), so gelangt man in das weite Lågendal, das Reich der Lachse und Elche. Hier, im Herzen des Fylkes Vestfold, liegt auch der kleine Wintersportort **Svarstad.** Kulturell sehenswert sind die drei romanischen Steinkirchen des Tales. Sie stehen in **Hedrum** (9 km nördlich von Larvik, aus dem Jahr 1100, geöffnet im Sommer von 10-19 Uhr), in **Styrvold** (39 km nördlich von Larvik, erbaut 1150-1200) und in **Hem,** nördlich von Svarstad. Die Glocken der Kirche in Hem wurden schon im 12. Jahrhundert gegossen, was durchaus beachtlich ist!

- **Fernbus 194.**
- **Brufoss Camping,** 3275 Svarstad. Ganzjährig geöffneter Platz am Ufer des Lågen. Es werden 8 Hütten (*/**) vermietet, Tel. 3312 9041.
- **Angeln:** Der Numedalslågen gilt als einer der besten Lachsflüsse des Landes – Infos: Brufoss-Campingplatz.
- **Wintersport:** In Svarstad findet der Skifahrer drei Lifte mit einem Höhenunterschied von 240 m vor.

Von Larvik aus sind es 15 km bis Porsgrunn. Mit der Beschreibung dieses Ortes beginnt der nächste Buchabschnitt: Der Süden: Entlang der Küste.

DIE KÜSTE ENTLANG

Der Süden

Setesdal, Freilichtmuseum in Valle

Risør

Bei Kragerø

Überblick

Der Süden Norwegens ist das Land der Insellabyrinthe, der dunklen Nadelwälder und der weiten Hochebenen, eine **Region für jede Jahreszeit.** Hier liegen sowohl die Wiege des alpinen Wintersports als auch beliebte Segelreviere.

Per Fähre erreicht man das so genannte Sørland vom dänischen Hirtshals aus. In Kristiansand angekommen, besteht die Möglichkeit, sich für eine der drei Hauptrichtungen zu entscheiden. Entweder fährt man die Küste entlang, Richtung Oslo oder Stavanger, oder man schlägt den Weg nach Norden ein, durch das romantische Setesdal. Jede dieser Strecken geleitet den Besucher durch schöne, wenngleich nur sehr selten spektakuläre Landschaft. Die östliche Küste Südnorwegens ist bekannt für ihre idyllische Schärenlandschaft, mit vielen weißen Holzhausorten. In Richtung Westen finden sich dafür die schöneren Sandstrände, wie z. B. im Ort Mandal und in der Gegend um Stavanger, sowie der beeindruckende Lysefjord. Das Binnenland ist mit seiner Wald- und Seenlandschaft der Region Telemark und den kahlen Hochebenen zwischen Stavanger und dem Setesdal bei Wanderern und Autotouristen gleichermaßen beliebt.

Die Küste entlang

Hier scheint sie, die Sonne! Also zumindest öfter als im restlichen Norwegen. Das wissen wahrscheinlich auch die Scharen erholungssuchender Skandinavier, welche Jahr um Jahr an die Küste des Sørlandes pilgern. Unmengen privater Ferienhäuser und, im Vergleich zu anderen Teilen des Landes, höhere Preise für Campingplätze sind die Auswirkungen.

Zwischen der Küstenregion der Provinz Telemark und Kristiansand ist die Landschaft zunächst recht lieblich. Sie besticht durch eine Mischung aus glattgeschliffenen Schären, dichten Wäldern und, lässt man die Industrieorte Skien und Porsgrunn außer Betracht, durch die wohl hübschesten **Holzhaussiedlungen** des Landes, gerne auch als die „Weißen Perlen" bezeichnet. Zu den sehenswertesten unter ihnen zählen zweifelsohne die Orte Risør, Lyngør und Kragerø.

Westlich der für Norwegen eher untypischen Stadt Kristiansand wird die Natur allmählich rauer. Ab dem Kap Lindesnes, dem südlichsten Festlandspunkt Norwegens, dominieren unweit der Küstenlinie tiefe, dunkle Täler und kahle Felsen das Landschaftsbild. Eine Ausnahme stellen die fast berglosen Regionen Lista und Jæren dar. Hier findet man einige der schönsten Sandstrände des Sørlandes. Endpunkt der Strecke ist die gemütliche Ölhauptstadt Stavanger, von der ein Abstecher zur majestätischen Felskanzel des Prekestolen am Lysefjord lohnt.

PORSGRUNN/SKIEN

Porsgrunn/ Skien

⌕XX/B3
⌕XX/B2

Das Tor zum Sørland bilden die zwischen dem Ende des Telemark-Kanals und dem Frierfjord gelegenen Städte **Skien (50.000 Einwohner)** und **Porsgrunn (32.000 Einwohner).** Zusammen bilden sie **eines der größten Ballungs- und Industriezentren Norwegens.** Landesweit berühmt ist die 1887 gegründete Porsgrunn-Porzellanfabrik. In fast jedem Bad Norwegens wird man den Produkten des Unternehmens begegnen (Führungen durch Fabrik und Museum). Größte und sicher unansehnlichste Industrieanlage der Region ist mit über 5000 Angestellten die Salpeterfabrik der Norsk Hydro auf der Insel Herøya. Bedeutend auch die elektrotechnische- und holzverarbeitende Industrie, welche, nur schwer zu übersehen, in Skien Fuß fassen konnte. Stellt sich die Frage, warum man hier einen Zwischenstopp einlegen sollte. Die Antwort darauf heißt **Ibsen.** Der weltberühmte Dramatiker wurde am 20.3.1828 in Skien (in Anlehnung an den alten Ortsnamen „Schee-en" ausgesprochen) geboren. 1833 kaufte sein Vater den Hof Venstrøp. Dieser liegt 4 km nördlich des Zentrums, na-

Landschaft im Sørland

he der Hauptstraße und beherbergt heute eine recht interessante, 2006 neu eröffnete **Ibsen-Gedenkstätte** (geöffnet Mitte Mai bis Ende August, 10-18 Uhr, 50 NOK). Eine weitere interessante Ausstellung ist im **Telemarkmuseum** (Eintritt: 50 NOK, Kombiticket mit Ibsen Museum 70 NOK) im Brekkepark oberhalb des *Torget* (Markt) untergebracht. Sehenswert sind hier auch der Herrensitz **Søndre Brekke** und die Kollektion alter **Telemark-Wohnhäuser,** deren ältestes, die Børgestua, aus dem Jahr 1580 stammt. Die Wohnräume einiger Gebäude sind mit herrlicher **Rosenmalerei** verziert (geöffnet: 10-18 Uhr, 50 NOK). Im Zentrum Skiens – an trüben Tagen etwas trostlos – ist allenfalls die neugotische **Backsteinkirche** (1894) mit ihren massiven Westtürmen und die gegen Ende des 19. Jahrhunderts erbauten, für norwegische Verhältnisse recht mondänen, im Gründerzeitstil erbauten Gebäude des **Theaters und Rathauses** sehenswert.

Bei einer Fahrt nach Norden vorbei am Telemark-Kanal (siehe dort) lohnen der für Kinder interessante **Freizeitpark Lekeland** (10-18 Uhr, 120 NOK) und das an drei Schleusen des Kanals von hohen Bergen eingekeilte Skottfoss einen Aufenthalt, wo man auf einem 3,7 km langen Kulturlehrpfad „in" der Kanal- u. Industriegeschichte wandern kann.

Touristeninformation

●**Skien Turistkontor,** im Zentrum am Hafen, Nedre Hjellegate 18, Tel. 35905520, Fax 35905530 (www.grenland.no).

An- und Weiterreise

●**Bahnhof:** nördlich des Zentrums von Skien und östlich des Zentrums von Porsgrunn. Züge Richtung Oslo, Tønsberg, Kongsberg.
●**Bus: Fernbusse 182, 186, 194, 210.**

Unterkunft

●**Rica Ibsen Hotel,** Kongensgt. 33, Skien, Tel. 35904700, Fax 35904701, (*****). Modernes Kastenhotel mit Restaurant, Hallenbad und Sauna.
●**Dag Bondeheimem og Kaffistove,** Prinsessgt. 7, Skien, Tel. 35520030, Fax 35520031, (**). Einfache, saubere Bleibe ohne Komfort.
●**Quality Hotel Sjærgården,** Langesund, Tel. 37978100, (*****), gutes Hotel mit beliebtem Badepark!

Camping/Hütten

●**Skien Vandrerhjem og Fritidspark,** Movlatvn. 65, Tel. 35504870, (2.1.-23.12.) 4 km westlich des Zentrums, schöne Anlage mit Anschluss an den Sportpark (Tennis, Go-Cart, Schwimmhalle). Apartment (***), Bett 175 NOK, Sauna, Solarium. DZ 600 NOK. Expressbus hält in der Nähe.
●**Rognstranda Camping,** Stathelle bei Brevik, Tel. 35973911. Am Fjord gelegen mit Badestelle und 5 Hütten (**).

Umgebung

Südlich von Skien und Porsgrunn beginnt hinter dem Zementwerk (Rv 354) mit **Brevik** die Perlenschnur der hübschen Orte des Sørlandes. Der alte Handelsort aus dem 16. Jh. liegt heute geduckt nahe einer riesigen Brücke. Sehenswert ist die Altstadt mit ihren aus dem 18. und 19. Jh. stammenden Holzhäusern, den steilen Gässchen und dem Rathaus im Rokokostil. Richtung Süden, an der Hauptstraße, ist ein unter Glas liegender, riesiger Bergkristall aus den Norcem Gruben zu bestaunen. Danach kommt man zu den hübschen Holzhaus- und Badeorten **Langesund** und **Stathelle** (Häuser z.T. aus dem 18. Jh.).
●**Baden:** Zwischen Langesund und Kragerø liegen viele schöne Badeplätze wie z.B.: Nystrand, Brevikstrand, Langesund Badepark (beheizt), Rognstranda (in Stathelle am Cam-

Stadtplan S. 210, Farbkarte Seite XX

pingplatz), Ivarsand (Sandstrand, E 18 Abfahrt Åby-Krysset).

Über die E 18 geht es durch waldreiche Landschaft vorbei an den hübschen Orten Brevik und Stathelle nach Kragerø.

Kragerø ♦XX/B3

Als erstes entdeckten im 18. Jh. die wohlhabenden Bürger Christianias das ruhige Handelsörtchen im Schärengarten für sich. Ihnen schlossen sich auf Inspiration hoffende Künstler wie *Christian Krogh* und *Edvard Munch* an. Für letzteren war Kragerø „die Perle unter den Küstenstätten" und der Platz, an den er sich in schlaflosen Nächten zurücksehnte.

Heute ist das **10.000-Einwohner-**Städtchen mit seinen zahllosen bunten, blitzblanken Holzhäusern und viel Atmosphäre noch immer ein hübscher Flecken Erde. Mit der Ruhe und Beschaulichkeit ist es allerdings vorbei. **Unzählige Touristen** und Sonnenurlauber schieben sich durch die engen Straßen. 3500 Ferienhäuser und Villen spiegeln die Beliebtheit der Region bei denen, die Geld haben, wider.

Einen herrlichen Panoramablick auf den Trubel im Zentrum, die markante neugotische Stadtkirche von 1870 und die Schärenwelt hat man vom **Steinmannen.** Direkt unterhalb des Aussichtspunktes befindet sich der **Torget** (Markt), mit farbenfrohen Holzhäusern aus dem 19. Jh., vielen Biergärten und Cafés. Über die Storgata und Rådhusgata gelangt man zum **Rathaus** von 1867 und zum **Gästehafen**. Folgt man der Strandlinie nach rechts, so erreicht man das kleine **Gunnarsholm Küstenfort,** das im 17. Jh. zum Schutz vor der Seeräuberei angelegt wurde. Wendet man seine Schritte nach links, ist es nicht mehr weit bis zum kleinen Meeresarm **Blindtarmen** (Blinddarm). Hier pulsiert zu beiden Enden der alten Stadtbrücke das sommerliche Herz der Stadt. Durch eine kleine Gasse gelangt man zurück zum Markt und zum **Theodor Kittelsen Hus** (Th. Kittelsen vei 5, im Sommer Di-Sa 12-16 Uhr, 25 NOK). Im Geburtshaus des am 17.4.1857 geborenen Malers der Trolle zeigt eine Ausstellung einige sei-

Theodor Kittelsen

Mit dem Maler *Theodor Kittelsen* begannen **Trolle und andere Fabelwesen** in Norwegen zum Leben zu erwachen. Er wurde 1857 in Krgaerø geboren und begann im Alter von 17 Jahren an der Zeichenschule in Christiania (Oslo). Später studierte er auch in Paris und Berlin, kehrte jedoch 1889 in sein Heimatland zurück. Er wohnte lange Zeit in Sigdal (Provinz Buskerud) und verstarb 1919 auf Jeløy bei Moss. In den fantasievollen Illustrationen zu den Märchenbüchern von *Asbjørnsen* und *Moe,* seinen sozialkritischen Karrikaturen, den mystischen Tier- und Landschaftsbildern hat Kittelsen eine unverwechselbare Ausdrucksform entwickelt, die teils nicht die gewünschte Akzeptanz unter Künstlerkollegen fand. Seine Motive entnahm er Sagen, Mythen und der eigenen Vorstellungskraft. Überall in der Natur sah er Gestalten, die diese beleben und ihr Unheil treiben. So u. a. den einäugigen „Waldtroll" (*Skogtroll*) und den „Nøkk", ein hinterlistiges Wesen, das in Teichen haust.

ner mystischen Werke. Ein weiteres Museum ist das **Berg-Kragerø Museum** (3 km, an der Straße zum Campingplatz, im Sommer Di-So 12-17 Uhr, Eintritt 60 NOK). Im Haupthaus von 1803 sowie in einem Nebengebäude wird Stadt- und Kulturgeschichte dokumentiert. Ein schöner Park mit Badeplätzen erschließt die Umgebung.

Touristeninformation

●**Kragerø Turistkontor,** Torvgt. 1, 3791 Kragerø, Tel. 35982388, Fax 35983177, www.visitkragero.no. Am Kreisverkehr.

An- und Weiterreise

●Bus nach **Neslandsvatn,** ab dort 5x täglich Zug nach Oslo und Kristiansand.
●Bus nach **Tangen,** ab dort Anschluss an **Fernbusse 190, 210.**

Unterkunft

●**Victoria Hotel,** P.A. Heuchsgt. 31, Tel. 35987525, Fax 35982926, (*****). Alter Hotelbau, moderne Zimmer, gutes Restaurant, Pub, Café, Nachtclub.
●**Kragerø Vandrerhjem,** Lovisenbergvn. 20, 2 km ab Zentrum, Tel. 35985700, Fax 35985701, 22.6.-19.8. In dem guten „Sportel" gibt es das Bett ab 325 NOK, DZ 650 NOK (im JH-Bereich), DZ 850 NOK (im Hotel-Bereich). Fahrradverleih. Ganzjährig.
●**Ferieleiligheter Øya,** Galeioddveien 19, auf der dem Zentrum vorgelagerten Insel (Brücke), Tel. 35980939, rreid@online.no, Appartements für 3-4 Pers. 800 NOK im Sommer, ansonsten ab 550 NOK. Endreinigung: 350 NOK.
●**Villa Bergland,** Kragerøveien 73, Tel. 3598 5730, www.villa-bergland.no. Sehr ansprechende, moderne Ferienappartements und Hotelzimmer.

Camping/Hütten

●**Lovisenberg Camping,** 3 km nördl. d. Zentrums, Abzweig an der Rv 38 beachten, Tel. 35988777, Fax 35988527. Geöffnet 1.5.-1.9.

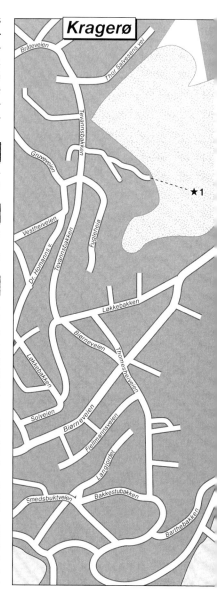

Schöner Platz in der Nähe einer Bucht. Ideal für einen längeren Aufenthalt. Fahrrad- und Ruderbootverleih, Badeplatz/Schwimmbad, Angelplatz. 9 Hütten (**), viele Dauercamper.
- **Støa Camping,** 9 km bis Kragerø, an der Rv 38, Tel. 35990261. Kleiner Platz an der Straße. Angel- und Wandermöglichkeiten. Draisinentour auf den Gleisen der Kragerø Bahn möglich. Ruderboot- und Kanuverleih. Hütten (**).

Essen und Trinken

- Empfehlenswert sind das **Restauranthuset Lanternen** (am Wasser, Speisen 100-200 NOK, Pizza) und das **Restaurant Admiralen** (am Wasser, *middag* ab 90 NOK).

Shopping/Kino/Bibliothek

- Im Ort gibt es viele **Antiquariate, Kunsthandwerksläden** und **Galerien**, u. a.: Galleri Compagniet (Keramik, Textilien), Kragerø Kunstforening (Grafik, Malerei).
- **Kino:** Kragerøvn. 4.
- **Bibliothek:** am Løkkebakken.

Aktivitäten

- **Golfplatz, Schwimmhalle, Badeplätze:** kindgerechte Badeplätze am Küstenfort und am Lovisenberg Campingplatz, weitere: auf Jomfruland und Skåtøy.

Aussichtspunkte

- **Steinmannen:** Ab Stadtkirche: Kirkegata – Løkkebakken (Schild „Stadion" folgen) – Tevannsbakken (kleines Schild „Steinmannen").
- **Edvard Munchs Aussichtspunkt:** Edvard Munchs vei, Straße am Küstenfort. Hier ließ sich der Maler im Schein der Abendsonne zu Bildern wie „Solen" und „Historien" inspirieren (zu sehen in der Aula der Universität Oslo). Munch Skulptur von 1998.

Blick vom „Steinmann" auf Kragerø

Kragerø und Umgebung

Umgebung

Jomfruland ⌲XX/B3

Östlich vor Kragerø liegt das langgestreckte „jungfräuliche Land": Jomfruland. Die 7,5 km lange, aber nur bis zu 1 km breite Endmoränen-Insel wird von gerade mal von 65 Menschen bewohnt. Durch das günstige Klima trifft man auf eine erstaunliche **Vegetationsvielfalt**. Neben Laubwäldern und Wiesen gibt es auch ausgedehnte Moore und Strände (im Osten mit Sand, im Westen mit Steinen). In ausgewiesenen Schutzgebieten leben rund **200 Vogelarten**. Der Leuchtturm (mit Café, Galerie und Spielplatz) kann tagsüber besichtigt werden. An ihm beginnt auch der Natur- und Kulturweg. Am Spielplatz vorbei führt zudem ein Weg zum **Tårntjernet,** jenem idyllisch-mystischen **Seerosen-See,** den *Kittelsens* Bilder berühmt machten.

Die Insel erkundet man am besten mit dem Fahrrad, welche am Campingplatz am Fähranleger geliehen werden können. Hinter dem Zeltplatz links halten, der andere Teil der Insel ist z.T. etwas heruntergekommen.

• Dreimal täglich verkehrt eine **Fähre** von Kragerø nach Jomfruland.
• Übernachtung: **Jomfruland-Camping** (Tel. 35991275). Geöffnet Mai-Sept. Es werden auch Hütten angeboten (**/***).

Skåtøy

Diese große Insel im Schärengewirr vor Kragerø eignet sich ideal für leichte Wanderungen und zum Rad fahren. Im Skåtøy Café gibt es eine Galerie und im Sommer oft Konzerte.

Drangedal ⌲XX/A,B3

Die in Kragerø beginnende Rv 38 führt in Richtung des Nisser-Sees durch das waldreiche Drangedal. Im recht idyllischen **Hauptort Drangedal** sind das kleine **Freilichtmuseum (bygdetun)** mit 18 Häusern aus dem 19. Jahrhundert (Mi-So am frühen Nachmittag geöffnet), die zwei restaurierten Speicher am Seeufer und die alte, steinerne **Eisenbahnbrücke „Kjeåsbru".**

20 km weiter westlich, an der Rv 358, liegt der Wintersportort Gautefall mit schönen Wandermöglichkeiten über flechtenüberzogene Bergflanken.

25 km weiter östlich erreicht man die **Høydalen Gruver in Tørdal,** in denen während des Zweiten Weltkrieges Pegmatit (von Mineraliensammlern geschätztes Gestein) abgebaut wurde. 35 verschiedene Mineralienarten können gefunden werden. Zu bezahlen ist pro Kilo Stein. (Geöffnet Mitte Mai bis Ende Sept., Anmeldung im Museum oder im Gesteinsladen „Amazonitten".)

• **Touristeninformation: Turistkontor,** På stasjonen, 3750 Drangedal, Tel. 35996052.
• **Unterkunft**
Gautefall Hotel & Appartements, Gautefall, westlich von Drangedal, Tel. 35999777, Fax 35999711, (****; im Sommer DZ ab 800 NOK). Ältere Anlage im Wintersportort. Hallenbad, Sauna Tennis. So günstige Tagesgerichte. Die Hütten des Skizentrums können auch im Sommer gebucht werden. Allerdings schließt die Rezeption um 16 Uhr.
Voje Camping, 5 km südlich von Drangedal, Tel. 35956677. Einfacher Platz mit Bootsverleih und 6 Hütten (*). Schöne Lage am See.
Hulfjell Gård & Hytteutleie, Tel. 35998203, Hof mit 3 Hütten (*/**), Kanu- und Bootsver-

DIE KÜSTE ENTLANG

leih, Badeplatz, vielen Tieren, Hofladen. Am Toke-See, 5 km südlich von Drangedal (1,7 km ab Voje).

- **Baden:** See **Øvre Toke** (Sandvann, nahe Straume), See **Bjørvannet** (westl. von Drangedal, Rv 38, in Sandvik). Weitere: siehe unter „Vrådal".
- **Paddeln/Angeln:** Die **Stauseen Øvre und Nedre Toke** sind hervorragende Paddelgebiete. Kanus können für 120 NOK/Tag am Dalane Gård (Tel. 35975517) oder am Eie Gård (Tel. 38995638) geliehen werden. Auch gibt es in der Gemeinde hervorragende Angelgewässer (Info-Tafeln).
- **Wandern:** Im Ort Gautefall, am Alpincenter beginnt eine gut markierte Wanderung hinauf ins **„Himmelsreich"** (Himmelrike; 1½ Std. retour). Der Name für diese urwüchsige, vegetationslose Landschaft mit ihren Heide- und Kiefernoasen übertreibt nicht. Der während der letzten Eiszeit glatt geschliffene Granithang ähnelt in Gestalt und Akustik einem römischen Amphitheater. Einstieg: Am Schild „Gautefall Alpinsenter" dem Weg folgen. Den blauen Pfählen den Hang hinauf folgen (oft schwer zu finden). Am Schild „Jørundskar" schräg rechts halten.
- **Wintersport:** Westlich von Drangedal liegt **Gautefall.** Der beliebte und schneesichere Wintersportort ist, günstig für deutsche Urlauber, nur 120 km westlich der Fähre nach Larvik gelegen. 6 Lifte mit 200 m Höhenunterschied, 100 km Wald- und Fjelloipen, www.gautefall.com.
- Bei der Weiterfahrt in Richtung des 50 km entfernten Ortes Risør sind auf der E 18 **20 NOK Maut** zu zahlen. Wer die Mautstelle innerhalb der nächsten 6 Stunden nochmals passiert, sollte bei „Manuell" durchfahren und die Quittung behalten.

Risør ⌕XX/B3

Risør, mit seinen schneeweißen Patrizierhäusern, ist unbestritten eine der schönsten Städte Südnorwegens. Kaufleute gründeten den Ort (dessen Name so viel wie „Inseln mit Gestrüpp" bedeutet) im Jahr 1723, nachdem man schon 200 Jahre lang an dieser Stelle mit Holz aus den Wäldern des Hinterlandes gehandelt hatte. 1861 wurde jedoch eben dieser Rohstoff Risør zum Verhängnis. Eine Feuersbrunst zerstörte 248 Gebäude und nur in den Stadtteilen Volden und Tangen konnten Häuser gerettet werden. Alarm schlug seinerzeit der Nachtwächter (Vekteren), der im **Branntärn** (Feuerwachturm mit Galerie) oberhalb des Marktes wohnte. Vom Turm hat man noch heute einen Panoramablick über die nach dem Brand im mondänen Spätempire- und Schweizerstil erbauten Gebäude bis hin zum **Risørflekken,** einem weiß gekalkten Fels am gegenüberliegenden Berghang, der seit 1641 Schiffen den Weg in den Hafen weist.

Bei einem Rundgang durch den Ort sollte man unbedingt die **Hellig Ånds-Kirche** im Ortsteil Volden besuchen, die am Berghang 200 m hinter dem Markt liegt. Erbaut wurde die barocke Kreuzkirche 1647 und ist damit das älteste Gebäude der Stadt. Sehenswert ist die 1667 angefertigte Altartafel, welche die Heilige Nachtwache zeigt. Zu beachten ist gleichfalls die Kanzel (1674), die vier Haupttugenden – Maßhalten, Weisheit, Gerechtigkeit und Mut – darstellend. (Geöffnet: Mo-Fr 12-14 Uhr, So regelmäßig Konzerte.)

Direkt hinter dem Gebäude liegt der **Kunstpark** mit Ateliers, Café, Galerie und dem **Stadtmuseum.** (Geöffnet: Juni-Aug. Di-So 12-16 Uhr, 30 NOK.)

Stadtplan S. 216, Farbkarte Seite XX **RISØR** 215

Geht man zurück zum Markt, gelangt man, dem Kai folgend (Standgate), zum **Aquarium** (30 Becken, geöffnet: 11-18 Uhr, August bis 16 Uhr, Winter Sa/So 12-16 Uhr, 50 NOK). Übrigens, wer seine Ferienpost in den Briefkasten neben dem Aquarium einwirft, bekommt diese im einzigen trockenen **Unterwasserpostamt** Norwegens gestempelt. Die Taucher gehen im Sommer täglich zum Stempeln unter Wasser.

100 m weiter liegt im Ortsteil Tangen das alte **Kastell**, dessen 8 Kanonen 1808 und 1814 feindlich gesinnte englische Schiffe in die Flucht schlugen.

Touristeninformation

● **Turistkontor** in der Kragsgate (beginnt am Markt), Tel. 37152270, Vermittlung von günstigen Privatunterkünften, schönes Hofcafé u. Galerie; und nördlich von Risør an der E 18: **Infosør,** Brokelandsheia 4993 Sundebru, Tel. 37119000, Fax 37119001, www.infosor.no, www.visitrisor.no.

An- und Weiterreise

● 4x täglich (So nur 1x) **Bus** nach Vinterkjær. Dort Anschluss an **Fernverbindungen 190, 210.** Regionalbusse nach Arendal und Tvedestrand. Bushaltestelle 300 m vor dem Markt.

Unterkunft

● **Risør Hotel,** Tangengt. 16, Tel. 37148000, Fax 37152093, (*****). Holzhaus aus dem Jahr 1861. Meeresblick und Sonnenterrasse.
● **Det Lille Hotel Sjømanns Suitene**, Storgate 4/5, unweit der Kirche, Tel. 37151495, Fax 37150168, (*****). Kleines, aber feines Hotel im alten Holzhaus. Alle Zimmer haben Bauernmöbel.
● **Risør Gjestehus,** 6 km vor dem Ort, Tel. 37155002, Fax 37155274, (**/***). Nette Pension mit 24 Zimmern. 150 m zum Fjord.

● **Kunstforum,** Tjenngata 76, am Ortseingang, Tel. 37156383, Zentrum für Kunst und Kultur mit einfachen DZ für 600 NOK und 3-Bett-Zimmern für 700 NOK.

Camping/Hütten

● **Sørlandet Feriesenter,** Südseite des Sandnesfjord, Anfahrt über Rv 411 und 6 km über eine Nebenstr. am Fjord entlang, Tel. 37154 080, Fax 37154082. Recht teurer, aber ruhiger und sauberer Platz an Wald und Fjord. 22 ganzjährig geöffnete Hütten (**/****), Bootsverleih, Volleyball, Minigolf, Badeplatz, Tauchmöglichkeiten.
● **Moen Camping,** Rv 416, 10 km ab Risør, Tel. 37155091, geöffnet: 1.4.-31.10. Idyllisch am Fjord gelegener Platz mit 7 Hütten (**/****), Bootsverleih.
● **Hütten** vermietet u. a. auch der Røed-Campingplatz (Tel. 37155006, an der E 18), der Laget-Campingplatz (Tel. 37164227) und die Åsmundhavn Hytteutleie (Tel. 37154065).
● **Lunden Hytter,** Risør, Tel. 37154215, Fax 37151990, www.lunden.no. Vermietung von 6 wunderbaren Häusern zu 3500-5000 NOK/Woche.

Essen und Trinken

● Gemütlich sitzt man im traditionsreichen **Kast Loss** ((Strandgata 23, am Kai; z.T. ausgefallene Gerichte für 200-250 NOK). Zudem setzt ein Boot über zum alten Leuchtwärterhaus auf Stangholmen.
● Für Reisende mit kleinem Budget empfiehlt sich das **China Palace** in der Kragsgate. Was man hier nicht unbedingt erwartet: Es gibt sehr gutes Eis!
● Beliebt ist zudem das gemütliche **Café im Hof der Touristeninformation** (ebenfalls in der Kragsgate).
● **Tipp:** Frischer Fisch und Salat von der **Risør Fiskemottak** („Fischannahmestelle"). Zu finden im Industriegebiet Holmen. Ab dem Markt über das linke Kaiufer nach 500 m zu erreichen.

Kino

● Kragsgt. 48, im Gemeindehaus.

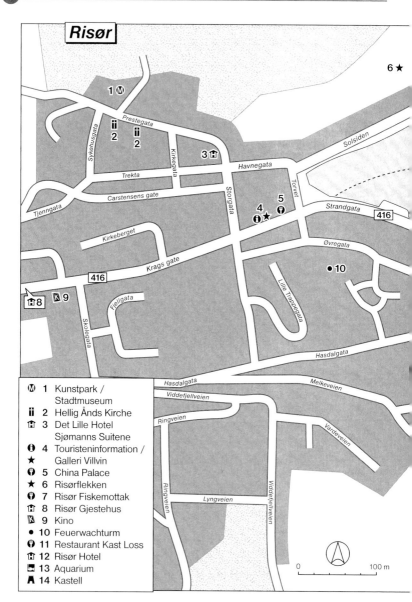

Internet

- **Internetcafé DoctorJava,** am Hafen, Solsiden 14.

Festivals

- Berühmt ist die Jahrmarktatmosphäre auf dem **Holzbootfestival** am ersten Augustwochenende, www.risor-woodenboat.no.
- **Kammermusikfestival** Ende Juni.
- Sehr empfehlenswert ist der große **Kunsthandwerksmarkt** Mitte Juli (12.-14.7.2007). Künstler aus ganz Skandinavien treffen sich, um ihre hochwertigen und geschmackvollen Waren anzubieten. Veranstalter ist die Galerie Villvin, die in der Touristeninformation zu finden ist.

Aktivitäten

- **Stadtwanderung mit dem Nachtwächter,** Mi 20 Uhr ab Markt, 30 NOK.
- Ein schöner **Spaziergang** führt vom Kunstpark hinauf zum Badesee Barbulia und ab hier nach rechts zum Finnes Park, der oberhalb von Risørflekken liegt. Ein weiterer Weg führt von der Straße am Kastell am Fjord entlang (Badebucht nach 1,5 km).
- **Angel- und Badetouren:** mit der M/S Østerfjord und der M/S Tara.
- **Fahrrad- und Motorbootverleih, Tauchen:** Sjøsenteret am Hafen, Tel. 37150037.
- **Baden:** Mehrere Badeplätze in der Umgebung, u. a. am Kastell. Badeboot zu den Inseln.

Umgebung

- Im Hinterland Risørs liegt der idyllische **See Vegår.** Dieser eignet sich ideal für **Kanu- und Angeltouren** (Angelscheine in Tankstellen erhältlich) und zum **Baden** (Strand an der Brücke über den See). Am Südwestende des Gewässers liegt an einer Nebenstraße der Hof Kilsloftet (Tel. 37168412, www.kilsloftet.no) mit schönem Gebrauchskunstladen, Kanuverleih und ansprechenden Sommerhütten.
- Einen kurzen Besuch wert ist auch das **Museum Vegårshei Bygdetun** (in der Nähe der Rv 416, am Hof Grasåsen, geöffnet: Ende Juni-Mitte Aug. So 11-17 Uhr, im Juli auch Mo-Do 11-15 Uhr). Zu sehen sind acht historische Gebäude, die u. a. eine Schulstube, ei-

ne Schuhmacherwerkstatt und ein Bienenzuchtmuseum beherbergen.
- Am Meer lohnt ein Ausflug zu den **Gletschermühlen von Sild**. Sie haben einen Durchmesser von 6 m und sind 5-6 m tief. (Str. gegenüber Risør am Sandnesfjord entlang über Fie nach Åkvåg. Ab hier markierter Pfad nach Silodden).

Tvedestrand und Lyngør ⌕XXIII/D2

Die **Holzhausbebauung** des 6000 Einwohner zählenden Tvedestrand gehört zu den bestbewahrten des Landes. Laut dem norwegischen Autor *Odd Børretzen* sieht der Ort aus, als ob auf dem Berg „ein Mann gestanden hat und von dort eine Fuhre Häuser den steilen Hang hinunter gekippt hätte". Auffällig ist die architektonische Zweiteilung. Im oberen Zentrum, entlang der Fußgängerzone, stehen kleine, unscheinbare Häuschen, unter ihnen das sich in eine Weggabelung zwängende Strykejernet (Bügeleisen), **Norwegens schmalstes Haus.** Geht man jedoch hinab zum Hafen, mit seinem regen Bootsleben und den gemütlichen Cafés, wird die Bebauung zunehmend herrschaftlicher. Es dominieren großbürgerliche Gebäude im Empire-Stil, wie das Rathaus und die ehemalige Verwaltung des Eisenwerkes, das 1665 eröffnet wurde. Die alten Gruben des Betriebes liegen in Nes (Rv 415) und waren der Auslöser für die Gründung Tvedestrands als Verladehafen. Die Anlage beherbergt heute alte Werksgebäude und eine Ausstellung mit Multivisionsshow zur **Eisen- und Stahlverarbeitung** (15.5.-31.8. 11-16 Uhr, 50 NOK).

Seit 2003 ist Tvedestrand zudem Norwegens zweite **Bücherstadt**. In 21 Antiquariaten kann nach Lesbarem gestöbert werden (www.bokbyen-ska gerrak.no).

Als lohnendes Ziel für einen Ausflug bietet sich der im Schärengarten gelegene Ort Lyngør an. Zu erreichen ist der **idyllische Archipel** per Boot ab Gjeving, an der Rv 411 zwischen Tvedestrand und Risør. Hervorgegangen ist Lyngør aus einem Nothafen für Segler, die zwischen den Inseln auf besseres Wetter warteten. Da der Standort jedoch günstig war, siedelten sich ab der Mitte des 19. Jh. Kaufleute, Segeltuchmacher und Seefahrer an. Für die Erhaltung des Ortsbilds mit seinen prächtigen, weißen Villen, den schmalen, autofreien Gassen und den herrlichen Gartenanlagen wurde der Ort mit dem Europa-Nostra-Preis ausgezeichnet.

Touristeninformation
- **Turistkontor,** Fritz smiths gate 1, 4900 Tvedestrand, Tel. 37161101. Am Hafen. Internetzugang.

An- und Weiterreise
- **Fernbus 190** (bis Fianesvingen), **210.**
- **Bootsverbindungen** nach Lyngør, 10-15x täglich ab Gjeving, 35 NOK.

Unterkunft
- **Sjøverstø Feriested,** 10 km südlich von Tvedestrand, Rv 410, Tel. 37034136, www.sjoversto.no. Ganzjährig geöffnet. Gute Anlage mit Hütten (**), Zimmern (***), Restaurant und Badeplatz. Schöne Zeltplätze.

- **Holt Camping,** E 18, in der Nähe des Eisenwerkes, Tel. 37160265, 1.6.-31.8. Schlichter Platz mit 15 Hütten (*-***).
- **Gjeving Marina og Camping,** Gjeving, Rv 411, Tel. 37166367. Einfacher Platz ohne Hütten, aber mit Badeplatz und Bootsverleih.
- **Åmli Naturcamp,** in Åmli/Sigridshe, zwischen Rv 415 und Rv 41, 40 km nordwestlich von Tvedestrand gelegen, Tel. 37081500, www.village.no, schöner Campingplatz mit 7 Hütten (**) direkt am Fluss.

Aktivitäten

- Einen **Badestrand** findet man mitten im Zentrum von Tvedestrand. Ein Weiterer liegt an einem idyllischen See an der Rv 441, kurz vor dem Abzweig nach Gjeving/Lyngør.
- Ansonsten gibt es noch einen **Golfplatz.**
- Es werden **Biber-Safaris** und **Tauchausflüge** veranstaltet – Infos im Turistkontor.

Umgebung

- Über die Rv 415 erreicht man die im Hinterland von Tvedestrand gelegene Gemeinde Åmli. Die **wilde Naturlandschaft** ist wie geschaffen für ausgedehnte Wanderungen. Eine Tour beginnt im Zentrum von **Åmli** am Elvarheim Museum. Sie führt in 1 Std. auf das Trogfjell.
- Unbedingt einen Besuch wert ist die sehr schöne Anlage der **Galerie Hillestad** (www.hillestad.no) in Hillestad im Tovdal. Zu sehen sind wechselnde Ausstellungen von Gemälden bekannter Künstler und Silberschmuck. Außerdem gibt es einen Abenteuerspielplatz, einen Kunstwanderweg, einen Badestrand, Grillplatz, 6 luxuriöse Miethütten und Wanderwege auf die Hillestadheia.
- Am Ende des Tovdal führt ein Pfad in einer Stunde zum imposanten **Wasserfall Rjukanfoss.**

Arendal ♪XXIII/D3

Die Stadt wurde im 15. Jahrhundert, wie auch Kragerø und Risør, im Zusammenhang mit der Anlage eines Hafens zur Verschiffung des eingeschlagenen Holzes gegründet. Bis Mitte des 19. Jahrhunderts entwickelte sich die Segelschifffahrt zum Haupterwerbszweig. Und obwohl das Zeitalter dieser erhabenen Schiffe längst vorbei ist und Industrie und Dienstleistung dominieren, blieb die Stadt dem Meer verbunden. Zudem galt Arendal bis zum großen Brand im Jahr 1868 ob seiner vielen Kanäle als das „Venedig Skandinaviens". Davon ist heute nichts mehr zu sehen, wenngleich es Pläne gibt, im Zentrum das alte Wassergrabenidyll wieder aufleben zu lassen. Trotzdem wird man wohl auch dann nicht mit anderen Sørland-Orten konkurrieren können. Dafür herrscht in der **40.000-Einwohner-Hauptstadt** des Fylkes Aust-Agder zu viel Trubel, und die modernen Häuser machen nicht viel her. Allein im kleinen, am Bootshafen gelegenen Viertel **Tyholmen** stehen noch 300 Jahre alte, ehrwürdige Holzvillen. Das Größte der Gebäude ist das als Privathaus erbaute Rathaus (1812-1815), ein anderes das Kløckers Hus aus dem Jahr 1812. In ihm ist heute das **Stadtmuseum** samt Kolonialwarenladen und Bäckerei untergebracht. (Geöffnet: Di-Fr 10-15 Uhr, Sa nur bis 14 Uhr, 30 NOK.) Ein weiteres Museum ist das **Aust-Agder-Museet** am nördlichen Stadtrand (geöffnet: Mo-Fr 9-17 Uhr, So 12-17 Uhr; Winter bis 15 Uhr, 20 NOK). Zu besichtigen sind alte Gutshäuser samt herrschaftlichem Interieur und alte Bauernhäuser. Gelungene Dokumentationen zur Seefahrt, dem Schiffbau, der Eisenverhüttung, dem Holzhandel

DIE KÜSTE ENTLANG

Arendal vom Wasser aus

und der Volkskunst sowie eine Mineraliensammlung runden die Ausstellung ab. Eine Außenstelle des Museums ist der **Merdøgaard** aus dem Jahr 1720 auf der Insel Merdø. Zu diesem Haus der alten Segelschifffahrtskapitäne, das mit allerlei Entdeckenswertem vollgestopft ist, legen Boote vom innerstädtischen Hafen Pollen ab (Geöffnet: Mo-So 12-16 Uhr, 20 NOK). Auch hier draußen gibt es einige schöne Strände.

Touristeninformation

- **Arendal Turistkontor,** Sam Eydes plass, Tel. 37005544, Fax 37005540, www.arendal.com. Aug.-Juni Mo-Fr 9-19 Uhr, Sa 11-14 Uhr, Juli auch Sa/So 11-18 Uhr.

Orientierung

Von der E 18 gelangt man über die Rv 410 in die Stadt. Die Straße führt am Aust-Agder Museum und am Bahnhof vorbei. Das Zentrum erreicht man, indem man am ersten Kreisverkehr nach dem Bahnhof am Wasser nach rechts abbiegt. Die Straße endet am innerstädtischen Hafen Pollen, an dessen Ende hinter einem Gebäudeblock der Markt liegt. Das Viertel Tyholmen liegt am anderen Ufer des Pollen.

An- und Weiterreise

- **Bahnhof:** nördlich des Zentrums. Züge 5x täglich Richtung Nelaug. Ab hier Richtung Oslo und Kristiansand.
- **Fernbusse 190, 210.**

Unterkunft

- **Tyholmenhotel,** Teaterplassen 2, Tel. 3702 6800, Fax 37026801, (*****). Schönes und nobles Hotel im Tyholmenviertel am Wasser. Sehr gutes Restaurant und Fahrradverleih.
- **Arendal Maritim Hotel,** Vestregate 11, Tel. 37000720, Fax 37025551, (*****) Wochenende und Sommer DZ 900 NOK); normales Mittelklassehotel mit 30 Zimmern.
- **Høholt Gjestehus,** Rådhusgaten 6 (Tyholmen-Viertel), Handy: 92836390, 13 schöne DZ (***). Am Wasser gelegen. DZ ab 800 NOK, Garten, Bibliothek, TV.
- **Breidablikk Gjestegård,** Færvik, Tel. 37060 830, Fax 37060831, www.tromoy.no (*****). Hübscher Gasthof auf der Insel Tromøya. Fahrradverleih, SPA-Center.

Camping/Hütten

- **Hove Familiecamping,** Færvik, Tel. 370854 79, www.hove-camping.no, geöffnet: 10.6.-20.8. Am Strand gelegener schöner Platz auf der Insel Tromøy, 15 Min. östl. von Arendal auf der Insel Tromøy. Über die Rv 409 bis Færvik, dann Richtung Hove. Wanderwege,

romantische Steinstrände, Spielplatz, Minigolf, Beachvolleyball.
- **Niddelv Brygge og Camping,** Rv 420, 5 km südlich, Tel. 37011425, geöffnet: 1.6.-20.8. Wiesenplatz auf der Insel Hisøy. Boots- und Fahrradverleih, 12 Hütten (*/**).
- **Arendal Hytteutleie,** Nygaten 1, 4838 Arendal, www.arendal-hytteutleie.com, Tel. 37024500. Preiswerte Hütten in der Umgebung Arendals.

Essen und Trinken

- Über 50 Cafés, Restaurants und Pubs warten auf den Besucher. Schön sitzt man im Straßencafé Grandtaket am Wasser. Auf Langbryggen und im Nedre Tyholmsvei liegen einige Pubs.

Kino

- Friergangen 3.

Internet

- **Cybernet,** Østregate 9, 40 NOK/Std.

Festivals

- **Grieg-Festival,** Mitte Februar
- **Jazz- und Bluesfestival,** Anfang August

Aktivitäten

- **Galerien:** Arendal Kunstforening im Ortsteil Tyholmen. Tyholmen Galleri am Teaterplass 1.
- **Fahrrad fahren:** Auf Tromøy und nördlich von Arendal gibt es zahllose, kaum befahrene Straßen und Feldwege. Lohnend die Bahnfahrt nach Nelaug und die Rückfahrt per Drahtesel. Räder können in fast allen Hotels und auf Campingplätzen gemietet werden.
- Gegenüber vom Kino: das **Bowlingcenter.**
- **Baden:** Schöne **Sandstrände** gibt es auf Tromøy am Campingplatz und in Fevik südlich von Arendal. Hier ist besonders der Sandstrand Størsanden empfehlenswert.
- **Paddeln:** Am Bahnhof in Nelaug nördlich von Arendal werden Kanus für den **See Nelaugvann** vermietet (Tel. 37082823).
- **Weitere Angebote:** Tauchen und Reiten – Infos im Turistkontor.

Wer nun vom Sørland genug gesehen hat, kann in Arendal auf die Rv 42 in Richtung Setesdal und Westnorwegen abbiegen. Unterwegs passiert man das **Frolandverk.** Hier wurde vom 17. Jahrhundert bis 1975 das in den Lerestvedt-Gruben gewonnene Eisenerz zu Öfen, Kanonen und Kanonenkugeln verarbeitet. Exportiert wurden die Waren nach Dänemark über den Hafen in Grimstad Zu besichtigen sind das alte Kontorgebäude von 1791, mit einer Ausstellung zum Mathematiker *Niels Henrik Abel,* sowie ein idyllischer alter Park (Mi-Fr 10-15 Uhr, So 12-18 Uhr).

Auf der Rv 420 gelangt man vorbei an schöner Küstenlandschaft nach **Fevik.** Das einzig Interessante an dem Ort ist der **Sandstrand Størsanden.**

Wenige Kilometer noch, und Grimstad ist erreicht.

Grimstad ⌕XXIII/D3

Bekannt geworden ist das kleine gemütliche Holzhaus-Städtchen (**17.000 Einwohner**) im Schärengürtel durch **Henrik Ibsen.** Er hielt sich 1844-1850 als Apothekerlehrling im Ort auf. Im dichterischen Schaffen *Ibsens* spielte seine Jugendzeit in Grimstad eine wichtige Rolle. So schrieb er hier u. a. sein erstes Drama, „Catilina", und ließ sich zu seinem Gedicht über *Terje Vingen* inspirieren. Das neu gestaltete **Ibsenhuset** in der Nähe des Marktes zeigt Erinnerungsstücke und veranschaulicht das Leben des Dramatikers. (Geöffnet: 11-17 Uhr, So ab 13 Uhr.)

Zum Museumskomplex gehören ebenfalls die alte Lehrapotheke Ibsens, das Stadtmuseum und der Hof Reimanngården. Weiterhin sind das kleine **Sjøfartsmuseum** (Seefahrtsmuseum) und das **Norsk Hagebruksmuseum** (Gartenbaumuseum mit alten Werkzeugen und einem Park mit 240 Rosenarten; im Sommer tägl. geöffnet) zu besichtigen. Größtes sakrales Bauwerk der Stadt und zugleich zweitgrößte Holzkirche Norwegens ist die **Grimstad-Kirke** aus dem Jahr 1881. Nicht so monumental, aber wesentlich älter ist die **Fjære-Kirche** aus dem 12. Jh., 3 km östlich des Zentrums gelegen. Beachtenswert sind der Männerkopf über dem Südportal aus der Zeit vor 1150, das hochgotische Taufbecken sowie die Bänke mit den aufgemalten Hofnamen der Umgebung.

Neben den Museen und Kirchen der Stadt lohnt vor allem die große, zur Architekturschule gehörende **Parkanlage Dømmesmoen** einen Besuch. Zu besichtigen sind auch 45 Grabhügel und **Bautasteine** (schlanke, hohe, meist unbearbeitete und unbeschriftete Steine) aus der Eisenzeit. Darüber hinaus gehört der Energiepark für erneuerbare Energien zum Gelände (http://energiparken.hia.no).

Eine weitere Sehenswürdigkeit ist der an der E 18 gelegene **Hof „Nørholm" des Literaturnobelpreisträgers Knut Hamsun.** Hamsun kaufte das Anwesen 1918, um – inspiriert von seinem eigenen Roman „Segen der Erde" – als Bauer leben zu können. Er starb hier am 19.2.1952. Der Hof ist nicht für die Öffentlichkeit zugänglich.

Touristeninformation

- **Turistkontor,** Storgt. 1A, Tel. 37250168, Fax 37049377, www.grimstad.net. In Hafennähe gelegen. Im Sommer tägl. 10-20 Uhr geöffnet.

Orientierung

Die Rv 420 führt von der E 18 direkt ins Zentrum. Vom dortigen Hafen führt die Storgt. zur Touristeninformation und zum Markt, die Henrik Ibsens gt. zum Ibsenhuset.

An- und Weiterreise

- **Fernbusse 190, 210.**

Unterkunft

- **Grimstad Hotell,** Kirkegt. 3, Tel. 3725 2525, Fax 37252535, (*****). Altes Holzhaus im Zentrum mit 35 hübschen, geschmackvollen Zimmern.
- **Helmershus Hotel,** Vesterled 23, Tel. 3704 1022, Fax 37041103, (*****). Ein ansprechendes Haus am Gästehafen. Nette Zimmer.

Camping/Hütten

- **Moysand Camping,** Rv 420, Tel. 37040209, geöffnet: 15.5.-1.9. 5 km östlich von Grimstad gelegener Platz mit 4 Hütten (***), Badestrand und Minigolf.
- **Marivold Camping,** auf der landfesten Insel Marivold, genau gegenüber Grimstad. Vom Zentrum die Hauptstr. nach Nordosten, vor Vik wieder nach Südwesten abbiegen, Tel. 37044623, Fax 37049688, geöffnet: 15.5.-1.9. Noch recht stadtnaher, ruhiger Platz mit allem Komfort. 5 Hütten (**/****), Bootsverleih, Badeplatz, Zelt 200 NOK.
- **Bie Appartment/Feriesenter,** ab Zentrum 800 m die Hauptstr. entlang nach Norden (Richtung Arendal), Tel. 37040396, Fax 3704 9688, ganzjährig geöffnet. Sehr ordentliche Apartments und gute Hütten (**/****), Platz für Zelte, Schwimmbad.
- **Dømmesmoen Sommerhotel,** Tel. 372530 10, Einfache Unterkunft an der Hochschule. DZ 530 NOK, 4-Bett 685 NOK.

Kino/Bibliothek

- Es gibt in Grimstad ein Kino und eine Bibliothek mit **Internetanschluss.**

Farbkarte Seite XXIII

LILLESAND

Altes Gehöft in Südnorwegen

Festival

- **Kurzfilmfestival,** Ende Juni.

Aktivitäten

- Die Touristeninformation verleiht **Boote** mit Motor und ein Segelboot. Westlich Grimstad lohnt eine Tour durch den seit 1882 See und Fjord verbindenden Reddals-Kanal. Er ist nur 1 m tief und steht unter Schutz.
- **Weitere Angebote:** Bowling, Tauchen (Dykkeklubb, Tel. 37040324), Reiten (Rideklubb, Tel. 37047494), Fahrradverleih im Turistkontor.

Umgebung

Genau gegenüber der Stadt liegt die landfeste **Insel Marivold** mit Wanderwegen, Sandstränden, Schären und Campingplatz.

Lillesand   ⌕XXIII/D3

Inmitten eines der schönsten Abschnitte des südnorwegischen Schärengürtels liegt das überaus hübsche Lillesand. Seit der Gründung im Jahr 1723 hat kein einziger Brand das Ensemble zerstört! Große Patrizierhäuser im Empire- und Schweizer-Stil bestimmen das **harmonische Ortsbild. Weitläufige Parks und Gärten** kontrastieren mit ihrer farbenfrohen Blumenpracht zum tiefreinen Weiß der **Holzhäuser.**

Folgt man vom Markt aus der Øvregate in Richtung Meer, gelangt zum 1734 errichteten **Rathaus.** Gleich nebenan, in der Nygardsgate, liegt das kleine **Stadt- und Seefahrtsmuseum** (By- og Sjøfartsmuseum, geöffnet Mo-Sa 11-14 Uhr) im 1827 erbauten Haus des Reeders *Carl Knudsen*. Die Straße führt in einem Bogen um die 1889 geweihte **Stadtkirche** herum zurück zum Wasser, wo in der Kokkenesgate das **Sandra Svendsens hus** steht, Lillesands ältestes Gebäude von 1723. Ein Park mit Badestrand lädt zum Verweilen ein. Am Kai entlang, am Rathaus und einem historischen Kolonialwarenladen in der Strandgate vorbei, gelangt man in das kleine **Geschäftszentrum** Lillesands, mit einigen Biergärten am Gästehafen.

Touristeninformation
●**Turistkontor,** oberhalb des alten Rathauses, www.lillesand.com, Tel. 37261500, Mo-Fr 9-18, Sa/So 12-16 Uhr.

An- und Weiterreise
●**Fernbusse 190, 210.**

Unterkunft
●**Hotel Norge,** Strandgt. 3, Tel. 37270144, Fax 37273070, (*****). Zentral gelegenes Haus im Schweizer Stil. Hübsche Zimmer. Restaurant, Pub.
●**Brekkekjær Pensjonat,** in Brekkestø, Tel. 37275220, www.brekkejaer-pensjonat.no. Schlichte, aber gemütliche Pension mit DZ für 900 NOK, Appartements und 10 älteren Hütten ab 350 NOK.
●**Høvåg Gjestehus,** in Høvåg an der Rv 401 zwischen Lillesand und Kristiansand, Tel. 37275335, Fax 37275747. Familiäres Gästehaus mit dem DZ für 950 NOK.

Camping/Hütten
●**Tingsaker Familiecamping,** 1 km nordöstlich, Tel. 37270421, Fax 37270147, 1.5.-1.9. Am Meer gelegen, recht laut, ohne attraktive Stellplätze. 16 Hütten (****/***). Sandstrand.
●**Kjerlingland Camping,** 5 km westl., E 18, Tel. 37275282. Geöffnet 20.6.-15.8. Ruhige Lage am See, Hütten ab 300 NOK.
●**Høvåg Hyttegrend,** Tel. 37274617, in Hæstad bei Høvåg (Rv 401), 22 km östl. von Kristiansand. Geöffnet 15.4.-1.10. Einfache Hütten ab 450 NOK. Ruderboote.
●**Skottevik Maritime Senter,** Høvåg (20 km südwestlich von Lillesand), Tel. 37269030, ganzjährig geöffnet. Komfortabler, sauberer, schöner, aber sehr großer Platz an der Küste, südlich der Str. 401. Hütten (**/****) und Camping. Aktivitätsangebote: Fahrradtouren, Tauchen (Kurse, Touren, Service), Paddeln, Angeln, Klettern, www. skottevik.no.

Festival
●Ende Juni/Anfang Juli finden die turbulenten **Lillesand-Tage** statt.

Aktivitäten
●**Angeln:** Angelausflüge mit der M/S Øya und der M/S Insel (Tel. 37274600).
●**Paddeln:** Neben Blindleia an der Küste ist der Oggevatn in der Gemeinde Birkeland ein beliebtes Ziel. **Kanuverleih:** Ogge Gjesteheim, Tel. 37961803, www.ogge.no, 240 NOK/Tag.
●**Wandern:** 3 km nordwestlich in Kaldvell an der E 18 beginnt der **Vestlandske Hovedvei nach Landvik bei Grimstad** (ca. 18 km). Schöner Weg mit Angel- und Bademöglichkeiten.
●**Baden:** Viele kleine Strände und Badestellen entlang der Nebenstraßen, u. a. an der Rv 401: Badeplatz 500 m nach Abzweig von der E 18 in Trøe; Strände an den Campingplätzen Skottevik Maritime Senter und Høvåg Hyttegrend.

Bootsrundfahrt
●Zwischen Lillesand und Kristiansand liegt das bekannte **Schärenparadies Blindleia**. Sehr lohnende Ausflüge durch die Inselwelt nach Kristiansand und wieder zurück bietet Blindleia Charter an (M/S Øya, Tel. 9593

5855; 10 Uhr ab Lillesand-Langbrygga, im Zentrum, zurück mit dem Boot oder dem Bus, 160 NOK). Bekkestø Charter fährt 3x tägl. die Route Lillesand-Åkerøy (160 NOK).

Umgebung

Die Umgebung Lillesands bietet lohnenswerte Ziele. Eines ist die **Halbinsel Justøya** (Badeplätze) mit dem allerliebsten Hafenörtchen Brekkestø.

Andere Ausflüge können zu den gleichfalls netten, bereits im 16. Jahrhundert gegründeten **Häfen Gamle Hellesund und Ulvøysund** (nahe der Rv 401) sowie in das wald- und seenreiche Hinterland der **Region Birkenes** (Rv 402) führen. Die Natur verwöhnt den Besucher. Und: Wir befinden uns auf bibeltreuem Gebiet, wo Glaube groß und Bier sowie Abendfreuden ganz, ganz klein geschrieben und als Sünde verdammt werden. Davon sind auch die Studenten der Folkehøyskole Birkeland nicht ausgenommen.

Eiktre/Mollestadeika (Birkeland, Rv 41): Ein schmales Schottersträßchen führt zu einer tausendjährigen, knöchernen Eiche von 3,5 m Umfang, die auf einem Hügelgrab thront. Ein solcher Baum wird auch *Vettertre* genannt, nach den „Vettern", den unterirdischen Kobolden und Geistern. In diesem Fall lebt hier angeblich der Geist des Gründers des nahen Hofes, der aufmerksam über das Anwesen wacht, solange man ihm regelmäßig Essen, Milch und Bier opfert.

Auf der E 18 geht die Fahrt vorbei am Zoo (siehe „Kristiansand") und dem Flughafen nach Kristiansand. Hier kann man dann in Richtung Norden auf die Straße 9 in das idyllische Setesdal abbiegen (siehe Kapitel „Der Süden, Binnenland") oder auf der Fernverkehrsstraße, welche nun E 39 heißt, bleiben und weiter entlang der Küste Richtung Stavanger fahren.

16 km vor Kristiansand kann auf die Rv 401 abgebogen werden. Stichstraßen zweigen von hier in das Schärenparadies der Südküste und nach Gamle Hellesund und Ulvøysund ab.

Auf der Rv 401 verbleibend, gelangt man nach **Vesterhus**. Zu besichtigen ist hier die sehenswerte Rekonstruktion einer 3000 Jahre alten **Bronzezeit-Siedlung**. (Geöffnet: Juli So-Fr 10-17 Uhr, 1.5.-1.9. So 12-16 Uhr, 60 NOK.)

Kristiansand ⌕XXIII/C3

Überblick

Die **Orientierung** im Zentrum von Kristiansand ist wirklich **einfach**. Schön quadratisch geht es zu. Verantwortlich für das **Schachbrettmuster** ist König *Christian IV.* Er ließ den Ort auf dem Reißbrett entwerfen. Die **Innenstadt,** auch **„Kvadraturen"** genannt, besteht aus 54 auf einer Halbinsel gelegenen Wohnarealen. Dass Kristiansand schon weit über diese Grenzen hinausgewachsen ist, verwundert sicher nicht, wenngleich die Stadt nicht immer ein so beliebter Wohnort war wie heutzutage. Denn nach der Gründung der Siedlung im Jahr 1641 mussten sogar viele Menschen hierher zwangsumgesiedelt werden, weil es außer dem Militär, das zur Sicherung der Küste stationiert war, keinerlei wirtschaftlichen Grundlagen gab und somit auch kein Anreiz für einen freiwilligen Umzug zu finden war.

Dies änderte sich erst zu Beginn des 19. Jahrhunderts mit der Anlage eines Fährhafens. Durch die **Anbindung an den internationalen Verkehr** kam endlich auch die Industrie in Schwung. Logische Konsequenz war der Bau der Setesdal-Bahn im Jahr 1896. Mit ihr konnte man nun problemlos die in Evje gewonnenen Erze zur Weiterverarbeitung nach Kristiansand transportieren und dann verschiffen. Heute ist die Stadt am Wasser einer der wichtigsten Wirtschafts-, Dienstleistungs- und Verwaltungsstandorte des Sørlandes.

Bei einem Bummel durchs Zentrum fällt auf, dass relativ **wenig alte Bausubstanz** erhalten ist. Dies ist nicht zuletzt den vielen Bränden zu schulden, von denen Kristiansand heimgesucht wurde. Doch selbst wenn die **77.000-Einwohner-Stadt** dadurch nicht so hübsch und idyllisch ist wie die meisten anderen an der Küste des Sørlandes, so lohnt sich trotzdem ein kurzer Besuch.

Sehenswertes

Posebyen, der älteste erhaltene Teil der „Kvadraturen", liegt im nördlichen Zipfel des Zentrums zwischen Elvegata und Festningsgata. Angeblich handelt es sich dabei um „die größte zusammenhängende Bebauung aus einstöckigen Holzhäusern in Nordeuropa", wobei dies angesichts einiger Bausünden im Viertel getrost bezweifelt werden darf. Nun setzt man viel daran, das Viertel, dessen älteste Gebäude aus dem 19. Jh. stammen, auf Vordermann zu bringen. Einen Rundgang lohnen die Rådhusgate, die Gyldenløvesgate und die Skippersgate.

Im zentralen Teil der Innenstadt liegt der recht hübsche **Markt** mit der 1885 erbauten neugotischen **Domkirche.** Sie zählt mit ihrem 70 m hohen Turm und dem 1800 Besuchern Platz bietenden Innenraum zu den größten sakralen Bauwerken Norwegens (Geöffnet im Sommer Mo-Fr 10-14 Uhr). Läuft man von hier aus in Richtung Gästehafen, so gelangt man zur **Festung Christiansholm,** die inmitten eines schönen Parks liegt. Erbaut wurde die Anlage 1672, nur 31 Jahre nach der Gründung Kristiansands. Ihre bis zu 5 m dicken Mauern mussten lediglich einem Angriff der Engländer im Jahre 1807 standhalten. Heute beherbergt die Festung eine Kunstgalerie und ist 9-21 Uhr geöffnet.

Läuft man nun am schön gestalteten Ufer entlang nach Süden, so gelangt man über eine Brücke zum neuen **Stadtviertel Fiskebrygga,** mit modernen Holzhäusern, zahllosen Kneipen und Restaurants, die sogar mit eigenen Anlegestellen versehen sind, und dem Fischmarkt. Weiter nach Såden, in Richtung des Fernmeldeturms, schließt sich die **Halbinsel Odderøya** an, mit Wanderwegen, Badeplätzen und einem Aussichtsplateau.

Vom Stadtleben erholen kann man sich auch in der oberhalb der Stadt gelegenen herrlichen **Gartenanlage Baneheia.** Der zwischen 1870 und 1880 angelegte Park eignet sich auch gut zum Picknicken. Wer anschließend noch weiter wandert, gelangt zum vielleicht noch etwas schöneren **Ravnedalen-Naturpark.** Belohnen kann man sich für den Spaziergang mit einem Blick über die Stadt vom Felsen Ravneheia.

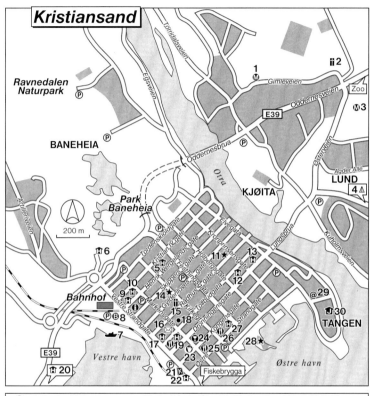

- Ⓜ 1 Agder-Naturmuseum u. Gimle Gård
- ⛪ 2 Steinkirche Oddernes
- Ⓜ 3 Vest-Agder Fylkesmuseum
- △ 4 Roligheden Camping & Appartements
- 🏨 5 Christian Quart Hotel
- 🏨 6 Frobusdalen Rom
- ⛴ 7 Fährkai Color Line
- Ⓑ 8 Busbahnhof
- 🏨 9 Centrum Motel
- 🏨 10 Scandic Hotel Kristiansand
- ★ 11 Posebyen
- 🏨 12 Sentrumsleilighetene
- 🏨 13 Barnas Sommerhotell
- ★ 14 Sørlands Kunstnersenter
- ⛪ 15 Domkirche
- ✉ 16 Post
- 🏨 17 Clarion Ernst Park Hotel/ Restaurant Bakgården
- ● 18 Bibliothek, Christianssands Kunstforening
- 🏨🍴 19 Hotel Norge/Café Dronningen
- 🏨 20 Hos tante Gerd
- 🎬 21 Kino
- 🏨 22 Radisson SAS Caledonien Hotel
- ◯ 23 Agder Theater
- 🍺 24 Pub Zansibar
- 🍴 25 Brasserie Hvide Hus
- 🍴 26 Sjøhuset
- 🏨 27 1-2-3 Hotel
- ★ 28 Festung Christiansholm
- @ 29 Bystranda Internet Café
- 🏨 30 Kristiansand Vandrerhjem

Außerhalb der Innenstadt

1,5 km nördlich des Stadtzentrums liegt der **Gimle Gård**. Der Herrenhof mit Landschaftspark wurde um 1800 erbaut und beherbergt ein kulturhistorisches Museum und eine Gemäldesammlung (geöffnet 20.6.-20.8. 12-18 Uhr, ansonsten So 12-17 Uhr, 40 NOK). Direkt daneben befindet sich das **Agder-Naturmuseum mit dem Botanischen Garten**. Gezeigt werden Ausstellungen zu den Themen Geologie, Pflanzen- und Tierwelt. Außerdem gedeihen hier die stachligen Kostbarkeiten der **größten Kakteensammlung Norwegens**, die für mitteleuropäische Verhältnisse dennoch recht mickrig wirkt. (Geöffnet im Sommer 10-17 Uhr, ansonsten 10-15 Uhr, 40 NOK, Familien 110 NOK, Kombiticket mit Gimle Gård 55 NOK.) Gleichfalls östlich des Flusses Otra liegt die bereits 1040 erbaute **Steinkirche Oddernes** mit einer imposanten barocken Kanzel und einem Runenstein im ehemaligen Waffenhaus (geöffnet nur auf Anfrage: Tel. 38058750).

Nahe der E 18, 3 km nordöstlich des Zentrums, erstreckt sich die sehenswerte Anlage des **Vest-Agder Fylkesmuseums**. Sie besteht aus etwa 40 Gebäuden. Beachtenswert sind der Hof Setesdalstunet, mit Häusern aus dem 17. Jh., das Vest-Agder Tun (Bauernstube mit Rosenmalerei) und Bygaden, ein Straßenzug mit Häusern des alten Kristiansand. Ausstellungen zur Seefahrt und zur Kirchenkunst, eine Sammlung alter Trachten und Spielzeuge sowie regelmäßige Volkstanzaufführungen runden das Angebot ab. (Geöffnet: 20.6.-20.8. 12-18 Uhr, ansonsten So 12-17 Uhr, 40 NOK).

Über die RV 457 ist das **Kanonenmuseum** zu erreichen. Zu sehen ist im Sommer tägl. 11-18 Uhr eine der größten, und wohl friedlichsten, Kanonen der Welt.

Praktische Informationen

Touristeninformation

●**Turistkontor-Destinasjon Sørlandet,** Vestre Strandgate 32 (Eingang: Henrik Wegelands gate), Postboks 592, 4665 Kristiansand, www.sorlandet.com, Tel. 38121314, Fax 3802 5255. Geöffnet: 8-19.30, Sa bis 15 Uhr, außerhalb der Saison Mo-Fr 8-16 Uhr.

Orientierung

●Über die Straßen E 18 und E 39 gelangt man in das Zentrum der Stadt, welches auf einer Halbinsel liegt (der Ausschilderung „Sentrum" folgen).

An- und Weiterreise

●**Bahnhof:** westlich der Fußgängerzone, am Fährhafen. 5x tägl. Züge nach Oslo (4,5 Std.), Arendal, Egersund und Stavanger (3 Std.).
●**Busbahnhof:** neben dem Bahnhof. **Fernbusse: 190, 210, 221, 300**; Regionalbusse: 9 mal täglich nach Evje, durch das Setesdal nach Haukeligrend; 2-3x täglich Mandal und Farsund (Halbinsel Lista). Oslo: mit www. konkurrenten.no, 50 % Studentenrabatt.
●**Fähre:** Kristiansand ist das Tor nach Südnorwegen schlechthin. Bis zu 5x tägl. setzten die Schiffe der Color Line von Dänemark aus über. Der Fährkai liegt westlich des Zentrums, an der E 39.
●**Flughafen Kristiansand-Kjevik:** Er liegt östlich der Stadt am Zoo, Bus 35/36. Verbindungen u. a. nach Bergen, Haugesund, Oslo. Tel. 38065600, Flughafenbus: www.flybus sen.no/kristiansand.
●**Taxi:** 38002000.
●**Maut:** Die Fahrt in die Stadt kostet 10 NOK Maut. (Der Fährhafen und die Museen liegen

innerhalb des Mautringes, der Zoo liegt außerhalb.)
- **Parken:** Viele Parkplätze im Zentrum (19-25 NOK/Std.), Parkhaus „Slottet" in der oberen Markensgt. und Parkhaus in der Skippergt. 50 (15 NOK/Std., ab 17 Uhr 4 NOK/Std.), am Markt im östlichen Ortsteil Lund (8 NOK/Std.), gratis: am Samsen-Kulturhus (Vesterveien 2, zweiter Kreisverkehr an der E 39, Richtung Mandal).

Mietwagen

- **Avis,** Dronningensgt. 17 und am Flughafen, Tel. 38070090; **Rent-a-Wreck,** Olav Trygvasonvei 2, Tel. 38025610; **Europcar,** Tel. 3802 8666.

Unterkunft

- **Clarion Ernst Park Hotel,** Rådhusgate 2, Tel. 38128600, Fax 38020307, (*****). Prachtvoller Bau aus der Zeit um die Jahrhundertwende. Große Zimmer, z. T. mit Stuckdecken. Es gibt zudem eine Brasserie, einen Nachtclub und eine Pianobar.
- **Scandic Hotel Kristiansand,** Markensgate 39, Tel. 22614200, Fax 22614201, (*****). Nüchterne Betonfassade, aber komfortables Inneres mit gemütlichen Zimmern und einem der besten Restaurants der Stadt. Im Sommer auch Biergarten.
- **Radisson SAS Caledonien Hotel,** V. Strandgt. 7, Tel. 38112100, Fax 38112101, (*****). Hoch aufragendes Luxushotel mit edlen Suiten, dem First-class-Restaurant „Camille's Spisestue", einer Pianobar, schottischem Pub und Disco.
- **Hotel Norge,** Dronningensgt. 5, Tel. 3817 4000, Fax 38174001, (*****). An der Hauptstraße gelegenes ansprechendes Hotel. Restaurant und Fahrradverleih. Nur 200 m bis zum Fähranleger!
- **1-2-3 Hotel,** Østre Strandgt. 25, Tel. 38701 566, www.123-hotel.no. Einfache, aber zentral nahe der Festung gelegene, saubere Unterkunft. DZ 700 NOK inkl. Frühstück. TV, W-Lan.
- **Frobusdalen Rom,** Frobusdalen 2, Tel. 9112 9906, www.gjestehus.no. Recht stilvolle Villa unweit der Kreuzung E 18/Rv 9. 1.5.-15.9. DZ ab 500 NOK.

- **Hos tante Gerd,** Sørlibakken 16, Tel. 3801 1373 (man spricht Deutsch), geöffnet: 1.5.-31.9. B&B mit 3 Zimmern (*). 3 km von der Innenstadt, über die RV 456 zu erreichen.
- **Sentrumsleilighetene,** Tollbudgata 56, Tel. 38020385, torfinjo@online.no. Apartments im Zentrum für Touristen und Studenten (ab 400 NOK).
- **Barnas Sommerhotell,** Dronningens gt. 66/68, Tel. 38125400, Fax 38020119. Kindergerechtes Sommerhotel (15.6.-15.8.) mit guten Zimmern.
- **Centrum Motel,** am Bahnhof, Vestre Strandgate 49, Tel. 38027969, www.motell.no. Winter 500, Sommer 700 NOK. Einfache, aber gute Unterkunft.

Jugendherberge

- **Kristiansand Vandrerhjem,** Skansen 8, Tel. 38028310, Fax 38027505, www.kristiansand-vandrerhjem.no. Geöffnet: 1.3.-31.12. DZ ab 550 NOK, Bett 230 NOK. Herberge auf einer Halbinsel am Gästehafen.

Camping/Hütten

Campingplätze sind in der Umgebung von Kristiansand recht teuer!
- **Agder Ferie,** Ferienhausvermietung, Tel. 38063161, www.agderferie.no.
- **Roligheden Camping & Appartements,** Framnesveien, Tel. 38096722, geöffnet: 1.6.-1.9. Zwar schöne Lage, aber im Sanitärbereich von nachlassender Qualität. Oft überlaufen. 2 km östl. des Zentrums (Bus 15/16). Teure Appartements. Und auch sonst nicht gerade preiswert.
- **Dvergsnestangen Camping,** in Dvergsnestangen, etwa 7 km östlich von Kristiansand gelegen (Ausschilderung beachten!), Bus bis zur Rv 401, dann 2 km zu Fuß, ganzjährig geöffnet, Tel. 38041980, Fax 38043492. Der an der Schärenküste gelegene Platz bietet viel Komfort, ist dafür aber auch nicht ganz billig. Sollte man nachts mit der Fähre ankommen, so findet sich hier, vor der Schranke, noch eine Wiese für das Zelt. Zahlen kann man am nächsten Morgen. 24 Hütten (***/****), ab 750 NOK). Badeplatz, Minigolf, Bootsverleih.

DIE KÜSTE ENTLANG

- Unweit östlich (Rv 401) liegt auch der das ganze Jahr über geöffnete **Bondegårdsparken** (Tel. 38040314) mit Campingplatz, Apartments und Hütten (**-****).
- **Hamresanden:** In Hamresanden, in der Nähe des Zoos, liegen gleich **3 Campingplätze** (Bus 35/36). Ganzjährig Hamre Familiencampingplatz (Tel. 38058787). Auf einer Halbinsel gelegen, schöner Sandstrand. Allerdings durch den Flughafen recht laut! 25 Hütten (**/***).
- **Åros Motel Camp,** 4640 Søgne, 16 km westlich von Kristiansand nahe der Straße 456, Tel. 38166411, www.aaros.no, ganzjährig. Sehr komfortabler Platz mit großem Freibad, schönem Strand und Hütten (****), Winter (**).

Essen und Trinken

- Die **besten Restaurants** der Stadt finden sich **im Caledonien Hotel** und im **Christian Quart Hotel.**
- Bei schönem Wetter ist die **Terrasse des Sjøhuset** in der Øvre Strandgate zu empfehlen. Man sitzt beim Essen und Trinken direkt am Jachthafen.
- Bei Einheimischen beliebt ist die **Brasserie Hvide Hus** in der Fußgängerzone (Markensgate). Die Gerichte sind sehr schmackhaft, aber nicht ganz billig.
- Etwas für Gourmets ist das – wiederum nicht ganz preiswerte – **Restaurant Bakgården** in der Tollbodgt. 5.
- Preiswerter sind vor allem das **Café Dronningen** (Dronningensgate 5, 70-150 NOK), **Phileas Fogg** (Markensgate 10, 100-150 NOK), **Peppes Pizza** (Gyldenløvesgate 19) und **Dolly Dimple's am Fischmarkt** (Hotel Caledonien).
- **Preiswerter Imbiss:** Ecke Tollbudgt./Vestre Strandgate.

Nachtleben

- Die **beliebtesten Pubs** der Stadt liegen an der Fiskebrygga am Hafen und in der Dronningensgate: Zansibar (12-3.30 Uhr), Mona Lisa (gemütliches, ruhiges Café), Paddys (Irish Pub, 15-2 Uhr), Up Town Sportsbar. Zu empfehlen sind auch das Herlig Land am Markt (großer Biergarten), die Africa Bar (im Hof des Clarion Ernst Hotel) und das Frk Larsen in der Markensgt. 5 (gemütliches Café mit weichen Sofas, Jazz im Hintergrund und Kunstausstellungen).
- **Typische Bierpubs** sind das Vindmølla (Rådhusgata), Victoria (Markensgate) und Leopold (Vestre Strandgate).
- Die **Discos** der Stadt liegen im Caledonien Hotel und im Clarion Ernst Hotel.

Theater

- **Agder Theater** in der Kongensgt. 2a. Hier und im **Musikkens Hus** (Kongensgt. 54) finden auch das ganze Jahr hindurch Konzerte statt.

Kino

- Vestre Strandgt. 9. Sieben Säle.

Bibliothek und Galerien

- **Bibliothek:** Rådhusgt. 11.
- **Galerien: Christianssands Kunstforening,** Rådhusgt. 11; **Sørlandets Kunstmuseum,** Skippergt. 24B, norwegische Kunst ab dem 19. Jahrhundert und temporäre Ausstellungen (geöffnet 12-16 Uhr, 30 NOK); **Myren Gård,** Rv 475, Myrbakken 5, 1854 erbaut, Künstlerwerkstätten, Kunstverkauf, Rhododendron-Park.

Aktivitäten

- **Fahrradverleih:** Sykkelsenter, Grim Torv, Rv 9, Tel. 38026835, 150 NOK/Tag, 500 NOK/ Woche. Herrliche Rundfahrtmöglichkeiten auf kleinen Nebenstraßen östlich der Stadt.
- **Sørlandsparken:** am Zoo, Bowling, Tennis, Go-Cart.
- **Tauchen:** Dykkeren, Dvergsnestangen, Rv 401, www.dykkeren.no, Tauchgänge zu Wracks.
- **Paddeln/Kanu:** Verleih am Roligheten Campingplatz, 50 NOK/Std.
- **Klettern:** Samsen, Vestervn. 2, E 39, Ausrüstungsverleih 40 NOK/2 Std. Hallenklettern, Outdoor an Hängen im Setesdal.
- **Reiten:** Islandshestsenteret, Søgne, E 39, Tel. 38169882, Reiten auf Islandpferden.
- **Schwimmhalle:** in der Elvegate 1.

- **Bootsrundfahrten:** in den Schärengarten, das Turistkontor vermittelt.
- **Baden:** am Bystranda zwischen der Festung und der Halbinsel Tangen und auf der Halbinsel Odderøya südl. des SAS Hotels.
- **Wandern:** auf der Halbinsel Odderøya südl. des SAS Hotels. Hier gibt es schöne Waldwege zu Badeplätzen, Felsen, einem Aussichtsplateau und einer Festung aus dem 17. Jahrhundert.

Festivals

- Anfang Juli findet an vier Tagen das **Quart-Festival** statt. Es ist nach Roskilde das größte Musikfestival Nordeuropas und bringt mit rund 80 Konzerten Kristiansand zum Kochen. Gäste waren in den vergangenen Jahren u. a. schon *Björk, Travis, David Bowie* und *No Doubt*. Infos: Quart Festivalen, Postboks 260, 4663 Kristiansand, Tel. 38146969, Fax 3814 6968, www.quart.no.

Shopping

- Die **Haupteinkaufstraße** ist die **Markensgate**. Hier liegt auch das **SlottsQuartalet** mit 20 Geschäften und das **Kaufhaus Glasmagasinet**. In der Nähe des Caledonien Hotels befinden sich auch die **Fischhalle** und der **Fischmarkt**.
- **Husfliden: Kunstgewerbeladen** mit den typischen norwegischen Strickwaren, Gyldenløvs gate 11.
- **Sørlandssenteret:** riesiges, am Zoo gelegenes **Einkaufscenter** mit etwa 100 Läden.
- **Nordic Factory Outlet:** Markenwaren von 14 Lieferanten (Kleidung, Geschenke, Design), stark reduziert. In Mosby an der Rv 9 (15 Min. ab Kristiansand). Mo-Fr 10-17 Uhr, Sa 10-15 Uhr.

Internet

- **Bystranda Internet Café,** Skansen 1.

Sonstiges

- **Apotheke:** Elefantapoteket, Gyldenløvesgate 13, Tel. 38125880.
- **Arzt:** Legevakt, Egsveien 102, Tel. 38076900.
- **Post:** Markensgate 19 (Fußgängerzone).
- **Vinmonopolet:** in der Kongensgate.

Umgebung

12 km östlich von Kristiansand an der E 18 liegt der **Dyrepark**. Vor allem Familien mit Kindern sei ein Besuch von Norwegens einzigem **Zoo** empfohlen. Allerlei einheimische und exotische Tiere sind hier versammelt. Es gibt u. a. einen Affenpark, nordische Raubtiere und die seltenen roten Pandabären zu bestaunen. Gleich nebenan steht das **Märchendorf „Kardemommeby"** mit Eisenbahn, einem Aussichtstürmchen und niedlichen Häusern, in denen man teilweise auch übernachten kann. (Zoo und Märchendorf: Juni bis August 9-19 Uhr, 250 NOK, Kinder 200 NOK, Sept. bis Mitte Juni 10-15 Uhr, 135 NOK, Kinder 80 NOK.)

Gegenüber des Tierparks liegt das **Monte Carlo Motormuseum.** Gezeigt werden Rolls Royce, Ferrari & Co.

Etwas für Nostalgiker ist der **Ausflug mit der Setesdal-Bahn.** 15 km nördlich von Kristiansand befährt das eiserne Dampfross die 7 km lange Schmalspurstrecke **von Grovane nach Vennesla.** Ehedem reichte die Linie zum Transport von Holz und Erz 75 km weit in das Setesdal hinein. (Abfahrten: Ende Juni/ August: So 11.30, 13.15 und 15.00 Uhr, Juli: Di-Fr 18 Uhr, 100 NOK; weitere Infos: Turistkontor Kristiansand oder unter Tel. 38156482.) In Richtung Norden kann die Weiterfahrt über die Rv 9, durch das wildromantische Setesdal erfolgen. Auf der E 39 gelangt man nach Mandal. Die Strecke kann auch auf Nebenstraßen entlang der Schärenküste bewältigt werden.

So fährt man u. a. auf der Rv 456 durch das hübsche Örtchen **Høllen.** Der Ort wurde einstmals als Ausfuhrhafen für Holz gegründet. Viele weiße Holzhäuser aus dem 19. Jahrhundert sind noch erhalten. Ab dem Hafen können im Sommer 4-6x täglich mit „Høllen Båtruter" Ausflüge zum alten Lotsenhafen Ny-Hellesund unternommen werden.

Im Nachbarort **Søgne** steht eine schöne Langkirche aus dem Jahre 1640 (reiche Ausschmückung, u. a. Altartafel von 1665; selten geöffnet). Auf dem alten Friedhof liegt die Schwester des Nationaldichters *Bjørnstjerne Bjørnson, Mathilde Bjørnson,* begraben. Außerdem sehenswert sind das geologische Museum mit über 2000 Mineralien und das zoologische Museum (beide nur Di 12-20 Uhr geöffnet, Eikeveien 157, Ausschilderung beachten) sowie im Ortsteil **Lunde** an der E 39 die stattliche, neue Gemeindekirche aus dem Jahre 1861 und das Søgne Bygdemuseum (kleines Freilichtmuseum mit 3 Gebäuden; geöffnet 12.30-14.30 Uhr, Eintritt frei).

● **Baden:** Entlang der Rv 456 u. a. in Høllen (Sandstrand Høllensanden) und 1-2 km östlich des Supermarktes in Langenes (u. a. Langvika, Lauvvuika und Paradisbukta).

Mandal ⤷XXIII/C3

Strandleben im Hohen Norden? Nun, im **13.000-Einwohner**-Ort Mandal, der südlichsten Stadt des Landes, ist das möglich! Grund dafür ist der **Sjøsanden,** der mit fast einem Kilometer **längste Sandstrand Norwegens.** Allerdings ist er meist hoffnungslos überlaufen, liegt aber zum Glück inmitten eines großen Erholungsgebietes, so dass man jederzeit auf Wegen die Klippen entlang zu weiteren schönen Badestränden flüchten kann.

Neben der Natur lohnt auch der Ort selbst mit einigen reinweißen Holzhäusern und der quirligen Uferpromenade einen kurzen Aufenthalt. Zu besichtigen sind *Gustav Vigelands* Geburtshaus (Galerie), die im Empire-Stil erbaute **Mandal-Kirche,** mit 1800 Sitzplätzen (größte Holzkirche Norwegens, geöffnet: täglich von 11-14 Uhr), und das **Bymuseum (Stadtmuseum)** in der Fußgängerzone. Das Kaufmannshaus aus dem 19. Jahrhundert beherbergt eine Galerie mit Kunsthandwerk und Bildern, u. a. von den hier gebürtigen *Gustav Vigeland* und *Adolf Tidemand*. (Geöffnet: 1.7.-15.8. Mo-Fr 11-17 Uhr und Sa 14-17 Uhr.)

Touristeninformation

● **Turistkontor,** Bryggegate 10, 4514 Mandal, Tel. 38278300, www.regionmandal.com.

An- und Weiterreise

● **Busbahnhof:** Er liegt nahe eines Kreisverkehrs am nördlichen Ende der Strandprommenade. **Fernbusse 300.**

Unterkunft

- **First Hotel Solborg,** Nesevn. 1, Tel. 38272100, Fax 38272101, (*****). Am Ortsrand gelegenes modernes Hotel mit freundlichen Zimmern, Restaurant, Hallenbad und Sauna.
- **Hald Pensjonat,** Hald, am Ortsrand, Tel. 38260100, Fax 38260101, (*). Die im Sommer für Touristen geöffnete Bibelschule hat neben 92 Betten auch eine Sauna, Kamin- & TV-Zimmer, Garten.
- **Tregde Feriesenter,** Tregde, 8 km östlich, Tel. 38268800, Fax 38268689, www.feriesenter.com. Die komfortable Ferienanlage vermietet 32 an der Schärenküste gelegene Hütten ab 650 NOK, Winter 400 NOK. Ein gutes Restaurant, ein beheiztes Freibad und Bootsverleih ab 350 NOK/Tag vervollkommnen das Angebot.
- **Fagerli Feriehus,** 3 km östlich von Mandal, Richtung Tregde, Tel. 38268683, www.fagerliferiehus.no. Tolle Ferienhäuser am Wasser. Angelmöglichkeiten, Bootsverleih.
- Übernachtungen in den Häusern der **Leuchttürme Haholmen Fyr und Ryvingen Fyr** vermittelt die Touristeninformation in Mandal.

Camping/Hütten

- **Sjøsanden Camping & Feriesenter,** Tel. 38261419, www.sjosanden-feriesenter.no. Schöner Platz am Sandstrand, unter Kiefern gelegen. Hütten (ab 6000 NOK/ Woche) und Apartments (**/***) sowie Restaurant mit Disco.
- **Sandnes Camping,** 3 km nördlich, Rv 455, Tel. 38265151, www.sandnescamping.no, geöffnet Mitte Mai bis Anf. Sept. Gemütlicher Platz am Fluss Mandalselva. 5 Hütten (*/**), Badeplatz. Wanderwege.
- **Valand Camping,** 8 km östl. in Valand, E 39, Tel. 45298410. Kleiner Platz am See. Einfache Hütten (*).

Straße in Mandal

Essen und Trinken

- In der Store Elvegate (Fußgängerzone) liegen **diverse Restaurants und Pubs.**

Festival

- Um den 10. August herum findet an drei Tagen das berühmte **Schalentierfestival** *(skalldyrfestivalen)* statt. Über 50.000 Besucher kommen jedes Jahr, u. a. um sich an der Welt längsten Schalentiertafel zu laben.

Aktivitäten

- **Baden:** Das Stichwort kann hier nur Sjøsanden lauten (siehe oben).
- **Wandern:** Ab dem Sjøsanden führen gut ausgeschilderte und behindertengerecht ausgebaute Wanderwege zu den Sørland-Klippen, Parks (u. a. Furulunden-Park aus dem 18. Jahrhundert) und weiteren Sandstränden.
- **Weitere Angebote:** Bowling, Lachsangeln, Bootsverleih, Kino – Infos im Turistkontor.

Umgebung

Kap Lindesnes ⌕XXII/B3

Auf der E 39 gelangt man nach **Vigeland,** Herkunftsort der Familie des Bildhauers *Gustav Vigeland* (1869–1943). Biegt man im Ort gen Süden ab, so sind es noch 27 km zum urwüchsigen **Kap Lindesnes,** dem **südlichsten Festlandspunkt Norwegens.** Wer sich hier dazu entschließen würde, zum Nordkap aufzubrechen, hätte exakt 2518 km Wegstrecke vor sich. Doch warum in die Ferne schweifen, ist doch die Landschaft hier mit ihrem rötlichen Felsenmeer, den steilen Klippen und den bunten Blumenfeldern ungemein attraktiv.

Nach zahlreichen Unglücksfällen an der stürmischen Küste wurde schon 1665 ein erstes Leuchtfeuer am Kap errichtet. Finanziert wurde es durch Abgaben, die vorbeifahrende Schiffe zu entrichten hatten. 1799 ersetzte man den altersschwachen Turm durch einen neuen aus Stein. Dieser verfiel aber auch zusehends und musste 1920 dem jetzigen eisernen **Leuchtturm** weichen. Er kann täglich besichtigt werden. (Geöffnet: Juli-Mitte Aug. 9-21 Uhr, ansonsten 11-17 Uhr, im Winter nur Sa/So; 40 NOK.) Am Turm beginnen zudem mehrere schöne Wanderwege.

Auf dem Weg zum Leuchtturm kann in Ramsland bei Spangeeid am **Lindesnes Kystkultursenter** ein Stop eingelegt werden. (Geöffnet: im Sommer Di-So 14-18 Uhr, 20 NOK.) Es befindet sich in einem alten Industriegebäude und beherbergt eine Galerie, einen Messerschmied, eine historische Abteilung mit Infos zum Böttgerhandwerk und der Konservendosenherstellung. Geplant ist auch ein Aquarium.

- **Lokalbus** von Mandal nach Vigeland und zum Kap Lindesnes.
- **Camping**

Solstrand Camp A/L: Tel./Fax 38256437, geöffnet: 1.5-31.8. Der Platz liegt in der Nähe des Ortes Vigeland. Die 44 Hütten (*/***) werden auch im Winter vermietet. Zudem kann der Gast Boote leihen und Golf spielen.
Furuholmen Camping A/S, Tel. 38256598, geöffnet: 1.5.-1.10. Südlich von Vigeland schön auf landfester Insel gelegener komfortabler Platz mit Solarium und Bootsverleih. Keine Hütten.
Lindesnes Camping og Hytteutleie, Tel. 38258874, www.lindesnescamping.no, geöffnet: 1.5-30.9. Die 5 Vier-Sterne-Urlaubshütten (*/***) sind auch im Winter zu mieten. Schöner, sauberer Platz zwischen Felsen. Boots- und Fahrradverleih, Wanderwege.

Lista ⌖XXII/B3

Im Ort **Lyngdal** (Freilicht- und Landwirtschaftsmuseum, im Sommer geöffnet von Mi-So 12-18 Uhr), 32 km westlich von Mandal, bietet sich ein Abstecher zur **Halbinsel Lista,** dem Reich der Kontraste, an. Während die Halbinsel selber topfeben ist, dominieren nur wenige Kilometer landeinwärts tiefe, dunkle Täler das Landschaftsbild. Zu sehen gibt es dänische Sandstrände, irische Steinmauern und norwegische Fjorde, deren interessantester wahrscheinlich der bedrückend enge **Fedafjord** ist. Außerdem liegen hier noch interessante, 3000 Jahre alte Felszeichnungen (in Penne; Ausschilderung „helleristninger" beachten) und die hübsche 10.000-Einwohner-Stadt **Farsund.** Der Ort ist durch eine Form der legalen Seeräuberei bekannt geworden. Zu *Napoleons* Zeiten durften die lokalen Reeder feindlichen Schiffen auflauern und diese plündern. Weitere Kaperhäfen waren Eikvåg und Loshavn, wo einige idyllische Holzhäuser die Zeiten überdauert haben. Weiterhin einen Besuch wert ist der 38 m hohe Leuchtturm Lista Fyr, mit Infocenter, Galerie und Vogelwache und das kleine Lista-Museum in Vanse, mit fünf alten Häusern und einer Ausstellung zur Seefahrt (Mitte Juni-Mitte Aug., Di-Fr 11-16, Sa/So 12-17 Uhr). Am günstigsten ist es, von Farsund nach Vestbygd und dann Richtung Norden nach Liknes (an der E 39) zu fahren.

- **Touristeninformation:** In Farsund, Brogata 4, Tel. 38390632, im Sommer 10-16, Sa/So bis 14 Uhr geöffnet. www.lista-farsund.no, www.visitlyngdal.com.
- **Fernbusse** 300, 325.
- **Unterkunft**

Fjordhotel Farsund, Tel. 38389800, (*****). Terassenförmiger Bau mit guter Ausstattung. Aktivitäten: Elchsafaris, Rafting, Tauchen, Angeln, Kanutouren, Golf, Wasserskianlage.
Havikstrand, Farsund, Tel. 38393617, www.havikstrand.no, Ferien- und Erlebniszentrum mit Hütten ab 500 NOK. Vogelsafari, Bootsverleih, Fahrradverleih, Reiten.

- **Camping/Hütten**

Kvavik Camping, Lyngdal, Tel. 38346132, ganzjährig geöffnet. Sauberer Platz am Sandstrand, Straße in der Nähe. 21 gute Hütten (**/***). Angeln, Bootsverleih.
Ganzjährig geöffneter Platz auf Lista: **Nordstranda Camping,** Tel. 38393920, www.nordstranda.com. Bei Vanse am Meer gelegen, schöne Hütten (**), große Zeltwiese, Fahrradverleih.
Lomsesanden Familiecamping, Loshavnveien 228 (nahe Farsund an der Str. nach Loshavn), Tel./Fax 38390913, 1.5.-15.9., Idyllische Lage am Sandstrand, 8 Hütten (*/**).

Kvinesdal/Knaben/Feda   XXII/B2,3

Das Gemeindezentrum **Kvinesdal,** mit einer achteckigen Holzkirche aus dem Jahre 1837 (geöffnet 13-17 Uhr), liegt an der E 39, am Ende des engen, steilwandigen **Fedafjordes**. In Richtung Norden zweigt die Rv 465 ab. Diese führt durch eine einsame Waldlandschaft über Kvinlog zu den vom Wildwasserfluss Kvina ausgehöhlten **Gletschertöpfen** bei Netland und zu dem alten Grubenort **Knaben,** der auch als „Klondyke des Nordens" bezeichnet wurde. Abgebaut wurde hier das seltene, lange Zeit mit Graphit verwechselte Molybdän. Ursprünglich fand das Metall wegen seiner schwierigen Bearbeitbarkeit keine Beachtung. Um 1900 stellte man jedoch fest, dass es als Legierungselement Stahl bruchfester und stabiler macht. Im Zweiten

Weltkrieg sicherte sich die Wehrmacht dieses einzige Molybdänbergwerk Westeuropas, bis 1943 nach zwei Bombardements die Förderung eingestellt werden musste. Nach dem Krieg wurde der Betrieb wieder aufgenommen. Sinkende Preise führten jedoch 1973 zur Schließung der Gruben. (Grubenmuseum/Stollen, Mi/Fr 11-17 Uhr, So 12-17 Uhr.)

Abstecher: Vor Knaben zweigt ein Gebirgsweg zur verlassenen **Alm Salmeli** ab. Die bis zu 300 Jahre alten Gebäude sind gut erhalten und spiegeln das harte Leben der Bergbauern wider. Wanderwege führen durch die geschützte Kulturlandschaft, deren Symbol die Heilpflanze Arnika ist.

Ab Kvinesdal folgt die E 39 dem Fedafjord. Auf dem Weg nach Flekkefjord passiert man **Feda.** Der alte Handels- und Schifffahrtsort am Fedafjord besitzt viele malerische Holzhäuser aus dem 19. Jahrhundert und eine Kreuzkirche aus dem Jahre 1802. Besichtigt werden kann Bøkkerbua, die alte Böttcherei, die am Fluss, neben einem Badeplatz, gelegen ist (geöffnet im Sommer Mo-Fr 9-15 Uhr). Ursprünglich gab es bis zu 12 Böttchereien im Ort, die seit 1810 Tonnen für den Heringsfischfang herstellten.

●**Unterkunft**
Svinland Camping, Feda, Tel. 38350480, geöffnet 1.6.-30.9. Hütten (*). Am Wasser gelegen, schöne Zeltwiese. Bootsverleih.
Feda Vandrerhjem Vosseland, Feda, geöffnet 1.1.-20.12., Tel. 38352477, Bett 220, DZ 550 NOK.
Fossdal Gård, Kvinesdal, nahe der Rv 42, ca. 4 km östl. der Kreuzung mit der Rv 465, Tel. 38354823 (man spricht deutsch), www.fossdalgaard.no. Toller Hof inmitten unberührter Natur. 5 sehr ansprechende Hütten (*/***; Bio-WC), Sauna, Badeplatz, Spielplatz, Tiere, Kanuverleih, Akupunktur, Jobvermittlung.
Heddan Gard, 30 km nördl. Lyngdal, westlich des Lynge-Sees, an der Rv 43 ausgeschildert, Tel. 38348837, www.heddan-gard.no, Traditionsreicher, z. T. denkmalgeschützter Hof. DZ mit Frühstück (****), schöne Hütten (**), Fahrradverleih, Wanderwege.

Flekkefjord ⌐XXII/B3

Versteckt zwischen dunkelgrünen Berghängen liegt die blendend weiße Stadt Flekkefjord (**9000 Einwohner**) mit ihrer **denkmalgeschützten Altstadt „Hollenderbyen"** (Holländerviertel). Entstanden ist der Name irgendwann im 16. Jahrhundert, als der Holzhandel zwischen Norwegen und Holland einsetzte und viele niederländische Kaufleute im Ort siedelten. Man sagt, dass Teile Amsterdams auf Flekkefjorder Holzpfählen errichtet wurden. Seine Blütezeit erlebte der Ort jedoch durch die Heringsfischerei Anfang des 19. Jahrhunderts.

Neben dem Holländerviertel kann man sich noch das **Stadtmuseum** mit dem 1720 erbauten Haupthaus (alte Wohnungseinrichtung), den Speichern „Sjøbuene" (interessante Ausstellung zur Geschichte) und dem Elektrizitätsmuseum im Kraftwerk (Dr. Kaftsgt. 15-17, geöffnet: 15.6.-31.8. Mo-Fr 12-17 Uhr, Sa/So 12-15 Uhr, 25 NOK) sowie die achteckige **Kirche** ansehen (geöffnet: 20.6.-10.8. Mo-Fr 11-13 Uhr). Außerdem hat man vom

Hausberg Lilleheia einen schönen Blick über Stadt und Land.

Südlich des Ortes (Rv 469) liegt die **Insel Hidra,** auch „Perle des Sørlandes" genannt. Das liebliche Eiland wartet mit den an Sunden gelegenen Holzhausorten Kirkehamn und Eie sowie einigen schönen Sandstränden auf. (5 Minuten-Fähre ab Abelsnes.)

Touristeninformation

• **Toristkontoret,** Elvegaten 9 (am Wasser gelegen), Tel. 38326995, www.regionlister.com. Geöffnet Mitte Juni-Mitte Aug. Mo-Fr 9-17 Uhr, Sa 10-15 Uhr, ansonsten Mo-Fr 9-16 Uhr.

Orientierung

• Auf der E 39 kommend, zweigt man auf die Straße 44 ab, welche direkt durch das Zentrum führt.

An- und Weiterreise

• **Busbahnhof:** Liegt östlich des Zentrums auf der anderen Seite des Flusses. **Fernbusse 300.**

Unterkunft

• **Grand Hotel,** Anders Beersgt. 9, Tel. 3832 2355, (****). Leider sind die altmodischen Zimmer nicht so schön, wie es die Fassade der alten Villa vermuten lässt. Die Erkerzimmer sind jedoch nicht zu verachten, und die Lage ist sehr ruhig. Es gibt zudem ein Restaurant, eine Bar und zuweilen Disco.

• **Maritim Hotell & Restaurant,** Sundegt., Tel. 38325800, Fax 38325801, (*****), Sommer (****). Modernes, direkt am Fjord gelegenes Hotel mit großem Terrassenrestaurant, Bar, Disco, Tennis, Fahrrad- und Bootsverleih.

Camping/Hütten

• **Egenes Camping,** Tel. 38320148, www.egenes.no, ganzjährig geöffnet. Der saubere Platz liegt einige Kilometer östlich von Flekkefjord (nahe der E 39) auf einer Halbinsel im See (Badestrand, Bootsverleih). Es werden 5 Hütten (*/***) vermietet. Tolle Wasserskianlage.

• **Hidra Camping,** Insel Hidra, im Ort Hidrasund am Ende der Rv 469, Tel. 38372487. Kleiner, einfacher Platz mit 3 guten Hütten (**) und Bootsverleih.

Aktivitäten

• Neben **Boots- und Fahrradverleih** werden auch Schiffsrundfahrten und **geführte Stadtwanderungen** angeboten – Infos dazu sind im Turistkontor erhältlich.

• **Wasserskianlage** am Egenes Campingplatz.

• **Badeplatz** an der Grønnes Batteri, einer kleinen Verteidigungsanlage aus dem Jahre 1801, erbaut, als der alte Hausherr Dänemark mit England im Krieg stand. Gelegen an der Ostseite des Fjordes.

Umgebung nördlich von Flekkefjord

Sirdal ⌕XXII/B2

Auf der E 39 gelangt man nach 14 km zum Abzweig Richtung **Sira.** Wer noch ein paar Kilometer weiter der Europastraße folgt, kann sein Fahrzeug einem echten Härtetest unterziehen, denn hier führt eine kleine Nebenstraße zum **Trondåsen.** Der Weg über den Berg wurde 1844 angelegt, und bei bis zu 25 % Steigung kommt wohl auch das letzte Pferd unter der Motorhaube ins Schwitzen! Doch Vorsicht, der idyllische Waldweg ist nur von Nord nach Süd zu befahren. Sollte das Auto diese Kraftprobe überstanden haben, kann nun in Sira der Weg in das ursprüngliche Sirdal eingeschlagen werden. Achten Sie auf Ihre Benzinvorräte, denn auf den folgenden 34 Kilometern findet sich kaum ein Haus, geschweige denn eine Tankstelle. In Tonstad, dem Standort eines der größ-

DIE KÜSTE ENTLANG

ten Wasserkraftwerke Norwegens, kann man auf der Straße 42 durch das fast menschenleere Gyadal nach Egersund (siehe dort) fahren. Wen es nicht zurück an die Südküste zieht, reist weiter Richtung Norden durch das nun immer wilder und grandioser werdende Sirdal (Straße 468). Eine Attraktion ist hier der **Schafabtrieb** in der ersten Septemberwoche. Die Straßen gehören in dieser Zeit ganz den Tausenden von Vierbeinern, welche zu einer Wiese am Hof Kvæven getrieben werden, wo dann die Sortierung erfolgt.

In Svartevatn/Sinnes ist es nun drei Varianten der Weiterfahrt: Richtung Nordosten auf dem herrlichen Suleskarveien über die mit Wollgras übersäte Sirdal-Hochebene, vorbei am riesigen Stausee Randfjorden und hinab in das Setesdal oder über eine schmale Serpentinenstraße zum Lysefjord oder in Richtung Südwesten auf der Rv 45 durch das wildromantische Hunnedal zurück zur E 39.

- **Turistkontor,** in Tonstad (9-16 Uhr, Tel. 38377800, Internetanschluss) und in Fidjeland. www.sirdalsferie.com.
- **Bus:** Mandal – Sira.
- **Unterkunft**

Sirdal Høyfjellshotell, in Fidjeland, nördlich von Svartevatn, Tel. 38371122, Fax 38371101, (*****). Das komfortable Gebirgshotel ist ideal für einen Aktivurlaub. Es gibt einen Swimmingpool, eine Sauna, Reitmöglichkeiten, Angel- und Tennisplätze. Für das leibliche Wohl sorgen ein Restaurant und ein Pub.

Sinnes Fjellstue, Sinnes (Svartevatn), Tel. 38371202, Fax 38371205. Die Gebirgsherberge bietet Zimmer ab 600 NOK an. Auch

ein Restaurant gibt es und die Möglichkeit zum Reiten. Im Winter stehen eine Piste und Loipen direkt in der Nähe zur Verfügung.
● **Camping**
An vielen Stellen kann man **wild campen**, doch sollte zuvor immer der Besitzer der Wiese um Erlaubnis gefragt werden. **Zeltplätze** liegen u. a. in Tonstad, Sinnes (ganzjährig geöffnet, Hütten) und Suleskard (Kreuzung der Straße in Setesdal und zum Lysefjord).
Infos zu Hütten: Sirdalsferie, Tel. 38377800.
● **Wintersport:** Entlang der Route gibt es mehrere Skilifte und Loipen in den Orten Fitjeland, Sinnes und Tonstad. Im Winter liegen hier regelmäßig 1,5-2 m Schnee.

Wer es eilig hat, kann auf der an Sehenswürdigkeiten armen E 39 weiter nach Stavanger fahren. Auf dieser Strecke gibt es wenige Unterkünfte, u. a.:

● **Camping**
Vinningland Camping, Bjerkreim, E 39, Tel. 51450363, Angelplätze. Einfacher Platz auf einer Wiese am Fluss.
Veen Gårdcamping, Rv 503, 20 km nördl. von Vikesä und der E 39, Tel. 51451941. Empfehlenswerter Platz mit günstigen, sauberen Hütten (*), 3 Spielplätzen, Bauernhof. Ruhige Lage am See. Badeplatz. Fußballfeld, Beachvolleyball, Bootsverleih.
Søya Hytter, an der E 39, zwischen Vikesä und Ålgård, Tel. 51615959, soeya@online.no. Zwei schöne Hütten (***), Galerie, Hofladen mit Schmuck und Bauernprodukten.

Auch von der Natur her reizvoller ist die Rv 44, welche, in Flekkefjord beginnend, immer in Küstennähe verläuft und deshalb auch „Nordsjøvegen" genannt wird.

Landschaft im Sirdal

Nordsjøvegen – auf der Rv 44/507/510 von Flekkefjord nach Stavanger

Die Straße führt durch **sehr abwechslungsreiche Landschaft!** Auf den ersten 60 Kilometern zwischen Flekkefjord und Egersund ist die Natur wild und bedrückend. Tiefe, sehr enge Täler, kahle Bergrücken und steile Felswände bestimmen das Bild. Man muss schon eine willensstarke Natur haben, um in dieser Landschaft ohne Depressionen durchs Jahr zu kommen. Gerade bei Nebel und Regen fühlt man sich von den Bergen bedroht, als ob der Mensch hier nur auf Zeit geduldet würde! Besonders deutlich wird dies in **Hellern** am Jøssingfjord, wo zwei winzige Häuser unter einem Felsvorsprung liegen, der sie fast zu erschlagen droht.

Kurz hinter Egersund, etwa ab Ogna, wird das Land schlagartig flacher, ja nahezu eben. Landwirtschaft und wunderschöne Sandstrände bestimmen das Bild. **Jæren** heißt die Region und ist das **älteste Siedlungsgebiet Norwegens,** über 600 Grabhügel zeugen davon.

1. Abschnitt: Flekkefjord – Egersund, im Reich der Felsen

Wenige Kilometer westlich von Åna Sira liegt der handtuchschmale **Jøssingfjord.** Düster wie sein Felsenufer ist auch seine Vergangenheit, fand hier doch der erste Umweltskandal Norwegens statt: Der Einfachheit halber leitete man die bei Abbau und Verhüttung entstandenen Titanschlämme

einfach in den Fjord, womit sich seine Tiefe um 35 m verringerte! Zwar werden die Abfälle heute woanders gelagert, ruiniert ist der Meeresgrund aber wohl auf Jahrhunderte hinaus. Über eine Serpentinenstraße mit finstern, engen Tunneln erreicht man Hauge i Dalane. Hier kann, wer möchte, einmal so richtig den starken Mann spielen. Man stelle sich einfach an den Rugge-Stein und bewege seine 70 Tonnen Gesamtmasse. Möglich ist dies, weil der mächtige Felsbrocken nur auf wenigen Quadratzentimetern auf dem Boden aufliegt und sich daher „ruggen" lässt – also ein bisschen wenigstens ...

Südlich von Hauge, am Meer, liegt der idyllische Ort **Sogndalsstrand,** mit einigen alten Lagerhäusern aus dem 18. und 19. Jahrhundert, einem Seefahrtsmuseum (Fiskeri og Sjøfartsmuseet, geöffnet Juni bis Mitte Aug. Mo-Fr 11-17 Uhr, So 13-17 Uhr, 20 NOK), dem Kramladen Landhandel und dem Kulturhotel (Tel. 51477255, www.sogndalstrand-kulturhotell.no, DZ 950 NOK).

●**Camping: Bakkaåno Camping,** Tel. 51477 852, geöffnet: 1.5.-30.9. Der Platz liegt nordöstlich von Hauge i Dalane an der Straße nach Moi. Die Ausstattung ist gut, die Lage zwischen Felsen und Wald schön. Hütten (**) können gemietet werden.

Hellern am Jøssingfjord

Egersund ⟶XXII/A2

Zwar ist in einer Stadt mit nur 8000 Einwohnern nicht gerade der Bär los, aber viele werden sicherlich froh sein, nach der Fahrt durch die wilde und einsame Landschaft mal wieder Menschen und nicht nur Trollen zu begegnen. Für einen kleinen Rundgang bietet sich das hübsche Zentrum von Egersund an, wo es neben einigen spätklassizistischen Holzhäusern auch ein paar adrette Einkaufsstraßen gibt. Sollten die Läden schon wieder geschlossen sein, kann man immer noch auf den Varberg spazieren oder Richtung Bahnhof zum **Fayencen-Museum** schlendern. Ausgestellt werden Produkte, welche bis 1979 in Norwegens einziger Fabrik dieser Art hergestellt wurden. Allerdings ist bemaltes Geschirr sicher nicht jedermanns Sache. (Geöffnet: Mitte Juni-Mitte Aug. Mo-Fr 11-17 Uhr, So ab 13 Uhr, 20 NOK.)

Ein zweites Museum ist das **Dalane Folkemuseum in Slettebø**, 5 km nördlich der Stadt (Rv 42). Hier kann man sich acht Gebäude aus dem 19. Jahrhundert anschauen, u. a. eine Schule und ein Lusthäuschen. Dokumentiert werden auch Handwerke wie Uhrmacher, Tischler, Holzschuhmacher und Böttcher. (Geöffnet: Mitte Juni bis Mitte Aug. Mo-Fr 11-17 Uhr, So ab 13 Uhr, 20 NOK.)

- **Touristeninformation: Turistkontor,** Jernbaneveien 2, 4370 Egersund, an der Straße vom Bahnhof ins Zentrum. Tel. 51492744 (außerhalb der Saison: Tel. 51468220), www.reisemal-sydvest.no.
- **Bahnhof:** 1 km nördlich des Zentrums (5x täglich nach Stavanger und nach Kristiansand).
- **Busbahnhof:** gleich neben dem Bahnhof.
- **Fähre:** mit der Fjord Line vom dänischen Hanstholm nach Egersund und Bergen – Infos unter Tel. 51494900.
- **Unterkunft**

Grand Hotel, Johan Feyersgt. 3, Tel. 58491811, (*****). Erstes Haus am Platz, mit Restaurant, Bar und Disco.

Anne's B&B, Sjukehusveien 45, Straße Richtung Krankenhaus (Sjukehus), Tel. 51493745, ateg@online.no. Schöne Unterkunft in weißer Villa. DZ 800 NOK und 4-Bett-Zimmer (1100 NOK).

- **Camping/Hütten**

Steinsnes Camping, Tel. 51494136, ganzjährig geöffnet. 15 einfache Hütten werden vermietet. Die preiswerteste ist für 300 NOK zu haben. Der birkenbestandene Platz liegt direkt an der Rv 44, 3 km nördlich von Egersund.

Hauen Camping, auf der Halbinsel Eigerøy gegenüber Egersund gelegen, Tel. 51492379, www.hauencamping.no, ganzjährig geöffnet. Guter Platz mit 8 sauberen Hütten (**) und Bootsverleih.

Gjermestad Gård, 12 km westlich, Rv 44 in Hellvik, Tel. 51496711, www.gjermestad.no. Hof mit schönen Caravanstellplätzen. Hofladen mit Säften und Marmeladen. Wander- und Radwege.

- **Aktivitäten:**

12 km südlich (Rv 502) liegt das **Eigerøy Fyr**, eines der stärksten Leuchtfeuer Europas. 2 km ab Parkplatz bis zum Turm, der im Juli So 11-16 Uhr über 134 Treppenstufen bestiegen werden kann.

Den Vestlanske Hovedvei: Ein 6 km langer Abschnitt des alten Verkehrsweges ist zwischen Hellvik (E 36) und Ogna zu begehen und mit dem Fahrrad zu befahren. Er führt durch urtümliche Küstenlandschaft.

2. Abschnitt: Egersund – Stavanger, durchs flache Land

An der Straße liegen mit die schönsten und längsten **Sandstrände** Südnorwegens! Der erste ist der in **Ogna**, eingebettet in flachwellige Dünenlandschaft. Im Ort selbst kann man sich ei-

DIE KÜSTE ENTLANG

ne Kirche ansehen. Ursprünglich stammt sie aus dem Jahr 1250, musste aber nach einem Brand im Jahr 1993 neu errichtet werden. Es ist übrigens erstaunlich, wie relativ häufig Kirchen in Norwegen niederbrennen. Es wird vermutet, dass es sich immer häufiger um von Okkultisten gelegte Brände handelt.

•Fast alle Orte sind per **Bus oder Bahn** von Stavanger und Egersund aus zu erreichen.
•**Camping/Hütten**
Ogna Camping A/S, Tel. 51438242, www.ognacamping.no. 19 ganzjährig geöffnete Hütten (**/***). Der Platz liegt direkt am Sandstrand in der Nähe des Ogna-Flusses, in dem auch nach Lachsen gefischt werden kann.
Brusand Camping, Brusand, Tel. 51439123, www.brusand-camping.no, ganzjährig geöffnet. Das schöne Areal liegt gleichfalls am Sandstrand (Baden an der Flussmündung verboten). Neben 8 sauberen, schönen Hütten (**) werden auch Fahrräder und Boote vermietet.

Etwas östlich der Straße 44 liegt der Ort **Nærbø**. Sehenswert ist hier das **Jæren-Museum.** Die „Vitengarden" (Wissenshof) genannte Ausstellung im architektonisch ansprechenden Holzhaus informiert mit vielen interaktiven Gerätschaften über die technologische Entwicklung in der Landwirtschaft, über Naturwissenschaft und Mathematik. Das Museum liegt neben der Hannabergmarka, einem Jahrhunderte alten Ackerbaugebiet mit Grabhügeln und Häuserresten aus dem 5. Jh. (Geöffnet: Juni-Aug. Mo-Fr 10-17 Uhr, Sa 12-16 Uhr, So 12-17 Uhr, ansonsten: Mo-Fr 10-15 Uhr, So 12-17 Uhr, 60 NOK, Familien 150 NOK – Eintrittskarte gilt auch für die Vitenfabrikken in Sandnes.) Erwandert werden kann die Kulturlandschaft mit ihren Lesesteinmauern und Feldern auf dem 10 km langen **Kongevegen** (Königsweg), der zwischen Nærbø und Varhaug am alten Varhaug Kirkegård (Friedhof) beginnt.

Weiter geht's auf der Straße 507! Westlich der Rv 507, an der Küste, liegt der **Hå Gamle Prestegård** (Pfarrhof) aus dem Jahr 1637. Er beheimatet eine Galerie. (Sommer: 12-17 Uhr) In der Umgebung liegen mehrere Grabhügel.

Obwohl in **Orre** auch eine alte Kirche aus dem 13. Jh. steht, dürften die meisten Besucher wohl wegen des herrlichen Sandstrandes kommen. Wunderschön hinter Dünen gelegen, ist er bei jedem Wetter einen Besuch wert.

Wem es hier an den eher seltenen warmen, windstillen Tagen zu voll ist, wird in Richtung Norden noch weitere schöne Badestellen entdecken.

•Ideal ist die flache Jæren-Region für **Fahrradausflüge!** Fahrradverleih: in Stavanger und Sandnes (siehe dort). Die Turistkontore in Sandnes und Stavanger halten auch Fahrradkarten und Routenvorschläge bereit.

Auf der Straße 510 gelangt man nach Stavanger. Sehenswertes in der Gegend um Sola und Tanager siehe „Stavanger/Umgebung".

•Infos zu den **Mautstationen:** siehe „Stavanger/Praktische Informationen/Orientierung und Parken".

Innerstädtisches Hafenbecken Vågen

Stavanger ⤴XXII/A1

Überblick

Ursprünglich war der 1125 gegründete Bischofssitz nur ein unscheinbares Örtchen am Rande der Welt. Man lebte vom Fischfang und von etwas Handel, konnte aber nie mit Bergen in Konkurrenz treten. So hatte der Ort im Jahr 1800 auch nur 2500 Einwohner. Erst mit dem Aufkommen neuer, modernerer Fischfangmethoden im 19. Jh. begann Stavangers Aufschwung. Der Handel mit Hering entwickelte sich gewinnversprechend. Schifffahrt, Schiffbau sowie Konservenindustrie florierten, und um 1900 hatte die Stadt schon 28.000 Einwohner. „Boomtown" Norwegens ist Stavanger aber erst seit den 1970er Jahren, als große **Erdöl- und Erdgasfelder** in der Nordsee entdeckt wurden. Die Stadt wurde zum Dreh- und Angelpunkt für den Flugverkehr zu den Bohrinseln, auf deren teilweise Herstellung sich die örtliche Werft spezialisierte. Auch haben die viele Ölkonzerne in der Stadt ihre Büros. Ihre Angestellten stammen aus allen Teilen der Welt. Dies verleiht Stavanger eine **multikulturelle und offene Atmosphäre,** treibt aber auch die Preise, selbst für norwegische Verhältnisse, in schwindelregende Höhen. Ein Grund dafür ist sicher, dass es sich schnell herumsprach, dass man in der Ölindustrie viel Geld verdienen kann. Und so sieht man denn auch viele

DIE KÜSTE ENTLANG

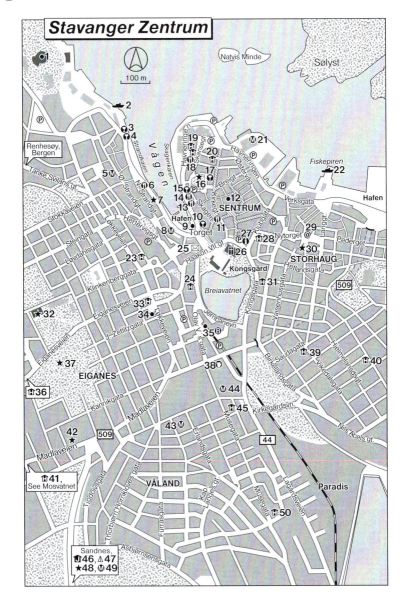

- • 1 Stavanger Konserthus
- ⛴ 2 Fähranleger Fjord und Color Line
- ☕ 3 Café Garagen
- ☕ 4 Taket
- Ⓜ 5 Hermetikkmuseum
- 🍴 6 Straen
- ★ 7 Gamle Stavanger
- Ⓜ 8 Seefahrtsmuseum
- • 9 Fischmarkt
- ☕ 10 Newsman
- 🍴 11 Peppes Pizza
- • 12 Kulturhaus Sølvberget
- 🍴 13 Sjøhuset Skagen
- 🍴 14 N.B. Sörensen's Dampskibelsexpedition
- ☕ 15 Dickens
- ★ 16 Valbergtårnet (Valbergsturm)
- ☕ 17 Café Sting
- 🏨 18 Victoria Hotel und
- 🍴 Cartellet
- 🏨 19 Skagen Brygge
- 🏨 20 Havly Hotel
- Ⓜ 21 Ölmuseum
- ⛴ 22 Fähre nach Tau, Schnellboot nach Bergen
- 🏨 23 Tone's B&B
- 🏨 24 SAS Atlantic Hotel
- ✉ 25 Post
- ⛪ 26 Domkirche "St. Svithum"
- ℹ 27 Touristeninformation
- 🏨 28 Grand Hotel
- @ 29 Access Internet Café
- ★ 30 Rogaland Kunstnersenter
- 🏨 31 Hotel Maritim
- ★ 32 Villa Ledaal
- 🏨 33 SAS Royal Hotel
- • 34 Studententreffpunkt Folken
- Ⓑ 35 Bahnhof,
- • Busbahnhof
- 🏨 36 Sommerlide
- ★ 37 Villa Breidablikk
- ○ 38 Rogaland Theater
- 🏨 39 Stavanger B&B
- 🏨 40 Det Blaa Hus
- 🏨 41 Hotel Alstor
- ★ 42 Stavanger Kunstforening
- Ⓜ 43 Archäologisches Museum
- Ⓜ 44 Stavanger-Museum
- 🏨 45 Rogalandsheimen Gjestgiveri
- 🏨 46 Stavanger Vandrerhjem Mosvangen
- △ 47 Mosvangen Camping
- ★ 48 Jernaldergarden/Ullandshaugtårnet
- Ⓜ 49 Rogaland-Kunstmuseum
- 🏨 50 Thompsons' B&B

Menschen, die nach drei Wochen Maloche auf der Bohrinsel an den folgenden 21 Urlaubstagen ihren Lohn in der Stadt verhökern und auch willens sind, das Preisniveau mitzutragen. Abschrecken sollte einen das jedoch nicht, ist doch das quirlige Stavanger ein wirklich hübscher Ort, dessen Besuch sich, nicht zuletzt wegen der schönen Holzhäuser, allemal lohnt. Die viertgrößte Stadt des Landes hat heute **115.000 Einwohner** und gehört zu den wichtigsten Wachstums- und Innovationszentren und ist 2008 Kulturhauptstadt Europas.

Für den Besuch der Stadt sollte man einen Tag einplanen.

Sehenswertes

Östlich des Vågen

Hier pulsiert **das geschäftige Herz Stavangers.** Ein vielfältiges Angebot an Geschäften, Restaurants und Kneipen lässt die für Autofahrer gesperrte Innenstadt aufleben. Wer nun den Eindruck hat, im Gassengewirr die Orientierung zu verlieren, kann sich auch erstmal vom **Valbergtårnet** einen Überblick über das Zentrum verschaffen. Der **Turm** wurde 1850-1853 eigens für den städtischen Nachtwächter erbaut, an welchen ein kleines Museum erinnert. (Geöffnet: Mo-Fr 10-16 Uhr, Do 10-18 Uhr, Sa 10-14 Uhr, 20 NOK.)

Südlich des Vågen

Am Ende des Vågen, zwischen alten Speicherhäusern und modernen Bank- und Bürogebäuden, liegen der **Fisch-**

markt und der **Torget (Hauptmarkt).** Läuft man etwas weiter Richtung Süden, so gelangt man zum alten **Kongsgård,** dem **Königshof** (heute eine Schule), und der **Domkirche „St. Svithun".** Sie ist neben dem Dom zu Trondheim sicherlich eines der schönsten sakralen Bauwerke Norwegens. Nachdem Stavanger 1125 zum Bischofssitz ernannt wurde, begann man noch im selben Jahr mit dem Bau der Basilika im anglo-normannischen Stil. Seit dem Jahr 1272, als die Kirche partiell niederbrannte und einige Teile im Stil der Gotik neu errichtet wurden, erfolgten keine weiteren baulichen Veränderungen mehr. So blieb ihr mittelalterliches Aussehen vollständig erhalten, was eine Besonderheit in Norwegen ist. (Geöffnet: 1.6.-31.8. 11-19 Uhr, ansonsten: Di-Do, Sa 11-16 Uhr, Orgelkonzerte: Do 11.15 Uhr.)

Westlich des Vågen

Von weitem sieht man sie schon, die blitzweiße Häuserfront der **Altstadt „Gamle Stavanger".** Nachdem das Viertel lange Zeit dem Verfall preisgegeben war, startete man im Jahr 1975 ein Pilotprojekt zur Restaurierung der 173 aus dem 18. und 19. Jahrhundert stammenden Gebäude. So konnte **eines der malerischsten Holzhausviertel Norwegens** erhalten werden. Bei einem Rundgang durch die Gassen wird man viele idyllische Gärten, kleine Läden, mit teilweise kuriosen Angeboten, und zwei sehenswerte Museen entdecken (siehe unten).

Stavanger-Museum

Das Museum unterhält die **fünf** folgenden **Abteilungen,** von denen drei etwas außerhalb des Zentrums liegen. Eine Eintrittskarte gilt für alle fünf Anlagen. (Geöffnet: 15.6.-15.8. 11-16 Uhr, ansonsten: So 11-16 Uhr, 50 NOK, Studenten 30 NOK, Familien 100 NOK, Tel. 51526035.)

1. Am südlichen Ende der Altstadt „Gamle Stavanger", in einem alten Kaufmannshof, liegt das **Sjøfartsmuseet (Seefahrtsmuseum).** Sehr anschaulich erläutert werden die Geschichte der Seefahrt und der Fischerei sowie das Leben im Stavanger des 19. und

Im Dom von Stavanger

Die Altstadt Gamle Stavanger

Stadtpläne S. 244 u. 250, Farbkarte Seite XXII

STAVANGER

20. Jahrhunderts. Schiffsmodelle, schnuckelige Läden und alte Kontore machen das Haus lebendig.

2. Die Verarbeitung der Früchte des Meeres kann im **Hermetikkmuseum,** in der Øvre Strandgate 88a, nachvollzogen werden. In dem kleinen Fabrikgebäude war bis 1960 eine Konservenfabrik untergebracht. Gezeigt werden die Verarbeitung von Sardinen und die unterschiedlichen Motive ihrer späteren Verpackung.

3. Südlich des Bahnhofs liegt, in der Muségt. 16, das **Hauptgebäude des Stavanger-Museums.** Zu besichtigen sind hier eine kulturgeschichtliche Abteilung mit einer Ausstellung zur Geschichte der Stadt Stavanger und eine zoologische Abteilung mit vielen ausgestopften Tieren. Außerdem kann hier in einer Bibliothek nach Lesbarem gestöbert werden.

4. Westlich des Bahnhofs, am Eiganesveien 40A und 45, liegen die beiden herrschaftlichen **Villen Breidablikk und Ledaal.** Das prunkvolle Breidablikk stammt aus dem Jahr 1880 und wurde im ornamentreichen Schweizer Stil erbaut. Die Ledaal-Villa ist etwa 80 Jahre älter. In Auftrag gab das Patrizierhaus die Familie *Kielland,* deren berühmtester Vertreter der Dichter *Alexander Kielland* (1849-1906) ist. Er kritisiert in seinen Werken, so gar nicht seiner Abstammung entsprechend, das Bürgertum und prangert die sozialen Missstände seiner Zeit an, z. B. in den Romanen „Jacob" und „Arbeiter". Das Gebäude dient heute als Residenz des Königs bei Besuchen in Stavanger. Beide Holzhäuser grenzen an prächtige Parks.

5. Unweit des Stavanger-Museums, in der Peter Klowsgt. 30A, stellt das **Archäologische Museum** Ausgrabungsfunde aus und erläutert die Kulturgeschichte der Region. (Geöffnet: Juni-Aug. Di-So 11-17 Uhr, sonst: Di 11-20 Uhr, Mi-So 11-15 Uhr, 30 NOK.

Archäologisch gleichfalls interessant ist der **Jernaldergarden** (geöffnet 11-16 Uhr, 30 NOK), eine restaurierte

Hofanlage aus der Eisenzeit. Das Gebiet ist nunmehr seit über 1600 Jahren besiedelt. Ganz in der Nähe stehen heute, quasi als zum Nachdenken anregender Kontrast, die überdimensionalen Neubauten der Neuzeit. Doch gibt es auch noch einen kleinen **Botanischen Garten** (gratis) zur Beruhigung der Sinne. Unweit entfernt ragt auch der **Ullandshaugtårnet** auf, der **Fernsehturm** mit Panoramablick. Zu erreichen ist die Anlage über die E 39 und den Ullandhaugveien (3 km Fahrt ab Zentrum, Bus 78).

Etwa 2 km südwestlich der Innenstadt liegt das **Naherholungsgebiet Mosvatnet,** mit einem kleinen See, einigen Hotels, dem Campingplatz und dem **Rogaland-Kunstmuseum.** Gezeigt werden etwa 1500 Bilder zumeist zeitgenössischer norwegischer Maler, u. a. Munch. (Geöffnet: Di-So 11-16 Uhr, 50 NOK.)

Neuestes und monumentalstes Museum der Stadt ist das **Ölmuseum** (Oljemuseum). Der hypermoderne, an eine Bohrplattform erinnernde Komplex beherbergt eine didaktisch hervorragend aufgearbeitete Ausstellung zu den Methoden der Ölförderung, deren Chancen und Risiken, dem Leben der Menschen auf den bis zu 300 m hohen Bohrinseln in der Nordsee sowie den Möglichkeiten der Nutzung des „schwarzen Goldes". (Geöffnet: 1.6.-31.8. 10-19 Uhr, ansonsten 10-16 Uhr, 80 NOK, Studenten/Rentner 40 NOK, Familien 200 NOK; ein Museumsführer auf Deutsch ist am Eingang ausleihbar.)

Die Flucht in die Neue Welt

Ärmlich waren die Verhältnisse in der norwegischen Heimat des 19. Jahrhunderts. Die Familien waren groß, der Boden karg und zudem nicht der eigene. Was lag da näher, als einem Neuanfang im fernen, oft verklärt dargestellten, Amerika zu wagen. Das erste Schiff, die „Restauration", stach im Juli 1825 von Stavanger aus in See. Sie leitete einen Massenexodus ein, wie er nur noch von den Iren übertroffen wurde. Von einer Million Norwegern wanderten in den folgenden 75 Jahren 750.000 in die Vereinigten Staaten von Amerika aus, davon viele nur mit dem, was sie am Leib trugen. Die Überfahrt war hart, oft stürmisch, generell entbehrungsreich. Wer zu den ersten Siedlern gehörte, hatte nicht selten Glück. Land gab es ohne Ende, und noch dazu konnte man es als sein eigenes erwerben. Man gründete eigene Ortschaften und pflegte fortan auch hier in der Ferne die norwegische Kultur, etwa das Skilaufen und eigene, regionenspezifische Dialekte. Hauptsiedlungsgebiete wurden solche, die der alten Heimat hinsichtlich des Klimas und der Natur glichen. Dies waren zumeist Illinois, Iowa, Wisconsin und Minnesota. Heute leben in den USA ungefähr so viele Menschen norwegischer Abstammung, wie Norwegen selbst Einwohner hat (fast 4,5 Mio.).

Weitere Museen

Die folgenden Ausstellungen sind zumeist recht klein und haben nur sporadisch geöffnet. Nähere Informationen erteilt die Touristeninformation.
● **Norsk Barnemuseum** (Museum für Kinder mit vielen Aktivitäten. Im Kulturhaus Sølvberget, Di-Sa 11-15.30 Uhr, So bis 16.30 Uhr, 80 NOK, Kinder 40 NOK), **Grafisk Museum** (Druckereimuseum, Sandvigå 24, Tel. 5152 8886), **Telemuseum** (Geschichte der Tele-

Stadtpläne S. 244 u. 250, Farbkarte Seite XXII **STAVANGER**

kommunikation, Dronningensgt. 12, Tel. 5176 5045), **Vestlanske Skolemuseum** (Schulmuseum im Stadtteil Hillevåg, Tel. 51585372).

Außerhalb: Mosterøy/Rennfast

25 km nördlich von Stavanger, auf der irisch anmutenden **Insel Mosterøy**, liegt das kleine **Kloster Utstein**. Es gilt als eine der am besten bewahrten Abteien Norwegens, um 1250 von Augustinermönchen gegründet, nachdem Vorgängerbauten schon 13 Jahre lang als Königsresidenz gedient hatten. Ab 1537 wurde Utstein als Herrenhof genutzt. Bei einem Rundgang sind u. a. die Kirche mit ihrer besonderen, durch in die Wände eingelassene Tontäfelchen hervorgerufenen Akustik, und der Saal des angrenzenden Wohnhauses zu besichtigen. Zwei Porträts über der englischen Truhe zeigen *Christopher Garmann* und seine zweite Frau *Cecilie*. Diese starb mit 24 Jahren. Am Sterbebett versprach Christopher, sich nie mehr zu verheiraten. Nach 20 Jahren jedoch brach er das Gelübde und ehelichte ein dänisches Fräulein im Dom zu Stavanger. In dem Moment, da er das Ja-Wort gab, brach er mit einem Herzinfarkt zusammen und verstarb 8 Tage später. Der Geist Cecilies soll noch heute in den Gemäuern zu Utstein spuken (Geöffnet: im Sommer: Di-Sa 10-16 Uhr, So 12-17 Uhr, 40 NOK; Utstein Kloster Hotell: Tel. 51720100). Zu erreichen ist das Kloster über die **Festlandverbindung Rennfast** (E 39, seit 2006 mautfei), welche Teil des norwegischen Traumes, einer fährfreien Küstenstraße, ist. Man musste die Tunnels bis zu 223 m unter den Meeresspiegel absenken, um zu den Inseln Rennesøy und Mosterøy zu gelangen. Allerdings fragt man sich unweigerlich, wohin denn die Straße eigentlich weiterführen soll. Wahrscheinlich vorsichtshalber haben daher kühne Tourismusmanager das 5800 m lange Teilstück schon mal zum längsten Unterseetunnel der Welt für Autos erklärt ...

Praktische Informationen

Touristeninformation

● **Turistkontor,** Domkirkeplassen 3, 4005 Stavanger, Tel. 51859200, Fax 51859202, www.visitstavanger.com. Geöffnet: 1.6.-31.8. tägl. 9-20 Uhr, ansonsten Mo-Fr 9-16 Uhr, Sa bis 14 Uhr. Das Turistkontor liegt am Hafen, am südlichen Ende der Altstadt Gamle Stavanger. Es werden auch Unterkünfte, Ausflüge und Rundfahrten vermittelt.

Orientierung und Parken

● Die E 39 mündet in die Straße Rv 509. Diese und die Rv 44 führen durch einen Tunnel direkt in das östliche Stadtzentrum (Ausschilderung „Sentrum"). **Parkplätze** (12 NOK/h, meist ab 17 Uhr gratis); Parkhäuser: am Bhf. (70 NOK/Tag), unter dem Vålberg-Turm (Zufahrt vom Kai, 12 NOK/h, 100 NOK/Tag), hinter der Post (Zufahrt Lars Hervigsgt., 12 NOK/h, 100 NOK/Tag).
● Achtung: Schon 20 km vor Stavanger stehen **Mautstationen**. 13 NOK. Es ist wichtig, den Knopf „Kvittering" zu drücken bzw. bei Bezahlung an der Kasse die ausgehändigte Quittung aufzuheben, da man teilweise die Mautstationen mehrmals durchfährt, aber nur 1x zahlen muss.
● Die **Innenstadt** gruppiert sich um die Bucht Vågen, an deren südlichen Ende die Markt und der Dom liegen. Östlich des Meeresarmes erstrecken sich die quirligen Fußgängerzonen der Innenstadt, gegenüber, auf der westlichen Seite, befindet sich die Altstadt „Gamle Stavanger".

DIE KÜSTE ENTLANG

An- und Weiterreise

- **Fahrplanauskunft** für Stavanger und Rogaland: Tel. 177; www.rkt.no; Jernbaneveien 9.
- **Bahnhof:** am See Breiavatnet südlich des Zentrums. 5x täglich Züge Richtung Kristiansand, Arendal und Oslo. Lokalzug nach Sandnes, Bryne und Egersund.
- **Busbahnhof:** neben dem Bahnhof. **Fernbusse: 300, 400,** www.kystbussen.no. Regionalbusse nach Egersund, Sola (Flugplatz), Randaberg, Sula, Sauda; Sommerroute zum Prekestolen (8.20, 9.05, 12.45, 14.35 Uhr Fähre Stavanger – Tau + Bus Tau – Prekestolhytta; pro Richtung 80 NOK); Bus auch nach Lysebotn am Ende des Lysefjords.
- **Expressboote:** Stavanger – Haugesund – Bergen (640 NOK, retour 840 NOK, 25 % Studentenrabatt) mit Flaggruten; Schnellboote zu den Inseln im Boknafjord, z. B. nach Jelsa (hübscher Ort) – Sand – Sauda.
- **Fähren:** Stavanger – Tau (40 Minuten, 28x täglich, 32 NOK/Person; 95 NOK/Auto); E 39 (Richtung Haugesund): Mortavika – Arsvågen (25 Minuten, 37x täglich, Erwachsener 25 NOK, Auto inkl. Fahrer 120 NOK + Maut 90 NOK); Rv 47 Mekjarvik – Skudeneshavn (1¼ Stunden, 6x täglich, Erwachsener 41 NOK, Auto 132 NOK). Informationen: www.rogtraf.no.
- **Flughafen:** Westlich von Stavanger in Sola (Tel. Flughafen: 51658000, Flughafenbus ab Zentrum, www.flybussen.no/stavanger). Verbindungen u. a. nach Oslo, Bergen, Trondheim, Kopenhagen, Aberdeen, London; Braathens: Tel. 81520000; SAS: Tel. 81520400, Widerøe: Tel. 81001200.

Stadtverkehr

- Die meisten **Busse** halten vor dem Dom und am Busbahnhof. Fast alles ist jedoch zu Fuß erreichbar.

Taxi

- **Stavanger Taxisentral:** Tel. 51909090.

Autovermietung

- **Avis:** Tel. 51939360, Fax 51939361; **Europcar:** Tel. 51651090, Fax 51645330; **Bruktbilutleie** (Gebrauchtwagenverleih) in Sola: Tel.

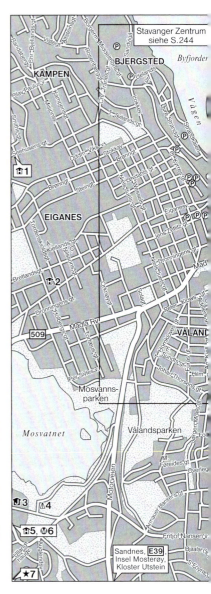

Stavanger Zentrum S. 244, Farbkarte Seite XXII **STAVANGER** 251

Stavanger Übersicht

- 1 Byhangen
- 2 Sommerlide
- 3 Stavanger Vandrerhjem Mosvangen
- 4 Mosvangen Camping
- 5 Hotel Alstor
- 6 Rogaland-Kunstmuseum
- 7 Jernaldergarden/Ullandshaugtårnet

DIE KÜSTE ENTLANG

51654090; **Rent-A-Wreck** in Sola: Tel. 51647050.

Unterkunft

Die meisten Hotels sind auf Geschäftsreisende zugeschnitten und bieten nicht viel touristischen Service. Die Preise sind in der Zeit von Herbst bis Frühling extrem hoch. **Im Sommer** jedoch, und das wird Besucher freuen, gibt es **viele Sonderangebote.**

Hotels (*****-***)

• **Skagen Brygge,** Skagenkaien 28-30, Tel. 51850000, Fax 51850001, (*****). In dieser Preislage ist das sicherlich eines der schönsten Hotels in Stavanger. Die in Speicherhaus-Architektur gestalteten Gebäude liegen gleich am innerstädtischen Vågen. Sauna, Fahrräder.
• **Victoria Hotel,** Skansegaten 1, Tel. 5186 7000, (*****). Altes Haus in Hafennähe. Gutes Restaurant und feine Zimmer.
• **SAS Atlantic Hotel,** Olav V's gt. 3, Tel. 51761000, Fax 51761001, (*****) (DZ 1700 NOK). Mit über 500 Betten größtes Hotel der Stadt und sicherlich eines der nobelsten. Originelles Gourmet-Restaurant Mortepumpen und Disco.
• **SAS Royal Hotel,** Løkkevn. 26, Tel. 51766000, Fax 51766001, (*****). Großes und luxuriöses Haus westlich des Sees Breiavatnet.
• **Grand Hotel,** Klubbgt. 3, Tel. 51201400, Fax 51201400, (*****). An einer Hauptstraße gelegen, für das „Grand" etwas zu wenig Service.
• **Havly Hotel,** Valberggt. 1, Tel. 51896700, Fax 51895025, (****), Sommer (***). Zentral gelegenes Best Western Hotel mit komfortablen Zimmern und gutem Frühstücksbuffet. Im Sommer oft: 3 Nächte bleiben, 2 bezahlen.
• **Hotel Maritim,** Kongsgt. 32, Tel. 51850 500, Fax 51850501, (****) (Suiten *****). Modernes, erst 1997 eröffnetes Hotel mit Restaurant, Sauna, Hallenbad und Fahrradverleih.
• **Hotel Alstor,** Tjensvollvn. 31, Mosvangen, Tel. 52044000, Fax 52044001, (*****), Sommer (***). Von außen wirkt das Haus nicht sehr einladend, wartet aber ansonsten mit netten Räumen und gutem Service auf. Am See Mosvatnet südwestlich der Stadt gelegen.

Preiswerte Unterkünfte

• **Privatzimmer vermittelt** auch die **Touristeninformation** und **Destinasjon Stavanger,** Tel. 51859200. Weitere Infos: www.bb norway.com/hosts/rogaland.htm
• **Rogalandsheimen Gjestgiveri,** Muségate 18, Tel./Fax 51520188, (**). Gemütliche Holzhausvilla in der Nähe des Stavanger-Museums. Altes Ambiente. DZ 600 NOK.
• **Det Blaa Hus,** Jærgata 55, Tel. 51522440, info@detblaahus.com, (**). Gemütliche Unterkunft im Blauen Haus. Östlich des Zentrums.
• **Stavanger B&B,** Vikedalsgt. 1A, Tel. 5156 2500, www.stavangerbedandbreakfast.no, (***). Ruhige Pension östlich des Theaters. Einfache und gute Zimmer. DZ inkl. Waffeln und Frühstück.
• **Sommerlide,** Eiganesveien 149, Tel. 5152 3171, www.sommerlide.com, (*). Nette Zimmer in alter Villa. Deutsche Besitzer.
• **Tone's B&B,** Claussønsgate 22, Tel. 5152 4207, ton-bour@online.no, (*). Kleine Pension in altem Holzhaus, direkt oberhalb von Gamle Stavanger.
• **The Thompsons' B&B,** Muségaten 79, Tel. 51521329, www.thompsonsbedandbreak fast.com, (*). Schönes Holzhaus, gute Zimmer, toller Garten. 800 m bis Zentrum.
• **Byhaugen,** Bruveien 6, Tel. 51535785, www.byhaugen.no, DZ 600 NOK. Kleines, rotes Häuschen. Schöne Zimmer, empfehlenswert.
• **Norwegian Holiday,** Tel. 48122688, www. norwegian-holiday.com, Apartments ab 650 NOK (6 Pers.)

Jugendherberge

• **Stavanger Vandrerhjem Mosvangen,** am See Mosvatnet (2 km ab Zentrum, Bus 26 bis Schaucheholveien, die Treppen hinab, über den Campingplatz), Tel. 51543636, Fax 5154 3637, stavanger.mosvangen.hostel@vandrer hjem.no, 9.6.-19.8., Vorbestellung ratsam. DZ 480 NOK, Bett 240 NOK. Preiswerte und schöne Anlage.

Stadtpläne S. 244 u. 250, Farbkarte Seite XXII

STAVANGER

Camping

- **Mosvangen Camping,** neben der Jugendherberge, Tel. 51532971, Fax 51872055, www.mosvangencamping.no, geöffnet: 23.5.-8.9. Einziger stadtnaher Platz. Schöne Wiese unter Buchen. 19 kleine Hütten (*/**), Zelt 110 NOK + 15 p.P.

Essen und Trinken

Im Zentrum gibt es unzählige Restaurants mit internationaler und norwegischer Küche. Leider sind die Preise zumeist enorm hoch (150-400 NOK).

- **Die besten Restaurants** der Stadt haben sich unter dem Namen „Herlige Stavanger" zusammengeschlossen. Zu ihnen gehören das **Sjøhuset Skagen** (Skagenkaien 16), in einem Packhaus aus dem 17. Jh., und das hervorragende Fischrestaurant **Straen*** (Nedre Strandgate 15, Tel. 51843700), wo man im herrschaftlichen Ambiente des 19. Jh. speist. Hinter dem schwierigen Namen **N.B. Sörensen's Dampskibselsexpedition** (Skagen 26, Tel. 51843820) verbirgt sich ein ausgezeichnetes Seemannslokal. Hervorragende Gerichte serviert auch das Gourmet-Restaurant **Cartellet*** (Ø. Holmegt. 8, Tel. 51896022).
- **Preiswert essen** kann man eigentlich nur bei Peppes Pizza (Markt und Kirkegate 2), bei Dolly Dimple's (am Markt), in den indischen Restaurants (ab 70 NOK) am Platz neben dem Ölmuseum, im Café Sting (siehe unten) sowie an diversen Imbissständen am Markt und in der Straße Skagen.

Kneipen/Nachtleben

In Stavanger tobt abends meist das (teure!) Leben. Am Skagenkaien (östliches Vågen-Ufer) und im dahinter liegenden Stadtviertel (vor allem in der Straße Skagen) liegen **unzählige Cafés und Pubs.** Die meisten sind allerdings am Freitag- und Samstagabend hoffnungslos überlaufen.

- Eine urige, gemütliche Kneipe ist das **Dickens** am Skagenkaien 6. In dem alten Packhaus kann man sich wirklich pudelwohl fühlen, nur ist es meist überfüllt.
- Am Valbergsturm liegt in einem alten Holzhaus das gemütliche **Café Sting.** Die Musik entspricht dem Namen des Cafés. Essen: 120 NOK.
- Treff der Journalisten ist das mit Zeitungen tapezierte **Newsman** (Skagen 14).
- Blues und Rock, manchmal auch live, gibt es im **Café Garagen** am Strandkaien.
- Ein noblerer Pub, mit Bar und Kaminfeuer, ist das **Nåløyet** in der Nedre Strandgate 13.
- **Discos** finden sich nur **in den großen Hotels** der Stadt oder im **Taket** (Strandkaien, ab 22 Jahre).

Festivals

- **Auswanderer-Festival** zur Erinnerung an der norwegischen Auswanderer in die Neue Welt Ende des 18., Anfang des 19. Jahrhunderts. Mitte Juni.
- **Jazz-Festival.** Mitte Mai.
- **Kammermusik-Festival.** Anfang/Mitte Aug.

Kunst und Kultur

- **Rogaland-Theater,** südlich des Bahnhofs, Tel. 51919090.
- **Kulturhaus Sølvberget,** Sølvberggt. 2 (im Stadtzentrum), Tel. 51507170. Kino, Bibliothek, Internet und deutsche Zeitungen und **Norw. Kindermuseum.**
- **Internasjonalt Kultursenter,** Sandvigå 28, Tel. 51508845.
- **Galerien: Stavanger Kunstforening** (Madlaveien 33, Geöffnet: Mi-Fr 12-16 Uhr, Do 14-20 Uhr, Sa 12-16 Uhr, So 12-16 Uhr), **Rogaland Kunstnersenter** (Nedre Dalgt. 4-6, geöffnet: Di-Fr 10-16 Uhr).
- **Stavanger Konserthus,** im Bjergstedpark nördlich der Altstadt, Tel. 51508810.
- **Skulpturenprojekt „Broken Column",** 23 Eisenfiguren zwischen Markt und Rogaland Kunstmuseum, die verschiedene Aspekte des menschlichen Lebens symbolisieren.
- **2008 ist Stavanger Kulturhauptstadt Europas.** Die Veranstaltungen stehen unter dem Thema „Open Port – Offenheit gegenüber der Welt". www.stavanger2008.no.

Aktivitäten

- **Baden:** Stavanger Svømmehall, westlich des Marktes; Sandstrände in Sola (siehe

Der Süden

dort); Hvanna Badeland in Sandnes (siehe dort).
- **Fahrrad fahren:** bestens ausgebautes Fahrradwegenetz in Stavanger und Umgebung! Tourenkarten für Stavanger, Sola und Jæren und gratis Stadträder beim Turistkontor. **Fahrradverleih:** Naboen Utleie, Maskinveien 14, Tel. 51810300, www.naboen.no.
- **Paddeln:** „Ut i Naturen", Sandvigå 24, Tel. 51561910, Kanuverleih.
- **Klettern:** Klatresenteret, Breifläveien 15, www.klatresenter.no, Kletterausrüstungen.
- **Wandern:** Stavanger Turistforening, Boks 239, 4001 Stavanger, Besuchsadresse: Olav Vs gt. 18, Tel. 51840200.
- **Weitere Angebote:** Reiten, Tauchen, Tennis (am Rogaland Kunstsenter), Golf (18-Loch-Platz, Tel. 51555006), Bowling (Auglændsmyrå 9), Eishalle (Sept. bis April) – Infos in der Touristeninformation; weitere Sportmöglichkeiten: siehe unter „Sola" und „Sandnes".

Stadt- und Bootsrundfahrten

(Buchung in der Touristeninformation)
Eine zweistündige **Stadtrundfahrt** kostet 180 NOK. Eindrucksvolle Ausflüge in den **Lysefjord** und zum **Prekestolen** (300 NOK). Fahrten zum **Kloster Utstein** und nach **Helleren** am Jøssingfjord.

Shopping

- Das **Arkaden** entlang der Klubbgt. hat für ein **Einkaufszentrum** noch recht viel Atmosphäre. Es gibt 45 Läden, die bis 20 Uhr geöffnet haben, und einige Cafés. (Parken ab 16 Uhr kostenfrei.)
- **Haupteinkaufsstraße und Fußgängerzone ist die Kirkegate.**
- **Blumen** kann man auf dem Torget kaufen.
- Recht teure Krabben und Fisch werden auf dem kleinen **Fischmarkt** am Vågen verkauft.
- Husfliden, Kirkegt. 7. Typisch **norwegische Kleidung und Souvenirs.**
- Brukskunstenteret, im Turm Valbergtårnet. **Kunsthandwerk.**
- Südlich der Stadt, am Weg nach Sandnes, liegt das **Kvadrat**, das mit 125 Läden **größte Einkaufszentrum Norwegens.**

Internet

- **Access Kommunikasjon,** Nytorget 15, und **Kulturhus Sølberget** (Bibliothek).

Sonstiges

- **Studententreffpunkt Folken:** Ny Olavskleiv 16, Tel. 51565767 (zwischen Breiavannet und dem Ledaal-Herrenhaus). **Apotheke:** Olav V's g 11 (am See Breiavatnet, bis 23 Uhr); **Arzt:** Legevakt Bergåstjern Sykehjem (Bergåsv. 13), **Notdienst:** 51510202; **Post:** Haakon VII's gate, am See Breiavatnet; **Vinmonopolet:** Olav Vs gt. (am See Breiavatnet).

Umgebung

Sola ⌕XXII/A1

Die **Landschaft Nord-Jærens** westlich von Stavanger ist für hiesige Verhältnisse eben wie ein Parkett und zählt zu den ältesten Siedlungsgebieten des Landes. Schon 8000 v.Chr. lebten hier Menschen.

Bekannt ist die Region durch die **Schlacht am Hafrsfjord** geworden. Im Jahr 850 stellte sich hier *Harald Hårfagre* (Harald „Schönhaar") unterhalb der Burg am Ytraberget (Ruinen nahe der Rv 510) seinen Kontrahenten. Er ging aus dem Kampf als Sieger hervor und konnte so das bis dahin unter vielen Kleinherrschern aufgeteilte Norwegen zum ersten Mal in der Geschichte einen. Selbstverständlich ernannte er sich selbst zum König des neuen Reiches. In Gedenken an dieses bedeutsame Ereignis errichtete man drei **überdimensionale Schwerter,** welche bei Madla am Nordufer des Hafrsfjords aus der Landschaft ragen.

Neben weiteren kulturhistorischen Sehenswürdigkeiten, wie dem Flughistorischen Museum (Flyhistorisk Museum, 30 alte Flugmaschinen, geöffnet: 12-16 Uhr, 50 NOK) und der romanischen Kirche in Sola, findet der Besucher hier wunderschöne weiße **Sandstrände** und exzellente Bedingungen für erholsame **Fahrradtouren** vor.

● Von Stavanger fahren **Busse** unter anderem nach Sola/Solastranden, Tananger, Tjelta und Ølberg.
● **Unterkunft: Sola Strand Hotel,** Axel Lundsv. 27, Solastranden, 4050 Sola, Tel. 51943000, Fax 51943199, (*****). Nähe Flughafen am Strand. Restaurant, Surf- und Tennismöglichkeit.
● **Camping/Hütten**
Ølberg Camping, 4053 Ræge, über die Rv 510 erreichbar, Tel. 51654375, 15.5.-1.9. Am Strand von Ølberg. Camper können direkt in den Dünen zelten. 5 Hütten (*).
Unweit entfernt: **Ølbergstranden Appartements og Hytteutleie** (ganzjährig Apartments und Hütten, 650 NOK, Tel. 5165 4900), Bus nach Stavanger.
Sola Motell & Camping, Nordsjøvegen 315, 4053 Ræge, Tel. 51654328, ganzjährig geöffnet. In der Nähe des Solastrandes 20 Hütten (*).
Huset ved havet, Varhaug, Tel. 51430383, Tolles Haus am Meer. 500 (2 Pers.) bis 800 NOK (8 Pers.); **Bjørgs B&B,** Orre, Tel. 5242 8705, DZ 500 NOK; **Jæren Vandrerhjem,** JH in Vigrestad am Meer (Rv 44), Tel. 5143 5755, geöffnet 1.6.-1.9. DZ 400 NOK, Bett 200 NOK.
● **Baden: Sandstrände** gibt es u. a. in Sola (Fluglärm, aber herrliche Lage), Ølberg (am Campingplatz) und westlich von Tjelta.
● **Fahrradverleih:** Sola Sykkel & Sport, im Zentrum v. Sola-Solakrossen, Tel. 51650319.
● **Reiten:** Sola Hestesenter, Snødevn, 4098 Tananger, Tel. 51699940.

Sandnes ⌕XXII/A1

Die Stadt hat etwa **60.000 Einwohner** und geht im Norden fast nahtlos in Stavanger über. Bekannt ist Sandnes für seine Töpfer- und Ziegeleiwaren sowie die DBS-Fahrräder. Der Ort selbst macht nicht viel her, wobei versucht wird, ihn aufzuwerten. Es gibt gute Einkaufs- und vielfältige Sportmöglichkeiten. In der Storgt. 26 im Zentrum entsteht bis 2008 die **Vitenfabrikken** (die Wissensfabrik). Zu besuchen sind derzeit eine Ausstellung mit 30 interaktiven Modellen zu Zeichnungen Leonardo da Vincis, ein Planetarium und eine interaktive Mathematikausstellung, gewidmet dem **norwegischen Mathematiker Niels Henrik Abel.** (Geöffnet: Mitte Juni-Mitte Aug., 11-17 Uhr, ansonsten So 12-15 Uhr, 60 NOK.)

Südlich von Sandnes nahe Figgjo/Ålgård liegt der riesige **Kongeparken-Freizeitpark.** Ein überdimensionaler begehbarer Gulliver, ein Dino-Park, eine Modellstadt, Zirkus und viele Rummelplatz-Attraktionen machen die Anlage äußerst attraktiv, aber auch teuer. Allerdings sind so ziemlich alle Attraktionen im Preis inbegriffen. (Geöffnet: 10-18 Uhr, Mai, Anfang Juni, Sept. nur an Wochenenden, 200 NOK.)

Einen (billigeren) Besuch lohnt auch das unweit gelegene **Rogaland-Arboretum** mit über 1000 verschiedenen Bäumen (E 39, Abzweig Sviland).

In Sandnes selbst liegt der Hove Fuglepark, ein kleiner aber feiner **Vogelpark** im Hoveveien 4.

● **Touristeninformation:** Sandnes Reiselivsenter (in der Nähe des Bahnhofs), Vågsgt. 22, Tel. 51605555, www.visitsandnes.com.
● **Busse und Züge** Richtung Stavanger und Kristiansand.
● **Unterkunft: Rainbow Sandnes Hotel,** an der Rv 44 nördlich des Zentrums, Tel. 5196 2000, Fax 51962100, (***). Schönes Hotel

DIE KÜSTE ENTLANG

Niels Henrik Abel – Genie der Mathematik

Abel wurde 1802 auf Finnøy nahe Stavanger geboren und starb 1829 im Alter von 26 Jahren in Froland an Lungentuberkulose. 1815 wurde er auf die Katedralskole nach Christiania gesandt. Der Mathematiklehrer der Schule schreckte nicht vor physischen Strafen zurück und wurde, nachdem er ein Kind so hart bestrafte, dass es starb, des Hauses verwiesen. Sein Nachfolger *Bernt Michael Holmboe* verfolgte wesentlich modernere Lehrmethoden, erkannte nach kurzer Zeit Abels Talent und gab ihm Privatunterricht. Abel besuchte 1821 die Universität von Christiania (Oslo) und arbeitete von 1825 bis 1827 im Ausland, vorwiegend in Paris, Berlin und Göttingen. Nach seiner Rückkehr wurde er Dozent an der Universität in Christiania.

Trotz seines kurzen Lebens revolutionierte er die Mathematik und glaubte immer daran, dass die größten Rätsel der Menschheit allein durch Vernunft zu lösen sind. So formulierte er die **Theorie des elliptischen Integrals** und war ein wichtiger Mitbegründer der **Gruppentheorie**. Nach Abel sind die „abelschen Gruppen" und die „abelschen Integrale" benannt, außerdem vergibt die Norwegische Akademie der Wissenschaften seit 2003 den **Abel-Preis**.

mit Restaurant und Sauna, in der Nähe des Fjords gelegen.
- **Camping: Vølstadskogen Hytte- og Campinganlegg,** nahe der Kreuzung E 39/Rv 509, Tel. 51627120, 20 Hütten (**/***), ganzjährig.
- **Essen und Trinken: Dollie Dimple's,** Kirkegt. 4. Schmackhafte Pizzen zum kleinen Preis.
- **Baden: Havanna-Badeland,** gegenüber des Zentrums am östlichen Hafenufer, Tel. 5162 9200. **Norwegens größtes Erlebnisbad!**
- **Fahrrad fahren:** In der Touristeninformation können für das Stadtgebiet gratis Fahrräder geliehen werden. Ansonsten: Spinn Sykkelshop (Elvegaten 11, im Zentrum, Rv 44), Roviks Sykkel (Jernbaneveien 30, nahe Bahnhof), Naboen (Madlaveien 50).
- **Weitere Angebote:** Bowling, Squash, Reiten, Tauchen, Tennis – Infos in der Touristeninformation.
- **Shopping:** Die **Fußgängerzone** im Zentrum ist die längste Norwegens. **Einkaufszentren:** Vågen 33 (im Zentrum), Havanna (am Badeland), Kvadrat (125 Läden, an der E 39, nördlich von Sandnes). **Fabrikverkäufe:** Waren mit leichten Fehlern, bis zu 50 % billiger: Skjæveland Strikkevarefabrikk (Norwegerpullover, in der Nähe des Kreisverkehrs in Ålgård); Gjestal Spinneri (Strickwaren, Oltedal, Rv 45); Polaris /Hackman (Geschirr, Küchengeräte, Orstad/Klepp, Rv 505).

Lysefjord – Prekestolen ⌖XXII/B1

Der Lysefjord mit seiner majestätischen Felskanzel Prekestolen ist zweifellos **eine der größten Naturattraktionen Südwestnorwegens.** Erlebt werden kann die Region auf drei Routen: einer Wanderung zum Prekestolen, einer Bootstour durch den Lysefjord oder einer Fahrt auf der Serpentinenstraße hinab nach Lysebotn am Ende des Meeresarmes. Letztere Routen können zu einer Rundfahrt kombiniert werden. Dabei geht es zunächst von Stavanger **mit der Fähre durch den Lysefjord,** vorbei am Prekestolen nach Lysebotn. Von dort führt die **Serpentinenstraße** über 27 atemberaubende Haarnadelkurven 900 Höhenmeter hinauf Richtung Sinnes/Svartevatn. Hier biegt man auf die Rv 45 und fährt durch das wild-romantische Hunnedal vorbei an dem gigantischen, durch Eissprengung entstandenen Geröllfeld Gloppedalsura zurück nach Stavanger. Die Tour kann auch als geführter Tagesausflug über das Turistkontor in Stavanger gebucht werden.

Auf dem Prekestolen

Wald am Prekestolen

Lysefjord: Dieser schmale **Meeresarm** zählt zu den schönsten und eigentümlichsten Fjorden Norwegens. Im Gegensatz zum Hardanger- oder Sognefjord lässt er jeden Liebreiz vermissen. Insbesondere bei Regen und Nebel verwandeln sich – etwas Fantasie vorausgesetzt – seine steilen und rundgeschliffenen Felshänge zu Fabelwesen und Trollen. Als Kontrast zu den heidnischen Bergriesen ragt am Fjordufer der knapp 600 m hohe, atemberaubende **Prekestolen** („Predigtstuhl") in den Himmel. Die scharfkantige „Felskanzel" ist beliebtes Ziel zahlloser Wanderer, die einem der herrlichsten Wanderwege ganz Skandinaviens folgen.

Am Beginn des Lysefjordes können das **Lysefjord Center** in Oanes (geöffnet im Sommer 10-20 Uhr, ansonsten 11-16 Uhr; gezeigt werden Filme zur Kultur, Geografie und Natur des Lysefjordes) und die **frühzeitliche Siedlung Landa** in **Forsand** besucht werden. In Landa siedelten schon 1000 v.Chr. Menschen. Restauriert und der Öffentlichkeit zugänglich gemacht wurden je ein Haus aus der Bronze- und aus der Völkerwanderungszeit. Die Bau- und Ausgrabungsarbeiten dauern derzeit noch an.

Ryfylke, die Region nördlich des Lysefjord, wird im Buch unter dem Ort

"Røldal" (Umgebung – "Sand/Ryfylke") beschrieben.

- **Touristeninformation: im Kraftwerksort Lysebotn,** am Ende des Lysfjordes. Informationen über die Region gibt es auch **im Lysefjord Center** in Oanes (am Beginn des Fjordes, Rv 13), Tel. 51703123.
- **Busse:** siehe unter "Stavanger".
- **Fähre:** Stavanger – Tau (Rv 13), 32 NOK/Person, 95 NOK/Auto; Lauvvik – Oanes (Rv 13), 20 NOK/Person, 45 NOK/Auto. Touristroute: Stavanger – Lauvvik – Lysebotn, 15.6.-8.9., 10 Uhr ab Stavanger (Ankunft 14 Uhr), 15 Uhr ab Lysebotn (Ankunft 19 Uhr), Auto inkl. Fahrer 340 NOK, Erwachsener 150 NOK (ab Lauvvik, wo der Fjord eigentlich erst beginnt billiger), Vorbestellung, speziell wenn das Auto mit soll, anzuraten (Tel. 51868780, oder imTuristkontor Stavanger), www.stavangerske.no.
- **Maut:** An der Rv 45 bei Gjesdal gibt es eine automatische Mautstation. Einfach durchfahren – Rechnung wird zugeschickt.
- **Unterkunft**
Vandrerhjem Prekestolhytta, am Prekestolen Parkplatz, Tel. 97165551, Fax 51749111, www.preikestolhytta.no, 13.5.-18.9. Wunderbare Jugendherberge in einem grasbewachsenen Haus, DZ ab 670 NOK, Bett 250 NOK. Idealer Ausgangspunkt für Wanderungen zum Prekestolen. 4x täglich Bus/Fähre nach Stavanger (80 NOK).

- **Camping/Hütten/Zimmer**
Preikestolen Camping, Jørpeland, Rv 13, Tel. 51748077. Gut ausgestatteter, sehr schöner Platz ohne Hütten.
Lysefjord Hyttegrend, nördlich von Oanes, Tel. 51703869, Hütten und Zimmer.
Lysebotn Kro & Camping, Lysebotn, am Ende des Fjords, Tel. 51703403. Schöner, in der Nähe des Fjordes gelegener Platz mit 2 Hütten, Bootsverleih und Restaurant.
Vandrerhjem Prekestolhytta: Bett ab 210 NOK, DZ 580 NOK!!
- **Essen und Trinken:** Oberhalb von Lysebotn, auf 600 m Höhe, liegt das architektonisch gewagte **Aussichtsrestaurant Øygardstølen.**

Byrkjedalstunet, östl. Dirdal (Kreuzung Rv 45/Rv 503. Traditionelles norwegisches Essen in historischem Ambiente. Zudem: Kerzengießerei!
- **Wanderungen**
Prekstolen: Man setzt von Stavanger aus mit der Fähre nach Tau (südlich des Ortes: am Fjord gelegene Felszeichnungen – Helleristninger) über und fährt nach Süden über Jørpeland zum Parkplatz am Prekestolen (gebührenpflichtig, 60 NOK). Für die mittelschwere, unbeschreiblich schöne Wanderung, bei der man gute, griffige Wanderschuhe tragen sollte, müssen, je nach Kondition, 1,5-2 Stunden Gehzeit pro Richtung eingeplant werden. Markiert ist der Weg mit einem roten "T" und führt durch eine urtümliche Fels- und Moorlandschaft. (Tipp: **Früh aufbrechen,** um dem größten Andrang zu entgehen.)
Ab dem Parkplatz kann man noch **vier weitere Wanderungen** unternehmen, so z. B. um den herrlichen Refsvatn herum. Auf der dreistündigen Tour passiert man Birkenwäldchen, kleine Moore und den am See gelegenen Hof Torsnes.
Kjerag: Etwa 800 m oberhalb von Lysebotn, am Ende des Lysefjord, an der Serpentinenstraße, liegt das Panoramarestaurant Øygardstølen. Hier beginnt der mit roten "T"s und Steintürmchen markierte Weg zur 984 m hohen Abbruchkante Kjerak sowie einem zwischen zwei Bergmassiven eingeklemmten Felsbrocken. Es sind einige steilere Abschnitte und rutschige Steine zu überwinden (Wanderschuhe angeraten!). Für die außergewöhnlich beeindruckende, mittelschwere Wanderung sind 2 Stunden pro Richtung einzuplanen (Weg immer gut erkennbar). An der Abbruchkante ist Vorsicht geboten. Wer nicht schwindelfrei ist, sollte die Wanderung lieber nicht unternehmen. Der Sicherheit und der grandiosen Aussicht über den Lysefjord wegen lohnt diese Tour nur bei schönem Wetter.
Månafossen: Zum 92 m hohen Wasserfall gelangt man, indem man an der Rv 45 über eine Serpentinenstraße Richtung Frafjord abbiegt. Vom Parkplatz wandert man über Treppen und an Ketten entlang und weiter in das wilde Månedalen. Parken: 20 NOK.

Das Binnenland

Zwischen der südnorwegischen Küste und der unwirtlichen Hochebene Hardangervidda liegt die **Telemark,** „Norwegen im Kleinen", wie sie oft genannt wird. Und tatsächlich findet der Urlauber hier von allem etwas: im Nordteil raue Berge, deren mächtigster der 1881 m hohe Gaustatoppen ist, gen Süden eine an den Schwarzwald erinnernde idyllische Mittelgebirgs- und Seenlandschaft, die durchzogen wird vom berühmten Telemark-Kanal – kurz, ein Paradies für Wanderer, Paddler und Wintersportler, deren Mekka Morgedal sein dürfte, wo der „Slalom" erfunden wurde.

In diesem Kapitel werden auch das an Stabkirchen reiche **Numedal** (Kongsberg – Geilo) und das ursprüngliche **Setesdal** (Kristiansand – Haukeligrend) beschrieben.

Von Oslo kommend, biegt man in Drammen auf die E 134 ab und gelangt über die nichtssagenden Orte Mjøndalen und Hokksund (Hokksund Camping: 24 Hütten (*/***) sind ganzjährig geöffnet, Tel. 32754242) nach Kongsberg.

In **Hokksund (Glashütte,** Tel. 3275 4520, Di-Fr 11-16.30 Uhr, Sa 11-15 Uhr) lohnt ein 14-km-Abstecher über die Rv 35 zum **Blaafarveværket.** Die **Königlich-Norwegische Grube** in **Modum** wurde 1773 eröffnet. Gefördert wurde Kobalterz, aus dem man blauen Farbstoff zur Tönung von Glas und Porzellan gewann. Neben vielen hübschen, alten Holz- und Fachwerkbauten gibt es einen großen Bauernhof mit Tieren, ein Museum über den Trollmaler *Theodor Kittelsen* und einen Laden, in dem die typischen blauen Glaswaren feilgeboten werden. Geologisch Interessierte können Rundgänge durch die Gruben und über die Halden unternehmen. (Geöffnet: Sommer 10-18 Uhr, ansonsten So 11-18 Uhr, 60 NOK, Studenten 40 NOK, Gelände gratis.)

11 km weiter nördlich liegt Vikersund mit einer der fünf derzeit existierenden Skiflugschanzen der Welt. Auch beginnt hier die nach Krøderen (siehe dort) führende Krøderen-Museumsbahn.

Kunstinteressierten ist unbedingt ein Ausflug nach Vestfossen (Rv 35), 5 km südlich von Hokksund empfohlen. Hier liegt die das **Vestfossen Kunstlaboratorium moderner Kunst,** untergebracht in einem alten Industriegebäude. Gezeigt werden Leihgaben des berühmten Kiasma Museums in Helsinki. Zudem gibt es hier mehrere Galerien innovativer norwegischer Künstler und ein Café. (Geöffnet: 7.5.-1.10., 11-18 Uhr; 60 NOK.)

In der Nähe steht auch Mitte Juni bis Ende August das für norwegische Verhältnisse recht mondäne **Herrenhaus Fossesholmen** Besuchern offen (altes Interieur, Puppenausstellung, Café, Hofladen).

Kongsberg ⌕XX/B1

Inmitten einer dichten Waldlandschaft liegt der Bergwerksort Kongsberg (**23.000 Einwohner**). Von 1623 bis 1957 schürfte man hier unter Tage nach Silber. Heute ist der wichtigste Arbeitgeber eine **Waffenfabrik,** die einzige des Landes. Doch keine Bange, es geht friedlich und ruhig zu in der Stadt, die wie viele andere Orte Norwegens zweigeteilt ist: Auf der einen Seite des Flusses befindet sich das neue Stadtzentrum mit modernen Gebäuden und Geschäften, auf der anderen Seite die Altstadt mit einigen Holzhäusern und der wuchtigen barocken Backsteinkirche. Alles in allem macht Kongsberg einen angenehmen Eindruck und ist ein günstiger Ausgangspunkt für Ausflüge in die naturbelassene Umgebung.

Sehenswertes

Östlich des Flusses Lågen, dort, wo er nach Süden abknickt, liegt das **Lågdal-Museum** mit dem Optikermuseum und der Volkskundeabteilung. In den 35 Gebäuden, die teilweise mit Rosenmalerei verziert sind, werden die Geschichte und die Traditionen des Numedal dokumentiert. Auch eine alte Kongsberger Stadtstraße aus dem 18./19. Jahrhundert ist nachgebaut worden. Eine neue Abteilung, das Vassdragsmuseum, schildert die Geschichte der Wassernutzung und Flößerei der Kongsberger Region. (Geöffnet: Ende Juni-Mitte Aug. täglich 11-17 Uhr, ansonsten Mo-Fr 11-15 Uhr, 50 NOK.)

Westlich des Lågen befindet sich der ältere Teil der Stadt. Unten am Fluss das Gebäude des **Bergwerks-,** Ski- und des königlichen **Münzmuseums.** Dokumentiert werden die Entwicklung des norwegischen, speziell des Kongsberger Bergbaus, die Abbautechniken und die Funde wie Silber und Mineralien. Das auch die Geschichte des Skilaufens nachgezeichnet wird, mag wohl daran liegen, dass der berühmte Skispringer und Olympiasieger *Birger Ruud* in Kongsberg geboren wurde und der Ort sich zunehmend als Wintersportort etablieren möchte. (Geöffnet: 18.5.-31.8., täglich 10-17 Uhr, sonst So 12-16 Uhr, 60 NOK, Familien 130 NOK, Lage: am Wehr des Lågen.)

Oben auf dem Berg liegt die **Kongsberg-Kirche.** Äußerlich wirkt das 1761 erbaute Haus sehr massiv und streng. Im Inneren jedoch entfaltet sich seine ganze Pracht! Selten noch wird man in Norwegen ein Gebäude mit so viel Prunk erleben. Die barocke Ausstattung mit Silberleuchtern, Königsloge und Emporen lässt erahnen, wie reich und mächtig Kongsberg im 18. Jahrhundert war. Platz haben im Gotteshaus nicht weniger als 3000 Besucher. (Geöffnet: 18.5.-31.8. Mo-Fr 10-16 Uhr, Sa 10-13 Uhr, So 14-16 Uhr, ansonsten: Di-Fr 10-12 Uhr, 30 NOK.)

7 km südwestlich von Kongsberg, an der Straße E 134 nach Notodden, liegen die alten **Silberbergwerke** (*Sølvgruvene*). Mit einer kleinen Schmalspurbahn kann man 2,3 km weit und

340 m tief in den Berg einfahren und bekommt so einen Einblick in die alten Abbaumethoden. Für die Inbetriebnahme 1623 wurden von König *Christian IV.* extra Spezialisten aus Sachsen angeheuert. Die nach seiner Majestät benannte Königsgrube war bis 1957 in Betrieb. (Touren: Mitte Mai-Aug. 2 bis 6 x täglich, immer um 11 und 13 Uhr, 130 NOK, Busverbindung ab Kongsberg.)

Touristeninformation

●**Kongsberg Turistservice,** Karschesgt. 3, Tel. 32299050, www.visitkongsberg.no.

Orientierung

●Die E 139 führt sowohl am neuen Zentrum (östlich des Lågen, Ausschilderung „Sentrum") als auch am alten Stadtzentrum vorbei (westlich des Lågen, Ausschilderung „Kongsberg Kirke", „Bergverksmuseet").

An- und Weiterreise

●**Bahnhof:** im neuen Stadtzentrum. 10-15x täglich Lokalzug nach Oslo. 5x täglich nach Skien, Kristiansand, Stavanger.
●**Busbahnhof:** neben dem Bahnhof. **Fernbusse: 180, 185;** Regionalbusse ins Numedal, nach Svarstad, Larvik, Notodden, Dalen.

Unterkunft

●**Quality Grand Hotel,** Chr. Augustsgate 2, Tel. 32772800, Fax 32734129, (*****), Sommer (****). Gutes Zentrumshotel mit Restaurant, Bar, Hallenbad, Sauna und Tennisplatz.
●**Gyldenløve Hotell,** Hermann Fossgt. 1, Tel. 32865800, Fax 32865801, (*****/****). Etwas altmodisches Hotel am Bahnhof, mit Restaurant, Sauna und Disco.

Jugendherberge

●**Kongsberg Vandrerhjem,** Vinjesgate 1 (nahe Kreuzung E 134/Rv 40), Tel. 32732024, www.kongsberg-vandrerhjem.no. Weihnach-

Rosenmalerei

Die Rosenmalerei als Form der dekorativen Verzierung gelangte im 18. Jahrhundert, ausgehend vom französischen Königshof, über Mitteleuropa nach Norwegen und fand hier wohl ihre emsigsten Nacheiferer. Speziell in der Telemark, im Halling- und im Numedal war die von Renaissance und Barock beeinflusste Kunst besonders weit verbreitet.

Zumeist waren es arme Bauern und Häusler, die, ohne dass sie eine Kunstausbildung gehabt hätten, in der kalten Jahreszeit von Haus zu Haus zogen und sich so als autodidaktische Dorfmaler ein Nebeneinkommen verdienten. Nur wohlhabendere Leute konnten es sich leisten, Geschirr, Truhen, Schränke, Betten, ja ganze Zimmer mit Blumenranken und der immer wiederkehrenden Rose verschönern zu lassen. In zahlreichen Stabkirchen hielten die blühenden Verzierungen Einzug und verliehen so deren düsteren Innenräumen Schwung und Farbe.

Mit zunehmendem Einfluss der städtischen Lebensweise im 19. Jahrhundert ging auch die Bedeutung der Rosenmalerei zurück. Allerdings überdauerte sie die Zeit und ist heute noch vereinzelt ein netter Zeitvertreib an kalten Winterabenden.

ten und Neujahr geschlossen, DZ ab 710 NOK, Bett 260 NOK. Tolles Frühstück, für eine JH sehr komfortabel.

Camping/Hütten

- **Hamremoen Gård,** in Skollenborg (Rv 40), 15 km südl. Kongsberg, Tel. 32768859, www.hamremoen.no. Bauernhof mit preiswerten Hütten (**) und kleinem, familiären Zeltplatz.

Essen & Trinken

- **Skrågata Mat & Vinhus,** Nymoens Skrågate 2, edle Speisen und Weine, idyllischer Sommergarten.

Aktivitäten

- **Fahrrad fahren:** Fahrräder vermietet das Turistkontor.
- **Kongsberghalle:** an der Str. 40, am Skavanger-Campingplatz: **Tennis, Squash, Bowling, Billard & Pub.**
- **Wandern:** Das am westlichen Stadtrand beginnende **Knutefjell** eignet sich ideal für ausgedehnte Wanderungen. Unterwegs trifft man immer wieder auf Überreste des Kongsberger Bergbaus – Infos über Routen im Turistkontor.
- **Wintersport:** Skizentrum am westlichen Ortsrand: 5 Lifte, 340 m Höhenunterschied, Loipen.
- **Weitere Angebote:** Kongsberg Jazzfestival (Juli), Kino, Bowling (Numedalsveien), Golf.

Numedal ⌁XVI/A,B3

Von Kongsberg aus in Richtung Norden führt die Straße 40 durch das bilderbuchschöne, über Jahrhunderte hinweg nur schlecht erschlossene Numedal. Die wenigen Bewohner leben hauptsächlich von der Land- und Forstwirtschaft. Abgesehen von den vier Wasserkraftwerken, deren ältestes schon 1927 in Nore erbaut wurde, gibt es hier **kaum Industrie.** Das Tal konnte so weitestgehend seine **Ursprünglichkeit** bewahren. Ausgedehnte Wälder, fruchtbare Almen, uralte Bauernhöfe (z. B. in Kravik) und vier kleine, aber sehenswerte Stabkirchen sind zu erkunden. Das teils weite, dann wieder sich zu Schluchten verengende Tal ist bei einer Fahrt in Richtung Geilo und Sognefjord eine lohnende Alternative zum parallel verlaufenden, weitaus verkehrsreicheren Hallingdal.

In Veggli und westlich von Uvdal besteht die Möglichkeit, über das Gebirge nach Austbygdi zu fahren. Der Ort liegt im abgelegenen, waldreichen Tessungendal. Über Rjukan kann man dann zur E 134 zurückkehren.

Sehenswertes (von Süd nach Nord)

Flesberg-Stabkirche ⌁XVI/A3

Dieser Kirche sieht man ihre Ursprünge nicht mehr an, da sie 1735 zu einer Kreuzkirche umgebaut wurde. Sie besitzt allerdings ein schönes Drachenportal. Der Friedhof des Gotteshauses ist von großen Steinplatten umgeben. Diese wurden im 17./18. Jahrhundert im Winter von der Westseite des Tals hierher verfrachtet. An den Eisenringen an den Steinen wurden die Pferde befestigt. Jeder Bauer hatte seine eigene Platte, wie aus den Inschriften, deren älteste von 1661 stammt, hervorgeht.

Freilichtmuseum Dåsettunet

Ebenfalls in Flesberg steht dieses Museum, eine original erhaltene Hofanlage bestehend aus zwanzig Gebäuden. (Geöffnet 2.7.-6.8. Di, Do, Sa und So 11-16 Uhr).

Am Museum beginnt ein 2,5 km langer **Naturlehrpfad** durch den angrenzenden Wald.

Rollag-Stabkirche   ⌕XVI/A3

Auch diese, 1425 zum ersten Mal erwähnte Stabkirche wurde im 17./18. Jahrhundert stark verändert. Man baute einen neuen Chor an, verzierte das Gebälk mit barocken Wandmalereien und setzte Fenster ein. 1702 kamen noch Galerien und Querflügel hinzu. Das Ergebnis der Umbauten ist eine **gelungene Verbindung aus Stab- und Blockbautechnik.** (Geöffnet: 23.6.-15.8. 11-17 Uhr, So ab 12 Uhr, 30 NOK.)

Vor der Kirche steht ein **Steinkreuz** aus dem 11. Jahrhundert. Es war der erste christliche Versammlungsort im Numedal.

Neben dem Gotteshaus befindet sich zudem ein Stein, der sogenannte **Ormesteinen (Schlangenstein).** Um ihn rankt sich eine **Sage:** Auf der anderen Seite des Tales lag eine Höhle namens *Jutuldynni* („Riesentür"). Hier wohnte ein Riese, der sich in ein Mädchen aus dem Dorf verliebt hatte, das er gerne heiraten wollte. Da sie jedoch schon einem anderen versprochen war, wurde er fürchterlich böse und warf am Hochzeitstag Steine auf die Brautleute. Einer der Steine blieb neben der Kirche liegen und brach entzwei. Ihm entglitten Schlangen, deren Kriechspuren man noch sehen kann. Den Riesen hingegen hat man nie wieder gesehen.

Eine **zweite Sage** betrifft den Eisenring an der Kirchentür. Es war einmal ein Junge, der gerade Heu drosch, als ein bildschönes Mädchen vorüber ging. Er verliebte sich in sie und wollte sie heirateten. Eines Tages, als er sie nach Hause begleitete, sah er, dass ihr Heim aus Gold und Silber bestand. Ihr Haus fand er später nie wieder, wohl aber bekam er, als er gerade in der Schmiede stand, nach einem Streit den Zorn seiner späteren Frau zu spüren. Sie formte aus einem Hufeisen vor lauter Wut den Eisenring.

Nore-Stabkirche   ⌕XVI/A3

Die kleine Einmaststabkirche wurde schon im 12. Jahrhundert erbaut. Das Mittelschiff und das Drachen- und Blattmotive darstellende Westportal (um 1200 errichtet) sind in ihrer mittelalterlichen Gestalt erhalten geblieben. Chor, Querschiffe, Sakristei und Eingangshalle wurden im 17./18. Jahrhundert angefügt bzw. verändert. Beachtenswert sind innen neben der **Rosenmalerei** die Bibelsprüche an den Wänden. Sie haben Form von Bilderrätseln. (Geöffnet: 11.6.-15.8. 10-18 Uhr, 30 NOK.)

Für industriegeschichtlich Interessierte finden in Nore **Führungen durch das Kraftwerk Nore I** statt (Juli bis Mitte August Mo-Fr 10, 12 und 14 Uhr).

Uvdal-Stabkirche   ⌕XVI/A2

Man sollte sich nicht irritieren lassen. Die große Stabkirche im Ort ist nur eine Imitation. Das aus dem 12. Jahrhundert stammende Original ist viel winziger und steht am Berghang inmitten eines **Freilichtmuseums** mit Bauernhäusern aus dem 17. und 18. Jahrhundert. Es ist sicherlich die **schönste Stabkirche des Tales**. Als Hauptstützen dienen ihr lediglich zwei Mäste. Beachtenswert sind die prachtvolle Ausschmückung mit **Rosen- und Fruchtmalerei** (symbolisch für die Früchte des Glaubens) sowie das Westportal. Die rechte Seite stellt *Gunnar* in der Schlangengrube dar. Zu seinen Füßen eine Harfe, deren Spiel die Schlangen einschläfern soll. Auf der linken Seite ist ein Rebenmotiv zu erkennen, das aus dem Rachen eines Tierkopfes aufsteigt. (Geöffnet: 1.6.-31.8. 9-18 Uhr, 40 NOK.)

Touristeninformation

●**Numedal Turistservice,** 3632 Uvdal, Tel. 32741390, Fax 32741391, www.visitnumedal.com.

An- und Weiterreise

●**Lokalbus** Kongsberg – Flesberg – Uvdal – Dagali–Geilo (im Hallingdal), Mo-Fr 6x tägl., Sa/So nur 2x, hält nahe der Unterkünfte.

Unterkunft

●**Rødberg Hotell,** Rødberg, Tel. 32741640, Fax 32741381, (****). Schlichtes und doch bequemes Hotel mit Restaurant und Pub.
●**Dagali Hotell,** Dagali, Tel. 32093700, Fax 32093810, (*****). Traditionsreiches Hochgebirgshotel südlich von Geilo, mit guten Zimmern, Restaurant, Bar und Sauna.
●**Vasstulan Høyfjellseter,** Uvdal, Tel. 3274 3600, Fax 32743770, (****). 1100 m hoch gelegenes Hotel. Fahrrad-, Langlaufski-Verleih. Im Winter beginnen die Loipen direkt am Haus. Hütten (*/***).
●**Veggli Vertshus,** Veggli, Tel. 32747900, www.veggli-vertshus.no. Einfaches Gasthaus mit dem DZ für 800 NOK. Besonderheit: Übernachten in einem ausrangierten Zug, dies allerdings sehr teuer. Preiswertes Café. Teurer, aber sehr gut: Mittelalter-Menu (370 NOK). Zudem: Draisine 60 NOK, Minigolf, Kanuverleih, Badestelle.

Jugendherberge

●**Uvdal Vandrerhjem,** Tel. 32743020, geöffnet: 10.6.-1.9. In dem hübschen Holzhaus gibt es das DZ für 310 NOK, das Bett schon für günstige 155 NOK.

Camping/Hütten

●**Fjordgløtt Camping og Hyttesenter,** Rødberg, Tel. 32741335, ganzjährig. Sehr gut ausgestatteter Platz mit 6 Hütten (*/***/****). Fahrräder, Boote, Sauna, Solarium.
●**Norefjord Camping,** Nore, Tel. 32745154, ganzj. geöffnet. 15 einfache Hütten (*). Gute Angel- und Bademöglichkeiten, Bootsverleih.
●**Søre Traaen,** Rollag, Tel. 32746838, www.traaen.no, Denkmalgeschützter Bauernhof mit tollen Hütten (***).
●**Uvdal Camping,** Tel. 32743108. Ganzjährig geöffneter Platz zwischen Straße und Fluss, mit 15 Hütten (*/**) und einer Minigolfanlage, Fahrradverleih.
●**Røisland Hytteutleie og Camping,** Uvdal, Tel. 32743057, ganzjährig geöffnet. 6 gut ausgestattete Hütten (***).
●**Uvdal Resort,** Uvdal, Tel. 32743108, www.uvdalresort.no. Moderner Platz an der Straße. 10 neue Hochstandardhütten (***/****) und 10 Campinghütten (*), Zeltplatz. Pizzarestauration. Kaminhaus, Baden, Angeln, Kanuverleih, Trampoline, Minigolf.
●**Trollstua,** Uvdal, Tel. 32741290, www.trollstuauvdal.no. Sehr ansprechende Hütten, gutes Restaurant (kleine Speisen ab 100 NOK, Hauptgerichte 160-200 NOK; unter der Woche oft: all you can eat für 100 NOK).
●**Brøstrud,** Uvdal, Tel./Fax 32743609, www.brostrud.no. Schöner Bauernhof in der Nähe des Skigebietes, DZ 650 NOK. Hütten (***).
●**Uvdal Høyfjell og Hyttesenter,** Tel. 3274 3773, Fax 32743770. 15 sehr komfortable Hütten direkt an den Liften. Es werden auch Fahrräder vermietet.
●**Torsetlia Fjellstue,** Dagali, Tel. 32743681, www.torsetlia.no. Luxushütten (****) mit Out-

NUMEDAL

Uvdal-Freilichtmuseum

door Whirlpool. Zudem gute Hotelzimmer. Hütte mit Whirlpool 1700 NOK, mit Sauna 700 NOK. Nettes Café und kleiner Laden.

Aktivitäten

- **Draisine:** Auf den Schienen der stillgelegten Numedal-Bahn können vom Veggli Vertshus aus Ausflüge mit einer Draisine (kleines Schienenfahrzeug) unternommen werden (40 NOK pro Stunde).
- **Fahrrad fahren:** Durch das Tal führt die Numedalsruta, ein mit weinroten Schildern markierter Fahrradweg von Larvik über Kongsberg nach Geilo im Hallingdal. Hier kann man weiter dem Rallarvegen folgen (siehe „Flåm"). www.numedal.net/numedalsruta. Fahrradverleih: im Rødberg Hotel und in Kongsberg.
- **Langedrag Naturpark:** 25 verschiedene Tierarten, u. a. Wölfe, Hochlandrinder, Pferde, Rentiere und Polarfüchse; ab Rødberg 28 km Richtung Tunhovd; 10-18 Uhr, 130 NOK (Familien 400 NOK).
- **Rafting:** Der Oberlauf des Numedalslågen eignet sich hervorragend für dieses Abenteuer. Infos unter Tel. 32093820, www.dagaliopplevelser.no oder im Dagali Hotel. Die Kosten liegen bei 600 NOK.
- **Reiten:** Uvdal Aktivitetsgård. In Uvdal, Tel. 99540984 oder 32743282.

- **Wandern:** 1. Um den Stausee Rødbergdammen, 2,5 km, Beginn am Kraftwerk, Infotafeln; 2. Kinderfreundliche Wanderung mit Beginn hinter dem Uvdal Vandrerhjem, 5 km bis zur Uvdal Stabkirche; 3. Wanderwege ab den Gebirgsbauden/Hütten Vasstulan und Torsetlia.
- **Wintersport:** Modernes Skizenrum in Uvdal: 3 Lifte, 9 Abfahrten, 620 m Höhenunterschied, 180 km Loipen – eine Alternative zum nicht weit entfernten Geilo.

Auf der E 134 geht es von Kongsberg nach Notodden.

Notodden ♂XX/B2

In dem **Industrieort (12.000 Einwohner)** gibt es außer ein paar alten Werksgebäuden von „Norsk Hydro" (mit einem Museum zur Industriegeschichte) nichts Sehenswertes. Der Chemie-Betrieb wurde 1905 hier in Notodden gegründet und zählt zu den bedeutendsten Unternehmen Norwegens. Heute dominieren die kunststoff- und die holzverarbeitende Industrie das Wirtschaftsleben der Stadt.

Schlussfolgerung: Gleich weiterfahren zur **Stabkirche von Heddal** (5 km westlich von Notodden an der E 134). Sie ist die **größte Stabkirche des Landes** und eine der berühmtesten! Stolze 26 m ist sie hoch und erinnert wie keine andere an eine asiatische Pagode. Ursprünglich stammt sie aus dem 12. Jahrhundert. 100 Jahre nach ihrer Gründung wurde sie, wahrscheinlich durch den Zusammenschluss zweier Stabkirchen, zu ihrer monumentalen Größe aufgestockt. Im 17. Jahrhundert zerschnitt man die Masten und zog eine Zwischendecke sowie Emporen ein. Durch die Renovierungsarbeiten 1952-1954 erhielt das Innere sein mittelalterliches Aussehen zurück. Dieses wirkt jedoch durch die Verwendung neuer Hölzer sehr modern und hell. Ob das dem Troll Finn, der einer Sage zufolge die Kirche an drei Tagen erbaut haben soll, gefällt, sei dahingestellt ... Die Restaurationsphase überstanden haben auf alle Fälle die prächtigen Altartafeln aus dem Jahr 1667 und die ornamentreichen Portale, deren schönstes das Südportal ist, verziert mit recht rätselhaften Figuren als Säulenabschluss.

Im gegenüberliegenden Restaurantgebäude gibt es im Keller eine interessante **Ausstellung** zur Geschichte der Heddal-Stabkirche. (Geöffnet: 20.6.-20.8. Mo-Sa 9-19 Uhr, 20.5.-19.6. und 21.8.-20.9. Mo-Sa 10-17 Uhr, 40 NOK.) Auch ein kleines, oberhalb der Kirche gelegenes Freilichtmuseum kann besucht werden.

Touristeninformation

- **Turistkontor,** Birkelandsgate 3, 3574 Notodden, Tel. 35013520.

An- und Weiterreise

- **Bahnhof:** östlich des Stadtzentrums gelegen. Züge Richtung Oslo und Kongsberg.
- **Busbahnhof:** im Stadtzentrum. **Fernbusse 180, 186.**

Biegt man westlich von Notodden auf die Rv 361 ab, so gelangt man auf die Rv 37. Diese führt am langgestreckten See Tinnsjø entlang nach Rjukan und weiter als wunderbare **Panoramastra-**

NOTODDEN, RJUKAN

Heddal-Stabkirche

ße, vorbei an den Gewässern Møsvatnet und Todak sowie dem im Hochgebirge liegenden Erholungsort Rauland. In Åmot mündet die Straße wieder in die E 134.

Rjukan ⬀XX/A1

Im Schatten des mächtigen, 1881 m hohen Gaustatoppen liegt der **Industrieort** Rjukan. Das Tal ist hier so eng, dass man 1928 extra eine Seilbahn baute, um den Bewohnern während der Winterzeit auch mal ein wenig Sonne zu gönnen. Gesponsort wurde sie von der Firma „Norsk Hydro", derentwegen die meisten Menschen hierher zogen. Das Werk entstand in der Nähe des Wasserfalls Rjukanfossen, der fast kostenlos die nötige Energie für die Salpeterproduktion lieferte. Er wurde 1911 zu großen Teilen in Rohre gepresst und steht seither im Dienst der Industrie. Sechs Jahre nach der Eröffnung des Vermork-Kraftwerkes hatte das ehedem winzige Dörfchen 9000 Einwohner. Weltweit bekannt wurde Rjukan durch einen aufsehenerregenden Sabotageakt während des 2. Weltkrieges. Amerikaner, Briten und Norweger verhinderten mit mehreren Sprengaktionen (1943) und der Versenkung einer Transportfähre auf dem Tinnsjø (1944), dass die Nazis hier „Schweres Wasser" (D_2O) produzieren konnten. Die beiden H-Atome des Wassers werden dabei durch die des Wasserstoffisotops Deuterium ersetzt. Es kann u. a. als Bremsmittel bei der Spaltung von Atomkernen dienen, welche so kalkulierbarer wird. Indirekt war Schweres Wasser unverzichtbar für die Herstellung von Atombomben.

Rjukan setzt heutzutage zunehmend auf den Tourismus, daher soll das Skigebiet Gaustablikk in den nächsten Jahren ausgebaut werden.

Sehenswertes

Im **Industriearbeitermuseum Vermork** werden die Sabotageaktionen während des 2. Weltkrieges, die Herstellung des „Schweren Wassers", die Industriegeschichte Rjukans sowie die Energiegewinnung durch Wasserkraft dokumentiert. Außerdem gibt es eine kleine Galerie. (Mitte Juni-Mitte Aug. tägl. 10-18 Uhr, Mai-Mitte Juni & Mitte Aug.-Sept. tägl. 10-16 Uhr, ansonsten Di.-Fr. 12-15 Uhr, Sa./So. 11-16 Uhr, 60 NOK.)

Im **Rjukan & Tinn-Freilichtmuseum** sind 25 Häuser aus der Gegend Tinn zu sehen. Angeschlossen ist auch ein Widerstandsmuseum. (im Sommer von 12-18 Uhr, 40 NOK.)

Die 1928 erbaute **Kabinenseilbahn Krossobanen** war die erste ihrer Art in Norwegen. Bis auf 890 m Höhe kann man mit ihr fahren, sich einen Überblick über die Lage Rjukans verschaffen und, sollte man im Winter hier sein, Sonne tanken, denn im Tal ist sie von Oktober bis Mitte März verschwunden. An der Bergstation beginnen schöne Mountainbike- und Wanderwege in Richtung der Hardangervidda. (Geöffnet: Mitte Juni-Ende Aug. 10-20 Uhr, ansonsten 10-16 Uhr, 40 NOK.)

Eine zweite Bahn, die **Gaustabanen,** führt als kombinierte Schienen-/Pendelbahn im Innern des Gaustatoppen über 1400 Höhenmeter zum Gipfel. Erbaut wurde diese im Jahr 1958, um Material, u. a. für militärische Zwecke, auf den Berg transportieren zu können. Zu Zeiten des Kalten Krieges wurde die Bahn geschlossen und ist heute aus Sicherheitsgründen nur an wenigen Tagen im Jahr in Betrieb (meist im Frühjahr; www.gaustabanen. no).

Östlich von Rjukan kann das **Mår-Kraftwerk** besichtigt werden (Führungen im Sommer Mo-Fr 12 Uhr). Sein Turbinengebäude wurde 300 m tief im Berg gebaut. In der Nähe liegt auch die mit 3975 Stufen längste Holztreppe der Welt, die im Berginneren verläuft und für Besucher nicht zugänglich ist.

Fährt man ab Rjukan in Richtung Westen, so gelangt man zum See Møsvatn. An seinem Ufer liegt das moderne **Hardangervidda Nasjonalparksenter.** Vom Haus mit seiner interessanten Ausstellung zu den wilden Rentieren und dem Forscher *Helge Ingstad* (der bewies, dass die Wikinger schon vor *Kolumbus* Amerika entdeckten) sowie einer Galerie mit Naturfotografie hat man einen faszinierenden Rundblick über die endlose Weite der Hochebene. (Geöffnet: 10-18 Uhr, 60 NOK.)

Touristeninformation

- Turistkontor, Torget 2, 3660 Rjukan, Tel. 35091290, www.visitrjukan.com. Geöffnet: Ende Juni-Ende Aug. Mo-Fr 9-19 Uhr, Sa/So 10-18 Uhr, ansonsten Mo-Fr 9-15.30 Uhr.

An- und Weiterreise

- Fernbusse 185, 186
- Lokalbusse u. a. nach Dalen, Rauland und Åmot, www.tinnbillag.no.

Unterkunft

- **Gaustablikk Høyfjellshotell,** auf fast 1000 m Höhe östlich von Rjukan gelegen, Tel. 35091422, Fax 35091975, (*****). Gemütlicher Aufenthaltsraum und Hallenbad mit Panoramablick (teilweise auch für Nicht-Gäste benutzbar). Die Loipen beginnen vor der Haustür. Zudem gibt es noch Restaurant, Bar und Sauna.
- **Rjukan Fjellstue,** auf 850 m Höhe, 11 km westlich von Rjukan gelegen, Tel. 35095162. In der Gebirgshütte kostet das DZ 600 NOK. Vermietet werden auch 5 Hütten.
- **Skinnarbu Høyfjellshotell,** östlich von Rjukan am Møsvatn gelegen, Tel. 35095600, www.skinnarbu.no, (*****), Sommer (***). Edles Gebirgshotel mit lockerer Atmosphäre, Restaurant, Sauna und Hallenbad. Skiloipen vor der Haustür.
- **Rauland Høgfjellshotel,** Rauland, westlich von Rjukan, info@rauland.no, Tel. 35063100, Fax 35073577. Hervorragendes Gebirgshotel (*****/****). Gute Küche, gemütliche Zim-

Snowshoe Thompson

In Lure, nördlich von Tinn Austbygd lagen einst an einem mächtigen Wasserfall eine Mühle, ein Sägewerk, Mahlwerke und eine Schmiede. Der Ort ist bekannt geworden als Geburtsstätte eines der berühmtesten norwegischen Auswanderer: **Jon Torsteinson Rue,** später Snowshoe Thompson genannt. Er verließ 1837 zusammen mit seiner Mutter die Region Tinn. 1851 zog er nach Kalifornien, wo Goldvorkommen entdeckt worden waren. Hier übernahm Snowshoe Thompson eine 300 km lange **Postroute durch das Gebirge.** Bei jedem Wetter hielt er die Verbindung zur Außenwelt aufrecht. Der Postsack wog oft bis zu 50 kg und enthielt u. a. auch Medizin, Werkzeug, Kleidung, Bücher und Küchengeräte. So mancher Glücksjäger wurde aus dem Schnee gerettet und zurück in die Zivilisation gebracht, indem er sich bei Snowshoe Thompson auf die Skier stellte und an ihm festklammerte. Skier waren damals in den USA ein unbekanntes Fortbewegungsmittel, und zahlreiche Goldgräber lernten von Snowshoe Thompson das Skifahren. Er war gewissermaßen der Vorläufer der Postkutsche, des Güterzugs und des Flugzeugs. In den USA, wie auch in Norwegen wurden zahlreiche Denkmäler und Statuen zu Ehren von Snowshoe Thompson errichtet.

mer, z.T. im Bauernstil, komfortable Hütten (***). Schwimmhalle, Kletterwand, Loipen, Skilifte.
- **Tuddal Høyfjellshotel,** in Tuddal, Tel. 3502 8888, www.tuddal.no, (*****), Norwegens erstes Hochgebirgshotel und sehr urig!
- **Rjukan Gjestehus,** Såheimsveien 11, Tel. 35080550, www.rjukangjestehus.no, Backsteinbau mit einfachen, sauberen Zimmern zu 600 NOK, Appartements (4 Pers.) 1000 NOK. W-Lan.
- **Rjukan Gjestgård,** Birkelandsgt. 2, Tel. 350 80650, www.rgg.no, Zentral gelegenes Hostel mit Betten für 200 und DZ für 500 NOK.
- **Kvitvågan Fjellstoge & Vandrerhjem,** neben dem Gaustablikk Hotel, Tel. 35092040,

www.kvitaavatn.no. Gemütliche Gebirgsbaude (****) und JH (9.6.-30.9., Bett 260 NOK; DZ ab 560 NOK). Große Auswahl an schönen, z. T. historischen Hütten.

Camping/Hütten

- **Rjukan Hytteby,** Brogata 9, Tel. 35090122. 10 nicht ganz billige Ferienhütten (650-950 NOK), www.rjukan-hytteby.no.
- **Rjukan Hytte & Caravanpark,** westlich von Rjukan, Tel. 35096353, www.rjukanhytte.com. Ganzjährig geöffnet. 14 moderne und historische Hütten (*/***) und Gaustatoppen-Blick gratis! Große Zeltwiese.
- **Sandviken Camping,** wunderschön am Tinnsjø gelegen, 29 km nordwestlich von Rjukan, in Austbygd, Tel. 35098173, ganzjährig geöffnet. Vermietet werden 12 Hütten (*/***), Boote und Fahrräder. (Der gleich nebenan gelegene Platz ist preiswerter, weniger komfortabel, jedoch genauso schön!)

Aktivitäten

- **Wandern:** Tolle Panoramawanderung auf den Gaustatoppen: Dauer etwa 2 Std. pro Richtung. Beste Einstiegsmöglichkeit: Vom Parkplatz an der Straße Richtung Tuddal/Sauland. 680 m Höhenunterschied, markiert mit einem roten „T". Breiter, unproblematischer Wanderweg bis zur Hütte. Der Grat vor dem Gipfel erfordert Trittsicherheit (glatte Steine!!). Vom 1881 m hohen Gipfel soll ein Sechstel Norwegens zu überblicken sein.
- **Baden:** schöne Badestellen am Tinnsjø. Für kalte Tage: Rjukanbadet – modernes Badeland, bis 20 Uhr geöffnet, 100 NOK.
- **Draisinentour:** Ab Mæl am Tinnsjø. Zu leihen Mo-Fr um 14 Uhr, Sa/So 12 Uhr. 60 NOK.
- **Wintersport:** Beliebt sind die Wintersportzentren **Gaustablikk** (7 Lifte, 350 m Höhenunterschied, www.gaustablikk.no) und **Rauland** (westlich von Rjukan, 8 Lifte, 350 m Höhenunterschied).
- **Weitere Angebote:** Reiten auf der Hardangervidda – Infos: www.ridesenter.net/rauland und im Turistkontor.

Bootsrundfahrt

- Ausflugsboot auf dem See Møsvatn westlich von Rjukan.

Shopping

- **Tinn Håndverksenter,** in Atrå (am Nordende des Tinnsjø; Rv 364). Große Verkaufsausstellung (11-17 Uhr) von traditioneller Gebrauchskunst, Norwegerpullis.

30 Kilometer südlich von Notodden liegt an der Kreuzung der Straßen 36 und 359 der Ort Bø.

Das romantische Tuddal bei Rjukan

Bø i Telemark ⌕XX/B2

Die Anfahrt nach Bø ist sehr unkompliziert, ist der Ort doch der **wichtigste Verkehrsknotenpunkt (4500 Einwohner) der zentralen Telemark.** Einen Aufenthalt allerdings rechtfertigen höchstens die vielfältigen Freizeitangebote und die wunderschöne Umgebung, wohl aber kaum die lieblos hingeworfenen quadratischen Häuser und das Einkaufszentrum mit Plastikpflanzenidylle. Es ist wirklich schade, dass das kulturelle Zentrum der Telemark ausgerechnet so aussehen muss. Und anstatt mit dem augenscheinlich vorhandenen Geld den Ort attraktiver zu gestalten, baute man mitten im Wald eine Halle von der Größe eines halben Fußballfeldes, in welcher der Besucher noch nicht einmal Sport treiben kann. Allenfalls der örtliche Fußballverein oder ein Zirkus geben sich hier einmal die Ehre.

Sehenswertes

Einige Kilometer nördlich von Bø liegt das **Telemark Sommerland.** Die Eintrittspreise sind hoch, es ist aber wirklich schön und toll angelegt. Rutschen aller Art, eine Surfanlage und ein Westerndorf überzeugen Groß und Klein. Der Standort des Wasserparks kommt in übrigen nicht von ungefähr, ist doch Bø im Sommer einer der wärmsten Orte Norwegens! (Geöffnet: Ende Juni bis Anfang August 10-20 Uhr, Anfang Juni/Mitte August 10-17 Uhr, 270 NOK, Kinder 3-13 Jahre 240 NOK, Lage: nördlich von Bø, Busverbindung.)

Außerdem gibt es noch das **Bø Museum** mit dem Dorfladen Åheim, Ausstellungen zur Volkskunst (Trachten, Musikinstrumente) und einer alten Mühle (Sommer, 12-18 Uhr, 30 NOK). Ein weiteres **Freilichtmuseum** (Bygdetun) mit einer alten Hofanlage aus dem 18 Jh. liegt in Evju (bei Gvarv, Rv 36; Sommer 12-17 Uhr).

Erholsam ist ein kleiner **Spaziergang** den Bach in der Ortsmitte entlang und anschließend hinauf zur hübschen romanischen Kirche aus dem 12. Jh. (Mo-Fr 9-12.30 Uhr.)

Weitere **Mittelalterkirchen** befinden sich in **Nes** (Rv 360, Langkirche von 1150) und etwas weiter in **Akkerhaugen** (12. Jahrhundert; reiche Ausschmückung des Chores). Hier liegt am See auch der **Patmos-Skulpturenpark für moderne Kunst** (an der Rv 360 ausgeschildert).

Touristeninformation

• In der Nähe des Ortsmittelpunktes, welcher ein lieblos hingeworfener Kreisverkehr ist. Tel. 35062000, www.boitelemark.com.

An- und Weiterreise

• **Bahnhof:** am Ende der Str. 359 nach Skien. Züge Richtung Oslo und Arendal, Kristiansand, Stavanger.
• **Busbahnhof:** am Bahnhof. **Fernbusse 180, 182, 320,** www.telemarkbil.no.

Unterkunft

• **Bø Hotell,** Tel. 35060800, Fax 35060801, (*****). Im Flachbau sind 90 Zimmer untergebracht. Wenn schon der Bau nicht ansprechend aussieht, so gibt es immerhin einen Swimmingpool.
• **Quality Lifjell Hotel,** am Lifjell gelegen, 15 Kilometer nördlich von Bø, Tel. 35060100,

(*****), Sommer (****). Luxuriöses Hotel mitten in der Natur, mit toller Aussicht, 2 Swimmingpools, Tennisplatz, Restaurant und Skibus zu den Liften.

Camping/Hütten

Viele große Familiencampingplätze mit z.T. hohen Hüttenpreisen:
- **Bø Camping,** 5 km nördl., am Sommerland. Bus nach Bø. Tel. 35952012, Fax 35953464, ganzjährig. Ein Familienplatz mit allem Komfort. Manchmal etwas laut! 11 komfortable Hütten (****), Sauna, Minigolf, Schwimmbad, Spielplatz und Loipe. Zelt ab 140 NOK.
- **Beverøya Camping,** Tel. 35950508, Fax 35951525. Der Platz mit seiner Gartenzäunchen-Idylle liegt etwa 1,5 km östlich von Bø. Vermietung von Kanus. Hütten (**/****).
- **Norsjø Ferieland,** Akkerhaugen, ca. 12 km westlich von Bø, Tel. 35958430, www.norsjo-ferieland.no. 20 Hütten (***/****). Am See Norsjø mit einem 200 m langen Sandstrand. Große, gepflegte Anlage. Viele Blumen. Wasserskianlage, Kanuverleih. Restaurant mit hauseigenem Apfelkuchen.
- **Sanda Camping,** Tel. 35954710, Fax 35954 746. Am Bøelva, einige Kilometer westlich von Bø. Große Wiese für Zelte. 20 komfortable Hütten (***/****).

Die Touristinfo vermittelt **Urlaub auf den Bauernhöfen** der Gegend. Infos unter: www.gardsturisme.no (*Gard* = Bauernhof) und www.borgja.no.

Essen und Trinken

- Bø ist Hochschulstandort. Daher gibt es im Zentrum einige **Kneipen**. Wichtig ist jedoch, welche man besucht. Denn angeblich ist Bø der Ort, an dem die „Runde" erfunden wurde. Die „lokalen Helden" fahren dabei mit schweren amerikanischen Wagen an den Wochenenden von einem Kreisverkehr zum nächsten und begutachten die Lage, nachdem sie zuvor im Pub in dem roten Holzhaus am zentralen Kreisel zu Gast waren. Schräg gegenüber, im Gebäude mit der halbrunden Fassade, amüsieren sich die Studenten über das abendliche Treiben. Preiswertes Essen und Bier gibt es in beiden Lokalen.

Festival

- Anfang August findet das bekannte **Telemarkfestivalen** mit Folkmusik-Bands aus aller Welt statt. Infos: www.telemarkfestivalen.no.

Aktivitäten

- **Baden/Knau:** Telemark Sommerland. Badeplätze/Paddeln am Norsjø und Seljordsee. www.sommarland.no
- **Gullbring Kulturanlage: Hallenbad, Galerie, Kino**
- **Wandern/Ski:** gekennzeichnete Wanderwege und Loipen existieren am **Fluss Bøelva** und im **Gebirge Lifjell**. Dort gibt es auch drei größere Lifte in einem Skigebiet.
- **Weitere Angebote:** Kanuverleih, Bergsteigen, Angeln, Bibersafari, Kino, Fahrradverleih, Reiten. Infos im Turistkontor.

Telemark-Kanal ↗XX/A,B2

„Mit dem Boot vom Meer ins Gebirge", so lautet der Werbeslogan für eine Bootsfahrt auf dem Telemark-Kanal. Auf der 105 km langen Fahrt, die zweifellos **zu den schönsten Schiffstouren in Skandinavien** gehört, passiert man acht Schleusenanlagen und überwindet 70 m Höhenunterschied. Um den Personen- und Materialtransport zwischen Binnenland und Küste zu erleichtern, Wasser für die Sägewerke reguliert abgeben zu können und Überflutungen zu verhindern, hoben 5 Jahre lang 500 Arbeiter den **Kanal** aus, der 1892 eröffnet wurde und ein einzigartiges Werk der Ingenieurskunst darstellt.

Von Skien kommend, fahren die alten Dampfer zunächst über schmale Kanalarme nach **Skottfoss.** Der Ort hat seinen Namen „Schuss-Wasserfall" daher, dass hier einst die Flößer die geschlagenen Baumstämme die Strömung hinabschießen ließen. Gegen Ende des 19. Jahrhunderts wurde hier auch eine in der Zwischenzeit stillgelegte Papierfabrik gegründet. Zu ihr führte die erste elektrische Eisenbahn Skandinaviens.

Hinter Skottfoss geht es über eine dreistufige Schleuse in den großen, idyllischen **Norsjø**. Am linken Ufer liegt der alte, hübsche **Industrieort Ulefoss** Hier, am „heulenden Wasserfall" *(Ulefoss)*, etablierten sich diverse Sägewerke und 1657 auch ein Eisenwerk. Viele Arbeiterhäuser und Fabrikantenvillen aus dem 19. Jahrhundert sind erhalten. Wichtigstes und imposantestes Gebäude ist der Ulefoss Hovedgård (geöffnet Juni-Aug. 12-17 Uhr, 50 NOK). In dem 1807 erbauten Herrenhaus sind diverse schmucke Räume und die Wagensammlung zu besichtigen. Auch steht ein schöner Park dem Besucher offen.

In der Nähe des Ortes zweigt der Kanal nun in Richtung Westen ab und überwindet drei weitere Schleusen, unter ihnen die von Vrangfoss mit 5 Kammern und einer Hubhöhe von beachtlichen 23 m. Auf schmalen Wasserarmen erreicht wenig später das niedliche **Lunde,** inmitten herrlicher Schwarzwald-Landschaft gelegen. Ab diesem Ort sind nochmals 3 Hebewerke zu meistern, bevor man nach nicht ganz der Hälfte der Strecke ab Flåbygd schleusenfrei über die Seen Flåvatn, Kviteseidvatn und Bandak nach Dalen (siehe dort) schippern kann. Dabei passiert man bis zu 1000 m hohe Bergmassive.

An- und Weiterreise

- **Bahnhof:** in Lunde und Skien.
- **Fernbusse 182** (Ulefoss, Skien, Sandefjord, Torp), **186** (Dalen), Regionalbus Dalen – Kongsberg, www.telemarkbil.no.

Unterkunft

(siehe auch unter „Dalen" und „Skien")

- **Lille Gjestegård Ulefoss,** Tel./Fax 3594 5002, (*****). Kleines, altes und gemütliches Hotel.
- **Nordsjø Vandrerhjem,** Akkerhaugen, Tel. 35958277, www.norsjo.no. Ganzjährig geöffnet, Bett 210 NOK, DZ 500 NOK. Nette Anlange mit schönem Blick.
- **Kilen Feriesenter,** Kilen, Tel. 35056587, ganzjährig geöffnet, Zeltplatz und 11 Hütten.
- **Syftestad Camping,** Kviteseid, Tel. 3505 3187, 10 einfache Hütten.

Aktivitäten

- **Fahrrad fahren:** Dem Kanal kann man auf guten Straßen durch herrlich-liebliche Landschaft auch auf dem Rad folgen. Lohnend ist dies vor allem, da man ja zurück immer noch das Boot nehmen kann. Ausdehnen kann man die Rundtour auch zu den Ufern des schönen Nisser-Sees. Fahrräder können in Dalen gemietet werden.
- **Paddeln:** Der Telemark-Kanal ist das ideale Gewässer für Kanutouren. Wer die zumeist per Hand zu bedienenden Schleusen scheut, kann auf der 60 km langen Strecke von Dalen nach Flåbygd und auf dem Norsjø ohne sie auskommen. Achtung: In Richtung Dalen geht es gegen die, wenn auch schwache, Strömung. Boote sind in Dalen zu mieten.
- **Kunsthandwerk:** In Ulefoss steht das Handwerkshaus *Øvre Verlet Håndverkstun* Besuchern offen. Es ist in alten Arbeiterwohnungen aus dem 19. Jahrhundert des Ulefoss Eisenwerks untergebracht und beheimatet neben Café, Antiquariat und Handwerksladen auch diverse Kunsthandwerksstätten (Geöffnet: 30.6.-Mitte Aug. 12-17 Uhr).

DAS BINNENLAND

Bootsrundfahrt

● Mit der M/S Telemarken von **Akkerhaugen** (bei Bø i Telemark, am See Nordsjø) nach **Lunde**: 21.5.-18.8., Abfahrt 10 Uhr, Rückfahrt 13.50 Uhr (Ankunft 17 Uhr). Wegen Busanschluss muss der Kapitän informiert werden. 210 NOK (50 % Rabatt auf die Rückfahrt).
● Mit der M/S Victoria (1882 erbaut) und der M/S Henrik Ibsen (1907 erbaut) von **Skien** nach **Dalen**: 17.6.-10.8. tägl., 18.5.-16.6./ 11.8.-8.9. nur Mo/Mi/Fr/Sa, Abfahrt Skien 8.30 Uhr, Ankunft Dalen 19.20 Uhr, Abfahrt Dalen 8.00 Uhr, Ankunft Skien 17.50 Uhr.
● **Rundfahrtmöglichkeiten:** Skien – Lunde – Skien; Dalen – Kjeldal – Dalen; Kosten: Skien – Lunde 270 NOK, Dalen 420 NOK; Dalen – Kjeldal 200 NOK; 50 % Rückfahr- und Kinderrabatt. Vorbestellung der Fahrscheine ist empfohlen: Telemarksreiser A/S, P.B. 3133 Handelstorget, N-3707 Skien, Tel. 35900030, Fax 35900021, www.telemarkreiser.no.

Seljord ⤴**XX/A2**

In Seljord heißt es die Augen offen halten! Gibt es doch hier im Seljord-See ein **Untier**. Doch leider: „Selma" zeigt sich genauso selten wie ihr Vetter im Loch Ness. Bekannt ist nur, dass es 1750 das erste Mal gesichtet wurde und seinerzeit den Bauern *Gunleik Andersson Verpe* angriff, als er über den See ruderte. In den folgenden Jahrhunderten zeigte es sich noch öfter, besonders während warmer Sommertage. Und obgleich es als ein 30-40 m langes Tier mit Elch-, Pferde oder Krokodilskopf beschrieben wird (man ist sich da nicht so sicher) und einige wüste Zeichnungen existieren, bleibt das erste Bild der Seeschlange noch zu schießen. Wer seine Blicke trotz-

Seljord-See

dem einmal vom See weglenken kann, wird im Ort zumindest eine schöne romanische **Kirche** aus dem 12. Jahrhundert entdecken. Angeblich wurde diese von einem Tusse, einer Art Kobold, erbaut. Als sie fertig war, fiel der Tusse vom Gebäude herunter und kam um. Dort, wo er aufkam, soll noch heute kein Gras wachsen.

Schönes Kunsthandwerk kann im **Åmot Handverkstun** in Flatdal (E 134) nördlich von Seljord erworben werden. Außerdem hat der Ort eine schöne Steinkirche von 1654.

An- und Weiterreise
- Fernbusse 180, 182, 186.

Touristeninformation
- Das **Turistkontor** liegt im Rathaus. Tel. 35050618. www.seljordportalen.no.

Unterkunft
- **Seljord Camping og Badeplass,** 1 km vom Ort, Tel. 35050471. 10 ganzjährig geöffnete Hütten (*/****) Sandstrand und Kanus.
- **Garvikstrondi Camping,** 8 km vom Ort, Tel. 35052912, ganzjährig geöffnet. Schöner, komfortabler Platz am Seljord-See mit 7 Hütten (**/***), NS ab 300 NOK. Bootsverleih.
- **Telnessanden Camping,** 12 km östlich, Tel. 35052990, Fax 35052965, ganzjährig geöffnet. Gleichfalls am Seljord-See gelegener, herrlicher Platz. Badestrand, 2 Hütten (***) und Bootsverleih.
- **Flatin Gard,** 3 km nördl. Seljord, Tel. 35052800, www.flatingard.no. Gemütliche Hütten im alten Bauernstil bzw. modern saniert (**/***). Eigener Badeplatz.
- **Nordigard Bjørge,** Seljord Zentrum, Tel. 35050040, Bauernhof mit großen und kleinen gemütlichen Hütten und Zimmern.

Morgedal ⤤XX/A2

Im winzigen Ort Morgedal mitten in der lieblichen Telemark liegt die **Wiege des alpinen Skisports.** Nur folgerichtig wurde hier 1994 die Fackel für die Olympischen Spiele in Lillehammer entzündet. Eindrucksvoll doku-

---

Die Entstehung des modernen Skilaufs

In den 60er Jahren des 19. Jahrhunderts war es, als es der Hasardeur **Sondre Norheim** (1825-1897) leid war, die Bretter immer nur langweilig parallel durch die Landschaft zu schieben. Rasanter und temporeicher sollte die Fahrt werden. „Was meinst du, Eivind? Ist es möglich, über dieses Scheunendach zu springen?", fragte er seinen Bruder. „Das glaube ich nicht, Sondre." „Was soll's, ich probier's." Zum Glück für die Nachwelt gelang der Sprung, denn kurz danach ertüftelte er Skibretter, welche tailliert und somit besser steuerbar waren. Außerdem besaßen sie eine Weidenrute als Fersenbindung. Die spezielle Telemark-Abfahrtstechnik kam hernach wie von selbst dazu. 1868 dann, bei einem Wettbewerb in Christiania (Oslo), demonstrierte Norheim seine neuen Wunderski zum ersten Mal. Er hatte durchschlagenden Erfolg und fand viele Nachahmer.

Das **Wort „Slalom"** stammt übrigens auch aus der Morgedaler Gegend und heißt im Dialekt „slalåm", „sanft hinab gleiten".

Die alte **Telemark-Technik,** bei der man im Gegensatz zum normalen alpinen Skilauf den Bergski belastet und diesen leicht nach hinten einknickt, feiert inzwischen ein Comeback. In Norwegen und den USA sind es schon Tausende, die diese neue, alte Technik anwenden.

mentieren Ausstellungen und Multimediapräsentationen die 4000-jährige Geschichte des Skilaufs im neuen sehenswerten **Skierlebnismuseum** nahe Morgedal. (Geöffnet: 16.6.-15.8. 9-19 Uhr, 15.-31.8. 11-17 Uhr, im Winter nach Vereinbarung, 60 NOK, www.morgedal.com.)

An- und Weiterreise
• Fernbusse 180.

Unterkunft
• Im Ort liegen das gute **Morgedal Hotell**, Tel. 35068900, (*****) und der schöne Campingplatz (Tel. 35054152, Hütten 300-800 NOK).
• **Morgedal Camping**, Tel. 35054152, geöffnet: 15.5.-15.9. Einfacher Platz mit großer Zeltwiese und kleinen Hütten. Gratis Bootsverleih.

Aktivitäten
• **Wintersport:** Ein kleiner Lift und einige Loipen stehen zur Verfügung.

Kviteseid/Vrådal/ Fyresdal ⤴XX/A2

Zwischen Seljord und Morgedal zweigt die Rv 41 nach Süden ab. Nach wenigen Kilometern passiert man **Kviteseid.** Der Ort entwickelte sich als Handelszentrum am Telemarkkanal gegen Ende des 19. Jahrhunderts. Aus dieser Zeit und den Jahren nach dem Stadtbrand anno 1911 sind noch einige Holzhäuser im Schweizer- und Jugendstil erhalten. Besichtigt werden kann das hübsche Kviteseid Bygdetun (Heimatmuseum) mit 12 Stabburen (Speichern) und Wohnhäusern eines wohlhabenden Gutshofes, zum Teil aus dem 16. Jahrhundert. Außerdem gehört eine romanische Steinkirche aus dem 12. Jahrhundert zum Museum. (Geöffnet im Sommer 11-17 Uhr, 50 NOK.)

Folgt man nun der Straße weiter in Richtung Süden, so gelangt man nach **Vrådal.** Der kleine Wintersportort liegt inmitten herrlicher Wald- und Berglandschaft am glasklaren, idyllischen Nisser-See, der im mittleren Abschnitt von hellen, felsigen Bergflanken umgeben ist. Einen Besuch wert ist die Silberschmiede (*Sølvsmie*) von *Astrid Søftestad* im Straad Hotel. Zu erwerben sind neben wunderbaren Silberschmuckarbeiten auch Trolle und Nisser im angeschlossenen Nisseloftet, dem Vorratshaus des Weihnachtsmanns. In Norwegen bringt am 24.12. der *Julenisse* die Gaben, und laut Karte befinden wir uns ja im Gemeindebezirk **Nissedal**.

Westlich Vrådals liegt das ebenso schöne **Fyresdal** mit seinen mal kiefernbestandenen, mal kahlen Felshängen und dem tiefblauen See Fyresvatnet. Zentraler Ort des Tales ist Fyresdal. In den 1870er Jahren entwickelte sich hier ein Handels- und Handwerkszentrum, „Folkestadbyen" (Volksortstadt) genannt. Teile der alten Bebauung sind noch erhalten. In den Gebäuden befinden sich u. a. die Touristeninformation, eine alte Bäckerei und der Laden Neverstova mit Arbeiten aus Birkenrinde, Keramik und Kunstgewerbe (Mo-Fr 10-16.30 Uhr, Sa 10-14 Uhr).

KVITESEID/VRÅDAL/FYRESDAL

Auch kann in Fyresdal ein beschauliches **Freilichtmuseum** besucht werden. Zu sehen sind inmitten eines Parks mit unter Schutz stehenden Birken und Kiefern 16 Gebäude aus verschiedenen Jahrhunderten (geöffnet Mitte Juni bis Ende Aug. Mo-Fr 10-16.30 Uhr, Sa 10-15.30 Uhr, 30 NOK). Eine Außenstelle ist das **Øyfjell Bygdemuseum**. In einem massiven Steinhaus aus dem Jahre 1931 sind u. a. Trachten (bunader), Hausgeräte und Rosenmalerei ausgestellt. (Geöffnet im Sommer tägl. 11-17 Uhr, 30 NOK.)

Touristeninformation

- Touristeninformationen finden sich in **Vrådal** (an der Rv 38, Tel. 35056370, www.vraadal.com) in **Kviteseid** (an der Rv 41 am Nordende des Sees Kviteseidvatnet, Tel. 35053170, www.kviteseidbyen.no) und in **Fyresdal** (Rv 355, Tel. 35041455, www.visitfyresdal.no).

An- und Weiterreise

- **Lokalbusse** in alle Richtungen.

Unterkunft

- **Straand Hotel,** Vrådal, Tel. 35069000, Fax 35069001, (*****). Gemütliches Hotel-Restaurant, Hallenbad, Sauna und abgeschlossenes Sommerland (Kanus, Surfbretter, Fahrräder, Pferdeverleih und Kutschfahrten).
- **Vrådal Hotel und Hyttepark,** Tel. 3506 9300, Fax 35069301, (*****). Moderne, gefällige Anlage mit Hütten (***), Sauna, Hallenbad und Fahrradverleih.
- **Tveitgrendtunet,** 8 km westlich von Kviteseid (Ausschilderung Tveitgrendi), Handy 95085152, www.tvtun.no. Tolle, alte Hofanlage mit urgemütlichen Zimmern. DZ 800 NOK inkl. Frühstück. Sauna, Kanuverleih, Wanderwege, Loipen.

Camping/Hütten

- Viele gute ganzjährig geöffnete Plätze in Vrådal und Umgebung: **Vrådal Hyttegrend**, Tel. 35056183, (***), **Nisser Hyttesenter** (Tel. 35056123), **Nedre Strand Hytteutleie** (Tel. 35056185, ab 300 NOK).
- **Vik Camping,** 15 km südl. der Kreuzung Rv 41/Rv 38, Tel. 35048825. Sauberer Platz am Nisser-See, leider ohne Hütten. Große Zeltwiese.
- **Nisser Hyttegrend & Camping,** Tel. 35047 867, www.nisser.no. Auf der Westseite des Nisser gelegen. Komfortable (***) und schlichte Hütten (*). Große Zeltwiese. Badeplatz. Kletterzentrum!

Die Campingplätze am Südende des Nisser, in Treungen, können allenfalls als Notquartier herhalten. Besser ist es, noch etwas weiter nach Süden zu fahren:
- **Tjørull Camping,** nahe Kreuzung Rv 41/Rv 355, Tel. 35045989, Fax 35045901. Am See gelegener, sauberer Platz. Die kleine Anlage hat 7 gute Hütten (*), Bootsverleih.
- **Haugsjåsund Camping,** 10 km südl. Treungen (Rv 41); Tel. 35045806, Hütten (*).

Nisser – die Kobolde Norwegens

Wohl nirgends in Norwegen ist der Glaube an Nisser so verankert wie in Nissedal. Der Name Nisse ist eine Ableitung des Namens Niels, der dänischen Bezeichnung für Nikolaus. Früher wurde der Nisse auch „lille Niels" (kleiner Nils), „Niels Gårdbo" (Nils der Hofbewohner) oder „Gårdbukken" (Hofbock) genannt. Der Nisse ist ein **alter Mann mit einem weißen Bart, einer roten Mütze** und laut Überlieferung „etwa so groß wie ein Pferdekopf".

Meistens findet man traditionell in Häusern und Ställen. In Ostnorwegen trägt er deshalb die Bezeichnung „Fjøsnisse" (Scheunennisse).

Der Nisse **beschützt das Grundstück** und kümmert sich um die Haustiere. Wird der Nisse jedoch nicht gut behandelt, so spielt er Streiche oder verlässt den Hof. Damit dies nicht geschieht, verlangt der Nisse, dass ihm regelmäßig Milchreis auf den Dachboden oder in den Stall gestellt wird, besonders zu Weihnachten.

DAS BINNENLAND

●**Fossumsanden**, Rv 355; 5 km südl. der Kreuzung Rv 355/Rv 38, Tel. 35042514, www.fossumferie.com. Sehr schöne, saubere Anlage mit Zeltplatz (Zelt 100 NOK), Hütten (ab 300 NOK), DZ (660 NOK); Reiten, Bootsverleih, Baden, Sauna, Kurse (Meditation, Malen); deutsche Besitzer.
●**Øyne Camping**, am Südende des Sees Fyresdalvatn. Nicht sehr sauberer Platz. Schlichte Hütten (*).

Aktivitäten

●**Angeln:** In den umliegenden Seen möglich. Angelkarte in der Touristeninformation.
●**Baden:** Baden in den Strudeltöpfen *(Jettegryter)* des Fyresdalsåna, 10 km südlich des Nisser-Sees. Am Haugsjäsund Campingplatz (Rv 41, 10 km südl. des Nisser) 10 Min Richtung Eikhom fahren (50 NOK Maut). Über eine Bretterrinne gelangt man zu dem herrlichen Badeplatz!
●**Fahrradfahren:** Auf Nebenstraßen am See Kviteseidvatnet möglich. Fahrradverleih in der Touristeninformation in Kviteseid.
●**Klettern:** Kletterzentrum in Fjone am westlichen Ufer des Nisser, u. a. Hallenkletterwand.
●**Wandern:** 6 Std. ab Vrådal über glatte Felsen, durch urige Natur, zum 1018 m hohen Roholtfjell. Strecke durch Punkte markiert. Wanderkarte und Informationen im Turistkontor.
●**Wintersport:** Neuer 8-Sitzer-Sessellift, 4 sonstige Lifte, 425 m Höhenunterschied, 40 km Loipen, www.alpin.no.
●**Weitere Angebote:** Golfplatz, Elch-Safari, Fahrt mit dem Schlepper „Fram" auf dem Nisser-See, Paragliding – s.a. Straand Hotel.

Dalen ⌕XIX/C3

Am Bandak-See, umgeben von steilen, bis zu 900 m hohen Bergen, liegt Dalen („Tal"), **Endpunkt des Telemark-Kanals und Zentrum der Region Tokke**. Das Klima ist hier während des Sommers so warm, dass man sogar den Anbau von Wein probierte. Er soll allerdings grausam sauer geschmeckt haben. Größte Attraktion des Ortes bleibt somit die 5 km nördlich gelegene, über die gewagten Serpentinen der Rv 45 zu erreichende **Eidsborg-Stabkirche** (geöffnet: im Sommer 10-17 Uhr, im Juli bis 19 Uhr, 60 NOK). Das einschiffige Gebäude wurde um 1250 erbaut und ist, abgesehen von kleineren Umbauten im 19. Jahrhundert, in seinem mittelalterlichen Aussehen erhalten geblieben. Geweiht ist das Gotteshaus St. Nicolaus von Bari, dem Schutzpatron der Reisenden. Die Statue des Heiligen, heute im Historischen Museum von Oslo zu bewundern, war ähnlich berühmt wie das Kruzifix der Røldal-Stabkirche. Die Skulptur wurde zu jeder Johannisnacht zum Waldsee getragen und dort rituell gewaschen, als Symbol für die Vergebung der Sünden.

In der Nachbarschaft der Kirche liegt das kleine **Vest-Telemark-Freilichtmuseum** mit hübschen Häusern und Ausstellungen zu Silber-, Textil- und Holzarbeiten. (Museum und Kirche geöffnet: 1.6.-1.9. 10-17 Uhr.) Gleichfalls sehenswert ist das **Grimsdalstunet**. (Rv 45, südlich von Dalen, geöffnet: 1.6.-1.9. 10-17 Uhr.) Neben alten Hofgebäuden sind Skulpturen der Bildhauerin *Anne Grimdalen* (1899-1961) zu sehen. Ihre bekanntesten Werke schmücken das Rathaus in Oslo.

Ebenfalls südlich von Dalen, aber an der Rv 38 gelegen, befindet sich die alte **Kupfermine Åmdals Verk.** Das Bergwerk wurde 1540 angelegt und ist

DALEN

heute zu besichtigen. Ausgestellt ist eine Mineraliensammlung. Bei einer Wanderung durch die Grubengänge und über die Gesteinshalden kann fleißig gesammelt werden (Kupferkies, Bornit, Malachit). Speziell Kinder dürften sich an der Schmalspurbahn erfreuen. (Geöffnet: 1.6.-15.8., 11-17 Uhr, 50 NOK.)

Folgt man der Rv 38 in die entgegengesetzte Richtung (nach Åmot), kann man bei Lisvingen auf eine parallel zur Rv 38 verlaufende Nebenstraße abzweigen. So gelangt man zur gewaltigen **Ravnejuvet** (Rabenschlucht). Wer sich vorsichtig dem Rand des Abgrundes nähert und einen Papierflieger hinabsegeln lässt, wird feststellen, dass Aufwinde ihn wieder zum Absender zurücktragen.

Stabkirche in Eidsborg

Touristeninformation

- **In Dalen,** Tel. 35077065, www.visitdalen.com. Geöffnet: Juni-Ende Aug. Mo-Fr 9-19 Uhr, Sa/So 10-17 Uhr.

An- und Weiterreise

- **Busse** Richtung Åmot, Rjukan und Haukeli. www.telemarkbil.no.

Unterkunft

- **Hotel Dalen+,** Tel. 35079000, Fax 3507 7011, www.dalenhotel.no, 15.4.-1.1. geöffnet (*****). Nach der Eröffnung des Telemark-Kanals wurde das Holzhotel im Jahr 1894 im Drachenstil errichtet. Das Haus, eher ein „Palast", ist ein Schmuckstück. Besonders eindrucksvoll ist die mondäne Empfangshalle mit ihrem Glasdach, den Ledersesseln und dem Charme eines verblassten Jahrhunderts.
- **Buøy Camping,** Tel. 35077587, Fax 3507 7701, www.dalencamping.com, ganzjährig geöffnet. Netter Platz von Holländern geführt auf einer Insel im Fluss, 100 m ab Dalen Zentrum. 6 Hütten (**/***), DZ im Haus 425 NOK. Minigolf, Fahrrad- und Bootsverleih.
- **Groven Camping,** 300 m bis Åmot, Rv 37, Tel. 35071421, 20 Hütten (ganzjährig) 250-600 NOK, Sauna.
- **Hütten:** Sehr viele Hütten unterschiedlichster Ausstattung können im Ferienort Rauland, 17 km nördl. von Åmot (Rv 37) gemietet werden. Empfehlenswert sind u. a.: **Bitumark Hyttegrend** (Tel. 35073645), **Djuvland Fjellgard** (Tel. 35073640, historische Hofanlage), **Loftsgardtunet** (35073842; restaurierte Bauernhäuser); www.rauland.org.

Aktivitäten

- **Paddeln/Fahrräder:** Kanus und Fahrräder können am Fähranleger in Dalen gemietet werden. Richtung Westen durch das Waldgebiet von Åmot.

17 km nördlich von Åmot liegt am Rande der Hardangervidda der Urlaubsort **Rauland.** Im Winter gibt es hier herrliche Loipen und einige Skilifte, im Sommer Wanderwege über die Hochebene. Touristeninformation: Tel. 3506 2630, www.rauland.org.

Haukelifjell ⌕XIX/C2

Mit dem wilden, von Krüppelbirken durchsetzten und schäumenden Bächen durchflossenen Haukelifjell hat man den **Südausläufer der Hardangervidda** erreicht. Touristisches Zentrum dieser Region ist die Kreuzung **Haukeligrend,** wo die Rv 9 aus dem Setesdal mündet und die E 134 aus Seljord und Morgedal kommend, weiter in Richtung des Hardangerfjordes führt. Der Ort ist mit seinen Ramschbuden eher abstoßend und allenfalls noch wegen des fast durchgehend geöffneten **Supermarktes** einen Stop wert.

Auf alle Fälle solle man jedoch zwischen Åmot und Haukeligrend in **Mjonøy** an der E 139 halten. Die Hofanlage bietet erstklassige Gebrauchskunst in diversen Läden, eine Bäckerei mit leckerem Brot und norwegisch-litauischem Backwerk sowie herrliche Hütten – Welch ein Kontrast zu Haukeligrend!

Bei der Weiterreise in Richtung Westen gelangt man auf die raue Hochebene. Immer wieder sind lange Tunnel zu durchqueren, mal gut beleuchtet, dann wieder düster und grau, wie die 5,7 km lange Röhre des Haukeli-Tunnels. Wem nicht der Sinn nach ewiger Finsternis steht, kann sommers auf Umgehungsstraßen ausweichen (Abzweig kurz vor der Tunnelöffnung). Der Umweg durch die **majestätische Fjell-Landschaft** lohnt allemal, auch wenn man den Asphalt immer wieder mit widerspenstigen, freilaufenden Ziegen und Schafen teilen muss. Auf Schneeresten besteht die Möglichkeit zum Sommerskilauf.

An- und Weiterreise
- Fernbusse 180, 221.

Unterkunft
- **Botn Skysstasjon,** Edland, westlich von Haukeligrend, Tel. 35070535, Fax 35070583. Das DZ gibt es ab 600 NOK. Dafür darf man aber nur einfache Zimmer erwarten. Zudem gibt es noch 20 gute Hütten.
- **Vågslid Høgfjellshotel,** 20 km westlich von Haukeligrend, Tel. 35070585, Fax 3507 0572, (*****). Modernes Hochgebirgshotel mit Grasdächern in schöner Lage.
- **Haukeliseter Fjellstue,** westlich des Høgfjellshotels, Tel. 35962777, Fax 35062778, www.haukeliseter.no, Bett 230-500 NOK. Hüttensiedlung mit verzierten alten Holzhäusern, in denen auch Nansen schon übernachtete. Wanderwege auf die Hardangervidda und zur Holmevasshytta.
- **Mjonøy,** E 139, 22 km östl. Haukeligrend, Tel. 35072611. Moderne und historische Hütten im Blockhausstil. Unterschiedlicher Standard (**/***). Bäckerei, Kunsthandwerk!

Camping/Hütten
- **Velemoen Camping,** Edland, östlich von Haukeligrend, Tel. 35070109, geöffnet: 18.5.-1.9., 13 gute Hütten (*/**), Bootsverleih und Badeplatz (ob der bei dieser Höhenlage überhaupt Sinn macht?).

Altes Lagerhaus (Stabbur) im Setesdal

Farbkarten Seite XIX, XXIII HAUKELLIFJELL, SETESDAL

●Weitere Plätze in Edland/Haukeligrend: **Tallaksbru Camping** (Tel. 35070314, 10 Hütten, an der Straße 9) und **Edland Camping** (Tel. 35070208, günstige Hütten, abseits der E 134).

Setesdal ⌕XXIII/C1

Zwischen Evje (nördlich von Kristiansand) und der Wegkreuzung Haukeligrend liegt das naturschöne Setesdal, welches selbst nach dem Kraftwerksausbau und den damit verbundenen Flussregulierungen sowie der Anlage von Stauseen im benachbarten Gebirge **zu den ursprünglichsten Tälern Norwegens** gehört. Glattgeschliffene Felsen im Trollformat, idyllische Seen und finstere Wälder bestimmen nach wie vor das Landschaftsbild. Da die Gegend bis zur Hälfte des 20. Jahrhunderts schlecht erreichbar war, konnten viele Gehöfte und mit ihnen alte Traditionen die Zeiten überdauern. Auch sind nach wie vor Land- und Forstwirtschaft wichtige Einnahmequellen der wenigen Bewohner, wenngleich der Tourismus an Bedeutung zunimmt. Das Tal **zählt** heute **zu den beliebtesten Urlaubszielen Südnorwegens.**

Berühmt ist das Setesdal durch die Herstellung von **Silberschmuck** geworden, die hier eine lange Tradition besitzt. Dies verwundert, gibt es in der Gegend doch keine einzige Silbergrube weit und breit. Deshalb, so vermutet man, wird wohl das erste Metall ge-

DAS BINNENLAND

Mittleres Setesdal

stohlenes Material aus den Gruben von Kongsberg gewesen sein. Wahrscheinlich zeigten sich die örtlichen Handwerker sehr geschickt in dessen Bearbeitung, so dass sich daraus langsam ein florierender Wirtschaftszweig entwickelte. Besonders in Verbindung mit der dunklen Setesdal-Tracht wurde und wird der Silberschmuck getragen. Zu erwerben ist er heute in vielen Spezialgeschäften im Tal.

Evje ⤴XXIII/C2

In den Gruben der Umgebung wurden von 1844 bis kurz nach Ende des 2. Weltkrieges vor allem Nickelerze gebrochen. Heutzutage dürfen geologisch Interessierte, ausgestattet mit Hammer und Meißel, in den stillgelegten Aufschlüssen der Umgebung nach Mineralien suchen. Von ihnen gibt es im umliegenden Gabbro-, Gneis- und Granitgestein etwa 100 verschiedene. Ihre elfenhaft schillernden Farben kommen im sehenswerten **Setesdal Mineral Park** besonders gut zur Geltung, präsentiert in nachgebauten Grubengängen unter dem Hauptgebäude. (Geöffnet: 10-18 Uhr, Mai/Sept. bis 16 Uhr, 85 NOK; www.mineralparken.no.)

Im **Evje og Hornes-Museum** (geöffnet: Juli-Mitte Aug. 11-16 Uhr, 30 NOK) gibt es eine Ausstellung zur Geologie und zum Bergbau in der Umgebung. Zu sehen sind auch acht alte Häuser und schöne Mineralien, von denen 200 weitere im Haus der Kommuneverwaltung im Ort **Iveland** etwa 20 km südöstlich von Evje zu bewundern sind. (Geöffnet: Mo-Fr 8-15.30 Uhr, im Sommer nur Sa/So 11-15 Uhr, gratis.)

Abstecher: 25-50 km westlich von Evje erstreckt sich die **Region Åseral.** Die abseits gelegene Berglandschaft mit ihren idyllischen Flussläufen und Seen bietet Erholung abseits der Touristenrouten. Zu sehen sind der Sosteli Jernaldergard bei Kyrkjebygdi (Häuserreste und Grabhügel aus der Eisenzeit), der Botanische Garten **Ljosland Fjellhage** (nahe der Ljosland Fjellstove) und das Atelier des Künstlers *Haakon Aarestove* in **Lognevatn** (eindrucksvolle Webarbeiten und Bilder sowie eine eigene Holzkirche). Die Region verfügt außerdem über markierte Gebirgswanderwege, Loipen und Alpinzentren in Ljosland und Borteli.

Byglandsfjord ⌖XXIII/C2

Im nördlich von Evje gelegenen Ort Byglandsfjord bietet sich die Möglichkeit für einen **Ausflug mit dem Dampfschiff „Bjoren"**, das schon 1867 den Betrieb aufnahm. Bis 1962 wurden mit ihm Anwohner und Waren zur Endhaltestelle der 1896 eröffneten Setesdal-Bahn transportiert, die heute gleichfalls nur noch für Touristen in Betrieb ist (siehe „Kristiansand/Umgebung").

Die Straße führt am See entlang nach **Bygland.** Hier liegen ein kleines Freilichtmuseum (Häuser z. T. aus dem 17. Jh.; Juli-Mitte Aug. 11-17 Uhr) und die **Setesdal-Glashütte** (meist 10-17/18 Uhr geöffnet). Nördlich von Bygland führt die Straße am mächtigen, 200 m hohen Wasserfall **Reiårsfossen** vorbei. Über einen Mautweg erreicht man den Beginn des Wasserfalles und hat einen Blick auf die schäumende Wildheit im Tal.

Touristeninformation

●**Nedre Setesdal Reisetrafikklag,** 4735 Evje, Tel. 37931400, Fax 37931455, 15.6.-23.8. Mo-Fr 8.30-18 Uhr, Sa 8.30-15 Uhr, So 13-19 Uhr, ansonsten Mo-Fr 8.30-15.30 Uhr, www.setesdal.com.

An- und Weiterreise

●**Fernbus 221** hält in Evje, Byglandsfjord und Bygland. Setesdal Bilruter: täglich 1x nach Kristiansand, Valle, Hovden und Haukeligrend. 10x täglich Kristiansand – Evje.

Unterkunft

●**Dølen Hotel,** Evje, Tel. 37930200, Fax 3793 0742, (****). Kleines Holzhotel. Schöner Swimmingpool.
●**Bortelidseter,** 35 km nordwestlich von Evje, nördlich von Åseral, Tel. 38283020, www.bortelidseter.no, (*/***). Sehr gemütliches Gebirgshotel in schöner Lage. Günstige Zimmer für Selbstversorger. Hütten. Kleines Skizentrum und Loipen.
●**Revsnes Hotell Best Western,** Byglandsfjord, Tel. 37934300, (*****). Größtes und bestes Hotel des südlichen Setesdal. Sauna, Boots- und Fahrradverleih.

Jugendherberge

●**Evje, Setesdal Vandrerhjem,** 5 km nördl. Evje, Tel. 37931177, Fax 37931334, 1.5.-30.9., DZ 410 NOK, Bett 210 NOK, einfach ausgestattet.

Camping/Hütten

●**Viking Adventures**, 10 Minuten zu Fuß nördlich von Evje, Tel. 37934022, www.raftingsenter.no, DZ ab 500 NOK, Bett 230 NOK, Camping 30 NOK/Zelt!. Neue Anlage. Man erhält 10 % Rabatt bei Vorlage dieses Reiseführers! Außerdem gibt es gute Rabatte für Jugendliche, Gruppen und längere Aufenthalte (ab 100 NOK/Bett). Darüber hinaus gibt es Möglichkeiten zum Wandern, Kanu- und Radfahren.
●**Odden Camping,** Evje, 500 m vom Zentrum entfernt, Tel. 37930603, Fax 37931101, Geöffnet: Mai bis September. Schöner, ruhiger Platz, am Fluss gelegen. 8 Hütten (*/**/***), Badeplatz, Rafting, Fahrrad- und Bootsverleih, Bowling.
●**Neset Camping,** Byglandsfjord, Tel. 3793 4050, Fax 37934393, www.neset.no, ganzjährig geöffnet. Sehr schöner, sauberer Platz auf einer Halbinsel im See. 20 Hütten (***), Badeplatz (mit dem angeblich wärmsten Wasser des Tales), Sauna, Bootsverleih.
●**Longerak Hyttesenter og Camping,** Byglandsfjord, Tel. 37934930, geöffnet: 1.6.-1.9.

DAS BINNENLAND

15 Hütten (*/**), Baden, Wandern, Boote und Angeln. Wenig Platz für Zelte.
● **Reiårsfossen Camping,** Bygland, Tel. 3793 5894. Idyllisch auf einer Landzunge gelegen, preiswerte Hütten. Baden, Bootsverleih.
● **Kilefjorden Camping,** Hornnes, 15 km südlich von Evje, Tel. 37933285. Neben 11 Hütten (*/**) werden auch Boote vermietet. Preiswert.

Aktivitäten

● **Baden:** Schöne Badeplätze am See Byglandsfjord (z. B. am Neset-Campingplatz).
● **Fahrrad fahren:** Die teilweise unbefestigte, parallel zur Hauptstraße am gegenüberliegenden Flussufer verlaufende Straße bietet sich hervorragend zum Fahrrad fahren an. Verleih: Räder können u. a. bei Viking Adventures (siehe unten) und in verschiedenen Unterkünften gemietet werden. Bester Ausgangspunkt ist Byglandsfjord.
● **Mineralien sammeln:** Im Setesdal Mineral Park werden Tickets für den Iveland Mineralsti verkauft. Für 120 NOK (Familien 250 NOK) können selbst Mineralien gebrochen werden. Mit 80 NOK (Familien 210 NOK) ist es in den Flåt Nikkelgruben preiswerter. In Evje am Schild Evje Minalsti abbiegen, an der *Steinslipperi* (Steinschleiferei und Verkauf) vorbei und an der Info-Karte zu markierten Wanderwegen durch das alte Grubengelände rechts halten. Info an den Gruben, www.flaatgruve.com.
● **Wandern: Mineralien- und Naturwanderweg Evje:** Vom Neset-Campingplatz (Infos hier) zur Räuberhöhle (Tjuvhola) und zum 752 m hohen Årdalsknapen; Wanderweg zum Beginn des Wasserfalles „Reiårsfossen".
Viking Adventures (Adresse: s. Unterkünfte): Schneeschuhwandern, Hochseilgarten, Elchsafari, Kanutouren, Rafting, Mountainbiking, Klettern – sehr guter Anbieter.
● **Troll Mountain:** 5 km nördlich von Evje, Tel. 37931177, www.troll-mountain.no. Aktivitätszentrum der Jugendherberge. Rafting, Riverboard, Kajak, Elch- und Bibersafari, Kletterwand, Klettertouren, Mountainbiking.
● **Gokart-Bahn:** 5 km südlich von Evje.
● **Bootsrundfahrt:** Dampfschiff „Bjoren" auf dem Byglandsfjord, Tel. 37931400.

Shopping

● Große Auswahl an Geschäften im Zentrum von Evje, u. a. Vinmonopolet.

In **Brokke** besteht die Möglichkeit, auf dem im Zuge des Kraftwerksausbaus angelegten **Suleskavegen** in Richtung Lysebotn, Tonstad (Sirdal) und Stavanger zu fahren. Die Straße führt über die herrlich urwüchsige **Hochebene Sirdalsheiane** mit vielen Seen und Wollgraswiesen. Tolle Panoramablicke.

Rysstad ⤳XXIII/C1

Hier liegt das **Hauptgebäude (Sentralbygget) des Setesdal-Museums.** Zu sehen sind Ausstellungen zur Kultur und Wirtschaft des Setesdal. (15.6.-31.8. 10/11-17/18 Uhr, ansonsten: Mo-Fr 12-15 Uhr, 40 NOK.) Die sehenswerten Freilichtabteilungen Tveitetunet und Rygnestadtunet liegen weiter nördlich.

In **Brokke/Nomeland** lohnen das **Brokke-Kraftwerk** (Führungen: im Juli, täglich 14 Uhr) und die alte **Silberschmiede „Sylvartun"** einen Halt. (Geöffnet: Mai-Sept. 10-17 Uhr.) Die schönen Gebäude der Anlage sind aus dem 17. Jahrhundert. Kunstvolle, filigrane Silberschmiedearbeiten können erworben werden, ein Musikzimmer mit den sehr speziell klingenden Hardangerfiedeln ist gratis zu besichtigen, und ein Café steht den Besuchern offen.

Einige Kilometer südlich von Valle erreicht man über eine kleine Panoramastraße die erste Freilichtabteilung des Setesdalsmuseums, die **Hofanlage Tveitetunet.** Die vier Gebäude stammen aus dem 16. Jh. Das Gelände, wo im Sommer oft auch leckere Waffeln verkauft werden, kann gratis betreten werden, für die kleine Kunsthandwerksausstellung sind 20 NOK zu entrichten. (Geöffnet: 22.6.-8.8. 10-18 Uhr.)

Valle ⌕XXIII/C1

Inmitten einer malerischen, hervorragend zum Klettern geeigneten Naturlandschaft liegt das hübsche Örtchen Valle. Kulturell sehenswert ist hier die 9 km nördlich gelegene **zweite Freilichtabteilung des Setesdal-Museums,** das Rygnastedtunet. Interessantestes Gebäude ist zweifellos der dreigeschossige Speicher „Rygnestadloft" aus dem Jahr 1590. (Geöffnet: Juli 10-18 Uhr, August 11-17 Uhr, 20 NOK.) Toller Picknickplatz kurz hinter Valle.

Bykle ⌕XIX/C3

Hier auf der Anhöhe mit Panoramaaussicht steht die wohl **schönste Kirche des Setesdal,** erbaut wurde sie 1619. 200 Jahre später schmückte man ihr Inneres mit dekorativer Rosenmalerei aus. (Geöffnet: Ende Juni-Mitte Aug. 11-17 Uhr, gratis.)

Gleich nebenan liegen die knorrigen Holzgebäude des **Huldreheimen-Museums.** Die sehenswerte Sammlung besteht aus 2 Höfen, deren älteste Gebäude aus dem 12. und der Stabbur (Vorratshaus) aus dem 14. Jh. sind. Die Anlage kann gratis besichtigt werden, für die Innenräume sind 20 NOK zu zahlen. (Geöffnet: wie die Kirche.)

SETESDAL

Touristeninformation

● **Valle/Rysstad Reiselivslag,** Postboks 1, 4747 Valle, Tel. 37937529, Fax 37937516, valle@setesdal.com. In Valle an der Hauptstraße.

An- und Weiterreise

● **Fernbus 221,** hält in Valle.

Unterkunft

● **Bergtun Hotel,** Valle, Tel. 37937720, Fax 37937715, geöffnet: 20.6.-20.8., (***). Das Hotel von 1937 bietet nur Etagenbäder an. Restaurant.
● **Valle Motell & Camping,** Valle, Tel. 3793 7700, Fax 37937715. Schöner Holzbau mit Grasdach und uriger Cafeteria. DZ sind ab 800 NOK, Hütten ab 400 NOK zu haben.
● **Rysstad Feriesenter,** Rysstad, Tel. 3793 6130, Fax 37936345, www.rystadferie.no. Tolle Hütten (**/****). Schöner Platz am am Fluss Otra mit einigen komfortablen Unterkünften.

Camping/Hütten

● **Tveiten Camping,** 3 km südlich von Valle, Tel. 37937478. Großer, schöner Platz mit 10 Hütten (*).
● **Steinsland Camping,** 2 km südlich von Valle, Tel. 37937126. Netter Platz unter dem Berghang. 14 ältere Hütten für 200-350 NOK.
● **Flateland Camping,** 6 km nördl. von Valle, Tel. 37937475, 1.5.-1.10. Idyllisch am Fluss Otra (Badeplatz) gelegenen. Viel Komfort für wenig Geld. Sehr gute Hütten (*) (u. a. Zimmer in einem Stabbur).
● **Sanden Såre Bubilpark,** 8 km nördlich von Valle, Tel. 37936849. Mitten in der Natur, am Wasser gelegener Caravanplatz (Stellplatz 100-150 NOK).
● **Einfache Hütten** vermietet der **Lunden Campingplatz,** 1 km weiter.

Aktivitäten

● **Baden:** Idyllische Badeplätze liegen in Valle sowie 2 und 3 km nördlich des Ortes.
● **Wandern: Kvernhusvegen-Rundwanderweg** ab der Schule von Valle. Über 4,2 km

vorbei an einer kleinen Mühle und dem Museumshof Tveitetunet.
Ålmannvegen: 7 km langer Reitweg, der älteste im Setesdal. Beginn ist am kleinen Lisletog Freilichtmuseum in Bykle.
Byklestigen: am senkrechten Fels entlangführender, 1 km langer, steiler Verbindungsweg zwischen dem Setesdal und dem Ort Bykle, der im 18. Jahrhundert angelegt wurde. Start: Am Parkplatz in Moen, 5 km südlich von Bykle.
●**Weitere Angebote:** Elchsafari, Klettern, Reiten, Forellenangeln in der Otra – Infos im Turistkontor.

Shopping

●**Sylvartun,** in Nomeland, Tel. 37936306. Silberschmuck, Kunstausstellung, Kulturprogramme, Café, Mo-Fr 13 Uhr Folkmusik.
●**Hasla Setesdalssylv – Sylvsmie,** Valle/Zentrum, Tel. 37937380. Silberschmuck, Strickwaren.
●**Setesdal Husflidsentral,** in Valle. Norweger-Pullover, Geschenkartikel aus Holz, Ton und Metall.

Hovden ⚐**XIX/C3**

Auf schneesicheren 800 m Höhe liegt der **beliebte Wintersportort** Hovden. Das künstlich angelegte Touristenzentrum versucht der sommerlichen Flaute mit einem reichhaltigen Erlebnis- und Sportangebot entgegenzuwirken. Bei schlechtem Wetter ist der Besuch des Badelandes angenehm. Doch fährt man deswegen sicher nicht extra nach Hovden. Und so dürfte es ungleich schöner sein, die fast unberührte Wald- und Berglandschaft zu Fuß oder auf dem Rücken eines Pferdes zu erkunden. Wer es bequemer mag, kann sich auch mit dem Sessellift auf den 1175 m hohen Berg Nos gondeln lassen oder an einem Rundflug teilnehmen. Bei Desinteresse an sportlichen Aktivitäten ist das sehr anschauliche **Hovden Jernvinne-Museum** zu besichtigen. Gezeigt werden die Methoden der Eisengewinnung zur Wikingerzeit. (Geöffnet: 20.6.-16.8. 11-17 Uhr, 20 NOK.)

Touristeninformation

●**Hovden Ferie A/S,** Postboks 18, 4755 Hovden, Tel. 37939370, Fax 37939377, geöffnet: Sommer Mo-Fr 10-16 Uhr, Sa/So 10-14 Uhr, Winter Mo-Fr 9-16 Uhr, Sa 10-14 Uhr.

An- und Weiterreise

●**Fernbus 221**

Unterkunft

●**Quality Hovden Høyfjellshotell,** Tel. 3793 8800, Fax 37939611, (*****). Großer, unansehnlicher Kasten mit schönem Kaminzimmer, Restaurant, Bar, Sauna, Hallenbad und Disco.
●**Hovdestøylen Hotell & Hyttetun,** Tel. 37939552, Fax 37939655, (****). Schönes, im Setesdal-Stil erbautes Hotel mit herrlichen Holzzimmern. Es gibt außerdem Restaurant, Bar, Sauna, Swimmingpool, Disco und Fahrradverleih.

Jugendherberge

●**Hovden Fjellstoge & Vandrerhjem,** www.hovdenfjellstoge.no, Tel. 37939543, Fax 3793 9818, geöffnet: 15.1.-1.5./15.6.-15.9. Wunderbare Anlage mit sowohl einfachen als auch komfortablen, grasbewachsenen Hütten (**/***), Bett für 190 NOK, DZ für 490 NOK.

Hütten

●**Hovden Hytteformidling,** Postboks 16, 4755 Hovden, Tel. 37939729, Fax 37939833, www.hovden-hytteformidling.no.

Aktivitäten

●**Baden: Hovden Badeland,** diverse Becken, Rutschen, Whirlpools, Solarium, 2 Std. 100 NOK.

Farbkarte Seite XXIII

SETESDAL 287

- **Wandern:** Viele Wanderwege südlich des Zentrums, am Nordende des See Hartevatn und ab dem Hovden Alpincenter zur Hütte Sloaros (5 Std. pro Richtung). Kennzeichnung mit rotem „T". Infos: Kristiansand og Opplands Turistforening, Postboks 633, 4665 Kristiansand, Tel. 38025263, www.kto.no.
- **Wintersport:** 132 km Loipen, 6 Lifte, 10 Abfahrten, 375 m Höhenunterschied, 6 Tage Liftpass: 1200 NOK. www.hovden.com.
- **Weitere Angebote:** Reiten (Tel. 92613180), Angeln, Rundflüge (Fjellfly: Tel. 37939607).

Nördlich von Hovden fährt man auf knapp 900 m Höhe durch eine in ihrer Weite und Kargheit beeindruckende Fjell-Landschaft, die sich hervorragend zum Wandern eignet. In **Haukeligrend** kann man auf der E 134 Richtung Oslo oder Haugesund/Bergen weiterfahren (siehe „Haukelifjell").

Haukelifjell bei Hovden

DER WESTEN

Der Westen

Am Gletscher Nigardsbreen

Rentier

Holzhäuser in Bergen

Überblick

Mächtige Fjorde, enge Täler und schneebedeckte Bergkuppen, eine raue, sturmumtoste Küste mit nackten Felsen und kleinen Sandstränden, tosende Wasserfälle und reichhaltige Obstplantagen – das ist Westnorwegen. Ein Reich der Kontraste, eine Welt der Gegensätze, auf engstem Raum vereinigt zu **einer der schönsten Naturlandschaften Europas.**

Größte und schönste Stadt des Vestlandes ist die alte Hansestadt **Bergen.** Sie ist Endpunkt der Bergen-Bahn und neben Oslo die wichtigste Kulturstadt des Landes. Zugleich ist der Ort das Tor zu den Naturschönheiten der Region. Mächtige **Gletscher** wie der Jostedalsbreen und der Folgefonn, die riesenhaften **Berge** Jotunheimens und die spiegelglatten Wasserflächen der **Fjorde** prägen das Landschaftsbild. Zu Füßen steiler Hänge recken sich zuweilen kleine **Stabkirchen** empor, gleichsam als christliche Wehrburgen gegen die Übermacht der Felsriesen. Trotz allem, das Land wirkt nicht abweisend. Im Gegenteil, es birgt, verglichen mit der ungastlichen Küste zwischen Florø und der Jugendstilstadt Ålesund, noch jede Menge Liebreiz in sich.

Hardangerfjord

↗**XVIII/B1, XIV/B3**

Der mit 179 km **zweitlängste Fjord Norwegens** ist unzweifelhaft **einer der schönsten und reizvollsten des Landes.** Von der Mündung in die Nordsee bis zur Aufgabelung in zwei Seitenarme bei Utne zeigt er sich noch relativ unspektakulär. Ausschlaggebend dafür ist seine enorme Breite (3-9 km), welche den Besucher eher an einen großen See denn an einen Fjord glauben lässt. Entlang der Seitenarme Eidfjord und Sørfjord ändert sich sein Erscheinungsbild jedoch gewaltig. Steile, hohe Felswände drohen hier, den Fjord und alles Leben zu erdrücken. Zur dunklen Stimmung tragen auch die Ausläufer des Folgefonn-Gletschers bei, welche, oft eingebettet in wallende Wolkenbetten, unermüdlich schäumende Wasserfälle zu Tal schicken. Im Kontrast zur rauen Berglandschaft stehen Hunderttausende von Obstbäumen, die im Mai die Landschaft in ein weißes Blütenmeer tauchen und ihr Liebreiz und Milde einhauchen. Es ist ohnehin erstaunlich, dass das örtliche Klima ein Gedeihen der Kirsch-, Apfel-, Birn- und Pflaumenbäume, die von Zisterziensermönchen zu Beginn des 13. Jahrhunderts eingeführt wurden, überhaupt zulässt.

Leider wird in Odda die Idylle durch die industrielle Nutzung des Naturpotentials getrübt. Über die Anlage von Stauseen im Gebirge und die Zähmung einiger Wasserfälle würde man wohl hinwegsehen können, über die scheußlichen Fabrikbauten wohl kaum.

Røldal ⌕XVIII/B2

Westlich des Haukelifjell, eingerahmt von mächtigen Bergen, liegt das Örtchen Røldal. Sehenswert ist hier die – stark umgebaute – **Stabkirche**. Das im 13. Jahrhundert geweihte Bauwerk weist neben schönen Rosenmalereien eine weitere Besonderheit auf. Zu jeder Johannisnacht soll das aus der Zeit um 1250 stammende Kruzifix Schweiß absondern und dadurch Kranke heilen. Jahrhundertelang fanden aus diesem Grunde Wallfahrten zu der Kirche statt. (Geöffnet: Ende Mai-Anf. Sept., 10-18 Uhr, 30 NOK.)

Touristeninformation
- **Røldal Turistkontor,** 5760 Røldal, Tel. 5364 7245, www.roldal-reiseliv.no.

An- und Weiterreise
- **Fernbusse 180, 181.**

Camping/Hütten
- Es gibt fünf ganzjährig geöffnete und recht gute Campingplätze. **Røldal Hyttegrend og Camping** im Zentrum, Tel. 53647133, 13 Hütten der (*/**); **Røldal Skyss-Stasjon,** Tel. 53647385, Fax 53647293, 5 Hütten (*/***), Sauna; **Røldal Turistsenter-Slatvold C,** Tel. 53647245, 9 Hütten ab (*); **Hagaminne Camping** an der E 134, Tel. 53647251, 10 Hütten (*); **Seim Camping** am Røldalssee, Tel./Fax 53647371, 4 Hütten ab 250 NOK, Bootsverleih.

Aktivitäten
- **Wintersport:** Über 3 m Schnee laden im Winter zum Skifahren ein. Vier bis Juni geöffnete Lifte (500 m Höhenunterschied, Tel. 53647274), Liftkarte: 1 Tag 250 NOK.

Umgebung

Sauda ⌕XVIII/B2

Kurz hinter Røldal zweigt die Straße 520 (Wintersperre!) in Richtung Süden ab. Man fährt durch wilde, faszinierende Berglandschaft, vorbei an dem **Wasserkraftwerk Hellandsbygd** (Führungen: im Sommer), nach Sauda. Der Ort ist an sich ganz hübsch, mit einem traditionsreichen Fjordhotel und schönen Holzhäusern. Allerdings entstand die ganze Pracht erst im Zuge der Errichtung **eines der größten Eisenlegierungswerke der Welt.** Die günstigen Bedingungen zur Gewinnung von Energie aus Wasserkraft führten dazu, dass das Werk 1907 an dieser landschaftlich reizvollen Stelle gegründet wurde. (Führungen im Sommer, Mo-Fr, Anmeldung im Turistkontor.)

Im Zentrum des Ortes gibt es zudem das **Sauda Museum,** das die Zeit vor und nach dem Anschluss ans Stromnetz am 19.12.1919 dokumentiert (Geöffnet: Sa 10-13 Uhr) und das kleine **Freilichtmuseum Risvoldtunet** am Sauda Fjordhotel mit Mühle, Wohnhaus und Minikraftwerk.

- **Touristeninformation: Saudaferie,** Postboks 328, 4201 Sauda, Tel. 52784200, www.saudaferie.no. Mitte Juni-Mitte Aug. 10-18 Uhr, ansonsten Mo-Fr 8-15.30 Uhr.
- **Bus:** Røldal – Sauda, www.rkt.no.
- **Schnellboot:** Sauda – Sand – Stavanger.
- **Unterkunft**
Sauda Fjord Hotel+, im Ortsteil Saudasjøen, Tel. 52781211, Fax 52781558, (*****). Prächtiges, 1914 gegründetes Holzhaushotel mit wunderbarer Aussicht und allem Komfort. Restaurant, Bar und Tanz.
Kløver Hotel, Skulegt. 1, Tel. 52786999, Fax 52786998, (****). Einfacher, aber auch billi-

ger, dennoch mit Restaurant, Bar und Gelegenheit zum Tanzen.
Sauda Turistsenter, im Ortsteil Saudasjøen, Tel. 52785900, Fax 52785901, ganzjährig geöffnet. In der sehr gut ausgestatteten Anlage gibt es neben 24 Hütten, ab (**) auch Solarium, Bootsverleih, Bade- und Angelmöglichkeiten.

- **Angeln: Lachs und Forelle** beißen gut in den umliegenden Gewässern.
- **Baden:** Beheiztes Freibad im Zentrum.
- **Fahrradfahren:** Fahrradverleih im Turistsenter, BMX-Strecke.
- **Paddeln:** Kanuverleih im Turistkontor.
- **Wandern:** 1. Durch Schluchten führende Wanderung zu den alten Zinkgruben (7 km nördlich von Sauda). Geführte Wanderung durch die Zinkgruben im Sommer tägl. 14 Uhr (80 NOK). 2. Etwa 8 km südl. Sauda führt eine kleine Straße Richtung Hustveit. Am Ende des Weges beginnt ein Kulturerlebnispfad zum Wasserfall Kvednafossen und dem aus dem 17. Jahrhundert stammenden Hof Jonegarden. 3. Wandermöglichkeiten im ursprünglichen Åbødalen, genau nördlich des Ortes.

Sand/Ryfylke ⌕**XVIII/B2**

Auf der Rv 13 (oder Rv 520 über Sauda) gelangt man durch eine der eindrucksvollsten Landschaften der Region Ryfylke zu den majestätischen Felsen bei **Suldalsvatnet.** Am südlichen Ende des Sees steht in Kvilldal das **Ulla-Førre-Kraftwerk, das größte Wasserkraftwerk des Landes** (Führungen: Do 13 Uhr, ab der Touristeninfo, 100 NOK). Seine Turbinen nutzen die 1000 m Höhenunterschied zum riesigen Stausee Blåsjø, zu dem ab Kvæstad eine Stichstraße führt.

Der uns ab dem Suldalsvatnet begleitende **Fluss Suldalslågen** gehört zu den besten Lachsflüssen des Landes. Er mündet in den Hylsfjord in der Nähe des kleinen Örtchens **Sand.** Wer sich nicht als Petrijünger versuchen möchte, kann sich ins **Lachsstudio** begeben und dort Lachs und Forelle mühsam einen Wasserfall bewältigen sehen. (Geöffnet: Mitte Juni-Mitte Aug. 10-18 Uhr, Mitte Aug.-Mitte Sept. 12-16 Uhr, 30 NOK.)

Verbleibt man auf der Rv 13 Richtung Stavanger, so gelangt man in das Herz der Region Ryfylke, mit Bergen rund wie Bonbons und einer Fjordlandschaft, die teils lieblich, teils schroff und abweisend ist. Kulturell sehenswert sind u. a. die aus dem Jahr 1821 stammende **Hofanlage Vigatunet** (bei Årdal, Mitte Juni-Mitte Aug. Sa/So 11-16 Uhr, 30 NOK) und die im 17. Jahrhundert erbauten **Renaissancekirchen in Årdal** (südlich des Jøsenfjord, 17 km ab Hjelmeland, reiche Ausschmückung mit Propheten, Engeln und Blumen; geöffnet Mitte Juni-Anf. Aug. 11-16 Uhr, So 13-17 Uhr) **und Jelsa.** Das niedliche Dorf liegt an der Rv 517 südlich von Sand. Das Gotteshaus stammt aus dem Jahr 1647 und wurde nach Umbauten im 19. Jahrhundert, die das Gebäude moderner und zeitgemäßer erscheinen lassen sollten, 1950 in den Originalzustand zurückversetzt.

Der Ort Jelsa hatte seine Blütezeit im 17. und 18. Jahrhundert als Umschlagplatz für Handelsboote, mit Kai, Gästehaus, Bäckerei und Häusern für Handwerker. Diese wurden „Strandsitjar" (Strandsitzer) genannt, da sie in Ryfylke von „Strand zu Strand" reisten, um Arbeit zu bekommen.

Übersrigens, wie wäre es mit **Inselhopping** durch den Boknafjord in Richtung Stavanger? Dies ist zwar teurer und langwieriger, aber zweifelsohne ein besonderes Erlebnis; und zur Felskanzel Prekestolen bei Jørpeland kann man hinterher noch einen Abstecher machen.

●**Touristeninformation:** Suldal Reiselivslag, Tel. 52790560, Fax 52790561, www.suldal-turistkontor.no.
●**Lokalbusse** Røldal – Sand – Jelsa, Sand – Nesvik – Hjelmeland – Tau (Fähre nach Stavanger), Tau – Jørpeland – Oanes.
●**Schnellboot** Richtung Jelsa – Finnøy – Stavanger.
●**Fähren** für das Inselhopping: Nesvik (Rv 13) – Skor (Ombo), Eidsund – Judaberg, Lastein (Insel Finnøy) – Hanasund (Insel Rennesøy). Abfahrten mehrmals täglich.
●**Unterkunft**
Gullingen Turistsenter, Sand, Tel. 52799901, ganzjährig. www.gullingen.no. Bett 150 NOK, DZ 400 NOK. Zudem sind 10 Hütten im Angebot. Wer zelten möchte, kann dies ebenfalls tun, und es besteht die Möglichkeit zum Saunen, Reiten und Fahrrad fahren.
Osa-Bu Pensjonat og Hytter, Suldalsosen, 26 km östlich von Sand, Tel. 52799260, Fax 52799260. Preiswerte Zimmer (*/**) und große Hütten (*/**), Fahrradverleih.
Lakseslottet Lindum, Suldalsosen, 26 km östl. von Sand, Tel. 52799161, Fax 52799197. Komfortable Zimmer, 11 ganzjährig geöffnete Hütten, 6 Campinghütten (*/**) und Campingplatz. Lachsangeln.
Hjelmeland Camping, Hjelmeland am Jøsenfjord, Tel. 51750230, Fax 51750230. Ganzjährig geöffneter Platz mit 9 Hütten (**). Außerdem gibt es Tennisplatz und Fahrradverleih.
Spa-Hotell Velvære, Hjelmeland Zentrum, Tel. 51751200, Fax 51751201, www.spahotell velvaere.no. Nagelneues Spa Hotel mit u. a. Bad, Sauna, Massagebehandlungen. Das einfachste DZ inkl. Spa für 1300 NOK.
Høiland Gard, in Årdal, Tel. 51752775, www.hoiland-gard.no. Traditionsreicher Hof mit DZ in schönen Hütten (600 NOK), im Hotel (800 NOK), inkl. Frühstück. Zudem: ansprechende Appartements.
Solvåg Fjordferie, Fister, Nebenstraße südlich von Hjelmeland, Tel. 51752263, Fax 51752286, www.solvag.com. Ganzjährig geöffnet. 3 Hütten (**/***), Fahrrad- und Bootsverleih.
Finnøy Fjordsenter, Insel Finnøy im Boknafjord, Tel. 51712646, ganzjährig geöffnet. 13 Hütten (**/***) sowie gleichfalls Fahrrad- und Bootsverleih.
●**Wandern:** Bergwandern durch die urtümliche, allerdings mit Stauseen durchwachsene Landschaft der Lyseheiene. Wanderung zum Berg Prekestolen (siehe „Stavanger/Umgebung").
●**Angeln: Lachs und Forelle.** Lachsfestival Anfang September – Infos in der Touristeninformation.
●**Kultur:** Spinneriet – Alte Spinnerei in Hjelmeland. Heute: Kunstausstellungen, Ausstellung der traditionsreichen Jær-Stühle, Café. (Ende Juni-Mitte Aug. Mo-Sa 11-16 Uhr, So 13-17 Uhr); Vigatunet – Hof, 6 km südl. Hjelmeland, mit historischem Obstgarten. 133 alte Obstbäume. (Mitte Juni-Mitte Aug., Sa/So 12-16 Uhr, 30 NOK).

Von Røldal geht es nun weiter auf der E 134. Diese durchquert den über 5 km langen Røldal-Tunnel, der aber auf einer kleinen Nebenstraße mit Panoramablick umfahren werden kann. An der Weggabelung Jøsendal/Skare zweigt die E 134 nach Südwesten ab, in Richtung Etne und Haugesund. Selbst wer nun beabsichtigt, auf der Rv 13 zum sehenswerten Hardangerfjord zu fahren, sollte noch ein wenig auf der Europastraße bleiben und über einige Serpentinen einen 20 km langen Abstecher zum **Wasserfall Langfoss** machen. Bei diesigem Wetter meint man, seine schäumenden Fluten förmlich aus den Wolken fallen und in den märchenhaften Åkrafjord stürzen zu sehen. Achtung: Vor dem Langfoss 40 NOK Maut!

Zurück auf der Rv 13, ist es ratsam, die Reisegeschwindigkeit erneut zu drosseln, denn die Straßen führen durch ein Bilderbuch-Tal mit schäumendem Wildbach und zahllosen Wasserfällen, deren imposantester der 165 m hohe **Låtefoss** ist, ein wild schäumender Zwillingswasserfall. Am rechten Rand kann man, am Wasser entlang, emporwandern und so den Touristenmassen entfliehen.

Am **Sandvin-See** entlang, mit immer wieder überwältigenden Ausblicken auf den Folgefonn-Gletscher, geht es nach Odda.

Teilansicht des Wasserfalls Låtefoss

Odda ♪XVIII/B1

Ist man nicht gerade zu Einkäufen gezwungen, sollte man eher das Weite suchen und nur vor und nach Odda (**8000 Einwohner**) einen Stopp einlegen. Noch bis zu Beginn des 20. Jh. war der Ort ein beliebtes Touristenziel, was angesichts der reizvollen Lage am Ende des Sørfjordes auch kaum verwundert. Besucher wie der deutsche Kaiser *Wilhelm II.* und Kommunismustheoretiker *Friedrich Engels* gaben sich die Ehre und nächtigten u. a. in einem Holzhotel, das seinerzeit das größte in Norwegen war. 1906 dann die Trendwende. Man entschied sich mit der Gründung des Eyde-Konzerns gegen den Tourismus und für den Ausbau der Wasserkraft zum Zweck der Errichtung einer Karbidfabrik. Bis 1918 wurden etliche Stauseen angelegt und unter Zähmung des mächtigen Tyssefossen die Tyssedal-Kraftstation errichtet. Mit dem Abriss des alten Holzhotels 1976 dürfte der Ort dann den letzten Rest Charme verloren haben. Heute dominieren die Industriebauten der Norzink AG das Ortsbild, die u. a. auch dafür verantwortlich ist, dass in den 1980er Jahren Schwermetalle im Fjord gefunden wurden.

Gerechterweise muss allerdings erwähnt werden, dass Odda für industriehistorisch Interessierte durchaus einiges zu bieten hat. Im Ortsteil Tyssedal können das **Industriemuseum** (geöffnet: Juni bis August, täglich 10-16 Uhr, Juli bis 18 Uhr, Herbst/Winter: Di-Fr 10-15 Uhr, 30 NOK) und die alte, unter Denkmalschutz stehende Kraftstation (Öffnungszeiten wie Industriemuseum) besucht werden. Im oberhalb von Tyssedal gelegenen Skjeggdal besteht außerdem die recht einzigartige Möglichkeit der **Fahrt mit einer alten Schienenbahn** (Infos im Turistkontor). Von der Bergstation bietet sich ein schöner Rundblick auf den Ringedal-Stausee mit seinem 33 m hohen Steindamm und auf die dramatische Naturlandschaft der Hardangervidda.

Da Odda wie viele Orte in Westeuropa unter der Verlagerung der Industrieproduktion leidet, möchte man in Zukunft wieder mehr auf den Tourismus, speziell auf den Kulturtourismus, setzen. Langfristiges Ziel ist es, neben Bergen die zweite Kulturhauptstadt Westnorwegens zu werden. Schon heute gibt es ein **Bluesfestival** Ende September und eine **kleine Kunstsammlung** im Tyssedalhotel (u. a. Trollbilder).

Touristeninformation

●**Odda Reiselivslag,** Postboks 114, 5751 Odda, Tel. 53641297, www.visitodda.com.

An- und Weiterreise

●**Fernbusse 180,** www.hsd.no.
●**Schnellboot** im Hardangerfjord, Mo-Fr: Odda– Lofthus – Kinsarvik – Utne – Norheimsund (z. T. auch nach Ulvik und Eidfjord).

Unterkunft

●**Hardanger Hotel,** Eitrheimsvegen 13, Tel. 53646464, Fax 553646474. Das Haus liegt im Zentrum und bietet Zimmer der (*****) an. Auch eine Bar und ein Restaurant sind vorhanden.

Landschaft südlich von Odda

- **Tyssedal Hotel,** Tyssedal, Tel. 53646907, Fax 53646955, (*****). Das rote Jugendstilhotel stammt aus dem Jahr 1913, also aus der Zeit der Industrialisierung der Region (Fabriken gleich nebenan). Zum Hotel gehört eine eigene Kunstsammlung mit Bildern u. a. von *Christian Krogh* und Trollmalereien von *Nils Bergslien*. Außerdem: Sauna und gutes Restaurant.
- **Vasstun,** am Sandvin-See südl. von Odda, Rv 134, Tel. 40004486 oder 55092800, www.vasstun.no. Neu eröffnetes Gästehaus mit einfachen, aber gemütlichen Zimmern (***/****), viele mit Panoramablick. Garten, Restaurant und sehr gemütlicher Kaffeebar. Kanu- und Fahrradverleih.
- **Odda Hytte og Gjestegård,** 2 km südl. Odda, Jordalsvegen 11B, Richtung Odda Camping, am Wohnblock links, Tel. 5364 2327, Einfache Zimmer für 2-4 Pers. (*) mit geteiltem Bad. Gemütliche Küche. 1 Hütte.
- **Byrkjenes Overnatting,** 2,5 km nördl. Odda, hinter dem Tunnel am Fjord, Tel. 5364 1887, Gemütliche Hütte mit idyllischem Garten und Aussicht.

Camping

- **Odda Camping,** am südlichen Ortsrand, Tel. 53643410, Fax 53641292, geöffnet: 1.6.-31.8. Es gibt keine Hütten, dafür Tennisplatz, und Bootsverleih. Schöne Lage.
- **Hildal Camping,** südlich von Odda, Rv 13, Tel. 53645036. Einfacher, aber schöner Platz am Fluss. 6 Hütten. Kostenlose Angelmöglichkeit.

Aktivitäten

- **Wandern:** Anspruchsvolle und eindrucksvolle Wanderung, (3 Std. retour), **zum Buerbreen,** einem Ausläufer des Folgefonn-Gletschers: Ausgangspunkt ist das Buerdalen, 3 km südlich von Odda. Gutes Schuhwerk ist unbedingt notwendig. Wanderungen auf dem Gletscher vermittelt die Touristeninformation.

Skjeggedal: Das Tal oberhalb von Tyssedal ist Ausgangspunkt für Wanderungen **zum Gipfel des Lilletop** entlang des Ringedal-Stausees und zu den westlichen Ausläufern der Hardangervidda.

- **Weitere Angebote:** Angeln, Reiten, Jagd, Rundflüge – Infos im Turistkontor.

In Odda kann man sich nun entscheiden, ob man am Westufer Richtung Utne oder am Ostufer Richtung Lofthus weiterfährt. Fähren muss man, will man in Richtung Bergen oder Voss weiterfahren, in beiden Fällen benutzen. Seit 2001 besteht zudem die Möglichkeit, ab Odda auf der Rv 551 durch den über 11 km langen Folgefonntunnel (Maut: 60 NOK) zur Baronie in Rosendal zu fahren.

Westufer ⌁XVIII/B1

Die Straße, die früh im Schatten des Gebirges liegt, ist schmaler als die auf der anderen Seite des Fjordes, dafür aber mit wesentlich weniger Verkehr. Zu Füßen übermächtiger, steiler Berghänge schlängelt sich der Weg zunächst nach **Aga**. Täglich 10-17 Uhr kann hier ein interessantes **Freilichtmuseum** besucht werden (50 NOK). Der Hof mit seinen 30 Häusern ist eine der wenigen erhaltenen Haufensiedlungen des Landes, deren ältestes Gebäude das Gerichtshaus Lagmannsstova aus dem Jahr 1250 ist.

In Aga führt nun die Straße weiter nach **Utne**. Neben dem gemütlichen, schon 1722 gegründeten Utne Hotel ist das **Hardanger-Volksmuseum** die größte Sehenswürdigkeit des kleinen Ortes. Die Anlage umfasst Höfe, Stabbure und Bootshäuser aus dem 13.-19. Jh. sowie permanente Ausstellungen zu den berühmten Brautzügen in

Hardanger, dem Obstanbau und den Volkstrachten. Auch stehen eine Musikinstrumentensammlung, mit den sehr speziell klingenden Hardangerfiedeln, sowie eine Geigenbauer- und eine Skiwerkstatt dem Besucher offen. Im Hauptgebäude befindet sich ein kleines Café; Kunstgewerbe und Folkmusik CDs können erworben werden. (Geöffnet: 1.6.-31.8. 10-17 Uhr, ansonsten Mo-Fr 10-15 Uhr, 40 NOK.)

In Utne kann man die Fähre nach Kinsarvik/Kvanndal nehmen oder die Fahrt bis **Jondal** fortsetzen (ebenfalls Fährverbindung zum anderen Ufer). Östlich des beschaulichen, inmitten lieblicher Landschaft gelegenen Dorfes besteht die Möglichkeit zum Sommerskifahren auf dem Folgefonn-Gletscher.

Viele Häuser des Ortes wurden Ende des 19. Jahrhunderts im Schweizer Stil erbaut, haben Schieferdächer und gepflegte Obstgärten. Inmitten des Ensembles steht die 1888 geweihte Kirche, wegen ihrer Größe auch **Hardanger-Kathedrale** genannt. (Geöffnet: Mitte Juni-Mitte Aug. 10-20 Uhr.)

Auf dem Weg nach Jondal lohnt 500 m vor dem Kai in Herand ein Stop. Am Berghang befinden sich **150 Felszeichnungen** (*helleristninger*) aus der jüngeren Bronzezeit. Neben Booten, Menschen und den Lebenszyklus symbolisierenden Sonnenrädern, sind auch viele erotische Darstellungen zu sehen.

Touristeninformation

●**Jondal Turistkontor,** 5627 Jondal, Tel. 5366 8531, Fax 53668409.

An- und Weiterreise

●**Fernbus 180** hält in Utne. Täglich Busse: Odda – Utne – Jondal. Utne – Kvanndal (Fähre) – Bergen. Jondal – Nordheimsund – Bergen. Bus Jondal – Sommerskizentrum (auch Direktbusse ab Bergen), 2x täglich.
●**Fähren:** Erwachsene (1), Auto inkl. Fahrer (2): Utne-Kinsarvik: (1) 30 NOK, (2) 75 NOK; Utne-Kvanndal: (1) 25 NOK, (2) 65 NOK; Jondal-Tørvikbygd: (1) 25 NOK, (2) 65 NOK).
●**Schnellboot:** nach Norheimsund 2-3x tägl.

Unterkunft

●**Utne Hotel+,** Tel. 53666400, Fax 5366 1089, über Weihnachten/Neujahr geschlossen, (*****). Das wunderbare alte Holzhaus gehört zu den Historischen Hotels. Es ist Norwegens ältestes Hotel (eröffnet 1722) und bietet viel Gemütlichkeit mit herrlich altmodischen Zimmern und urigem Restaurant sowie Aufenthaltsräumen.
●**Hardanger Gjestegård,** Utne, Tel. 5366 6710, Fax 53666666, (***/****). Gasthaus in restauriertem Ciderhof aus dem Jahr 1898, umgeben von Obstbäumen.
●**Jondal Gjestgjevarstad,** Jondal, Tel. 5366 8563, Fax 53668766, (***). Weißes Holzhaus mit Cafeteria. DZ ab 600 NOK.

Camping/Hütten

●**Eikhamrane Camping,** zwischen Odda und Aga, Tel. 53662248, Fax 53662248. Schöner Waldplatz mit 5 kleinen Hütten (*), Bootsverleih und Badeplatz.
●**Lothe Camping og Badeplass,** schöner Platz 5 km westlich von Utne, Tel. 53666650, geöffnet: 15.5.-15.9. 5 gemütliche Hütten, Bootsverleih und Badeplatz.
●**Vassel Hytter og Camping,** Herand, zwischen Utne und Jondal, Tel. 53668178, Fax 53668178. Empfehlenswerter Platz am Herand-See. 8 gute Hütten (**), Fahrrad- und Bootsverleih sowie Badeplatz. Gegen den Hunger hilft ein Besuch im urigen Backhaus, und zur Verdauung geht's anschließend auf die Wanderwege.
●**Folgefonn Hytter og Gardscamp,** östlich von Jondal, Tel. 53668423. Auf dem im schönen Krossdal gelegenen Platz gibt es 6 Hütten (*/**) und einen Bootsverleih.

Aktivitäten

- **Angeln:** Es beißen wieder mal **Forellen und Lachse** an. Diesmal in Jondal.
- **Wandern:** Jondal, Gletscherwanderungen (Buchung: Tel. 55298921). Kulturwanderweg *(kulturstig)* ab der alten Gattersäge *(oppgangssaga)* im Zentrum von Herand. Auf der 1½-2-stündigen Tour können viele geologische Phänomene betrachtet werden. Neben Phyllit sieht man auch eigenwillige, skulpturenartige Verwitterungsformen.
- **Wintersport: Jondal Sommerskizentrum,** 3 mobile Lifte mit 250 m Höhenunterschied, Loipen, Skiverleih, Juni bis Sept. 10-16 Uhr geöffnet. www.folgefonn.no.

Bootsrundfahrt

Bergen – Rosendal – Jondal – Norheimsund und zurück (19.6.-23.8.).

Galerie

- **Hardanger Kulturgalleri:** 20 km nordöstlich von Jondal (Rv 550). Äußerst sehenswerte Galerie des Künstlers Arne Bakke Mælen mit naturinspirierten Werken (Juni-Mitte Aug., Di-So 11-18 Uhr). Zudem romantische, aber einfache Übernachtungsmöglichkeiten in Bauernhäusern (DZ ab 600 NOK inkl. Frühstück).
- **Hegstrup Keramikk & Glaskunst:** 6 km nordöstlich von Jondal, in Solesnes. Keramik- und Glasdesign.

Bauernladen/Restaurant

- **Måge Gardsbutikk:** 15 km hinter Odda, Richtung Utne. Frische Waren direkt vom Bauernhof, traditionelles norwegisches Essen.

Die landschaftlich vielleicht interessantere Route folgt dem **Ostufer des Sørfjordes.** Man fährt an Obstanbaugebieten entlang, die steil am Berghang liegen. Im Juli werden an vielen Ständen frische Kirschen feilgeboten. Nach etwa 35 km erreicht man Lofthus, Zentrum des Obstanbaus am Hardangerfjord.

Lofthus ⤴XIV/B3

Rund 500.000 Obstbäume wachsen in der Gemeinde Ullensvang und in Lofthus **(800 Einwohner).** Sie verleihen dem Ort ein liebliches Flair, als Kontrast zu schneebedeckten, schroffen Bergen und schäumenden Wasserfällen. Schon **Edvard Grieg** muss dies zu schätzen gewusst haben, verbrachte er doch hier in einem kleinen Haus so manchen Sommer. Die 1877 errichtete **Komponistenhütte** steht im Garten des Ullensvang Hotels. Zu besichtigen sind ebenfalls die um 1250 erbaute gotische **Ullensvang-Steinkirche** mit ihrer hervorragenden Akustik (geöffnet: 10-19 Uhr, südlich des Zentrums) und das kleine **Freilichtmuseum Skredhaugen** oberhalb von Lofthus. Die alten Bauernhäuser enthalten die Sammlungen von *Jon Bleie:* Werke norwegischer Kunstliteratur, Volkskunst und Bilder, u. a. die des Trollmalers *Theodor Kittelsen.* (Geöffnet: Ende Juni-Mitte Aug. Sa/So 12-17 Uhr.)

Touristeninformation

- **Turistkontor,** 5781 Lofthus, Tel. 53661190, www.hardangerfjord.com.

An- und Weiterreise

- Täglich **Busse** nach Odda, Kinsarvik und Norheimsund.
- **Schnellboot:** Mo-Fr 3x, Sa/So 1x täglich nach Norheimsund (120 NOK).

Unterkunft

- **Hotel Ullensvang,** Lofthus, Tel. 53670000, Fax 53670001, (*****). Großes und teures Hotel mit allem Komfort: Schwimmhalle, Fitness, Sauna, Tennishalle, Squash, Bowling, Golfsimulator, Boots- und Fahrradverleih, Rundflüge, Angeln – was will man mehr.

- **Ullensvang Gjestehus,** Lofthus, nördl. der Kirche, Tel. 53661236, www.ullensvang-gjesteheim.no. Schöne Anlage, etwas bieder eingerichtet. DZ knapp 700 NOK. Restaurant.
- **Hardanger Vandrerhjem,** Lofthus, Tel. 5367 1400, 1.6.-10.8., Zimmer im schönen Holzhaus der Hochschule, Bett 235 NOK, DZ 550/660 NOK.

Camping

- **Lofthus Camping,** am Hang oberhalb des Ortes, Tel. 53661364, Fax 53661500, 27 Hütten (*/**). Herrlicher, sauberer Platz unter Obstbäumen (mit Bändern markierte Bäume dürfen geplündert werden!) mit Panoramaaussicht! Tennis, Hallenbad, Sauna und Bootsverleih. TV-Zimmer.

Aktivitäten

- **Badebucht Haugsundsvika** in Lofthus, **Bad am Lofthus-Campingplatz**.
- **Wandern:** Imposante Wanderung ab Lofthus-Campingplatz zu den Mönchstreppen aus dem 13. Jh. Über sie gelangt man 950 m zum Panoramaberg Nosi (4½ Std. retour). Man braucht dafür aber Kondition. Möglichkeit zum Fortsetzen der Wanderung auf der Hardangervidda, z. B. zum See Opesjovatnet (2 Std. ab Nosi).
- **Weitere Angebote:** siehe Ullensvang Hotel!

Auf enger Straße, durch idyllische Obstbauplantagen, geht es nun den Fjord entlang nach Kinsarvik.

Kinsarvik und Eidfjord

⌘ **XIV/B3**
⌘ **XV/C3**

Wenige Kilometer nördlich von Lofthus liegt **Kinsarvik** (sprich: chinsarwik). Besuchern stehen hier die **romanische Steinkirche** (geöffnet: 20.5.-15.9., 9-19 Uhr) und der kleine **Hardanger-Ferienpark** (Rutschen, Autorennbahn, Boote, Pferde) offen (115 NOK). Wer etwas Zeit hat, kann eine Wanderung zu den Wasserfällen im Husedalen unternehmen.

Selbst wer gedenkt, in Brimnes die Fähre über den Hardangerfjord zu nehmen, sollte einen Abstecher nach **Eidfjord** einplanen. Der in urwüchsiger Landschaft gelegene Ort ist Ausgangspunkt für einen Ausflug zum **Vøringfoss, einem der schönsten und beliebtesten Wasserfälle Norwegens.** Um ihn zu sehen, fährt man auf der Rv 7 durch das wilde und bedrückend enge Måbødalen mit seinen fast 1000 m hohen Felsgiganten bis hinauf zur Vøringfoss Kafeteria. Über Serpentinen und durch Tunnels schraubt sich die Straße langsam empor. Manchmal bekommt man auch den alten, beängstigend schmalen Fahrweg zu Gesicht. Dieser steht noch immer Wanderern und Fahrradfahrern offen. Zum Vøringfoss sei noch gesagt, dass er leider schon etwas an Kraft einbüßen musste, da auch er im Dienste der Energiegewinnung steht. Im Sommer gilt aber eine garantierte Mindestabflussmenge, die ihn wenigstens imposant erscheinen lassen soll. Das übrige Wasser wird in Tunnels zum **Sima-Kraftwerk** geleitet, das nördlich von Eidfjord 700 m tief in den Fels gesprengt wurde und zu besichtigen ist. Außer einer überdimensionalen Turbinenhalle, die ohne Maschinen einem 14-stöckigen Wohnblock Platz bieten würde, und einem Film über den Bau der Anlage ist aber nicht viel zu sehen. Produziert wird allein in diesem Werk die Energie, die eine

HARDANGERFJORD

200.000-Einwohner-Stadt in eineinhalb Jahren verbraucht. (Führungen: Mitte Juni-Mitte Aug. 10, 12 und 14 Uhr, 40 NOK.)

Wer sich für Natur, Ökologie und Kultur Südnorwegens und der Hardangervidda interessiert, sollte dem – auch architektonisch gelungenen – **Hardangervidda Natursenter** in Øvre Eidfjord unbedingt einen Besuch abstatten. Das sehr anschaulich gestaltete Erlebniszentrum beinhaltet zudem ein Aquarium und zeigt einen sehenswerten Ivo-Caprino-Film. (Juni-Aug. 9-20 Uhr, April, Mai, Sept., Okt. 10-18 Uhr, 80 NOK, www.hardangervid da.org.)

Touristeninformation

- **Eidfjord Turistkontor,** 5783 Eidfjord, www. hardangerfjord.com und www.visiteidfjord. no, Tel. 53673400, Fax 53673401. Geöffnet: Mitte Juni-Mitte Aug. 10-19 Uhr, ansonsten meist Mo-Fr 10-16 Uhr.
- **Kinsarvik Touristinformation** im Zentrum, Tel. 53663112.

An- und Weiterreise

- **Regionalbusse:** Eidfjord/Kinsarvik nach Odda, Brimnes, Norheimsund; ab Fähranleger Brimnes/Bruravik nach Voss und Ulvik.
- **Schnellboot:** Mo-Fr/So Eidfjord – Norheimsund.
- **Fähren:** Brimnes – Bruravik (10 Minuten, 1-24 Uhr, So ab 7 Uhr); Kinsarvik – Utne – Kvanndal (45 Minuten).

Unterkunft

- **Kinsarvik Fjord Hotel,** Tel. 53663100, Fax 53663374. Teures Hotel (*****) mit Restaurant, Bar und der Möglichkeit zum Tanz.
- **Dyranut Turisthytte,** an der Rv 7 auf der Hardangervidda gelegen, Tel. 53665715. Geöffnet: Juni-September. Traditionsreiches Gebirgshotel mit einfachen Zimmern zu 500 NOK. Idealer Ausgangspunkt für Wanderungen auf der Hochebene.
- **Hotel Vøringfoss,** Eidfjord, Tel. 53674100, Fax 53674111, (*****). Schönes Holzhotel mit Restaurant und Café.

Camping/Hütten

- **Hardangertun,** Kinsarvik, Tel. 53671313, www.hardangertun.no. Ganzjährig geöffnet. 26 teure und luxuriöse Hütten (****). Der noble 5-Sterne-Campingplatz an der Straße hat unter anderem eine Sauna, ein Freibad und einen Bootsverleih.
- **Kinsarvik Camping,** Tel. 53663290, ganzjährig geöffnet. 32 Hütten (*/****).
- **Myklatun Camping,** Øvre Eidfjord, Tel. 53665915. Auch dieser Platz hat einen Bootsverleih und Badeplatz, die Hütten sind aber einfacher (*).
- **Sæbø Camping,** Øvre Eidfjord, Tel. 5366 5927, März-Sept. Schön gelegener Platz am Eidfjord-See mit 12 Hütten (*/**), großer Zeltwiese, Bootsverleih und Badeplatz.
- **Liseth Pensjonat & Hytter,** Tel. 53665714. Tolle Lage in 700 m Höhe (an der Rv 7, in der Nähe des Vøringfoss)! 11 schöne Hütten (**), 15 Zimmer.
- In Sysendalen (Rv 7): **Garen Gaard** (Tel. 53665721; 12 Hütten) und **Gaaren Camping** (Tel. 53665725; schöne Hütten, 300-750 NOK).

Aktivitäten

- **Angeln: Lachs und Forelle.**
- **Baden:** Freibad und Rutschen im Hardangertun.
- **Fahrrad fahren:** Beliebte, aber ungemein anstrengende Tour auf dem alten Fahrweg **durch das Måbødal** in Richtung Vøringfoss. **Fahrradverleih** im Turistkontor Eidfjord.
- **Wandern: Kinsarvik:** Herrliche, aber etwas anstrengende Wanderung zu den 4 Wasserfällen im Husedalen. Vor dem Freizeitpark biegt man rechts ab, parkt das Auto auf dem Parkplatz und geht auf der Straße bis zum Wasserfall Tveitafossen. Ab hier mit „T" markierte Route Richtung Stavali, durch waldiges, später baumloses, morastiges Gelände, unter anderem zum 218 m hohen Nyastølfossen. 4 Stunden retour (5 Stunden pro Rich-

KINSARVIK UND EIDFJORD

tung bis zur Stavli Hütte auf der Hardangervidda). Infokarte gibt es im Turistkontor in Kinsarvik.

Eidfjord: Im Ort biegt man in das Simadal ab. 600 m über dem Ende des Fjordes liegt wie ein Adlerhorst der viel fotografierte Hof Kjeåsen. Er ist über eine kleine Serpentinenstraße mit dem Auto zu erreichen. Umweltfreundlicher und erlebnisreicher ist es jedoch, dem steil ansteigenden Wanderpfad zu folgen (1-1½ Stunden pro Richtung).

Øvre Eidfjord: Im Ort fährt man auf einer schmalen, unbefestigten Serpentinenstraße Richtung Süden in das unberührte Hjølmodalen. Unterwegs ist u. a. über einen 650 m langen Berghang hinabstürzende Vedalsfoss zu bewundern. Am Ende der Straße: einfache Wanderung durch morastiges Gelände, vorbei an idyllischen Birkenwäldern zum 272 m hohen Valurfoss (1 Stunde retour, „T" Markierung, Ausschilderung Viveli/Valurfoss/Eidfjord). Innerhalb einer Stunde kann auch zur Berghütte Viveli gelaufen werden.

Von hier in Richtung Süden zur Hedlo-Hütte (nochmals 3 Std. retour) oder Richtung Westen zur 5 Stunden entfernten Selbstversorgerhütte Stavali. Ab hier geht es (wiederum 5 Std.) zum Tveitafoss und nach Kinsarvik hinab.

Måbø: Am Ende des engen Teils des Måbødal (Parkplatz am Museum Måbøgård) beginnt die zweistündige (hin und zurück), eindrucksvolle Wanderung zum Fußpunkt des Vøringfoss. Sie ist recht unproblematisch zu bewältigen. Die Tour kann auf dem alten Fahrweg zum oberen Teil des Wasserfalles fortgesetzt werden. Sollte dafür die Kondition nicht ausreichen, so kann man am Ausgangspunkt (Måbø) auch den Trollzug nehmen.

●**Wintersport: Sysendalen Skicenter,** oberhalb des Vøringfoss, 2 Lifte, Loipen.

Hardangerfjord bei Eidfjord

HARDANGERFJORD

Ulvik und Granvin   ⌕XV/C3 ⌕XIV/B3

Auf der Straße 7/13, von Süden kommend, bietet es sich an, den 11 km langen Tunnel in Richtung Granvin, wo es eh kaum etwas zu sehen gibt, zu umfahren und einen Abstecher nach **Ulvik** ins Programm aufzunehmen. Der niedliche Ort liegt am idyllischen Ulvikfjord und ist umgeben von kleinen Almen, Obstplantagen und schneebedeckten Bergen – kurz, ein idealer Ort zum Verweilen. Allerdings ist Ulvik schon seit 150 Jahren ein recht beliebter Urlaubsort, und so sollte, wer die Einsamkeit sucht, besser noch bis nach **Osa** fahren, einem kleinen Dorf umringt von hohen Bergen. Zu sehen gibt es hier die interessante, aus 2300 Mauersteinen und 3000 Stöcken bestehende **Olympiaskulptur von Stream Nest** und einen **Demonstrationsgarten für den ökologischen Anbau von Kräutern**. In Ulvik liegt die älteste Gartenbauschule Norwegens, mit einem öffentlich zugänglichen Kräuter- und Rosengarten.

Touristeninformation
- **Turistkontor,** 5730 Ulvik, Tel. 56526360, Fax 56526623, www.visitulvik.com.

An- und Weiterreise
- **Lokalbus:** Ulvik – Granvin – Voss, Ulvik – Osa.

Unterkunft
- **Brakanes Hotel,** Ulvik, Tel. 56526105, Fax 56526410. Komfortables Hotel (*****). Natürlich gibt es hier alles, was das Herz begehrt: Restaurant, Bar, Swimmingpool mit angeschlossenem Fitnesscenter, Tennisplatz, Sauna und Fahrradverleih.
- **Strand Fjordhotel,** Ulvik, Tel. 56526305, Fax 56526410, geöffnet: 1.4.-1.11. Die Zimmer sind etwas preiswerter, (*****), die Ausstattung ist ähnlich der des Brakanes Hotel: Restaurant, Bar, Swimmingpool, Sauna, Tennis, Fahrradverleih.
- **Ulvik Hotel,** Tel. 56526200, Fax 56526641. Weniger Ausstattung, ähnlich hoher Preis (*****). Neben Restaurant und Bar gibt es auch Sauna und einen Fahrradverleih.
- **Ulvik Fjord Pensjonat,** Tel. 56526170, Fax 56526160, geöffnet: 1.5.-20.9. In dem schönen Holzhaus kosten die Zimmer 800 NOK, Restaurant und Sauna gibt es auch.
- **Sollia,** Ulvik, Tel. 56526387, arnmoster@ulvik.org. Von Mai bis Sept. geöffnete Pension, Zimmer 500 NOK.

Camping

- **Ulvik Fjordtun Camping,** Tel. 91179670, geöffnet 1.5.-15.9., Einfacher, aber schön am Fjord gelegener Platz mit neu saniertem Sanitärgebäude. 6 Hütten (*/**).
- **Granvin Hytter og Camping,** Tel. 5652 5282, Fax 56525282, ganzjährig geöffnet. Man bietet 15 Hütten (*/**) an. Mit Badestelle und Bootsverleih.

Aktivitäten

- **Wandern:** Infos zu einfachen Touren mit schönem Rundblick im Turistkontor.
- **Weitere Angebote:** Angeln, Rundflüge.

Bootsrundfahrt

- **Fjordrundfahrten** für 150 NOK.

Galerie

- **Hjadlane Galleri:** Galerie für Gegenwartskunst in Ulvik. Tägl. 11-18 Uhr.

Von Ulvik geht es über die Rv 572 nach Granvin vorbei am schönen Espelandsdalen-Campingplatz.

Will man nach Bergen weiterfahren, kann man das über Voss auf den gut ausgebauten Straßen 13 und E 16 oder über Øystese/Norheimsund auf der teilweise recht engen Rv 7 tun. Letztere Variante ist wahrscheinlich die landschaftlich schönere, auch wenn es langsamer voran geht. Leider passiert man in dieser reizvollen Umgebung, mit ihren Obstbäumen und wuchtigen Bergen, auch die schockartig auftauchenden grauen Industrieanlagen von **Ytre Ålvik.**

Winterliches Måbødal

Øystese/ Norheimsund XIV/B3

Die beiden Orte mit **zusammen 8500 Einwohnern** liegen eingebettet in eine liebliche, im Sommer etwas unspektakuläre Landschaft mit Wäldern, kleinen Feldern und Obstbäumen. An sonnigen Winter- und Frühlingstagen jedoch hat man, speziell von Øystese aus, einen faszinierenden Rundblick auf nun alpiner wirkende Massive, deren massige Formen Schnee, Licht und Schatten einzigartig herausmodellieren.

Für den Nachschub an Lebensmitteln laden in beiden Gemeinden große, recht ansprechend gestaltete **Einkaufszentren** zum Shopping ein.

Ansonsten lohnen einen Besuch das **Ingebrigt Vik-Museum** in Øystese, mit Werken des bedeutenden norwegischen Bildhauers (geöffnet: 15.6.-23.8., Di-So 10-15 Uhr, Juli bis 17 Uhr, 30 NOK) und das sehenswerte **Hardanger Fartøyvernsenter.** Die lebendige **Museumswerft** (geöffnet Juni bis August, 11-17 Uhr, 60 NOK, Familien 130 NOK) liegt in Norheimsund. Unter anderem kann man bei der Restauration alter Boote zuschauen und neue Schiffe entstehen sehen.

Keinesfalls verpasst werden sollte der 2 km westlich des Ortes gelegene **Steinsdalsfossen.** Gut, vielleicht gab es schon gewaltigere Wasserfälle entlang des Weges. Doch konnte man auch hinter diesen entlanglaufen, ohne auch nur einen Tropfen abzubekommen?

Küste zwischen Stavanger und Bergen

Touristeninformation

- **Øystese Turistinformasjon**, www.kvam-reiselivskontor.no, Tel. 56555910.
- **Norheimsund Turistinformasjon**, Tel. 5655 1988, www.hardangerfjord.com, Sommer: Mo-Fr 10-18 Uhr, Sa 9-14 Uhr.

An- und Weiterreise

- **Fernbus 180** und Busse nach Voss und Bergen, www.rutetelefonen.no.
- **Schnellboot**: siehe „Lofthus" und „Odda".

Unterkunft

- **Sandven Hotel+**, Norheimsund, Tel. 5655 2088, Fax 56552688, geöffnet: 1.4.-15.10., (*****/****). Weißes, romantisches Holzhotel im Schweizer Stil mit altem Interieur und modernen Zimmern. Restaurant, Disco, Fahrradverleih.
- **Hardangerfjord Hotell**, Øystese, Tel. 5655 6300, Fax 56556303, (*****). Restaurant, Sauna, Swimmingpool, Disco.

Camping/Hütten

- **Hardanger Fjordhytter**, Øystese, Tel. 5655 5180, Fax 56555184, www.hardanger-fjordhytter.no. Ganzjährig geöffnet, 4 komfortable Hütten in Strandnähe (***). Bootsverleih.
- **Oddland Camping**, 4 km ab Norheimsund, Rv 49, Tel. 56551686. Kleiner Platz am Fjord. Einfache Hütten (*), Strand und Ruderbootverleih.
- **NAF Kro og Camping**, Kvamskogen westlich von Norheimsund, Tel. 56553131, ganzjährig, 10 Hütten (350-750 NOK), sehr gut ausgestatteter Platz, Bootsverleih.
- **Weitere Unterkünfte**
Vågen Rom & Hytteutleie, Nordheimsund, Tel. 56552521, ab 450 NOK; 40 km südl. (Rv 49): **Nestunet**, Omastrand, Tel. 5655 4752; Restaurierter Hof. Hütte 450-800 NOK; In Øystese: tolle Hütten ab 450 NOK (www.hff.no): **Sjuseter** (Tel.56556097), **Sjøloftet** (Tel. 56556125), **Vik Gard** (Tel. 56555271); Zimmer und Almhaus (*Stølshus*), **Mo Gardsferie** (Tel. 56555865, Bauernhäuser).

Aktivitäten

- **Fahrrad fahren/Wandern:** Auf einer alten Straße vom Steindalsfossen zur Schlucht Tokagjel hinauf **nach Kvamskogen**.
  Weg vom Steindalsfossen über den Goldfischsee **zum Fjordarm Fykesund**.
- **Wintersport:** 8 Lifte in Kvamskogen westlich von Norheimsund.
- **Weitere Angebote:** Angeln, Tauchen, Rundflüge, Kino (2x die Woche) – Infos in der Touristeninformation.

Bootsrundfahrt

- **Fahrt in den engen Fykesund:** 11 Uhr ab Norheimsund (200 NOK), 11.50 Uhr ab Porsmyr (180 NOK).

Galerie

- Seit 2006 gibt es das **Kunsthaus Kabuso** (neben dem Ingebrikt Vik-Museum). Gezeigt werden temporäre Ausstellungen, zudem gibt es ein Café und einen Park. Sommerkonzerte So 13 Uhr. (Geöffnet: Juni-Aug. Di-So 10-17 Uhr, ansonsten Di-Sa 12-16 Uhr; www.kabuso.no.)

Shopping

- **Nøring fruktlager:** Marmeladen und andere Bauernprodukte. In Øystese am Kreisverkehr abbiegen, am darauffolgenden Kreisverkehr gelegen (Sjusetevn. 27; Mo-Fr 8-16 Uhr).
- **Steinstø Fruktgård:** Rv 7, 1 km östl. der Brücke über den Fykessund. Früchte & Beeren. Café. Geöffnet meist 11-18 Uhr.

Auf der Rv 7 und der E 16 sind es 80 km bis Bergen. Die Strecke kann aus Mangel an Sehenswürdigkeiten schnell bewältigt werden.

Küste zwischen Stavanger und Bergen

Der teils unwirtliche, teils liebliche Küstenabschnitt gliedert sich in **unzählige Inseln.** Viele von ihnen sind steinern, flach und baumlos. Andere beherbergen knorrige Kiefern und blumenreiche Wiesen. Alte Kulturlandschaft mit romantischen Lesesteinmauern und Holzhäusern mischt sich mit modernen Werft- und Industrieanlagen, wobei man immer wieder und immer noch sehr viele idyllische Flecken findet.

Karmøy ⌕XVIII/A3

Von Stavanger kommend empfiehlt es sich, mit der einstündigen Fähre von Mekjarvik nach Skudeneshavn überzusetzen und so der reizvollen **Insel Karmøy** einen Besuch abzustatten. Der Preis für die Überfahrt mag hoch erscheinen (132 NOK pro Auto, 42 NOK pro Person, 6x täglich), im Endeffekt aber zahlt man auch nicht wesentlich mehr als bei der neuen Tunnel/Fähre-Variante über Rennesøy und Bokn (Fähre: 115 NOK pro Auto, 25 NOK pro Person).

Die flache Insel Karmøy überrascht mit einer für norwegische Verhältnisse **recht dichten Besiedlung** entlang der Westküste und im Nordteil, aber auch mit schönen Heidelandschaften und kleinen Sandstränden. Industrie gibt es nur in Kopervik, wo Norsk Hydro ein großes Aluminiumwerk stehen hat.

Sehenswertes

Skudeneshavn ⌕XVIII/A3

Das **Fischerdorf,** dessen Name übersetzt „Hafen der Segelschiffe" bedeutet, besticht durch ein geschlossenes Ortsbild, welches mit seinen im 18. und 19. Jahrhundert erbauten blitzweißen Holzhäusern und den vielen Cafés zum Bummeln und Verweilen einlädt. Zu besichtigen ist das **Kaufmannshaus Mælandsgården** mit einem alten Krämerladen, einer Seefahrtsabteilung sowie Informationen zu verschiedenen Handwerksberufen, z. B. dem des Böttchers. (Geöffnet: 1.6.-31.8. Mo-Sa 11-17 Uhr, So 13-18 Uhr, 30 NOK.)

Skudeneshavn wurde mit dem Europa-Nostra Preis als **eine der bestbewahrten Städte Europas** ausgezeichnet und war 2004 die Sommerstadt Norwegens.

Avaldsnes ⌕XVIII/A3

Avaldsnes ist Norwegens ältester Königssitz, gegründet von *Harald Hårfagre* um 870. Noch heute findet man in der Umgebung viele Grabhügel (z. B. Rehaugen) und Siedlungsreste. Bedeutendstes erhaltenes Denkmal ist jedoch die um 1250 unter König *Håkon Håkonson* errichtete **Olavskirche** (Geöffnet: 1.6.-31.8. 11-17, So 12-17 Uhr, 20 NOK). Bei einem Rundgang um den Sakralbau entdeckt man an der Nordwand einen Bautastein (Gedenkstein). Er trägt den Namen „Näh-

Skudeneshavn

nadel der Jungfrau". Einer Sage nach ist das Ende der Welt nah, wenn der heidnische Stein die geweihte Kirchenmauer berührt. Seine Neigung ist schon beträchtlich, doch versucht man scheinbar das Jüngste Gericht noch ein wenig aufzuschieben, denn – hat da nicht jemand eine Ecke an der Spitze abgebrochen?

Eingedenk der geschichtsträchtigen Umgebung wurde nur 15 Minuten von der Kirche entfernt ein **Wikingerhof** restauriert. Mo-Sa 11-15 Uhr und So 12-17 Uhr sieht man hier allerlei gehörnte Gesellen ihr Tagewerk verrichten. Außerdem findet Mitte Juni das Wikingerfestival mit Schaukämpfen, Konzerten und Sagaabenden statt.

4 km westlich von Avaldsnes befindet sich mit den **Visnes Gruben** ein industriegeschichtliches Denkmal neueren Datums. 1865-1972 wurde in dem damals größten Bergwerk Nordeuropas Kupfer gefördert, das qualitativ zum besten der Welt gehörte und u. a. beim Bau der New Yorker Freiheitsstatue Verwendung fand. (Geöffnet: Grubenmuseum und Café, Mai-August Mo-Sa 11-17 Uhr, So 12-18 Uhr, 25 NOK.)

Einen anderen, noch heute bedeutenden Wirtschaftszweig der Region beleuchtet das neue, in einem modernen Beton-Glas-Kasten untergebrachte **Fiskerimuseum** in Vedavågen. Dokumentiert wird die Geschichte der Fischerei seit 1950. (Geöffnet: Mo-Fr 11-17 Uhr, So 14-18 Uhr, 30 NOK.)

Fährt man weiter in Richtung Haugesund, so entdeckt man auf der Festlandsseite, zu Füßen der Karmsund-Brücke, die **„Fünf törichten Jungfrauen"** („De fem dårlige jomfruer"). Die fünf **Bautasteine** stammen aus der Zeit der Völkerwanderung und waren vermutlich Teil eines astronomischen Kalendersystems.

Touristeninformation

- Ganzjährig geöffnet: **Karmøy Reiselivslag,** Rådhuset, 4250 Kopervik, Tel. 52857500.
- **Skudeneshavn Turistinformasjon,** Torget 1, Tel. 52858000, www.karmoy.org.

An- und Weiterreise

- **Bus:** Skudeneshavn – Kopervik – Haugesund (entlang der West- und Ostküste).

Unterkunft

Gemütliche **Ferienunterkünfte** in und um Skudeneshavn **vermittelt die Touristeninformation.**

- **Norneshuset,** Skudeneshavn, Tel. 52827262, ganzjährig geöffnet, (***). Das hübsche Haus in der Altstadt, am Wasser gelegen, wurde 1837 von Riga hierher verfrachtet. Alles ist gemütlich eingerichtet.
- **Karmøy Vandrerhjem,** Kopervik, Tel. 5284 6160, karmoy.hostel@vandrerhjem.no, 25.5.-10.8. Gut und günstig! Bett 125 NOK, DZ 300 NOK

Camping/Hütten

- **Skudenes Camping,** Skudeneshavn Ortsausgang, Rv 47, Tel. 52828196. Guter Platz mit zum Teil komfortablen Hütten (*/****).
- **Sandhåland Camping,** Sandve (Rv 47), Tel. 52843234, www.sandhaaland.no. Schöner Platz am Sandstrand. Hütten (*/**).
- **Privatunterkünfte** in Skudeneshavn: www.skudeneshavn.com (*overnatting*).

Festivals

- **Vikingfestivalen:** Mitte Juni (Avaldsnes; www.vikingfestivalen.no).
- **Skudefestivalen:** Anfang Juli (Skudeneshavn; Küstenkulturtage, www.skudefestivalen.no).
- **Olavstage:** Mitte Juli (Avaldsnes; Konzerte, Seminare, Olsok Gottesdienst).

Aktivitäten

- **Baden:** Die tollen **Sandstrände** sind meist versteckt hinter Häusern gelegen und etwas schlecht zu finden. Einer der schönsten und am besten zu erreichenden ist der am Campingplatz Sandhåland. Ein weiterer ist Mjølhussanden, südl. von Sandve.
- **Fahrrad fahren:** Kaum Steigungen, schöne Landschaft, also ideal zum Biken. Allein Regen und Wind können einen Strich durch die Rechnung machen. Fahrradverleih in der Touristeninformation Skudeneshavn.
- **Wandern:** Von Avaldsnes nach Bukkøy – Ab der Olavskirche führen schöne Waldwege zum Wasser und der Insel Bukkøy.

Haugesund

Überblick

Schon im Jahr 1217 wurde Haugesund vom isländischen Chronisten *Snorre* erwähnt. Allerdings war der Ort bis 1840, mit gerade mal 150 Bewohnern, völlig bedeutungslos. In den Folgejahren konnte man sich jedoch als eines der Zentren für den Heringsfang etablieren. Die Einwohnerzahl stieg sprunghaft um das Zwanzigfache an, und schon 1884 wurden die Stadtrechte verliehen. Wie gut es der Bevölkerung ging, ist unschwer an dem von einem Reeder gestifteten rosa Rathaus zu erkennen. Heute zählt Haugesund **32.000 Einwohner** und lebt nur noch bedingt vom Fischfang. Erdöl- und Aluminiumindustrie haben ihm den Rang abgelaufen.

Das Zentrum des Ortes ist ein bunter Mix aus Betonfassaden und Holzhäusern, wobei Haugesund erstaunlich viel Flair besitzt. Am schönsten ist eine kleine Wanderung von den hübschen Villenvierteln nördlich und südlich der Innenstadt durch die lebendige **Fußgängerzone Haraldsgate** hin zum innerstädtischen Wasserarm Smedasund mit seinem Sammelsurium aus stolzen Jachten, winzigen Kähnen und gediegenen Fischerbooten. Allein, skandinavienweit bekannt wurde der Ort nicht durch seinen Hafen, sondern durch das alljährlich Mitte August stattfindende **Film-Festival.** Verliehen wird hier der Armanda-Preis, der norwegische Oscar. Ein Grund dafür, dass die Veranstaltung ausgerechnet hier an der Westküste stattfindet, mag sein, dass die Vorfahren der Filmlegende *Marilyn Monroe* aus dieser Gegend stammen. Eine Statue der Schauspielerin verkündet es.

Sehenswertes

Eines der auffälligsten Gebäude des Zentrums ist neben der neugotischen Backsteinkirche das **Rathaus.** Der rosafarbene Bau wurde 1931 eingeweiht und ist eine Schenkung des Reeders *Knut Knutsen.* Geht man von hier die Skåregata entlang in Richtung Norden, so gelangt man zum Zentralgebäude des **Karmsund Folkemuseums** mit umfangreichen, aber teils etwas langweilig präsentierten Sammlungen zu Themen wie Seefahrt, Fischerei, Kunsthandwerk und Archäologie. (Geöffnet: Mo-Fr 12-14 Uhr, Sommer bis 17 Uhr.) Die **Freilichtausstellung Dokken** liegt nördlich des Zentrums, unterhalb der Brücke zur Insel Hasseløy. Zu sehen sind vier Häuser mit Wohnungseinrichtungen aus dem 19. Jahrhundert, ein großes Bootshaus und eine Böttcherwerkstatt.

Nationalmonument Haraldshaugen

Die **bedeutendste Sehenswürdigkeit der Region** liegt 2 km nördlich des Zentrums. Errichtet wurde der 17 m hohe **Granitobelisk** 1872 anlässlich des 1000-jährigen Jubiläums der Einigung Norwegens durch König *Harald Hårfagre,* der im Jahr 930 an dieser Stelle beigesetzt wurde. Die 29 Steine im Rund symbolisieren die alten Landesteile.

Geht man in Richtung Süden, so erreicht man nach 75 m den **Krosshaugen.** Es ist ein **alter Thingplatz,** an dem sich die Wikinger versammelten, um Rat zu halten. Das den Hügel zierende Steinkreuz ist etwa 1000 Jahre alt.

Touristeninformation

● **Reisetrafikkforeningen for Haugesund,** in der Fußgängerzone, Haraldsgate, Tel. 5201 0830, www.visithaugalandet.no, geöffn. Mo-Fr 8-15.30 Uhr.

Orientierung

● Die E 134 mündet auf die Rv 47, welche dann östlich am Zentrum vorbeiführt. Großer Parkplatz am Busbahnhof (an der Rv 47).

Farbkarte Seite XIX

HAUGESUND

An- und Weiterreise

- **Busbahnhof:** 500 m westlich des Zentrums, **Fernbusse 180, 400;** Regionalbusse nach Bømlo und Tysnes.
- **Schnellboot:** Verbindungen nach Bergen, Leirvik und Stavanger, Tel. 81522120.
- **Fähren:** Passagierfähren zu den Inseln Utsira (1 Std. 15 Min.) und Røvær (45 Min.).
- **Flughafen:** 14 km südlich von Haugesund. Verbindungen u. a. nach Oslo, Bergen und Stavanger. SAS: Tel. 05400.

Unterkunft

- **Rica Maritim Hotel,** Åsbygd 3, Tel. 5286 3000, Fax 52863001, (*****). Elegante Zimmer mit Blick auf den Smedasund, gutes Restaurant, Sauna und Disco.
- **Hotel Amanda,** Smedasund 93, am Wasser, Tel. 52808200, Fax 52728621, (*****). Empfehlenswertes, modernes Hotel in altem Gebäude am Wasser. Fahrradverleih.
- **Skeisvang Gjestgiveri,** Skeisvannvn. 20, Tel. 52712146, Fax 52713270, (*/**). Kleine Pension östlich des Zentrums bei einem großen Sportzentrum.

Camping/Hütten

- **Haraldshaugen Campingplatz,** 1,5 km nördlich des Zentrums an der Rv 47, Tel. 52728077. Herrlicher Naturplatz in Top-Lage am Wasser, unweit vom Haraldshaugen. Vermietet werden auch 22 Hütten (*/**).
- **Grindafjord Feriesenter,** Aksdal, Tel. 5277 5740, Fax 52775212, ganzjährig geöffnet. Schöner Platz im Nadelwald. 17 km östlich von Haugesund (Rv 515). 13 Hütten (*/**/***), Strand, Pool, Sauna, Tennisplatz.

Essen und Trinken

- In den beiden parallel zum Smedasund verlaufenden Straßen Haraldsgata (Fußgängerzone) und Strandgata gibt es **etliche Gaststätten und Pubs.** Die besten Restaurants haben wie in allen Kleinstädten die Hotels.
- **Restaurant Egon,** Smedasund 93, Hafen, „all you can eat Pizza", 110 NOK, vor 18 Uhr, Mo/So ganztägig.

Kino

- Thuhauggt. (kreuzt die Fußgängerzone), Tel. 52728422.

Galerie

- Nördlich des Zentrums (Erling Skjalgssonsgt. 4) liegt die Haugesund **Billedgalleri,** mit 1500 Gemälden und Kunsthandwerksprodukten die drittgrößte Galerie Westnorwegens (Geöffnet: Di-So 12-15 Uhr).
- **Ryvarden kulturfyr,** 1849 erbauter Leuchtturm 18 km nördl. Haugesund, nahe der Rv 541. Galerie und Café. 2 km Wanderweg zum Leuchtturm.

Aktivitäten

- **Baden: Badesee Haraldsvang** und **Hallenbad** liegen etwa 1 km östlich vom Haraldshaugen-Campingplatz.
- **Paddeln:** Boote vermittelt die Touristeninformation unter Tel. 52743353.
- **Wandern:** Herrliche Aussicht über Stadt und Land vom **Varda- und Steinsfjell,** beide am östlichen Stadtrand. **Ryvarden fyr:** 18 km nördl. Haugesund, westl. der Rv 541. 2 km Weg bis zum Turm durch Küstenlandschaft mit Heidekraut, Steinmauern und reichem Vogelleben.
- **Fahrrad fahren:** Die relativ flache Umgebung eignet sich hervorragend für Fahrradtouren. **Verleih:** Sykkelverksted, Strandgt. 154, Tel. 52723301.
- **Weitere Angebote:** Bowlinghalle, Smedasund 50; Tauchen; Reiten.

Festivals

- Jedes Jahr im Sommer finden das **Silda-Jazz Festival,** das **Kleinboot-Festival** sowie das **Wikinger-Festival** statt. Hinzu kommen das **Internationale Film-Festival** Ende August und die **Heringstafel,** an der man sich um den 21.8. herum kostenlos laben kann.

Umgebung

Die liebliche **Region Etne,** östlich Haugesunds (E134), und die raue Inselwelt nördlich der Stadt bieten viele

Küste zwischen Stavanger und Bergen

Freiräume für Entdeckungen abseits der touristischen Hauptströme. Größte Attraktion Etnes ist der gewaltige **Wasserfall Langfoss,** der 612 m in den in felsiger Schönheit erstarrten Åkrafjord stürzt.

15 km vor der Küstenlinie befindet sich das flache Felseiland **Utsira,** die am exponiertesten liegende Insel Norwegens. Mit 300 verschiedenen Vogelarten ist sie besonders für Ornithologen interessant.

Der teils raue Archipel **Bømlo** ist über die Trekant-Festlandsverbindung mit dem Festland und der Insel Stord verbunden. Für die gewagte Brücken-Tunnel-Kombination sind 75 NOK zu zahlen. Zu besichtigen sind in Moster die aus dem 12. Jh. stammende älteste Steinkirche Norwegens sowie das Amphitheater, mit einer Ausstellung zur Christianisierung Norwegens und einem unweit entfernten Erlebnisbad.

Südlich Bømlos liegt **Espevær,** mit so vielen Schären wie das Jahr Tage hat und dem eigenwilligen Bau des Hummerparks, einer Kathedrale der Stille, einer Mischung aus Holz und Stein, Licht und Dunkelheit (im Sommer tägl. geöffnet).

Nordöstlich von Stord erheben sich die kiefernbestandenen Berge der Insel **Tysnes,** die von einer wunderbaren Panoramastraße umrundet wird.

●**Touristeninformation: Etne Reiselivslag,** 5590 Etne, Tel. 53756926. **Bømlo Reiselivslag,** 5430 Bremnes, Tel. 53448260.
●**Busse:** siehe unter „Haugesund".

Tysnes – die Götterinsel

Nordöstlich der Insel Stord, auf halbem Wege zwischen Haugesund und Bergen, steigen die kiefernbestandenen Berge der Insel Tysnes empor. Der heutige Name des Eilandes stammt vermutlich vom **Himmelsgott Tyr**, und heißt soviel wie „Tyr sin nes", „die Nase des Tyr". Ein Blick auf die Form der Insel, verrät dabei, wie es hatte dazu kommen können.

Die Bezeichnung Tysnes ist vermutlich ähnlich alt, wie der in nordischen Mythen vorkommende zweite Name für den Archipel, **Njardarlog.** Diesen verwendete zum ersten Mal das **Volk der Hordaner**, das vor etwa 3500 Jahren aus Jütland/Dänemark einwanderte und nach dem noch heute die Provinz Hordaland benannt ist.

Grund für die Migration war der Nerthus- bzw. **Njord-Fruchtbarkeitskult,** der auch aus Indien bekannt ist. Er erforderte einen geschützten Archipel nahe des Meeres mit einem heiligen See als Opferstätte. Dieser befindet sich im Nordosten der Insel Tysnes und wird noch immer *Vevatnet*, „heiliges Gewässer", genannt. Unweit entfernt liegt der Ort **Lunde**, was übersetzt „Wäldchen" heißt und die Stelle markiert, wo zur Zeit der Hordaner der heilige Wagen aufbewahrt wurde, welchen nur der oberste Priester berühren durfte. Ein Mal im Jahr spürte selbiger die Ankunft der Göttin Nerthus bzw. Njord. Nun wurde das Gefährt, von Kühen un die Insel gezogen und anschließend von Sklaven zum heiligen See transportiert, wo diese vom Wasser verschluckt, das heißt ertränkt und geopfert wurden.

Über Jahrhunderte hinweg war Tysnes nur wenigen Auserwählten zugänglich, weshalb heute nur geringe vormittelalterliche Besiedlungsspuren zu finden sind. Erst im 10. Jahrhundert begannen die **Wikinger** sich hier anzusiedeln, wobei sich das Machtzentrum vom Gewässer Vevatnet bei Lunde nach **Onarheim** im Südosten verlagerte. Hier wohnte die sogenannte **Olavsgilde**, ein Volk freier Bürger aus verschiedenen Teilen Hordalands und Ryfylkes, mit eigenen Regeln und Gesetzen. Von der alten Rechtsprechung zeugen im Ort Årbakka **sieben Bautasteine.** Errichtet wurden sie über dem Kämpfer, der in öffentlich ausgetragenen Streitgefechten, bei denen man sich mit riesigen Felsbrocken bewarf, unterlag. Unterhalb der Steine, am Wasser, liegen die weißgetünchten Gebäude eines hübschen Landhandels aus dem 19. Jahrhundert.

Noch bis in die 1950er/-60er Jahre hinein war das Boot wichtigstes Verkehrsmittel Westnorwegens, was die Lage des kleinen Geschäftszentrums am Onarheimsfjord erklärt. Mit der zunehmenden Bedeutung des Autos zog der Dorfladen an die Landstraße um und die alten Holzhäuser wurden zur Galerie umfunktioniert.

- **Fähren:** Jektavik – Hodnanes (10 Minuten, bis 21 Uhr, 20 NOK/Person, 50 NOK/Auto), Sandvikvåg (Stord) – Halhjem (50 Minuten, bis 23 Uhr, 9-15x täglich, 46 NOK/Person, 165 NOK/Auto) Våge (Tysnes) – Halhjem (35 Minuten, bis 19.30 Uhr, 10x täglich, 35 NOK/Person, 100 NOK/Auto).

Landschaft in der Region Etne

- **Camping/Hütten**
Kyrping Camping, Etne, E 134, 20 km ab Langfoss, Tel. 53770880, Fax 53770883, ganzjährig geöffnet. Auf dem hübschen Platz am Åkrafjord werden 29 Hütten (**) und Ruderboote vermietet.

Langenuen Motel & Camping, Børtveit, Insel Stord, Tel. 53495815, ganzjährig geöffnet. Gut ausgestatteter Platz mit Ruderbootverleih und 11 Hütten (*/***), Zimmer (***).

Gripne Camping, im Nordosten der Insel Tysnes, Tel. 53433270. Einfacher Platz am Wasser, Hütten (*).

KÜSTE ZWISCHEN STAVANGER UND BERGEN

Tysnes Sjø og Fritid, Uggdal, Tel. 99745533, www.angelferien.no. Deutsche Inhaber. Zimmer ab 500 NOK (Nebensaison preiswerter). Bootsverleih und Angelcenter zu jeder Jahreszeit geöffnet. Preiswertes Bistro. Tipps zum Wandern auf Tysnes.
Utsira Overnatting, Tel. 52749252, DZ 400 NOK. **Utsira hytte og båtutleie,** Tel. 5274 9180. **Bømlo Kystferie** (bomlo-kystferie.com, Tel. 53424690, in Finnås, viele gute Hütten.

Von den Inseln Stord und Tysnes kann man direkt die Fähre nach Halhjem nehmen und nach Bergen weiterfahren. Wer noch etwas Zeit hat, sollte sich den Umweg über Rosendal gönnen.

Rosendal ⟨XVIII/B1

Zu Füßen des mächtigen Folgefonn-Gletschers liegt dieser idyllische Ort mit der in ganz Norwegen einmaligen **Baronie.** Das **kleine Schloss** wurde 1665 von der Familie *Rosenkrantz* aus Bergen gegründet. Seit dem 19. Jahrhundert bereichern ein Park und ein prächtiger Rosengarten das Ensemble. Im Gebäude hängen Gemälde u. a. von *Dahl* und *Munch.* (Geöffnet: Mai-Ende Sept., 10-17 Uhr, 70 NOK.) Zu besichtigen sind in Rosendal auch ein **Schiffsbaumuseum** (geöffnet: Sommer: Mo-Sa 11-17 Uhr, So 13-17 Uhr, 25 NOK) und die **mittelalterliche Steinkirche** mit den Särgen derer von Rosenkrantz. (Im Sommer: 12-17 Uhr, 25 NOK.) Außerdem befindet sich nördlich des Ortes, in Ænes, ein neuer **Lachspark,** mit Aquarium und Angelmöglichkeiten. (Geöffnet: Ende Juni-Mitte Aug. 12-17 Uhr, 35 NOK, Angeln 75 NOK/Kilogramm.)

Touristeninformation
- **Kvinnherad Reiselivslag,** Rosendal, geöffnet Juni-Mitte Aug.12-16 Uhr, Tel. 55484280, www.turistservice.no.

An- und Weiterreise
- Ausflugs- und Schnellboote nach Bergen.

Unterkunft
- **Rosendal Fjordhotel,** Tel. 53488000, (*****). Gutes Hotel im Ort. Restaurant, Disco, Tennisplatz, Sauna und Fahrradverleih.
- **Rosendal Alvsgard & Fruehuset,** an der Baronie, Tel. 53482999, www.baroniet.no, (***). Romantische Zimmer!
- **Rosendal Gjestgiveri,** Tel. 53473666, (***). Altes Holzhaus mit schönen Zimmern, Restaurant, Pub.
- **Løvfall Camping,** 4 km bis Rosendal, Tel. 53484700. Einfacher Platz oberhalb des Fjordes. 5 Hütten (*).

Wandern
- Ab Sundal führt ein breiter Weg in einer Stunde zum See an der mächtigen Gletscherzunge Bondhusbreen.

Bergen ⟨XIV/A3

Überblick

Die **Metropole des Fjordlandes** ist **kulturelles Zentrum Norwegens** und **eine der schönsten Städte des Landes,** allerdings nass wie eine volle Ba-

Blick auf Bergen vom Berg Fløyen

dewanne. Nicht weniger als 2 m Wasser pro Quadratmeter, also fast viermal so viel wie in Berlin, prasseln Jahr für Jahr auf die **242.000 Einwohner** von Bergen nieder. Kein Wunder also, dass böse Zungen behaupten, die Menschen hier seien mit Schwimmhäuten an den Füßen zur Welt gekommen und der Regenschirm sei ihr liebstes Utensil. Den weltoffenen Urbergenser stört dies, mit Blick auf die glorreiche Geschichte der Stadt, jedoch kaum. Ihm ist es eh ein Vergnügen, zwischen sich und den Restnorwegern zu unterscheiden.

Den besten Eindruck von der Bergstadt am Meer erhält, wer vom Zentrum aus mit der **Standseilbahn** den **Fløyen** erklimmt. Hier, auf 320 m Höhe, steht man wie auf einer Empore über dem Bergener Häusermeer. Der Panoramablick offenbart zunächst die einem Dorn gleich in den Byfjord hinausragende **Halbinsel Nordnes** mit idyllischen Wohnvierteln und dem Aquarium. Rechts von ihr die **Bucht Vågen,** an deren Flanken die hanseatischen Handelsgebäude der Tyske Brygge und die alte Festung Bergenhus liegen. In der anderen Richtung, am Ende des kleinen Meeresarmes, der **Torget (Markt).** Er bildet den Mittelpunkt eines farbenfrohen Zentrums mit kleinen Gässchen, winzigen Holzhäusern und wuchtigen Gebäuden aus der Gründerzeit. Beugt man sich nun etwas weiter vor, so erkennt man die grünen Kupferkuppen der drei ältesten Kirchen im Ort, unter ihnen auch die romanische Mariakirche. Schaut man nach links, wird deutlich, woher Bergen seinen Namen haben könnte. Wie ein Korsett schnüren sieben steile Berge (auf einem steht man) den Ort ein. Der mit dem Turm ist der 642 m hohe **Ulriken,** der zweite und höchste Panoramaberg der Umgebung.

Sollte der Aufenthalt auf den Gipfeln der Stadt nun jäh durch einen Regenschauer unterbrochen werden, so bieten sich zur Abwechslung über dreißig Museen, Galerien und zu besichtigende Gebäude an. Unbedingt einen Rundgang wert sind dabei das gut sortierte Bergen Kunstmuseum, der ehemalige Wohnsitz *Edvard Griegs*, *Troldhaugen*, das Hanseatische Museum und das Freilichtmuseum Gamle Bergen. Bergen rechtfertigt durchaus einen Aufenthalt von zwei bis drei Tagen.

Geschichte

Gegründet wurde Bergen **1070** von König *Olav Kyrre* an dem Platz, wo heute das Bryggen Museum steht. Die Schifffahrt und der Handel mit Stockfisch waren die wichtigsten Wirtschaftszweige. Die günstige Lage und die Verlegung des Bischofs- und Königssitzes nach Bergen Anfang des 13. Jahrhunderts förderten das Wachstum zur größten und bedeutendsten Stadt Nordeuropas, die um 1250 schon 40.000 Einwohner zählte und noch weit vor Oslo wirtschaftliches Zentrum der Region war.

1343 hielten die **Hanseaten** Einzug in der Stadt und gründeten einige ihrer wichtigsten Handelskontore. Ihren Namen erhielten die Geschäftsleute vom Hanse-Bund, im 12. Jh. gegründet und zunächst mit der Aufgabe versehen, Kaufleute und ihre Handelswege vor Seeräubern und allerlei anderen dunklen Gesellen zu schützen. Nach und nach entwickelte sich dann aus der einstigen Schutzgemeinschaft eine dominante Handelsvereinigung. Sitz des Kaufmannsbundes wurde ab Mitte des 14. Jh. Lübeck. Sein Einfluss war mächtig und übertraf teilweise sogar die Befugnisse von Königen. Monopolistisch wurde mit land- und forstwirtschaftlichen Produkten gehandelt. Das Kontor in Bergen spezialisierte sich auf den Export von Stockfisch und den Import von Bier und Salz aus Norddeutschland.

Selbst als die letzte Hanseniederlassung im Jahr 1764 geschlossen wurde, blieb Bergen mit seinen Standbeinen Fischfang und -export eine bedeutende Stadt im Nordseehandel, ganz im Gegensatz zum Rest des Landes, der stärker den dänischen Machthabern unterworfen war und sich nur kümmerlich entwickelte. Bergen hatte zu diesen Zeiten mit dem hinter hohen Gebirgen liegenden Restnorwegen weniger Kontakt als z. B. zu England, das schifffahrtstechnisch ja praktisch um die Ecke lag. Diesen Umständen verdankt sich wohl auch der flotte, noch heute gern schmunzelnd zitierte Wahlspruch der Einwohner: „Ich komme nicht aus Norwegen, ich komme aus Bergen".

Im 19. Jahrhundert erfolgte eine rasche **Industrialisierung** der Stadt, und es kam zu einem explosionsartigen **Anstieg der Einwohnerzahl** (wie fast überall in Europa). Außerdem bescherte die Küstenlage dem Ort die **Hurtigrute,** welche als Postschiffroute für Nordnorwegen gegründet wurde und bis auf den heutigen Tag hier im Hafen beginnt. Auch wurde mit der Eröffnung der **Bergen-Bahn** im Jahr 1909 endlich eine Gleisverbindung zum Hinterland geschaffen. Da sah so mancher Bergenser erstmals, wie weitläufig Binnennorwegen doch eigentlich ist.

Der **2. Weltkrieg** begann für die Stadt mit dem Einfall der deutschen Flotte am 9. April 1940. Zum Glück hinterließ er bis auf die Explosion eines Munitionsschiffes anno 1944, bei dem allerdings die alte königliche Håkon-Halle (ein wichtiges nationales Monument!) zum Teil zerstört wurde, kaum Spuren. Ganz im Gegensatz zu weiter nördlich an der Küste gelegenen Orten.

In der Nachkriegszeit konnte sich Bergen als **Kulturmetropole Norwegens** etablieren. Nicht umsonst beheimatet man das älteste, schon 1850 gegründete Theater Norwegens. Ihren Reichtum bezieht die Stadt nach wie vor aus dem Meer. Fischfang und Öl bilden die Grundlagen, wenngleich man Stavanger den Rang als „Dallas Skandinaviens" nicht ablaufen konnte. Auch spielen die zweitgrößte Universität des Landes und der Tourismus eine große Rolle im Wirtschaftsleben Bergens.

Sehenswertes

Am Ende des Hafenbeckens Vågen liegt der **Torget,** der **natürliche Mittelpunkt der Stadt.** Auf ihm findet wochentags von 7 bis 16 Uhr (Sa bis 15 Uhr) der weit über die Grenzen der Stadt hinaus bekannte und vor allem bei Touristen beliebte **Fischmarkt** statt. Auch sind hier etliche gute Restaurants und Kneipen zu entdecken. Der Platz ist neben dem Torgalmenningen, der sich im Süden anschließt, der beliebteste Treffpunkt Bergens.

Rundgang am rechten Ufer des Vågen

An der nördlichen Stirnseite des Torget fällt ein Haus mit einem etwas erhöht liegenden Eingang und einem **Freiluftcafé** auf. Dieses ist eine kleine, originell eingerichtete Markthalle, in der man Kuchen, Käse, Kaffee und ähnliche Leckereien erhalten kann. Gleich links neben dem Gebäude liegt das **Hanseatische Museum.** Das Haus stammt aus dem 18. Jh. und veranschaulicht im Inneren Leben und Arbeit der alten Hanseaten. Im Erdgeschoss werden Handel und Wandel der Kaufleute und die Verwendung diverser Arbeitsgeräte erläutert. Im 1. Stock dann die ehemaligen Wohn- und Arbeitsräume eines reichen Handelsmannes. Gemütlich warm wurde es in den zugigen Zimmern aber wohl auch nie. Doch zur Not konnte man ja in die Schøtstuene (siehe unten) ausweichen. Eine Besonderheit ist der geheime Gang im Schrank, durch den der vielleicht schon hoch verschuldete

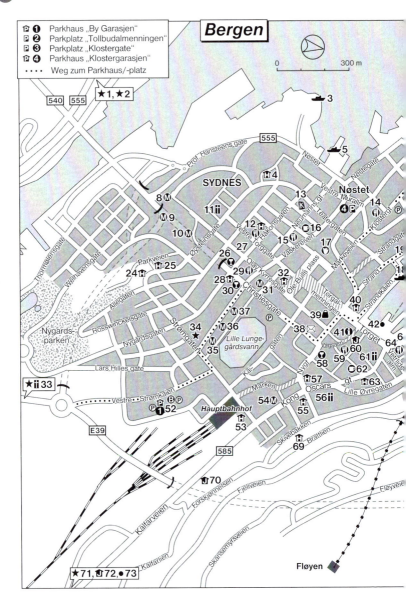

BERGEN

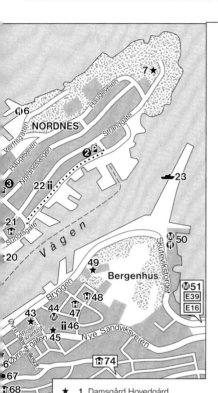

- ★ 1 Damsgård Hovedgård
- ★ 2 Alvøen
- ⛴ 3 neuer Kai der Hurtigrute und Color Line
- 🏨 4 Sydnessmuget Gjestehus
- ⛴ 5 Schnellbootkai
- 🍴 6 Kulturhaus USF
- ★ 7 Aquarium
- Ⓜ 8 Seefahrtsmuseum
- Ⓜ 9 Kulturhistorische Sammlungen
- Ⓜ 10 Naturhistorische Sammlungen
- ⛪ 11 Johanneskirche
- 🏨🍴 12 Crowded House und Rest. Soho
- 🎭 13 Bergen Kino
- 🍴 14 Spisekroken
- 🍴 15 vegetarisches Restaurant Pars
- ☕ 16 Café Opera
- ♫ 17 Theater am Ole Bulls plass
- ⛴ 18 Schnellbootkai
- 🏨 19 Hotel Hordaheimen
- 🏨 20 Clarion Hotel Admiral
- 🏨 21 Augustin Hotel
- ⛪ 22 Nykirke
- ⛴ 23 Fähren nach Dänemark u. England
- 🏨 24 Romantik Hotel Park Pension
- 🏨 25 Steens Hotel
- ❶ 26 Det Akademiske Kvarter
- 🏨 27 Gullaksen Gjestehus
- 🍴 28 Restaurant Cyclo
- 🏨 29 City Appartment Hotel
- ❶ 30 Garage
- Ⓜ 31 Vestlandske Kunstindustriemuseum
- 🏨 32 SAS Hotel Norge
- ★ 33 Troldhaugen/ Fantoft-Stabkirche/Lysøen
- ★ 34 Grieg-Halle
- Ⓜ 35 Rasmus Meyers Sammlung & Lysverket
- Ⓜ 36 Bergens Kunsthall
- Ⓜ 37 Stenersen Sammlung
- ✉ 38 Post
- 🛍 39 Galleriet Einkaufscenter
- 🏨 40 Strand Hotel
- ❶ 41 Touristeninformation
- • 42 Fischmarkt
- ★ 43 Bryggen
- Ⓜ 44 Bryggenmuseum
- ★ 45 Schøtstuene
- ⛪ 46 Mariakirche
- 🏨 47 SAS Royal Hotel
- 🏨 48 Thon Hotel Pergen Brygge
- ★ 49 Håkonshalle, Rosenkrantzturm
- Ⓜ🍴 50 Fischereimuseum
- Ⓜ 51 Gamle Bergen
- ⊖ 52 Busbahnhof
- 🏨 53 Grand Hotel Terminus
- Ⓜ 54 Lepramuseum
- 🏨 55 Jacob's Apartments
- ⛪ 56 Domkirche
- 🏨 57 Marken Gjestehus
- ❶ 58 Banco Rotto
- 🍴 59 Pygmalion
- 🏨 60 Vandrerhjem YMCA
- ⛪ 61 Korskirke/Krenzkirche
- ☕ 62 Café Capello
- 🏨 63 Skandia Sommerpensjonat
- 🍴 64 Restaurant Egon
- Ⓜ 65 Hanseatisches Museum
- 🏨 66 Thon Hotel Rosenkrantz
- • 67 Standseilbahn
- 🏨 68 Skansen Pensjonat
- 🏨 69 Skiven Gjestehus
- 🏨 70 Intermission
- ★ 71 Gamlehaugen
- 🏨 72 Vandrerhjem Montana
- • 73 Berg Ulriken
- 🏨 74 Fjellsiden Gjestehus

Der Westen

BERGEN

Mann vor seinen Gläubigern flüchten konnte. (Geöffnet: Juni bis Aug. 9-17 Uhr, Sept. bis April meist 11-14 Uhr, 45 NOK, Winter: 25 NOK, gleiches Ticket gilt auch für die Schøtstuene.)

Läuft man nun den Kai entlang, so gelangt man zu den nussbraunen **Hansehäusern der Brygge,** früher auch wegen der deutschen Hanseaten Tyske Brygge genannt. Die wohl bekanntesten Holzhäuser Norwegens sind „nur" knapp 300 Jahre alt, da 1702 ein Großbrand wütete und weite Teile der Stadt zerstörte. Man baute die Gebäude aber anschließend originalgetreu wieder auf. Grund genug für die UNESCO, sie unter Schutz zu stellen. Die teilweise über 1000 hanseatischen Kaufleute nutzten die Häuser als Kontore sowie Wohn- und Lagerräume. Waren wurden über Seilwinden an den Giebeln der Gebäude oder über Kräne, von denen noch einer am Hanseatischen Museum steht, an Land gehievt. Auch heutzutage geht es in der Brygge lebendig zu. Dutzende Restaurants, Kneipen und originelle Läden laden zum Verweilen ein. Scharen von Einheimischen und Touristen drängen durch die holzgepflasterten Gassen des Stadtteils.

Wer nun noch etwas mehr über die Kulturhistorie der Stadt und der Brygge erfahren möchte, dem sei ein Besuch im **Bryggenmuseum** ans Herz gelegt. Es befindet sich am Ende der Brygge direkt neben dem komfortablen SAS Hotel. Erläutert werden Leben und Handwerk im Hochmittelalter. Zu sehen gibt es u. a. archäologische Ausgrabungen, alte Töpfereiwaren und die keilartigen Runenschriften. (Geöffnet: Mai bis Aug. 10-17 Uhr, Sept. bis April Mo-Fr 11-15 Uhr, Sa 12-15 Uhr, So 12-16 Uhr, 40 NOK, Studenten 20 NOK.)

Geht man weiter am Kai entlang, kann mit etwas Glück das norwegische **Segelschulschiff „Statsrad Lehmkuhl"** begutachtet werden. Meist jedoch ist es unterwegs, und die Matrosen üben das Reffen der Rahsegel auf hoher See, nur im Beisein von Fisch und Wal.

Fast am Ende des Hafenbeckens liegt die **Festung Bergenhus mit der Håkonshalle.** In Auftrag gegeben wurde diese von König *Håkon Håkonsson,* der es leid war, seine Feste in einem Bootsschuppen feiern zu müssen. Die Einweihung des seinerzeit größten Baus des Bergenser Königshofes erfolgte anlässlich der Hochzeit und Krönung des Prinzen *Magnus* im Jahre 1261. Leider fielen Teile der Halle 1944 einer Explosion zum Opfer, doch konnte alles originalgetreu rekonstruiert werden, so dass der große Saal heute wieder durch seine Ausmaße und Architektur beeindruckt. (Geöffnet: 15.5.-31.8. 10-16 Uhr, ansonsten 12-15 Uhr, 30 NOK.)

Beim Verlassen der Festung ist rechter Hand der **Rosenkrantzturm** zu sehen. Das hoch aufgeschossene Haus wurde im 16. Jahrhundert vom Stadthauptmann *Erik Rosenkrantz* erbaut und diente gleichzeitig Wohn- und Wehrzwecken. Dies mag das unglaub-

Hansehäuser der Brygge

SEHENSWERTES

liche Labyrinth an Zimmern, schmalen Gängen und kühlen Kellern erklären. Die Erkundung des Gebäudes macht sicher nicht nur Kindern Spaß. (Geöffnet: 15.5.-31.8. 10-16 Uhr, ansonsten nur So 12-15 Uhr, 30 NOK.)

Bei Interesse an alten und modernen Fischfangmethoden sowie der Küstenkultur kann das hinter der Festung in der Nähe des Fähranlegers gelegene **Norwegische Fischereimuseum** besucht werden. (Geöffnet: Juni bis Aug. Mo-Fr 10-18 Uhr, Sa/So 12-16 Uhr, ansonsten Mo-Fr 10-16 Uhr, Sa/So 12-16 Uhr, 30 NOK, Studenten 10 NOK.)

Auf dem Weg zurück in Richtung Torget biegt man nun vor der Festung nach links ab und gelangt so, um zwei Ecken herum, zur **Mariakiche.** Das aus dem 12. Jh. stammende Gotteshaus ist das älteste Bauwerk der Stadt und war die Gemeindekirche der Hansekaufleute. Im Kontrast zum schlichten romanisch-gotischen Äußeren steht das prachtvolle Interieur. Ältestes Inventarstück ist der mit Blattgold verzierte Altarschrank aus dem 15. Jh. Das von einem deutschen Meister geschaffene Werk zeigt Maria mit dem Kinde, umgeben von Heiligen wie *St. Olav* und den 12 Aposteln. In der Mitte des Raumes steht die barocke Kanzel aus dem Jahr 1676. (22.5.-31.8. Mo-Fr 9.30-11.30 und 13-16 Uhr, ansonsten Di-Fr 12-13.30 Uhr, 20 NOK.)

Gleich hinter der Kirche, verdeckt durch eine alte Steinmauer, liegt die **Schøtstuene.** Das Hansehaus war

Kneipe, Küche und Aufenthaltsraum der Handelsleute. Nur diese Räume durften, aus Brandschutzgründen, geheizt werden. In den düsteren Gemächern kann man noch heute, mit etwas Fantasie, die altnordischen Diskussionen nachhallen hören, und blickt man nur lang genug auf den knorrigen Tisch, erwachen auch die alten Handelsherren zu neuem Leben. Hier saßen sie beisammen, tranken, speisten und hielten Gericht. (Geöffnet: Juni-Aug. 10-17 Uhr, Mai/Sept. 11-14 Uhr, Okt.-April Di-So 11-14 Uhr, 45 NOK, Ticket gilt auch für das Hanseatische Museum.)

Weiter geht es nun die Øvregate entlang bis zu dem hübschen **Platz mit dem verrückten Namen Vetrlidsalmenning.** Als Almenninge werden in Bergen die sich zu Plätzen erweiternden Straßenzüge bezeichnet. In diesem Fall ist ein solcher Markt der Ausgangspunkt für die **Standseilbahn zum Berg Fløyen** (8-23 Uhr, Mai-Aug. bis 24 Uhr, 70 NOK retour). Man nimmt in den neuen Wagen Platz und schon bald, nach kurzer Tunnelfinsternis, ziehen hübsche Holzhäuser, alte Bäume und ein wunderbares Stadtpanorama am Fenster vorbei. Die besten Plätze sind die im unteren Teil des schrägen Waggons. Die Fahrt endet auf 320 m Höhe. Der Blick von hier oben ist, wie eingangs beschrieben, grandios. Man glaubt, jede Regung, jeden Pulsschlag der Stadt live miterleben zu können. Wer genug geschaut hat, kann im qualitativ recht guten Restaurant einkehren oder schöne Wanderungen in das umliegende einsame Gebirge beginnen. Lohnend ist auch statt der Fahrt der Spaziergang hinab in den Ort. Dazu umrundet man zunächst das Bahngebäude und hält sich anschließend links (Weg Nr. 4). Bei der nächsten Gelegenheit biegt man wieder nach links ab und läuft in Serpentinen durch einen schönen Buchenwald. Anschließend nimmt man entweder die erste oder die zweite Abzweigung nach links und wandert durch hübsche Wohngebiete hinab in die Stadt.

Am Fußpunkt der Standseilbahn geht es weiter, links herum, in Richtung **Domkirche.** Das gar nicht so große Bauwerk stammt ursprünglich aus dem 12. Jh., später wurden viele Teile im Stile der Gotik verändert. Das kostenlos zu besichtigende, düstere Innere mit seiner barocken Altartafel ist eine Besichtigung wert, obgleich die eigentliche Besonderheit des Gotteshauses außen, hoch oben an der Fassade des Turmes zu entdecken ist: Hier sitzt seit einer Seeschlacht im Hafen vor knapp 350 Jahren eine eiserne Kanonenkugel im Mauerwerk fest. (Geöffnet: Mitte Juni-Mitte Aug. Mo-Fr 11-16 Uhr, ansonsten Di-Fr 11-12.30 Uhr, Do 12 Uhr Orgelmusik.)

200 m weiter geradeaus, liegt in einem alten Holzhaus das **Lepramuseum** (15.6.-31.8. 11-15 Uhr, 30 NOK).

Die dritte im Bunde der alten Kirchen Bergens ist die nahe gelegene, über den Kong Oscars gate zu erreichende **Kreuzkirche (Korskirke).** Das

von einem kleinen, romanischen Garten umgebene Haus stammt ebenfalls aus dem Mittelalter, wurde jedoch im Renaissancestil umgebaut. Das Innere ist eher schlicht und freundlich gehalten. (Mo-Sa 11-15 Uhr, Do bis 18 Uhr, freier Eintritt, im Sommer Mi 11.30 Uhr und Sa 12 Uhr Orgelmusik.)

Über den Korskirkealmenningen gelangt man (vorbei an einer auf der rechten Seite gelegenen Ökobäckerei mit leckerem Brot) zurück zum Torget.

Abstecher auf die Nordnes-Halbinsel

Etwas südlich des Fischmarktes liegt der **Torgalmenningen** mit dem etwas klobig wirkenden **Seemannsmonument**. Entlang des erst kürzlich renovierten Platzes liegen die größten Kaufhäuser der Stadt und das schmucke Einkaufszentrum Galleriet.

Nach rechts geht es weiter Richtung Halbinsel Nordnes, über die Strandgate zur **Nykirke** (im Sommer Di-Fr 10-14 Uhr, Orgelkonzert Mi um 12 Uhr). Der Bau stammt ursprünglich aus dem 18. Jahrhundert, wurde jedoch bei der Explosion 1944 mit zerstört und ist deswegen wirklich „neu", wie der Name schon sagt. Gegenüber der Kirche liegt eine der Serpentinenstraßen von Nordnes. Selbst ein Meister der Lenkradbeherrschung wird sie wohl kaum befahren können, ohne hin und her rangieren zu müssen.

Weiter geht es nun bis zu dem am Ende der Halbinsel gelegenen **Aqua-**

rium. In 42 Becken sieht man alles, was die Nordsee noch so hergibt. Natürlich sind auch einige buntere Artgenossen aus der Südsee sowie Seehunde und Pinguine vertreten. Eine der größten Attraktionen, der Stör „Nikita", ein Geschenk des sowjetischen Staatspräsidenten *Nikita Chruschtschow* aus dem Jahr 1964, ist 1999 an einer Überdosis artfremden Salzwassers verstorben. (Geöffnet: Mai-Aug. 9-19 Uhr, ansonsten 10-18 Uhr, Fütterungen um 12 und 16 Uhr, 100 NOK, Familien 250 NOK. Fähre ab Torget.)

Zurück geht es über den Haugeveien durch eines der schönsten **Holzhausviertel** Bergens. Entlang steiler Kopfsteinpflastergassen stehen die Häuser kunterbunt durcheinander, wie im Spielzeugladen. Für einen Zwischenstopp bei Kaffee und Kuchen bietet sich das Kulturhaus USF unten am Wasser an (Verftsgaten).

In Richtung des Sees
Lille Lungegårdsvann

Der Torgalmenningen mündet auf den **Ole Bulls plass,** ein idealer Ort, um sich auf einer Bank eine Pause zu gönnen. Diese könnte z. B. vor dem **Theater** (Den Nationale Scene) stehen. Es ist das älteste Schauspielhaus Norwegens und wurde 1850 vom „Teufelsgeiger" *Ole Bull* gegründet. Über den Platz mit seinem Namen geht es nun in Richtung des Sees Lille Lungegårdsvann. Am rechten Ufer liegen einige Museen, die kein Kunstfreund verpassen sollte. Erstes ist das **Vestlandske Kunstindustriemuseum**. Es zeigt nationales und internationales Kunstgewerbe (u. a. aus dem chinesischen Kulturraum), Designerprodukte und die 1562 erbaute älteste Geige der Welt. (Geöffnet: 15.5.-14.9. 11-17 Uhr, ansonsten Di-So 12-16 Uhr, 50 NOK, Studenten 40 NOK.)

Nebenan liegen die Gebäude des sehenswerten **Bergen Kunstmuseums.** (Geöffnet: 11-17 Uhr, 15.9.-14.5. Mo. geschlossen, 50 NOK, Studenten 35 NOK.) Das erste Haus, das früher die Stenersen Sammlung beherbergte, bietet nun Raum für wechselnde Ausstellungen. Nebenan, in der **Bergen Kunsthall** (Di.-So. 12-17 Uhr, 40 NOK) werden ebenfalls temporäre Ausstellungen gezeigt, zumeist zeitgenössische Kunst. Nächste Highlights sind die **Rasmus Meyers Sammlung** mit norwegischen Werken aus der Zeit des 18. Jahrhunderts bis 1915, u. a. *Edvard Munch, J. C. Dahl, Tidemand* und *Harriet Backer,* und die neu gestaltete **Galerie Lysverket.** Zu sehen sind hier Kunst aus dem 15. Jahrhundert bis in die Gegenwart und die Gemälde aus der **Stenersen Sammlung,** u. a. *Munch, Picasso, Miró, Kandinsky* und *Klee.*

Hat man im letztgenannten Museum einmal aus dem Fenster geschaut, wird man die etwas hässlichen Betonmauern der ansonsten hervorragenden **Grieg-Halle** gesehen haben. Wir gehen an dieser vorbei die Strømgate entlang. Auf dem Weg passieren wir einige Villen aus der Zeit um 1900 und kommen zum Nygårdspark. Bei schönem Wetter empfiehlt sich ein Spaziergang durch den idyllischen Landschaftspark.

Vor dem Park biegen wir in den Parkveien ab. Die Straße führt vorbei am neu erbauten Haus des Studentsenter und endet am großen, hellen Gebäude der **Naturhistorischen Sammlungen**. Zu sehen ist hier viel ausgestopftes Getier, aber auch eine sehr umfangreiche Mineraliensammlung, ein riesiges Walskelett und Dutzende getrockneter Pflanzen. (1.6.-31.8. Di-Sa 10-16 Uhr, So 11-16 Uhr, ansonsten Di-Fr 11-14 Uhr, Sa/So 11-15 Uhr, 30 NOK, Studenten gratis.) Umgeben ist das Haus von einem kleinen, aber feinen **Botanischen Garten mit Gewächshaus**.

Man umrundet nun das Gebäude und gelangt zu den dahinter liegenden **Kulturhistorischen Sammlungen**. In den zumeist erst kürzlich renovierten und neu aufbereiteten Räumen erhält man einen Einblick in die Kulturgeschichte Norwegens. Eine interessante Sammlung von Stabkirchportalen und Interieur, eine Ausstellung zu den Wikingern, mittelalterliche Ikonen und Informationen zur Stadtgeschichte rechtfertigen den Besuch. Nur die ethnografische Abteilung ist etwas blass und dürftig gehalten. (Geöffnet: siehe „Naturhistorische Sammlungen".)

Im Gebäude nebenan, im **Seefahrtsmuseum**, erfährt man alles über die Tradition der Schifffahrt und deren Bedeutung für die Stadt. (Geöffnet: Juni-Aug. 11-15 Uhr, ansonsten 11-14 Uhr, 30 NOK, Studenten frei.)

Letzte Sehenswürdigkeit dieses Stadtviertels ist die am Universitätsgelände stehende **Johanneskirche**. Das neugotische Backsteingebäude wurde 1894 errichtet und beeindruckt im Inneren durch seine filigrane und überaus zerbrechlich wirkende Holzdachkonstruktion. (Geöffnet: Ende Juni-Mitte Aug. Di-Sa 11-14 Uhr, ansonsten Di-Fr 11-12.30 Uhr.) Von der Kirche führt eine steile Straße zurück zum Ausgangspunkt.

Nördlich der Innenstadt

Einige Kilometer außerhalb liegt **Gamle Bergen**, das **Freilichtmuseum**. Die über vierzig Stadthäuser aus dem 18. und 19. Jahrhundert waren teilweise bei der „Stadtplanung" im Wege. Zum Glück hat man sie hierher umgesetzt und so ein schmuckes, sehenswertes Ambiente geschaffen. Die Einrichtungsgegenstände, wie z. B. die Utensilien von Zahnarzt, Bäcker und Fotograf, sind nur im Rahmen einer Führung zu besichtigen. Gesondert wird zudem noch eine hübsche Spielzeugausstellung präsentiert. (Führungen Mitte Mai-Anf. Sept. 10-17 Uhr, 50 NOK, die Anlage selbst ist gratis zu betreten. Anfahrt: ab Torget die E 16/39 nach Norden, außerhalb des Mautrings gelegen, Busverbindung.)

Südlich der Innenstadt

In Richtung Nesttun liegen einige Sehenswürdigkeiten, die nach Möglichkeit nicht verpasst werden sollten. Die erste ist der 642 m hohe **Berg Ulriken**. Zu seinem Gipfel schwebt eine **Seilbahn** mit den Gondeln „Ulrik" und „Ulrike". Der Blick – wie aus einem Krähennest – reicht über die zu Spielzeuggröße geschrumpfte Stadt hinweg bis zum Schärenlabyrinth der Küste. Auch lassen sich vom Fernsehturm aus vorzügliche kurze bis eintägige Wanderungen unternehmen. (Geöffnet: 9-21 Uhr, im Winter: 10-17 Uhr, 90 NOK, inkl. Shuttle Bus ab Torget 150 NOK (Bus und Seilbahn); mit dem Auto ist die Seilbahn ab Torget über die Rv 585 zu erreichen.)

Über die E 39 oder die Rv 585 kann die **Fantoft-Stabkirche** aufgesucht werden. Vom Original-Bauwerk aus dem Jahr 1150, welches 1883 von Fantoft hierher verlegt wurde, ist nichts mehr erhalten: Am 6. Juni 1992 brannte die ganze Pracht ab. Zum Glück konnte alles restauriert werden, wobei allerdings ein hässlicher Maschendrahtzaun, der einen neuen Anschlag verhindern soll, dem Fotografen die Sicht nimmt. (15.5.-15.9. 10.30-18 Uhr, 30 NOK, Studenten 20 NOK; alle Busse ab Bahnsteig 19, 20, 21 bis Haltestelle Fantoft.)

Wer sich schon immer mal die Frage gestellt hat, wie denn ein König so residiert, sollte die Gelegenheit nutzen und **Gamlehaugen** besuchen. Ist seine Majestät anwesend, kann das Haus natürlich nicht besichtigt werden. Ansonsten ist dies Juni-Aug. Di-Fr 12-15 Uhr möglich. Der Garten kann ständig betreten werden. Das Haus liegt in Fjøsanger im südlichen Teil Bergens (Busverbindung).

Pilgerziel aller Musikliebhaber ist **Troldhaugen,** der **ehemalige Wohnsitz Edvard Griegs.** 22 Jahre seines Lebens verbrachte der weltberühmte Komponist in dem Haus am Nordåsee. Sein Grab und das seiner Frau *Nina* befinden sich im Garten des Anwesens. Zu besichtigen sind neben seiner Komponistenhütte auch das 1995 eröffnete **Grieg-Museum.** Zudem laden ein Café und der Musiksaal zum Verweilen ein. (Geöffnet: 1.5.-30.9. 9-18 Uhr, ansonsten meist Mo-Fr 10-14 Uhr, Sa/So 12-16 Uhr, 60 NOK, Studenten 20 NOK; Anfahrt: über die E 39 Richtung Süden, 7 km; Bus wie Fantoft Stabkirche, Haltestelle Hopsbroen.)

Weitere lohnende Ausflugsziele südlich der Innenstadt sind über die Straße 553 zu erreichen:

Zum **Arboretum** und zum **Botanischer Garten** biegt man in Fjøsanger auf die Rv 556 in Richtung Blomsterdalen (Blumental) ab und schlägt in Hjellestad den Weg nach Milde ein. (Parkplatz am Hafen.) Nun geht es wenige Meter bergan die Straße zurück. Linker Hand befinden sich die schönen Anlagen des Botanischen Gartens. Zum extrem weitläufigen Arboretum, mit Bäumen aus aller Welt, folgt man nach rechts einer kleinen Straße.

In **Fana,** einem kleinen Ort mit einer 1105 erbauten Steinkirche und dem Horda-Museum für Landwirtschaft und Handwerk, endet die Rv 553. Hier fährt man nun auf einer kleinen Serpentinenstraße in Richtung Süden. An einer Weggabelung nach 8 km geht es links zu den **Ruinen des Lyseklosters,** einer 1146 gegründeten Zisterzienserabtei, und rechts zum Parkplatz am Fähranleger **Lysøen.** Die Bootspassage in Richtung des märchenhaften Hauses kostet 50 NOK und ist durchaus ihr Geld wert. Die außergewöhnliche **Holzvilla des Gei-**

gers **Ole Bull** ließ der Meister 1872/73 für seine Familie errichten. Dem Musiker, der nie eine Ausbildung absolviert hatte, eilte der Ruf voraus, mit dem Teufel im Bunde zu sein, um so rasant spielen zu können. *Bull* selbst verstand sich eher als Reisender in Sachen der schönen Künste. Dementsprechend vereint das von einem Zwiebelturm gekrönte Haus Stilelemente aus aller Welt, wie z. B. maurische Gewölbebögen und jüdische Sterne. Die Wohnräume sind Mitte Mai-Ende Aug. täglich 12-16 Uhr (So 11-17 Uhr) zu jeder vollen Stunde im Rahmen einer Führung (30 NOK, auch auf Deutsch) zu besichtigen. Auf der Insel laden zudem Badestrände und idyllische Wanderwege zum Verweilen ein (Boot, 40 NOK retour: letzte Rückfahrt 16.30, So 17.30 Uhr; Bus 19, 20, Haltestelle Buena Kai, 110 NOK, retour.)

Ein weiterer Vertreter der norwegischen Musikszene ist der **Komponist Harald Sæverud** (1897-1992). Seine durchdringende Musik ist in Mitteleuropa noch ein echter Geheimtipp und kann auf Konzerten in seinem ehemaligen **Wohnhaus Siljustøl** erlebt werden. Außerdem steht im Sommer die ganze 700 m² umfassende, 1937 fertiggestellte Natursteinvilla Ende Juni-Ende Sept. So 12-16 Uhr Besuchern offen (50 NOK, Studenten 20 NOK; Rv 553, 12 km südlich des Zentrums.)

Westlich der Innenstadt

Hier sind zwei herrschaftliche Anwesen zu bewundern. Zum einen ist dies der gegenüber der Halbinsel Nordnes gelegene **Damsgård Hovedgård.** Das stattliche Holzhaus wurde im 18. Jh. im Rokokostil erbaut und ist umgeben von einem schönen Park. (Führungen im Sommer Di-So zu jeder vollen Stunde 11-16 Uhr, 50 NOK, Rv 555, Bus 19.)

Das zweite Gebäude ist **Alvøen** (12 km westlich der Innenstadt). Das Haus dem Jahr 1797 beherbergt alte Möbel, Porzellan und Gemälde und liegt ebenfalls in einem herrlichen Park. (Führungen im Sommer So 12-16 Uhr, 50 NOK, Lage: nahe der Rv 555, Bus 433-439).

Praktische Informationen

Touristeninformation

●Vågsallmenigen 1, 5014 Bergen, Tel. 5555 2000, Fax 55552001, www.bergen-guide.com, www.visitbergen.com, an einem kleinen Platz am Fischmarkt gelegen. Das Haus war ehemals der Sitz der Bergener Börse. Erbaut wurde es 1862 und im Inneren in den 1920er Jahren mit kunstvollen Fresken versehen, geöffnet: Juni bis Aug.: 8.30-22 Uhr, Mai/Sept. 9-20 Uhr, ansonsten Mo-Sa 9-16 Uhr, Auskünfte zu Bergen und Westnorwegen, Zimmervermittlung, Tickets, Briefmarken und Telefonkarten, Gepäckaufbewahrung.

Bergen Card

●Mit ihr ist kostenlos: Eintritt in fast alle Museen, Fahrten mit öffentlichen Verkehrsmitteln, Parken auf kommunalen Parkplätzen, Eintritt in Frei- und Hallenbad; Ermäßigungen: Ulriksbahn, Aquarium, Mietwagen, Sightseeing; Preise: 24 Std. 170 NOK (Kinder 70 NOK), 48 Std. 250 NOK (Kinder 100 NOK).

Orientierung/Parken

●**In das Stadtzentrum:** führen die E 16, E 39, Rv 585; Abfahrt „Sentrum" am großen Kreisverkehr in der Nähe des Bahnhofs.

BERGEN

●**Parken:** Parkhäuser: Parkhaus ByGarasjen – ab der E 39 dem Vestre Strømkai folgen. Anfahrt ab dem Fähranleger: Am Fähranleger nach rechts, hinter dem zweiten Kreisverkehr in den Tunnel, nach dem Tunnel immer links halten! (15 NOK/Std.; max. 75 NOK/Tag). Parkhaus Klostergarasjen: 20 NOK/h, 100 NOK/Tag, 70 NOK 18-6 Uhr; am Beginn der Halbinsel Nordnes, über die Str. Vaskerelven erreichbar. Ab Fährkai: nach links. Einfahrt über die Str. Vestre Murallmenning. Parkplätze: 18 NOK/Std. im Zentrum, 12 NOK/Std. am Ende der Halbinsel Nordnes (Tollbudalmenningen, Klostergate; max. 9 Std.); gratis ab 17 Uhr, Sa ab 10 Uhr und So (Hinweis: In der nächsten Zeit werden eventuell alle Zentrumsparkplätze in Anwohnerparkplätze umgewandelt. Bitte nehmen Sie das Parkhaus ByGarasjen – gratis P-Bus ins Zentrum.)

●**Aus dem Zentrum heraus:** Ausschilderung am Torget beachten. Nach Norden: Über die Rv 585 zur E 39/E 16, Richtung Åsane! Nach Westen (Sotra): über die Rv 555; Nach Süden (Troldhaugen, Campingplätze, Lysøen): Über die E 39/Rv 580. Die Ausschilderung variiert. Richtung Stavanger bzw. Nesttun fahren.

●**Maut:** Mo-Fr 15 NOK; Es gibt keine Kassen. Es gilt ein elektronisches AutoPass System mit Lesegerät. Für Touristen: Nachbezahlen an Tankstellen in Bergen möglich bzw. bekommt man später eine Rechnung zugesendet (klappt nicht immer). www.brotunnel.no; Brücke nach Askøy – 70 NOK.

An- und Weiterreise

●Vom **Bahnhof** ins Zentrum geht es immer geradeaus über die Fußgängerzone Marken. 5x täglich **Bergen-Bahn** in Richtung Voss und Oslo.

●**Busbahnhof:** unweit südlich des Bahnhofs. Eingang durch ein Einkaufszentrum. **Fernbusse: 162** (Lillehammer, 520 NOK) **165** (Oslo, 620 NOK), **400** (Stavanger, 400 NOK), **430** (Førde, 270 NOK; Ålesund, 550 NOK), **431** (Ålesund 550 NOK), **432, 440** (Trondheim, 715 NOK), **450** (Sogndal, 380 NOK); **Regionalbusse:** z. B zu den Inseln Store Sotra, Askøy, in die Region südlich von Bergen und zum Hardangerfjord, www.hsd.no.

●**Schnellboote/Fähren: Flaggruten** (Tel. 55238700, www.flaggruten.no), ab Vågen nach Haugesund (440 NOK), Stavanger (640 NOK); **Fylkesbaatane** (Tel. 55907070, www.fylkesbaatane.no), nach Florø (490 NOK) und Selje (640 NOK) sowie Balestad (400 NOK), Sogndal (480 NOK), Flåm (550 NOK); überall 50 % Studenten- und Interrailrabatt; Fähren ab Festung Bergenhus: **Fjord Line** (Hanstholm, Newcastle), **Smyril Line** (Island, Färör Inseln); Ab Hurtigrutenkai: **Color Line** (Stavanger und Hirtshals), **Hurtigrute** (Abfahrt Sommer 20 Uhr, Winter 22.30 Uhr; Ankunft 14.30 Uhr; Tel. 8103000, www.hurtigruten.com).

●**Flughafen:** in Flesland, 20 km südwestlich der Stadt, Flughafen nachts geschlossen, Tel. 55998000, www.hjemme.no/bgo; Verbindungen u. a. mit Norwegian nach Hamburg und Berlin. Flughafenbus: www.flybussen.no/bergen, 75 NOK; Haltestellen: Fantoft, Busbahnhof, SAS Hotels.

Stadtverkehr

●**Fahrkarten** gibt es am Busbahnhof, der Touristeninformation oder in den Bussen. **Gratis ist die Fahrt vom Haupt- und Busbahnhof zur Stadtmitte (P-Buss)!** www.gaiatrafikk.no.

●Die meisten **Busse** halten in der Olav Kyrres gate und natürlich am Busterminal südlich des Bahnhofs.

●**Fährverkehr** zwischen Fischmarkt und Aquarium (Mo-Fr bis 16.15 Uhr, 40 NOK hin und zurück).

Autovermietung

●**Budget,** über Touristeninformation (Tel. 55273990); **Avis,** Lars Hillesgt. 20a (Tel. 55553955); **Europcar** (Tel. 55367000); **Bruktbilutleie** (www.bruktbilutleie.no, Gebrauchtwagen, für 400 NOK pro Tag, Tel. 55960180); **Auto 23** (www.auto23.no, Gebrauchtwagen).

Taxi

●Tel. 55997000 oder Tel. 07000.

Hotels (*****/****)

Unterkünfte (DZ ab 400 NOK, EZ ab 260 NOK) **vermittelt gegen 30 NOK Gebühr**

die Touristeninformation. Alle Hotels bieten im Sommer Last-minute-Preise an, die bei 400-600 NOK pro Person liegen.
- **SAS Hotel Norge,** Ole Bulls plass 4, Tel. 55573000, Fax 55573001, (*****). Größtes, komfortabelstes und natürlich teuerstes Hotel im Herzen der Stadt. Selbstverständlich gibt es ein erstklassiges Restaurant, Sauna und Hallenbad.
- **SAS Royal Hotel,** Bryggen, Tel. 55343000, Fax 55573031, (*****). Edles First-Class- Hotel neben den Hansehäusern. Gemütliche Zimmer (ohne Aussicht), glasüberdachtes Restaurant, Schwimmhalle und viel Komfort.
- **Thon Hotel Rosenkrantz,** Rosenkrantzgt. 7, Tel. 55301400, Fax 55311476, (*****). Großes, 1921 erbautes und 1995 renoviertes Haus mit ansprechend eingerichteten Zimmern und ruhiger, allerdings lichtarmer Lage. Das Restaurant ist teuer und gut, der Nachtclub gehört zu den beliebtesten der Stadt.
- **Grand Hotel Terminus,** Zander Kaaesgt. 6, Tel. 55212500, Fax 55212501, (*****). Traditionsreiches Haus am Bahnhof. Es gehört zu den Historischen Hotels in Norwegen und ist dementsprechend gemütlich ausgestattet.
- **Clarion Hotel Admiral,** C. Sundtsgate 9, Tel. 55236400, Fax 55236464, (*****). Die Zimmer und Aufenthaltsräume wirken etwas einfallsloser als in den anderen großen Hotels der Stadt, dafür hat man hier den wohl besten Blick über Hafen und Altstadt.
- **Strand Hotel,** Strandkaien 2b, Tel. 5559 3300, Fax 55593333, (****). Kleines Hotel im 3. Stock. Familiäre Atmosphäre und Hafenblick. Aussicht über den Torget bieten auch die Ervingen Kaffistova (günstiger Kaffee und Kuchen) sowie das Restaurant Lido mit seinen preiswerten Tagesgerichten (100-120 NOK).
- **Hotel Hordaheimen,** C. Sundtsgt. 18, Tel. 55335000, Fax 55234950, (*****). Behagliches Apartmenthotel zwischen Hafen und Holzhausviertel. Geschmackvoll eingerichtet mit einer Küchenecke.
- **Augustin Hotel,** C. Sundtsgt. 22-24, Tel. 55304000, Fax 55304010, (*****). In der Preiskategorie um 1200 NOK für das DZ, ist dieses Haus vielleicht die beste Wahl. Antike Möbel, gemütliche Aufenthaltsräume und ein uriges Restaurant schaffen Atmosphäre.

- **Romantik Hotel Park Pension+,** Harald Hårfagresgt. 35, Tel. 55544400, Fax 55544444, (*****/****). Das 1890 erbaute Haus liegt im Villenviertel der Stadt und quillt geradezu über mit antikem Interieur. Zum Hotel gehört auch ein gegenüberliegendes, etwas moderner eingerichtetes Gebäude.
- **Steens Hotell+,** Parkvn. 22, Tel. 55314050, Fax 55326122, www.steenshotel.no, (*****). Jedes Zimmer (DZ 1100 NOK) der alten Villa ist anders gestaltet und weist eine Besonderheit auf. Stilvoll und romantisch sind vor allem die unter dem Dach gelegenen Räumlichkeiten. Als Zugabe gibt es einen urigen Aufenthalts- und Frühstücksraum und zumeist freien Blick über den hübschen Nygårdspark.
- **Thon Hotel Bergen Brygge,** Bradbekken 3, Tel. 55308700, 55329414, (***/****) Zentral gelegener Hotelturm an der Festung Bergenshus. Geschmackvoll eingerichtete, preiswerte Zimmer (ab 800 NOK!), gutes Restaurant, Kaminzimmer und Hafenblick! Oft ausgebucht.

Holzhäuser in Bergen

Gästehäuser/Pensionen (*/**/***)

● **Marken Gjestehus,** Kong Oscarsgate 45 (zwischen Hbf. und Torget), ganzjährig geöffnet, Tel. 55314404, Fax 55316022, (*). www.marken-gjestehus.com. Empfehlenswerte Pension im Eckhaus. 2005 renoviert. DZ 500 NOK; Bett ab 155 NOK (Zimmer nach Geschlechtern getrennt!); Küche, gute Bäder, Aufenthaltsraum mit TV. Bettwäsche auf Wunsch (55 NOK). Seit 2005 auch: **Citybox**, Nygårdsgaten 31, Tel. 55312500, DZ ab 500 NOK, preiswert und gut.

● **Crowded House,** Håkonsgate 27, Tel. 5590 7200, www.crowded-house.com. Einfache Pension im Zentrum mit DZ ab 600 NOK. Qualität hat in den letzten Jahren nachgelassen.

● **Gullaksen Gjestehus,** Olav Kyrresgt. 32, Tel. 55964373, www.gullaksen-gjestehus.no. Zentral, in der Nähe des Fischmarkts. DZ 500-650 NOK. Küche.

● **Skansen Pensjonat,** Vetrlidsal. 29, Tel. 55319080, www.skansen-pensjonat.no. Nette Pension mit Aussicht. Zentral, am Platz wo die Fløyenbahn beginnt. DZ inkl. Frühstück ab 600 NOK, Balkonzimmer 700 NOK.

● **Skandia Sommerpensjonat,** Kong Oscars gt. 22, Tel. 55210035, www.skandiapensjonat.no. Geöffnet: Mitte Juni-Mitte Aug. DZ ab 500 NOK. 100 m ab Turistinfo.

● **Fjellsiden Gjestehus,** Øvre Blekevei 16, oberhalb der Brygge (über Øvregt.–Steinkjellergt. erreichbar), Tel. 55321791 oder 95129851 (mobil), www.harila.biz. Kleine Pension. Gemütliche Zimmer (500 NOK) in weißem Holzhaus. Stadtblick. Küche.

● **Skiven Gjestehus,** Skivebakken 17, Tel. 5531 3030, DZ 450 NOK, Holzhaus in Bergens buntester Straße. Am Hang, Bahnhof rechts.

● **Sydnessmuget Gjestehus,** Sydnessmuget 5, Handy: 93420539, DZ 600 NOK, in romantischem Holzhaus. Stadtteil Sydnes, 500 m bis Zentrum.

● **Jacob's Apartments,** Kong Oscars gate 44, Tel. 98238600, www.apartments.no. Zentrale Lage. Recht schöne Appartements mit Küche (ab 400 NOK/Pers.). Schlafsaal (170 NOK/Bett). Aufenthaltsraum.

● **City Apartement Hotel,** Christiesgate 14, Tel. 55558777, www.city-apartment.no. Am Rande des Zentrums gelegen. Guter Standard, neu renovierte Zimmer. Küche.

● **No. 17 Grønnestølen Gaard,** Grønnestølsveien 17, 4 km südl. (Str. zweigt von der E 39 ab – aus Richtung Zentrum kommend), Tel. 55286600 oder 90550448 (mobil), www. no17.biz, Alter Hof in schöner Lage. DZ ab 500 NOK, Bad auf Flur, TV-Zimmer, Küche, gratis Parkplatz.

Schlafsäle/Jugendherberge

● **Intermission,** Kalfarveien 8, Tel. 55300400, 16.6.-15.8., Bett 120 NOK. Der Schlafsaal mit 37 Plätzen liegt unweit oberhalb des Bahnhofs. Das hübsche Holzhaus mit Garten, Küche, Waschmaschine und einer angenehmen Atmosphäre ist unbedingt dem YMCA und der Jugendherberge vorzuziehen. Oft ausgebucht, und man schließt von 11-17 Uhr. Zum Ausgleich gibt es donnerstags kostenlose Waffeln!

● **Vandrerhjem YMCA,** zentral unterhalb Korskirke, Tel. 55606055, Fax 55606051, www.bergenhostel.com. Geöffnet: 2.1.-22.12. (in Nebensaison vor Ankunft Rezeption informieren), Bett 125 (Nichtmitglieder 155 NOK), im 4-Bett Zimmer 170-200 NOK/Pers., DZ ab 650 NOK. Nette Zimmer, eher ungastlicher Schlafsaal, dafür gute Camperküche und schöner Aufenthaltsraum.

● **Vandrerhjem Montana,** 5 km südlich des Zentrums in Landås (nahe Rv 585, Bus Nr. 31). Tel. 55208070, Fax 55208075, www. montana.no, 4-Bett-Zimmer 230 NOK p. P., DZ 700 NOK. Schlafsaal (nur im Sommer) 180 NOK. Bekannte und recht gute JH. Gemütliche Aufenthaltsräume. Großes Frühstücksbuffet.

Campingplätze

Leider liegen fast alle Plätze weit außerhalb und lassen teilweise von der Lage her etwas zu wünschen übrig.

● **Lone Camping,** Haukeland, Rv 580, 19 km bis Bergen, Tel. 55392960, Fax 55392979, ganzjährig geöffnet. Zwar der am weitesten von der Stadt entfernt liegende Platz (an Shell-Tankstelle), aber auch der schönste! 18 Hütten (*/**), 12 Zimmer. Neue, saubere Sanitäranlage, recht ruhige Lage an einem

schönen See. TV-Zimmer. Trampolin. Kanuverleih.
- **Bratland Camping,** Haukeland, Tel. 5510 1338, Fax 55105360, geöffnet: Mitte Mai bis Anfang September. Kleinerer Platz an der Straße 580, 17 km südlich. 13 Hütten (*/**/****).
- **Grimen Camping,** Helldal, an der Rv 580, Tel. 55102590, geöffnet: Mai bis Okt. 15 km südlich der Stadt, ebenfalls an einem See gelegener Platz mit 17 Hütten (*/**).
- **Midttun Motell und Camping,** Nesttun, Tel. 55103900, Fax 55104640, ganzjährig geöffnet. Vierter Platz an der Rv 580 nur 10 km südlich des Zentrums. 6 Hütten (**/***), 32 Motelzimmer, Sauna und Solarium.
- **Bergen Campingpark,** Haukås i Åsane, Tel. 55248808, Fax 55248606, ganzjährig geöffnet. Großer Platz mit Mängeln, 15 km nördlich von Bergen an der E 39. 16 Motel-Zimmer 19 Hütten (*/***). Mittlere Qualität.
- **Skogtun (Møvik) Camping,** Rv 559, 20 km westlich von Bergen, Tel. 56334866, ganzjährig geöffnet. Herrlich gelegener Platz im Schärengarten der Insel Sotra. Allein die sanitären Einrichtungen schmälern das Erlebnis. Zu erreichen ist der Platz über die Rv 555. In Fjell zweigt man dann auf die Rv 559 und folgt der Ausschilderung. Busse 465-469 (15-20x täglich, bis Ulveseth Skole (Schule) und dann 2 km zu Fuß. 50 NOK, Sechserkarte: 200 NOK, 8 Hütten (*). DZ 500 NOK.
- **Bergen Caravan Center,** Sandviksbodene 1, Tel. 55568850, Juni-Aug., Stellplatz am Wasser. Ab Zentrum an den Bryggen vorbei, 1 km nach Norden.

Essen und Trinken

Wer über das nötige Kleingeld verfügt (150-250 NOK/Gericht), kann in den folgenden Restaurants fürstlich tafeln. Außerdem verfügen alle besseren Hotels über gute Lokale.
- Einige der besten Restaurants der Stadt befinden sich in den Hansehäusern der Brygge. Zu ihnen zählen das **Fischrestaurant Enhjørningen,** das in historischem Ambiente gehaltene **Bryggeloftet & Stuene** sowie das urige Lokal **Bryggen Tracteursted.** Es liegt hinter den Frontgebäuden und ist eines der ältesten Gasthäuser Norwegens.
- Empfehlenswert sind auch die schon als Klassiker geltenden Lokale **Holbergstuen** (im Galleriet-Einkaufscenter) und **Wesselstuen** (Ole Bulls plass 8/10).
- **Spisekroken,** Klostergaten 8, gemütliches Restaurant mit sehr guten Speisen (rund 240 NOK). Ab 16 Uhr geöffnet.
- **Soho,** Sushi-Restaurant in der Håkonsgate 27. Gerichte für rund 200 NOK, Happy Hour (Mo-Sa 16-18 Uhr, ab 160 NOK).
- Einige **internationale Restaurants** (Mexikaner, Peppes Pizza) beherbergt die Zachariasbrygge am Torget.
- Der Touristeninformation gegenüber liegt **Jeppes,** mit der Pizza für 80 NOK.
- Wer es **preiswerter** mag, sollte sich zur südlich des Ole Bulls plass gelegenen Neumannsgate begeben. Hier liegen diverse preiswerte (50-100 NOK) **italienische und Kebab-Kneipen** sowie das **Café Opera** (Engen 24, Gerichte für 60-120 NOK). In der Querstraße Sigurdsgate befindet sich das vortreffliche **vegetarische Restaurant Pars** (150 NOK, 16-23 Uhr geöffnet). Ein weiterer preiswerter Kebab-Imbiss liegt am Platz vor der Fløien-Bahn.
- **Pygmalion,** Nedre Korskirke allmenning 4, Ökocafé mit vegetarischem Essen. Am Platz vor der Kreuzkirche, in der Nähe des Fischmarktes gelegen.
- **Cyclo,** asiatisches Restaurant in der Olav Kyrres gate 28. Preiswerte Gerichte für rund 90 NOK!
- **Kulturhaus USF** (Halbinsel Nordnes, am Wasser), gute, studentenfreundliche Preise. Einfache Gerichte für 80-100 NOK.
- **Fischereimuseum,** preiswerte, mittags für alle geöffnete, Angestelltenkantine.
- **Egon Restaurant,** im Kjøttbazar am Fischmarkt und am Torgallmenning (Marktplatz). Pizzen für 2-3 Pers. (etwa 80 NOK/Pers.), Fisch ab 180 NOK, Mittagsgerichte (bis 15 Uhr) ab 100 NOK; all you can eat: 110 NOK (bis 18 Uhr, Mo/So ganztägig).

Kneipen/Nachtleben/Cafés

- Etliche gemütliche, wenngleich nicht billige Kneipen befinden sich in den Brygge-Häusern am Fischmarkt, **O'Brien Irish Pub,** am Ole Bulls plass, **Dickens-Pub,** und neben dem Theater, **Finnegans Irish Pub.**

- Preiswert: **Fusion Bar** in der Pension Crowded House (Bier 45 NOK).
- Eher nobel geht es bei Wiener Kaffeehausatmosphäre im **Banco Rotto,** Vågsalmenning 16, zu (bis 2.30 Uhr offen, Fr/Sa Tanz).
- Ein nettes Café für Tag und Abend ist **Mr. Bean** hinter der Korskirke (warme Getränke ab 20 NOK) und das **USF-Café.**
- Ein weiteres ist das **Kaffaan** in der Vestre Torggt. (Verlängerung Torgalmenningen, 14-21 Uhr, Kaffee 10 NOK, Kuchen 10 NOK.
- **Café Capello,** Skostredet 14, Retro-Café – kleine Gerichte, extrem leckere Milchshakes. Geöffnet ab 12 Uhr, So ab 13 Uhr.
- Wer es relaxter mag, wird sicher am Studenten- und Bluesclub **Garage** (Christiesgate/Nygårdsgt., bis 3 Uhr geöffnet, ab 18 Jahren), am benachbarten **Café Babylon** (Pasta ab 60 NOK) und am **Café Opera** (Engen 24, bis 3 Uhr geöffnet) Gefallen finden. Live-Musik und/oder Disco gibt es in **Det Akademiske Kvarter** (Studentenpub, Olav Kyrresgt. 49) und im **Ricks** (Veiten 3, am Theater).

Theater

Am Ole Bulls plass, Tel. 55901790 (Juli/Aug. Sommerpause).

Kino

- **Bergen Kino,** Neumannsgate 3 (in der Nähe des Theaters); **Forum,** Danmarksplass; **Kulturhaus USF,** Verftsgaten auf Nordnes, Kino, Ausstellungen, Kneipe, Konzerte (Jazz: Sept. bis Mai um 22 Uhr).

Bibliothek

- Zwischen Busbahnhof und Hauptbahnhof gelegen. Hier gibt es **deutsche Zeitungen und Internetzugang.**
- **Bergen Internasjonale Kultursenter:** Olav Kyrresgt. 28, Buchcafé (Mo-Fr 13-18 Uhr) mit Spielmöglichkeiten für Kinder.

Konzerte

- Grieghalle, Troldhaugen, Siljustøl, auf dem Fløyen (18.6.-20.8. abends um 20 Uhr) und dem Ulriken, Domkirche, Korskirke.

Festivals

- Jedes Jahr im Mai, dem sonnigsten Monat, finden die berühmten **Bergen-Festspiele** statt, elf Tage lang Konzerte, Theater und Kunst. (Festspillene i Bergen, Bryggen 7, Box 183, 5804 Bergen, Tel. 55210645, Fax 5521 0640, www.fib.no).
- **Weitere Festivals:** Nachtjazz (Mai, www.nattjazz.no); Mittelalterfest (Ende Juni), diverse Musikfestivals, www.visitbergen.com.

Aktivitäten

- **Baden:** Freibad am Aquarium, Hallenbad in der Teatergate und Vannkanten Erlebnisbad (Loddefjord, Rv 555 Richtung Sotra).
- **Fahrrad fahren:** Verleih im Sommer auf dem Torget.
- **Wandern:** Ein weitverzweigtes Netz an Wanderwegen gibt es **auf dem Fløyen und dem Ulriken.** Ein Eintageswanderung von Berg zu Berg ist möglich, eine Wanderkarte ist empfehlenswert, wenngleich einige Wege recht gut (z. B. rote Punkte oder „T"s) markiert sind – Infos: Bergen Turlag, Tverrgaten 4/6, 5017 Bergen, Tel. 55322230 (unweit des Domes) und in fast allen Sportgeschäften (wo es auch Wanderkarten zu kaufen gibt).
- **Weitere Angebote: Sentrum Bowling,** Nygårdsgate 89 (Straße an der Grieghalle), Tennis und Squash im **Paradis Sportsenter** (südlich des Zentrums, E 39), **Meland Golfplatz** (18-Loch, Tel. 56174600).

Stadt- und Bootsrundfahrten

Zu buchen in der Touristeninformation. Stadtrundfahrten ab 80 NOK. Großes Ange-

Auf dem Bergener Fischmarkt

bot an Ausflügen zum Hardanger-, Sogne- und Osterfjord. Museumsbahn Garnes-Midttun (nur sonntags, Tel. 55249100).

● **„Norwegen in einer Nussschale":** Der eintägige Ausflug führt mit dem Boot durch den Sognefjord **nach Flåm.** Von hier aus geht es mit der Flåm- und der Bergen-Bahn zurück zum Ausgangspunkt. Kosten: 800 NOK, Kinder und Rentner 400 NOK.

Shopping

● **Einkaufszentren:** Galleriet (70 Läden) und Kaufhaus Sundt, beide am Torgalmenningen; Kløverhuset (40 Läden), in der Nähe des Strandkais; Bystasjonen (über 30 Läden), am Busbahnhof; Kjøttbasaren, Vertlidsalm. 2, am Torget, schnuckelige Markthalle mit üppigem Fleisch-, Käse-, Fisch- und Kaffeeangebot.

● **Einkaufsstraßen:** Torgalmenningen, Strandgaten (Halbinsel Nordnes), Marken (niedliche Straße am Hbf.), entlang der Brygge (Souvenirs, Malerei, Mineralien) und einen Husfliden (typisch norwegische Souvenirs).

● **Sportgeschäfte** finden sich nahe der Korskirke und gegenüber der Post (Småstrandgate, nahe Torget).

● **Buchhandlung** am Torgalmenning.

● Leckeres **Ökobrot** für 20 NOK verkauft die Bäckerei am Nedre Korskirkealmenningen (unterhalb der Kreuzkirche) und Godt Brødt (Vestre Torggt. – Str. ab Markt hinauf zur Johanneskirche)

● Interessante **antiquarische Läden** liegen in der Øvregaten (beginnt an der Fløien Bahn).

Internet

● In der **Stadtbibliothek,** bei **Netropolis** (Teatergt. 20, 11-23 Uhr), im **Einkaufszentrum Galleriet,** bei **Dataport** (Olav Kyrresgt, **Accezzo** (am Markt).

Sonstiges

● **Post:** Christiesgt/Småstrandgate, **Apotheke:** am Busbahnhof, bis 23 Uhr; **Arzt:** Legevakt, Vestre Strømkai 19, Tel. 55568700, **Vinmonopolet:** Strandgaten.

Umgebung

Osterøy ⌕XIV/A3

Es gibt viel zu entdecken auf der urwüchsigen und kontrastreichen **Insel nordöstlich von Bergen.** Die Natur zeigt sich teils rau mit steilen Berghängen und dunklen Fjorden, teils lieblich mit weit ausladenden Laubbäumen und idyllischen Seen. Auch gibt es einige schmucke kulturhistorische Sehenswürdigkeiten. Zum einen sind da die **Holzkirche von Hamre** aus dem 17. Jahrhundert und das alte **Håvråtunet,** eine **alte Siedlung** mit 36 Gebäuden (östlich der Rv 566 hinter der neuen Brücke über den Sørfjord). Zum anderen liegt hier das **Osterøy-Museum.** Besonders hübsch anzusehen sind vor allem die moosbewachsenen Steingebäude und das Heimvik-Haus aus dem Jahr 1570. Auch die kühne Art des Straßenbaus der 90er Jahre des 19. Jahrhunderts kann auf Osterøy bestaunt werden.

Bei **Krossdal** östlich von Lonevåg schlängelt sich ein alter Karrenweg über 17 Haarnadelkurven mit Steigungen bis zu sagenhaften 27 % den Hang hinauf.

Sotra/Øygarden ⌕XIV/A3

Das langgestreckte **Schärenparadies** liegt westlich von Bergen und ist über die Rv 555/561 zu erreichen. Lohnend ist die kontrastreiche Fahrt zum abgelegenen **Fischerdorf Hellesøy** an der äußersten nördlichen Spitze des Inselreiches. Unterwegs passiert man raue Felsinseln, bunte Wiesen, schottische Moore und moderne Ölpiers als Zeichen des neuen Reichtums. Übernachten kann man auf dem schönen **Campingplatz in Nautnes** (Rv 561, im **Øygarden Vandrerhjem Hellesøy**, Tel. 56382700, www.havferie.no, 1.4.-31.8.), oder in der **Jugendherberge** im Inselreich Sotra (Straße 561, 60 km bis Bergen, Bett 100 NOK, DZ 350 NOK).

Nördlich von Bergen

Dale ⌕XIV/B3

Inmitten von deprimierend engen, vor Regen triefenden grünen Schluchten und kahlen Gebirgsregionen liegt an der E 16 der **kleine Industrieort** Dale. Auch wenn es hier außer einigen bunten Häusern nichts anzuschauen gibt, dürfte fast jeder den Ortsnamen schon einmal gehört haben. Dies liegt daran, dass die 1879 hier gegründete **Bekleidungsfirma Dale Fabrikker** ihre Strickwaren im ganzen Land vertreibt und zum Inbegriff für **Norwegerpullover** geworden sind. Im betriebseigenen Laden (im Zentrum in der Nähe des Coop) können sie verbilligt erworben werden. An der Fabrik vorbei geht es zum Dale **Kraftwerk,** mit dem etwas altmodisch präsentierten Energisenteret (Kraftwerksführung), dessen Ausstellung den Aha-Effekt vermissen lässt.

An- und Weiterreise
- Fernbus 450.

Voss ⌕XIV/B3

Eigentlich hätte die liebliche Landschaft einen schöneren Ort verdient. Doch leider wurde das Zentrum von Voss 1940 fast völlig zerstört und hernach recht schmucklos wieder aufgebaut. Das Stadtbild prägend – dies allerdings schon seit Jahrhunderten – sind die dunkelgrauen **Schieferdächer** und die etwas klobige **Vangs-Kirche**. Das frühgotische Haus wurde 1277 geweiht und besitzt wuchtige, bis zu 2 m dicke Mauern. Im Inneren ist die mittelalterliche Altartafel sehenswert. Der abgebildete Kreis soll den Himmel symbolisieren. Im Rechteck im unteren Bereich ist Jesus im Gethsemane. Die Kirche hat kein herkömmliches Taufbecken, sondern einen Taufengel, der 1820 in Kopenhagen erworben wurde. (Geöffnet: Juni-Aug. 10-16 Uhr.) Mehr altes Bauwerk gibt es im **Voss-Folke-Museum** (Mølstertunet) zu besichtigen. Die wirklich schöne Anlage mit ihren 16 bis zu 400 Jahre 75alten Häusern liegt oberhalb des Ortes und ist über einen 2 km langen Anstieg zu erreichen. (Geöffnet: 10-17 Uhr, im Winter Mo-Fr 10-15 Uhr, 40 NOK.) Noch bemerkenswerter als das Museum ist die **Halle Finnesloftet**, eines der ältesten Profangebäude Norwegens (1 km westlich des Bahnhofs). Erbaut wurde es schon im Jahr 1250. Im Sommer steht es Di-So 11-16 Uhr Besuchern offen (40 NOK).

An sonnigen Tagen lohnt sich unbedingt eine **Fahrt mit der Gondelbahn** vom Vosser Zentrum **hinauf zum Hangurstoppen**. Der gesamte 6000-Einwohner-Ort liegt dem Besucher hier zu Füßen. In der kalten Jahreszeit laden etliche Lifte und Loipen zur sportlichen Betätigung ein. Die Wurzeln des Wintersports in Voss reichen bis in die Mitte des 19. Jahrhunderts zurück.

Touristeninformation

●Vangsgate 32 (Zentrum), Tel. 56520800, www.visitvoss.no, www.vossnow.net.

An- und Weiterreise

●**Bahnhof/Busbahnhof**
Beide liegen nebeneinander, 500 m westlich des Zentrums. Züge Richtung Oslo und Bergen, **Fernbusse 165, 181, 450,** www.hsd.no.

Unterkunft

●**Fleischer's Hotel+,** am Bahnhof, Tel. 5652 0500, Fax 56520501, (*****). Holzhaus im Schweizer Stil (1889) mit modernem, angepasstem Anbau. Alles renoviert und hübsch eingerichtet. Restaurant, Hallenbad, Sauna, Tennis.
●**Park Hotell Vossevangen,** in der Nähe des Bahnhofs, Tel. 56511322, Fax 56510039, (*****). Modernes Hotel mit See-Blick-Zimmern und Disco.
●**Hotel Jarl,** 55519900, Fax 55519901, (*****). Kastenförmiges Hotel im Zentrum. Gute, recht teure Zimmer. Schwimmbad.
●**Nøring Pensjonat,** Tel. 56511211, (***). Gemütliche 36-Betten Pension am Ortseingang (Richtung Granvin).
●**Haugo Utleige,** Gamle Bordalsvegen 54, 1,5 km ab Zentrum, südl. des Rv 13, Tel. 56512350, www.haugo.net. Einfache, aber schöne Unterkunft. DZ 500 NOK (kein eigenes Bad), Hütte (**). Küche, TV-Zimmer, Sauna, Terrasse.
●**Eenstunet,** E 16, 6 km nördl. von Voss, Tel. 56516834, www.eenstunet.no. Historischer Bauernhof mit restaurierten Häusern. Schöne Appartements.
●**Brandseth Fjellstove,** E 16 Richtung Gudvangen, 34 km ab Voss, Tel. 56530500,

www.brandseth.no. Einfaches Gebirgshotel mit zivilisierten Preisen (DZ 800 NOK). Preiswertes norwegisches Essen.
● **Rongastovo Fjellstue,** 15 km südl. Voss, im abgelegenen Bordalen, Tel. 56517200, www.rongastovo.no. Einfaches Gebirgshotel in ruhiger Lage. DZ 600 NOK. Wanderwege.

Jugendherberge

● **Voss Vandrerhjem,** Tel. 56512017, Fax 56510837, www.vosshostel.no. ganzjährig. Nette Herberge am See, 2 km vom Bahnhof entfernt, an der E 16. Bett 250 NOK, DZ 700 NOK.
● **Mjølfjell Vandrerhjem,** Mjølfjell, Tel. 5652 3150, Fax 56523151, www.mjolfjell.no. Geöffnet: 1.3.-30.4. und 15.6.-1.10. 72-Betten-Jugendherberge in herrlichen, östlich von Voss gelegenen Raundalen. Eigene Bergen-Bahn-Haltestelle Mjølfjell. Bett 270 NOK, DZ 660 NOK.

Camping/Hütten

● **Voss Camping,** am See, nahe Ortskern, Tel. 56511597. Ganzjährig geöffnet. Guter Platz mit Kiesstrand, Freibad, Fahrradverleih und 5 Hütten (*).
● **Tvinde Camping,** Skulestadmo, E 16, Tel. 56516919, ganzjährig geöffnet. 12 km nördl. von Voss am Tvindefossen, aber auch direkt an der Straße gelegen. Einfacher Platz, 21 Hütten (*).
● **Voss Fjellandsby,** 25 km nördl. Voss, Rv 13 Richtung Vik, Tel. 56531030, www.vossfjellandsby.no. Topmoderne Hütten an kleinem Skigebiet. Gute Sommerpreise!

Essen und Trinken

● **Brandseth Fjellstove,** E 16, 34 km nördl. Voss, typisch norwegische Gerichte wie *fårikål* ab 150 NOK.

Shopping

● **Butikken på Norheim,** Bauernprodukte, Kunsthandwerk, Kerzen. Geöffnet: Mo-Sa 10-16 Uhr, Do/So geschlossen. Rv 13 Richtung Granvin, nach 3 km Richtung Mjølfjell, nach 2,5 km Richtung Norheim, dann noch 4 km.
● **Markt in Voss,** regelmäßiger Bauernmarkt.

Festival

● Jedes Jahr vor Ostern findet das bekannte **Vossajazz-Festival** mit bekannten Künstlern aus aller Welt statt.
● **Extremsportfestival:** Ende Juni-Anf. Juli. www.ekstremsportveko.com. Alles für den letzten Kick!

Aktivitäten

● **Rafting:** Rafting Senter, Tel. 56510525, Fax 56510630, www.vossrafting.no.
● **Wintersport:** 10 Lifte auf dem Hangurstoppen, bis zu 800 m Höhenunterschied und oft über 1 m Pulverschnee. Herrliche Winter-Langlauftour zum oft vereisten Fernsehturm auf dem Slettafjell.
● **Weitere Angebote:** Tandem-Paragliding, Canyoning, Bowling/Squash im Zentrum, Minigolf, Tennis, Golf, Kino. Info: Turistkontor.

Folgt man der E 16 vorbei am hochromantischen **Tvindefossen,** der in Kaskaden in die Tiefe spritzt, so gelangt man zur Weggablung Vinjo. Hier geht es nun weiter in Richtung des wilden Nærøyfjordes (Gudvangen) oder über die Serpentinen der Rv 13 zur Hopperstad-Stabkirche in Vik am Hauptarm des Sognefjordes.

Küste bis Sognefjord ⤤XIV/A2-3

Trotz der modern ausgebauten Europastraße, die das Gebiet durchquert, liegt es **abseits aller Touristenströme.** Wählen kann man zwischen einer Gebirgs- und einer Küstenstraße. Erstere

Wasserfall Tvindefossen

ist die E 39. Sie führt zunächst entlang des breiten Osterfjordes und gibt den Blick frei auf die mächtigen Berge der Insel Osterøy. Einige Kilometer später verschwindet die Straße in einem der vielen langen Tunnels. Kaum dass man den dunklen Schlund wieder verlassen hat, engt sich die Landschaft merklich ein. Es bietet sich ein Abstecher in das ursprüngliche **Modal** an, ein guter Platz für Wanderer und Naturliebhaber. Der Fjord zur Rechten ist schmal wie ein Handtuch und wirkt durch die mehrere hundert Meter steil aufragenden Berge, wie der Felskanzel „Slottet" (Das Schloss), besonders imposant. Am Ende des Meeresarmes weitet sich das Tal etwas und man erreicht das niedliche Örtchen Mo Unwillkürlich fragt man sich, wie man in dieser Einöde nur überleben kann. Eine Antwort erhält man, wenn man auf die E 39 zurückkehrt und den grünen Masten der Stromleitung nach **Matre** folgt. Hier liegt eines der größten Kraftwerke Norwegens. Entsprechend viele, allerdings kleinere Stauseen liegen im benachbarten Stølsheimen-Gebirge. Einen Eindruck von der trotz allem herrlichen Berglandschaft bekommt man, indem man in Matre auf die Serpentinenstraße in Richtung **Bjordal** am Sognefjord abbiegt. Westlich von Bjordal können die natur- und kulturhistorischen Ausstellungen des **Wildnis-Museums in Massneset** besichtigt werden. (Geöffnet: 1.5.-31.8., 10-18 Uhr, 40 NOK.)

Die Alternativstrecke ist die Rv 57 entlang der Küste. Man biegt in Knarvik nördlich von Bergen in Richtung **Mongstad** ab. Mongstad ist eine der größten Raffinerien des Landes. Das Öl-Terminal verzeichnet über 2000 Schiffsanläufe pro Jahr. Doch keine Bange, es gibt trotzdem noch reichlich Natur, die die Fahrt hierher lohnt. So bietet sich z. B. ein Abstecher zur wildromantischen **Insel Fedje** an. Im Gegensatz zu anderen Eilanden der Küste hat Fedje fast keine Abwanderung der Bevölkerung zu verzeichnen. Mag es nun an der Heimatverbundenheit, dem Geschäftssinn im Handel mit Fisch oder am Durchhaltevermögen der 730 Einwohner liegen, für den Besucher ist die karge Inselgruppe allemal der ideale erholsame Urlaubsort.

Touristeninformation
- **In Oppedal** (Sognefjord) am Fährkai (23.6.-15.8. täglich von 11-17 Uhr) und **in Bergen.**

An- und Weiterreise
- **Fernbusse 430, 431, 432, 440.**
- **Täglicher Bus:** Dale – Mo
- **Boot:** Stamneshella – Mo, von Bergen in Richtung Fedje.
- **Schnellboote:** Bergen – Sognefjord/Nordfjord.
- **Fähren:** Sævrøy – Fedje (7-10 mal täglich, Sa nur bis 17.30, ab Fedje!), Leirvåg (Mongstad) – Sløvåg (12-17 mal täglich).

Unterkunft
Achtung: Entlang der Strecke gibt es relativ wenig Unterkunftsmöglichkeiten.
- **Kræmmerholmen,** 5133 Fedje, Tel. 5616 4205, Fax 56164048. 6 Apartments (****) für sechs Personen. Im Haupthaus des alten Handelsplatzes Kræmerholmen befindet sich auch ein Restaurant mit einer bis in das 17. Jahrhundert zurückreichenden Tradition. Bootsverleih und kleines Küstenkulturmuseum. (Weitere Unterkünfte auf Fedje werden vor Ort oder in der Touristeninformation in Bergen vermittelt.)
- **Eivindvik Hotell,** 5966 Eivindvik (westlich der Rv 57), Tel. 57784310, Fax 57784313, (****).
- **Brekkestranda Fjordhotel,** Brekke, westlich der E 39, am Sognefjord, Tel. 57785500, Fax 57785600, www.brekkestranda.no, (****). Fantastischer Holzbau mit Grasdächern und scheinbar ohne rechten Winkel. Romantische Zimmer. 3 Hütten.

Camping/Hütten
- **Nautesund Camping og Hytter,** Risnes, 5192 Hosteland (östlich vom Fähranleger Sløvåg nördl. von Mongstad, Rv 57), Tel. 56367044, Fax 56366230, ganzjährig geöffnet. Sehr gut ausgestatteter, am Wasser gelegener Platz. Es werden 11 Hütten (*/***), Fahrräder und Boote vermietet.
- **Botnen Camping,** 5950 Brekke (westlich der E 39, am Sognefjord), Tel. 57585471, ganzjährig geöffnet. Einfacher Platz mit 8 preiswerten Hütten (*). Bootsverleih.
- **Nesheim Camping,** 5927 Bjordal (am Sognefjord), Tel. 57710133. Es werden 12 Hütten (*/****) am Wasser vermietet.

Aktivitäten
- **Angeln:** Im Modal: Lachse und Forellen (Angelkarten im Supermarkt). Meeresangeln in Fedje.
- **Paddeln:** Besonders um die Insel Osterøy herum und östlich von Mongstad gibt es viele ruhige Fjordabschnitte, welche sich hervorragend für Kanuausflüge eignen!
- **Wandern:** Das Gebirge Stølsheimen (östlich der E 39) bietet erstklassige Möglichkeiten für ein- oder mehrtägige einsame Bergwanderungen – Infos bei: Bergen Turlag, Tverrgt. 4/6, 5017 Bergen, Tel. 55322230.

Sognefjordregion

Bis zu 205 km weit schneidet sich der majestätische Sognefjord in das Landesinnere ein. Er reicht so vom tosenden Meer bis zu den Felsen Jotunheimens, dem höchsten Gebirge Skandinaviens. Die landschaftliche Mischung ist dabei einmalig. Über 1000 m hohe Berghänge, gleißende Gletscher und kleine, knorrige Obstbäume bieten einen prächtigen Anblick. Der Grund des mächtigsten Fjordes Europas liegt dabei selbst im schmalsten Seitenarm mehrere hundert Meter unter der Wasseroberfläche. Nahe Balestrand wird gar eine Tiefe von sagenhaften 1380 m erreicht. Der Sognefjord ist damit um einiges tiefer als weite Teile der vorgelagerten Nordsee. Der beeindruckendste Teil des Meeresarmes beginnt etwa 100 km landeinwärts in der Region Balestrand-Vik-Vangsnes. Der Fjord gliedert sich hier in mehrere Seitenarme auf, von denen der z. T. nur 500 m breite Nærøyfjord mit seinen fast senkrechten Felshängen und der grünlich-blau schimmernde Lustrafjord wohl die schönsten sind. Nicht verpassen sollte man auch ein Besuch der Stabkirchen von Urnes und Vik sowie eine Reise durch das wilde Jostedal mit der Gletscherzunge Nigardsbreen.

Wer auf Fahrstress verzichten möchte, kann den Fjord vom Schiff aus erkunden und anschließend eine spektakuläre Fahrt mit der Flåm-Bahn unternehmen. Die Reise kann ab Bergen und Flåm als Rundtour „Norwegen in einer Nussschale" gebucht oder auf eigene Faust unternommen werden.

Äußerer Sognefjord und Dalsfjord ⇗XIV/A1-2

Der Mündungsbereich des Sognefjordes ist touristisch noch weitgehend unentdecktes und unerschlossenes Gebiet. Die Landschaft an der viele Kilometer breiten Mündung des Sognefjordes gibt auch nicht so viel her. Die Berge sind nur wenige hundert Meter hoch, und es regnet häufig. Aber es gibt einige recht schöne, waldreiche und enge Täler, wobei eine dieser Senken, in **Høyanger,** der Standort für ein großes Aluminiumwerk ist. Hier werden u. a. Felgen für bekannte deutsche Automarken hergestellt (modernes Industriemuseum). Im Kontrast zum Binnenland stehen die kargen Felseilande Solund (Sola) und Bulandet/Værlandet. Schutzlos sind sie dem brausenden Atlantik ausgeliefert. Sie bestechen durch eine raue und isländisch-irisch anmutende Naturlandschaft.

Sehenswertes

Die zwei interessantesten und abgelegensten Archipele sind **Utvær,** der westlichste Punkt Norwegens, und **Bulandet.** Auf beiden **Inselgruppen** stehen einige hübsche Holzhäuser, eingebettet in eine schier undurchdringliche und karge Schärenlandschaft.

Im Landesinneren sind der **Hof Lillingstonheimen** (Rv 607, am Dalsfjord, Führungen Sa/So 13-17 Uhr, 40 NOK) mit vielen Kulturschätzen und einem englischen Park sowie das alte

SOGNEFJORDREGION

Steinkreuz in Korssund an der Mündung des Dalsfjord erwähnenswert. Es wurde im Jahr 1030 (!) im Zuge der Christianisierung Norwegens errichtet.

Touristeninformation

- **Jensbua – Reisemål Ytre Sognefjord og Dalsfjord,** 6961 Dale i Sunnfjord, Tel. 5773 9020, Fax 57739021, www.jensbua.no.
- Vom 23.6. bis 15.8. geöffnete Touristeninformationen liegen **in Askvoll** (Mo-Fr 10-15 Uhr, Tel. 57739020), **Dale** (Mo-Fr 10-17 Uhr, Tel. 57739020) **und Solund** (Mo-Sa 11-16 Uhr, Tel. 57739020).

An- und Weiterreise

- **Fernbusse 430 und 431.**
- **Lokalbusse** (meist nur Mo-Fr, 2-3x täglich): auf Solund, Dale – Førde, Dale – Askvoll, Førde – Dale – Rysjedalsvika, Rysjedalsvika – Lavik – Sogndal.
- **Schnellboote:** Bergen – Nordfjord (hält in Krakella (Solund) und Askvoll) und Sognefjord (hält in Lavik).
- **Linienboote** (meist nur 1x täglich, Infos in den Touristeninformationen): Askvoll – Grytøyra – Bulandet und Florø, Kolgrov (Solund) – Utvær, Eivindvik – Solund.
- **Fähren:** Oppedal – Lavik, Krakhella (Solund) – Rutledal – Rysjedalsvika, Askvoll – Værlandet – Bulandet, Dale – Eikenes.

Unterkunft

Am Dalsfjord und auf den Inseln:
- **Fjaler Kro og Motel,** Dale i Sunnfjord, Tel. 57736866, Fax 57736829, (****). Kleines Hotel mit nur 8 Zimmern und einer Kneipe. Idyllische Fjordlandschaft in der Umgebung.
- **Klokkargarden,** Tel. 57736109, B&B im Zentrum von Dale, (*).
- **Hardbakke Gjestehus,** auf Solund, Tel. 57787205, (**/***).

Alter Weg in Vadheim bei Høyanger

Vik/Vangsnes

↗XIV/B2
↗XV/B,C2

Am Sognefjord:
- **Leirvik Kro og Motel**, Leirvik, Tel. 5778 8920, Fax 57788921, (****). Modernes, ansprechendes Hotel an einer Bucht des Sognefjordes. 11 gut ausgestattete Zimmer, Cafeteria und Kneipe. DZ 850 NOK.
- **Lavik Fjordhotel**, in Lavik, Tel. 57714040, Fax 57714041. Gutes Hotel am Fjord. DZ 800-900 NOK.

Camping/Hütten

- **Birkeland Camping**, Leirvik Rv 57, Tel. 57788591, geöffnet: 1.5.-1.11. Einfacher und kleiner, an einem See gelegener Platz. Es werden 5 Hütten (*), Fahrräder und Boote vermietet.
- **Mosemyra Camping**, Lavik, Tel. 57711860, Fax 57711848. Das Areal ist nett gestaltet, aber sehr beengt und liegt direkt an der E 39. Hütten (**).
- **Dalsfjord und Inselgruppe Solund:** viele Hüttenunterkünfte (meist nur Wochenmiete), Infos: Touristeninformation Jensbua.

Aktivitäten

- **Angeln:** Zu fangen sind u. a. **Lachs, Forelle und Meeresforelle.** Angelfahrten für 500-700 NOK pro Stunde. Anmeldung/Infos in den Touristeninformationen.
- **Fahrrad fahren/Wandern:** Radfahrer meiden zwischen Bergen und dem Sognefjord besser die mit langen Tunneln reich bestückte E 39 und nutzen die Rv 57. Der **alte Trondheimer Postweg**, welcher zwischen Systad und Flekke parallel zur Rv 57 verläuft, eignet sich für Mountainbike- und Wandertouren. Entlang des Pfades, in Skor, trifft man auch auf ein altes Mühlenanwesen. Fahrradverleih auf dem Birkeland-Campingplatz.
- **Tauchen: Klares Wasser und viele Wracks** sind ideale Voraussetzungen für Unterwasserausflüge: Bulandsferie, Tel. 57732172, Taucherclub Solund, Tel. 57787314, Tauchzentrum Sørbøvåg bei Hyllestad, Tel. 57787314.

Weiter geht es entweder auf der E 39/ Rv 55 in Richtung Balestrand am Nordufer des Sognefjordes oder nach Førde und weiter Richtung Nordfjord.

Aus Richtung Voss kommend, schraubt sich die Straße 13 über mehrere Serpentinen zum wilden **Vikafjell** hoch. Lassen Sie es langsam angehen, immer wieder versperren bockige Ziegen der nahe gelegenen Farm die Fahrbahn. Vielleicht wollen sie so auf die Geitost- (Ziegenkäse-) Verkaufsstellen aufmerksam machen. Nach der Überquerung des rauen Fjells geht es ebenso spektakulär wieder hinab, wobei sich noch ein herrlicher Rundblick auf den Fjord bietet.

Im Tal angelangt, erreicht man **Vik** (übersetzt: Bucht), einen hübschen Ort mit hölzernen Lager- und Wohnhäusern aus den vergangenen zwei Jahrhunderten. Die Hauptattraktion

Gamalost – der Käse der Wikinger

Schon vor 1000 Jahren kannte man in Norwegen den *Gamalost*, was übersetzt soviel wie **„alter Käse"** heißt. Hergestellt wird er aus angesäuerter und im Kupferkessel gekochter Kuhmilch. Zunächst reift das Produkt in gelöcherten Holzformen, danach in getrocknetem Sumpfgras.

Der Schimmelkäse enthält nur 1 % Fett und ist sehr gesund. U. a. hat er durch das enthaltene Chitosan eine **cholesterinsenkende Wirkung.**

Einziger Nachteil: der Geschmack! Dieser ist gelinde gesagt kräftig und gewöhnungsbedürftig und sollte am besten mit Schnaps oder Bier dem Gaumen zugemutet werden. In **Vik** befindet sich heute die einzige Gamalost-Käserei weit und breit.

SOGNEFJORDREGION

der Gemeinde liegt allerdings einige Kilometer vor der Siedlung: die **Hopperstad-Stabkirche.** (Geöffnet: Mai/Sept. 10-17 Uhr, Juni-Aug. 9-18 Uhr, 65 NOK). Das pagodenförmige Haus mit drei Schiffen und 16 Säulen wurde 1130 erbaut. Das die Kirche heute noch zu bewundern ist, ist dem Architekten *Peter Blix* zu verdanken. Er gebot dem nach der Einweihung der neuen Kirche im Jahr 1875 einsetzenden Verfall und Abrissarbeiten Einhalt. Das Gotteshaus konnte gerettet werden und wurde bis 1891 nach dem Vorbild der Borgund-Stabkirche renoviert. Besonders beachtenswert ist das Westportal mit üppigen Pflanzenranken, die aus dem Maul eines Untiers hervortreten.

Sehr schön ist auch die **Steinkirche in Hove** unweit östlich der Rv 13. Schon 1170 errichtete man das Gebäude im romanischen Stil. Es ist somit die älteste Steinkirche in der Region Sogn. (20.6.-10.8. Mi-So 11-16 Uhr, 35 NOK.)

Die ältesten Holzgebäude des Ortes liegen am Wasser. Die **Bootshäuser** stammen zumeist aus dem 19. Jahrhundert.

Etwa 10 km nördlich von Vik liegt **Vangsnes.** So unscheinbar der Ort, so auffallend die 12 m hohe **Fritjov-Statue** oberhalb des Fjordufers. Sie ist ein Geschenk des deutschen Kaisers *Wilhelm II.* aus dem Jahr 1913. Ihr zu Füßen legen die Fähren nach Hella und Dragsvik ab. Dort, auf der anderen Seite des Fjordes, in Balestrand, ist eines der Zentren des Tourismus in der Region Sogn.

Hinweis: Das Vikafjell (Rv 13) ist im Winter gesperrt.

Touristeninformation

● Das **Turistkontor** liegt im Gemeindehaus am Kai in Vik, www.sognefjord.no, Tel. 5769 5686.

An- und Weiterreise

● **Fernbus 450.**
● **Lokalbus:** Vik – Vangsnes – Fresvik.
● **Schnellboot** ab Bergen nach Vik (350 NOK) und Sogndal.
● **Fähre:** Vangsnes – Hella – Dragsvik, 6-23 Uhr, Hella-Vangsnes 0-23 Uhr. Um von Vangsnes nach Dragsvik zu gelangen, muss man in Hella die Fähre verlassen und sich an der Autoschlange neu anstellen. 1x tägl. Vangsnes – Fjærland, 7.40 Uhr.

Hopperstad-Stabkirche

GUDVANGEN/NÆRØYFJORD/UNDREDAL

Unterkunft

- **Hopstock Hotell & Motell**, Vik, Tel. 57696550, Fax 57696551, (*****/****). Geschmackvolles Hotel mit freundlichen Zimmern im Zentrum von Vik. Das Hauptgebäude ist aus dem Jahr 1836. Es gibt ein empfehlenswertes Bistro, Sauna und Fahrradverleih.
- **In Vangsnes: Solvang Camping & Motell**, Tel. 57696620. Günstige Zimmer (***), Hütten und Zeltplatz, direkt am Fährkai. Dort liegt auch das **Sognefjord Gjestehus** (Tel. 57696722, DZ 850 NOK).
- **Dampen B&B**, Vik, Tel. 57695806. Gemütliche Pension mit guten Zimmern (DZ 700-800 NOK inkl. Frühstück). Gemütliche Bar.

Camping/Hütten

- **Vik Camping**, Vik, Tel. 57695125. Einfacher und kleiner Wiesenplatz an der Uferstraße Rv 13. Die 8 Hütten sind sehr gut ausgestattet und teuer (****).
- **Djuvik Camping**, Vangsnes, Tel. 57696733, www.djuvikcamping.no, geöffnet: 1.5.-15.9. Schlichter Waldplatz am Sognefjord. Vermietung von 22 Hütten (*/**) und Badeplatz.
- **Fjellheim Camping**, Vangsnes, Tel. 5769 6624, Hütten auch im Winter geöffnet. Einfacher, aber idyllisch am Fjord gelegener Platz mit eigenem Strand und 11 Hütten (*). 1 km zum Fähranleger.
- **Tveit Camping**, Vangsnes, Tel. 57696600, geöffnet: 15.4.-15.10. Wunderbarer, sauberer Platz am Fjord in schöner, recht ruhiger Lage zwischen Felsen. 12 gute Hütten (**/***). Badeplatz. Toller Fjordblick!

Essen und Trinken

- Recht gut essen und eine Zeitlang verweilen kann man im **Restaurant und Pub Dampen** in Vik. Gemütlich ist auch das **Viking Kafe** im Zentrum.

Aktivitäten

- Die Touristeninformation in Vik erteilt Auskünfte zum **Lachsangeln** im Fluss Vikja, zu **Wanderungen** im Hochgebirge und **Bootsausflügen** Richtung Finnabotn.
- Durch den Ort führt ein **Kulturlehrpfad**, der an der Steinkirche beginnt.
- Eine schöne **Panoramawanderung** führt auf dem Vikafjell um den Tunnel auf der Passhöhe herum (ca. 1,5 km pro Richtung).

Umgebung

- 20 km westlich von Vik lohnt der **Arnafjord**, ein Meerwasserarm mit fruchtbaren Berghängen und Wasserfällen, einen Abstecher. Eine Wanderung führt die kleine Nebenstraße entlang nach Dale.

In Vik kann man mit der Fähre nach Dragsvik (Fahrt nach Balestrand oder Førde) oder nach Hella (Weiterreise nach Leikanger und Sogndal) übersetzen.

Gudvangen/ Nærøyfjord/ Undredal ⌕XV/C2

Aus Richtung Voss kommend kann die Strecke über Gudvangen und Flåm eine echte Alternative zur Route über Vik darstellen.

In **Vinjo** biegt die E 16 gen Osten ab und folgt dem immer enger und magischer werdenden **Nærøydal**. Kurz vor dem ersten Tunnel sollte man unbedingt zum Stalheim Hotel abbiegen und von dort den viel fotografierten und überwältigenden Ausblick über das Tal genießen. Mutige Naturen können dann, statt durch den Tunnel zu fahren, die bis zu 21 % Neigung aufweisende **Stalheimskleiva** nutzen. Die Straße ist nur wenige Meter breit und überwindet auf lediglich 1,5 km Länge 350 m Höhe. Selbst einige kühne Busfahrer wagen sich auf diese

Strecke. Da sie sie nur von oben nach unten befahren, sollte man es ihnen gleichtun. Schon allein, um komplizierte Ausweichmanöver zu vermeiden.

Kurze Zeit später erreicht man den zum Fürchten engen **Nærøyfjord,** der seit 2005 zum UNESCO-Weltnaturerbe zählt. An seinen Ufern stürzen zu Schleiern zerstäubende Wasserfälle in die bodenlose Tiefe. Wer Zeit hat, sollte unbedingt eine Fahrt durch den mit 250 m schmalsten Fjord Europas unternehmen. Die senkrechten Felswände ragen über 1300 m hoch in den Himmel, der Meeresgrund ist erst 235 bis 1000 m unter dem Ausflugsboot bzw. der Fähre erreicht.

Von Gudvangen aus geht es weiter durch einen 12 km langen Tunnel nach Flåm. Wer schnell reagiert, kann vor der nächsten, ebenfalls etliche Kilometer langen Röhre nach **Undredal** abbiegen. Der Abstecher in dieses pittoreske Dörflein am Aurlandsfjord lohnt sich schon allein der **kleinsten Kirche Skandinaviens** wegen. Dass es sich dabei um eine 1147 erbaute Stabkirche handelt, ist kaum noch zu erkennen. Allerliebst ist sie trotzdem. (Geöffnet: Sa/So 11-17 Uhr; Führungen tägl. 11, 13, 15 Uhr, 50 NOK.)

Undredal hat heute 85 Einwohner und wurde schon 1320 schriftlich erwähnt. Seit Jahrhunderten lebt man hier von der Landwirtschaft, weshalb es noch heute viermal mehr Ziegen als Menschen gibt. Zwischen 1844 und 1924 war der Ort stark von der Abwanderung nach Amerika betroffen. 300 Menschen verließen in dieser Zeit das Dorf.

An- und Weiterreise

- **Schnellboot/Bus:** siehe „Flåm".
- **Fähre:** Gudvangen (Nærøyfjord)-Kaupanger-Lærdal, nur 15.5.-15.9., 4x täglich, Auto 450 NOK, Erwachsene 185 NOK, Infos/Buchung: Tel. 55907070 und im Turistkontor Flåm. www.fylkesbaatane.no.

Unterkunft

- **Gudvangen Fjordhotel,** Tel. 57633929, Fax 57633980, (****). Architektonisch gelungenes Hotel mit viel Holz und Grasdächern. Blick auf die Wasserfälle und Berghänge des Fjordes. À la carte-Restaurant.
- **Stalheim Hotel,** Tel. 56520122, Fax 5652 0056, (*****). Die grandiose Aussicht über das Tal muss leider teuer bezahlt werden. Trotzdem lohnt sich der Aufenthalt in dem Berghotel, nicht zuletzt des guten Essens wegen.

Camping/Hütten

- **Reed Camping,** nahe Stalheim, Tel./Fax 57868133, geöffnet: 1.5-15.9. Ein schöner Platz mit allem Komfort und 11 Hütten (*/**).
- **Vang Camping,** 900 m vor Gudvangen, Tel. 57633926, Fax 57633926, geöffnet: 15.5.-10.9. Einfacher Platz im tiefen Tal. 10 hübsche Hütten (*/**).
- **Gudvangen Camping,** Tel. 57633934, geöffnet: 10.5.-30.9. Schlichter Platz mit preiswerten Hütten (*).
- Kleine, schlichte **Zeltwiese in Undredal am Hafen**. Rezeption im Café. Ruhige und schöne Lage.

Essen und Trinken

- **In Undredal am Hafen:** Café mit leckerem, preiswertem Essen (50-120 NOK). Hier kann auch leckerer, weißer *geitost* (Ziegenkäse) gekauft werden.

Blick in das Nærøytal

- **Cafeteria im Gudvangen Fjordhotel:** Gerichte ab 100 NOK.

Wandern

- Von Gudvangen führt eine kleine Straße **nach Bakka am Fjord entlang** (auch gut zu laufen). Ab hier führt in zwei Stunden ein Weg steil bergan **zum Rimstigfjell**. Unterwegs Panoramablick auf den Nærøyfjord.
- **Ab Undredal am Fjord entlang** (neben der Kirche den Bauernhof kreuzen). Der Pfad ist recht schwierig zu gehen, bietet aber ein tolles Fjordpanorama. Einzelne Geröllhalden müssen überstiegen werden (bei Regen glitschig).

Höhle

- **Grotten im Anorthosit Berg,** illuminiert und mit Musik untermalt. Juni-Aug. Mo, Mi, Sa 12.15 Uhr.

Wikingermarkt

- **In Gudvangen am Fjord,** an jedem zweiten Wochenende zwischen Ende Juni und Anf. August.

Flåm

Nachdem man, von Gudvangen kommend, die endlosen Schlünde der Tunnels verlassen hat, erreicht man über eine ziemlich überdimensioniert wirkende Brücke das am Aurlandsfjord gelegene Flåm. Die Brücke ist Teil eines Verkehrsprojektes, das zum Ziel hatte, eine fährfreie und im Winter weniger von Schnee beeinträchtigte Straßenverbindung zwischen Oslo und Bergen zu schaffen. Der lange gehegte Wunsch ging im Jahr 2000 mit der Eröffnung des 24 Kilometer langen Tunnels zwischen Aurland und Lærdal in Erfüllung.

Flåm ist unbestrittene **das touristische Zentrum** am Sognefjord, mit Läden voller kurioser Souvenirs und Kreuzfahrtreisenden auf der Suche nach dem „Besonderen".

Flåm-Bahn

Auf alle Fälle sollte man in Flåm sein Auto für einen halben Tag stehen lassen, es den vielen Rundreisetouristen gleichtun und in die berühmt-berüchtigte **Flåm-Bahn** umsteigen. Diese quält sich, teils in Tunnelserpentinen, von dem 2 m über dem Meeresspiegel gelegenen Bahnhof auf der steilsten Normalspurstrecke der Welt hinauf in eine Höhe von 865 m. Für die 20 Kilometer braucht sie dabei geschlagene 50 Minuten. Unterwegs passiert man das romantische Flåmdal und den wild schäumenden Kjosfoss. Den Touristen zuliebe legt der Zugführer, der gleichzeitig Reiseführer ist, einen Fotostopp ein. Das Ziel, Myrdal, ist am Rande der Hardangervidda gelegen und nicht selten im Sommer noch in der festen Hand des Winters. Umsteigen kann man in die nicht minder spannende Bergen-Bahn (Richtung Bergen und Oslo).

●**Flåmbahn,** www.flaamsbana.no (im Sommer 10x täglich, im Winter 4x): Für die 50-minütige Fahrt (pro Richtung) sind enorme 300 NOK (Hin- und Rückfahrt, Familien 700 NOK) zu berappen. Vielleicht sollte man nur hinauffahren (Kosten 190 NOK) und zurück den schönen Weg wandern (Gehzeit mind. 4 Std). Die Route folgt meist einem Fahrweg.

In Flåm informiert ein kleines **Museum** über das Abenteuer Flåm-Bahn. (Geöffnet: 12-16 Uhr, 30 NOK.)

Gleichermaßen spannend wie die Fahrt mit der Bahn ist ein Ausflug **mit dem Schnellboot nach Gudvangen.** Unterwegs passiert man die gigantischen Felsformationen entlang des Aurland- und Nærøyfjords.

Touristeninformation

●Das **Turistkontor** (Tel. 57632106) ist im Bahnhof untergebracht. Bahn in Flåm: Tel. 57632100, www.alr.no, www.visitflam.com. Im Sommer bis spät abends geöffnet. Internetanschluss, Post, Ticketverkauf, Fahrrad- und Bootsverleih. Mietwagen.

An- und Weiterreise

●**Schnellboote:** Flåm – Aurland – (Nærøyfjord) Gudvangen (ganzjährig 4x täglich, 200 NOK, retour 250 NOK), Flåm – Aurland – Balestrand (Anschluss nach Sogndal, im Sommer 2x täglich, 200 NOK), 13.5.-16.9. Flåm – Bergen (570 NOK), Info: Tel. 55907070, 50 % Studenten- und InterRail-Rabatt. Auch Fahrradfahrer müssen Richtung Gudvangen das Boot benutzen.
●**Lokalbus:** nach Aurland, Gudvangen, in das Hallingdal (Geilo) sowie über den Snøvegen nach Lærdal. www.ruteinfo.net.
●**Fernbus:** 162.

Unterkunft

●**Heimly Pensjonat,** Flåm, Tel. 57632300, Fax 57632340, (****). Schlichtes, aber teures 49-Betten-Haus 400 m östlich des Bahnhofs. Für Gäste gibt es einen großen Garten, eine Cafeteria und einen Pub.
●**Fretheim Hotell,** Flåm, Tel. 57636300, Fax 57636400, geöffnet: 1.5.-15.10., (*****). Traditionsreiches, aber sehr teures Hotel mit modernem Anbau. Gleich hinter dem Bahnhof gelegen. Sehr gutes Restaurant.
●**Vatnahalsen Høyfjellshotel,** Haltestelle Vatnahalsen, Tel. 57633722, Fax 57633767, (*****). Schönes, nur mit der Flåm-Bahn zu erreichendes Berghotel kurz vor Myrdal. Neben Restaurant und Bar gibt es auch eine Sauna und einen Fahrradverleih.

Farbkarte Seite XV — **AURLAND** 345

- **Flåm Marina & Appartement**, in Flåm am Wasser, Tel. 57633555, www.flammarina.no, (****). Gute Appartements am Wasser und gemütliches Café/Restaurant. Bootsverleih!

Camping/Hütten/ Jugendherberge

- **Flåm Camping & Vandrerhjem**, Flåm, flaam.hostel@vandrerhjem.no, Tel. 57632121, Fax 57632380, Zimmer (150 NOK) ganzjährig (Vorbestellung empfohlen), ansonsten 1.5.-30.9. geöffnet. Campingplatz und Jugendherberge liegen in der Nähe des Bahnhofs am Fluss, gegenüber der Gleise. Die kleine Herberge überzeugt durch ihre Preise (Bett 170 NOK, DZ 450-540 NOK), die Zeltwiese durch ihre Lage teilweise unter Obstbäumen. Die Ausstattung ist hervorragend, die guten Hütten sind günstig zu haben (*). Man trifft auf dem Platz Reisende aus aller Welt. Für Ausflüge können Räder geliehen werden. Leider recht laut (Bahn und Straße).

Essen und Trinken

- Die Restaurants am Bahnhof bieten zwar preisgünstiges (100-120 NOK), doch eher durchschnittliches Essen. Wesentlich besser ist das **Restaurant im Flåm Marina** (Salate 80 NOK) und jenes im **Fretheim Hotel** (hohe Preise, aber toller Blick).

Shopping

- Viele Läden mit eher nicht so berauschenden Souvenirs. Heraus ragt nur der **Dale Fabrikverkauf** mit preisreduzierten **Norwegerpullis**.

Aktivitäten

- Empfehlenswert ist eine **Radfahrt auf dem Rallarveg** (offiziell geöffnet ab 15.7.) **von Finse nach Flåm**. Zunächst geht es mit der Flåm-Bahn hinauf und weiter mit der Bergen-Bahn nach Finse. Zurück fährt man auf einem alten Fahrweg so ziemlich parallel zur Bahnstrecke. Über das holprige Schottersträßchen und die später errichtete Flåm-Bahn wurde das Material zum Bau der Bergen-Bahn herangekarrt. Bis Flåm kam dieses auf dem Seewege über den Fjord.

Bei der Fahrt auf dem Weg kann es passieren, dass man vereinzelt noch bis Ende Juni Schneefelder überqueren muss. Es ist daher ratsam, die Tour **nicht vor Anfang Juli** zu unternehmen. Da der Pfad oft steinig ist, sollte vor allem bei der Fahrt hinab ins Tal vorsichtig gefahren werden! Wer nicht von Finse (1222 m ü.d.M., 40 km) oder Haugastøl (985 m ü.d.M., 65 km) durch das Hochgebirge zurückradeln will, was durchaus schön, aber anstrengend ist, kann auch mit der Bahn bis Myrdal (865 m ü.d.M.) fahren und so nur die Serpentinenstraße hinab in das Flåmdal genießen (etwa 15 km).

Fahrradverleih (175 NOK pro Tag) und Informationen zum Rallarveg in der Touristeninformation, www.rallarmuseet.no.

Rundfahrt

- **„Norwegen in einer Nussschale"**: Eintägige Rundfahrt mit der Flåm- und der Bergen-Bahn (siehe Kap. „A–Z/Verkehrsmittel in Norwegen/ Bahn/Preisnachlässe").
- Fahrt mit der Flåmbahn **nach Myrdal**, von hier mit der Bergen-Bahn nach Voss und später mit dem Bus **nach Gudvangen**, dann mit dem Boot **durch den Nærøyfjord** zurück nach Flåm. Preis: rund 400 NOK, Kinder und Rentner 200 NOK.
- Andere Fjordrundfahrten vermittelt die Touristeninformation.

Aurland ⌕XV/C2

Etwa 5 km nördlich von Flåm liegt das pittoreske Aurland mit weißen Holzhäusern und einer Kirche aus dem Jahre 1202. Neben dem südlich des Ortes gelegenen **Otternes-Bauerndorf** (geöffnet im Sommer von 11-18 Uhr, 50 NOK) mit knorrigen Gebäuden aus dem 17. Jahrhundert und tollem Fjordblick, ist vor allem die Landschaft entlang der beiden Passstraßen sehenswert.

SOGNEFJORDREGION

Die erste dieser Straßen ist der **Snøvegen** (auch Aurlandsvegen genannt) in Richtung Lærdal. Noch bis Ende Juni fährt man auf einem freigefrästen Stück Straße durch meterhohe Schneewehen. Man glaubt sich in der Jahreszeit getäuscht zu haben. Dicke Eisschollen treiben auf den Seen, und das Wollgras beginnt gerade erst die schneefreien Heideflächen mit einem Meer runder, weißer Blütenköpfe zu übersäen. Beiderseits des Passes genießt man überwältigende Rundblicke in die Täler. Die Aussicht auf den Aurlandsfjord zählt dabei zweifellos zu den schönsten Panoramen Westnorwegens. Um dieses auch in vollen Zügen genießen zu können, wurde eine kühne Aussichtsplattform hoch über dem Fjord angelegt (etwa 7 km ab Aurland). Wer möchte, kann jedoch seit 2000 die teils recht enge Passstraße auf der E 16 (24 km Tunnel) umfahren (vgl. „Lærdal").

Die zweite, an finsteren, engen Tunneln reiche Gebirgsstraße ist die **Rv 50 in Richtung Geilo.** Die Hochgebirgslandschaft mit ihren von Flechten überzogenen Gesteinswüsten ist gleichfalls imposant. Allerdings sind die vielen Stromleitungen störend, und es zeigt sich deutlich, dass in Aurland der meiste Strom für die 250 km entfernt liegende Hauptstadt produziert wird. Das Vangen-Kraftwerk kann besichtigt werden.

Touristeninformation

- **Aurland Turistkontoret,** 5745 Aurland, Tel. 57633313, Fax 57633280, www.alr.no.

An- und Weiterreise

- Siehe unter Flåm.

Unterkunft

- **Aurland Fjordhotel,** Tel. 57633505, Fax 57633622, (*****). Hübsches Hotel im Zentrum von Aurland. Die Zimmer sind angenehm eingerichtet, das Restaurant ist gut.
- **Vangsgaarden,** Aurland, Tel. 57633580, Fax 57633595, (**/***). Der in der Nähe des Fjordes gelegene schöne, alte Hof vermietet 23 einfache Zimmer und 4 neue Rorbuer. Auch gibt es ein Pub und ein Café.

Camping/Hütten

- **Lunde Gård & Camping,** Aurland, Rv 50, Tel. 57633412, Fax 57633165. Nettes, am Fluss gelegenes Waldareal mit 16 Hütten (*/**) und Minigolfplatz.
- **Hütten** (*/***): Skaim Hytter, Rv 50, Tel. 57633523; Skresanden Hytter, 3 km ab Aurland, Tel. 57633472; Winjum Hytter, 500 m ab dem Zentrum Richtung Snøvegen, Tel./Fax 57633461.

Wandern

- Das Aurlandsdalen wird gern als der **Grand Canyon Norwegens** bezeichnet. Eine bekannte, erlebnisreiche Tour führt von Vassbygdi, kurz hinter dem Ende des Sees an der Rv 50, hinauf zur Hütte Østerbø (6 Std. pro Richtung). Nur 2 Std. dauert die Wanderung ins ebenfalls schöne benachbarte Stondalen.
- **Panoramaberg:** Am Aurlandvegen, ab der blauen Hütte, 10 km vor Aurland 10 Min. den Hang hinauf. Blick auf den Fjord. Die Tour kann weiter gelaufen werden in Richtung des 1363 m hohen Berges Prest (steiler Pfad).
- **Am Fjord entlang:** Von Aurland immer am Fjord entlang nach Volda. Zurück über Bell, oberhalb des Fjordes am Hang gelegen.
- **Fußweg nach Otternes:** Ab der Kirche in Aurland bzw. ab Flåm führt ein Weg am Fjord entlang zum Otternes Museum.

Winterlich verschneite Häuser in Lærdal

Lærdal ⤢XV/C2

Am Ende des aus Aurland kommenden Snøvegen liegt das **2000-Einwohner**-Dorf Lærdal. Es entwickelte sich aufgrund seiner zentralen Lage zu einem wichtigen Handelsplatz. Neben dem modernen Ortsteil mit Rathaus und Geschäften gibt es noch das alte **Lærdalsøyri** mit dem kleinen Postmuseum und 160 farbenfrohen Holzhäusern. Läuft man hier die 1,5 km lange Hauptstraße Øyragata entlang, so kommt dies einer Wanderung durch die norwegische Architekturgeschichte gleich. An den alten Ortskern mit seinen Häusern aus dem 18. und 19. Jh. schließen sich einige prächtige klassizistische, Schweizer- und Jugendstil-Villen sowie die Hauge-Kirche aus dem Jahr 1869 an.

Reizvoll ist auch die **Umgebung Lærdals.** Dank des milden Klimas mit vielen Sonnenstunden und wenig Niederschlag gedeihen hier zu Füßen gewaltiger Berghänge **viele Obstbäume.** Der Lærdalselv gilt als **einer der besten Lachsflüsse der Welt**. Informationen zu Lachszucht- und den norwegischen Wildlachspopulationen vermittelt das **Norsk Villakssenter** (Wildlachscenter). Die Ausstellung ist informativ, wenngleich die endlosen Texte teils entnervend wirken. Lachsaquarium, eine kulturhistorische Ausstellung, Café und Restaurant (preiswerte Lachsgerichte) ergänzen das Museum

(Geöffnet: 10-18 Uhr, Juli bis 22 Uhr, 80 NOK).

Die E 16 führt durch den 24 km langen, kostenlosen **Lærdalstunnel** nach Aurland. Alle 7 km sind große Hallen (Parkmöglichkeiten) in den Fels gesprengt worden, die von blauem Laserlicht illuminiert werden. Auf diese Weise soll das Ende des Tunnels vorgetäuscht, die Fahrt angenehmer gestaltet und einem „Tunnelschock" vorgebeugt werden. Die Wirkung ist durchaus beeindruckend.

Richtung Südosten führt die E 16 Richtung Valdres und nach 31 km zur sehr sehenswerten **Stabkirche von Borgund** (siehe dort). Nach Norden geht es durch den Fodnes-Tunnel Richtung Sogndal und Øvre Årdal.

Touristeninformation

- **Lærdal Tourist Office,** Pb 122, N-6886 Lærdal, Tel. 57641207, Fax 57666422, www.alr.no.

An- und Weiterreise

- **Fernbusse 162, 165, 170.**
- **Lokalbus:** Sogndal – Lærdal – Borgund – Borlaug; weiteres siehe unter „Flåm".
- **Fahrradfahrer** in Richtung Kaupanger müssen die Fähre ab Lærdal benutzen. Der Snøvegen in Richtung Flåm ist eine echte und reizvolle Herausforderung, kann aber mit dem Boot auch vermieden werden.
- **Fähre:** Manheller – Fodnes (Rv 5), 1-24 Uhr, 15 Min., Auto inkl. Fahrer 100 NOK, Erwachsene 30 NOK. Lærdal – Kaupanger – Gudvangen, nur im Sommer, 4x täglich. Info: Tel. 55907070.

Unterkunft

(Siehe auch unter Borgund-Stabkirche.)

- **Lindstrøm Hotel,** Lærdal, Tel. 57666900, Fax 57666681, geöffnet: 1.5.-30.9., (*****). Gutes Holz/Beton-Hotel gegenüber dem Rathaus, Restaurant und Fahrradverleih.
- **Offerdal Hotell,** Lærdal, Tel. 57666101, Fax 57666225, (****). Ziemlich schmuckloser Betonkasten. Zurzeit geschlossen.
- **Sanden Pensjonat,** Øyragata 9, Lærdal, Tel. 57666404, www.sandenpensjonat.no. Schöne Zimmer in altem Holzhaus im Ort. DZ 300-500 NOK.
- **Seltun Gard,** Tel. 57669328. Renoviertes Holzhaus im Tal von Lærdal, (**).

Camping/Hütten

- **Lærdal Ferie og Fritidspark,** Kreuzung E 16/Rv 5, Tel. 57666695, Fax 57666788, geöffnet: 15.4.-1.10., Hütten ganzjährig. Nur 400 m vom Zentrum Lærdals entfernt liegender Platz mit allem Komfort. Neben 8 Hütten (***/****), DZ ab 500 NOK) gibt es einen Tennisplatz, die Möglichkeit zum Baden und einen Fahrradverleih. Zwischen Straße und Fjord gelegen.
- **Vindedal Camping & Hytter,** 10 km westlich von Lærdal, Tel. 57666528. 1.6.-1.9. Schöne und ruhige Lage am Fjord. Kleine Hütten (*).
- 3 km östlich der Borgund-Stabkirche liegen **zwei einfachere Plätze** mit ganzjährig geöffneten Hütten (*/**) und Fahrradverleih.

Aktivitäten

- **Angeln:** Der **Lærdalsøyri** ist der ungekrönte König unter den Lachsflüssen Norwegens. Angelkarten sind in der Touristeninformation erhältlich. Allerdings sind die besten Plätze – über Jahre hinweg – zu horrenden Preisen verpachtet.

Kunsthandwerk

- Im alten Ortskern gibt es einige sehr schöne **Kunsthandwerksläden.**

Wer auf dem Weg in Richtung Oslo oder in die Valdres ist, kann von Lærdal kommend auf der nagelneuen Rv 53 am **Årdalsfjord** entlangfahren. Nach 23 km erreicht man das zwischen Bergriesen eingekeilte Årdalstangen und nach weiteren 7 km Øvre Årdal. Auf diesem Weg kann man zwar dem herrlichen Wasserfall Vettisfossen einen Besuch abstatten, verpasst jedoch die Borgund-Stabkirche.

In Richtung Westnorwegen geht es weiter auf der Rv 5 nach Kaupanger.

Øvre Årdal ⤴XV/D1,2

Um einen Eindruck vom **6300-Einwohner**-Ort zu gewinnen, fährt man am besten ein Stück die Serpentinen Richtung Tyinkrysset hinauf. Unten im Tal liegt nun, am Rande des Jotunheimen-Gebirges, das **größte** und manchmal auch für Besucher geöffnete Aluminiumwerk Norwegens (und damit auch die Erklärung für den etwas aufdringlichen Geruch im Ort). Die notwendigen riesigen Energiemengen werden in den örtlichen Wasserkraftwerken produziert. Diese speist u. a. der Tyin-See, der bei der Weiterfahrt auf dieser Straße zur Linken in einsam-trister Fjell-Landschaft liegt. Verschifft werden die jährlich hergestellten 150.000 Tonnen Alu über den **Verladehafen in Årdalstangen.**

Nun wäre diese Industrielandschaft sicher nichts für einen Norwegenurlaub, gäbe es nicht in der Umgebung die herrliche, verflixt schmale **Bergstraße nach Turtagrø** (Richtung Sognefjellveien, Rv 55) und einige sehr lohnende **Wanderziele im Jotunheimen-Gebirge** wie z. B. den 275 m hohen Vettisfossen. Um zu ihm zu gelangen, biegt man in Øvre Årdal in das Landschaftsschutzgebiet Utladalen ab und fährt bis Helle. Weiter geht es 6 km zu Fuß oder 4 km in der Kutsche und 2 km per pedes bis zum Wasserfall. Eifrige Wanderer können nun ihren Weg durch das tief eingeschnittene und äußerst wilde Utladalen bis in das Herz Jotunheimens fortführen.

Ein weiterer sehr beliebter Ausgangspunkt für Wanderungen in das höchste Gebirge Skandinaviens ist **Eidsbugarden.** Die **Hütte** am Ende des Bygdin-Sees erreicht man, indem man den Tyin-See entlangfährt und auf die Rv 252 abbiegt. (Weitere Informationen zu Jotunheimen und Eidsbugarden siehe unter „Sognefjellveien" und „Valdresflya".)

Touristeninformation
● **Am Utladalen-Campingplatz** und im Zentrum von Øvre Årdal, Tel. 57663010.

An- und Weiterreise
● **Fernbusse 160, 450**
● **Lokalbus** nach Lærdal und Sogndal.

Unterkunft
● **Klingenberg Hotell,** Årdalstangen, Tel. 57665800, Fax 57660135, (*****). Feines Hotel mit allem Komfort. Hohe Preise.

Camping/Hütten
● **Utladalen Camping,** 4 km von Øvre Årdal entfernt, Tel. 57663444, ganzjährig geöffnet. Kleiner, schöner Platz mit 14 Hütten (*).
● **Årdalstangen Feriepark,** Tel. 57661560. Schöne Anlage mit Hütten (*/**/***).

Aktivitäten
● **Baden:** Es gibt in Øvre Årdal ein schönes **beheiztes Freibad** mit Rutsche und großem Becken.

- **Wandern:** Zu den oben erwähnten Wanderungen sind noch Ausflüge in die bei Årdalstangen gelegenen Täler Seimsdalen und Ofredalen (alte Hofanlage) möglich.
- **Ausflug:** Kleine schmale Straße ab Årdalstangen nach Westen. Durch einen 1992 eröffneten Tunnel und ein waldreiches Tal gelangt man nach Indre Ofredal am Årdalsfjord. Winziges Örtchen, das sich um ein Sägewerk herum entwickelt hat. Erhaltene Wohnhäuser, Mühle, Schmiede und Seehäuser. Badeplatz.

Kaupanger ⌕XV/C2

An der fast kreisrunden Amla-Bucht auf halbem Wege zwischen Lærdal und Sogndal liegt der alte Marktflecken Kaupanger (*kaupang* = Handelsplatz). Im frühen Mittelalter befand sich hier die erste Stadt Westnorwegens. Diese wurde jedoch im Sommer 1184 vom Zorn König *Sverres* eingeholt und zerstört. Grund dafür war, dass die Bürger von Kaupang und Sogn dem nicht eben beliebten Stellvertreter des Königs, *Magnus,* kein kostenloses Weihnachtsfest gewähren wollten. Stattdessen vertrieben die Einheimischen ihn und sein Gefolge, mehr oder minder gewalttätig. Ob auch die **Stabkirche,** entgegen dem Befehl König Sverres, geschleift oder anderweitig zerstört wurde, ist unklar. Auf alle Fälle stammt der heutige Bau aus der Zeit nach der Schlacht und wurde etwa um das Jahr 1200 errichtet. Äußerlich wirkt das 14 m lange Gebäude mit der aus dem 17. Jahrhundert stammenden Vertäfelung keinesfalls mehr wie eine Stabkirche. Im Inneren jedoch ist der bauliche Ursprung noch deutlich an den zwanzig Stützmasten zu erkennen. (Geöffnet: 7.6.-20.8. 10-17.30 Uhr, 35 NOK, Studenten 25 NOK.)

Unweit der Kirche, am Hafen, liegt das **Sogn-Fjord-Museum.** Das kleine Haus ist vollgestopft mit alten Booten sowie Ausstellungsgegenständen zu den Themen Fischerei und Bootsbau. (Geöffnet: Juni-Aug. 9-17 Uhr, Ticket zusammen mit Sogn-Folke-Museum.)

Folgt man der Straße nach Sogndal, vorbei am Gewerbegebiet und einigen Supermärkten, gelangt man zum sehenswerten **Sogn-Folke-Museum.** Zu sehen sind die Sammlungen des Gutsbesitzers und Lehrers *G.F. Heiberg.* Die wirklich gelungene Kollektion von 35 Holzhäusern und alten Einrichtungsgegenständen dokumentiert das Leben in Sogn während der letzten vier Jahrhunderte. Kinder werden sicherlich an den vielen Haustieren (u. a. Fjordpferde) ihre Freude haben. Im Hauptgebäude gibt es interessante Ausstellungen zu den norwegischen Festtagen, dem Leben der Bauern und Handwerker (deutsches Infoheft gratis). Außerdem gibt es dort eine Cafeteria, die leckeren Kuchen anbietet. (Geöffnet: Mai/Sept. 10-15 Uhr, Juni-Aug. 9-17 Uhr, 60 NOK, Studenten/ Rentner 50 NOK.)

An- und Weiterreise

- Siehe unter Sogndal.

Unterkunft

- **Amla Nedre,** Kaupanger, Tel. 57678401, Fax 57678659, geöffnet: 1.6.-1.9., (**/***). Im

Blick auf Sogndal

herrschaftlichen Bauernhaus von 1840 werden drei Zimmer vermietet.
- **Havnebakken,** Havnebakken 2, südl. Ortsmitte Kaupanger, am Wasser, Tel. 91751016, 2 gute Ferienhäuser und 3 schöne Zimmer.

Sogndal ⤴ XV/C2

Das moderne und trotzdem gemütliche Sogndal (**6000 Einwohner** inkl. Kaupanger) ist das **Handels- und** mit 2000 Studenten **Bildungszentrum der Sognefjord-Region.** Die Ortsmitte bildet ein großes Einkaufscenter mit dem wohl besten Warensortiment im Umkreis von 100 Kilometern. Neben Hochschule und Einzelhandel ist die norwegenweit bekannte Konservenfabrik Lerum der größte Arbeitgeber. Attraktionen gibt es außer der lieblichen Landschaft nur wenige. Zu besichtigen ist im Sommer von 9-21 Uhr die 1867 erbaute **Stedje-Kirche** am Berg südwestlich des Zentrums. Hinter dem Holzbauwerk, am Abhang, steht ein 1,9 m hoher **Runenstein** aus dem Jahr 1100, einer der wenigen, die noch nicht in ein Museum verfrachtet wurden. Seine Inschrift besagt: „König Olav schoss zwischen diese Steine". Der Sage nach soll dort, wo der Pfeil herunter kam, der Chor der neuen Kirche erbaut worden sein.

Wer nach Borgund und Kaupanger nochmals auf den Spuren König Sverres wandeln möchte, kann einen Abstecher nach **Fimreite** unternehmen (Straße entlang des Fjordufers, das der Rv 55 gegenüberliegt). König *Sverre* und *Magnus Erlingsson* stritten hier am

15. Juni 1184 in einer Seeschlacht um die Vorherrschaft in Norwegen. Da Magnus unterlag, wurde Sverre Alleinherrscher.

Touristeninformation

- **Sognefjorden AS**, Postboks 222, 6852 Sogndal, Tel. 57673083, Fax 57672806, www.sfr.no, www.sognefjord.no.
- Das **Turistkontor** liegt im Kulturhaus am Ende des Einkaufscenters. Es werden auch Ferienhäuser vermittelt.

An- und Weiterreise

- **Fernbusse 160, 170.**
- **Lokalbusse:** Richtung Lærdal, Kaupanger, Solvorn/Gaupne/Jostedal/Fortun; 8.45 Uhr zum Gletscher Nigardbreen; über das Sognefjell nach Lom (Abfahrt 8.25, 13.35 Uhr), www.ruteinfo.net.
- **Schnellboote** nach Bergen (480 NOK), Vik, Balestrand und Flåm.
- **Flughafen:** Flüge nach Oslo, Bergen, Florø.

Mietwagen

- **Hertz,** in Sogndal, Tel. 57820088.
- **Europcar,** in Sogndal, Tel. 57676670.
- **Avis,** in Kaupanger, Tel. 57725080.

Taxi

- Tel. 57671000.

Unterkunft

- **Hofslund Fjord Hotel,** Ortsausgang Richtung Kaupanger, Tel. 57627600, Fax 5762 7601, (****). Holzhaus mit quadratischem Betonanbau und durchschnittlich guten Zimmern. Garten am Fjord mit extra Swimmingpool. Zumindest von der Lage her die beste Wahl in Sogndal.
- **Sogndal Hotel,** Gravensteingt. 5, an der Hauptstraße im Zentrum, Tel. 57627700, Fax 57627740, (*****). Schlicht wirkendes und doch gut ausgestattetes Hotel mit gediegenem Restaurant und Swimmingpool.
- **Lægreid Turisthotell,** Almenningen 3, Tel. 57628888, Fax 57628889, (*****/****). Schlichtes Hotel mit gemütlichem Pub.
- **Loftesnes Pensjonat,** Fjørevn. 17, Tel./Fax 57671577, (***). Kleine Pension in einem weißen Holzhaus im Zentrum mit 15 einfachen Zimmern und einem Pizzarestaurant.
- **Sogndal Bed & Breakfast,** 5 km Richtung Leikanger, Tel. 91300946, www.stayinnorway.com, Neues B&B mit ansprechenden Zimmern (knapp 600 NOK, zzgl. Frühstück).
- **Lunden Ferieleiligheter,** 15 km westl. Sogndal, in Slinde (Rv 55), Tel. 57679188, www.lundenferie.no, 4 gute Appartements mit Küche (600 NOK).
- **Sogndal Vandrerhjem,** Straße Richtung Kaupanger, am Kreisverkehr vor der Brücke, Tel. 57627575, Fax 57627570, geöffnet: 10.6.-14.8. Das Bett im Holzhaus kostet 200 NOK, das DZ 450-610 NOK.

Camping/Hütten

- **Vesterland Feriepark,** an der Straße nach Kaupanger, Tel. 57627100, Fax 57627200, ganzjährig geöffnet. Große Anlage im Wald mit 46 perfekt ausgestatteten Hütten mit Kamin (****) und 60 Apartments. Zudem ein Meditationshaus, ein schönes Café, Minigolf- und Tennisplatz. Bootsverleih.
- **Kjørnes Camping,** an der Straße nach Kaupanger, Tel. 57674580. Schönes Wiesenareal am Fjord mit Bademöglichkeit und herrlichem Blick auf Sogndal. Leider wirkt die benachbarte Straße etwas störend. Es werden 8 hübsche, zwischen Obstbäumen gelegene Hütten vermietet (*/**), DZ 700 NOK.
- **Stedje Camping,** einige hundert Meter südlich des Busbahnhofs an der Rv 55 Richtung Leikanger, Tel. 57671012, Fax 57671190, geöffnet: 15.6.-31.8., Hütten ganzjährig. Schöner Platz unter Obstbäumen. Als Zugabe gibt es ein Solarium, Ruderbootverleih und 14 einfache Hütten (*/**).
- **Kollsete Hyttegrend,** im Sogndalsdalen, westlich von Sogndal (Rv 5), Tel./Fax 5767 9914. Kleine und große Hütten (*/***) im Wald. Herrliche Wandermöglichkeiten.
- **Loftesnes Hytter,** Tel. 57672695, kurz hinter der Brücke, 7 gute Hütten hübsch am Fjord gelegen, an der Straße nach Kaupanger (600 NOK).

Farbkarte Seite XV **SOLVORN/URNES/HAFSLO** 353

Essen und Trinken

- Ein anständiges Restaurant und eine gute Pizzeria mit Sonnenterrasse gibt es **im Sogndal Hotel.**
- Einen netten **Pub** mit Ledersesseln ist **im Lægreid Turisthotell** (Fr/Sa bis 2 Uhr).
- Für Jugendliche ab 18 Jahren gibt es den **Studentenclub Meieriet** mit einer netten Kneipe, Disco (teils bis 3 Uhr) und **Internetanschluss,** im Haus mit dem Schornstein.

Kino/Bibliothek

- Das Kulturhaus im Zentrum beherbergt ein Kino und eine Bibliothek (gratis Internetanschluss!).

Aktivitäten

- **Angeln: Forellen** können im Sogndalselva und einigen Gebirgsseen geangelt werden.
- **Baden:** 2 Badeplätze an der Straße nach Leikanger und in Solvorn am Fähranleger.
- **Fahrradverleih:** in der Touristeninformation, allerdings zu gehobenen Preisen (ab 150 NOK pro Tag).
- **Paddeln:** Kanus für den Fjord: Moreld (Deutsche), Handy: 99398895, www.moreld.net, ½ Tag 150 NOK; Boote: Nils Svedal Hytter (Tel. 57679920)
- **Reiten:** Reitverein Kaupanger, Tel. 57678562.
- **Wandern: Vom Kjørnes-Campingplatz zum Sogn Folke-Museum** (Richtung Kaupanger): Die zweistündige, leichte Wanderung folgt einem alten Fahrweg und eignet sich ideal für Familien.

Panoramablicke: Loftenesfjell: Berg hinter dem Kjørnes Camping Campingplatz, der Weg beginnt oberhalb des Wohngebietes, in der Kurve südlich vom Platz, 3½ Std. (retour); Storehaugen: 4½ Std. (retour), Einstieg: an der 2. Kehre der Straße zum Flughafen; Stedjeåsen: Einstieg am Wohngebiet oberhalb der Kirche, steiler, guter Weg (4 Std., retour).

Auch gibt es im Sogndalsdalen **diverse markierte Wanderwege.** Verschiedene nicht markierte Wege führen **zum Gletscher Myrdalsbreen und nach Fjærland.** Alle 33 Touren sind auf der **Touristenkarte Sogndal** (Maßstab 1:50.000) verzeichnet (inkl. Wegbeschreibung).

- **Wintersport:** Im Sogndalsdalen und bei Hafslo liegen zwei Skigebiete mit bis zu 500 m Höhenunterschied.

Shopping

Das große **Warenhaus im Zentrum** bietet fast alles von Büchern über Bekleidung bis hin zu Souvenirs. Auch das **Vinmonopolet** hat hier eine Filiale.

Drei Richtungen können nun eingeschlagen werden: Zunächst wird der Weg nach Nordwesten zum Pass des Sognefjellveien beschrieben, anschließend die Wege nach Balestrand und nach Fjærland.

Solvorn/ Urnes/Hafslo ⌕XV/C1

Nördlich von Sogndal erstreckt sich inmitten lieblicher Kulturlandschaft – dazwischen die blanke Spiegelfläche des Hafslovatn – die aus vielen weitverstreuten Gehöften bestehende **Siedlung Hafslo.** Hier zweigt die Straße hinab nach **Solvorn** ab. Das niedliche Dorf am Lustrafjord ist aus einem alten Marktflecken hervorgegangen und mit seinen weißen Holzhäusern, den Bootsschuppen und Obstplantagen ein herrlicher Ort für ausgedehnte Sommertage. Gegenüber dem traditionsreichen Walaker Hotel befindet sich ein Fähranleger. Von hier setzt ein kleines Boot nach **Urnes (Ornes)** über. Noch während der Fahrt fällt sie einem auf, die oberhalb des beschaulichen Dorfes gelegene **älteste Stabkirche Norwegens** (erbaut 1130-1150),

die auf der UNESCO-Liste der erhaltenswerten Baudenkmäler steht. Im Gegensatz zum leicht veränderten Äußeren ist der Innenraum in seiner mittelalterlichen Form erhalten geblieben. Besonders beachtenswert ist das Mittelschiff mit seinen geschnitzten Säulenköpfen, die Fabelwesen darstellen. Die Kerzenhalter wurden im 13. Jahrhundert in Limoges (Frankreich) angefertigt. Das weitere Interieur stammt aus dem 17. Jahrhundert. Bei einem Rundgang um die Kirche fallen die Schnitzarbeiten an den Portalen auf. Sie sind auf ihre Art einmalig und werden als Urnes-Stil bezeichnet. Noch weitestgehend unbeeinflusst vom christlich-romanischen Stil, weisen sie noch recht viel Tier- und weniger Pflanzenornamentik auf. Die ältesten Verzierungen sind die des ehemaligen Nordportales (siehe „Architektur"). Sie stellen in der unteren linken Ecke einen Rothirsch und die mächtigen Zweige der mythischen Weltenesche Yggdrasil dar. Das Portal stammt wahrscheinlich von einer noch um 100 Jahre älteren Stabkirche. (7.6.-31.8., 10.30-17.30 Uhr, 45 NOK). Wer nur die Kirche besuchen will, kann das Auto in Solvorn lassen.

Hat man von Solvorn mit dem Auto übergesetzt, kann die Weiterfahrt am östlichen Ufer des Lustrafjordes erfolgen. Unterwegs passiert man den über 218 Höhenmeter hinabrauschenden **Wasserfall Feigefossen.**

SOLVORN/URNES/HAFSLO

An- und Weiterreise

- **Bus** Solvorn – Sogndal.
- **Fähre** Solvorn – Urnes 7.6.-31.8. 11-16.40 Uhr, Urnes – Solvorn 11.20-17 Uhr.

Unterkunft

- **Walaker Hotel+,** Solvorn, Tel. 57682080, Fax 57682081, www.walaker.com. Geöffnet: 16.4.-14.10., (*****/****). Romantisches Holzhaus mit schönem Garten, einer bekannten Kunstgalerie (20 NOK) und tollen Zimmern. Gutes Restaurant.
- In Hafslo gibt es aufgrund des Heggmyrane-Skigebietes einige **Hüttencenter,** z. B. Hafslo Hytteutleige (Tel. 57685140, www.hafslohytteutleige.com), Hafslotun Kro & Hyttesenter (Tel. 57684178) und Gløtten Hytter (Tel. 57684444, www.hafslohytter.no, am Hafslosee).
- **Eplet,** Solvorn, Handy 42649469, www.eplet.net. Tolles Hostel des Weltenbummlers *Trond Henrik.* Herrliche Lage! DZ 500 NOK (2. Nacht 400 NOK), Bett 120 NOK, Zeltplatz. Wer im Sommer beim Ernten hilft, kann kostenlos nächtigen. Gratis: Mountainbikes.
- **Urnes Gard,** Tel. 57683944, www.urnes.no. Bett ab 150 NOK, Hütte ab 450 NOK.
- **Hafslo Gjestehus,** Tel. 57686575, www.hafslogjestehus.com, ab 150-250 NOK/Person. Einfache, aber gemütliche Pension am Sogn Skisenter.
- **Tungastølen Turisthytte,** im Tal von Veitastrond, nördl. von Hafslo, Tel. 94189029. Urige Touristenhütte mit Tal- und Gletscherblick.

Solvorn am Lustrafjord

Urnes – die älteste Stabkirche Norwegens

Wandern/Baden

- Nördlich von Hafslo führt von der Rv 55 eine Nebenstraße nach Modland/Baten. Nach rund 2,5 km liegt links der Ausgangspunkt

zur Wanderung (5 km) in Richtung des herrlichen Panoramaberges Molden.
- Ab Hafslo führt eine Straße in das grandiose Tal von Veitastrond. Am Ende des Weges bietet sich die Möglichkeit, binnen 2 Stunden **zur Gletscherkante des Austerdalsbreen** zu wandern.
- An der Straße von Urnes nach Skjolden liegt der Feigefoss. Zu den Nebelschleiern des Wasserfalls führt am rechten Ufer des Wildbaches ein kurzer Pfad durch märchenhaften Birkenwald.
- In Solvorn gibt es einen **sehr schönen Badeplatz** am Fjord. Ideal für warme Tage!

Gaupne/ Jostedalen ⌕XV/C1

Gaupne ist das Zentrum der Gemeinde Luster, unschwer am gläsernen Einkaufszentrum Pyramiden zu erkennen. Einzigste Sehenswürdigkeit des Ortes ist die Balkenkirche, 1642-1652 erbaut. Sie ersetzt eine Stabkirche, von der noch das reich verzierte Westportal aus dem späten 12. Jahrhundert erhalten ist. Das Innere ist reich geschmückt mit verschlungenen Ornamenten und Katechismustafeln von 1559. (Geöffnet: im Sommer von Mi-So 11-16 Uhr, 35 NOK).

Gaupne ist der **Ausgangspunkt für eine Fahrt zum Gletscher Nigardsbreen.** Er ist neben dem Briksdalsbreen bei Stryn einer der schönsten Ausläufer des 486 km² großen Gletschers Jostedalsbreen.

Zunächst biegt man in das wilde und ursprüngliche Jostedal ab. Die Fahrt geht vorbei an mächtigen Bergen, an Wasserfällen und grünen Wiesen. Nach 30 km erreicht man in Gjerde das **Breheimsenter.** In diesem architektonisch an ein umgestülptes Wikingerschiff erinnernden Bau erhält man Informationen zu Gletschereis und Schnee, wobei das weitaus interessantere Museum zu diesen Themen in Fjærland (siehe dort) angesiedelt ist. (Geöffnet: 2.5.-21.6. 10-17 Uhr, 21.6.-20.8. 9-19 Uhr, 20.8.-1.10. 10-17 Uhr, 50 NOK, Studenten 40 NOK, inkl. Internetzugang, www.jostedal.com.)

Unweit des Breheimsenter zweigt eine 3 km lange mautpflichtige Straße (20 NOK) in Richtung des Nigardsbreen ab. Immer wieder fallen quer das Tal abriegelnde Erd- und Steinwälle (Endmoränen) auf. Dieses Lockermaterial schliff einst der Gletscher vom Untergrund ab und schob es vor sich her. Der heutige **Nigardsbreen** liegt wesentlich weiter oben im Tal am Ende eines durch eben solche Moränen aufgestauten Sees. An dessen Rand befindet sich der Parkplatz. Ab hier folgt man nun entweder anderthalb Stunden einem Pfad über glatte, rutschige Steine, oder man setzt mit dem Boot über (20 NOK, hin und zurück). Von der Anlegestelle sind es dann immer noch einige hundert Meter bis zum gähnenden Schlund des Gletschertores. Durch ihn fließt alles Schmelzwasser in den Gletschersee ab. Einmalig ist der Kontrast von blauem Eis und mausgrauen, glattgeschliffenen Felswänden. Schaut man zurück ins Tal, fällt die typische, durch Gletscherschliff entstandene U-Form auf (Trogtal).

Der bis zu 11 m mächtige **Jostedal-Gletscher,** wie wir ihn heute hier se-

hen können, ist kein 10.000 Jahre altes Relikt aus der letzten Eiszeit. Vielmehr taute seinerzeit alles Eis ab und erst vor gut 2500 Jahren bildete sich nach einer Klimaverschlechterung neues Eis. Voraussetzung für die Entstehung eines Gletschers sind hohe Schnee-Niederschlagsraten bei nicht zu niedrigen Wintertemperaturen und geringerer Abtau- als Akkumulationsrate. Aus diesen Gründen können sich in küstenferneren, trockeneren und kälteren Gegenden wie dem gleichfalls mehr als 2000 m hoch aufragenden Rondane-Gebirge keine Eiskappen bilden.

Ein Gletscher ist ständig in Bewegung. Ursache dafür ist neben der Schwerkraft auch das Druckfließen. Durch die Last des Eises kommt es zur Temperaturerhöhung in Richtung des Untergrundes. Auf dem sich bildenden Wasserfilm gleitet das Eis ins Tal. Der unebene Untergrund verursacht dabei mehrere Meter tiefe Gletscherspalten an der Oberfläche. Sie sind Grund genug, dass ein Gletscher nie auf eigene Faust erwandert werden sollte! Auch ist man am Eisrand nie vor abbrechenden Eisbrocken sicher!

Dem Plateaugletscher Jostedalsbreen kommt man noch etwas näher, indem man 20 km weiter auf einer schmalen Straße zum Stausee Styggevatnet hinauffährt. Er liegt in 1200 m Höhe am Ende des Jostedales. Es bietet sich hier oben selbst im Hochsommer ein An-

Gletscher Nigardsbreen

SOGNEFJORDREGION

blick, der eher in Grönland zu erwarten gewesen wäre – Schnee und Eisschollen so weit das Auge reicht.

Touristeninformation

- **Turistkontor,** 6868 Gaupne, liegt im Pyramiden-Einkaufszentrum **in Gaupne,** Tel. 5768 1588. Im Einkaufszentrum liegt auch eine Bibliothek mit Internetanschluss.
- **Luster Reiselivslag,** 6868 Gaupne, Tel. 57685508, Fax 57685501, www.lustertourist.com.
- Ein weiteres Turistkontor befindet sich **im Gletschermuseum,** Tel. 57683250, Fax 5768 3240.

An- und Weiterreise

- **Bus:** Sogndal – Gaupne/Jostedalen (Elvekrok, 90 NOK, Studenten 70 NOK, ab hier noch 3 km bis zum Parkplatz am See, zu dem nur sehr selten Busse fahren).

Unterkunft

- **Jostedal Hotell,** Gjerde, 6 km vom Nigardsbreen entfernt, Tel. 57683119, Fax 57683157, (***). Die nette kleine Pension, 15 Zimmer.
- **Marifjøra Sjøbuer,** Marifjøra, 3 km südlich von Gaupne, Tel. 57687405, Fax 57687457, www.rorbu.net. Schöne Apartmenthäuser, am Fjord (700 NOK) im niedlichen Holzhaus-Örtchen Marifjøra gelegen.
- **Tørvis Fjord Hotell,** Marifjøra, Tel. 5768 7200, Fax 57687444, (****). Ansprechendes Holzhotel im idyllischen Marifjøra. Boots- und Fahrradverleih.

Camping/Hütten

- **Sandvik Camping,** Gaupne, Tel. 57681153, ganzjährig geöffnet. Der schöne Wiesenplatz rechterhand neben dem Zentrum bietet einen hohen Standard und verleiht 19 gute Hütten (**).
- **Nigardsbreen Camping og Hytter,** in Gjerde, 3 km vor Elvekrok, dem Abzweig zum Nigardbreen, Tel. 57683135, geöffnet: 25.5.-25.9. Das in der Nähe des Gletschermuseums an einem rauschenden Bach gelegene Wiesengelände hat 8 kleine Hütten (*) zur Vermietung. Obgleich der Platz sehr schön gelegen ist, muss man bei der Ausstattung Abstriche machen.
- **Gjerde Camping,** Gjerde, 6 km bis Nigardbreen, Tel. 57683154. Einfacher, schön gelegener Platz mit wirklich preiswerten, guten Hütten (ab 250 NOK).

Wandern

- **Gletscherwanderungen:** Tickets und Informationen dazu im Gletscher-Museum. Einstündige Anfängertouren gibt es schon für 150 NOK. Etwas anspruchsvollere Wanderungen (ab 12 Jahren) kosten 350 NOK aufwärts. Ausrüstung wird gestellt. Karten im Breheimsenter-Museum. www.bfl.no.
- **Wandern:** Leichte Wanderung **zur Gletscherzunge Begsetbreen.** Straße ab Gjerde. Vom Parkplatz sind es noch 2½ Stunden zu Fuß. Wanderschuhe sind trotzdem nötig.
- **Kanutouren** auf dem Gletschersee Styggvatn: Tel. 57683250, www.icetroll.com.

Luster ⌕XV/C1

Ob bei strahlendem Sonnenschein oder tief hängenden Schleierwolken und Nebeldunst – die Umgebung von Luster ist zweifellos **einer der herrlichsten Abschnitte Westnorwegens.** Ein Kontrastprogramm aus dem grünblauen Wasser des Fjordes, rauschenden Wasserfällen, glitzernden Schneeflecken, kleinen Obstbäumen und Himbeerplantagen. Passend dazu die kleine, ehrwürdige **Dale-Kirche** in Luster. Das gotische Steingebäude wurde um 1250 aus Granitgneis erbaut. Seine Wände sind bis zu 1,5 m stark. Im Chor mit dem barocken Altarbild sind Wandmalereien aus dem 16. Jahrhundert zu bewundern. Die „Brautbank" an der Seite wurde im 12. Jahrhundert geschnitzt und ist älter als die Kirche.

Luster – herrliches Fjordpanorama

Passend zur Ausmalung die Kanzel. Das kleine Schmuckstück existiert seit dem Jahr 1633. Ihr gegenüber steht der 1699 angefertigte Stuhl des Oberst *Krogh*. Er ist vielsagenderweise etwas höher als die Kanzel. (Geöffnet im Sommer 10-18 Uhr, 20 NOK.)

Unterkunft

● **Solstrand Gjestehus og Hytteutleie,** Luster, Tel. 57685450, Fax 57685361, (*/**). Der Panoramablick auf den Fjord, die gemütlichen Apartments und Hütten sowie das gute Restaurant und der Pub sprechen unbedingt für diese Unterkunft. Boote sind auch zu leihen.
● **Luster Fjordhytter,** Høyheimsvik, Tel. 5768 6500, Fax 57686540. Im Angebot stehen mehrere gute Hütten (**/***) am Fjord.
● **Nes Gard,** Høyheimsvik, Tel. 57683943, www.nesgard.no. B&B mit Fjordblick und Atmosphäre! Zimmer und Apartments (***).

Camping/Hütten

● **Nes Camping,** Høyheimsvik, 5 km südöstlich von Gaupne an der Straße nach Luster, Tel. 57686474. Schlichter Wiesenplatz oberhalb des Fjordes mit schöner Aussicht auf den Feigefossen. Einfache, kleine, doch sehr preiswerte Hütten (*).
● **Viki Fjordcamping,** in Høyheimsvik, zwischen Gaupne und Luster gelegen, Tel. 5768 6420, Fax 57686420, geöffnet: 1.5.-15.10., Hütten ganzjährig. Einfacher Platz ohne Komfort in schöner Lage am Fjord. Neben 13 Hütten (*/**) werden auch Boote und Fahrräder vermietet.
● **Dalsøyren Camping,** Luster, Tel. 57685436, Fax 57685230, geöffnet: 1.5.-31.8. Die herrliche Lage am Fjord lässt nichts zu wünschen übrig. Vermietet werden 16 große und kleine Hütten (*/***), außerdem Boote. Badeplatz.

Toller Fjordblick. Internet, TV. Der Platz ist sauber und empfehlenswert.

Wandern

Im Ort Luster beginnt das schöne Dalsdalen, wo man **auf dem Bispevegen** (Bischofsweg) nach Kilen wandern kann.

Skjolden ⌕XV/C1

Der kleine verschlafene Ort mit dem großen Wasserkraftwerk im Fortundal (Führungen: Tel. 57686121) ist die **letzte Siedlung am Lustrafjord.** Biegt man nicht zurück in Richtung Süden ab, z. B. zur Stabkirche Urnes, geht es jetzt nur noch steil bergan. Kurvenreich windet sich die Straße vom Salzwasser hinauf in eisige Höhen. Nach 14 Kilometern Fahrt und 1000 m Höhenunterschied ist das traditionsreiche Berghotel Turtagrø erreicht. Hier mündet auch die unvergleichlich schöne, gewaltige Bergstraße aus Øvre Årdal in die Rv 55.

Die nun folgende Strecke ist meist erst im Mai/Juni von den Schneemassen geräumt und wieder passierbar. Der höchste Punkt der Straße liegt in 1440 m Höhe. Dies entspricht von den klimatischen Bedingungen her in etwa einer Höhe von 4000 m in den Alpen.

Die beeindruckende Fahrt über den Sognefjell-Pass hinein in das Herz Jotunheimens ist unter „Jotunheimen/Sognefjellveien" beschrieben.

Touristeninformation

- **Im Gemeindehaus** im Zentrum von Skjolden, Tel. 57686750. Hier gibt es auch einen Laden mit Handwerksprodukten aus der Region, Schwimmhalle, Kletterwand, Café und Bibliothek.

An- und Weiterreise

- **Bus** von Sogndal nach Skjolden, Fortun.

Unterkunft

- **Skjolden Hotel,** Tel. 57682380, Fax 5768 2381, geöffnet: 15.5.-15.9., (****). Äußerlich schlichtes Hotel, überzeugt durch Ausstattung und Lage am Fjord. Restaurant, Bar, Schwimmhalle. Fahrradverleih.
- **Turtagrø Hotel,** an der Rv 55, Tel. 5768 0800, www.turtagro.no, (****). Nach einem Brand architektonisch ansprechend neu errichtetes Hotel auf 1000 m Höhe. Gute Zimmer, Bergsteigerzentrum. Bett ab 325 NOK, Zelten 60 NOK.

Jugendherberge

- **Skjolden Vandrerhjem,** Tel. 57686676, kaare.hauge@c2i.net, geöffnet: 1.6.-15.9. Hübsche kleine und gemütliche JH mit Betten für 150 NOK und DZ für 400 NOK. Fortbestand unsicher.
- **Munthehuset,** Skjolden, Tel./Fax 57683725, www.munthehuset.no. Historisches, gemütliches Holzhaus mit Atmosphäre (**/***).

Camping/Hütten

- **Vassbakken Kro & Camping,** Skjolden, Tel. 57686188, Fax 57686185. Zwischen Straße und Wildbach gelegener komfortabler Platz mit herrlichem Blick auf die Berge. Neben 13 Hütten (*/***), gibt es auch Pub, Bootsverleih, Sauna und Solarium. Angelmöglichkeiten in Fluss und Fjord.
- **Nymoen Leirplass,** Skjolden, Tel. 57686603, geöffnet: 1.5.-1.10. Am Abzweig nach Urnes gelegener, sonniger Platz am See. Terrassenartige Anlage, 12 Hütten (**/****). Einfach, aber sauber.

Aktivitäten

- Die **Fjordstua** im Zentrum von Skjolden bietet **Kletterwand, Schwimmhalle** (im Sommer 15-18 Uhr) und Bibliothek.
- **Fjord-Kajak:** Vetle Kroken, Tel. 57683750, www.vetle-kroken.com, ½ Tag 200 NOK, Touren ab 400 NOK/Pers.

SKJOLDEN, LEIKANGER/HERMANSVERK

- **Klettern:** Günstigster Ausgangspunkt für Klettertouren **im Jotunheimen-Gebirge** ist das Turtagrø-Hotel. Hier gibt es ein 1962 gegründetes, landesweit bekanntes Bergsteigerzentrum mit Kletterschule.

  Ein sehr interessantes Klettergebiet ist das **Hurrungane-Massiv** südlich des Hotels. Es locken Touren der Schwierigkeitsgrade II bis VI. Beliebt sind Ausflüge zum 2403 m hohen **Skagastølstind** (3 leichtere und 2 schwierige Touren ab der Hütte Skagastølsbu) und zum 2074 m hohen **Søndre Dyrhaugstind**.
- **Wandern:** Gute Möglichkeiten zum Gebirgswandern bestehen von den **Nebentälern Mørkridsdalen und Fortunsdalen** (Karte: Breheimen) aus. Ein hervorragender Ausgangspunkt für Touren **durch das Jotunheimen-Gebirge** ist das Turtagrø-Hotel. Eine kurze (3,5 Stunden, retour), nicht allzu schwierige Wanderung (Karte: Jotunheimen) führt **zum Bergsee Fremste Skagastølsvatnet** zu Füßen des 2285 m hohen Bergmassivs Skagastølstindane. Der Weg beginnt an zwei Holzgebäuden unterhalb des Hotels, in der Nähe des Abzweigs nach Øvre Årdal. Zunächst geht es an einem Fluss entlang. Dort, wo dieser einen Bogen beschreibt, folgt man einem kleineren Bach und quert diesen kurze Zeit später. Man wandert immer auf dem gut erkennbaren, breiten Hauptpfad. Über ein steileres Geröllfeld und zeitweilig steilere Schneefelder gelangt man zu einer Berghütte, 15 Min. unterhalb eines Karsees in frostklirrender Berglandschaft.

Nach der Überquerung des Sognefjell-Passes kann man in Lom wieder in Richtung Fjordland zum Nord- und Geirangerfjord abbiegen.

Eine lohnende Alternativstrecke ist die Route von Sogndal über Leikanger und Balestrand nach Skei oder von Sogndal über Fjærland nach Skei. Dort kann man dann gleichfalls in Richtung Nord- und Geirangerfjord abbiegen.

Skjolden – Campingplatz

Leikanger/ Hermansverk XV/C2

80.000 Obstbäume gibt es in der Gemeinde Leikanger (**3000 Einwohner**). Blütezeit ist Mitte/Ende Mai. Das große Obstlager füllt sich im September mit Äpfeln, Pflaumen und vor allem Birnen. Doch das **milde Fjordklima** ermöglicht noch mehr! Selbst Walnüsse, Pfirsiche und Aprikosen reifen! Und das ist bei einer Lage auf dem gleichen Breitenkreis wie die Südspitze Grönlands doch mehr als erstaunlich.

Einen Einblick in den Obstanbau gewinnt man bei einem Besuch des **Henjum Gårds.** Zu sehen sind auch sechs alte Gehöfte, Henjatunet genannt. Als

Zugabe kann Apfelwein gekostet werden. (Mo-Fr 15-17 Uhr, 70 NOK.)

Mehr **exotische Bäume** findet der Besucher **im Pfarrhofgarten.** Neben Ginko- und Mammutbaum steht hier auch eine riesige, 25 m hohe Eiche. Unweit der Anlage ist eine hübsche Steinkirche aus dem 13. Jahrhundert zu besichtigen.

An- und Weiterreise
- **Fernbus 170.**
- **Schnellboot** nach Sogndal/Bergen.

Unterkunft
- **Leikanger Fjordhotell,** Tel. 57653622, Fax 57654030, geöffnet: 1.4.-14.12., (****). Gutes Hotel in vierter Generation. Schmuckes Holzhaus mit Betonanbau. Gute Zimmer und Küche. Fahrräder können ausgeliehen werden.
- **Sognefjord Hotel A/S,** Hermansverk, Tel. 57651100, Fax 57654271, (*****). Modernes Hotel mit guter Ausstattung. Neben Hallenbad und Sauna gibt es einen Tennisplatz.
- **Hütten in der Umgebung** vermietet Hella Fjordhytter, Tel. 57652921.
- **Systrond Camping,** Leikanger, Tel. 5765 3917. Einfacher Platz direkt im Ort. 14 Hütten (*/***), Badeplatz. Sognefjordblick.

Auf dem Weg nach Balestrand kommt man am 120 m hohen **Wasserfall Kvinnefossen** (Frauen-Wasserfall) vorbei.

Balestrand XIV/B2

Dort, wo sich der Sognefjord, breit wie ein Meer, in mehrere Nebenarme aufzugliedern beginnt und schneebedeckte Berge in die Höhe wachsen, liegt der seit über 100 Jahren beliebte Urlaubsort Balestrand. Schon Kaiser *Wilhelm II.* verbrachte hier um 1900 seine Ferien. Seit dieser Zeit steht auch an dieser Stelle eines der größten und prächtigsten Holzhotels des Landes, das Kvikne's. Neben dem Gebäude, von dessen Garten aus man einen einmaligen Blick über den Fjord hat, findet man in dem **800-Einwohner**-Ort noch mehrere schöne Landhäuser und die hübsche, eine Stabkirche imitierende **St.-Olavs-Kirche** (1897). Zu besichtigen sind das **Sognefjord Aquarium,** ein lebendiges Aktivitätscenter mit Fischen der Sognefjord-Region (geöffnet: 15.4.-15.6. und 20.8.-1.11. 10-16 Uhr, 15.6.-20.8. 10-18 Uhr, 50 NOK), und das **Arboretum** am Fähranleger Dragsvik. Ein Fremdenverkehrsmuseum in der Touristeninformation zeigt die Geschichte des Tourismus in der Region (11-15, 19-22 Uhr).

In der Nähe des Sjøtun-Campingplatzes liegen 800 Jahre alte **Wikingergrabhügel.** Einer ist mit der Statue des Wikingerkönigs *Belem* versehen, die Kaiser Wilhelm II. 1913 stiftete.

Touristeninformation
- **Sognefjord Reiseliv,** Postfach 53, 6899 Balestrand, reiseliv@sognefjord.no, Tel. 5769 1617. Am Kai gelegen. Hütten und Privatzimmervermittlung. Boots- und Fahrradvermietung.

An- und Weiterreise
- **Fernbus 170, 171,** www.ruteinfo.net.
- **Schnellboot:** Bergen/Sogndal.
- **Fähre:** nach Fjærland (im Sommer 8.10 Uhr und 12 Uhr). Fähre Dragsvik – Hella – Vangsnes, 6-23 Uhr, Hella – Vangsnes 0-23 Uhr (24 mal pro Tag). Um von Dragsvik nach Vangsnes zu gelangen, muss man in Hella die Fähre verlassen und sich an der Autoschlange neu anstellen.

Unterkunft

- **Kvikne's Hotel+**, Balestrand, Tel. 57694200, Fax 57694201, geöffnet: 1.5.-30.9., (*****). Das prächtige Haus wurde von 1894-1913 im Schweizer Stil erbaut. Es ist das **größte Holzbauwerk Nordeuropas.** Man sollte darauf achten, ein Zimmer im alten Teil des Hotels zu erhalten und nicht im hässlichen Betonanbau. Nur so kann man auch die viel gerühmten Sonnenuntergänge beobachten. Wunderschön auch der Park am Fjord. Und so laden gute Zimmer, ein gepflegtes Restaurant und gemütliche Aufenthaltsräume zum Verweilen ein.
- **Midtnes Pensjonat**, Balestrand, an der Kirche, Tel. 57691133, Fax 57691584, (***). Im alten Trakt einfachere Zimmer mit Fjordblick. Im Neubau sind sie moderner, dafür ist die Aussicht etwas eingeschränkt.
- **Balestrand Hotell**, neben der Kirche, Tel. 57691138, Fax 57691911, geöffnet: 1.5.-30.9., (***/****). Altes Holzhotel mit Neubautrakt. Fjordblick hat man fast immer.
- **Askelund Futegard**, Balestrand, Tel. 57691202, www.askelund.no. Traditionsreiches Haus am Wasser. Alter Park. Schöne Zimmer (1000 NOK) & Appartements. Bootsverleih.
- **Balestrand Vandrerhjem Kringsjå**, www.kringsja.no, Tel. 57691303, Fax 57691670, 15.6.-18.8. Schönes, über dem Fjord gelegenes Haus, Bett 245 NOK, DZ 740 NOK.

Camping/Hütten

- **Veganeset Camping**, in Dragsvik in der Nähe des Fähranlegers, Tel. 57691612. Die 8 Hütten (*/**) sind auch im Winter geöffnet. Hübsch gelegener, sauberer Platz in einer kleinen Bucht, mit einem Wäldchen, umrahmt von steilen Bergen.
- **Sjøtun Camping**, am südlichen Ortsrand von Balestrand, Tel./Fax 57691223, geöffnet: 1.6.-15.9. Einfacher Wiesenplatz am Fjord mit Bade- und Angelstellen. 11 Hütten (*).

Aktivitäten

- **Angeln:** In den umliegenden Gewässern kann nach **Lachs und Forelle** geangelt werden. Besonders ergiebig sind die Seen entlang der Straße 13 in Richtung Førde.
- **Fahrrad fahren:** Verleih in der Touristeninformation zu 130 NOK pro Tag. Es gibt jedoch kaum Wege abseits der Hauptstraße.
- **Wandern:** Durch Balestrand führt ein **Kulturwanderweg** mit Informationstafeln. Eine erklärende Karte gibt es in der Touristeninformation.

Shopping

- In Balestrand gibt es mehrere Kunstgewerbeläden und Galerien, in denen Keramik, Grafiken und Schmuck erworben werden können.
- **Bäckerei Wilker** mit leckeren Backwaren am Fähranleger.

Auf der Rv 13 geht es über Serpentinen durch eine überwältigend schöne Fjord- und Berglandschaft mit Felsen wie Giganten in Richtung Norden in die Region Gaular.

Zuvor lohnt sich durchaus ein Bootsausflug in den engen und zugleich unheimlich schönen Fjærlandsfjord. Das an seinem Ende gelegene Örtchen Mundal (Fjærland) ist aber auch über die Rv 5 ab Sogndal zu erreichen. Leider sind wegen der zwei langen Tunnels horrende 165 NOK Maut zu entrichten. Die Straße führt zunächst durch das Sogndalsdalen. An dem schön gestalteten **Rastplatz Vatnasete** kann sich der Reisende über Geologie und Morphologie der Gegend informieren. Wer nach der Durchquerung des nun folgenden Tunnels schnell reagiert und links ranfährt, hat vom Parkplatz Berge einen herrlichen Blick über den 30 km langen Fjærlandsfjord. (Von Sogndal kommend ist die Straße bis zum Parkplatz Berge mautfrei zu befahren.)

Fjærland ⌕XV/C1

Überblick

Umrahmt von bis zu 1500 m hohen Bergen und Plateaugletschern, an der Grenze von Salz- und Süßwasser, liegt das romantische Fjærland.

Die **Ebene am Delta des Bøyaelvi** ist schon seit Wikingerzeiten besiedelt und gehört seit jeher zu den abgelegensten Regionen Westnorwegens. Der extremen **Abgeschiedenheit** verdankt sich auch die sehr eigene, selbst für viele Norweger recht unverständliche Mundart der Einwohner.

Die ersten Touristen entdeckten die prächtige Landschaft im Jahr 1880. Zumeist Engländer und Deutsche reisten mit dem Boot aus Balestrand an. Auf Pferdekutschen ging es dann weiter zu den Gletscherzungen. Mit der Eröffnung des Mundal Hotels im Jahr 1891 stand auch die erste Unterkunft vor Ort zur Verfügung. Freilich hielt sich der Tourismus in bescheidenem Rahmen. Da auch die Landwirtschaft die Familien nur begrenzt ernähren konnte, wanderten viele Einwohner zu Beginn des 20. Jahrhunderts nach Amerika aus. Stolz ist man noch heute darauf, dass die Familie des ehemaligen US-Vizepräsidenten *Mondale* von hier stammt.

Die folgenden Jahre gingen an dem Ort spurlos vorüber, bis 1986 mit der Eröffnung des 6 km langen Fjærland-Tunnels der Abgeschiedenheit ein jähes Ende bereitet wurde. Ein neues Zeitalter für die Bewohner begann. Nur wenige Jahre später weihte man hier das erste Gletscher-Museum Norwegens ein. Bald darauf, 1996, die Eröffnung der Straße nach Sogndal. Auf diese Weise schaffte man es innerhalb von nur acht Jahren, das einsame Dörfchen aus seinem Dornröschenschlaf zu reißen und an den Rand einer der Hauptverkehrswege Mittelnorwegens zu verpflanzen.

Ornithologie: Das Delta des Bøyaøyri entstand durch die Ablagerung von Sedimenten, die das Gletscherwasser mit sich führte. Es bildete sich so ein Sumpfgebiet. Bis zu neunzig verschiedene Vogelarten wurden hier beobachtet. Fünfzig davon nisten vor Ort.

Fjærland liegt im Grenzbereich von Küsten- und Binnenklima. Die Bandbreite der **Vegetation** reicht von Sumpfpflanzen über die Flora der Wälder und Wiesen bis hin zur Hochgebirgsvegetation. Zu finden sind beispielsweise Wald-Storchschnabel, Gletscher-Hahnenfuß, Glockenblumen, Steinbrecharten und die Alpen-Mandelmilch.

Sehenswertes

Der Ort liegt 3 km abseits der Rv 5 am Westufer des Fjordes. Es macht Spaß, die Atmosphäre zwischen **Mundal Hotel** und **Holzkirche** (1861) zu ge-

nießen. Zudem ist Fjærland eines der beiden **Bücherdörfer** des Landes. In 12 Antiquariaten, die z. T. in alten Bootshäusern untergebracht sind, kann unter 250.000 Büchern nach Lesbarem gestöbert werden (Mai-Sept. 10-18 Uhr; www.bokbyen.no). Der Laden über dem Supermarkt bietet auch deutsche Bücher an. Ein Lesecafé komplettiert das Angebot.

Nahe der Fernverkehrsstraße liegt das **Gletscher-Museum.** Anhand zahlreicher Schautafeln und Experimente nähert sich der Besucher fast spielerisch dem Thema Eis und Eiszeiten sowie den aktuellen Fragen der Klimaveränderung. Man lernt, wie Fjorde entstanden sind und weshalb sich in einigen Regionen Gletscher ausbilden können und in anderen nicht. Eine Wetterstation überträgt die aktuellen Daten vom Flatbre. Ergänzend gibt es eine begehbare Eisgrotte und einen spannenden Panoramafilm von *Ivo Caprino.* (Geöffnet: Juni bis Aug. 9-19 Uhr, April/Mai/Sept./Okt. 10-16 Uhr, 80 NOK, Familie 175 NOK.)

Natürlich sollte man auch die **zwei Fjærlander Gletscherzungen** nicht verpassen. Erstere ist der **Bøyabreen.** Er liegt nur unweit der Rv 5 kurz vor dem Fjærland-Tunnel, der das Quellgebiet der Gletscherzunge, den mächtigen Jostedalsbreen, unterquert. Am Ende der etwa 1 km langen Zufahrtsstraße parkt man an der Brevasshytta (Terrassencafé und Souvenirladen). Von hier sind es nur noch wenige Me-

ZWISCHEN SOGNE- UND NORDFJORD

ter bis zum Gletschersee. Zäh kriecht das Eis den steilen Fels hinab. Manchmal können hier Lawinen und Eisstürze beobachtet werden, was auch die vielen Eisschollen auf dem Wasser erklärt.

Vielleicht noch etwas eindrucksvoller ist der Gletscherarm **Suphellebreen.** Wenige hundert Meter nördlich des Gletscher-Museums zweigt ein Fahrweg in das alpin wirkende Suphelledal ab, dessen grüne Idylle unwillkürlich die Frage aufwirft, wo denn hier Eis herkommen soll. Doch nur Geduld, nach 3 km ist es soweit: Mächtige Gletscher- und Wassermassen drängen den Berg hinab und vereinen sich in einem von feinkörnigen Sedimenten milchig-grau gefärbten Wildbach.

Touristeninformation
- **Im Zentrum,** Tel. 57693233.

An- und Weiterreise
- **Fernbus 169, 170.**
- **Lokalbus** nach Skei und Førde.
- **Bus** vom Zentrum zum Gletscher-Museum und nach Bøyabreen.
- **Fähre:** nach Balestrand (im Sommer 9.40 Uhr), 15.40 Uhr über Balestrand nach Vangsnes.
- **Mautstraße:** nach Sogndal, 165 NOK.

Unterkunft
- **Mundal Hotel+,** Fjærland, Tel. 57693101, Fax 57693179, hotelmundal@fjordinfo.no, geöffnet: 1.5.-1.10., (*****). Romantisches Holzhaus ohne moderne Verschandelungen. Urgemütliches Ambiente mit schönen Räumen, kleinem Lesecafé und guter Küche. Als Zugabe der Blick auf den Fjord und zwei knöcherne Rotbraun.
- **Fjærland Fjordstue Hotel,** Tel. 57693200, Fax 57693161, (***/****). Kleines, aber feines Haus am Fjord mit ansprechendem Lokal.

Camping/Hütten
- **Bøyum Camping,** am Gletscher-Museum unweit der Bushaltestelle, Tel. 57693252. Der schöne und moderne Platz wurde 1994 eröffnet. Neben 7 komfortablen Hütten (***/ ****) gibt es einen gemütlichen Aufenthaltsraum mit TV, einen Kiosk und saubere Sanitäranlagen. Auch kann in einem Schlafsaal unter dem Grasdach übernachtet werden (130 NOK). Leider ist die Luft hier oben etwas muffig. Fahrradverleih.
- **Weitere Hütten:** Hamrum Fjord-og Naturhytter, ganzjährig, (*/**), Tel. 57693205; Jorddal Hytter, Tel. 57693251, Hütten (**).

Aktivitäten
- **Fahrrad fahren:** Verleih im Supermarkt im Zentrum (150 NOK/Tag). **Fahrradtouren** bieten sich z. B. **nach Jorddal** (südlich von Fjærland, herrliche Tour am Fjord entlang), **in das Mundalsdalen** (westlich von Fjærland) und das **Suphelledalen** an.
- **Gletscherwanderungen:** In diesem Fall sind keine Angebote für Anfänger dabei, die es eher am Nigard- oder Briksdalsbreen versuchen sollten. Die in Fjærland angebotenen Touren dauern 6-8 Stunden und kosten 350-450 NOK pro Person.
- **Wandern:** In der Umgebung gibt es **10 markierte Wanderwege** in einsame Täler und auf Berge mit Panoramaaussicht. Außerdem können noch etwa **13 unmarkierte Hochgebirgspfade** erkundet werden (z. B. zur Flatbrehytta am Suphellebreen. Parkplatz, mit Schautafel etwa 1 km vor der Gletscherzunge. 1000 m Höhenunterschied sind zu überwinden). Karte, Kompass und genügend Erfahrung sind dann aber Grundvoraussetzung. (Regionalwanderkarten gibt es in der Touristeninformation, am Campingplatz und im Gletscher-Museum.)

Die Rv 5 führt weiter durch einen 6 km langen Tunnel (gratis) und anschließend durch die dramatische Berglandschaft nach Skei am Jølstra-See.

Zwischen Sogne- und Nordfjord

Skei ⌕X/B3

Die Landschaft um den **Jølstra-See** ist idyllisch und dramatisch zugleich. Oft gleicht das Wasser einem Spiegel, in dem schneebedeckte Berge und grüne Almen zu einer genialen Kopie des Originals werden. Schade nur, dass der Verkehrsknotenpunkt Skei so nichtssagend und blass ist. Wesentlich hübscher dagegen das 15 km westlich des Ortes an der Südseite des Sees gelegene **Freilichtmuseum Astruptunet.** Neben grasbewachsenen Häusern gibt es auch eine Galerie mit Werken des Künstlers *Nikolai Astrup* (1880–1928). Geöffnet ist im Sommer von 10-17 Uhr (50 NOK, Studenten 40 NOK, Gelände gratis). Ein zweites Museum liegt in Vassenden. Es ist das **Jølstramuseet** mit 13 bis zu 400 Jahre alten Gebäuden, einer Kunstgalerie und einem kleinen Kulturpark (geöffnet: Sa/So 12-17 Uhr, 50 NOK).

Touristeninformation

- **Jølster Turistkontor** im Zentrum von Skei. Im Sommer 10-19 Uhr geöffnet, Tel. 5772 8588, www.jolster.com.

An- und Weiterreise

- Fernbusse 170, 430, 431, 432.

Unterkunft

- **Skei Hotel,** Skei, Tel. 57727800, Fax 5772 7801, (****) Schlichter Flachbau, der aber annehmbare Zimmer und guten Komfort bietet (u. a. Hallenbad und Sauna).

- **Lunde Turiststasjon,** Tel. 57728221, www.lunde.turiststasjon.no. Holzhaus in herrlicher Lage (Rv 5, Richtung Fjærland, kurz vor dem langen Tunnel) mit einfachen Zimmern zu 400 NOK und Hütten ab 250 NOK. Uriger Aufenthaltsraum mit TV, Küche.

Camping/Hütten

- **Jølstraholmen Camping,** Vassendalen, am Südwestende des Sees, Tel. 57728907, Fax 57727505, ganzjährig geöffnet. Sehr komfortabler Platz u. a. mit Solarium, Minigolfanlage, Fahrrad- und Bootsverleih. Die Stellplätze sind jedoch einfallslos aufgereiht. 19 Hütten (*/***), je nach Saison).
- Unweit entfernt liegen zudem die schönen, aber einfachen Plätze **Jølvassbu** (Tel. 57727120) und **Solrenning** (Tel. 57727297, Hütten (*).
- **Haugen Camping,** Skei i Jølster, Tel. 5772 8385. Mitte Juni bis Ende August geöffneter, sehr preiswerten Hütten (*).

Aktivitäten

- **Angeln:** Angelausrüstung vermietet und Angeltouren vermittelt das **Angelzentrum in Vassenden** (angeschlossen an das Jølstramusset) am Ende des Sees.
- **Rafting:** Anmeldung in der Touristeninfo Skei, Tel. 90067070. www.jolster-rafting.no. Die Touren kosten 450-600 NOK.

Die Rv 5 führt nun weiter nach Førde. In Moskog mündet die aus Balestrand und der Region Gaular kommende Straße 13 ein.

Gaular ⌕X/B3

Die landschaftlich reizvolle Rv 13 führt über Serpentinen durch wilde Berglandschaft von Balestrand in Richtung Moskog (bei Førde) durch die **Landschaft Gaular.** Über zwanzig Jahre kämpften Naturschützer gegen den

Kraftwerksausbau in diesem Gebiet. Ihnen ist es zu verdanken, dass der ungestüme **Wasserlauf der Gaula** 1993 unter Schutz gestellt wurde und noch heute über **15 Wasserfälle** entlang des Flusses zu bewundern sind (markierter Weg „Fossestien", 23 km.

Wer Richtung Førde weiterfahren möchte, hat in **Nes** zwei Möglichkeiten. Die erste folgt weiterhin der Rv 13 und passiert den herrlichen Vallestadfossen (in Vallestad am Haukedalsvatnet). Die Alternativstrecke führt zuerst weiterhin entlang des Gaula-Flusses und seinen Seen, vorbei an der Holzkapelle von Hestad. In Sande kann man direkt auf die E 39 einbiegen, oder aber man macht noch einen kleinen Umweg über **Osen** und **Bygstad.** In dieser ursprünglichen Gegend hat man immer wieder tolle Ausblicke, so z. B. auf den monumentalen, 1209 m hohen Kvamshesten.

Die westliche Umgebung ist im Abschnitt Äußerer Sognefjord beschrieben. Das Gaularfjell (nördlich von Balestrand) ist von Januar bis März gesperrt.

Unterkunft

●**Sande Kro & Hotel,** Sande, Tel. 57718051, Fax 57718050, (****). Kleines und gemütliches Haus mit 15 Zimmern und Cafeteria.

Camping/Hütten

●**Viksdalen Camping,** Viksdalen, Tel. 5771 6925. 9 Hütten (*/**), ganzjährig geöffnet. Platz am Wasserfall, kaum Komfort.
●**Hov Hyttegrend,** 9 km östl. Kreuzung Rv 13/Rv 610, Tel. 57717937, Fax 57717955, Empfehlenswerter, sauberer Platz am See. 22 gute Hütten (**). Fahrservice entlang des Fossestien.
●**Gjerland Gard,** im Haukedal, östl. von Rørvik an der Rv 13, Tel. 57825155, Fax 57826

430. Zwei gut eingerichtete Zimmermannshütten in toller Lage.

Aktivitäten

●**Angeln:** Der **Gaula-Fluss** gehört zu den besten Angelrevieren des Landes. Es beißen **Lachs und Forelle** in mehr als 50 Gewässern. Angelscheine gibt es am Campingplatz, an Tankstellen und bei der Touristeninformation in Førde. **Angelzentrum Døskeland Bruk** in Sande (Tel. 57716100).
●**Wandern:** Am See Haukedalsvatnet beginnt das ursprüngliche Haukedal. Ab Grønning führt ein Forstweg zum **See Grønningstølsvatnet.** Ab dort z. T. markierter, leichter bis mittelschwerer Weg zu vier weiteren Seen inmitten herrlicher Berglandschaft. Die Seen tragen die einfallsreichen Namen Andrevatnet (2. See), Tredjevatnet (3. See), Fjerde- u. Femtevatnet (4. u. 5. See). Bergschuhe!
Fossestien: Toller Wanderweg auf holprigem Pfad (Wanderschuhe!) entlang des Wildwasserflusses Gaular. In noch recht rauer Landschaft gelegen ist der obere Einstiegspunkt Torsnesstølen. Danach folgt der Einstieg Langestølen. Ein dritter Startpunkt ist am Wasserfall Likeholfossen. Empfehlenswert ist die Wanderung von Langestølen zum Likeholfossen (ca. 1,5 Stunden pro Richtung). Man kommt an rauschenden Gewässern, verzauberten Birkenwäldern und stillen Seen vorbei. Die Einstiege sind entlang der Rv 13 ausgeschildert.

Førde X/B3

Wer nicht gerade einkaufen muss, braucht dem etwas eintönigen, in einheitlich-quadratischem Baustil errichteten Førde keinen Besuch abzustatten. Der Ort zählt **10.000 Einwohner** und ist das **wirtschaftliche Zentrum der Region.**

Sehenswertes gibt es in **Moskog,** 10 km östlich, an der Kreuzung Rv 13/

Sande bei Førde

Rv 5. Hier liegt der 90 m hohe **Huldrefossen,** der zweifellos zu den schönsten Wasserfällen des Landes gehört. Unweit entfernt das hübsche **Sunnfjord-Freilichtmuseum** mit 25 alten, grasbewachsenen Gebäuden. (1.6.-31.8. Mo-Fr 10-18 Uhr, Sa/So 12-17 Uhr, sonst Mo-Fr 10-15 Uhr, 50 NOK.)

Touristeninformation
- **Im Ortszentrum:** Langebruvegen 20, P.O. Box 490, 6801 Førde, Tel. 57721951, Fax 57721955, www.sunnfjord.no. Im Sommer bis 20 Uhr geöffnet.

An- und Weiterreise
- **Fernbusse 170, 430, 431, 432.**

Unterkunft
- **Quality Hotel Førde,** Hafstadvn. 26, an der E 39, Tel. 57821411, Fax 57826070, (****). Quadratischer Betonturm in Zentrumsnähe. Es gibt ein à la carte-Restaurant, Pub u. Disco.
- **Sunnfjord Hotel,** direkt im Zentrum, Tel. 57824000, Fax 57826522, (*****). Zusammengestückelter Bau mit allerdings gutem Restaurant, gemütlichem Pub, Disco und Hallenbad.

Camping/Hütten
- **Førde Gjestehus & Camping**, am Ortsrand, Straße E 39/Rv 5 in Richtung Moskog, Tel. 57826500, Fax 57826555, ganzjährig geöffnet. Der Platz ist gut ausgestattet (Fahrradverleih) und bietet 10 gemütliche Hütten (***) und 16 Zimmer (*).

Essen und Trinken
- Bei **Dolly Dimple's,** im Zentrum, gibt es gute und schmackhafte Pizzen.

- **Naustdal Dampbakeri,** leckere Kuchen und einfaches, aber gutes Mittagessen. Im Einkaufszentrum Elvegården.

Kunst und Kultur
- Im Førdehuset gibt es eine **Bibliothek, Café, Kino und Theater.** Unweit entfernt liegt die **Fylkesgalerie Sogn og Fjordane.**

Festival
- Jeweils Anfang Juli findet in Førde ein großes **Folklore- und Volksmusikfestival** statt, mit über 200 Teilnehmern aus verschiedenen Ländern. www.fordefestival.no.

Aktivitäten
- **Fahrräder** verleiht die Touristeninfo.
- Im Førdehuset gibt es eine **Schwimmhalle.**

Shopping
- Das bis 20 Uhr geöffnete **Kaufhaus Førde Torg** lässt kaum Wünsche offen.

Auf der Straße 5, durch den Naustdaltunnel (Maut 40 NOK) und vorbei an beeindruckenden Bergmassiven, gelangt man zur Küstenstadt Florø.

Florø   X/A3

Überblick

Vor den Unbilden der wilden See durch zahlreiche Schären geschützt, liegt am Ende einer schmalen, 20 km langen Halbinsel Florø. Die **einladende, quirlige Stadt** ist die westlichste Norwegens und zudem die einzige im Fylke Sogn og Fjordane (**10.000 Einwohner**). Man lebt hier, wie könnte es anders sein, von den Früchten des Meeres. Die Fischgründe waren ausschlaggebend für die Gründung im Jahr 1860. Heute sichern Heringsfang und Verarbeitung sowie Bau von Schiffen und Ölplattformen die Existenz der Kleinstadt.

Sehenswertes

Bei Sonnenschein eignet sich Florø bestens zum Bummeln und Schauen. Allerdings ist das kleine Zentrum mit seinen Holzhäusern schnell erkundet. Daher lohnt es sich, den Spaziergang nach Süden auszudehnen. Über die Torggate erreicht man so, nach etwa 1 Kilometer, das **Kystmuseet i Sogn og Fjordane.** In dem schönen **Freilichtmuseum** wird die Küstenkultur anschaulich vermittelt. Neben einer Sammlung von Gebäuden und Gerätschaften gibt es eine Bootshalle zu besichtigen. Hier steht u. a. der 200 Jahre alte Holmedal-Küstensegler. Dokumentiert wird auch die moderne Küstenkultur: Bilder, Modelle und Videos zeichnen das Leben und Arbeit auf der Snorre-Bohrinsel nach. (Mo-Fr 10-17 Uhr, Sa/So 12-16 Uhr, Nebensaison: Mo-Fr 11-15 Uhr, So 12-15 Uhr, 40 NOK.)

Nach der Rundwanderung ist ein Besuch der **„Kakebua"** empfohlen. Das **Café** mit dem für deutsche Ohren etwas wunderlichen Namen (Kake = Kuchen!) in einem 150 Jahre alten Speicherhaus im Zentrum und ist urgemütlich. Von der Terrasse hat man einen schönen Blick über den Hafen mit seinen zahllosen Segel- und Fischerbooten. Sie laden förmlich ein zu einer Tour hinaus zu den wilden Eilanden an der Westkante Norwegens. Erster Anlaufpunkt ist die **Insel Kinn**. Rau und karg ist die Natur, schlicht und trutzig die kleine Kirche aus dem 12. Jahrhundert. Bemerkenswert ihre reich verzierte, gleichfalls aus dem 12. Jahrhundert stammende Empore. Wem nach einem Kontrastprogramm zumute ist, wechselt in Florø das Boot und setzt zur idyllischen **Insel Svanøy** über. Das alte Gut aus dem Jahr 1685 und die reichhaltige Vegetation lassen die sonst so raue Küstenlandschaft vergessen.

Ein anderer Ausflug führt zu den **Felszeichnungen in Austevika** (nur per Auto!). Man zweigt östlich von Florø, an der Rv 5 in Hovland nach Stavang ab. Nach 20 km erreicht man Austevik. Am ersten Gehöft rechts in einem Kiesweg einbiegen (Schild „Helleristningene" beachten). Das Felszeichnungsgebiet liegt zu Füßen des 765 m hohen Skåletind. Es gehört zu den größten in Norwegen (teils eingeschränkte Sicht durch Konservierungsarbeiten). Die Bilder sind mehr als 3000 Jahre alt und zeigen neben geometrischen Motiven auch Tier- und Menschenfiguren.

Touristeninformation

- **Vestkysten Reiseliv As,** Strandgata 30, 6900 Florø, Tel. 57747505, Fax 57747716, www.vestkysten.no. Geöffnet: 15.6.-15.8. Mo-Fr 8-18 Uhr, Sa 10-16 Uhr, So 12-16 Uhr, ansonsten: Mo-Fr 8-15.30 Uhr. Vermittlung von Unterkünften.

Orientierung

- Die Straße 5 endet direkt an zwei großen Parkplätzen am Rande des Zentrums. (Gratis-Parkplatz am Rema 1000.)

An- und Weiterreise

- **Busbahnhof:** Er liegt am westlichen Rand der Innenstadt.
- **Schnellboot:** Bergen – Florø – Måløy – Selje.
- **Lokalboote:** nach Kinn, Fanøy, Askrova, Svanøy, Smørhamn auf Bremanger (alle 1-3x täglich, zumeist geht ein Boot zwischen 13 und 14 Uhr).

Unterkunft

- **Victoria Hotel,** Markegt. 43, Tel. 57741000, Fax 57741980, (*****). Zentrumshotel an der Hauptstraße. Nur durchschnittliche Zimmer zu überhöhten Preisen. Fischrestaurant, Pub und Disco.
- **Florø Hotell,** westlich des Zentrums, Tel. 57745100, Fax 57750190, (***). Kleine Pension mit 10 Zimmern in ruhiger Lage. Sauna, Fitness- und Massageraum.
- **Florø Rorbu,** 2 km östlich des Zentrums, südliche Parallelstraße zur Rv 5, Tel. 57748 100, (**/***). Schönes, 1995 erbautes Holzgebäude mit 15 komfortablen Zimmern (à 4-7 Betten). Eine echte Alternative zum Zentrumshotel.
- **Batalden Havbu,** Insel Batalden vor Florø, Tel./Fax 57745422, (***). Vortrefflich restaurierte Seehäuser mit komfortabler Ausstattung und Galerie.
- **Kvanhovden Fund Stabbenyr,** Übernachtung in Leuchttürmen! Buchung und saisonale Preise über die Touristeninformation.

Camping/Hütten

- **Krokane Camping,** 1,5 km östlich des Zentrums, südliche Parallelstraße zur Rv 5, Tel. 57752250, Fax 57752260, ganzjährig. Kleiner Plus-Camp-Platz auf einem Hügel, mit wenigen Stellplätzen. 19 schöne Hütten (**) Bootsverleih. Strand.
- **Sunnfjord Hyttegrend & Camping,** Eikefjord, zwischen Florø und Førde, Tel. 4154 0240. Etwas abseits der Straße, gute Hütten (*/**).

Essen und Trinken

- Die beste Wahl für Kaffee und Kuchen ist das schon erwähnte **Café Kakebua**.

● So ziemlich **alle Restaurants und Kneipen befinden sich in der Strandgate,** beispielsweise das **Restaurant und Pub Hjørnevikbua** (unter der Kakebua; beste Stimmung, viele Seefahrer), der beliebte **Windjammer Pub** (mit Disco), das **Bistro „To Kokker"** (Fr/Sa bis 3 Uhr geöffnet) und eine preiswerte Pizzeria.

Aktivitäten

● **Tauchen:** Eine üppige Meeresflora und Unterwasserfauna laden zur Erkundung ein. Auch das Tauchen zu alten Wracks ist ein besonderes Erlebnis. Fahrten veranstalten die Touristeninformation und private Anbieter.
● **Baden:** Neues Erlebnisbad in Florø, www.havhesten.no.
● **Wandern:** Leichte Wanderung **zur Kinnaklova auf der Insel Kinn.** Der weithin sichtbare Felsspalt diente und dient als ein markantes Seezeichen. Es geht immer in der Nähe des Ufers entlang, durch eine waldlose, karge Landschaft.

40 km östlich der Stadt liegt zu Füßen des Gletschers Ålfotbreen das **Grøndalen**. Es lohnt sich, in diesem beschaulichen Tal umherzustromern. Allerdings zählt es zu den niederschlagsreichsten Gebieten Norwegens, was Ursache für die reichhaltige Vegetation und den Kangrø-Wasserfall ist.
● Für Individualisten gibt es viele ruhige und wilde **Kanureviere** im Schärengürtel um Florø.

Bibliothek/Kino/Internet

● Im Samfunnshuset gibt es eine Bibliothek und ein Kino. **Internetanschluss** im Turistkontor.

Veranstaltung

● Für Fischfans gibt es am dritten Wochenende **im Juni die längste Heringstafel der Welt.** An ihr kann man sich kostenlos satt essen. Vel bekomme!

Bootsrundfahrt

● **Leuchtturm-Safari, Angeltouren und Rundfahrten** mit Veteranenschiffen sind in der Touristeninformation zu buchen.

Shopping

● **Einkaufszentrum Snorre** mit dem preiswerten Supermarkt Rema 1000 (bis 20 Uhr).
● **Haupteinkaufsstraßen** sind die Strandgate und die Markegate.

Umgebung

Bremanger

Nördlich von Florø bzw. dem Gemeindegebiet Flora liegt die Region Bremanger. Zu ihr gehören der fruchtbare Festlandsbereich zwischen dem Gletscher Ålfotbreen und dem Nordfjord sowie die kahle Inselgruppe Bremangerlandet. Zu den Attraktionen des Eilandes zählen das niedliche **Fischerdorf Kalvåg,** mit seinem Holzhausambiente, der 2 km lange Sandstrand Grotlesanden (westlich der Ortschaft Bremangerpollen) und der **Berg Hornelen.** Er ist mit 850 m die höchste Seeklippe Skandinaviens. Gegenüber des Cliffs liegt, inmitten unberührter Landschaft, das **Felszeichnungsfeld „Vingen".** Die Anlage zählt zu den interessantesten des Landes. Bis zu 6.000 Jahre alt sind die über 1.000 Figuren, Sonnenräder und mystischen Symbole. Zu erreichen war Vingen über einen beschwerlichen 6 km Wanderweg ab Svelgen. Da dieser gesperrt wurde, bleibt nur noch das Boot ab Florø (Mi, Sa 270 NOK).

● **Touristeninformation:** Im Svelgen Hotell Bremanger VeKsT reiseliv, in Kalvåg, Tel. 57793750, www.visitbremanger.no.
● **Expressboot:** Bergen – Florø – Smørhamn (Bremangerlandet) – Måløy – Selje.
● **Tunnel:** Neue mautpflichtige Festlandsanbindung von Bremanger.
● **Lokalbus:** Florø – Svelgen, Bremanger – Smørhamn – Kalvåg (Mo-Fr 4x täglich).

- **Unterkunft:** Bremanger bietet viele gute Unterkünfte ab 600 NOK (Infos über die Touristeninformation): **Igland Hyttegrend** (schöne Hütten direkt am Wasser, westlich des Ortes Bremanger, Tel. 57791513), **Knutholmen** (Tel. 57796900, tolle Holzhausanlage am Meer, gutes Restaurant, Café, Boote); Hütten am Wasser: **Berle, Torvanger** und **Bremanger Kysthytter.**

Auf dem Festland (Rv 614): **Langsjø Hyttegrend,** Tel. 57795866, ansprechende Hütten am See, (***). **Svelgen Hotell** in Svelgen, Tel. 57793301, (****).

Nordfjord ⌕X/A,B2

Gewiss ist er nicht so überwältigend wie der mächtige Sognefjord oder so filigran wie der Geirangerfjord, der Nordfjord gehört aber dennoch zu den schönsten Meeresarmen des Landes. Er beginnt südlich des **Stadhavet,** des rauesten Meeresabschnittes der südnorwegischen Küste. Die Natur versagt sich hier jeden Liebreiz. Selbst Wald wächst erst wieder, nachdem bis zu 1000 m hohe Berge den Stürmen einen Riegel vorschieben. Das Klima wird Richtung Osten aber rasch milder. Schon in Nordfjordeid kann wieder Landwirtschaft betrieben werden, und nach 110 km, am Ende des Fjordes (in Stryn), gedeihen sogar Obstbäume.

Die schönsten Landschaftsabschnitte der Nordfjord-Region liegen etwas abseits des Meeres. Zu ihnen zählen das Oldedal mit der bekannten Gletscherzunge Briksdalsbreen, der See Lovatnet (bei Loen) und der Horndalsvatnet, der mit 514 m tiefste Binnensee Europas.

Panoramablicke über den Fjord: E 39, von Byrkjelo kommend und von der Rv 613 bei Stryn.

Måløy ⌕X/A2

Über die 1200 m lange, „singende" Brücke erreicht man Måløy (**3000 Einwohner**). Sturm ist hier fast an der Tagesordnung. Komischerweise hat man ihn wohl beim Bau der Brücke etwas unterschätzt, gibt sie doch jetzt bei entsprechender Windrichtung seltsame Töne von sich.

Der Name Måløy leitet sich vom altnorwegischen Wort *Màlstefna* ab, was so viel wie „Haus der Stimmabgabe" heißt. Vermutlich um 1085 ging hier der Wikingerkönig *Olav der Gute* an Land, um sich von den Bewohnern, die alle selbst Kleinkönige waren, huldigen zu lassen.

Måløy wurde im 18. Jahrhundert ein wichtiges Handelszentrum, entwickelte sich später jedoch, mit dem Aufkommen des saisonalen Dorschfischfangs, zu einer **Fischereisiedlung.** Heute ist Måløy ein großer Exporthafen für die Früchte des Meeres, wobei man den Geruch dieses Gewerbes im Städtchen recht schnell wahrnehmen wird. Neben der recht eintönigen Bauweise im Ort, wo höchstens das **Aquarium** und die **Mineraliensammlung** im Norlandia Hotel sehenswert sind, ist dies sicher ein weiterer Grund, weshalb man den Aufenthalt im Zentrum getrost kurz fassen kann.

NORDFJORD

Allerdings lohnt die **raue Westküstenlandschaft** einen Ausflug in die Umgebung. Höhepunkte sind dabei der herrliche, 1,5 km lange Sandstrand Refviksanden (nördlich von Måløy), der alte Handelsplatz Vågsvåg mit Häusern aus dem 17. Jahrhundert (Café: Mo-Fr 10-14 Uhr) und der weiter nördlich gelegene **Kannestein** (westlich von Måløy), der mit seiner schlanken Taille und dem dicken „Kopf" einer spaßigen Laune der Natur entsprungen zu sein scheint.

Lohnend auch ein Ausflug zum **Leuchtturm Kråkenes fyr.** Das kleine Häuschen mit Übernachtungsmöglichkeit steht exponiert auf einer Felsnase und scheint den Naturgewalten hoffnungslos ausgeliefert zu sein. Bei schönem Wetter erblickt man im Norden die Halbinsel Stadlandet und das Vestkapp (siehe dort). Allerdings, so ansprechend die Landschaft auch ist, für gemütsschwere Urlauber hat die Region einen entscheidenden Nachteil, gibt es doch hier – statistisch gesehen – nur 14 Sonnentage, und das pro Jahr!

Touristeninformation

- **Turistkontor,** 6700 Måløy, im Zentrum von Måløy, Tel. 57845077, geöffnet 10-18 Uhr.

An- und Weiterreise

- **Fernbus 147**
- **Lokalbusse** nach Selje, Kråkenes und Refviksanden (Mo-Fr 1-2x pro Tag).
- **Schnellboot:** Bergen – Måløy – Selje.

Unterkunft

- **Norlandia Måløy Hotell,** Gate 1, Nr. 25, Tel. 57849400, Fax 57850589, (*****). Gehobenes Mittelklassehotel mit gutem Restaurant, Aquarium und Mineraliensammlung.
- **Ulvesund Fyr,** ab Deknepollen 10 km nach Norden. Leuchtturmhäuser in schöner Lage. Übernachtung auf Anfrage: Tel. 57851777, ab 250 NOK/Pers., Spezialangebote für Künstler. Café (So 13-18 Uhr), Ausstellungen.

Camping/Hütten

- **Almenning Camping,** Almenningen, Rv 15, 12 km vor Måløy, Tel. 57854850, Fax 5785 2581. Kleiner, netter Campingplatz mit recht einfachen Hütten (*).
- **Steinvik Camping,** Deknepollen, 5 km östlich von Måløy, Tel. 57851070. Anlage am Wasser, 6 Hütten, Bootsverleih, Angelplätze.

Aktivitäten

- Das Fremdenverkehrsamt verleiht **Boote und Fahrräder.** Auch werden **Tauchtouren** vermittelt.

Der Kannestein bei Måløy

Selje/Vestkapp ⌕X/A1,2, B1,2

Den größten Teil der Gemeinde Selje nimmt die **Halbinsel Stadlandet** ein. Sie ist die markanteste **Wetterscheide** in Südnorwegen und fehlt bei keiner meteorologischen Vorhersage. Prognosen für die Küstenregion werden stets mit den erklärenden Zusätzen „sør for Stad" (südlich von Stad) und „nord for Stad" (nördlich von Stad) versehen. An den rauen, felsigen Ufern der Halbinsel beherrschen zumeist auch schwere Stürme und dichter Nebel das Wettergeschehen. Kein Wunder also, dass das angrenzende Stadhavet zu den gefährlichsten Meeresabschnitten Norwegens zählt und selbst für das Expressboot aus Bergen eine unüberwindbare Hürde darstellt. Damit das Schiff jedoch in Zukunft bis Ålesund durchfahren kann, plant man bei Selje den **Bau eines Schiffstunnels**. Er wird nahe der Stelle liegen, an dem es schon die Wikinger vorzogen, kleinere Boote über Land zu ziehen, anstatt sich den unberechenbaren Gefahren des Meeres auszusetzen. Nicht transportable Schiffe mussten jedoch auch damals teils wochenlang auf ein Nachlassen des Windes warten. Wahrscheinlich leitet sich von dieser erzwungenen Pause auch der Regionalname Stad ab, der vermutlich dem altnorwegischen Wort „stadr" (stoppen) gleichzusetzen ist.

Den wohl besten Eindruck vom wüsten und launischen Wetter der Region hat man bei einer Fahrt zum **Fel-**

Die Legende von der Heiligen Sunniva

Um das Jahr 936 lebte in Irland eine Prinzessin namens Sunniva, die das Reich ihres Vaters erbte und fortan mit Güte und Frömmigkeit regierte. Die Kunde von ihrer Umsichtigkeit drang bis nach Norwegen, wo ein Wikingerhäuptling sogleich beschloss, sie zu ehelichen. Um diesem heidnischen König nicht in die Hände zu fallen, blieb der Christin nur die Flucht. Sunniva und ein Teil ihres Gefolges bestiegen drei Schiffe und ließen sich in Gottvertrauen ohne Ruder auf das offene Meer hinaustreiben. Im Sturm wurden die Boote voneinander getrennt, eines strandete auf der Insel Kinn (siehe unter „Florø"), die beiden anderen auf der **Insel Selja.** Die Schiffbrüchigen lebten hier recht gut von den Früchten des Meeres, bis König Håkon die Nachricht zugetragen wurde, es hätte sich an der Küste ein sagenumwobenes Volk angesiedelt. Um der Sache auf den Grund zu gehen, machte er sich mit seinem Gefolge zur Insel auf. Als das Inselvolk Håkon an Land kommen sah, versteckten sie sich in einer Höhle, und Sunniva betete zu Gott, dass er sie vor den Heiden schützen möge und ihnen die ewige Ruhe schenke, indem er die Felswände zusammenstürzen lasse. Und siehe, es geschah, und König Håkon fand nichts als Gestein.

Etliche Jahre später jedoch beobachtete man immer wieder ein seltsames Licht über der Insel. Davon erfuhr der nun schon christliche König Olav Trygvason, der 997 samt Gefolge zur Insel übersetzte. Hinter einer noch frischen Steinlawine fand man wohlriechende Gebeine und den fast unversehrten Körper Sunnivas. Sie wurde daraufhin heiliggesprochen. Man baute eine kleine Holzkirche, der im 12. Jahrhundert ein von englischen Mönchen gegründetes Kloster folgte.

sen **Kjerringa,** dem 497 m hohen, westlichsten Festlandspunkt Norwegens (**Vestkapp**). Peitschender Regen, orkanartige Böen, Sonnenstrahlen und dichter Nebel können sich in Minutenschnelle abwechseln und so dramatisch-schöne Lichtspiele hervorzaubern. Beiwohnen kann man dem Naturschauspiel in aller Ruhe, bei einer Tasse Kaffee, im architektonisch gelungenen Gebäude des Vestkapp-Huset.

Größter und günstigster Platz zum Übernachten in der Region ist das an einem weißen Sandstrand gelegene **Selje** (zu Deutsch: Weide). Hier besteht die Möglichkeit, um 13 Uhr mit dem Boot (130 NOK, Tickets im Turistkontor) zu den Überresten des Benediktinerklosters auf der Insel Selja überzusetzen.

Touristeninformation

- Das **Turistkontor** (Tel. 57856606) liegt unweit des „Zentrums" am Sandstrand. Es ist im Sommer von 10-18 Uhr geöffnet. Vermittlung von Ausflügen.

An- und Weiterreise

- Tägliches **Schnellboot** nach Måløy, Florø und Bergen.
- **Keine Busverbindung zum Vestkapp** (2stündige Taxirundfahrt 500 NOK).
- Wochentags **Lokalbusverbindungen** nach Måløy und in Richtung Ålesund/Runde.

Kloster auf der Insel Selja

Unterkunft

- **Selje Hotel,** Tel. 57858880, Fax 57858881, www.seljehotel.no, (*****). Ansprechendes und gutes Hotel direkt am Sandstrand. Restaurant, Disco, Hallenbad, Sauna und Fahrradverleih. Spa-Abteilung.

Camping/Hütten

- **Selje Camp og Hyttesenter,** 500 m südlich des Zentrums an der Rv 518, Tel. 57856243, ganzjährig geöffnet. Hübscher Platz (bei starkem Regen sehr sumpfig) mit Rundblick und 8 guten Hütten (**).
- **Rundereim Hytter,** Tel. 57858212, www.rundereimhytter.com, 15 km südl. von Selje (Rv 618), Hütten am Wasser (**).
- Auf Stadlandet gibt es **Campingplätze in Leikanger: Vestkapp CA,** Tel. 57859950, Hütten (**); und, völlig abgelegen (nördlich von Leikanger), am Ende der Nebenstraße in **Eltvika,** Tel. 57859889.

Galerie

- **Atelier Amdam,** Galleriet mot storhavet, Selje, www.amdam-art.no. Interessante Galerie in Grasdachhäusern am Nordmeer (11-16 Uhr).

Nordfjordeid   ↗X/B2

In dem **2500-Einwohner-Ort** dreht sich seit jeher (fast) alles um **Pferde.** Die stämmigen **Fjordinger** mit ihrem ockerfarbenen Fell und der putzigen hell-dunklen Mähne sind das Wahrzeichen der Region. Die genügsamen Tiere wurden hauptsächlich zur Arbeit im Wald und auf dem Feld eingesetzt. Heute stehen sie auch Touristen zur Verfügung, und wer gerne einmal einen Ausflug mit den braven Fjordingern unternehmen möchte, kann sich u. a. an das 1989 gegründete Norsk Fjordhestsenter wenden.

Für alle, die nicht dem Ruf der Pferde folgen wollen, gibt es, zum **Schlendern und Flanieren,** das **Zentrum** Nordfjordeids mit einigen gut erhaltenen Holzhäusern aus dem 19. Jahrhundert. Auch eine hübsche, mit Rosenmalereien dekorierte **Kirche** (1849) befindet sich im Ort (geöffnet nur im Sommer von 10-22 Uhr) sowie der älteste **Exerzierplatz** des Landes aus dem 17. Jahrhundert.

Touristeninformation

- In der Sjøgata **im Zentrum** des Ortes. Im Sommer Mo-Sa 10-18 Uhr geöffnet, Tel. 57864600, www.nordfjord.no.

An- und Weiterreise

- **Fernbusse 145, 147, 430, 432.**

Unterkunft

- **Nordfjord Hotell,** Tel. 57860433, Fax 5786 0680, (*****), Sommer (****). Feines Hotel im Zentrum von Nordfjordeid. Gutes und gemütliches Pizza-Restaurant, Tennisplatz, Sauna, Fahrradverleih, Fitnesscenter.
- **Skipenes Gard,** 800 m vom Zentrum entfernt, Tel./Fax 57860824, www.skipenes-gard.com, (**). Hübscher Bauernhof in reizvoller Umgebung. Vermietet werden 2 Wohnungen, einige Zimmer (600 NOK), Fahrräder und Boote.

Camping/Hütten

- **Eidatunet A/S,** Nordfjordeid, Tel. 57860145, Hütten/Zimmer (ab 500 NOK) im Winter auf Vorbestellung geöffnet. Komfortabler Platz inmitten eines Gehöftes mit alten Blockhäusern. Schwimmbad, Fahrrad- und Bootsverleih, Angeln, Cafeteria.
- **Nesjartun Camping,** am Hornindalsvatnet, 8 km östlich des Zentrums, Tel. 57862732, geöffnet: 1.5.-1.10. Idyllischer Platz am See mit 11 Hütten (**/***) und Badeplatz.
- **Hüttenvermietung:** Alsaker (6 große Hütten in Zentrumsnähe, Tel./Fax 57860209); Årskogvika Camping, große, moderne Hüt-

ten (**) am See Hornindalsvatnet, 7,5 km östlich des Zentrums, Tel. 57864422, www.arskog.no.

Aktivitäten

- **Angeln: Lachs und Meeresforellen** (Eidselva; günstige Angelscheine: Turistkontor).
- **Reiten:** Norsk Fjordhestsenter (Reittouren, Kurse, Hüttenvermietung) – Tel. 57864800, www.norsk-fjordhestsenter.no; Evas Ridesenter (Islandpferde) – Tel. 57862263.
- **Weitere Angebote:** Kino, Tauchen, Golf, BergArt (interessante Goldschmiedewerkstatt in der Fußgängerzone).

Umgebung

Ørsta/Volda X/B2

Die überwältigende Landschaft der alpinen **Bergregion Sunnmøre** wartet mit für Norwegen ungewöhnlich scharfkantigen Felsmassiven und milden Tälern auf. Besonders empfehlenswert sind Ausflüge zum Austefjord, in das schluchtenartige Norangsdal (Rv 655, östl. des Storfjord) und nach Standalseid, östlich von Ørsta. Wanderer und Kletterer werden in dieser unberührten Natur auf ihre Kosten kommen.

Das wirtschaftliche Herz der Gegend bilden die Schul- und Industrieorte **Ørsta und Volda** mit jeweils 5000 Einwohnern. Zwischen beiden Städten, von denen Volda mit der eigenwilligen Kirche aus dem Jahr 1932 sicher die ansehnlichere ist, liegt das **Ivar Aasen Museet.** Zu sehen sind eine wertvolle Büchersammlung und das **Geburtshaus des Sprachforschers Ivar Aasen** (1813-1896), der Ende des 19. Jahrhunderts aus lokalen Dialekten die Sprachvariante Nynorsk entwarf. Diese schriftliche Form des Norwegischen (vgl. Exkurs „Der Streit um das richtige Norwegisch") findet in Sunnmøre ihre treuesten Anhänger. Und so wurde unlängst das nationale **Kulturzentrum Ivar Aasen Tunet** gegründet, mit Ausstellungen zur Entwicklung des Nynorsk. (Mo-Fr 10-16 Uhr, Sa/So 12-17 Uhr, 70 NOK, www.aasentunet.no.)

- **Touristeninformation: Ørsta Reiselivslag,** Holmegt 4, P.O. Box 324, Parkveien 7, 6151 Ørsta, Tel. 70068518, Fax 70067505, www.orstainfo.no. **Volda Turistinformasjon,** Tel. 70078802.
- **Fernbusse 145, 430, 432.**
- **Unterkunft**

Volda Turisthotell, Tel. 70077050, Fax 7007 8995, (****). Kleiner 48-Betten-Kasten, Restaurant, Sauna, Disco.

Hotel Union+, Øye, Tel. 70062100, Fax 7006 2116, www.unionoye.no, (*****), geschlossen im Winter. Herrliches Holzhaus von 1891, im Schweizer Stil erbaut, in Øye am Norangsfjord zwischen Ørsta und Geirangerfjord gelegen. Romantische, antike Zimmer und Aufenthaltsräume. Das schöne Haus liegt inmitten mächtiger Gebirgs- und Fjordlandschaft.

Sagafjord Hotell, Sæbø, Tel. 70040260, Fax 70040350, (*****). Moderne und doch gemütliche Gebäude mit Grasdächern, auf denen Ziegen weiden. Am Hjørundfjord gelegen (östlich von Ørsta).

- **Camping/Hütten**

Hjørundfjord Camping, Sæbø, Tel. 7004 0016, Fax 70040016. Recht idyllisch gelegener, einfacher Platz, 26 km östlich von Ørsta. Vermietung von 11 Hütten (*/**, von einfach bis de Luxe).

Aurstad Camping, Tel./Fax 70050053. Große Wiese in wirklich schöner Lage am Austefjord südöstlich von Volda.

Brudevoll Gard, Ørsta (Rv 655), Tel. 70067 105, Fax 70067318, www.brudevoll-gard.no. Wunderbare Hütten (*/**) mit sehr guter Ausstattung. Kostenlose Benutzung von Pferd und Motorboot!

Ørsta Ferie og Frititsgård, Tel. 70067761, www.naturferie.no, 500 m südl. des Zentrums, über den Melsvegen erreichbar. 3 tolle Hütten auf dem Hof (**/****). Badezuber, TV, Internet, Kanu, Reiten.

Christian Gaard Bygdetun, Trandal, Tel. 70061572, www.christian-gaard.no. Ansprechende Hütten auf historischem Hof in Trandal am Storfjord (keine Straße, Fähre ab Sæbo).

● **Angeln: Lachs und Forelle** gibt es u. a. im Fluss Ørsta und im Kilselva.

● **Bergwandern:** Die **Sunnmørealpane** mit ihren über 1500 m aufragenden Bergmassiven, unberührter Natur und schroffen Felsen sind ein ideales Wandergebiet. Die vielen Wege sind jedoch nicht oder nur kaum markiert. Karte und Kompass sind also vonnöten. Lohnend z. B. eine Tour auf den 1300 m hohen Saudehornet bei Ørsta.

Eine **Familientour** (5-6 Std.) führt **durch das schöne Skorgedalen,** gleichfalls bei Ørsta.

Markierter Weg ab der nur periodisch aktiven Wasserfontäne Isflåmann in Myklebust bei Vartdal (nördlich von Ørsta). Der Pfad führt steil bergan **zu den bronzezeitlichen Steinkreisen der Julianischen Burg** auf 900 m Höhe – Infos: Turistforening in Ålesund (siehe dort) und in den Touristeninformationen in Ørsta und Volda.

● **Klettern:** Auch Bergsteiger kommen in dieser Region auf ihre Kosten. Kletterfelsen liegen u. a. **am Saudehornet bei Ørsta und im Molladalen** (Schwierigkeitsgrade 3-8). Als der schönste Gipfel Norwegens wird oft der 1559 m hohe **Slogjen** bei Øye am Norangsfjord (30 km westlich, Rv 655, zwischen Ørsta und Geirangerfjord) gerühmt. Als „Herrscher von Sunnmøre" bezeichnet man den 1463 m hoch aufragenden **Kolåstind** am Hjørundfjord (nordöstlich von Ørsta) – Infos/Touren: Sun-Alp, Tel. 70077483, Sunnmøre Klatreklubb: Tel. 70120356.

Für die Fahrt nach Stryn und zu den Gletscherzungen bei Olden und Loen bietet sich die Strecke vorbei am idyllischen **Hornindalsvatnet** an (Rv 15). Er ist mit 514 m der **tiefste Binnensee Europas!** Alternativ kann der gleichfalls lohnende, aber längere Weg über Sandane und Byrkjelo eingeschlagen werden (siehe unten).

Sandane ⌕X/B2

Sandane ist das nicht sonderlich attraktive **Zentrum der 6.000-Einwohner-Gemeinde Gloppen.** Sehenswert ist im Ort selbst nur das **Nordfjord Folke-Museum** mit 40 sehr schönen Bauernhäusern aus dem 18. und 19. Jahrhundert sowie einigen alten Segelschiffen (im Sommer 11-16 Uhr, Sa/So ab 13 Uhr, 50 NOK). Einige Kilometer außerhalb der Innenstadt befindet sich die hübsche, rote **Gimmestad-Kirche** aus dem Jahr 1692 mit dem großen Karnilshaugen-Grabhügel in der Nähe.

Zwischen Sandane und dem zwischen hohen Bergmassiven liegenden Byrkjelo schäumt der fischreiche **Gloppenelva.** Unterbrochen wird der stete Lauf des Wassers vom wild rauschenden **Eidfoss.** Den Wasserfall überwindet eine der längsten Lachstreppen der Welt (Angelscheine im Gloppen Hotel).

Touristeninformation
● **Im Zentrum von Byrkjelo,** Tel. 57867301.

An- und Weiterreise
● **Fernbusse 430, 431, 432, 440.**

Unterkunft
● **Gloppen Hotell+,** Sandane, Tel. 57865333, Fax 57866002, (****). Wunderschönes Biedermeier-Hotel aus dem Jahr 1866. 50 Betten, gutes Preis-Leistungs-Verhältnis.

Camping/Hütten

- **Gloppen Camping og Fitidssenter,** Sandane, Tel./Fax 57866214, geöffnet: 1.6.-1.9. Schöner Platz am kinderfreundlichen Sandstrand des Gloppenfjord 2,5 km westlich des Zentrums. 20 einfache und Komfort-Hütten (*/**/***), Tennisplatz, Bootsverleih, Minigolf und neues, öffentliches Schwimmbad.
- **Byrkjelo Camping,** in Byrkjelo, Tel. 9173 6597, www.byrkjelo-camping.no. Recht moderner Platz an der E 39, südl. Byrkjelo. Hütten (*/***), beheiztes Freibad.

Olden XI/C2

Am Ende des Nordfjord, zwischen Stryn im Norden und den beiden recht hübschen Landgemeinden Innvik und Utvik im Westen, liegt Olden. Der Ort, bis auf die Galerie Cylindra mit Werken des berühmten Möbeldesigners *Peter Opsvik* (Mai-Aug. Mo-Fr 9-18 u. 20-22 Uhr, So ab 12 Uhr) eher uninteressant, ist der Ausgangspunkt für einen **Abstecher zu der** berühmten **Gletscherzunge Briksdalsbreen.** In Richtung Süden geht die Fahrt vorbei am romantischen Oldevatnet. Nach 23 km ist der Parkplatz (50 NOK) am Melkevoll-Gletscher erreicht. Von hier ist es eine Stunde Fußmarsch bis zum Ziel. Der Weg ist nicht zu verfehlen. Er schlängelt sich über Stock und Stein durch lichten Birkenwald an wild schäumenden Gebirgsbächen entlang. Als Alternative bietet sich der Fahrweg an, auf dem auch Minibusse in Richtung Gletscher verkehren, vorbei an Wasserfällen, deren Gischt in der Sonne Regenbögen bildet. In jedem Falle aber muss der letzte Kilometer bis zum Eis zu Fuß zurückgelegt werden. Doch die Mühe lohnt! Wohl an kaum einer anderen Stelle Norwegens ist eine Gletscherzunge so imposant. Wie eine Tatze krallt sie sich in das Tal und erstrahlt in den prächtigsten Blautönen. Allerdings gibt es weniger überlaufene Flecken im Land der Wikinger.

Touristeninformation

- **Im Einkaufszentrum Olden,** Tel. 57873126. Fahrradverleih und Internet.

An- und Weiterreise

- **Fernbusse** nach Olden: **431, 432, 440.**
- **Lokalbusse:** siehe unter „Stryn".

Gletscher Briksdalsbreen

OLDEN, LOEN

Unterkunft

- **Olden Fjordhotel**, an der Straße nach Loen, Tel. 57870400, Fax 57870401, geöffnet: 1.5.-30.9. (*****/****). In Terrassen angelegtes First-Class-Hotel mit gutem Service und schönen Zimmern.
- **Olden Krotell**, Tel. 57873455, Fax 5787 3020, geöffnet: 1.4.-30.9., (**). Recht laut gelegenes 21-Betten-Hotel. Man kann in dieser Gegend schöner wohnen.
- **Briksdalsbre Fjellstove**, Tel. 57876800, Fax 57876801, geöffnet: 20.4.-30.9., (****). Gemütliche Gebirgsbaute mit 1 Hütte und 3 Zimmern. Direkt am Gletscher!

Camping/Hütten

- **Løken Camping**, 2,5 km südlich von Olden, Tel. 57873268. Ruhiger Platz auf schrägem Wiesengelände mit 13 guten Hütten (**). Boots- und Fahrradverleih.
- **Camping Gytri**, 9 km ab Olden, Tel. 57875934, www.oldencamping.com. Schöner Platz am See. Neue Sanitäranlage, kostenloser Bootsverleih. 3 Hütten (*/**).
- **Flåten Feriehytter**, 10 km ab Olden, Tel. 57875949. 6 gut ausgestattete, schöne Hütten (**) mit Seeblick.
- **Gryta**, Tel. 57875950, www.gryta.no. Schöner Platz mit toller Aussicht. 13 km von Olden im Oldedal. 5 Hütten (**), gut ausgestattet. Campingplatz des Jahres 1996.
- **Trollbu**, 3 km vor dem Gletscher, Tel. 5787 3838. 2 große alte „Trollhütten" mit allem Komfort, wie z. B. Kamin (**/***). 2 Doppelzimmer (500 NOK). Traditionshof.
- **Melkevoll Bretun**, Tel. 57873864, Fax 57873890, ganzjährig geöffnet. Hervorragend ausgestatteter Platz unterhalb des Melkevoll-Gletschers am Ende des Tales (1x täglich Bus nach Olden/Stryn). Idealer Ausgangspunkt für Wanderungen zum Briksdalsbreen. 7 Hütten (**), Grillhaus und Sauna. Einzige „Lärm"quellen: Wildbäche und Wasserfälle.
- **Fransøyra Hytteutleige**, Tel. 57876544, 2 Komforthütten im schönen Utvik direkt am Fjord (350-400 NOK, Juli 500 NOK)
- **Langvin Gjestegard**, Tel. 57876730, Einfache Unterkunft im hübschen Ort Innvik. Bett 175 NOK, Hütte (**), Kräutergarten.

Gletscherwanderungen

- Geführte Wanderungen **auf dem Briksdalsbreen** (www.briksdalsbre.no, Infos und Treffpunkt am Melkevoll-Campingplatz). Preise, je nach Schwierigkeitsgrad und Dauer: 300-350 NOK (inkl. Ausrüstung). Auch Kurse im Berg- und Eisklettern im Angebot.
- Weniger bekannt ist die Gletscherzunge **Brenndalsbreen**. Wanderweg ab Åberg, am Ende des Sees Oldevatn. 1 Std. pro Richtung.

Loen ⌕XI/C2

Als erstes fallen wohl die riesigen **Wohnwagenkolonien** auf, welche die zauberhafte Umgebung denn doch etwas verschandeln. Der Ort ist ein winziges Sammelsurium aus einer Handvoll Bauernhäuser und etwas Holzindustrie. Auf alle Fälle lohnend ist ein Abstecher in das südöstlich des Ortes gelegene wildromantische **Loendal**. Zunächst erreicht man auf einer zerbrechlich wirkenden und einschüchternd engen Straße den **Loenvatn**. Gleißende Gletscher, rote Vogelbeersträucher und mächtige, düstere Berghänge spiegeln sich im blaugrünen Wasser des Sees. Doch die Natur ist alles andere als friedlich: Dreimal, zuletzt 1950, forderten gewaltige Bergstürze etliche Menschenleben, zerstörten durch eine 74 m hohe Flutwelle (1936) einige Bauernhöfe und schleuderten im Jahr 1905 das Dampfschiff Lodalen 350 m weit über den See – alles völlig unvorstellbar angesichts der Schönheit des Kjenndal-Gletschers am Ende der Straße (15 Min. Wanderung).

NORDFJORD

Das wildromantische Loendal

An- und Weiterreise

- **Fernbusse** nach Loen: **431, 432, 440.**
- Keine Busverbindung in das Loendalen.
- www.trafikanten.mr.no.

Unterkunft

- **Hotel Alexandra,** Loen, Tel. 57875050, Fax 57875051, (*****). Teures Hotel mit hervorragendem Service und 359 schönen, teils edlen Zimmern. Gutes Restaurant, Tanzbar, Schwimmhalle und Sauna.
- **Hotel Loenfjord,** Loen, Tel. 57875700, Fax 57585751, (****). Neues, nicht ganz so mondänes, ansprechendes Hotel am Fjord. Preiswerte Alternative zum Alexandria.
- **Loen Pensjonat og Gard,** neben der Kirche in Loen, Tel. 57877624, Fax 57877678, geöffnet: 20.5.-10.9., (*). Sehr gemütliche Pension mit großem Garten und Fjordblick.

Camping/Hütten

- **Lo-Vik Camping,** Loen, Tel. 57877619. Nobelplatz am Fjord. 22 Hütten (*/***), auch im Winter geöffnet. Billiger und noch schöner gelegen sind die Zeltplätze im Loendal.
- **Trollhaugen Hytter,** nahe Loen-Zentrum, Tel./Fax 57877693. 6 perfekt ausgestattete Hütten (**) ab 2000 NOK pro Woche.
- **Tjugen Camping,** Tel. 57877617. Schöner sauberer und ruhiger Platz, 2 km vom Zentrum in Richtung Loendal gelegen. 6 sehr gute Hütten (*/**).
- **Loenvatn Feriesenter,** Tel. 57877655, Fax 57877710, www.loenvatn.com, ganzjährig geöffnet. Schön am See gelegene Feriensiedlung mit 28 z. T. preiswerten Hütten (**), einer Cafeteria und einer Sauna.
- **Sande Camping,** Tel. 57874590, Fax 57874 591, www.sande-camping.no. Ganzj. geöffnet. Herrliche Aussicht über den See. Modernes Sanitärhaus, Sauna, Fahrrad- und Bootsverleih. Dazu 16 hübsche Hütten (*/**), ab 250 NOK). Schöne Ferienhütten am Talende.

Aktivitäten

- **Fahrrad fahren:** Das Tal eignet sich hervorragend für Fahrradtouren. Wenngleich die Straße schmal ist, so sind nur geringe Höhenunterschiede zu überwinden, und man kann die Ruhe in dieser Landschaft genießen (Verleih am Sande-Campingplatz).
- **Bergwanderung:** Eine der klassischen Wanderungen in Norwegen führt **zum 1843 m hoch gelegenen Steintürmchen Skålatårnet.** Die Wanderung beginnt an einem Parkplatz an der Straße ins Loendal etwa 2 km hinter Loen. Ausdauer ist Grundvoraussetzung für die 14 km lange Strecke mit 1800 m Höhenunterschied (8½ Std., hin und zurück). Block- und Schneefelder müssen überquert werden. Der Weg ist gut markiert. Oben hat man eine überwältigende Aussicht über die weite Gletscherlandschaft. Der Bau des Turms wurde 1891 von einem Arzt in Auftrag gegeben, der hier oben lungenkranke Patienten heilen wollte. Fragt sich nur, wie diese es bis hierher schaffen sollten ...
- **Wanderung:** Ab Bødal 5 km Mautstraße zur 580 m hoch gelegenen Alm Bødalsætra, dort kann man schön wandern (man kann aber auch schon die Straße entlang wandern). Ab hier 2,5 km bis zur Gletscherzunge Bødalsbreen.

Bootsrundfahrt

- Ab Sande (10.30 Uhr) am **Loenvatn:** Rundfahrt mit der M/B Kjendal auf diesem herrlichen See. Kosten: 150 NOK pro Person.

Stryn ⌕XI/C2

Die **3000 Einwohner** des Verwaltungszentrums leben hauptsächlich von Landwirtschaft mit Obstanbau, vom Fremdenverkehr und ein wenig Kleinindustrie. Der Ort selbst wurde in den letzten Jahren recht attraktiv umgestaltet und ist für Touristen als Einkaufszentrum mit vielen Andenkenläden interessant. Dass Stryn bekannt, ja berühmt wurde, verdankt es dem **Lachsreichtum im Strynselv.** Leider sind weite Teile des 12 Kilometer langen Flusses an Amerikaner vermietet. Doch selbst auf den zwei noch zur Verfügung stehenden Kilometern sind Fänge von bis zu 30 kg schweren Lachsen möglich (Angelkarten für 170 NOK im Intersport-Laden).

Erst seit 1994 bietet die Gemeinde in **Oppstryn,** 20 km östlich des Zentrums, eine zweite Attraktion, das **Jostedaalsbreen Nationalparksenter.** In dem architektonisch sehr ansprechenden, mit Schiefer verkleideten Gebäude sind didaktisch hervorragend aufbereitete Ausstellungen zur Natur- und Kulturgeschichte der Region zu sehen. Man lernt anhand von Modellen, Videoinstallationen und computergesteuerten Anlagen viel über Gletscher und Gebirge. Hinzu kommen ein Geologie-Park, ein Botanischer Garten, ein Lehrpfad und ein Café. Außerdem werden Touren organisiert, Boote und Fahrräder können ausgeliehen werden. (Geöffnet Anf. Mai bis Mitte Juni und Mitte Aug. bis Ende Sept. 10-16 Uhr, Mitte Juni bis Mitte Aug. 10-18 Uhr, 75 NOK, Familie 170 NOK.)

Touristeninformation

- **Im Zentrum** von Stryn, geöffnet 9-17/18 Uhr, Tel. 57874054. **Internetanschluss,** 30 NOK je 30 Min.
- **Destinasjon Stryn & Nordfjord,** Box 370, N-6782 Stryn; Buchungen/Infos: Tel. 5787 4040, www.nordfjord.no.

An- und Weiterreise

- **Fernbusse 145, 147, 431, 432, 440.**

- **Lokalbusse:** Stryn – Loen – Olden – Innvik – Utvik – Byrkjelo, Stryn – Loen – Olden – Briksdal (10 Uhr ab Stryn, Olden 10.15 Uhr, Rückfahrt 14 Uhr), Stryn – Hornindal – Hellesylt (Fähre nach Geiranger), Stryn – Oppstryn – Tystigen (Sommerski), www.nsbillag.no.

Unterkunft

- **Stryn Hotel,** Visnesveg 1, Tel. 57870700, Fax 57870701, (*****/****). Ansprechendes 147-Betten-Hotel an der Flussmündung.
- **Visnes Hotel+,** Stryn, Tel. 57871087, www.visnes.no, geöffnet: 1.5.-15.10., (****/****). Sehr kleines gemütliches Hotel in einer 1850 im Schweizer Stil erbauten Villa.
- **Hjelle Hotel+,** Hjelledalen, Tel./Fax 5787 5250, www.hjelle.com, geöffnet: 1.5.-30.9., (****). Hübsches 60-Betten-Hotel mit Betonanbau am Ende des Strynvatn mit Blick über denselben. Das altertümliche Haus stammt aus dem Jahr 1896.
- **Faleide Fjord Appartement,** Stryn, Tel. 57876480, Fax 57876485, (**). Ab 500 NOK 2-5 Pers. Schöne Anlage direkt am Wasser.
- **Grotli Høyfjellshotell,** Tel. 61217474, Fax 61217475, geöffnet: 10.4.-1.10., (****). Gemütliches Gebirgshotel in altem Ambiente. Das Haus liegt in Grotli am Ende des Gamle Strynfjelvg (Rv 258) in 900 m Höhe.
- **Vesla Pensjonat,** Stryn, nahe Zentrum, Tel. 57871006, www.veslapension.no, (****). Gemütliche Pension (altes Holzhaus). Biergarten.

Jugendherberge

- **Stryn Vandrerhjem,** ein Kilometer oberhalb von Stryn, Tel./Fax 57871106, stryn.hostel@vandrerhjem.no. Geöffnet 1.6.-31.8, im Winter nach Vorbestellung. Von außen nicht sehr schöne Jugendherberge mit Betten für 245 NOK und DZ für 530 NOK.

Camping/Hütten

- **Stryn Camping,** Tel. 57871136, Fax 5787 2025, ganzjährig geöffnet. Am östlichen Rand von Stryn. Mit Pub, Schwimmbad, Minigolf und 24 Hütten (*/**).
- **Robjørgane Gardshus,** Rv 613, 10 km westlich von Stryn, Tel. 57876414, idholen@frisurf.no, 3 schöne Hütten (**) mit Panoramablick über den Fjord.
- **Nedrebergtunet,** 3 km westl. Stryn, Rv 15, Tel. 57871461, www.nedreberg.no. Uralter, romantischer Hof, viele Kurse und Aktivitäten. 2 Hütten und Almhütte, (***/****).
- **Roset Panorama,** Rv 631, 15 km westl. Stryn, Tel. 57875606, www.rosetpanorama.no. Erstklassige Hütten mit Aussicht auf den Fjord. Ganzjährig. Im Sommer 1000 NOK/Tag. Bootsverleih. An der Rv 631 nach Roset abzweigen. Infos im ersten Haus nach 150 m.

Die folgenden Plätze liegen alle östlich von Stryn an der Rv 15 am See Strynsvatn:

- **Kleivenes Camping,** 6,5 km, Tel. 57877513, Fax 57874698, ganzjährig geöffnet. Nette Lage am Ende des Sees. 10 einfache Hütten (*/**), Boots- und Fahrradverleih, Reitstall 2 km entfernt.
- **Mindresunde Camping,** 10 km, Tel./Fax 57877532, ganzjährig geöffnet. Teils sehr einfache, teils noble Hütten (*/***), am See. Bootsverleih und guter Service.
- **Strynsvatn Camping,** 12 km, Tel. 57877543, Fax 57877565, ganzjährig geöffnet. Komfortabler, sauberer Platz am See. Neben 30 erstklassigen Hütten (**/***), gibt es Sauna, Solarium und Bootsverleih. Wanderweg.
- **Hjelledalen Hyttesenter,** 16 km, Tel./Fax 57875234, ganzjährig, 10 grasbewachsene Hütten mit guter Ausstattung. 550 NOK.

Essen und Trinken

- **Stryn Vertshus,** Schönes Café in altem Holzhaus, im Zentrum von Stryn.

Aktivitäten

- **Die Strynhalle** bietet u. a. die Möglichkeit zu folgenden Spielen: **Squash, Tennis, Tischtennis und Badminton.**
- **Sommerski:** Das **Stryn Sommerskisenter** ist vielleicht die beste Anlage dieser Art in Norwegen. Sessel-, Schlepplift und Loipen. Geöffnet von 9-16 Uhr. Infos und Vermittlung von Unterkünften: Tel. 57872333. Die Lifte liegen östlich von Stryn zwischen Videseter und Grotli.
- **Wandern** östl. von Stryn (Rv 15): Fruchtbares Gletschertal Erdalen, Weg ab Grande Camping; Naturwanderweg Fosdalen, ab dem Nationalparksenter; Kulturlandschaft

Wege zwischen Geirangerfjord und Trondheim

Glomsdalen, Wanderweg ab Hjelle; Von Flo nach Vollset zum Flostranda Naturreservat.
●**Panoramastraße/Wandern:** 6 km westlich von Stryn beginnt die **Rv 613,** eine eindrucksvolle Panoramastraße über dem Nordfjord. 11 km nach dem Abzweig beginnt am Parkplatz am Sagedammen (alter Damm für das Sägewerk) in Ulvedal ein Kulturwanderweg *(kulturløype).* Er führt zum Fjord hin zum Aussichtspunkt Utsikten und dem Botanischen Garten Hilljaren (Rundweg 60 Min.), in Richtung Gebirge ins Kvernhusdalen mit alten Mühlenhäusern, zur 1000 Jahre (!) alten Wachthütte Vetestova und zum Hof Ulvedalstunet (Rundweg 90 Min.).

Wer in Richtung des vielbesuchten Geirangerfjords weiterfahren möchte, hat 2 Optionen: Auf der Rv 60 zum Hornindalsvatnet, dem mit 514 m tiefsten Binnensee Europas. Weiter nach Hellesylt am Geirangerfjord. Von dort fährt eine Fähre direkt nach Geiranger (200 NOK/Auto, 100 NOK/Pers.). So bekommt man einen Eindruck von der Größe des Fjordes.

Die zweite Möglichkeit führt ab Stryn auf der Rv 15 über Serpentinen den Berg hinauf in das kahle, oft noch tief verschneite Hochgebirge. Dabei kann man in Videseter entweder auf der nun durch viele Tunnel führenden Rv 15 bleiben oder über den **Gamle Strynfjellsveg** vorbei am Sommerskizentrum nach Grotli fahren. Die von Mai bis September geöffnete Nebenstraße ist in 13 Jahren Arbeit aus den Felsen gehackt, gesprengt und gefräst worden. Selbst im Juni mussten sich die zumeist schwedischen Bauarbeiter noch durch meterhohe Schneewehen kämpfen. 1894 galt die Straße als ein technisches Meisterstück. Wer an ihrem Ende nach links abbiegt, sollte vor dem Gespensterwarnschild am Breidalsvatnet nicht allzu sehr erschrecken: Der hier spukende Geist soll, so wird versichert, handzahm und völlig harmlos sein ...

Am Ende beider Wegstrecken geht es ostwärts weiter in das Örtchen Lom (Stabkirche!) und nach Westen zum Geirangerfjord. Bevor man über die Serpentinen hinab zum Meer fährt, sollte man noch einen Abstecher auf den 1476 m hohen **Aussichtsberg Dalsnibba** machen!

Camping
●**Hellesylt Camping,** Tel. 90206885, Einfacher Platz am Fjord, in der Nähe des Anlegers. Bootsverleih.

Galerie
●**Peer Gynt Galleri,** in Hellesylt. Werke des Holzschnitzers *Oddvin Parr.*

Aktivitäten
●**Cinclus Park,** Aktivitätszentrum in Hellesylt, u. a. mit tollem Hochseilgarten.

Wege zwischen Geirangerfjord und Trondheim

Höhepunkte einer Fahrt durch diese Region sind zweifellos der viel fotografierte Geirangerfjord und die kühne Serpentinenstraße Trollstigen, die an der Rückseite der über 1000 m hohen Trollwand entlangführt. Die Berglandschaft mit ihren massiven Felsen ist faszinierend schön und steht im Kontrast zur relativ flachen, sturmumtosten

Küste. Unbedingt empfehlenswert ist hier ein Ausflug zur Jugendstilstadt Ålesund und zur bekannten Vogelinsel Runde.

Geiranger-
fjord ⌁VI/A3, XI/C2

Der wunderschöne Fjord, der seit 2005 auf der UNESCO-Weltnaturerbe-Liste steht, ist mit seinen vielen Wasserfällen und den fast senkrechten, über 1000 m hohen Bergen unbestritten **eine der größten Sehenswürdigkeiten Norwegens.** Da verwundert es auch nicht, dass der kleine **Ort Geiranger (Maråk)** einzig und allein dem Tourismus dient. Dieser hat seine Wurzeln in den Sechziger Jahren des 19. Jahrhunderts, als der erste Dampfer Kurs auf den haarnadeldünnen Meeresarm nahm. Seither legen hier jährlich an die 100 Kreuzfahrtschiffe an, und es scheinen immer mehr zu werden. Wissenswertes zum Tourismus und dem Leben am Fjord vermittelt seit 2002 das sehenswerte **Norsk Fjordsenter** (Juli 9-22 Uhr, Mai-Juni/Aug.-Sept. 9-16 Uhr, teils bis 18 Uhr, 85 NOK, Familie 170 NOK; Kunstcafé; www.fkordsenter.info).

Erleben lässt sich der Fjord preiswert bei einer **Fährfahrt von Hellesylt nach Geiranger** (Mo-Fr, 190 NOK/Auto, 95 NOK/Person). Auf der anderthalbstündigen Tour passiert man viele mehrere hundert Meter über dem Fjord gelegene **verlassene Bauernhöfe.** Sie waren nur auf dem Seeweg und oftmals nur über Leitern erreichbar. Auch beeindrucken – vorausgesetzt, es lag genug Schnee – einige der schönsten **Wasserfälle** Norwegens. Aus Richtung Hellesylt kommend sind dies zunächst „De Syv Søstre", „Die Sieben Schwestern". Von dunklen Höhen fällt das Wasser herab und zerstiebt zu einem silbrigen Nebel, ähnlich einem Brautschleier, der sich dann nicht weit entfernt in den Fjord hinabsenkt. Schaut man hinüber zum anderen, südlichen Ufer, so entdeckt man den wild aufbrausenden, ungestümen „Freier". Seit Tausenden von Jahren dauert diese „Brautwerbung" nun schon an.

Wem dieser Bootsausflug nicht in die Routenplanung passt, sollte einen Ausflug zum 1476 m hohen **Dalsnibba** unternehmen. Der Berg liegt an

Wasserfall „Freier"

Aussicht von der Flydalsjuvet

dem zwischen 1880 und 1889 erbauten Geirangervegen (Straße nach Lom bzw. Stryn). Ein Mautweg (70 NOK) führt über engste Haarnadelkurven die letzten tausend Meter den Berg hinauf. Schönes Wetter vorausgesetzt, hat man von diesen eisigen, nicht selten bis Ende Juni tief verschneiten Höhen einen überwältigenden Blick hinab auf den grün und blau schimmernden Fjord. Auffallend sind hier die vielen **Steintürmchen.** Wir befinden uns an dieser Stelle nämlich im Reich der Bergtrolle, und diese können Störungen ihres Friedens nun gar nicht verkraften. Ein Steintürmchen jedoch erfreut sie so sehr, dass sie davon absehen, bei der Fahrt hinunter ins Tal Steine hinterherzuwerfen. Ein kurzer Blick zurück auf die 29 Kurven und Serpentinen des Geirangervegen: Nun, schaden kann ein kleines Steinmonument jedenfalls nicht ...

Sollte sich der Dalsnibba hinter einem Wolkenschleier verbergen, empfehlen sich zwei weitere, nicht minder schöne Aussichtspunkte. Zu ihnen gelangt man über den Geirangerweg (Rv 63). Man fährt aus Richtung Grotti kommend zum Fjord hinab, passiert das alte, noch befahrbare Teilstück „Knuten" (Knoten), für das die Erbauer bei der Weltausstellung in Paris im Jahr 1900 die Goldmedaille erhielten, und erreicht die **Flydalsjuvet** (juv = Schlucht). Hier hat man nun Gelegenheit, eines der am häufigsten geschossenen Norwegen-Bilder auch in die eigene Sammlung aufzunehmen. Ein Schnappschuss vom **„Adlerblick"**, dem zweiten Aussichtsplateau, hat auch nicht gerade größeren Seltenheitswert. Allerdings kann man von diesem Platz am **Ørnevegen (Adlerweg),** der Straße in Richtung Trollstigen, weiter in den Fjord hineinsehen. Am nun folgenden **Norddalsfjord** kann man, z. B. um die Wartezeit auf die Fähre zu verkürzen, einen Ausflug nach Norddal und zur weiter oben im Tal liegenden 300 Jahre alten Alm Herdalssetra machen (Almmuseum, Käserei). Der **Geirangervegen** (Rv 63) ist zwischen November und Mai gesperrt.

Wege zwischen Geirangerfjord und Trondheim

Touristeninformation

- **Turistkontor** am Fähranleger, Tel. 7026 3099, www.geiranger.no. Vermittlung von Unterkünften und Ticketverkauf.

An- und Weiterreise

- **Fernbusse 146 und 431** nach Hellesylt und ab dort Fähre nach Geiranger.
- **Lokalbusse** nach Åndalsnes und in Richtung Lom/Stryn.
- **Fähre** durch den Fjord, 1.5.-30.9., 8, 11, 14 u. 17 Uhr, Zusatzfahrten im Juli (200 NOK Auto + Fahrer, 100 NOK/Person; Hin- und Rückfahrt 120 NOK/Person), www.mrf.no.
- **Die Straße Geiranger – Grotli ist im Winter geschlossen!**

Unterkunft

Vorher buchen ist angesichts der vielen Touristengruppen empfehlenswert!
- **Villa Utsikten,** Tel. 70269660, Fax 7026 9661, 15.5.-15.9., (*****), 300 m über Geiranger gelegenes Holzhotel mit modernem Anbau. Herrlicher Fjordblick.
- **Union Hotel,** Tel. 70268300, Fax 70268351, geöffnet: 1.3.-20.12., (*****). Obwohl das Gebäude nicht sehr schön ist, lässt das Angebot keine Wünsche offen. Feines Restaurant, Hallenbad, Sauna und Parkanlage.
- **Hotel Geiranger,** Tel. 70263005, Fax 7026 3170, geöffnet: 1.5.-30.9., (*****). Modernes 300-Betten-Hotel am Fähranleger.

Camping/Hütten

- **Geiranger Camping,** Tel. 70263120, geöffnet: 20.5.-10.9. Sehr (!) einfacher Platz ohne Hütten im Zentrum von Geiranger beiderseits des Wildbaches.
- **Vinje Camping,** Tel. 70263017, www.vinjecamping.no. Sauberer, schöner Platz, etwas oberhalb des Zentrums. Idyllische Lage am Wasserfall. Hütten (***).
- **Fjorden Campinghytter,** Tel. 70263077, Fax 70263077. Am Südufer des Fjordes 2,5 km von Geiranger entfernt gelegener ruhiger Platz (keine Zelt- oder Wohnwagenstellplätze). Die 11 kleinen Hütten sind Standard (*), die 4 großen sind vom Feinsten (***). Nebenan liegt noch der **Solhaug Camping** (gemütliche Hütten, Tel. 70263076).
- **Grande Hytteutleie og Camping,** Tel. 70263068, Fax 70263117, geöffnet: Mai-Sept. 1 km in Richtung Adlerweg gelegen. Hübscher Platz am Fjord mit 11 großen, gemütlichen Hütten (**/***).
- **Fossen Camping,** Tel. 70263200, Fax 7026 30048, www.fossencamping.no, 3 km oberhalb des Ortes, Richtung Grotli gelegen. Gemütliche Hütten (**) mit Panoramablick.
- **Dalen Gard Familiecamping,** 7 km ab Geiranger Richtung Adlerweg, Tel. 70263070, www.dalengaard.no. Herrliche Lage in 400 m Höhe, Hütten (*-***), Reiten, Wanderwege.
- **Westerås,** 3 km, Straße nach Grotli, 1 km ab Hole Bru, Tel. 70263214. Hof mit ansprechenden Hütten auf 400 m Höhe (*/**). Fjordblick, Wanderwege.

Aktivitäten

- **Wandern:** Wanderung am Südrand des Fjordes von Homlong (3 km westlich von Geiranger, der durch den Ort führenden Straße folgen) zum 520 m hoch über dem Geirangerfjord gelegenen **Preikestolen**. Recht anstrengende, mit roten Punkten markierte 7-km-Tour (etwa 1,5 Std. pro Richtung). Am Ziel erwartet den Wanderer eine spektakuläre Aussicht über den Fjord.
- **Wintersport:** Im nordwestlich von Geiranger gelegenen Ort Stranda liegen nicht selten 1 Meter Schnee, und 5 Skilifte mit 700 m Höhenunterschied stehen Besuchern zur Verfügung (Info: Tel. 70260212). (Im Winter geöffnete Campingplätze mit Hütten: Osen Camping, Tel. 70260438; Dalheim Hytter, Tel. 70260937.)

Bootsrundfahrt

- **Fjord-Sightseeing** mit der M/S Geiranger.

Über die Rv 650, vorbei an Stordal (Kirche mit herrlichen Rosenmalereien), gelangt man nach Ålesund. Die Rv 63 hingegen führt zum Trollstigen.

Wolkenverhangen – Blick auf die Serpentinenstraße Trollstigen

TROLLSTIGEN UND ÅNDALSNES

Trollstigen und Åndalsnes VI/B2,3

Der **Trollstigen** (die Troll-Leiter) ist mit Sicherheit **eine der schönsten und beeindruckendsten Serpentinenstraßen Europas.** Alles beginnt jedoch recht harmlos (von Geiranger kommend). Die Straße führt recht sanft bergan. Nach 12 Kilometern lohnt ein erster Zwischenstopp. Schäumend bahnt sich hier der Valldøla seinen Weg durch die 20 Meter tiefe Schlucht Gudbradsjuvet. Weiter geht es durch eine langsam rauer werdende Landschaft. Der Birkenwald wird lichter, bis er am Ende ganz verschwindet. Kegelförmige, monumentale Felsen markieren den Beginn des Reiches der Bergriesen. Immer mehr Steintürmchen, zur Freude der Trolle, sind zu entdecken – der Abhang ist nahe! Das rampenähnliche Ende des Valldal und der Beginn des nun folgenden spektakulären Abschnitts ist ein wildes Durcheinander unzähliger Nippes- und Souvenirläden. (Allein das Trollstig-Veg-Museum lohnt einen Besuch.) Doch selbst wer an Fellen, Plastik-Trollen und bunten Kärtchen keinen Bedarf hat, sollte den Parkplatz ansteuern und sich nach rechts den Weg, vorbei an den Buden, zur Aussichtsplattform bahnen. Tief unten liegt nun der Trollstigen, einem Rinnsal gleich den Hang hinabgleitend. 800 Höhenmeter überwinden die engen Serpentinen auf ihrem Weg ins Tal. Ergänzt wird das Szenario vom 180 m hohen, ungestüm

Der Westen

Die Trolle

Früher als in der Ebene verschwindet die Sonne. Blutrot versinkt sie hinter den Felsgiganten. Entfacht ein himmlisches Feuer, das recht bald in graublauer Finsternis erstickt. Nebel zieht auf. Der Wald bekommt Augen. Wolken bilden Schaumbärte. Die runden Berge verschwimmen zu greisen, mächtigen Trollen. Der Riesen Zepter ist eine umgestürzte Fichte, ihr Reich beginnt gleich hinter dem letzten Haus. Dort, direkt hinter dem Zaun, liegt die unnahbare, düstere Heimat des Waldtrolls (**Skogtroll**), eines furchtbaren Gesellen mit Haaren aus Moosen und langen Flechten; und da, unmittelbar nebenan, im kleinen Teich mit seinem grünen Überzug aus Entengrütze und Seerosen das ewig finstre Heim des hinterlistigen **Nøkk**. Schon manch arme Seele, die, angelockt von seinen golden funkelnden Augen, zu nah ans Ufer trat, riss er in die Tiefe.

Dagegen ist sein Nachbar, der hinter Wasserfällen hausende **Fossegrimen**, geradezu nett, denn ihn hört man nicht selten zum dumpf rauschenden Wasser mit seiner zarten Fidel eine Erdensymphonie komponieren.

Gefährlicher ist da schon der **Draugen.** Er haust im Meer, erscheint in Gestalt der in den Fluten Ertrunkenen und kündet so von Unheil und Tod.

Auf andere Art nimmt die **Huldra**, ein weiblicher Troll, die Menschlein für sich ein. Ihrem Werben und ihrer unsagbaren Grazie kann kein Mann widerstehen. Allein, ihre Schönheit verunstaltet ein Pferdeschwanz, welchen sie nur verlieren kann, so ein sicher tragischer Held mit ihr den Bund der Ehe eingige.

Das hässliche Gegenteil zur Huldra sind die mürrischen, launischen und nicht selten, oh Graus, mehrköpfigen **Bergtrolle.** Ihre Heimat ist das raue Trollheimen, das sie von Zeit zu Zeit über die Trollstigen, die Troll-Leiter, verlassen. Da heißt es auch am Tage aufgepasst! Nur allzu leicht verscherzt man es sich mit einem solchen Bergriesen. Aber sein Gemüt ist schlicht, und ein einfaches Steintürmchen erwärmt sein kaltes Herz. Auch kann es sein, dass er Milde walten lässt, da er sich gerade auf eine viele Tausende Jahre dauernden Reise nach Jotunheimen ins Reich der Jotun-Trolle befindet, wo im golden glänzenden Soria-Moria-Schloss eine, vielleicht ja seine, überschwengliche Hochzeit stattfinden soll.

Ob zu dieser auch die **Nisser** eingeladen werden, ist fraglich, sind sie doch wesentlich kleiner und – ziemlich allein auf weiter Troll-Flur – dem Menschen wohl gesonnen. Sie helfen in Haus und Hof, bei der Arbeit und bringen zu Weihnachten die Gaben. Aber wehe man ärgert sie! Schnell brennt da die Scheune! Auch auf die Nisser der Nachbargehöfte sind sie nicht gut zu sprechen: Da gibt es nachts ein emsig Zanken und Streiten ...

n336 Foto: ms

drauflos schäumenden Stigfossen und bis zu 1700 m hohen Bergen mit Namen wie Donnerhall: *Kongen* (der König), *Dronninga* (die Königin) und *Bispen* (der Bischof). Östlich des Abgrundes (in Blickrichtung Tal rechts) die Rückseite der Felswand Trollveggen. Diese ist am schönsten von der anderen Seite anzuschauen, von dem an dieser Stelle wild und mächtig, fast einschüchternd gewaltig wirkenden Romsdal (E 136) aus. Über 1000 Meter ragen die senkrechten, zackigen Bergwände der Trollwand empor – ein alpines Panorama, wie es in Norwegen kaum ein zweites gibt!

In südöstlicher Richtung schließt sich das **Romsdal** (E 136) an, das durch schlichte Schönheit besticht. Eine weitläufige Waldlandschaft sowie die vielen Stromschnellen und Wasserfälle des Lågen machen den Reiz des Tales aus. Außer dem kleinen Wintersportzentrum Bjorli und der Ansiedlung Lesjaskog gibt es kaum Ortschaften.

Vom Trollstigen und der Trollveggen sind es noch 12 Kilometer bis nach **Åndalsnes am Isfjord** (Eisfjord). Der Ort, 1996 zur Stadt erklärt, wurde während des 2. Weltkrieges in Schutt und Asche gebombt. Wenngleich in etwas nüchtern wirkenden Betonarchitektur wiedererrichtet, ist die Lage zwischen den dunklen alpinen Bergen und dem blauen Meereswasser nach wie vor einmalig! Das wissen auch die Kreuzfahrtgesellschaften zu schätzen, deren Schiffe Åndalsnes seit 1883 immer häufiger anlaufen. Der Tourismus wurde neben der Holz- und Bekleidungsindustrie zur Haupteinnahmequelle der Einwohner.

32 km nördlich von Åndalsnes, am Weg nach Molde, steht die um 1300 erbaute **Rødven-Stabkirche.** 1689 fegte ein schwerer Sturm Dach und Turm des kleinen Hauses in den Fjord. Beim anschließenden Wiederaufbau erhielt die Kirche ihr heutiges Aussehen und wohl auch die Stützpfeiler an den Außenwänden. Man beachte vor allem das Nordportal mit romanischem Schnitzwerk und den erhabenen Innenraum mit dem lebensgroßen Kruzifix. (Geöffnet: Ende Juni-Mitte Aug. 10-16 Uhr, 30 NOK.)

Der Trollstigen ist zwischen Ende Oktober und Anfang Juni gesperrt.

Touristeninformation

● **Turistkontoret,** P.O. Box 133, 6301 Åndalsnes, Tel. 71221622, Fax 71221682, www.visit andalsnes.no; am Ortseingang.

An- und Weiterreise

● Die **Rauma-Bahn** fährt täglich in Richtung Dombås (Umsteigemöglichkeit nach Oslo und Trondheim). Teils wird der Zug durch einen Bus ersetzt.
● **Lokalbusse** nach Molde, Ålesund (160 NOK) und über den Trollstigen nach Geiranger. **Fernbus 142.**

Unterkunft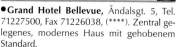

● **Grand Hotel Bellevue,** Åndalsgt. 5, Tel. 71227500, Fax 71226038, (****). Zentral gelegenes, modernes Haus mit gehobenem Standard.
● **Rauma Hotell,** Vollan 16, Tel. 71223270, Fax 71223271, (****). Gutes Hotel im Zentrum mit allerdings nur 30 Betten.
● **Trollstigen Gjestegård,** Isterdalen, Tel. 7122 1112, Fax 71222248, www.trollcamp.no, geöffnet 1.4.-30.9., (**). Schöne Anlage 10 km südl. Rv 63, mit Zimmern, Apartments, Hütten (**/***), Campingplatz, Sauna.

- **Chateau Risen**, Tel. 71221599, Mai-Sept., (*). Holzhaus in Bahnhofsnähe.
- **Remmen Gard,** im Romsdal, 21 km von Åndalsnes entfernt, Tel. 71223754, (**/***) (ab 500 NOK). Hübscher Hof in der Nähe eines Wasserfalls mit 8 schönen Zimmern.

Jugendherberge

- **Åndalsnes Vandrerhjem,** Setnes, 2 km außerhalb (über die Brücke) gelegene schöne Herberge, Tel. 71221382, Fax 71226835, www.aandalsnesvandrerhjem.no. Geöffnet: 20.5.-1.9., Betten ab 245 NOK und DZ für 650 NOK. Busse nach Ålesund halten auf Wunsch am Haus.

Camping/Hütten

- **Åndalsnes Camping & Motel,** Tel. 7122 1629, www.andalsnescamp.no, geöffnet: 1.5.-15.9. Großes Wiesengelände am Fluss etwa 3 km südlich vom Zentrum Richtung Trollstigen (man quert die Brücke über den Fluss und erreicht nach weiteren 1,3 km den Platz). Hervorragend ausgestattet mit 37 unterschiedlich großen Hütten (***), Angelplätzen (Lachs, Forelle), Minigolf, Fahrrad- und Bootsverleih.
- **Mjelva Camping og Motel,** 3 km in Richtung Trollveggen, Tel. 71226450, Fax 7122 6877, geöffnet: 15.5.-15.9. Großer Platz mit herrlichem Blick auf die Bergmassive. 43 gute Hütten (*/**) verschiedener Größe und Ausstattung sowie Fahrradverleih.
- **Gjerset Turistsenter,** Tel. 71225966, in Tørvik am Isfjord, ganzjährig, 11 gute Hütten, 550-750 NOK.
- **Herje Caravan & Hyttesenter,** 34 km nördl. Åndalsnes, an der Rv 64, östl. von Åfarnes, Tel. 71229140, Fax 71226348, ganzjährig geöffnet, Komfortable Hütten (****), Caravan- und Zeltstellplätze, Badeplatz, Bootsverleih.
- **Lensmansgarden,** E 136, westl. Åndalsnes, am Innfjord, Tel. 71228237, www.lensmansgarden.no. Traditionsreiches Gehöft mit 3 tollen Häusern (****) und 3 grasbedeckten, einfacheren Hütten (**).
- **Trollveggen Camping,** Tel. 71223700, Fax 71221631, www.trollvegen.com. Sehr gut ausgestatteter, sauberer Platz unterhalb der Trollwand (vom ADAC empfohlen). 3 Hütten (***).
- **Aaheim Camping,** Lesjaskog im Romsdal, Tel. 61244561, ganzjährig geöffnet. Relativ ruhiger Platz, gute Ausstattung, viele Dauercamper und 4 rustikale Hütten (*).
- **Trollstigen Gjestegård,** siehe oben.
- **Bjorli Camping,** Tel. 92432100, www.bjorli.no. Zentral in Bjorli (Romsdal) gelegener Platz mit guten Hütten (**).

Aktivitäten

- **Klettern/Wandern:** In der Touristeninformation gibt es Informationen zu 18 1- bis 8-stündigen Wanderungen. Eine der schönsten führt zur **Rückseite des Trollveggen** (8 Std., retour). Der Weg ist einfach begehbar, aber eine gute Portion Kondition sollte man schon mitbringen. Ausgangspunkt ist der Parkplatz am Trollstigen.

  Der sicherlich beliebteste Kletterberg ist das 1555 m hohe **Romsdalshorn.** Der Berg ist über die Nordseite, Schwierigkeitsgrad 2, noch relativ einfach zu besteigen und bietet die wahrscheinlich grandioseste Aussicht der Umgebung.

  Weitaus schwieriger ist natürlich das Erklimmen der 800-1200 m hohen, fast senkrechten **Trollwand** (Trollveggen). Sie gehört zu den größten Herausforderungen für Kletterer in Norwegen. 3 komplizierte Routen stehen zur Auswahl, die Tour dauert aber in jedem Fall mindestens 24 Stunden!

  Drittes, etwas leichteres, aber noch ergiebigeres Klettergebiet ist das Dreigestirn: **Bispen, Kongen und Dronninga.** Am einfachsten ist eine 2-3-Stunden-Tour auf den Bispen. Ausflüge auf den Kongen dauern, je nach Route, 3 Stunden bis 4 Tage.
- **Wandern/Paragliding:** Troll Tour, P.b. 50, 6301 Åndalsnes, Tel. 71221622.
- **Rafting:** Einer der besten Rafting-Flüsse Norwegens liegt **im Valldal** (Rv 63, südwestlich des Trollstigen). Valldalen Rafting: Tel. 70257767.
- **Wintersport:** Das immer beliebter werdende **Skizentrum Bjorli** bietet 6 Lifte (500 m Höhenunterschied), viele Kilometer Loipen und mindestens einen Meter Schnee von Ende Nov. bis April. www.bjorliskisenter.no

Stadtplan S. 395, Farbkarte Seite X

ÅLESUND

Auf der E 136 geht es weiter durch bewegende Westland-Landschaft zu der am Meer gelegenen Jugendstilstadt Ålesund. Wer es eilig hat, in den Norden zu gelangen, kann auf der Rv 64 zur Rosenstadt Molde oder durch das waldreiche Romsdal in Richtung Dombås weiterreisen.

Ålesund ⤻X/B1

Überblick

Inmitten des Inselgewirrs der unwirtlichen Küste, umgeben von bis zu 700 m hohen Bergen, liegt Ålesund, die norwegische **Stadt des Jugendstils.** Vor einem Bummel durch die Straßen des Fischerortes lohnt die Aussicht vom **Hausberg Aksla.** Das oft fotografierte Panorama erschließt die in Stein gehauene Schönheit der Art-Nouveau-Gebäude, die blaue Spiegelfläche des Nordmeeres und die schroffen, teils vergletscherten Gipfel der Sunnmøre-Alpen.

Erhaben wie der Blick vom Berg ist auch das Zentrum von Ålesund. Viele hübsche **Jugendstilfassaden** sind zu entdecken, die schönsten entlang des kleinen innerstädtischen Wasserarmes Brosund, in der Fußgängerzone Kongensgate und in der Apotekergata und der Kirkegata. Die Straßen sind, zumindest unter der Woche, angenehm belebt, und immer wieder findet sich ein Plätzchen zum Verweilen.

Stadtgeschichte

Die **Ausgrabungen auf Borgundkaupangen** weisen darauf hin, dass das Gebiet um Ålesund mindestens seit der Wikingerzeit besiedelt ist und bis ins späte Mittelalter hinein eines der größten Handelszentren Sunnmøres war. Während der norwegischen Union mit Dänemark fiel der Ort dann in die Bedeutungslosigkeit zurück. Zu Beginn des 19. Jahrhunderts lebten hier gerade einmal einige hundert Menschen. Doch dank seines geschützten Hafens entlang des Brosund und durch die zunehmende Industrialisierung wuchs Ålesund zum **Hauptumschlagplatz für Kabeljau** (Dorsch) heran. Dem Fisch wurden die Innereien entfernt, dann wurde er auf Gestellen getrocknet, die auf Klippen standen (heute noch auf den Lofoten zu sehen) – das Ergebnis war **Klippfisch (Stockfisch).** Der Export ging bis nach Spanien und Italien (dort *Stoccafisko* genannt). Das Geschäft lief ausgesprochen gut. Der Ort bekam 1848 die Stadtrechte verliehen und hatte Ende des 19. Jh. schon eine Einwohnerzahl von 11.000. Dann jedoch, am 23. Januar 1904, geschah das Unfassbare: Ein **Großbrand** vernichtete über 800 Holzhäuser. Fast alle Bewohner verloren ihr Dach über dem Kopf, nicht jedoch ihren Mut: Nur drei Jahre dauerte es, und Ålesund war im damals zeitgemäßen Jugendstil wieder auferstanden (der Bau von Holzhäusern wurde gesetzlich verboten). Unterstützt wurde man beim Wiederaufbau vom damaligen deutschen Kaiser und Norwe-

Der Westen

⚠	1 Volsdalen Camping	🍴	19 Ålesund-Museum
⚠	2 Prinsen Strandcamping	✉	20 Post
🍴	3 Freilichtmuseum Sunnmøre u. Mittelalter-Museum	🛍	21 Kremmergaarden
		📖	22 Bibliothek im Rathaus
🏨	4 Hotel Jervellhuset	🅱	23 Busbahnhof
●	5 WoMo Stellplatz	🏨	24 Hotel Atlantica
🍽	6 Aussichtspunkt Kniven auf dem Aksla, Fjellstua Restaurant	🍽	25 Bulls Brygge Restaurant
		⚓	26 Anleger der Hurtigrute
		♪	27 Irish Pub
🛏	7 Ålesund Vandrerhjem	⚓	28 Anleger der Schnellboote
🛍	8 Aalesund Kunstforenning	🍴	29 Fischereimuseum
🏨🍽	9 Rica Parken Hotel	🏨	30 Scandic Hotel
🎬	10 Kino mit Fresken-Malereien	🍽	31 Glasshuset Panorama
♪	11 Kjelleren Pizza Pub	🍽	32 Sjøbua Fiskerestaurant
🏨	12 Comfort Hotel Scandinavie	🏨	33 Hotel Bryggen
🍽	13 Dolly Dimple's	🏨	34 Brosund Gjestehus
🍽	14 Peppes Pizza	♪	35 Mølla Pub
🏨	15 Hotel Noreg, Hos Nabuen Pub	🏨	36 Annecy Sommerpensionat
@	16 Internetcafé RCG	🍴	37 Jugendstilsenter
ℹ	17 Touristeninformation	⛪	38 Ålesund-Kirche
☕	18 Café Hoffmann	★	39 Atlanterhavsparken/Aquarium

gen-Fan *Wilhelm II*. Er sandte mehrere Schiffe mit Baumaterial. Zum Dank dafür steht heute seine Büste im Stadtpark.

Ålesund wuchs in den Folgejahren zum **Wirtschafts- und Dienstleistungszentrum der Sunnmøre-Region** heran, was sich leider auch in dem mausgrauen Betonrathaus niederschlägt, für das man – welch Frevel – einen Vogelfelsen sprengte. Die **40.000-Einwohner-Stadt** ist immer noch einer der wichtigsten Fischerei- und Exporthäfen (Klippfische!) des Landes.

Sehenswertes

Wie eingangs erwähnt, hat man den schönsten Panoramablick auf die Küstenstadt vom **Aussichtspunkt Kniven**, der auf dem 189 m hohen **Hausberg Aksla** liegt. Erreichbar ist er entweder mühsam zu Fuß über 418 Treppenstufen (Beginn am Stadtpark) oder mit dem Auto (Ausschilderung „Fjellstua" beachten). Wenn man oben angekommen ist, kann man die Aussicht vom gewagt konstruierten, aber eher an eine Mensa erinnernden, Café und Restaurant Fjellstua genießen.

Im Zentrum des quirligen Städtchens lohnt sich ein Besuch des **Ålesund-Museums** (R. Rønnebergsgt. 16). Schon vor der Tür fällt das „Brunde Egg" auf. Das eiförmige Boot wurde vom Ålesunder *Henrik Brunde* entwickelt. Er überquerte damit 1904 den Atlantik, wobei es sich als unsinkbar erwies und seither als Prototyp des geschlossenen Rettungsbootes gilt, wie es heute z. B. auf Bohrinseln Standard

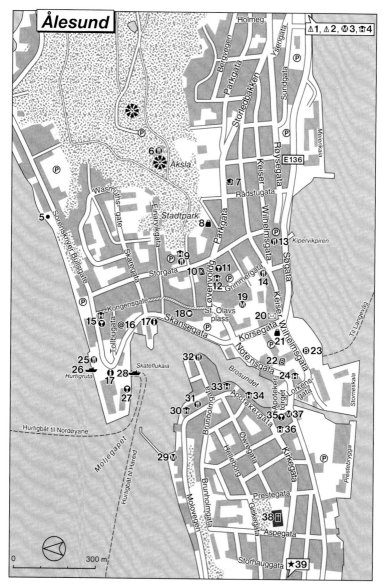

ist. Doch auch drinnen ist viel Interessantes zu entdecken. Neben Gemälden und Fotografien gibt es auch ein Modell der Stadt vor dem Brand. Mit Modellen und Schautafeln wird die Entwicklung der Fischerei und der verschiedenen Schiffstypen recht nett erläutert. (Geöffnet: 11-15 Uhr, So ab 12 Uhr, 30 NOK.)

Gleich hinter der Brücke liegt das neue **Jugendstilsenter,** mit Möbeln, Kunsthandwerk, Jugendstilzimmern und Infos zur Geschichte (10-17 Uhr; Nebensaison meist 11-16 Uhr, 50 NOK, Familien 100 NOK). Unweit entfernt liegen die 1909 im neoromanischen Stil erbaute **Ålesund-Kirche** (geöffnet im Sommer Di-So 10-14 Uhr) sowie das 1998 anlässlich des 150-jährigen Stadtjubiläums eröffnete **Fischereimuseum.** Die Ausstellungen erläutern hauptsächlich die Herstellung von Klippfisch und die Tran-Produktion (5.7.-29.8. Mi-Fr 12-14, 18-20 Uhr, 5.6.-4.7. So 12-15 Uhr 30 NOK).

Früher war auch das Ålesunder **Aquarium** im Zentrum zu besichtigen. Die Fischlein zogen jedoch um in den **Atlanterhavsparken** am westlichen Rand der Stadt (4 km, die Hauptstraße immer geradeaus). Obgleich nicht mehr so zentral gelegen, ist die Anlage nun wesentlich interessanter geworden. Neben großen Aquarien mit zumeist einheimischem Getier kann auch die Unterwasserwelt des Atlantischen Ozeans bestaunt werden. Sehr einladend auch das neue **Erlebnisareal mit Bade- und Tauchplätzen.** (Tel. 70128200, Fax 70128282, geöffnet: Juni bis August 10-19, Sa bis 16 Uhr, Sept. bis Mai 11-16 Uhr, 90 NOK, Busverbindung im Sommer, 20 NOK.)

Vier Kilometer östlich des Zentrums (Busse 13, 14, 18, 24), am Fjord, nahe der E 136, liegt das ehemalige mittelalterliche **Handelszentrum Borgundkaupangen.** Die archäologischen **Ausgrabungen** dokumentiert das **Mittelalter-Museum** (geöffnet: Mitte Juni-Mitte Aug. Di-Do und So 12-15 Uhr) mit Resten der Bebauung aus dem 12. Jh. Vollständig erhalten sind Teile der alten **Peterskirche,** die heute das Querschiff der 1904 teilweise umgebauten Borgund-Kirche bildet (Di-Fr 10-14 Uhr).

Häuser am Ufer des innerstädtischen Wasserarms Brosund

Unweit entfernt liegt die dritte Sehenswürdigkeit dieses Erholungsgebietes, das **Freilichtmuseum Sunnmøre**. Es gehört mit seiner imposanten Anlage von über fünfzig Häusern sicherlich zu den schönsten des Landes. Im Hauptgebäude gibt es umfassende Ausstellungen zu alten Handwerksgilden wie Büchsenmacher und Silberschmiede. Etwas für kleine und große Seebären sind die drei großen Hallen mit über dreißig Booten. Hier stehen auf dem Trockenen u. a. die Nachbildung des Kvalsund-Wikingerschiffes, das Åttrings-Boot und der Kutter Hetland, der im 2. Weltkrieg als Flüchtlingsschiff diente. (Geöffnet: Ende Juni-Mitte Aug., 11-17 Uhr, So 12-17 Uhr, Ende Mai-Mitte Juni/Ende Aug.-Mitte Sept. Mo-Fr 11-16 Uhr, So 12-16 Uhr, ansonsten: Mo, Di, Fr 11-15 Uhr, So, 12-16 Uhr, 65 NOK.)

Nördlich der Stadt

Über eine Mautstraße (Rv 658, 55 NOK) geht es durch endlose Tunnels und über lange Brücken zur **Inselwelt nördlich von Ålesund**. Weite Moorlandschaften und schroffe Berge bestimmen das kontrastreiche Bild. Das hübscheste der fünf erreichbaren Eilande ist wahrscheinlich **Giske**. Schon zu Wikingerzeiten war die Insel ein bedeutendes Machtzentrum, wovon noch die malerische Marmorkirche aus dem 12. Jh. zeugt. Auf Entdecker warten das charmante Fischerdorf Alnes auf Godøya und der gähnende Schlund der Skjong-Höhle auf Valderøya.

Praktische Informationen

Touristeninformation

- **Turistkontor,** Skateflukaia, 6025 Ålesund, www.visitalesund.com, Tel. 70157600, Fax 70157601, geöffnet: 1.6.-29.8. Mo-Fr 8.30-19 Uhr, Sa 9-17 Uhr und So 11-17 Uhr, ansonsten: Mo-Fr 9-16 Uhr. Vermittlung von Stadtwanderungen und Hafenrundfahrten.

Orientierung

- Die E 136 aus Richtung Molde und Åndalsnes führt direkt ins Stadtzentrum. Hier stehen am Rathaus (der große graue Klotz) genügend Parkplätze zur Verfügung.

An- und Weiterreise

- **Busbahnhof:** Er liegt direkt neben dem Rathaus am Wasser. **Fernbusse 431, 432, 145, 630. Lokalbusse** nach Molde, Kristiansund, Trondheim, Geiranger, Info: Tel. 177, www.nettbuss.no.
- **Flughafen:** nördl. der Stadt, Verbindungen u. a. nach Oslo und Bergen, Flughafen nachts geschlossen. Tel. 67032121.
- **Schnellboote:** Anleger für die Hurtigrute und Schnellboote vom Nordende des Brosund: Ålesund – Myklebust – Brattvåg – Molde (180 NOK).
- **Taxi:** Tel. 70103000.

Autovermietung

- **Avis,** Tel. 70132400.
- **Sydsiden Bilutleie,** Tel. 70113999.
- **Rent- A-Wreck,** Tel. 70151000.

Unterkunft

- **Hotel Bryggen,** Apotekergt. 1-3, Tel. 7012 6400, Fax 70121180, (*****). Schönes, am Wasser des Brosund gelegenes Hotel mit geschmackvollen Zimmern. Außerdem gibt es eine Sauna.
- **Scandic Hotel,** Molovn. 6, Tel. 21614500, Fax 21614511, (*****). Hypermodernes First Class-Hotel hinter alter Fassade. Direkt am Wasser. Gemütliche Zimmer, sehr gutes Restaurant, Hallenbad, Sauna und Tanzbar.

- **Rica Parken Hotel,** Storgt. 16, Tel. 7012 5050, Fax 70122164, (*****). Renovierter Betonklotz am Park. Gute Ausstattung: 1a Restaurant, Bar, Diskothek.
- **Hotel Noreg,** Kongensgt. 27, Tel. 7012 2938, Fax 70126660, (*****), Sommer (****). Zentral gelegenes Betonhotel mit à la carte-Restaurant, Hallenbad, Sauna, Disco.
- **Comfort Hotel Scandinavie,** Løvenvoldgt. 8, Tel. 70157800, Fax 70157801, (*****), DZ am Wochenende zum Teil für 995 NOK! Sehr feines Jugendstilhotel mit 62 sehr schönen Zimmern.
- **Brosund Gjestehus,** Apotekergt. 5, Tel. 70121000, Fax 70121295, (****). Recht gemütliches Haus direkt am Wasser. DZ im Sommer 850 NOK.
- **Hotel Atlantica,** Rasmus Rønnebergsgt. 4, Tel. 70129100, Fax 70126252, (*****/****). Komfortables Hotel mit günstigen Sommerpreisen und guter Ausstattung. Die Lage am Rathaus ist aber sicher nicht erste Wahl.
- **Jervellhuset,** Borgundveien 384, Tel. 70127 015, Fax 70174071, www.jervellhaugen.no. Gasthaus der besonderen Art. Romantische Zimmer im Stil der Zeit um 1900. Neben der Einfahrt zum Sunnmøre Museum gelegen.
- **Einfache, gute Pensionen** zu günstigen Preisen (DZ 350-450 NOK), meist in zentraler Lage: vom 15.6.-15.8.: **Annecy Sommerpensionat,** Kirkegt. 1 B, Tel. 70129630, annecy@alesund.com; **Hybelhuset Helleborg,** Nørvegt. 34 D, nahe der E 136, etwa 3 km ab Zentrum, Tel. 70137814, hellebg@online.no; **Kneiken Romutleie,** Kneiken 2 (Nebenstraße des Weges zur Fjellstua), Tel. 70128268, 2 DZ (400 NOK).

Jugendherberge

- **Ålesund Vandrerhjem,** Parkgt. 14, Tel. 7011 5830, Fax 70115859, geöffnet: 1.5.-30.9. Für Gruppen auch im Winter geöffnet. In der Jugendherberge kostet das DZ stolze 700 NOK, ein einzelnes Bett gibt es für 265 NOK. Auf Anfrage auch in der Nebensaison geöffnet.

Camping/Hütten

- **Volsdalen Camping,** 2 km östlich vom Zentrum an der E 136, Busverbindung (auch Fernbusse halten hier auf Wunsch), Tel. 70125890, geöffnet: 1.5.-15.9. Der stadtnächste, jedoch sicher nicht der schönste Platz, in der Nähe des Fjordufers. Kleine Zeltwiese unterhalb eines Neubaus, 17 ansprechende Hütten (*/***).
- **Prinsen Strandcamping,** 5 km östlich vom Zentrum, Busverbindung, Tel. 70155204, Fax 70154996, ganzjährig geöffnet. Großer und schöner Platz an einer Bucht mit Sandstrand. Modern aber nicht sehr sauber. 26 Hütten (*/***), Zimmer für 250-450 NOK, Tennisplatz, Boots- und Fahrradverleih.
- **WoMo-Stellplatz** am Ufer, 5 Min. nördl. vom Zentrum.
- **Hütten und Rorbuer auf den Inseln vor Ålesund**: **Alnes Rorbuferie** (Godøy, Tel. 7018 5196, ab 550 NOK), **Godøy Hytter** (Tel. 70185026, ab 500 NOK).

Essen und Trinken

- Recht gut, aber immer teuer speist man in der **Brasserie Normandie** (Parken Hotel), im **Sjøbua Fiskerestaurant** (Brunholmgt. 1) und im **Bulls Brygge Restaurant** (Sorenskriver Bullsgate 7, SAS Hotel). Den schönsten Blick hat man vom **Restaurant Fjellstua** (Aussichtsberg Aksla) und vom **Glasshuset Panorama** (Moloveien 5).
- **Preiswertes Essen** gibt es bei **Big Bite** (Baguettes) und **Dolly Dimple's** (beide im Kremmergaarden), **Peppes Pizza** (Keiser Wilhelmsgt. 25).
- Ein nettes **Tagescafé** ist das **Hoffmann** (Kongensgt. 11).
- Viel Atmosphäre haben auch: **Apoteker'n Café** (im Jugendstilsenter), **Det Lune Hjørnet** (m. Kunstausstellung und Buchladen, Apotekergt. 10), **Invit Espresso Bar** (gute Kaffeebar, Apotekergt. 9) und das **Jugend Café** (Kirkegt. 9).

Nachtleben

- **Disco im Parken Hotel** und **im Hotel Noreg.**
- **Nette Pubs** sind der **Kjelleren Pizza Pub** (Løvenvoldgata; mit Billard, Dart), der **Hos Nabuen Pub** (Tollbugata; mit Billard), der **Irish Pub** am Nordende des Brosund und der **Mølla Pub** (Apotekertorget).

Stadtplan S. 395, Farbkarte Seite X

ÅLESUND UND UMGEBUNG

Kino/Bibliothek/Internet

- **Løvenvold Kino** mit Fresken-Malereien, Løvenvoldgt. 11.
- **Moa Kinosenter** in Spjelkavik.
- **Bibliothek** im Rathaus, Mo-Fr 10-18 Uhr.
- **Internetcafé:** RCG, Tollbugata.

Galerie

- **Aalesund Kunstforenning,** Parkvegen 3.

Aktivitäten

- **Baden: Moa Shoppingcenter,** Schwimmhalle (Spjelkavik), im Sommer: Mo-Fr 13.30-18 Uhr, Strand am Vosdalen-Camping.
- **Ålesund-Sunnmøre Turistforenning (Wanderverein),** Boks 300, 6001 Ålesund, Keiser Wilhelmsgt. 22, Tel. 70125804, www.aast.no.
- **Wanderung** zum Aussichtsberg Sukkertoppen (das Zentrum auf der Hauptstraße durchqueren, nach 3,5 km am Kreisverkehr rechts, Parkplatz am Sukkertoppvegen).

Shopping

- **Fußgängerzone Kongensgate** (Bekleidung, Bücher).
- **Einkaufszentren:** Kremmergaarden, am Rathaus; Ålesund Storsenter (ansprechende Ladenpassage im Zentrum); Møller City, Kipervikgt. 9; Moa (100 Läden) in Spjelkavik; Husfliden (Norwegen-Souvenirs, Bekleidung), Parkgata 1. **Fabrikverkauf:** Devold in Langevåg (www.devold.no), Pullover, Jacken, Leinenartikel. **Cylindra:** Tusvik/Ikornes (am Ufer des Storfjord) – Werke des berühmten Möbeldesigners Peter Opsvik (Stokke). Mo-Fr 10-18 Uhr (Winter 16 Uhr).

Sonstiges

- **Post:** Keiser Wilhelmsgata.
- **Arzt:** Legevakt: Ålesund Sykehus, Tel. 7014 3113.
- **Vinmonopolet:** Røysegata 15.

Umgebung

Hareid und die Vogelinsel Runde   ↗X/B1

Südwestlich von Ålesund liegt die **Insel Hareidlandet.** Unweit des Hauptortes Hareid steht als Blickfang am Meer ein großes **Denkmal** zur Erinnerung an die siegreiche Seeschlacht der norwegischen Wikinger gegen die Dänen im Jahr 986. Durch den Gewinn des Kampfes behauptete man zunächst die Unabhängigkeit gegenüber Dänemark. Einen Abstecher zum Monument rechtfertigt aber wohl erst der nebenan gelegene weiße und feinsandige **Strand.** Nördlich von Hareid, in **Brandal,** kann zudem das **Ishavsmuseet,** das **Eismeer-Museum,** besucht werden. Von 12-18 Uhr gibt es gegen 40 NOK Eintritt einen Einblick in die Küstenkultur.

Weiter geht die Fahrt über Ulsteinvik nach Myrvågane. Hier zweigt die Rv 654 nach Fosnavåg und Runde ab. Über viele kleine, fast zerbrechlich wirkende Brücken führt die Straße in

Papageitaucher

Richtung der Vogelinsel. Das dies so überhaupt möglich ist, ist der Subventionspolitik der Regierung zu verdanken. Ihr Ziel ist es, die Abwanderung in die Städte zu bremsen und die Küste als Lebensraum attraktiv zu halten. Pro (menschlichem) Kopf gerechnet, erhielten daher 1981 die 160 Personen (und **500.000 Seevögel**) von **Runde** eine der teuersten Straßenanbindungen des Landes. Dies machte sich durchaus bezahlt, denn die nur 6,4 km² große Insel konnte sich dadurch als eines der beliebtesten westnorwegischen Ziele für Naturliebhaber und Ornithologen etablieren.

Zwischen Mai und Mitte August brüten etwa 170.000 Seevogelpaare an dem drittgrößten Vogelfelsen Norwegens. Aus Gründen des Naturschutzes ist ein Betreten der **Nistgebiete** zwischen dem 15.3. und dem 15.8. strikt verboten! Doch auch aus gehöriger Entfernung sind die 230 verschiedenen Arten gut zu beobachten. Die auffälligsten Gäste auf den Felsen sind die putzigen, rotfüßigen Papageitaucher (bis Mitte Juli), die gelbköpfigen Basstölpel, die grünlich-schwarzen Krähenscharben sowie die schwarz-weißen Tordalke und Trottellummen. Wesentlich seltener wird man wohl eine Raubmöwe zu Gesicht bekommen.

Zu erwandern sind die Vogelfelsen auf einer 2- bis 4-stündigen **Rundtour.** Verlaufen kann man sich dabei auf den markierten Trampelpfaden kaum. Doch als kleine Hilfe, z. B.

beim Auffinden der Aussichtspunkte, gibt es an allen Unterkünften kostenlose Karten. Günstigster Ausgangspunkt für einen ornithologischen Ausflug ist der Goksøyr-Campingplatz am Ende der Straße. Zu Beginn der Wanderung geht es recht steil bergan. Später kann es beim Queren kleiner Moore recht schlammig werden. Wasserdichte Schuhe sind da durchaus nützlich. Besonders empfehlenswert ist der Blick über den Vogelfelsen Rundebranden und hinab zum Leuchtturm Runde Fyr.

Wer die doch recht mühsame Wanderung scheut, kann eine **Inselrundfahrt** mit dem Kutter unternehmen. Allerdings ist die See selbst bei gutem Wetter ungemütlich rau. Vorbei geht die Tour an den senkrechten, mit Guano weiß getünchten Vogelfelsen, hin zum Leuchtturm von Runde. Meterhohe Wellen zerstörten hier vor Jahren einige eigentlich in sicherem Abstand zur Küste stehende Holzhäuser. 1725 hatte es einen niederländischen Ostindien-Segler getroffen. Seine Fracht, 40.000 Silber- und 6000 Goldmünzen, fanden Sporttaucher im Jahr 1972. Sie durften damals 75 % des Schatzes behalten!

● **Lokalbus** (Mo-Sa) Richtung Ulsteinvik (Verbindung nach Selje und Hareid/Ålesund).
● **Unterkunft**
Ulstein Hotel, Ulsteinvik, Tel. 70013000, Fax 70013013, (*****), Sommer (****). Modernes Hotel mit toller Aussicht, gutem Restaurant, Hallenbad und Sauna. Tauch- und Segeltouren.

Vogelfelsen auf Runde

Goksøyr Camping, Runde, am Ende der Straße, Bushaltestelle, Tel. 70085905, Fax 70085960, ganzjährig geöffnet. Gemütliches Areal mit Caravanplatz am Wasser und schöner Zeltwiese. 6 Hütten (*/**), Fahrrad- und Bootsverleih, DZ 250-400 NOK.
Runde Camping & Vanderheim, Tel. 7008 5916 , Fax 70085870, www.runde.no, ganzjährig geöffnet. Das Haus mit Mini-Supermarkt liegt wenige hundert Meter rechts der Brücke. Eines der einfachen, doch recht gemütlichen Zimmer gibt es schon für 400 NOK (Bett 140 NOK). Der preiswerte Zeltplatz liegt direkt am Meer. Boots- und Angeltouren.
● **Angeltouren/Bootsrundfahrt:** Der freundliche Seebär und Leiter des Runde Vandrerhjem, Jarte Vadset, bietet Inselrundfahrten mit dem Kutter und Angeltouren an. Zum wirklich günstigen Preis von 130 NOK gibt es lustige und kenntnisreiche Erläuterungen auf deutsch gratis dazu.
● **Tauchen:** Tauch- und Segeltouren organisiert das Ulstein Hotel in Ulsteinvik. Zu erleben sind vor allem Wracks, wie Flugzeuge aus dem 2. Weltkrieg und Segelschiffe aus dem 17. Jahrhundert. Gesucht wird im Übrigen immer noch die mit unermesslichen Goldschätzen beladene Castillo Negro, welche 1588 vor Runde zerschellte. Infos zum Tauchen auf Runde auf den dortigen Campingplätzen erhältlich. Außerdem unter www.ullahavsportsenter.no.
● **Baden:** Kinderfreundliche Strände: Insel Leinøya (am Ende der Straße nach Torvika/Bø), in Ulsteinvik und südöstl. von Hardeid, Nerlandsøya (westl. von Kvalsvik).

Molde ⬈VI/B2

Bekannt wurde Molde (**24.000 Einwohner**) durch sein gewaltiges Gebirgspanorama am gegenüberliegenden Fjordufer, durch das Jazz-Festival Mitte Juli und das ausgesprochen milde Klima. Es trug dem Ort im 19. Jahrhundert den Beinamen „**Stadt der Ro-**

sen" ein. Noch heute warten viele Vorgärten nördlich des Zentrums mit einer Blütenpracht auf, die man auf dem 62. Breitengrad nicht für möglich halten will. Im Zentrum selbst gibt es allerdings nur eine einzige, etwas biedere Rosenanlage. Sie liegt auf dem Dach des kantigen, 1966 erbauten Rathauses, nahe der markanten, 1957 geweihten **Domkirche** (geöffnet: 10-15 Uhr). Ältere Gebäude als diese, die nach den verheerenden Zerstörungen des 2. Weltkriegs errichtet wurden, findet man im **Romsdal-Museum.** Die **Freilichtanlage** ist gut zu Fuß über den oberhalb des Rathauses gelegenen Øvre vei/Parkveien durch den Reknes-Park (rechts der Straße) erreichbar. Neben vielen knorrigen Häusern zeigt das Museum Ausstellungen zum Leben und Arbeiten der Menschen von der Zeit des Mittelalters bis heute. Zuweilen werden auch Volkstänze aufgeführt. (Geöffnet: Juli 11-18 Uhr, So ab 12 Uhr, Juni & Aug. 11-15, So ab 12 Uhr; 50 NOK, Museumspark 9-22 Uhr, gratis; Café ab 11 Uhr.)

Ein zweite Anlage, die man gesehen haben sollte, ist die des **Fischereimuseums.** Sie liegt **auf der Badeinsel Hjertøya** inmitten der Mini-Schärenwelt des Fjordes und ist mit einem kleinen Boot zu erreichen. Dieses legt Mitte Juni-Mitte Aug. um 12, 14 und 16 Uhr vom Marktplatz ab.

Obgleich man auch vom Boot und vom Hafen einen schönen Blick auf die Berge rund um Molde hat, so ist doch die Aussicht vom 400 m hohen **Stadtberg Varden** die unbestritten schönste! 222 teils schneebedeckte Gipfel und der Romsdalsfjord liegen dem Besucher zu Füßen. Auch sieht man das neue **Rica Seilet,** das in Anlehnung an ein Haus in Dubai einem Segel gleicht. Dieses Hotel ist Teil der geplanten Umgestaltung der Stadt, zu der auch das Stadion und ein Ausbau der Hafenpromenade zählen. (Anfahrt zum Aussichtspunkt: Ausschilderung „Varden" ab Zentrum; Panoramarestaurant und Wanderwege ebenfalls auf dem Gipfel vorhanden.)

Touristeninformation
- **Turistkontor,** Box 484, 6401 Molde, Tel. 71201000, Fax 71201000, www.visitmolde.com, im Rathaus.

An- und Weiterreise
- **Maut:** Rv 64: Unterseetunnel 55 NOK, Tussen-Tunnel 15 NOK.
- **Flughafen:** Verbindungen u. a. nach Oslo und Bergen, Tel. 71214760, nachts geschlossen (Mietwagen: Europcar, Tel. 71259400).
- **Busbahnhof:** Er liegt im Zentrum in der Nähe des Torget (Markt). **Fernbusse 550, 630. Lokalbusse** verkehren (meist nur Mo-Sa) nach Aukra, Bud, über den Atlanterhavsveien nach Kristiansund, nach Åndalsnes, nach Sunndalsøra und Oppdal – Routeninfo: Tel. 177, www.trafikanten.mr.no.
- **Schnellboote/Fähren:** Boot Ålesund – Molde (180 NOK); Fähre von Hollingsholmen nach Aukra und von dort weiter zur Insel- und Schärenwelt von Sandøy, Inselhopping nach Ålesund über Midsund oder Aukra – Harøya – Brattvåg möglich (je nach Route 150-200 NOK pro Auto und 50-70 NOK pro Person); Fähre nach Vestnes zur gegenüberliegenden Fjordseite.

Unterkunft
- **Rica Seilet,** Tel. 71114000, Fax 71114001, (*****). Brandneues Hotel am Wasser, in Form eines riesigen, gläsernen Segels.
- **Hotel Alexandra,** Storgt. 1-7, Tel. 7120 3750, Fax 71203787, (*****), Sommer (****).

Gutes Hotel. Gemütliches Fischerrestaurant, Hallenbad, Sauna und Disco.
- **Skarstua,** Skaret, Tel. 71268090, Fax 7126 8091, www.skarstua.no, (***). Gelungene Ferienanlage nordöstlich von Molde an der Umgehungsstraße des Tunnels der Rv 64. Gemütliche, hölzerne Zimmer (***), Hütten (**/***), Café, Restaurant, Reiten und Fahrradverleih.

Camping/Hütten

- **Kviltorp Camping,** 3 km östlich des Zentrums, Busverbindung, Tel. 71211742, Fax 71211019, ganzjährig geöffnet. Ansprechender und stadtnaher Platz am Fjord mit 22 Hütten (*/***).

Nachtleben

- Der bekannteste Nachtclub mit Diskothek ist das **Maxime** am Busbahnhof.
- Pub und Disco hat auch **Tapperiet** neben dem Rathaus.

Festivals

- **Molde Jazzfestival** (Mitte Juli), eines der bekanntesten und besten Jazzfestivals in Skandinavien (2000 war z. B. der „Buena Vista Social Club" zu Gast), www.moldejazz.no.
- **Bjørnson-Festival** (Literatur, Anfang Aug.)
- **Molde Blues** (Feb./März)
- **Molde Roots** (Oktober)

Kino/Bibliothek

- **Kino** mit 3 Sälen an der Mündung des Baches Moldeelva.
- **Bibliothek** neben dem Rathaus.

Fahrrad- und Kanuverleih

- **Intersport,** Storgt. 56.

Umgebung

Die Natur nördlich von Molde ist ein Kaleidoskop unterschiedlichster Landschaftsformen. Über 1000 m hohe Berge, weite Moorgebiete und liebliche Fjorde – alles erlebbar bei einer Fahrt auf dem **Atlanterhavsvegen.** Die Straße führt gewagt von Schäre zu Schäre am offenen Meer entlang durch die schäumende Brandung des Ozeans. Vor der Fahrt über diese wunderbare, wunderliche Straße, lohnen sich noch Abstecher zur sagenhaften **Trollkirche** (siehe unter „Wandern") und zum malerischen **Fischerdorf Bud,** einem Ort, in dem die Natur die Oberhand behielt, denn selbst der während des 2. Weltkrieges erfolgte Umbau des Vogelfelsens zur Bastion (im Sommer geöffnet) konnte die wehrhaften Seevögel nicht in die Flucht schlagen.

Bud war im 16./17. Jahrhundert ein wichtiger Handelsort und mit 400 Einwohnern die größte Siedlung zwischen Bergen und Trondheim. 1533 fand hier die Reichsversammlung statt, auf welcher der Nachfolger von König *Frederik von Dänemark* ernannt wurde. An diese Zusammenkunft erinnert ein 1933 errichteter Gedenkstein an der Wehranlage.

Wer nun am Ende der Straße 64, am Fähranleger nach Kristiansund, etwas warten muss, kann derweil einen Ausflug zur südlich gelegenen **Kvernes-Stabkirche** machen. Sie ist eine der jüngsten des Landes und wurde erst 1432 zum ersten Mal erwähnt. Nach Umbauten im 17. Jahrhundert wirkt sie heute etwas klobig, aber dennoch irgendwie einladend. Von ihrem exponierten Standort oberhalb des Fjordes hat man einen erhabenen Blick auf die Berge Nordmøres. Das weiße Etwas in der Ferne ist übrigens Krifast, die neue Festlandsverbindung nach Kristiansund (die Kirche ist im Sommer 10-17 Uhr geöffnet).

●**An- und Weiterreise:** siehe unter „Molde".
●**Unterkunft**
Bud Camping, Rv 664, 500 m von Bud entfernt, Tel. 71261023, geöffnet: 1.4.-1.10. Herrlicher Platz am Meer. Wiesenareal zwischen Felsen mit 13 schönen Hütten (*/****), TV-Zimmer und Bootsverleih.
Blåhammer Camping, 1,5 km südlich von Bud, Tel. 71261703, 1.5.-1.10. Gleichfalls ein wunderbarer Platz an einem kleinen Sandstrand zwischen Bäumen. 6 Hütten (*).
Håholmen, Insel am Atlanterhavsveien. Tel. 71517250, Fax 71517251, www.haholmen.no. Zwischen 11 und 20 Uhr setzen stündlich Boote zu einem der schönsten Urlaubsplätze der Westküste über. In den herrschaftlichen Gebäuden des alten Fischerörtchens Håholmen kann man für 500 NOK pro Person übernachten. Es gibt ein erlesenes Fischrestaurant und ein Café. Segel- und Fischtouren werden angeboten (u. a. mit einem Wikingerschiff). Boote können auch gemietet werden.
Lysø Camping, auf Storsandøya östlich des Atlanterhavsveien, Tel. 71512113, Fax 7151 2409, ganzjährig geöffnet. Nettes Fleckchen am Meer im hübschen Lysøy. 10 Hütten (*/**).
Skjerneset Camping & Robur: Bremnes, Tel. 71511894, Fax 71511815, ganzjährig geöffnet. Südwestlich des Fähranlegers nach Kristiansund am Meer. Schöne Anlage mit 5 guten Hütten (*/**), kleinem Fischereimuseum mit Aquarium, Boots- und Fahrradverleih.
Hütten: Ståle Vågen (Bud, Tel. 71261894, robuferie.no), **Jon Gule** (Bud, Tel. 71261587, bgule@online.no), **Gossen Feriesenter** (Aukra, Tel. 71174428)
●**Bootsausflüge: Insel Bjørnsund** – Per Parlamentsbeschluss wurden die Bewohner der Insel in der 1970er Jahren umgesiedelt. Zu kostspielig wäre es gewesen, die Infrastruktur der rauen Insel an die moderne Zeit anzupassen. Viele der bunten Holzhäuser werden als Wochenendunterkünfte genutzt und bieten zusammen mit den idyllischen Wegen, der Eisbärenstatue und den Vogelfelsen eine ideale Kulisse für Fotosafaris. (Boot: Mitte Juni-Mitte Aug., Mo, Mi, Fr-So, 11 & 17 Uhr (Sa nur 11 Uhr), Mai/Anf. Juni/Ende Aug./Sept. nur Mo, Fr, Sa ab Harøysund, südl. von Bud, 30 Minuten, 70 NOK); **Insel Ona** – Das winzige, windumtoste Eiland liegt nahezu mitten im Atlantik. Die farbenfrohen Holzhäuser, die sich dicht gedrängt widerstrebend an den Schären festzukrallen scheinen, der rote Leuchtturm und die Keramikstube verleihen dem Ort eine einzigartige Atmosphäre. (Westl. Molde: Fähre ab Hollingsholmen nach Aukra. Auf Aukra Fähre ab Småge nach Ona. Fährpreis: Aukra/Småge – Ona 120 NOK/Auto, 40 NOK/Pers.). Unterkunft: Ona Feriehytter, Tel. 71277117.
●**Fahrrad fahren:** Die flache Küste mit ihren ruhigen Straßen ist ideal zum Radfahren. Allein der Wind macht zu schaffen! **Verleih:** Elvsaas, Storgt. 56, Molde-Zentrum, Tel. 7125 1866.
●**Tauchen:** Averøy Dykkerlag, Tel. 71298300.
●**Wandern:** Die **Trollkirche** (trollkyrkja) ist ein **Höhlensystem,** bestehend aus drei märchenhaften Kalkgrotten mit unterirdischen Bächen und bis zu 14 m hohen Wasserfällen, die in den beiden unteren Grotten in weißen Marmorbecken enden. Auf Höhe der oberen Grotte liegt ein See mit weißen Marmorufern. Auch die Bergkulisse mit ihren Zacken und Spitzen ist beeindruckend. Hinweis: Wasserdichte Schuhe anziehen und Taschenlampe für die unbeleuchteten Höhlen mitnehmen. Beginn der Wanderung: An der Rv 64, hinter der Kreuzung mit der Rv 663, am Parkplatz bei Syltesetra. 90-Minuten-Wanderung, anfangs durch einen romantischen Wald. Steiler Pfad.

Kristiansund ⌕VI/B1

Überblick

Noch bis zu Beginn der 1990er Jahre war Kristiansund, als letzte Stadt des Landes, nur über Fähren zu erreichen. Dann jedoch erbarmte man sich im Osloer Verkehrsministerium der **17.000 Einwohner** und zirkelte ihnen für zwei Milliarden Kronen eine neue Fest-

KRISTIANSUND

landsverbindung in die Landschaft. Freilich muss man für die schwimmende Pontonbrücke, die 1500 m lange Hängebrücke und den 5 km langen Unterseetunnel auch bezahlen, und das mit 65 NOK sicher nicht zu knapp.

Die Stadt wurde an der Nahtstelle zwischen Ozean und Festland auf den **drei Inseln Nordlandet, Goma-/Kirkelandet und Innlandet** gegründet. Diese gruppieren sich um vier Sunde, so dass der Ortsmittelpunkt genau genommen im Wasser liegt. Eigentlich passend, bildet doch das Meer seit Jahrhunderten die Lebensgrundlage der Einwohner. Ähnlich wie in Ålesund fischte man auch in Kristiansund nach Dorsch, der gleichfalls getrocknet und zu Klippfisch verarbeitet wurde. Des guten Geschäftes wegen siedelten sich auch viele ausländische Kaufleute im Ort an und wohnten in herrschaftlichen Gebäuden wie dem Lossius- und dem Christiegården im Stadtteil Innlandet. Der Transport des Stockfisches erfolgte hauptsächlich auf Schiffen aus den Ländern des Mittelmeerraumes. Dass die Besatzungen wohl auch reichlich Ausgang hatten, mag, wie manche meinen, auch die vielen dunkelhaarigen Menschen in der Stadt erklären ...

Kristiansund

Sehenswertes

Das Zentrum von Kristiansund gibt sich nach den Zerstörungen im 2. Weltkrieg recht modern. Doch trotz vieler neuer Bauwerke wirkt alles recht harmonisch und weniger steril als anderswo. Als ein Glanzpunkt zeitgenössischer Architektur gilt die **Kirkeland-Kirche** oberhalb der Innenstadt. Sie wurde vom Architekten Odd Østby entworfen und 1964 vollendet. Ihr Innenraum mit einer 30 m hohen Chorwand und 320 farbigen Fenstern wirkt einfach zauberhaft und erhaben. (Geöffnet: 1.5.-31.8. 10-19 Uhr, 1.9.-30.4. 10-14 Uhr, gratis.) In Aussehen und Baustil unterscheiden sich von ihr die jugendstilistische **Norlandet-Kirche** und die winzige, 1470 erbaute **Stabkirche auf der niedlichen Miniaturinsel Grip** draußen im Atlantik. Immer wieder wurde das Inselchen von schweren Stürmen heimgesucht, in deren Gefolge teils sogar ganze Häuser von den Fluten verschlungen wurden.

Einen schönen Rundblick über das Meer und die Stadt hat man vom **Vardetårnet** aus, einem alten **Wachturm** aus dem Jahr 1892. Etwas unterhalb, am Ufer des innerstädtischen Meeresarmes Vågen, liegt die **Mellemværftet**. (Geöffnet: Mo-Fr 8-15 Uhr, 20 NOK.) Auf der **Museumswerft** werden noch heute kleine Boote restauriert und „klar Schiff" gemacht. Die Gebäude der Anlage stammen noch aus dem 19. Jahrhundert und sind ein Teil des **Nordmøre-Freilichtmuseums**, das von der Küstenkultur und den Arbeitsverhältnissen im alten Kristiansund berichtet. Auch archäologische Funde der 7000 Jahre alten Fosna-Kultur sind zu bestaunen. (Geöffnet: Di-Fr 10-14 Uhr, 20 NOK). Eine neue Außenstelle des Museums ist das Klippfiskmuseum, mit Infos zum Stockfisch (Geöffnet im Sommer: Mo-Sa 12-17, So 13-16 Uhr).

Touristeninformation

- **Kristiansund Reiselivslag,** Postboks 508, 6501 Kristiansund. Tel. 71585454, www.visitkristiansund.com.
- **Turistkontor** am Fähranleger im Zentrum, Tel. 71585454, Fax 71585455, Mo-Fr 9-16 Uhr, im Sommer wochentags bis 20 Uhr, Sa/So von 10.30 bis 17/18 Uhr geöffnet.

Orientierung

- Die Rv 70 führt am Futura-Einkaufszentrum, dem Museum und der Kirkelandet-Kirche vorbei ins Zentrum und zum Fähranleger.

An- und Weiterreise

- **Busbahnhof:** am Fährkai im Zentrum. **Fernbusse 550, 630. Lokalbusse** zum Zug nach Oppdal, www.trafikanten.mr.no.
- **Schnellboote/Fähren:** Kai (Insel Grip, nach Bremsnes, Trondheim) im Zentrum. Schnellboot nach Trondheim (450 NOK). Tägliche Fahrten zur Insel Grip (Tickets im Turistkontor, www.gripkyss.no).
- Auf dem Meer in der Stadt verkehren zwischen den einzelnen Inseln kleine **Sundbåte.**

Unterkunft

- **Rica Hotel Kristiansund,** Storgt. 41-43, Tel. 71571200, Fax 71571201 (*****), Sommer (****). Großes, graues First Class-Hotel am Wasser südlich des Zentrums. Restaurants, Disco.
- **Quality Hotel Grand,** Bernstorffstredet 1, im Zentrum, Tel. 71571300, (*****), Sommer (****). Außen wie innen ein ansprechendes Haus, Restaurant, Sauna und Disco.
- **Havna Gjestehus,** Vågeveien 5, am Fähranleger, Tel. 71676111, DZ 600 NOK.

Farbkarte Seite VII ZWISCHEN KRISTIANSUND UND TRONDHEIM

●Utsyn Pensjonat, Kongens plass 4. Tel. 71566970, preiswerte Pension.

Camping/Hütten

●Atlanten Camping og Turistsenter, Dalavn. 22, Tel. 71671104, www.atlanten.no, ganzjährig geöffnet. Komfortplatz mit Abstrichen unweit nördlich des Zentrums an einem kleinen Wäldchen. Die Zeltwiese kann z. T. etwas sumpfig sein. 18 Hütten (*/**), Zimmer (800 NOK), Jugendherberge (DZ 450 NOK), Tennis, Minigolf, Fahrradverleih.
●Byskogen Camping, Tel. 71584020, im Stadtwald gelegen, einfacher.

Essen und Trinken

●Sehr gemütlich sitzt und speist man auch in dem Fischrestaurant Smia, in einem alten Holzhaus nördlich des Fährkais. Die sehr guten traditionellen Kristiansund-Gerichte (180-250 NOK) umfassen u. a. Bacalao (Stockfisch) und Klippfisch.
●Da man in einer so maritimen Stadt bei Fisch bleiben sollte, empfiehlt sich auch der Gang zum Sjøstjerna in der Fußgängerzone im Zentrum. Traditionelle Fischgerichte (u. a. Klippfisch) gibt es ab 170 NOK, Fischsuppen ab 75 NOK. Nachmittags werden Apfelkuchen mit Vanilleeis und Waffeln serviert.
●Beliebt sind auch das Café Onkel, Kaibakken 1, meist ab 12 geöffnet, günstiges Essen ab 90 NOK, u. a. Stockfisch, Bar, Pub, Lesecafé, Internet und das Dødeladen Café, Skippergata 1a, ab 18 Uhr geöffnet.

Aktivitäten

●Tauchen: Barmans Diving, Tel. 71676511.
●Weitere Angebote: Bowlingcenter südlich vom Zentrum, Squashhalle, Schwimmhalle mit Sauna, Angeltouren – Infos im Turistkontor.

Zwischen Kristiansund und Trondheim

Die Landschaft zwischen Kristiansund und Trondheim gehört mit ihren waldreichen und weiten Tälern sicher nicht zu den aufregendsten Gegenden Norwegens. Immerhin können die dem Festland vorgelagerten **Inseln Smøla, Hitra und Frøya** für sich in Anspruch nehmen, eine der untypischsten Landschaften des Landes zu besitzen. Speziell Smøla ist nämlich topfeben. Ausgedehnte Moore prägen die Natur, und es gibt Straßen, die auf wundersame Weise mal über ganze 3 km geradeaus führen. An Restnorwegen erinnern da nur noch die Myriaden von Schären und so abgelegen-idyllische Orte wie Veidholmen auf Smøla.

Sehenswert auf Hitra sind die mittelalterliche Dolm-Kirche, der Handelsort Hopsjø (17. Jahrhundert) und die Dolmen-Miniaturstadt bei Kjerringvåg.

Touristeninformation

●Hitra Turistkontor, Boks 83, 7240 Fillan, Tel. 72444010, Fax 72444020, www.hitraturistservice.no. Vermittlung von Unterkünften, Verkauf von Angelkarten.

An- und Weiterreise

●Fähren von Nordheim (östlich von Kristiansand) nach Smøla und Hitra.
●Das Schnellboot von Kristiansund nach Trondheim hält in Edøy (Smøla) und Sandstad (Hitra).

Unterkunft

●Dolmsundet Hotell, Melandsjø, www.dolmsundet.no, Tel. 72440440, Fax 72440 441. Hübsche Anlage im Norden der Insel

Der Westen

Hitra mit gemütlichen hölzernen Zimmern und Apartments (*****), komfortablen Hütten (**) und einem Zeltareal. Ausflüge und Angeltouren werden organisiert.
- **Fjellvær Kyst- og Bondegardsferie,** Hitra, Tel. 72440132, Fax 72440256, www.fjellvar.no, (*). Im nordöstlichen Teil der Insel in Knarrlagsund. Auch gute Hütten (**/****).
- **Vågen Camping,** Hitra, Tel. 72444160. Herrlicher Platz mit 10 Hütten (*), 15 km westlich von Sandstad.
- **Hitra Camping & Kro,** Sandstad, Tel. 72443730, www.hitracamping.com. Nette Hütten (*/**), Bootsverleih.
- **Frøya Kystcamp,** Hamarvik, Tel. 72446174. Hütten, Camping, Bootsverleih, Angeltouren.
- **Auf Smøla** gibt es **Campingplätze** in Straumen (Edøy) und im Norden in Steinøysund.
- **Hellesfjord Feriesenter,** Edøy, Tel. 7154 3734, (*). Die Anlage im Süden der Insel Smøla bietet vor allem Anglern ein unerschöpfliches Reservoir an Plätzen zum Auswerfen der Rute. Im Ort Edøy können die romanische Kirche von 1190 und die Kupferminen besichtigt werden.
- **Surnadal Hotell,** Surnadal, Tel. 71657100, Fax 71657101, (****). Kastenförmiger Bau im Zentrum mit Restaurant, Pub und Bar.
- **Småøyan Camping,** Surnadal, Tel./Fax 71662904, www.smaaoyan.no. Hübscher Platz in Fjordnähe. Hütten (*). Als Ausflug bietet sich das Svinviks-Arboretum 17 km südlich von Surnadal (bei Todalen) an.

Aktivitäten

- **Angeln:** Die Möglichkeiten zum Angeln sind auf den Inseln (speziell auf Smøla, Hellesfjord Feriesenter) so gut wie unbegrenzt – gute Fänge sind fast schon vorprogrammiert. Angeltouren organisiert das Dolmsund Hotell.
- **Tierbeobachtung:** Auf Smøla leben u. a. Graugänse, Fischreiher, Gänse, viele Meeresvogelarten und Moorschneehühner. Auch Hirsche und wilde Nerze gibt es.
- **Tauchen:** Dykkesenter in Kvenvær (im Westen von Hitra), Tel. 88006006, Fax 7244 4540.

Gebirge und Täler westlich des Gudbrandsdal

Die Hauptsiedlungsgebiete und Verkehrsadern der Region sind die alten Kulturlandschaften des **Hallingdal** und der **Valdres**. Diese waldreichen Täler liegen gleichsam eingekeilt zwischen zwei der mächtigsten und ausgedehntesten Gebirgsregionen Norwegens: Im Süden die weitläufige Hochebene der Hardangervidda, im Norden die Bergriesen Jotunheimens. In diesem Gebiet befinden sich einige **schöne Stabkirchen,** z. B. in Lom, Borgund und Reinli, sowie so **einmalige Gebirgspässe** wie der Sognefjellveien von Skjolden am Sognefjord nach Lom und die Valdresflya von Fagernes (in der Valdres) nach Vågåmo.

Hønefoss und Tyrifjord ⤳XVI/B3

Das **12.000-Einwohner-Städtchen Hønefoss** (zu Deutsch: Hühnerwasserfall) liegt etwa 60 km nordwestlich von Oslo und ist der zentrale Ort der Region Ringerike. Prägend für Hønefoss war und ist der große **Wasserfall,** der nun schon seit über 300 Jahren im Dienste der Holzverarbeitung steht. Optisch hat der Ort davon kaum profitiert. Südlich der Kleinstadt erstreckt sich umgeben von dunklen Wäldern und grauen Felsen der tiefblaue **Tyrifjord.** Auch wenn es sein Name suggeriert, so ist dieser „Fjord" genauso wenig mit Meereswasser gefüllt wie der nördlich gelegene, knapp 80 km lange **Randsfjord**. Ihr fjordartiges Aussehen verdanken die Gewässer der Tatsache, dass sie beide während der letzten Eiszeit Schmelzwasserrinnen waren. Darin gleichen sie dem salzhaltigen Oslofjord.

Den schönsten Blick auf den Tyrifjord hat man – und die Namen sprechen eigentlich schon für sich – von der **Dronningens** (Königinnen) **utsikt** und der **Kongens** (Königs) **utsikt**. Beide sind über eine kleine Mautstraße ab Sundvollen an der E 16 zu erreichen. Zur Aussicht des Königs muss allerdings noch 20 Minuten gewandert werden.

Unten im Tal, 5 km vor Hønefoss, sind die mittelalterliche **Kirche von Norderhov** und das **Ringerike-Museum** zu besichtigen. Die Ausstellung ist in einem Pfarrhof aus dem 17. Jahrhundert untergebracht. Zu betrachten sind u. a. Stab und Tornister des Märchenerzählers *Peter Christen Asbjørnsen* (1812-1885). Er ging hier in Norderhov zur Schule und wanderte oft in der Gegend umher. *P. Asbjørnsen* und *Jørgen Moe* (1812-1885) sind das norwegische Pendant zu den *Gebrüdern Grimm*. (Geöffnet Di-So 11-16 Uhr, 50 NOK.)

An- und Weiterreise
- **Züge** Richtung Oslo und Bergen.
- **Fernbusse 161, 160.**

Unterkunft
- **Sundvolden Hotel,** Krokkleiva, Tel. 3216 2100, Fax 32751397, (*****), Sommer (****). Sehr komfortables und ansprechendes Haus am Tyrifjord südlich von Hønefoss. Neben erstklassigen Zimmern gibt es einige sehr gute Hütten (**), Hallenbad und Sauna.
- **Hen Gjestgiveri,** Bhf. Hen, 5 km nördl., Abzweig von E 16, Tel. 32131085, Bahnhofshaus aus Holz. Küche, TV-Zimmer, Bett 250 NOK.
- **Utvika Camping,** unterhalb der E 16, Tel./Fax 32160670, www.utvika.no, ganzjährig geöffnet. Schöner Platz am Tyrifjord, 39 km vor Oslo. 14 gute Hütten (**/***), Fahrrad- und Bootsverleih.
- **Onsakervika Camping,** Røyse, Tel. 3215 7333, www.onsakervika.no. Der Platz ist herrlich auf der Halbinsel am Tyrifjord gelegen. Großer, lebhafter Strand, 17 Hütten (*/**), Bootsverleih.

Um zum Krøderen-See und in das Hallingdal zu gelangen, biegt man in Hønefoss auf die Rv 7 ab, die E 16 führt weiter in die Valdres (siehe unten).

Krøderen ⌕XVI/B3

Der langgezogene **Krøderen-See** markiert den **Beginn des Hallingdales.** Der gleichnamige Ort am Südende des Sees ist Ausgangspunkt für die dampfbetriebene **Krøderen-Bahn.** Sie verkehrt an Sonntagen im Sommer auf einer 26 km langen Strecke nach Vikersund (Tel. 32150550, www.njk.no).

„Wer kennt wohl nicht unsere bekannten und liebgewonnenen Abenteuer, und hast du dir nicht schon öfters mal eine Reise in ein Abenteuerland gewünscht?" Mit diesen Worten lockt das **Märchenschloss der Villa Fridheim in Noresund** große und kleine Weltreisende zu einem Besuch. In dem Haus wie aus einem Traum, dem strahlenden Soria Moria-Schloss, werden Trolle und Märchen der Erzähler

Asbjørnsen und *Moe* lebendig. (Geöffnet: 18.5.-15.9. 10-17/18 Uhr, 50 NOK, Kinder 25 NOK.)

Traumhaft geht es auch im **Haus des Trollmalers Theodor Kittelsen** zu, das 18 km südlich in Prestfoss i Sigdal (Rv 287) steht (geöffnet: Juni bis August, 11-17 Uhr). Ausgestellt sind viele Bilder und Schnitzereien des Künstlers.

In Prestfoss liegt zudem ein kleines **Freilichtmuseum** mit „Folkemusikksenter" (11-17 Uhr, 50 NOK).

Zu **Blaafarveværket** und **Hokksund Glashütte** siehe „Süden/Binnenland".

Touristeninformation

- Norefjell Turistkontor, Tel. 32150550, Fax 32150560.
- Die Gegend zwischen Tyrifjord und Krøderen wird einheitlich als das **„Tal der Künstler"** vermarktet, mit Ausstellungen u. a. zu Volksmusik und zum Trollmaler Theodor Kittelsen. Infos: www.kunstnerdalen.net.

An- und Weiterreise

- Bahnhof in Flå, Fernbus 170.

Unterkunft

- **Norefjell Hotell,** Tel. 32149580, Fax 3214 9605, (*****/****). Gemütliches, an der Zwischenstation der Lifte auf 650 m Höhe gelegenes Hotel mit Hallenbad und Sauna.
- **Fjellhvil Hotell,** am Norefjell, Tel. 3214 9174, Fax 32149183, (*****/****). Ansprechendes Gebirgshotel auf 750 m Höhe. Sauna, Tennis, Hütten (***).

Camping/Hütten

- **Stavn Campingplass,** Flå, Tel. 32052530. Kleine, ganzjährig geöffnete Hütten (*). Sehr wenig Platz für Zelte.

Essen und Trinken

- Das **Krøderen Kro** südlich von Noresund bietet preiswerte Snacks und eine schöne Aussicht auf den See.

Aktivitäten

- **Reiten:** Es werden Reitausflüge über das Norefjell organisiert – Infos im Fjellhvil Hotel.
- **Wintersport:** Die Anlage am Norefjell war Austragungsort für die alpinen Wettbewerbe der Olympischen Winterspiele 1952. Die 11 Lifte und die 1000 m Höhenunterschied haben durchaus schon fast alpines Format, Infos unter www.norefjell.com.

Hallingdal ⌒XVI/A,B2

Inmitten unwirtlicher Fjell-Landschaft und dichter Fichtenwälder war das liebliche Hallingdal über die Jahrhunderte hinweg **eines der besten Siedlungsgebiete zwischen Oslo und Bergen.** Allerdings konnte das lebensspendende Tal nur sehr schwierig erreicht werden, und so lebten die Bewohner jahrhundertelang fast isoliert von der Außenwelt. Dies änderte sich erst mit der Inbetriebnahme der Bergen-Bahn 1909 (vgl. „A–Z/Verkehrsmittel/Bahn/Bahnstrecken"). Das Tal lang nun schlagartig an einer der modernsten und wichtigsten Verkehrsverbindungen des Landes. Mit den Zügen kamen auch die Gäste. Neben der Holz- und Landwirtschaft wurde so der **Tourismus** zu einem wichtigen Frwerbszweig. Heute gehört das Hallingdal mit den Wintersportzentren Geilo, Ål, Gol und dem benachbarten Hemsedal zu den bedeutendsten Urlaubsregionen Norwegens. Etabliert hat sich in den letzten Jahrzehnten auch die **Wasserwirtschaft,** was dem Gebiet den Beinamen „Norges kraftdal Nr. 1" eintrug.

HALLINGDAL: NESBYEN

Das liebliche Hallingdal

Überdauert haben die Veränderungen der letzten Jahrzehnte u. a. die kleine Stabkirche von Torpo, die prächtigen Rosenmalereien der Bauernhäuser und der in ganz Norwegen bekannte **Volkstanz Halling.** Im Mittelpunkt des Reigens steht dabei ein Bursche, der wie ein Derwisch herumwirbelt und tänzelnd versucht, einen Hut, der von einem Mädchen etwa 1,5 m hoch gehaltenen wird, mit den Füßen zu erwischen und aufzufangen. Angefeuert wird er dabei durch schrille und jubilierende Laute der Umstehenden.

Nesbyen ⌕XVI/A2

Nesbyen hält mit 35°C im Schatten den norwegischen Temperaturrekord! Leider ist dies fast schon das Aufregendste an dem **2200-Einwohner**-Ort. Erwähnenswert sind nur das große, in den Berg gesprengte **Wasserkraftwerk von Nes,** von dem das Kabelchaos über der Straße kündet, und das **Hallingdal Folke-Museum.** Hübsch anzuschauen sind der knorrige Speicher aus dem 14. Jh. und die prächtigen Ranken und Farben der Rosenmalerei in einigen der zwanzig Bauernhäuser. Oft finden Volkstänze statt. (Geöffnet 1.6.-31.8. 11-16 Uhr, 40 NOK.)

6 km nördlich von Nesbyen zweigt eine Straße Richtung Garnås zur **Gardnos Brekzie** ab. Dabei handelt es sich um einen **Meteoritenkrater,** der vor 650 Mio. Jahren entstand. Rot und blau markierte Naturwanderwege erschließen das Gelände. Der blaue Pfad ist 2 km lang, der rote führt zu einem Aussichtspunkt mit Blick über den Krater. Informationszentrum am Parkplatz (www.gardnos.no).

Südlich von Nesbyen, in **Flå,** liegt der bis 18 Uhr geöffnete schöne **Vassfaret Bjørnepark** (Bärenpark, wo es auch Elche gibt. (100 NOK, Fam. 280 NOK, Geöffnet: Mitte Juni-Ende Aug. 11-18 Uhr, April/Mai, Sept.-Mitte Okt. 12-16 Uhr.)

Touristeninformation

●**Hallingdal Informasjonssenter,** 3540 Nesbyen, Tel. 32070170, www.nesbyen.no.

An- und Weiterreise

●**Züge** nach Oslo, Gol, Geilo, Bergen.
●**Fernbus 170, Lokalbusse** nach Oslo, Gol und Geilo, Hallingdal Billag: Tel. 32086060, www.fjord1.no/hallingdal.

Unterkunft

●**Sutøya Feriepark,** Nesbyen, Tel. 32071397, Fax 32070111, www.sutoyaferiepark.no, ganzjährig geöffnet. In der Ferienanlage gibt es einen Campingplatz mit 16 komfortablen Hütten (**/***), eine Jugendherberge (Bett ab 110 NOK, DZ ab 350 NOK) und eine Cafeteria. Fahrradverleih.
●**Nesbyen Camping,** 3,5 km ab Zentrum, Tel. 32071307. Guter Platz, Hütten (*).
●**Hagale Gjestegård,** Tel. 32071007, www.hagaled.no. Sehr ansprechende Pension mit Atmosphäre und historischen Zimmern zum guten Preis (DZ 600 NOK). In Nesbyen im Kreisverkehr Richtung Kirche abbiegen. 600 m.

●**Trondrudmarka:** Ruhiges Waldgebiet 16 km westlich von Nesbyen: **Haraldset Hytter,** Tel. 32068765, (**); **Nystølen Hytter,** www.nystolen.no, Handy 91845238, (***).

Gol ⤢XVI/A2

An der Stelle, wo das Hallingdal westwärts abknickt, liegt das weitläufige Gol. Die größte Attraktion des **2000-Einwohner**-Ortes, die **Stabkirche,** wurde 1882 zerlegt und nach Oslo verfrachtet, nachdem sie zu klein geworden war und ein neues Gotteshaus das alte überflüssig machte. Wer nun aber doch eine „norwegische Pagode" am Fluss entdeckt hat, der halluziniert keinesfalls, sondern hat eine Mitte der 1990er Jahre errichtete Kopie vor Augen. (Geöffnet: 15.5.-11.9. 10-15 Uhr, Juli/Aug. 9-18 Uhr, 70 NOK; neben der Kirche befindet sich eine Rekonstruktion eines Wikinger-Häuptlingshauses.) Obgleich die Kirche außerordentlich gelungen ist, dürften dennoch die meisten Besucher eher wegen der sehr guten Einkaufsmöglichkeiten und der fast unendlich **vielen Sportangebote** nach Gol kommen.

Am Ortsrand kann täglich zwischen 13 und 17 Uhr die **Ausstellung alter Hallingdaler Hofgebäude im Skaga Bygdetun** besucht werden. Sonntags werden auch Volkstänze aufgeführt. (Geöffnet: Ende Juni-Anf. Aug., Mi-So 15-20 Uhr.)

Touristeninformation

●**Gol Reisemål,** Skysstationen, Sentrumsveien 93, 3550 Gol, Tel. 32029700, Fax 3202 9701, www.golinfo.no.

An- und Weiterreise

- **Bahnhof:** Der Bahnhof liegt auf der dem Zentrum gegenüberliegenden Seite des Flusses. Züge nach Oslo, Geilo, Bergen.
- **Busbahnhof:** Er liegt am Pers Hotell. **Fernbus 170, Lokalbusse** nach Geilo, Nesbyen und Oslo. Hallingdal Billag: Tel. 32086060, Routeninfo: Tel. 81500184.

Unterkunft

- **Pers Hotell,** Gol-Zentrum, Tel. 32023100, Fax 32023101, www.pers.no, (*****), Sommer (****). Erstes und bestes Haus im Ort, mit viel Sportmöglichkeiten (Tropicana-Badeland, Squash, Bowling), à-la-carte-Restaurant und Disco. Vermietet werden auch 26 Finnhütten (***) und gemütliche Apartments (ab 600 NOK).
- **Storefjell Resorthotel,** Tel. 32078000, Fax 32078001, www.storefjell.no, (*****). 1000 m hoch auf dem Golsfjell gelegenes First-Class-Hotel, bei dem der Sport im Mittelpunkt steht (Hallenbad, Reiten, Fitnesscenter). **Internetanschluss.**
- **Oset Høyfjellshotel,** Oset, Tel. 32079500, Fax 32079501, (*****). Traditionsreiches, elegantes Haus auf dem Golsfjell (900 m). Hallenbad, Saunas, Fitnessraum.
- **Golsfjell Fjellstue,** 950 m hoch gelegen, Tel. 32073913, Fax 32073911, www.golsfjell.no, (****/***). Wem die großen Høyfjellhotels nicht zusagen, ist in diesem netten Holzhaus am See richtig. Zimmer und Hütten.
- **Solstad Hotell & Motell,** Gol, Tel. 3202 9720, Fax 32029750, (****/***). Familiäres Hotel in einem gelben Holzhaus. Restaurant, Sauna.

Camping/Hütten

- **Fossheim Hytte og Camping,** Gol, Rv 7 Tel. 32029580, Fax 32029585, ganzjährig geöffnet. Komfortabler sauberer und idyllischer Platz 3,5 km westlich von Gol am Waldesrand zwischen Straße und Fluss gelegen. 17 edle Hütten (**/***), Sauna.
- **Gol Campingsenter & Apartments,** Gol, Rv 7, Tel. 32074144, Fax 32075396, www.golcamp.no, ganzjährig. Komfortabler Platz, leider nahe der Straße. 38 Hütten (**/***), Angelplatz, Sauna, Freibad.
- **Personbråten,** Rv 7 Richtung Geilo, Ortsrand Gol, Tel. 32075970. Kleiner Platz ohne viel Komfort. Keine Hütten.
- **Kvanhøgd Turistsenter,** Rv 51, Tel./Fax 32073957, www.kanhogd.no, ganzjährig geöffnet. Gut ausgestatteter Camping- und Caravanplatz auf dem Golsfjell (an der Rv 51, Straße nach Fagernes). 13 schlichte und komfortablere Hütten (*/***). Badeplatz.
- **Jondalen Fjellgård,** Rv 51, 7 km oberhalb von Gol, Handy 90577577, www.jondalen.no. Tolle Hütten am Rande des Golsfjells.

Aktivitäten/Shopping

- **Baden:** Große Tropicana-Badeanlage im Pers Hotel mit diversen Bassins und Rutschen (180 NOK, Fam. 480 NOK).
- **Wintersport:** 2 längere Lifte, 320 km Loipen – fast unbegrenzte, herrliche Tourmöglichkeiten auf der weiten, unendlich erscheinenden Hochebene Golsfjell.
- **Weitere Angebote:** Angeln im Hallingdalselv, Reitausflüge ins Gebirge, Elchsafari, Go-Cart, 9-Loch-Golfplatz (Tel. 32077534), Segelfliegen, Bergwanderungen auf dem fast topfebenen Golsfjell, Tennis, Squash, Bowling, Reiten, Klettern. Infos im Turistkontor.
- Sehr gute **Einkaufsmöglichkeiten** (Lebensmittel, Bekleidung, Sportartikel) im Zentrum von Gol. Auch liegt hier eine interessante **Glasbläserei** (9-14/15 Uhr).

Umgebung

Hemsedal   XVI/A1

Oberhalb von Gol beginnt das abwechslungsreiche Hemsedal. Es bietet neben flachen waldreichen Gebieten, in denen Elch und Elchkuh zu Hause sind, auch ein alpines Gebirgspanorama mit dem markanten **140-m-Wasserfall Hydnefossen** und einem schäumenden Wildbach, dem Hemsli. Dieser bildet kurz hinter Tuv den **Rjukandefoss**, der trotz bescheidener 18 m Höhe ausnehmend schön ist und den Spaziergang zu seinen Ufern lohnt.

Gebirge und Täler westlich des Gudbrandsdal

Wenige Kilometer vor der Aufgabelung des Tales in das **Grøndal** (Grünes Tal) und das **Mørkedal** (Dunkles Tal) liegt der **Ort Hemsedal**. Seit den 1980er Jahren wurde die Siedlung zu einem der größten und **attraktivsten Wintersportzentren** des Landes ausgebaut und das Lift- und Bettenangebot soll noch weiter vergrößert werden, so dass man endgültig mit Trysil in Ostnorwegen gleichziehen kann. An Sehenswürdigkeiten gibt es nur das kleine **Freilichtmuseum Hemsedal Bygdetun,** ein Bauernhof aus dem 18. Jahrhundert, mit Wohnhaus, Scheune, Schmiede und Stall (20.6.-20.8., 11-15 Uhr; nahe Ulsåk gelegen).

Das Mørkedal, dem die Rv 52 folgt, endet auf dem **Hemsedalsfjell**. Die Hochebene wirkt eher trist, allerdings wölbt sich über ihr in klaren Nächten ein unvergleichliches, funkelndes Sternenzelt. Solch glitzernde Vielfalt wird man im kunstlichtverseuchten Mitteleuropa wohl kaum erleben können.

Nach einigen Kilometern Fahrt über das Gebirgsplateau windet sich die Straße auf Serpentinen hinab nach Borlaug, das von mächtigen und rundhöckrigen Bergen eingerahmt ist. Hier trifft man auf die E 16, die aus dem Valdres-Tal kommend zur Stabkirche von Borgund und nach Lærdal am Sognefjord führt.

- **Touristeninformation:** Hemsedal Turistkonto, Postboks 3. 3561 Hemsedal, www.hemsedal.com, Tel. 32055030, Fax 32055031.
- **Fernbus 170.**
- **Unterkunft** (Hohe Winter-, niedrige Sommerpreise).

Skogstad Hotell, Tel. 32055000, Fax 32055001, (*****), Sommer (****). Modernes Hotel mit à la carte-Restaurant, Nachtclub und Disco, à la carte-Restaurant.

Fanitullen Ferieleiligheter, Hemsedal-Zentrum, Tel. 32060600, Fax 32060654, (****). 1990 erbautes ansprechendes Hotel mit gemütlichen Apartments.

Hemsedal Hotell, Tuv, Tel. 32055400, Fax 32060691, (*****/****). Renoviertes Hotel in Tuv bei Hemsedal. Zur Anlage gehören auch die sehr gemütlichen **Storehorn Appartements** in Ulsåk und das **Hemsedal Vertshus** (400 NOK/Pers.) im Zentrum von Hemsedal.

Huso Fjellgård, Huso, 15 km südlich, Tel. 32023100, Fax 32023101, www.huso.no. Romantischer Berghof mit komfortablen Hütten und Apartments (1500-4000 NOK/Woche). Auch ein kleines naturkundliches Museum

Ski fahren im Hemsedal

Der Wasserfall Rjukandefoss im Winter

HALLINGDAL: UMGEBUNG VON GOL

gibt es hier, viel Getier und Aktivitätsangebote für Groß und Klein. Ferner liegen ein rekonstruiertes Wikinger-Häuptlingshaus und ein Hof aus der Eisenzeit auf dem Berghof (geöffnet im Sommer 11-18 Uhr).

Fossheim Gjestehus, Tel. 32060315, Fax 32060745, www.fossheim.com. Ansprechendes Gästehaus mit schönen Zimmern (****), gemütlichen Hütten (***) und einer angeschlossenen **JH** mit recht einfachen Hütten.

●**Camping/Hütten**
(alle mit Bushaltestelle)
Haug og Bru-Haug Camping, Hemsedal, Tel. 32060525, Fax 32060584, ganzjährig geöffnet. Sehr komfortable Hütten (**) am Fluss im Zentrum. Alle mit TV und Sauna. Sehr viel preiswerter, aber auch viel schlichter sind die **Hütten vom Haug-Platz,** oberhalb des Ortes (*).

Rjukandefoss, Tuv, Tel. 32062174, Fax 3206 2020, ganzjährig geöffnet. Schlichter Platz an der Straße mit einfachen, netten Hütten (2500 NOK/Woche im Winter, Sommer ab 250 NOK/Tag).

Hulbak Hytter, 4 km nördlich, Tel. 32062275, www.hulbak.no. Einfacher, schöner Campingplatz am Bauernhof. Hütten, z. T. mit Kamin und TV, (*/**) (Winter 2500-6000 NOK/Woche). Besonders romantisch: Haus Hallingstue (530 NOK).

Moen Hytter og Camping, Ulsåk, Tel./Fax 32060136, ganzjährig geöffnet. Guter, 5 km nördl. Hemsedal gelegener Platz. 17 Hütten (*/**). Sanitäreinrichtung sauber, aber knapp bemessen.

Hemsedal Booking, sehr komfortable Zimmer und Hütten verschiedener Größe, Tel. 32055060, Fax 32055061. Im Sommer ab 600 NOK.

●Im Zentrum gibt es **Pubs, Restaurants und Diskotheken.**
●**Fahrrad fahren:** Ein Sessellift hat auch im Sommer geöffnet und bietet eine eigene Mountain-Bike-Abfahrt.
●**Klettern/Eisklettern/ Paddeln:** Kurse und Touren bietet der Outdoorladen Skandinavisk Høyfjellutstyr in 3560 Hemsedal an (Tel. 32060177, Fax 32060501).

Gebirge und Täler westlich des Gudbrandsdal

- **Wintersport:** 13 Lifte, 800 m Höhenunterschied, 27 Abfahrten, beleuchtete Pisten und Loipen, Langlaufgebiet einige Kilometer südlich Richtung Gol. Liftpass: 6 Tage 1300 NOK, Skiverleih, Skischule.
- **Weitere Angebote:** Elchsafari, Reiten, Angeln, Gleitschirmfliegen, Tennis, 9-Loch-Golfplatz (Tel. 32062144).
- Um nach Ål zu gelangen, kann im Sommer auch die enge, teils holprige Gebirgsstraße ab dem Skisenter in Hemsedal benutzt werden. Sie führt durch herrliche Fjellandschaft mit guten **Wandermöglichkeiten.**

Torpo/Ål ⤳XV/D3

In **Torpo,** 15 km östlich von Gol, steht schlank und rank eine winzig kleine **Stabkirche.** Erbaut wurde sie um das Jahr 1200. Ihre heutige turmförmige Gestalt erhielt sie durch den Abriss der umlaufenden Gänge und des Chores im 18. Jh. Beachtenswert sind die farbenfrohen, aus dem Leben Jesu erzählenden Bilder am Baldachin, der Dachwölbung im Inneren (9-18 Uhr).

10 km weiter kommt man in den netten, bei Norwegern immer beliebter werdenden Urlaubsort **Ål.** Neben der schönen Natur mit dichten Moospolsterwäldern, in denen Auerhahn, Elch und Hirsch leben, ist das kleine **Ål-Bygda-Museum** von Interesse. In dem Freilichtmuseum ist ein alter Bauernhof mit 30 Gebäuden, die z. T. aus dem 17. Jahrhundert stammen, eine alte Schulstube und eine Abteilung zum Thema Rosenmalerei zu besichtigen. (Geöffnet Juli-Mitte Aug. Di-So 11-16 Uhr.)

- **Touristeninformation: Ål Turistkontor,** 3570 Ål, Tel. 32081060, Fax 32082336, www.kulturstreif.no, www.aal.as.
- **An- und Weiterreise:** siehe unter „Geilo".

- **Unterkunft**
Hallingdal Hotell, Ål, Tel. 32082011, Fax 32082032, (****). Recht ansprechend gestaltetes Hotel mit netten Zimmern, Swimmingpool, Sauna.
Actif Hotel, Votndalen, Tel. 32086666, Fax 32086667, (*****). Modernes Sporthotel: Tennis, Sauna, Hallenbad, Bowling, Fitnessraum, Skizentrum. Hütten (****).
www.norway-cabin.com, Zusammenschluss verschiedener Hüttenanbieter am Skisenter.
Ål Camping, Rv 7, 2 km östl. von Ål, Tel. 41300332. Einfacher Platz zwischen Straße und Fluss, mit 12 preiswerten Hütten (*).
Ål Folkepark, Tel. 32081326, Anlage mit Freilichtbühne und Marktständen. 25 Hütten unterschiedlicher Größe und Ausstattung (**/ ***), z. T. am Fluss gelegen. Zudem: Zelt- und Caravanplatz.
- **Kulturhaus:** Turistkontor, Kino, Bibliothek **Internet** und Museum mit Arbeiten des deutschen Künstlers *Rolf Nesch*.
- **Wintersport:** 3 Lifte mit 460 m Höhenunterschied, Liftpass für 5 Tage 1000 NOK. Schlittenhundefahrten, Schlittenfahrten, beleuchtete Loipen.

Hol ⤳XV/D3

Der kleine Ort zwischen Ål und Geilo hat eine sehenswerte Kirche. Der Ursprung des Baus geht auf eine im 16. und 19. Jahrhundert umgebaute Stabkirche zurück. Nahe des Gotteshauses liegt das idyllische Hol Bygdemuseum mit 20 Häusern aus dem 18. und 19. Jahrhundert. Neben alten Hofgebäuden gibt es auch eine Schul- und eine Pfarrstube. (Geöffnet: Juli-Aug. Di-So 11-16 Uhr.)

Geilo ⤳XV/D3

Schon Ende des 19. Jahrhunderts kamen die ersten Gäste in das 900 m hoch gelegene Geilo (sprich: „jeilu"). Aus dem anfänglich noch sanft vor sich hin schlummernden Bergdorf wurde

Farbkarte Seite XV   HALLINGDAL: UMGEBUNG VON GOL

im Laufe der Jahre **eines der bedeutendsten Wintersportzentren Skandinaviens**. Die Entwicklung begann mit dem Bau der Bergen-Bahn zu Beginn des 20. Jahrhunderts. Der schneesichere, der Sonne zugewandte Ort wurde so für Gäste aus Oslo und Bergen leicht erreichbar. Schon 1935 fanden hier die ersten Abfahrtsrennen statt, und heute stehen 18 Lifte zur Verfügung. Die geringen Höhenunterschiede aber machen den recht teuren Ort vor allem zu einem Zentrum für den **Langlauf**. Ganz besonders hoch im Kurs stehen da Touren über die angrenzende Hardangervidda und zum markanten Bergmassiv des 1933 m hohen Hallingskarvet nördlich von Geilo.

Die Geschichte des Ortes soll ein im Aufbau befindliches Erlebniscenter, die Geilosmiu, erläutern. Schon heute geöffnet hat das **Geilojordet** im Zentrum, eine alte Bergbauern-Hofanlage aus dem 18./19. Jahrhundert (Café).

Touristeninformation

● **Geilo Turistinformasjon**, 3580 Geilo, Tel. 32095900, Fax 32095901, www.geilo.no.

An- und Weiterreise

● **Bergen-Bahn:** siehe Kap. „A–Z/Verkehrsmittel/Bahn/Die wichtigsten Bahnstrecken".
● Tägliche **Zugverbindungen** nach Oslo, Gol, Ål und Bergen.
● Über die oft bis in den Juni hinein tief verschneite nördliche Hardangervidda geht es in Richtung Westen zur Bergstation Finse (siehe unter „Hardangervidda"), nach Myrdal, mit dem Abzweig der dramatischen Flåm-Bahn (vgl. „Der Westen/Sognefjordregion/Flåm"), und nach Bergen an der Küste des Westlandes.
● **Im Sommer: Bus** (mit Fahrradtransport) nach Haugastøl, Tråstølen, Dyranut u. Eidfjord.

På Hytta – das Glück im Kleinen

Über 400.000 Hytter bedecken das Land der Fjorde und Fjelle wie Zucker den Kuchen. Entweder sind es alte Wohnhäuser unweit der luxuriösen, neuen Gebäude, Teile eines Bauernhofes oder aber maßgeschneiderte Freizeit-Unterkünfte, die vorzugsweise Wald, See und Hochgebirge mit endlosen Wegen und Loipen gleich in der Nähe haben. Der nächste Nachbar sollte dabei außer Sicht-, zumindest aber außer Rufweite hausen – die Wahrung der Privatsphäre ist oberstes Gebot! Die Hütte ist schließlich ein kleines Himmelreich, ein Zufluchtsort vor der Zivilisation, der Platz für nostalgische Familienerbstücke, die vorzugsweise mit Kamin und knisterndem Birkenholz. Allerdings teilt man, ist man mal nicht „på hytta", also in Hüttenklausur, das Anwesen gern mit anderen – ein unschätzbarer Vorteil für Verwandte, Freunde und Touristen.

Unterkunft

● **Dr. Holms Hotel+**, Geilo, Tel. 32095700, Fax 32091620, www.drholms.no, (*****). Romantisches und zugleich sehr modernes Holzhotel, im Winter sehr teuer. Erbaut wurde die noble Unterkunft im Jahr 1909, sie war eine der ersten im alten Geilo. Gutes Restaurant, Pub, Hallenbad, Sauna.
● **Geilo Hotel,** Tel. 32090511, Fax 32091730, (*****/****). Angenehmes und traditionsreiches Haus mit gutem Service zu akzeptablen Preisen. Sauna, Fitnesscenter.
● **Bardøla Høyfjellhotel**, 1,5 km vom Zentrum entfernt, Tel. 32094100, Fax 32094101, www.bardola.no, (*****/****). Großes Qualitätshotel mit sehr guter Ausstattung. Hallenbad, Sauna, Tennis, Nachtclub. Top-Hütten.
● **Norlandia Ustaoset Hotell**, 10 km westl. Geilo, Rv 7, Tel. 32093161, Fax 32093128, (*****). Januar z. T. (*/**). Traditionsreiches Hochgebirgshotel am Rande der Hardanger-

Gebirge und Täler westlich des Gudbrandsdal

vidda. Schwimmbad, Sauna, Pianobar, Kaminstube, sehr gute Küche.
- **Geilo Booking,** Tel. 32095940, Fax 3209 5941.
- **Dyranut Fjellstova,** Tel./Fax 53665716, www.dyranut.com. Gebirgsbaude mitten auf der Hardangervidda (Rv 7, westl. Geilo). Einfache, aber gemütliche und günstige Zimmer (**/***). Im Sommer geöffnet.

Jugendherberge

- **Geilo Vandrerhjem,** Tel. 32087060, Fax 32087066, www.oenturist.no. Gute Jugendherberge mit dem Bett für 275 NOK und dem DZ für 650 NOK.

Angeschlossen ist das **Øen Turistsenter** mit 29 einfachen Hütten (**) und guten Apartments (725 NOK).

Camping/Hütten

- **Geilo Camping og Hytter,** zentrumsnah, Tel. 32090733, Fax 32091156, ganzjährig geöffnet. Der einfache Platz vermietet 21 zumeist einfache Hütten (*), im Winter 2000-4000 NOK/Woche.
- **Ødegård Teigen,** Geilo Tel. 32090298, Fax 32091723, www.odegardteigen.no. Einige Hütten sind „nur" komfortabel, andere Luxus, gemütlich sind alle. Sommer: 600-1500 NOK (7-15 Personen). Die Häuser Blomset und Skarvegløtt kosten 9000-12000 NOK (pro Tag), für 15-50 Personen.
- **Eivindsplass Fjellgard,** südl. Geilo im Skurdal, Tel. 32094845, www.eivindsplass.no. Historische Hofanlage in wunderbarer Lage. Zimmer und knorrige Hütten (z. T. aus dem 18. Jahrhundert).

Aktivitäten

- **Reiten:** Es werden u. a. Reittouren auf die Hardangervidda angeboten. Geilo Hestsenter, Tel. 32090181, www.geilohest.no. Sudndalen Hestsenter, Tel. 32088525.
- **Wandern/Fahrrad fahren:** An der Straße in Richtung Sognefjord gibt es viele Einstiegsmöglichkeiten zu Wanderungen **auf die Hardangervidda,** z. B. ab den Touristenhütten Halne und Dyranut. Ab Tråstølen, 1,5 km vor Dyranut, führt ein nicht zu verfehlender Fahrweg südwärts zur Bjoreidalshytta (4 km),

weiter zur Hütte Trondsbu (nochmal 4,5 km) und endet in Byen (nochmal 4,5 km). Der Weg ist auch gut mit dem Mountain-Bike zu bewältigen! Ab Bjoreidalshytta führen Pfad/Loipe binnen 5 Stunden zur bewirtschafteten DNT-Hütte Sandhaug (80 Schlafplätze). Auch diese Strecke ist Mountainbike-tauglich, fordert aber schon viel mehr Leistung und technisches Können!

Westlich von Geilo, in Haugastøl, beginnt der berühmte **Fahrradweg Rallarvegen** (siehe auch unter „Flåm"). Viele benutzen diesen Weg aber erst ab Finse, da man sich so die 300 Höhenmeter bis Finse ersparen kann (Zug bis Finse!). **Fahrradverleih** im Hotel in Haugastøl (175 NOK/Tag, 600/Woche), Geilo, Finse, Flåm.

Ab Prestholsætre bei Geilo führt eine anstrengende 3,5-Stunden-**Wanderung hinauf zum Prestholtskarvet,** einem Teil des Hallingskarvet. 600 m Höhenunterschied sind zu überwinden.
- **Wintersport:** Geilo: 18 Lifte, 275 m Höhenunterschied, 59 Abfahrten, 500 km Loipen, beleuchtete Pisten und Loipen, Liftpass 6 Tage 1200 NOK; Vinterland: mit Hemsedal, Ål, Gol, Hallingskarvet (30 km ab Geilo, Rv 50: 3 Lifte, 510 m Höhenunterschied).

Nach Süden (Rv 40) geht es ins Numedal (siehe dort).

Über die nördlichen Ausläufer der Hardangervidda (im Winter zeitweise gesperrt!) führt die Rv 7 zum dramatisch-schönen Wasserfall Vøringfoss (siehe unter „Eidfjord").

Hardangervidda ⌕XIX/C,D1

Westlich von Geilo, im Zentrum des oft so lieblichen Südnorwegens, erstreckt sich über ein Areal von 9000 km² **Europas größte Hochebene,** die tundraartige Hardangervidda. Entstanden ist die Rumpffläche an der

---

Dyranut Turisthytta – im Winter wegen drei Meter Schnee geschlossen

HALLINGDAL: UMGEBUNG VON GOL

Wende vom Präkambrium zum Kambrium (vor ca. 600 Mio. Jahren). Das Meer glättete und schliff die Oberfläche. Sedimente lagerten sich ab. Im Ordovizium (vor etwa 500 Mio. Jahren) begann mit der Kaledonischen Faltungsära die Heraushebung der Scholle. Vor etwa 10.000 Jahren war das Gebiet vom Eis der letzten Eiszeit überdeckt, wovon noch die vielen Seen und Moränen zeugen. Die durchschnittliche Höhe der Vidda (Hochebene) liegt heute bei 1000-1200 m. Einzelne Berge reichen im zentralen Teil bis 1400 m hoch und am Rand bis 1600 m. Der **mächtigste Gipfel** ist der nördlich von Geilo gelegene **Hallingskarvet** (1933 m). Allgemein ist die Vidda aber eher flachwellig, wobei sie in Richtung Osten sanft und nach Westen zu steil zum Hardangerfjord hin abfällt. Das Gebiet liegt über der Baumgrenze, war jedoch nach der letzten Eiszeit teils bewaldet, wovon noch einzelne Baumstämme künden.

Das **Klima** ist **zumeist subpolar,** mit dem Niederschlagsmaximum im Südwestteil der Hochebene. Selbst im Hochsommer steigen die Temperaturen nur selten auf über 10 °C, im Winter fallen sie zum Teil bis auf -40 °C. Tägliche **Wetterumschwünge** sind keine Seltenheit. Nicht umsonst testen viele norwegische Polarreisende ihre Ausrüstung in einigen Teilen der Vidda.

Trotz allem darf man sich die Hochebene nicht als eine endlose, leere

GEBIRGE UND TÄLER WESTLICH DES GUDBRANDSDAL

Wüste vorstellen. In den vielen Senken konnten sich Moore und Böden ausbilden. **450 Pflanzenarten** gedeihen hier, einhundert davon endemisch, d. h. nur hier vorkommend. Auch leben auf der Vidda **28 Säugetierarten.** Mit etwas Glück trifft man u. a. auf Schneehühner, Vielfraße, Luchse und Lemminge. Bevor man ihnen begegnet, wird man eher einige der 15.000 wilden Rentiere oder 35.000 Schafe kennen lernen.

In heutiger Zeit ist speziell der 7500 km² große, als **Nationalpark** geschützte **Zentralteil der Hardangervidda ein beliebtes Wandergebiet,** sowohl im kühlen Sommer als auch im frostigen Winter. Mehrere Tage kann man unterwegs sein und wird trotzdem kaum einen Menschen treffen. 35 z. T. bewirtschaftete Hütten stehen für die Übernachtung bereit. Auch auf Eintagestouren bekommt man schon einen guten Eindruck von der herrlichen Natur (z. B. ab der den Nordteil der Vidda durchquerenden Rv 7, ab Eidfjord, Kinsarvik und Haukeli).

● **Informationen**
Am interessantesten ist das **Hardangervidda Natursenter** in Eidfjord am nördlichen Hardangerfjord (siehe „Westen/Hardangerfjord"). Ansonsten halten auch die **Touristenbüros der angrenzenden Orte** (z. B. Rjukan, Geilo, Eidfjord) Informationen bereit. Auch der **norwegische Gebirgswanderverein (DNT)** erteilt Hinweise zu Wanderungen (DNT, Storgaten 3, Postboks 7, Sentrum, 0101 Oslo, Tel. 22822822, www.dntoslo.no). Erhältlich sind hier u. a. kostenlose Wanderkarten mit Angaben zu Wanderzeiten. Detaillierte topografische Karten im Maßstab 1:50.000 und 1:100.000 kauft man am besten in den Buchhandlungen in Oslo und Bergen oder in Sportläden der umliegenden Orte. Auch in Buchhandlungen in Deutschland oder bei NORDIS kann man diese Karten bestellen (NORDIS, Tel. 02173/95370).

Viele der Hütten auf der Vidda können nur genutzt werden, wenn man Mitglied im DNT ist. Die Häuser liegen jeweils einen Tagesmarsch voneinander entfernt. Wild gezeltet werden darf überall, und natürlich kostenfrei.

● **Unterkünfte am Rande der Hochebene**
Gute Ausgangspunkte für Eintagestouren auf die Hardangervidda sind die Hotels und Campingplätze in Rjukan, auf dem Haukelifjell, in Finse, Eidfjord und Geilo. Größere Höhenunterschiede auf dem Weg zur Vidda ab Lofthus und Kinsarvik (siehe auch bei den jeweiligen Orten).

Finse ↗XV/C3

Finse ist der **höchste Punkt der Bergen-Bahn,** liegt zwischen Geilo und Myrdal und ist nur mit dem Zug zu erreichen. Der 1222 m hoch gelegene Ort – eigentlich nur ein Hotel, ein Museum und einige Urlaubshütten – ist ein **idealer Ausgangspunkt für Ski- und Wandertouren auf die Hardangervidda.** Finse liegt auch am **Fahrradweg Rallarvegen** (siehe unter „Flåm").

Das **Rallarmuseet** dokumentiert die Geschichte der Bergen-Bahn. (Geöffnet im Sommer 10-20 Uhr, 20 NOK).

● **Hotel Finse 1222,** Tel. 56527100, Fax 56527110, www.finse1222.no, geöffnet: 1.2.-1.10. Das schlichte Hotel vermietet 44 Zimmer (****). Lift in der Nähe. Schnee liegt bis Anfang Juni. Hundeschlittentouren, Gletschertouren und Fahrradverleih für den Rallarvegen.
● **Finsehytta des DNT:** Tel. 56526732.
● **Hinweise zum Gebirgswandern:** siehe Kap. „A–Z/Sport und Freizeit/Wandern".
● **Durchquerungen der Hardangervidda** dauern 7-9 Tage. Karte, Kompass, warme Sa-

Farbkarten Seite XII, XVI

chen und feste Bergschuhe gehören zur Grundausrüstung!
● **Reittouren auf der Hardangervidda** werden u. a. von Rjukan und Geilo aus angeboten (siehe dort).

Valdres ⌕XII/A3, XVI/A1

Zwischen den Hochebenen des Gols- und Hemsedalfjell und der rauen Bergwelt Jotunheimens liegt die weite, liebliche Landschaft der Valdres. Nachdem auch dieses Tal über Jahrhunderte hinweg von der Außenwelt abgeschnitten war und sich so eine ganz eigene Mundart und Trachtenkultur entwickeln konnte, wird das Gebiet heute, wie so viele andere auch, von einer Fernverkehrsstraße durchzogen. Allerdings hat die Valdres glücklicherweise kaum etwas von ihrer Ursprünglichkeit eingebüßt. Und obwohl man versucht, immer mehr Touristen anzulocken, so ist doch der moderne **Charterflughafen in Fagernes** bis dato eine der wenigen einschneidenden Veränderungen – und eine von den Einheimischen viel belächelte Fehlinvestition noch dazu.

Wer aus Richtung Oslo über die E 16 in Richtung der Valdres fährt, hat unterwegs die Möglichkeit, zwei Stabkirchen zu besichtigen. Eine davon ist die **Stabkirche von Hedal** (nicht zu verwechseln mit Heddal!). Zu ihr biegt man am Ende des wurmförmigen Sperillen-Sees, in Nes, auf die Rv 243 ab (25 km). Durch schöne Waldlandschaft erreicht man die einschiffige Kirche aus dem 12. Jahrhundert. Lange Zeit blieb das Haus, nachdem im 14. Jahrhundert die Pest wütete, ungenutzt und ward nach einiger Zeit vergessen. Erst im Jahr 1558 fand man das Gebäude noch relativ gut erhalten im Wald. Es sah noch so aus wie nach dem letzen Gottesdienst, allein ein Bär hielt Winterschlaf am Altar. Kurz danach weihte man die Kirche erneut und baute sie 140 Jahre später zur Kreuzkirche um. Besonders sehenswert ist heute das reich verzierte Westportal (im Sommer von 11-16 Uhr geöffnet). Unweit des Gotteshauses liegt die alte „Prestestugur", die Unterkunft für den „Prest", den Pfarrer. In dem aus Rundhölzern erbauten Haus ist u. a. altes Kircheninventar zu besichtigen. (Geöffnet Anf. Juni-Mitte Aug. 10-17 Uhr.)

Weltliche Gegenstände zeigen hingegen die einige Kilometer südlich gelegenen **Bautahaugen Samlingen**. Neben Gehöften mit Schulmuseum und Krämerladen gehören auch eine alte Mühle und eine Fischerhütte zur Anlage (Geöffnet: Juli bis Mitte August 12-17 Uhr; Sa geschlossen).

Ab Hedal kann man über eine kleine, 6 km lange Serpentinenstraße mit Panoramablick zum schönen Begnatal und damit zur E 16 zurückkehren.

Die zweite **Stabkirche** der Gegend liegt **in Reinli** bei Bagn (25 km südlich von Fagernes). Das an eine kleine gotische Hallenkirche erinnernde Haus thront hoch droben über den Felsen und Bergen der südlichen Valdres. Der 1327 erstmals erwähnte Bau ist unter den Stabkirchen Norwegens einmalig, da Schiff, Chor und Apsis die gleiche

Breite haben. Beachtenswert die teils an Karnevalsmasken erinnernden Köpfe am Ende der Innensäulen und die kunstvoll verzierten Beschläge der Türen. (Geöffnet Ende Juni-Mitte Aug. 11-17 Uhr.)

Camping/Hütten

● **Buttingsrud Camping,** Hallingby, Tel. 3214 3160, ganzjährig geöffnet. 36 km nördlich von Hønefoss zwischen dem Sperillen-See und der E 16 gelegener, einfacher Platz. 6 Hütten (*/**).
● **Sperillen Camping,** 8 km südlich von Nes, Tel./Fax 32143200, geöffnet: 1.5.-15.9. Oberhalb des Sperillen-Sees gelegener, einfacher Platz mit schönem Strand. Hütten (*).

Shopping

● Im Ort Bagn an der E 39 gibt es ein größeres Einkaufszentrum und den Laden **Bagnsmoen,** in einem Handelshaus aus dem Jahre 1881 (nahe Bagn Kirche, Str. Richtung Tonsåsen). Hier bieten 70 lokale Traditionsbetriebe ihre Waren zum Verkauf an (Geöffnet: Mo-Fr 11-16, Sa 11-15 Uhr, So 12-15 Uhr).

Fagernes   ⌕XVI/A,B1

Mit etwa **3000 Einwohnern** ist Fagernes der **größte und wichtigste Ort der Valdres.** Das Zentrum der um 1857 als Verkehrs- und Handelszentrum gegründeten Siedlung wurde in den letzten Jahren neu gestaltet und steht ganz im Zeichen des Tourismus. Besichtigt werden kann das **Valdres-Folke-Museum.** Die imposante und sehenswerte Sammlung liegt im Ort auf einer Halbinsel im See. Unter den ausgestellten 93 alten Gebäuden ist der Methusalem das Hovi-Lagerhaus aus der Zeit um 1200. Ihm zur Seite stehen Gehöfte, Mühlen, Badehaus und Handwerksbetriebe. Anfang Juli bis Anfang August finden mehrmals täglich **Volkstanzaufführungen** statt. Jede Sommerwoche ist zudem abwechselnden Thematiken gewidmet. Die Anlage wird abgerundet durch ein Café mit landestypischen Gerichten und einen Kinderspielplatz. (Geöffnet: Juni bis Aug. 10-16 Uhr, ansonsten Mo-Fr 9-15 Uhr, 60 NOK, Familie 125 NOK.)

Portal der Stabkirche von Lomen

VALDRES: FAGERNES

Touristeninformation

- Am Busbahnhof (Skysstasjon), **Valdres Turistkontor**, 2900 Fagernes, Tel. 61359410, Fax 61359415, www.visitvaldres.no.

An- und Weiterreise

- **Fernbusse 160, 450,** www.jvb.no.
- **Flughafen:** Charterflüge von Oslo, Bergen und manchmal auch von Deutschland aus nach Fagernes, Tel. 61364300.

Unterkunft

- **Fagernes Hotel**, Zentrum, Tel. 61358000, Fax 61358001, (*****). Aus einem kleinen Holzhotel entstand die große, elegante Anlage am See. Die Zimmer sind ansprechend, das Restaurant ist gut. Disco/ Nachtclub, Fahrrad- und Bootsverleih, Sauna, Hallenbad.
- **Nythun Høyfjellstue**, 16 km vom Zentrum, Tel. 61357930, Fax 6137940, www.nythun.com, (****). 19-Zimmer-Berghotel in schöner Lage auf 870 m Höhe.
- **Danebu Kongsgård**, Aurdal, Tel. 61357600, Fax 61357601, www.danebu.no, (*****). Schöne Anlage aus dunklen Holzhäusern mit grünen Grasdächern. In 985 m Höhe gelegen. 44 gute Zimmer, 14 große Hütten. Restaurant, Bar, Sauna, Tennis, Minigolf, Fahrradverleih. Unweit des Alpincenters.
- **Skrudvold Gard – Heste Sportellet**, in Skrautvål, nördl. Fagernes, nahe Rv 51, Tel. 90526176, www.skrutvold.no, Hof mit romantischen alten Hütten und einem Reitstall!
- **Pensionen:** Munke Kro, E 16, Aurdal, Tel. 61360177, christliches Gästehaus, ansprechende Zimmer, gute Preise (*), www.munkekroen.com. Fagerborg Gjestehus, Leira, Tel. 61359680, (***). Valdres Gjestegard (E 16, Aurdal, Tel. 61362361, übernachten im ehemaligen Gefängnis, (***). Fagerlund Gjestehus, Fagernes, Tel. 61361858. Gemütliche Zimmer (ab 700 NOK).

Jugendherberge

- **Leira Vandrerhjem**, Leira, Tel. 61359500, leira.hostel@vandrerhjem.no, geöffnet: 1.6.-14.8. Jugendherberge in der Volkshochschule. DZ 500 NOK, Bett 225 NOK.

Camping/Hütten

- **Fagernes Canping**, am Freilichtmuseum, zentrumsnah, Tel. 61360510, Fax 61360751, ganzjährig geöffnet. Großer Wiesenplatz am See mit 15 Hütten (*/***), Fahrrad- und Bootsverleih. Badestrand.
- **Strandefjorden Fritidspark**, Leira, Tel. 61357780, Fax 61357781, ganzjährig geöffnet. 4 km südlich, am Wasser gelegen. Komfortable Ausstattung mit 16 z. T. sehr guten Hütten (*/***), Tennisplatz, Fahrrad- und Bootsverleih, Spielplätzen, Badestellen, Café mit norwegischer Küche und Pferdeschlittenfahrten im Winter.
- **Vasetdansen Camping**, Tisleidalen, Rv 51, Straße nach Gol, Tel. 61359950, Fax 6135 9955, www.vasetdansen.no, ganzjährig. Ein herrlicher Platz zwischen Bäumen am Wildbach. 20 Hütten (*/****), sehr gute Sanitäranlage, Angelteich und Loipen.

Aktivitäten

- **Reiten:** Das **Vaset Hestesenter** (im Gebirgsdorf Vaset westlich von Fagernes) bietet Reitausflüge auf die Hochebene Tel. 6136 8727, www.vaset.no.
Heste Sportellet, Skrutvold Gård, in Skrautvål, 6 km nördl. Fagernes, Tel. 61363735, www.skrutvold.no. Gesundheitsfarm mit gemütlichen Unterkünften und großem Reitstall!
Hellebekk, Bagn, 20 km südl., Tel. 61350930, www.hellebekk.no. Gutes Reitcenter mit Hütten.
- **Organisierte Ausflüge**
Sør Valdres Utvikling: Tel. 61346461, www.svu.no. Wandern zur Schlucht Kverrvilljuvet.
Turistkontor Fagernes: Tel. 61359410, ornithologische Touren.
Valdres Naturaktiviteter: Tel. 61342500, Hulbakk-Höhle bei Vaset.
- **Mountain-Bike/Auto-Ausflug:** Von Fagernes nach Ulnes. Hier hinauf nach Vaset. Von dort auf dem Panoramavegen (Maut) über das Fjell nach Hemsedal (etwa 60 km, 600 m Höhenunterschied) oder nur bis zum Storfjorden. Von dort in Richtung Südosten zum Golsfjell und sodann auf der Rv 51 zurück nach Fagernes (etwa 70 km).
- **Wintersport: Valdres Alpinsenter** in Aurdal, 15 km südlich von Fagernes. 3 Lifte,

Der Westen

350 m Höhenunterschied und günstige Preise. Unzählige Kilometer Loipen gibt es ab der Bergstation, ab Vaset, in der Region Etnedal und auf dem Golsfjell.

Essen & Trinken
● **Briskeby Café,** gemütliches Buchcafé mit Galerie im Zentrum von Fagernes.

Kunst und Kultur
● **Galleri Hilsen,** Garlivegen 7. Interessante Malerei mit sattem Blau und Orange.
● **Valdres Kunstforening,** Jernbanevegen. Wechselnde Ausstellungen. Mi, Sa 12-15 Uhr, Fr 15-18 Uhr.
● **Høvda Sylv og Tre,** historisch inspirierte Produkte aus Holz und Silber. Alte Hofanlage. (Rv 51, 32 km Richtung Beitostølen, in Skammestein 10 km nach Ryfoss/Hyggjande; Toller Talblick; geöffnet: 10-18 Uhr).

Natur
● **Schieferbruch,** stillgelegter Schieferbruch 10 km nordwestlich Fagernes (Rv 51, Schild: *Valdres Skiferbrudd*). Blau-Grüner Muskovit-Schiefer.

Shopping
Im Zentrum gibt es u. a. Sportgeschäft, Buchladen, Fotoläden und ein Husfliden-Geschäft mit Strickwaren und Souvenirs.

Umgebung

Das Valdres-Tal ab Fagernes ⌂XII/A3

In Fagernes beginnt die Valdres, eines der schönsten Verbindungstäler nach Westnorwegen. Beeindruckend ist der Kontrast zwischen den lieblichen Wiesen und Wäldern und den grauen, mächtigen Bergen Jotunheimens.

17 km nordwestlich von Fagernes lohnt in **Vestre Slidre** der romanische **Slidredomen** (geöffnet: 23.6.-15.8., 11-17 Uhr) einen Stopp. Der imposante Kirchenbau wurde zwischen 1150 und 1200 errichtet und besitzt bis zu 2 m starke, wehrhafte Mauern. Einen aufmerksamen Blick wert sind die mittelalterlichen Türbeschläge und die Wandgemälde aus dem 13. und 15. Jahrhundert. Gleichfalls in Slidre, am See Slidrefjord, erstreckt sich das **Gardergfelt** den Hang hinauf. Das **Gräberfeld** besteht aus einem Opferstein, über 600 Steingräbern aus der Zeit von 300 bis 900 n. Chr. und dem Einang-Runenstein aus dem 4. Jahrhundert. Ein Teil seiner Inschrift besagt, dass ein gewisser *Gudgjest* (zu Deutsch: Gottesgast) die Runen meißelte. Möglicherweise ist diese sehr alte Inschrift der Ursprung der Schriftsprache im Norden und damit eine ähnlich revolutionäre Erfindung, wie E-Mail und Internet in unserer Zeit. Es ist anzunehmen, das Gudgjest seine Fertigkeiten auf einer Reise durch Südeuropa erlernte.

Nördlich von Slidre, fast am Ende des idyllischen Sees Slidrefjord, steht die kleine **Stabkirche von Lomen.** (Geöffnet: 23.6.-15.8., 10.30-17 Uhr.) Dem im 13. Jahrhundert erbauten Gebäude sieht man nach zahllosen Umbauten seinen Ursprung nicht mehr an. Nur das Westportal weist noch die alte Tier- und Pflanzenornamentik auf. Auch der Innenraum hat infolge seiner hellen Farbgebung einiges von seiner einstigen Erhabenheit eingebüßt. Er lohnt kaum das Anschauen.

Um die einige Kilometer westlich gelegene **Høre-Stabkirche** ist es auch nicht viel besser bestellt. Das um 1180 geweihte Haus wurde im Laufe der

Farbkarten Seite XII, XV **VALDRES: UMGEBUNG VON FAGERNES**

Jahrhunderte mehrmals umgebaut und erinnert heute von außen nicht im entferntesten mehr an eine Stabkirche. Sehenswert sind allerdings die Schnitzereien im nur viermastigen Innenraum. (Geöffnet vom 20.6.-15.8., 11-18 Uhr.)

Die einzigen Kirchen der Valdres, die auch heute noch ihrer mittelalterlichen Bauweise gleichen, sind die von Vang und Øye. Die Vang-Stabkirche allerdings wurde vor langer Zeit an den preußischen König *Friedrich Wilhelm IV.* verkauft und steht heute im polnischen Riesengebirge. Die heutige Kirche im Ort (Grindaheim) stammt aus dem Jahr 1839. In der Nähe des Hauses steht der 2,5 m hohe Runenstein von Vang aus dem 12. Jahrhundert.

Bevor es nun in das Gebirge, zur Tyinskrysset und auf das Filefjell geht, liegt am Ende des Sees Vangssmjøsi das **Stabkirchlein von Øye.** Eigentlich stammt das geduckte Häuschen aus dem 12. Jahrhundert, wurde jedoch 1747 abgerissen. Als 1935 bei einer Renovierung der danach erbauten Kirche unter dem Fußboden 156 gut erhaltene Bauteile des alten Stabkirchhauses gefunden worden, beschloss man, das Gebäude wieder entstehen zu lassen. (Geöffnet im Sommer 10-16 Uhr.)

● **Touristeninformation:** Turistkontor in Grindaheim (Vang), www.valdres.com.
● **Fernbus 450.**
● **Bus** Tyinkrysset – Eidsbugarden.
● **Unterkunft**
Hütten: www.valdres-hytteutleie.no.
Vasetstølen, Røn-Vaset, Tel. 61363350, www.vasetstolen.no. Herrlicher alter Bergbauernhof mit komfortablen, urwüchsigen Hütten (**), Winter (***).

Grindbutunet, Røn-Vaset, Tel. 61361910, www.grindbutunet.no. Sehr komfortable Hütten in herrlicher Gebirgslandschaft.
Bøflaten Camping, Vang, Tel. 61367420, ganzjährig geöffnet. Guter Platz in Seenähe. 16 Hütten (*), Fahrrad- und Bootsverleih. Angelplätze.
Tyinkrysset Fjellstue og Gjestegård, Tyinkrysset, Tel. 61367800, Fax 61367777, (***). Netter Gasthof mit Lift und dem Jotunheimen-Gebirge in der Nähe. Hütten (**). „Trollige" Cafeteria auch für Nicht-Gäste.
Am Abzweig **Tyinkrysset** (E 16/Rv 53) gibt es viele Hütten (Info: Tel. 61367711, www.visitfilefjell.no).
● **Essen und Trinken**
Sørre Hemsing, in Vang, Tel. 61367270, historisches Lokal mit leckerer Rømmegrøt und Waffeln. Zudem: sehr gemütliche, renovierte Zimmer.
● **Botanik:** Mautstraße ab Grindaheim (Vang) zum **Helin-Feld. 35 km² Naturschutzgebiet.** Phylitt-Schiefer-Vorkommen.

In Tyinkrysset besteht die Möglichkeit, zum Stausee Tyin abzubiegen. Hier gabelt sich dann die Straße und führt nach Eidsbugarden (siehe unter „Valdresflya") und zum Industrieort Øvre Årdal, wo der berühmte Wasserfall Vettisfoss liegt (siehe „Øvre Årdal").

Wer auf der E 16 bleibt, gelangt über das raue Filefjell zu der im tiefen Tale zwischen mächtigen Felsmassiven liegenden Stabkirche von Borgund.

Borgund-Stabkirche   ↗XV/C,D2

Borgund ist **eine der schönsten Stabkirchen Norwegens** und, nach Urnes, die zweitälteste des Landes. Erbaut wurde das Meisterwerk mittelalterlicher Holzbaukunst um das Jahr 1150. Einmalig ist, dass sie in ihrer ursprünglichen, fensterlosen Form bewahrt wurde.

Verziert mit mythischen Drachenköpfen zur Abschreckung böser Wesen und mit christlichen Kreuzen geschmückt, reckt sich das Haus den Bergriesen entgegen. Durch das reich ornamentierte Westportal gelangt man in das andächtig-düstere Innere. Gegliedert ist der schlichte Raum ohne Sitzgelegenheiten in drei Schiffe, deren Masten mit Andreaskreuzen verbunden sind. Die Altartafel stammt aus dem Jahr 1650, die Kanzel aus der zweiten Hälfte des 16. Jahrhunderts. Beachtenswert auch die Figuren des Südportals. Als Säulensockel dient ein Tierkopf, den Säulenabschluss bildet ein Löwe (Geöffnet: Mai/Sept. 10-17 Uhr, Mitte Juni-Mitte Aug. 8-20 Uhr, 65 NOK). Angeschlossen ist ein sehenswertes **Besucherzentrum** mit Informationen zu den norwegischen Stabkirchen und diversen Originalexponaten abgerissener Gebäude.

Richtung Lærdal geht die Fahrt weiter durch ein sich zur wilden Schlucht verengendes Tal, mit Wasserfällen und dem alten Königsweg zur Linken.

● **Unterkunft**
Husum Hotel+, Steinklepp, unweit der Borgund-Stabkirche, Tel. 57668148, (*/**). Hinweis: Das Hotel ist derzeit geschlossen. Alte Posthalterei an der E 16. Im bildschönen Herrenhaus von 1887 werden 15 schlichte Zimmer vermietet. Ein Hauch Nostalgie umgibt den Besucher. Schöner Aufenthaltsraum mit Kamin. Lachstreppen direkt vor der Tür.
Borlaug Vandrerhjem, Borlaug (Kreuzung Rv 52/E 16), Tel. 57668780, Fax 57668744. Kleines, ganzjährig geöffnetes Haus mit Betten für 230 NOK und das DZ für 530 NOK.
● **Camping/Hütten**
Borgund Hyttesenter og Camping, Steinklepp, Tel. 57668171, geöffnet: 15.5.-10.10. Einfacher Platz 2 km östlich der Stabkirche, mit 11 bunten, ganzjährig geöffneten Hütten (*/**) www.hyttesenter.com.
Eggum Gard, Steinklepp, Tel. 57668275, geöffnet: 1.5.-1.10. Netter Platz am Bauernhof mit 5 ganzjährig zu mietenden Hütten (*/**), mit Fahrradverleih und Angelplätzen.
● **Wandern:** Eine schöne Wanderung führt **über den Königsweg.** Der Sage nach erhielt er seinen Namen von König Sverre, welcher 1177 auf der Flucht vor den Lærdalern hier entlang ritt. Später wurde der Pfad zu einem Postkutschenweg ausgebaut. Er beginnt am Ortrøvatn (südlich Tyinkrysset) und verläuft über die alte Postkutschenstation Maristuen (aus dem Jahr 1791) zur Borgund-Stabkirche. Hier, 500 m nördlich der Kirche, wandert man nun durch die Vindhella-Schlucht zum Husum Hotel. Der Weg ist jetzt als „Sverrestien" ausgeschildert und verläuft meist parallel zur E 16 am gegenüberliegenden Flussufer entlang.

Borgund-Stabkirche –
ein Löwe als Säulenabschluss

Borgund-Stabkirche

Beitostølen/Valdresflya ⌕XII/A3

In Fagernes geht es über die fantastische Panoramastraße Rv 51 hinauf nach **Hegge.** Die örtliche **Stabkirche** (13. Jahrhundert) wurde zwar, wie so viele andere auch, im 18./19. Jahrhundert umgebaut, besitzt aber noch heute ein kunstvoll verziertes Portal mit Ranken und Drachenmotiven. (Geöffnet im Sommer von 11-16 Uhr.)

Nördlich von Hegge liegt in 900 m Höhe der norwegenweit bekannte **Wintersportort Beitostølen.** Die sportliche Ära der Alm „Weideland" begann mit der Eröffnung des Hochgebirgshotels im Jahr 1934 und der Anlage des Olaheisen, des ersten Skilifts, anno 1965. Der Ort ist ein exzellenter Ausgangspunkt für Ski- und Wanderausflüge in Richtung Jotunheimen.

Das „Reich der Riesen" beginnt gleich hinter Beitostølen. Die Landschaft ist hier harsch und karg. Der Blick schweift nach Osten über eine mongolische Weite: kein Baum, kein Strauch, nur die Unendlichkeit des Himmels und die flechtenüberzogene Gesteinswüste der Valdresflya. In Richtung Westen jedoch majestätische Berggiganten, andächtige Gebirgsseen und ein Symphonie aus Fels und Eis. Landschaftliche Höhepunkte sind sicherlich die **Bergseen Bygdin (Stausee) und Gjende,** auf denen auch Boote verkehren. Wer etwas Mühe und Anstrengung nicht scheut, kann vom Ufer des Gjende-Sees **eine der**

GEBIRGE UND TÄLER WESTLICH DES GUDBRANDSDAL

herrlichsten **Wanderungen des Landes** unternehmen. Die Tour führt über den Besseggengrat in Richtung der Hütte Memurubu.

Nachdem man an der kleinen Jugendherberge den mit 1390 m höchsten Punkt der Passstraße überquert hat, geht es ab dem Berghotel Bessheim hinunter in das waldreiche und sehr ursprüngliche Sjoadal in Richtung Vågåmo. Hat man nicht vor, auf der **Sjoa**, dem beliebtesten **Kajak- und Rafting-Fluss** Norwegens, einen Trip zu unternehmen, sollte man zumindest für einen Moment verweilen, um ihn am **Riddarspranget** zu betrachten. Der Name geht auf eine Sage zurück, die davon berichtet, dass der Ritter *Sigvart Kvie* samt geraubter Braut mit seinem Pferd über die Schlucht gesprungen sei, was seinem Verfolger und rechtmäßigen „Besitzer" der Maid nicht gelang.

5 km nach der wilden Klamm lohnt ein Abstecher nach **Heidal** (Rv 257). Der Ort und vor allem das nahe gelegene **Bjølstad** besitzen die **größte Anzahl denkmalgeschützter Anwesen in Norwegen**. 60 Prozent der Häuser wurden vor 1900 erbaut, einige Gebäude stammen gar aus dem 13. Jh.! Die meisten von ihnen liegen weit oben am Berghang, wo die Gletscher vor 8000 Jahren fruchtbares Moränenmaterial ablagerten. Die Kirche in Heidal ist eine Kopie des 1933 abgebrannten Vorgängerbaus, von dem noch die schönen, im 11. Jahrhundert entstandenen Portale stammen.

Hinweis: Von November bis Mai ist die Rv 51 zwischen Beitostølen und Maurvangen gesperrt!

- **Touristeninformation: Turistkontor,** 2953 Beitostølen, Tel. 61352200, www.visitbeitostolen.com. Geöffnet: Sommer 9-20 Uhr (Sa/So bis 16 Uhr), Winter: 9-16 Uhr. An der Tankstelle gelegen.
- **Fernbus 160** bis Beitostølen
- **Bus** Bygdin – Fagernes, www.jvb.no.
- **Unterkunft**

Beitostølen Høyfjellshotell, Beitostølen, Tel. 61351400, Fax 61351401, (****). Angenehmes Haus mit 80 feinen Zimmern und großen Hütten. Disco Amadeus.

Bergo Hotel, Beitostølen, Tel. 61351100, Fax 61351101, (*****/****). Empfehlenswertes Haus mit traditioneller Atmosphäre und gemütlichen Zimmern, Apartments und Hütten (im Winter ab 3000 NOK/Woche).

Bygdin Fjellhotell, am östlichen Ufer des Bygdin-Sees, Tel. 61341400, Fax 61341216, www.bygdin.com, (*/**). Einfaches, aber auch einfach schön gelegenes Haus am See.

Bessheim Fjellstue, in der Nähe des Gjende-Sees, www.bessheim.no, Tel. 61238913, Fax 61238950, geöffnet: 10.2.-25.9., (****). Nettes Gebirgshotel in 953 m Höhe. Einfache, gemütliche Zimmer, uriger Aufenthaltsraum und gute Hütten (**/*). Sauna. Guter Ausgangspunkt für Gebirgswanderungen und Raftingtouren im Sjoadal. Reiten durch das Jotunheimen-Gebirge.

Hindsæter Fjellhotell, Tel. 61238916, Fax 61238938, www.hindseter.no. Traditionsreiches, gemütliches Gästehaus auf 920 m Höhe (Rv 51, 15 Fahrminuten nördl. des Besseggengrates). Nach Besitzerwechsel wieder sehr empfehlenswert. Aufenthaltsraum mit Kamin, 2 Saunas, Restaurant mit norwegischer Küche, Bar. 26 Zimmer (****, 900 NOK inkl. Frühstück), Hütten (*/***), Lavo für 15 Personen, Nebensaisonrabatte.

- **Jugendherberge**

Valdresflya Vandrerhjem, Tel. 94107021. Geöffn.: 1.6.-15.9. Kleine, beliebte Jugendherberge auf der Valdresflya am höchsten Punkt der Straße (1390 m ü.d.M.). DZ 450 NOK.

- **Camping/Hütten**

Beitostølen Camping & Hytter, Tel. 6134 1100, Fax 61341544. Komfortabler Platz am südlichen Ortsrand. 16 unterschiedlich große, gut ausgestattete Hütten (*/**) und Zimmer. Fahrradverleih, Sauna, Minigolf.

VALDRES: UMGEBUNG VON FAGERNES

Maurvangen Hyttegrend/Camping, in der Nähe des Gjendesees, Tel. 61238922, Fax 61238958, ganzjährig geöffnet. In 980 m Höhe gelegener Platz am Wildbach. 25 sehr gemütliche, sehr einfache und luxuriöse Hütten (*/***/****). Sehr guter Ausgangspunkt für Wanderungen.
Besstrond Sæter, Rv 51, zwischen den Seen Øvre/Nedre Sjodalsvatnet, Tel. 61238923, www.besstrond.no. Almhütten mit Grasdach (*/**/***) und unterschiedlicher Größe.
Hüttenzentren: Kveto Fjellgard, Tel. 6134 1552, www.kveto-fjellgard.no, gute Hütten (*/***); **Fjellvang Hyttegrend,** Tel. 61341014, www.fjellvang-hyttegrend.no, Hüttensiedlung 3 km westlich von Beitostølen (ab 400 NOK); **Bitigrenda,** Tel. 61341440, www.biti grenda.no, komfortable Hütten (***); **Knuts Hyttegrend,** Tel. 61341008, www.knuts-hyt tegrend.no, (*-****); **Haugseter,** Tel. 6134 3510, www.haugseter.no, Hütten und App. auf der Hochebene! In Bygdin nach Osten abzweigen; Weitere Hütten werden über den Bookingservice (www.bookingservice.no) vermittelt, u. a. das mondäne **Haus von Ole Einar Bjørndalen.**
Unterkünfte im Heidal: Nordre Ekre Gård, Nedre Heidal, Tel. 61234113, www.nordre-ekre.no, Bett ab 200 NOK in uralten Bauernhäusern; **Jotunheimen Feriesenter,** Heidal, Tel. 61234950, www.jotunheimenferiesenter. no. Im oberen Heidal gelegener, schöner Platz mit großer Zeltwiese, moderner Sanitäranlage, 14 Hütten (*/**), Kletterturm, Café, TV-Zimmer; **Weistad Kafé og Hytter,** im Ort Heidal, Tel. 61234044, weistad@hei dal.com, 7 gemütliche Zimmernmishütten (*/***); **Sjoa Vandrerhjem,** Tel. 61236200, geöffnet: 15.5.-15.9. Schöne JH in historischem Haus. Bett 200-275 NOK, DZ 400-560 NOK.
● **Essen und Trinken:** Gemütlich sitzen und preiswert essen ist bei **Peppes's Pizza** möglich. Recht gute, aber teure Restaurants haben die **Hotels.** Feucht-fröhlich geht es abends im **Svingen Pub** zu.
● **Angeln:** Ideale Bedingungen **am Wildwasserfluss Sjoa.**
● **Bootsrundfahrt:** Mit der M/S Gjende ab Gjendesheim **über den Gjende-See zu den Hütten Memurubu** (90 NOK, 120 NOK retour) **und Gjendebu** (1 Std. 15 Min., 110 NOK, 160 NOK retour). Täglich 2 Abfahrten nach Gjendebu (7.45/14.25 Uhr.) im Zeitraum Ende Juni-Mitte Aug. www.gjende. no, Tel. 61238509.
Über den südlich des Gjende-Sees gelegenen **Bygdin-See** tuckert das alte Dampfschiff Bitihorn in Richtung der Unterkünfte Torfinnsbu (100 NOK, 150 NOK retour) und Eidsbugarden (1¾ Std., 200 NOK retour). Ab Bygdin: 10.05, 14.30 Uhr; ab Eidsbugarden: 8.05, 12.30 Uhr. **Hinweis:** Der Bygdin ist ein Stausee und kann dementsprechend leer sein.
● **Mountain-Bike/Auto-Ausflug:** In Bygdin (1031 m) beginnt die schmale Straße **Jotunheimvegen** (Wintersperre). Der Weg führt nach Osten über die Hochebene nach Skåbu (650 m) im Espedalen (55 km). Hier geht es weiter in Richtung Norden nach Vinstra im Gudbrandsdal. **Fahrradvermietung** u. a. im Sportladen G-sport.
● **Paddeln/Rafting:** Wildwasser-Kajakfahrer können **unterhalb des Klamms Ridderspranget** die Fahrt **über die Sjoa** wagen. Guter Einstieg an der Kirche von Heidal.

Die **Sjoa** ist **eines der beliebtesten Raftinggebiete Norwegens.** Es werden Touren mit unterschiedlichen Schwierigkeitsgraden und variierender Dauer angeboten (ab 450 NOK). Ausrüstung (wasserdichte Anzüge, Schwimmwesten und Helme) werden gestellt. Nass wird man trotzdem bei dem wilden (jedoch ungefährlichen) Ritt über die Stromschnellen. Raftinganbieter entlang der Straße 257 (Hinweisschilder beachten!): **Heidal Rafting** (www.heidalrafting.no, Tel. 6123 6037, Übernachtung: Sjoa Vandrerhjem in Heidal, Tel. 61236200, Bett ab 160 NOK, 10 % Rabatt auf Heidal-Raftingtouren), **Sjoa Rafting** (Tel. 61236170, www.sjoarafting.com), **Norwegian Wildlife & Rafting** (Tel. 61238727, www.nwr.no) oder www.villmarken-kaller.no.
● **Canyoning, Rafting, Grottenbesuche, Skifahren, Elchsafari.** Upptur: www.upp.no. Kontakt: Hindsæter Hotel.
● **Reiten: Fjellrittet Beitostølen,** Reiten im Hochgebirge, Tel. 61341101, www.fjellrittet. no. Auf **Stølsvollen** gegenüber dem Beitostølen Høyfjellshotell kann zudem der Welt kleinste Pferderasse bewundert werden.

Gebirge und Täler westlich des Gudbrandsdal

●Wandern
Besseggen-Tour: Eine der wohl schönsten und bekanntesten Wanderungen Norwegens führt vom Gjendesheim am Gjende-See (984 m) über einen 1743 m hohen Pass, den Grat Besseggen, zur Hütte Memurubu, die wiederum am Gjende-See liegt. Hinter der Gjendesheim-Hütte geht es steil den Berg hinauf. An der Glitterheim-Weggabelung zweigt man nach links (Westen) ab. Weiter geht es über den steilen, gut erkennbaren Pfad zum 1743 m hohen Veslefjell. Man passiert unterwegs eine immer rauer werdende Einöde ohne Vegetation, überquert einige kleine Schneefelder und hat immer wieder sagenhafte Rundblicke auf Jotunheimen. Von dem mit einem Turm markierten Veslefjell geht es noch ein Stück weiter, und vor dem Wanderer liegt der etwas steile Abstieg zum schmalen Besseggengrat zwischen den Seen Bessvatnet (1373 m) und Gjende. Wenngleich der Höhenweg von hier oben abwitzig schmal wirkt, und *Henrik Ibsen* seinen „Lügenbaron" Peer Gynt an dieser Stelle auf einem Rentier den Hang hinab schickte, so ist der Abstieg für schwindelfreie bedenkenlos zu meistern. Wem nicht danach zumute ist, kann das grandiose Bergpanorama genießen und zurücklaufen (gute 2 Stunden pro Richtung) – das Beste hat man nun schon gesehen. Wer noch nicht genug hat, kann noch 3,5-4 Stunden bis zur Hütte Memurubu wandern. Von hier fährt ein Boot zurück. Die Abfahrtszeiten des Bootes wechseln oft und sind vorher unbedingt in Gjendesheim abzuklären! 2007 fuhr das Boot 16.00 Uhr zurück, daher kann es günstiger sein, die Tour in Gegenrichtung zu unternehmen. (Memurubu Turisthytte: Tel. 61238999, DZ ab 400 NOK, kleine Zeltwiese, Cafeteria.) Die Tour erfordert Trittsicherheit und Schwindelfreiheit, ist aber bei gutem Wetter gut zu meistern, wenn man genug Kondition hat! Der Weg ist gut erkennbar. Rote „T"s und Punkte dienen als Markierung.

Vom Wandern noch nicht genug? Kein Problem! Ab Memurubu geht es, nicht mehr ganz so spektakulär, **weiter bis zur Hütte Gjendebu** am westlichen See-Ende. Die teils recht anspruchsvolle Tour, für die man auch

schwindelfrei sein sollte, dauert etwa 4 Stunden. Der Weg ist gut erkennbar und gleichfalls teils mit roten „T"s und Steinmännchen markiert. Bootsverbindung: Gjendebu – Memurubu – Gjendesheim. Bus: Beitostølen – Gjendebu/Maurvangen (1-2x tägl.). (Gjendebu Turisthytte: Tel. 61238944, Bett ab 165 NOK, Zeltbereich, Cafeteria.)

Eine schöne **Gipfelwanderung** führt zum Berg Bitihorn (1607 m) ab dem Parkplatz am Samenlager, etwa 10 km nördlich von Beitostølen, über 500 Höhenmeter durch herrliche Gebirgslandschaft und bietet einen Panoramablick als Lohn. (2 Std. für Hin- und Rückweg, immer dem Trampelpfad mit der roten Markierung und später dem Turm auf dem Gipfel folgen.

Huldrestigen: 5,5 km langer, recht einfach zu gehender Kulturwanderweg durch leicht wellige Heide- und Moorlandschaft mit üppiger Vegetation. Angeblich soll in dieser zauberhaften Umgebung die *Huldra*, ein weiblicher Troll mit sagenhaftem Äußerem, aber ziemlich hässlichem Schwanz, zu sehen sein. Einstieg zur Wanderung: An der Rv 51, zwischen dem See Nedre Sjodalsvatnet und dem Hindseter Hotel, in Russlia an einem Parkplatz, hinter dem Brücken über den Fluss führen.

●**Wintersport: Zwei Skigebiete** in Beitostølen (Skibus) mit insgesamt 8 Liften und 14 Abfahrten (eine davon beleuchtet). Nur 150-315 m Höhenunterschied. Der Ort ist aber eher für **Langläufer** prädestiniert. Es warten 320 km Loipen in Ortsnähe und 2000 km Loipen in der weiteren Umgebung! Es gibt Wald-, Hochgebirgs- und beleuchtete Rundwege. Wer nicht nur Ski fahren will, für den gibt es eine Schlittenbahn, Pferde- und Hundeschlittenfahrten und Eisklettern.

●**Shopping: Nedre Ekre Gård** im unteren Heidal, uralter Bauernhof mit Bauernladen. **Nisseloftet** im oberen Heidal, hübscher Laden mit Nisser und Trollen. **Heidal Ysteri/Heidal Ost** im oberen Heidal, Käserei, die den bekannten, in verschiedene Formen gepressten dunklen *Geitost* (Ziegenkäse mit Karamellgeschmack) herstellt.

Die Besseggen-Tour – eine der wohl schönsten Wanderungen in Norwegen

Vågåmo ⌕XII/A2

Der Ort im **Ottadalen** ist eine hübsche Komposition aus alten, noch bewohnten Gehöften, einem kleinen Freilichtmuseum und der nussbraunen **Vågå-Stabkirche.** Das einschiffige Gebäude wurde zu Beginn des 12. Jahrhunderts erbaut. Um 1627 war die Kirche jedoch dem Zerfall nahe und musste abgerissen werden. Beim Bau der heute zu besichtigenden Kreuzkirche wurden möglichst viele alte Materialien des Vorgängerbaus verwendet, so dass z. B. die dekorativen Schnitzereien am Portal noch von der mittelalterlichen Stabkirche stammen. Der helle Innenraum jedoch erstrahlt in den Farben und im Stil der Renaissance und des Barock. (Geöffnet: Juli 9-19 Uhr, Juni Mo-Fr 9-15 Uhr, Aug. Mo-Fr 9-19 Uhr, 30 NOK)

Ebenfalls einen kurzen Besuch wert ist das **Jutulheimen bygdemuseum.** Es besteht aus neun, zwischen 1700 und 1900 errichteten Gebäuden eines Großbauernhofes (Geöffnet: Juli: Mo-Fr 12-16 Uhr). Die Straße neben dem Museum führt zur mächtigen **Bergformation Jutulporten** (Riesentor). Der Sage nach wurde *Jehans Blessom* am Weihnachtsabend von einem Riesen von Kopenhagen nach Hause mitgenommen. Kurz vor Vågå schärfte dieser ihm nochmals ein, sich unter keinen Umständen umzudrehen. *Jehans* vergaß dies jedoch, und als er einen lauten Knall hörte, sah er wie das Tor sich öffnete und sein Mitreisender dahinter verschwand. Von dem Moment an, da er begriff, wer ihn beglei-

Gebirge und Täler westlich des Gudbrandsdal

tet hatte, konnte er seinen Nacken nicht mehr bewegen und musste bis an sein Lebensende in dieser Haltung ausharren.

Wer noch (schon wieder?) auf der Suche nach überwältigenden Panoramen ist, sollte die **Mautstraße zum Jetta-Fernmeldeturm** (30 NOK) befahren. Der Weg führt auf 15 km Länge vom 360 m hoch gelegenen Vågåmo auf den 1617 m hohen Berg Blåhø.

Gleichfalls prächtige Naturerlebnisse bietet die kleine **Mautstraße durch das Slådal**. Von Vågåmo fährt man nördlich nach Lesja im Lågendal.

Bei der Fahrt in Richtung Lom lohnt ein kurzer Stopp in **Garmo**. Nachdem die örtliche Stabkirche im vergangenen Jahrhundert nach Lillehammer umgesetzt wurde, blieb wenigstens noch das winzige und ärmliche **Geburtshaus des Schriftstellers Knut Hamsun** (1849-1952) im Dorf. Es ist Teil eines kleinen Museums *(Hamsunstyga)*.

Touristeninformation

- **Turistkontor,** Brennvegen 1, 2680 Vågåmo, Tel. 61217777, www.jotunheimen-turist.com.

An- und Weiterreise

- **Fernbusse 145, 147, 440.**

Unterkunft

- **Vågå Hotel,** Vågåmo, Tel. 61239550, Fax 61239551, (****). Modernes Hotel im alten Stil, im Zentrum. Viele Reisebustouristen. Hallenbad, Sauna, Fahrradverleih.
- **Kvila Turistheim,** in Garmo, Rv 15, Tel. 61212420, www.kvila.info. Schlichtes Haus an der Straße. Preiswertes Essen (80-110 NOK). Hütten (*).
- **Brimi Fjellstugu,** am See Tesse, nahe der Rv 51, Tel. 61239812, Fax 61239892, www.brimi-fjellstugu.no, (*****) Gebirgshotel des norwegischen Starkochs *Arne Brimi*. Ansprechende Zimmer und selbstverständlich sehr gute Küche.

Camping/Hütten

- **Smedsmo Camping,** Vågåmo, Tel. 6123 7450, ganzjährig geöffnet. Guter, empfehlenswerter Platz im Zentrum. 23 Hütten (**/***), Sauna, Badeplätze.
- **Lemonsjø Fjellstue,** Rv 51, Tel. 61238722, Fax 61238762, www.lemonsjoe.no. ganzjährig. Schöne Hüttenanlage am See, 25 km südlich von Vågåmo. (**/***). Gemütliche Cafeteria, Skilift.
- **Sygard Storrvik,** Vågåmo, Tel. 61239817, Fax 61239871. Alte Hofanlage mit 5 Zimmermannshütten, deren Ausstattung keine Wünsche offen lässt.
- **Valbjør Gard,** Vågåmo, Tel. 61237059, Fax 61237301, Auf 700 m Höhe gelegener, alter Bergbauernhof mit zwei im Bauernstil eingerichteten Hütten. Hofladen.

Essen & Trinken

- **Brimi Fjellstue,** erstklassige Menus für 350-450 NOK.

Aktivitäten

- **Rafting/Naturerlebnisse:** Jotunheimen Aktiv, Vågåmo, Tel. 61237717, Fax 61237518. Angebote: Klettern, Mountainbiking, Motocross, Wasserski, Snowscooterfahren, Eisklettern, Snowrafting. www.aktivit.no.
- **Rafting auf der Sjoa:** siehe „Beitostølen".

Natur

- Interessante, gefaltete **Kalksteinformationen** neben dem Jutulporten.

Lom

Das **900-Einwohner**-Dorf Lom bildet den **touristischen Mittelpunkt des Lågendal** und ist ein idealer Aus-

Farbkarten Seite XI, XII   LOM 433

gangspunkt für Ausflüge nach Jotunheimen. Neben der fabelhaften Umgebung und dem hübschen Ortszentrum mit seinen vielen dunkelbraunen Holzhäusern, wo sich wundersamerweise selbst die Einkaufszentren und die Hotels harmonisch einfügen, lädt auch das Klima zum längeren Verweilen ein. Mit nur rund 300 mm (!) fällt hier, im Regenschatten Jotunheimens, so wenig Niederschlag wie in manchen Wüstengegenden.

Die zweifellos größte kulturelle Attraktion der Siedlung ist die **Stabkirche,** die zu Recht zu den schönsten des Landes zählt. Ihr Äußeres gibt sich, je nachdem, wann die Teerung zur Konservierung der Kirche stattfand, in einem lebendigen Hellbraun oder biederen Schwarz. Die Ursprünge des Gebäudes reichen bis in das Jahr 1150 zurück, wobei im 17. Jahrhundert Umbauten erfolgten. Zu beachten sind vor allem die filigranen Schnitzereien an den Portalen, mit Ranken und Drachenmotiven, sowie das freundliche und doch erhabene Innere mit zwanzig Stützmasten, barockem Altar und einer 1793 eingesetzten Kanzel. (Geöffnet: Mitte Juni-Mitte Aug. 9-20 Uhr, Anf.-Mitte Juni und Mitte-Ende Aug. 9-18 Uhr, ansonsten meist Mo-Sa 10-14 Uhr; 40 NOK.) Die Geschichte der Stabkirchen vermittelt das zu gleichen Zeiten geöffnete **Stavkirkesen-**

Stabkirche in Lom –
eine der wohl schönsten in Norwegen

tet (in der Bibliothek gegenüber der Kirche (10 NOK).

Unweit der Stabkirche liegt das 1994 eröffnete, architektonisch sehr gelungene Bauwerk des **Norsk Fjell-Museums** (Gebirgsmuseum). In einem Raum werden Bergfotos und Gemälde sowie Ausrüstungsgegenstände der kühnen Bezwinger der Felsen gezeigt. Das Ganze ist optisch wie akustisch glänzend aufbereitet. Weitere Abteilungen befassen sich mit der Nutzung der Gebirge und sensibilisieren für mögliche Folgewirkungen. Filmvorführungen, ein Jotunheimen-Modell, Café und Leseecke komplettieren die gelungene Ausstellung. (Geöffnet: 1.5.-14.6./16.8.-30.9. 10-17 Uhr, 16.5..-15.8. 9-20 Uhr, ansonsten Mo-Fr 9-16 Uhr, 50 NOK, Studenten 30 NOK.)

Gleich hinter dem Gebirgsmuseum folgt das **Lom-Bygda-Museum.** Das nette, kleine **Freilichtmuseum** ist Teil eines alten Häuslerhofes aus dem 19. Jahrhundert und wartet u. a. mit dem **Storstabbur,** dem größten **Vorratshaus** dieser Bauart in Norwegen, auf. Errichtet wurde das Lagergebäude, in dem heute Ausstellungen zu sehen sind, im 16. Jahrhundert (Geöffnet: Ende Juni-Mitte Aug. 11-17 Uhr; 40 NOK, Familien 80 NOK).

Eine weitere, für geologisch Interessierte sicher nicht unbedeutende Sehenswürdigkeit ist das **Fossheim Steinsenter** am Ortsrand (Richtung Vågåmo). Die private **Mineralien-**

sammlung ist die größte in Norwegen. Schmuck und Mineralien werden auch zum Verkauf angeboten. (Geöffnet 9-20 Uhr, gratis.)

Touristeninformation

● **Jontunheimen Reiseliv a.s.**, Postboks 63, 2686 Lom, Tel. 61212990, Fax 61212995, www.visitlom.com, www.fjellnorge.no.
● Das **Turistkontor** ist im Fjellmuseum. Geöffnet: 27.6.-10.8. Mo-Sa 9-21 Uhr, So 10-19 Uhr, 13.6.-26.6./11.8.-24.8. Mo-Sa 9-18 Uhr, So 12-18 Uhr.

An- und Weiterreise

● **Fernbusse 145, 147, 440.**
● **Lokalbusse** über den Sognefjellveien nach Sogndal (Abfahrt 8.35, 16.15 Uhr) zu den Berghütten (je 140 NOK, retour): Juvasshytta und Sommerskizentrum (8.35, 13.10 Uhr), Spiterstulen und Leirvassbu (beide 8.35, 16.25 Uhr), www.ottadalen.no.

Unterkunft

● **Fossheim Turisthotell**, Lom, Tel. 61219500, Fax 61219501, geöffnet: 21.2.-22.12., (****). Modernes und schmuckes Holzhotel mit exzellenter Restaurantküche des Meisters *Arne Brimi*. Reiten/Minigolf in der Nähe.
● **Fossberg Hotell & Hytter**, Lom, Tel. 6121 2250, Fax 61212251, (****). Geschmackvolles Holzhaus mit guten Zimmern und hübschen Hütten (**). Sauna.
● **Pollfoss Gjestehus**, Gemeinde Skjåk, westlich von Lom, Nordberg, Tel. 61214700, Fax 61214846, geöffnet: 1.3.-1.11., (***). Gemütliches Gasthaus mit 50 Betten.
● **Sjåk Turistheim**, 10 km die Rv 15 Richtung Stryn, Tel. 61214024, www.skeidkro.no. Zimmer (***), große (**) und kleine (*) Hütten.

Camping/Hütten

● **Nordal Turistsenter**, Lom, Tel. 61219300, Fax 61219301, www.nordalturistsenter.no, (***). Holzgebäude mit gemütlichen Zimmern mitten im Zentrum. Dahinter sage und schreibe 55 Hütten (*/***/****) und große Campingwiese. Skiverleih. Sauna, Swimmingpool, Fahrradverleih, Pub. Trotzdem nur sehr mäßige Qualität.
● **Strind Gard**, Lom, Rv 55, 3 km Richtung Sogndal, Tel. 61211237, www.strind-gard.no, Alter Bauernhof mit tollen Zimmern und Stabburen (250-600 NOK), nette Vermieter.
● **Gjeilo Camping**, 7 km westlich, Rv 15, Tel. 61213032. Einfacher, sehr schön am See nahe eines kleinen Naturschutzgebietes gelegener, preiswerter Platz mit 10 schlichten Hütten (*). Kanuverleih für den See, sandige Badestellen, Angelplätze.
● **Nissegarden**, 2 km ab Lom, Rv 15 Richtung Stryn, Tel. 61211930, www.nissegard.com. Alter Hof mit Nisse-Laden (norw. Weihnachtsmänner), 20 sehr gemütlichen Hütten (**/***), Zeltplatz, Schwimmbad.
● **Storhaugen Gard**, 20 km südl., Rv 55, Tel. 61212069, www.storhaugengard.no. Alter Bauernhof mit knorrigen Blockhäusern, Apartments und einer Almhütte (**/***/****).
● **Dønfoss Camping**, Nordberg, Rv 15, Tel. 61214898, www.donfosscamping.no. Etwas über 30 km westl. von Lom gelegener Platz am fulminanten Wasserfall Dønfoss. Sein Wasser wird teils abgeleitet zu einem schön angelegten Badeplatz. 7 Hütten, (**/***), Angelplätze.
● **Nigard Flækøy**, Skjåk, westl. Lom, Tel. 61214357, www.nigard-flakoy.no. Drei sehr ansprechende Hütten auf einem Bauernhof zu vernünftigen Preisen (**/***).

Essen und Trinken

● Traditionelle Gerichte gibt es im **Kræmerhuset.**
● Im Nordal Turistsenter liegt der gemütliche **Nordalsfjoset Pub.**
● **Bäckerei** (Zentrum) mit sehr leckerem Brot.

Aktivitäten

● **Mountain-Bike/Auto-Ausflug/Wandern Ab Nordberg** bei Bismo führt eine kleine Serpentinenstraße über 700 Höhenmeter hinauf

Innenansicht der Stabkirche in Lom

zum 1100 m hoch gelegenen **Aursjøen-See**. Hier beginnt auch ein 5,5 km langer, rot markierter Kulturwanderweg mit 10 Infotafeln.

Die Touristeninformation Lom hat einen Gratisprospekt zu lohnenden Wanderungen in der Umgebung des Ortes, z. B. ab der urigen Sotrasæter DNT-Turisthütte (77 Betten, Tel. 94193344) westlich von Bismo/Lom.
- **Rafting: Sjåk Rafting,** Tel. 61214742, www.skjak-rafting.no.
- **Reiten: Dalon Fjellridning,** Skjåk, Tel./Fax 61213161. Gebirgsausflüge zu Pferd.
- **Gebirgswandern: Natur Opplevingar,** P.B. 111, 2686 Lom, Tel. 61211155, Fax 61211985. Führungen in Höhlen, über Gletscher und durch die Bergwelt Jotunheimens. Näheres dazu und zu anderen Anbietern auch im Turistkontor (Preise ab 200-300 NOK/Person).

Mehr zu Wandern/Sommerski/Klettern: siehe unten bei „Jotunheimen".

Kultur

- **Haukdalen,** idyllisch, nördlich von Lom gelegener alter Gebirgshof, einst Heimat von *Kitty Wentzel,* einer der ersten weiblichen Journalistinnen des Landes. Hof und Garten sind im Sommer Fr/Sa 11-17 Uhr geöffnet (50 NOK).

Shopping

Im Zentrum gibt es u. a. Supermärkte, einen Buchladen (Verkauf von Wander- und Straßenkarten), den Sportladen Fjell og Fritid (Ausrüstungsverleih, Fahrradservice) und den unvermeidlichen Husfliden Souvenirshop. Außerdem: Bäckerei mit leckerem Brot und die Brimibua, Laden des Meisterkochs *Arne Brimi.*

Bleibt man auf der Rv 15, geht die Fahrt durch das schlicht und einfach schöne **obere Tal der Otta** vorbei an vielen Stromschnellen und den mächtigen Wasserfällen Dønfossen und Pollfossen nach Grotli (siehe unter „Stryn, Umgebung"). Genießen sie dieses Tal, das zu den letzten ursprünglichen Norwegens gehört, solange es noch geht! Denn in den nächsten Jahren soll auch diese Landschaft dem Ausbau der Wasserkraft geopfert werden! Es wird zur Flussregulierung, zur Anlage von Stauseen im Ottadal und zum Bau von neuen Starkstromtrassen kommen. Die Gegner des Projekts vermissen, dass über andere, umweltschonendere Methoden der Energiegewinnung noch nicht einmal nachgedacht wurde. Außerdem stehen Nutzen und Aufwand in keinem vernünftigen Verhältnis, und es darf bezweifelt werden, ob das ganze Projekt überhaupt notwendig ist, da das Land jetzt schon Strom exportiert.

Biegt man in Lom gen Süden ab, so gelangt man über den Sognefjellveien zum Sognefjord. Die Straße selbst und auch diverse Stichstraßen führen in das Herz des gigantischen Gebirges Jotunheimen.

Jotunheimen

↗**XI/D3, XII/A2,3**

Jotunheimen, die „Heimat der Riesen", ist das **höchste Gebirge Skandinaviens.** Mehr als 250 Gipfel liegen über 1900 m, zwanzig überragen gar die 2000-m-Marke. Die mächtigste Erhebung und **höchster Berg Nordeuropas** ist der **Galdhøpiggen (2469 m).** Bis vor kurzem noch machte ihm der Glittertind Konkurrenz. Er ist zwar nur 2452 m groß, mit „Eishut" allerdings überragte er den Galdhøpiggen um ganze 3 m. Schwindel! Erstens schmilzt seine Kappe unaufhörlich, und zweitens: Seit wann zählt die „Kopfbedeckung" bei der Ermittlung der „Körpergröße"...? Trotzdem ist der Berg auf vielen Karten mit 2472 m Höhe eingezeichnet.

Seit nun schon etwa 150 Jahren ist die raue, von über sechzig kleineren Gletschern überzogene Landschaft Jotunheimens **eines der beliebtesten Wandergebiete** des Landes. Erschlossen ist das Gebiet mit Hunderten Kilometern Wegen und über vierzig Hotels, Campingplätzen und Hütten, von denen viele vom Norwegischen Gebirgswanderverein DNT verwaltet werden.

Zentraler Teil des Gebirges ist der **über 1000 km² große Nationalpark** (1980 gegründet). Er schließt selbstverständlich die höchsten Gipfel mit ein. Diese bestehen übrigens aus dem magmatischen Tiefengestein Gabbro, das zur Zeit der Entfaltung des Gebirges vor etwa 500-550 Mio. Jahren entstand und härter ist als der etwas anders strukturierte Gabbro der Umgebung.

Sognefjellveien XI/C,D3

In Lom endet die vom Sognefjord kommende Rv 55. Der schon vor 500 Jahren angelegte Handels- und Verkehrsweg ist mit Sicherheit **eine der schönsten und beeindruckendsten Passstraßen Norwegens!**

Von dem noch am Meerwasser des Sognefjord gelegenen Ort Skjolden schraubt sich die oft recht enge Straße über **endlose Serpentinen** hinauf zum Bergsteigerzentrum des Turtagrø Hotels (siehe unter „Sognefjordregion/Skjolden"). Immer wieder öffnet sich ein majestätischer Blick auf das Bergsdal und die eisigen Weiten des Hurrungane-Bergmassivs.

Die Landschaft wird immer rauer und harscher. Nicht selten stapelt sich hier oben selbst im Hochsommer der Schnee mehrere Meter hoch entlang der Straße. An der **Sognefjellhytta** erreicht man auf 1440 m den **höchsten Punkt der Gebirgsstraße.** Bei guter Sicht überwältigt einen das Panorama: Für Norwegen ungewöhnlich schroffe, alpenähnliche Bergspitzen, endlose Schneeflächen und zäh dahinfließende Gletscher machen den Reiz dieser einmaligen Landschaft aus – bei Sonnenschein ein wahres Paradies! Doch wehe der Wettertroll offenbart seine wahren Leidenschaften! Eine dicke Nebel- und Wolkensuppe verschleiert dann jedweden Blick. Sturmböen reißen alles um, was nicht fest verankert ist. Schauer und Schneeregen peitschen in das Gesicht des Besuchers, der über die Urgewalten nur staunen kann.

Ab der Sognefjellhytta und dem Hotel Krossbu führt die Straße relativ sanft bergab. Man passiert schäumende Wildbäche und mächtige, bucklige Berge. Langsam setzt die Vegetation wieder ein, zuerst Heidekräuter, dann Zwergbirken. Das Tal wird immer lieblicher, und meist scheint in Lom, selbst bei noch so extravaganten Unwettern auf den Gipfeln Jotunheimens, wieder die Sonne.

Nordische Mythologie – von Göttern, Riesen und anderen Wesen

Erstes überliefertes Werk der alten isländisch-nordischen Dichtungen ist die **ältere Edda** (oder Lieder-Edda) aus dem 9./10. Jahrhundert. Sie umfasst die Göttersagen, Spruchdichtung und Heldensage und ergänzt die **Prosa-Edda** aus dem 12. Jahrhundert, verfasst von *Snorre Sturluson*. Er erzählt von alten Mythen und Historien seiner Zeit und aus der Zeit, als die Welt noch unbeseelte Materie war.

„Ich weiß im Beginn/Die Giganten geworden,/Die in alten Zeiten/Mich selbst erzeugten./Neun Weltenkreise waren,/Neun Wölbungen droben,/Und unten dem Staube/Noch nicht entstiegen/Das beste Gebilde,/Der Baum der Mitte." (Wala-Weissagung, Völu-Spâ)

Am Anfang waren Kälte und Wärme, mit dem nebligen, frostigen **Nifelheim** zur einen und dem heißen, feurigen **Muspelheim** zur anderen Seite. Zwischen beiden Reichen Eis und Schnee. Es wurde wärmer, und der **Urriese Ymir** entstand und mit ihm, aus den Tropfen des Schmelzwassers, die **Urkuh Audhumla**. Diese gebar nach drei Tagen **Buri**, „den Erzeuger", und Großvater der Götter *Odin*, *Vili* und *Ve*. Aus Ymir entsprangen – während er schlief und schwitzte – neue Wesen, das Geschlecht der **Riesen**. Es folgte ein langer Kampf zwischen Gut und Böse, der mit dem Tod Ymirs endete. Aus seinem Körper formten die Götter das Weltenreich mit Himmel und Erde. Dann, als Odin und seine Brüder eines Tages am Meer entlangliefen, fanden sie zwei umgestürzte Bäume: eine Esche, aus der sie den **ersten Mann, Ask,** entstehen ließen, und eine Ulme, aus der die **erste Frau, Embla,** erwuchs.

Die Zeit begann, und die Riesen „Tag" und „Nacht" bekamen ihre Bestimmung. Die Götter traten zusammen und ordneten den Platz. Sie schufen den **Garten der Mitte, Midgard,** das Reich der Menschen, umschlossen vom Weltenmeer, in dem die Midgardschlange lebt. Als äußere Abgrenzung entstand **Utgard**. Hier, im Land, das auch *Jotunheim* heißt, liegt der Wohnsitz der Riesen, Jotner und Trolle. Für sich selbst erschufen die Götter die **Burg Åsgard**. Sie liegt – so fühlen sich die Sterblichen nicht verlassen – inmitten von Midgard und ist durch die **Regenbogenbrücke Bifrost**, bewacht von *Heimdall*, mit dem menschlichen Reich verbunden. In Åsgard leben u. a. **Göttervater Odin** mit seiner Frau *Frigg* und den beiden Raben *Hugin* und *Munin*, die jeden Morgen hinaus in die Welt fliegen und Kunde bringen von den neuesten Ereignissen. Nächstmächtiger Gott ist **Thor**, der Sohn Odins. Er ist der Stärkste und mit seinem Hammer *Mjølner* unschlagbar. Schönstes aller Wesen in Åsgard ist die **Fruchtbarkeitsgöttin Frøya**. Ihr gehört auch das magische Schiff Skibladner, das sie an alle Punkte der Welt zu tragen vermag.

Die Mitte des Reiches der Götter bildet die **Weltenesche Yggdrasil**. Ihre drei Wurzeln, in Jotunheim, Nifelheim und Åsgard gelegen, geben dem Universum Festigkeit. Unter dem Baum, in Åsgard, sprudelt eine Quelle. Hier leben die **Nornen**, die drei Schicksalsgöttinnen „Vergangenheit", „Gegenwart" und „Zukunft", das Los der Menschen und den Gang des Universums bewachend.

Eines Tages nun entdeckten die Götter, dass aus einem Rest des Fleisches des Riesen Ymirs noch weitere Wesen entstanden waren, darunter die **Zwerge**, die aufgrund ihres mürrischen Charakters nach **Svartalfheim**, in die **Unterwelt**, verbannt wurden. Die sanften Geschöpfe, die **Elfen**, durften sich in **Alfheim**, zwischen Midgard und Åsgard, ansiedeln.

Chaos in dieses Weltengefüge bringen u. a. die Schlange **Niddhogg**, die stets an den Wurzeln der Weltenesche nagt, **Loki**, der Gott der Lügen, in dem sowohl göttliches als auch Riesenblut fließt, sowie der gefährliche **Fenriswolf**, der zwar gefesselt ist, aber immer noch unheilvoll zubeißen kann.

Farbkarten Seite XI, XII

JONTUNHEIMEN

Stichstraßen in das Herz Jotunheimens

Vom schönen und waldreichen Bøverdalen (Rv 55, südlich von Lom) zweigen **drei enge Mautstraßen** zu den Touristenhütten und Unterkünften Juvasshytta, Spiterstulen (1100 m) und Leirvassbu (1400 m) ab. Die schönste Strecke – sie führt über flechtenüberzogene Felswüsten und bietet sagenhafte Gebirgspanoramen – ist die 15 km lange **Serpentinenpiste zur 1840 m hoch gelegenen Juvasshytta.** Kein Grasbüschel wächst in diesen Gefilden mehr. Nur Gesteinsbrocken und Gletscher bestimmen das wilde Landschaftsbild.

Touristeninformation/ An- und Weiterreise

●Siehe unter Lom.

Unterkunft

Herbergen entlang des Sognefjellveien, Rv 55:

●**Sognefjell Turisthytte,** 53 km ab Lom, Tel. 61212934, www.sognefjellet.no, (***), Bett 230 NOK, DZ ab 550 NOK. In 1440 m Höhe, am höchsten Punkt der Straße gelegene Pension mit gemütlicher Cafeteria.

●**Krossbu Turiststasjon,** 46 km ab Lom, Tel. 61212922, www.krossbu.no, (***), Bett 230 NOK, DZ ab 560 NOK. 80-Betten-Holzhotel auf 1260 m Höhe. Ausgangspunkt für Wanderungen. Cafeteria.

●**Bøvertun Fjellstugu,** 38 km ab Lom, Tel./Fax 61212924, (****). Seit 1864 betriebene Unterkunft am See, mit Campingplatz und Restaurant.

●**Jotunheimen Fjellstue,** 30 km ab Lom, Tel. 61212918, Fax 69212911, (****/*****). Durchaus nettes Holzhotel mit 42 guten Zimmern, aber hohe Preise.

●**Elveseter Hotel,** 23 km ab Lom, Tel. 6121 2000, www.elveseter.no, (****/*****). Ansprechender Hof mit zum Teil 350 Jahre alten Gebäuden und moderner Hotelanlage. Am markantesten ist auf dem Anwesen die 32 m hohe Sagasøyla. Die Säule zeigt einen Querschnitt durch die norwegische Geschichte von 872 bis 1814. Eigentlich sollte sie im Osloer Zentrum aufgestellt werden. Ihr grobes und düsteres Aussehen macht verständlich, warum sie 1992 dann am Rand des Gebirges platziert wurde.

●**Bøverdalen Vandrerhjem,** 20 km ab Lom, Tel./Fax 61212064, geöffnet: 1.6.-1.10. Kleines Haus mit Betten für 160 NOK und DZ für 400 NOK. Campingwiese und Cafeteria.

●**Røysheim Hotel,** 15 km ab Lom, Tel. 6121 2031, (*****). Malerisches Holzhaus mit z. T. 200 Jahre alten Gebäuden. Gutes Restaurant, wenige Zimmer zu hohen Preisen.

●**Høydal Seter,** 45 km ab Lom, Abzweig hinter der Jotunheimen Fjellstue, Tel. 61212928 oder 91630884 (mobil), www.hoydalseter.no. Einfache Gebirgsbaude auf 900 m Höhe, am See Høyvatnet. Hütte (***) und DZ. Bett ab 100 NOK. Kaminzimmer. Sauna.

Unterkünfte am Ende der Strichstraßen ins Gebirge:

●**Spiterstulen Turisthytte,** im Visdalen, Tel./Fax 61211480, www.spiterstulen.no. Die seit 1850 betriebene Anlage bietet Kaminzimmer und gemütliche Mehr- oder Doppelbettzimmer. Der Hof liegt in 1100 m Höhe und wird vom DNT betrieben. Die Preise liegen bei 170-410 NOK pro Person. Restaurant, Schwimmbad, Sauna, Zeltplatz. Als Ausgangspunkt für Wanderungen auf den Galdhøpiggen geeignet. Geführte Wanderung durch die bizarren Eislabyrinthe des wild zerklüfteten Gletschers Svellnosbreen wird angeboten.

●**Raubergstulen,** Straße zur Juvasshytta, Tel. 61211800, Fax 61211801, www.raubergstulen.no. Auf 1000 m Höhe gelegene Anlage mit komfortablen Hütten (**/***) und preiswertem Restaurant. Zeltplatz.

●**Juvasshytta,** Tel. 61211550, www.juvasshytta.no, (**), Bett 230 NOK, DZ 500 NOK. In rauester Berglandschaft gelegenes Hotel mit urgemütlichen Zimmern und Aufenthaltsräumen. Cafeteria. Das Sommerskizentrum liegt nebenan. Ausgangspunkt für

Der Westen

Wanderungen auf den Galdhøpiggen (auch geführte Touren).
- **Leirvassbu,** Leiradal, Tel./Fax 61212932, www.leirvassbu.no, (***) (Bett 130 NOK). Gemütliche Gebirgspension auf 1400 m Höhe mit guten, einfachen Zimmern und einer Cafeteria.

Aktivitäten

- **Fahrrad fahren:** Die **Sognefjellstraße** gehört zu den größten und beliebtesten Herausforderungen auf einer Fahrradtour durch Norwegen, wie ganze Bikerkolonnen dem erstaunten Autofahrer immer wieder vor Augen führen. Zwischen Skjolden und der Sognefjellhytta sind auf 30 km über endlose Serpentinen 1400 m Höhenunterschied zu überwinden. Zwischen der Gebirgsbaude und Lom führt die Straße ohne viele Kurven 53 km sanft bergab. Dabei sind 1000 m Höhenunterschied zu meistern. Alles in allem ist die Nord-Süd-Überquerung des Passes einfacher und weitaus weniger kräftezehrend. **Radverleih in Lom.**
- **Sommerskifahren:** Kleiner Lift an der Juvasshytta. 150 m Höhenunterschied, Liftpass 250 NOK/Tag, 200 pro halben Tag, Skiverleih 250 NOK/Tag, Loipen.

Wandern

- **Wanderung zum Galdhøpiggen**

Es gibt **zwei Ausgangspunkte** für die Wanderung auf Norwegens höchsten Berg. Die erste beginnt an der **Juvasshytta.** Diese Route dauert 5 Stunden, überwindet lediglich 600 Höhenmeter und folgt einem deutlich erkennbaren Pfad über den Nordgrat. Allerdings muss der Styggebreen („Der hässliche Gletscher") überquert werden. Meist sind auch hier schon deutliche Wanderspuren zu sehen, ungefährlich muss es aber wegen evtl. neu auftretender Gletscherspalten nicht unbedingt sein. Daher sollte man sich einer nicht allzu teuren, geführten Tour ab der Juvasshytta anschließen (9.30, 12 Uhr, etwa 120 NOK/Person).

Nicht so gefährlich, aber weitaus anstrengender ist die zweite Route **ab der Spiterstulen Turisthytte.** Der Weg ist markiert und deutlich zu erkennen, überwindet aber 1300 Höhenmeter, und dafür braucht man schon einiges an Kondition. Für die Tour sind hin- und zurück 6 Stunden einzuplanen. Die Galdhøpiggen-Gipfelhütte hat ab 12 Uhr geöffnet.

- **Kurztour zum Svellnosbreen**

Eine Kurztour führt ab Spiterstulen in 2 Stunden zur 1914 m hoch gelegenen Abbruchkante am Svellnosbreen. Man folgt zunächst der Galdhøpiggen-Route und biegt nach einer Stunde, nach der Durchquerung einer deutlich erkennbaren Schneemulde, nach links ab. 30 Minuten geht es über den Hang zur Abbruchkante mit dem gigantischen Ausblick auf die bizarren Eistürme des Gletschers.

- **Geführte Tour zu den Eisskulpturen des Svellnosbreen**

Eine geführte Tour geleitet ab Spiterstulen direkt zu den bizarren Eisskulpturen des Svellnosbreen – ein einmaliges Erlebnis, das man so schnell nicht vergessen wird!

Achtung: Aus dem milchig-trüben Gletscherbächen, zu denen auch die Visa in Spiterstulen gehört, darf aufgrund mangelnder Mineralienablagerungen niemals getrunken werden!

- **Spiterstulen – Leirvassbu**

Markierter, oft erwanderter Pfad am Ostufer der Visa entlang. Fantastische und einfache 6-Stunden-Tour durch das grüne Tal und durch die Schlucht Kyrkjeglupen.

- **Zur Turisthytte Glitterheim**

Eine weitere Tour führt ab Spiterstulen zur 1300 m hoch gelegenen Turisthytte Glitterheim. Von hier (5 Stunden, retour) und auch von Spiterstulen aus (8 Stunden, retour) kann der vergletscherte Glittertind erklommen werden. Vom Gipfel bietet sich ein überwältigendes Gebirgspanorama.

- **Weitere Infos:** www.etojm.com.

Keine dieser Touren sollte bei schlechtem Wetter unternommen werden!

Der Osten

Fjell bei Lillehammer

Dovrefjell

Kneipe in Lillehammer

MJØSA-SEE UND GUDBRANDSDAL

Überblick

Ausgedehnte Waldgebiete, große Seen wie der Mjøsa und der Femund sowie die endlos erscheinenden Bergregionen Jotunheimes und des Dovrefjells und des Rondane-Nationalparks bestimmen das Landschaftsbild Ostnorwegens. Die interessantesten Orte sind der Olympiaort von 1994, Lillehammer, und das unter UNESCO-Schutz stehende Bergbaustädtchen Røros.

Der Tourismus in dieser Region konzentriert sich zumeist auf das Gudbrandsdal, wobei selbst durch dieses wunderschöne Tal viele nur auf der E 6, der „Rennstrecke" zu den Lofoten und zum Nordkap, hindurchrauschen. In die endlosen Wald- und Fjell-Landschaften östlich der Nord-Süd-Magistrale verirrt sich kaum ein Sommerurlauber. Allerdings gehört die Region sicher nicht zu den norwegischen Highlights.

Mjøsa-See und Gudbrandsdal ⌕XVII/C1,2 ⌕XII/A1–B3

Inmitten sanfter Hügellandschaft, mit Wäldern und fruchtbaren Feldern, liegt 60 km nördlich von Oslo der liebliche **Mjøsa-See.** Das 100 km lange und bis zu 450 m tiefe Gewässer ist der **größte See Norwegens.** Mit 366 km² hat er in etwa zwei Drittel der Ausdehnung des Bodensees.

Der Mjøsa ist das natürliche Tor zum mächtigen Gudbrandsdal. Zu seinem felsigen Südufer wurde 1854 eine der ersten Bahnlinien Norwegens verlegt. Da jedoch die Berge ein Weiterkommen vorläufig unmöglich machten, musste der See als Verkehrsweg dienen. So nahm 1856 das in zwei Jahren erbaute Boot **„Skibladner"** seinen Dienst auf. Es verkehrt noch heute und ist damit der **älteste Schaufelraddampfer der Welt,** der noch in Betrieb ist! Für die komplette Strecke von Minnesund nach Lillehammer braucht der 14 Knoten schnelle „Weiße Schwan des Mjøsa" sechs Stunden. Von den Eindrücken her ausreichend und preiswerter ist der kürzere Ausflug von Hamar nach Lillehammer und zurück (Infos unter Eidsvoll/Gjøvik).

Am Nordende des Sees, in Lillehammer, beginnt das romantische **Gudbrandsdal.** Seit Jahrhunderten schon ist das am dichtesten besiedelte Tal des Landes eine der wichtigsten Verkehrsachsen. Schon um das Jahr 1000 lag es an der beliebten Pilgerroute von Oslo zum Dom in Nidaros (Trondheim). Die Reise war für norwegische Verhältnisse recht unbeschwerlich, da im Tal ein recht mildes Klima herrscht, es nur gemächlich bergan geht und an Pässen lediglich das gut zu erwandernde Dovrefjell überquert werden musste.

Die Landschaft im „Tal der tausend Möglichkeiten" gleicht zwischen Lillehammer und Vinstra einer weiten und lieblichen Mittelgebirgslandschaft. Später schnüren die Bergmassive den Fluss Lågen regelrecht ein, und das Tal verengt sich teils zu einer Schlucht. Etwa 150 km nördlich von Lillehammer zweigt in Dombås das Gudbrandsdal in Richtung Nordwesten ab und geht am 600 m hoch gelegenen See Lesjaskogvatnet in das Romsdal über. Der alte Pilgerweg und die heutige E 6 biegen jedoch zuvor nach Norden ab und durchqueren die weiten Hochebenen des Dovrefjell. Anschließend geht es durch das zunächst schluchtartige, später weite Drivdal hinab zum Wintersportort Oppdal und zur Domstadt Trondheim.

Hadeland und Gjøvik ⌕XVII/C1,2

Verlässt man Oslo auf der Rv 4 in Richtung Norden, so erreicht man durch die Waldgebiete der Nordmarka die liebliche Kulturlandschaft Hadeland am über 80 km langen See Randsfjord. Hoch droben, über der Ebene und ihren Feldern, stehen bei **Gran** die **Søsterkirkene.** Die beiden romanisch-gotischen Kirchen wurden im 12. Jahrhundert für zwei Schwestern erbaut, die sich weigerten, zusammen in eine Kirche zu gehen – so erzählt zumindest die Sage. Gleichfalls beachtlich ist das aus dem 13. Jahrhundert stammende **älteste profane Steinhaus Norwegens** (am Pfarrhof).

Weitere schöne mittelalterliche Kirchenbauten befinden sich im **Freilichtmuseum von Brandbu** (romanische Kirche von Tinglestad, 12. Jahrhundert; zwei Kulturwanderwege) und im 13 km südlich gelegenen **Lunner** (Kirche aus dem 12. Jahrhundert). Hier zweigt auch die Rv 35 nach **Jevnaker** ab, wo, gewissermaßen als kleiner Ableger zu den bekannten Glasbläsereien im schwedischen Småland, das **Hadeland Glassverk** liegt, in dem seit 1765 das Handwerk des Glasblasens ausgeübt wird (Geöffnet: 10-18 Uhr, Nebensaison 11-16 Uhr).

Nach Norden geht es weiter auf der Straße Nr. 4 durch die gleichfalls landwirtschaftlich dominierte Region Toten nach **Gjøvik** (27.000 Einwohner). Leider hat die „Weiße Stadt am Mjøsa" schon viele ihrer hellen Häuser verloren. Einen Zwischenstopp lohnen die hübsche Uferpromenade und die **Olympiske Fjellhall.** Die riesige Felsenhalle liegt 120 m tief im Berg und bietet bis zu 6000 Zuschauern Platz. In ihr fighteten während der Olympiade 1994 die Eishockeyteams um den Puck. Heute ist die Anlage ein Kulturzentrum mit Schwimmhalle und kann besichtigt werden. Sie liegt am westlichen Ende des Zentrums (Storgate) unweit der Rv 4. (Geöffnet: 10-18 Uhr, 20 NOK.)

Auch wenn das Maihaugen-Museum in Lillehammer gleich „um die Ecke" liegt, so lädt doch das **Eiktunet** mit 35 Gebäuden (3,5 km westlich von Gjøvik) und das **Ökomuseum Toten** mit einer Freilichtabteilung (in Kapp, 15 km südöstlich) zu einem Zwischenstopp ein. Die Anlagen haben 11-15 Uhr geöffnet.

Touristeninformation

●**Turistkontor,** Jerbanegt. 2, 2821 Gjøvik, Tel. 61146710, www.turistinnlandet.no.

An- und Weiterreise/Gjøvik

- **Bahnhof:** Der Bahnhof liegt im Zentrum, am Wasser. Züge verkehren nach Oslo.
- **Busbahnhof:** Unweit südlich des Bahnhofs. **Fernbusse 147, 152.**

Unterkunft

- **Rica Strand Hotel Gjøvik,** Strandgt. 15, Gjøvik, Tel. 61132000, Fax 61180864, (*****). Nobel-Hotelkasten am Strand. Guter Service, Hallenbad, Sauna, Disco und ganz ansprechende Zimmer.
- **Grand Hotel,** Jerbanegaten 5, Gjøvik, Tel. 61140000, Fax 61140001, (*****). Schönes Hotel am Bahnhof. Amerikanisches Restaurant, Bar.
- **Thon Hotel,** Strandgata 15, Tel. 61132000, Fax 61180864, www.thonhotels.no/gjovik, (****/*****). Neues, renoviertes Hotel mit Spa (200 NOK/Tag)!
- **Gjøvik Vandrerhjem Hovdetun,** Parkvegen 8, Gjøvik, Tel. 61171011, Fax 61172602, ganzjährig, außer Weihnachten/Neujahr, geöffnet. Größere Anlage am See, mit dem Bett für 330 NOK und dem DZ ab 610 NOK.

Camping/Hütten

- **Vikodden Camping,** Gjøvik, Tel. 61173233. Guter, ruhiger zentrumsnaher Stadtplatz am See. 20 Hütten.
- **Hekshusstranda,** Kapp, Tel. 61169157, Familienfreundlicher Platz am Mjøsa, 15 km südl. Gjøvik. Badestrand, Bootsverleih.
- **Sveastranda Camping,** Biri, Tel. 61181529, Fax 61181723, ganzjährig geöffnet. 12 km nördlich von Gjøvik, am Mjøsa gelegene, große Anlage mit vielen Dauercampern. Recht moderne Sanitäranlage. Beachvolleyball. Langer Strand, Bootsverleih, 33 teils recht komfortable Hütten (*/**/***).
- **Stranda Camping,** Biristrand, 35 km nördl. Gjøvik, Tel. 61184672. Hübscher Platz am See, aber auch direkt an der E 6. 24 ganzjährig geöffnete Hütten (*/**), Bootsverleih, Badestellen.
- **Lyngstrand Camping,** 27 km westlich von Gjøvik, Tel. 61123062. Idyllischer Platz am See Randsfjord. 5 ganzjährig geöffnete Hütten (*/**).

Essen und Trinken

- **Im Grand Hotel und im Rica Hotel** gibt es einige ansprechende Restaurants und Pubs.
- Preiswerter isst man **in den Lokalen am Hunnsveien.**

Kino

- Kino mit 3 Sälen an der Strandgata.

Aktivitäten

- **Baden: Badeland** in Raufoss südlich von Gjøvik. Rutschen, viele Becken, Sauna, Fitnessstudio. Geöffnet: Di-Fr 16-21 Uhr, Sa/So 11-19 Uhr, 125 NOK, Kinder 70 NOK.
- **Reiten:** Norsk Hestesenter, Tel. 61165500; Gjøvik Miljøhestsenter, Tel. 61175785.
- **Weitere Angebote:** Kletterwand und Eislaufen in der Felsenhalle. Fahrradverleih im Turistkontor. Trabrennbahn in Biri (zwischen Gjøvik und Lillehammer).

Bootsrundfahrt

- Für **Rundfahrten mit dem „Skibladner"** bietet sich nur Gjøvik an. Von anderen Orten ist an einem Tag nur eine Richtung zu schaffen. Mi, Fr, So 9.30 Uhr nach Hamar (280 NOK, retour) und Eidsvoll (320 NOK, retour); Di, Do, Sa 9.30 Uhr nach Lillehammer (280 NOK, retour); Rückfahrten: 14.15 Uhr ab Eidsvoll, 17.05 Uhr (So 18 Uhr) ab Hamar, 15 Uhr ab Lillehammer; www.skibladner.no. Im Winter ist das Schiff im überdachten Skibladnerhuset am Hafen zu sehen.

Shopping

- Schöne **Fußgängerzone** im Zentrum und **zwei große Einkaufszentren** (CC Mart'n und City) am See gelegen.
- **Gjøvik Chokolade AS,** in der oberen Storgt. 16 (Str. beginnt am Bhf.) – Schokoladenmanufaktur.
- **Gjøvik Glassverk,** Brennerigt. 1-3 (Parallelstr. zur Storgt.) – Glasbläserei mit Verkauf.

Eidsvoll ⌕XVII/C2

Der **2500-Einwohner**-Ort liegt nahe der Südspitze des Mjøsa, ist Endstation des Dampfschiffes „Skibladner" und beherbergt 2 km vor den Toren der Siedlung, in Eidsvollverk, ein norwegisches Nationalmonument: das **Eidsvoll Bygningen**. Der **alte Gutshof**, im Jahr **1814** Schauplatz der **Reichsversammlung**, steht in einem hübschen Park. Die Anlage ist gegen 50 NOK Eintritt zu besichtigen. Zu sehen sind u. a. die Portraits der Versammlungsteilnehmer und schmucke Räume. (Geöffnet: 16.6.-15.8. 10-17 Uhr, 2.5.-15.6./16.8.-30.9. 10-15 Uhr, 1.10.-30.4. 12-14 Uhr.)

An- und Weiterreise
- **Züge** nach Oslo und Richtung Hamar/Lillehammer, Trondheim.
- **Fernbusse 130, 145, 147.**
- **Flughafen Gardermoen:** siehe „Oslo/Praktische Informationen/An- und Weiterreise").

Unterkunft
- **Solli Pensionat,** Torget 5, Eidsvoll, Tel. 63964509, (***). Gemütliches, einfaches Holzhaus mit Park.

Bootsrundfahrt
- Infos zum **Skibladner:** siehe „Hadeland und Gjøvik".

Aktivitäten
- **Wintersport: Hurdal Skizentrum** mit 4 Liften und 10 Abfahrten.

Mineralien
- **Am Byrud Gard** bei Minnesund (Rv 33) liegen die Gänge der einzigen **Smaragdgrube** Skandinaviens. Schmucksteine sind auf dem Hof zu erwerben (8-20 Uhr geöffnet).
- **Gold** hingegen gab es einmal **in der Grube an der Rv 181** (östlich von Eidsvoll). Auch hier darf während des Sommers nach Schätzen gesucht werden.

Ein Gesetz wird geschaffen – die Reichsversammlung und der 17. Mai

Einberufen wurde die **Riksforsamling** (Reichsversammlung), nachdem Norwegen von Dänemark an Schweden abgetreten werden musste. Ziel der 112 Eidsvollmänner, der Entsandten einer jeden Gemeinde, war es, den Wechsel der Zugehörigkeit des Landes als Chance zu verstehen und eine eigene Verfassung zu entwerfen. Auf harten Pritschen saßen sie dann wochenlang, Tag für Tag, zusammen und tüftelten ein Grundgesetz aus, welches sich an die Ideale der Französischen Revolution und an die amerikanische Verfassung anlehnen sollte. Am 17. Mai war es dann soweit. Das neue norwegische Gesetz wurde verabschiedet. Dies brachte Norwegen zwar noch lange nicht die Unabhängigkeit, jedoch eine größere innenpolitische Selbständigkeit sowie ein gesteigertes Selbstbewusstsein, im Zuge dessen u. a. Künstler wie *Grieg*, *Munch* und *Ibsen* Weltruhm erlangen konnten.

Der **17. Mai** ist heute der **norwegische Nationalfeiertag** und wird landesweit ausgiebig mit prächtigen Umzügen gefeiert. Dabei tragen viele ihre eigene Landstracht, Spaß und Frühlingsfreude stehen eindeutig im Vordergrund. Nichts wäre in Norwegen an diesem Tage so unangebracht wie pompöse Militärparaden. Man schwingt zum Zeichen des nationalen Selbstwertgefühls sein Fähnchen und ist vergnügt.

Hamar ⌕XVII/C1,2

Eine der wenigen herausragenden architektonischen Leistungen im Ort ist das **Vikingskip**. Die **Olympiahalle** erinnert, wie der Name schon vermuten lässt, an ein Wikingerschiff, und zwar an ein umgestülptes. Das gewagt aus Holz und Beton konstruierte Gebäude bietet bis zu 20.000 Menschen Platz, also 7000 weniger als der Ort Einwohner hat. Finden nicht gerade Wettkämpfe im Eisschnelllauf statt, ist die Arena gegen 30 NOK Eintritt 8-18 Uhr (Sa/So ab 10 Uhr) zu besichtigen. Eine kleine Fotoausstellung lässt dabei die Erinnerungen an die grandiosen Olympiatage wieder aufleben.

Fünf Minuten außerhalb der Stadt liegt auf der **Halbinsel Domkirkeodden** die **Freilichtanlage des Hedmark-Museums** (Ausschilderung „Museer" beachten). Die 40 Gebäude am Ufer des Mjøsa sind gratis zu besichtigen. 60 NOK Eintritt kosten hingegen das nette, aber nicht eindrucksvolle Mittelaltermuseum (Ruinen der Bischofsburg, Ausgrabungsfunde, alte Schlitten) und die von einer gewaltigen Glaskonstruktion überdachte Ruine des Domes. Das Bauwerk wurde im 12. Jahrhundert geweiht und vier Jahrhunderte später bei einem schwedischen Angriff zerstört. Die Anlage ist Zeuge der einstigen Bedeutung des Bistums Hamar. Es war über Hunderte von Jahren hinweg die einzige Stadt in Norwegens Binnenland und ein wichtiges Handelszentrum. Im 19. und 20. Jahrhundert verlor der Ort seine Macht jedoch an das neu gegründete Lillehammer („Klein-Hamar").

Auf der Halbinsel sind ferner ein duftender **Kräutergarten** und die **Galerie des Künstlerzentrums** zu besichtigen. Der Domkirkeodden hat Mitte Juni-Mitte Aug. von 10-17 Uhr (Ende Mai-Anf. Juni/Mitte Aug.-Anf. Sept. Di-Fr bis 16 Uhr) geöffnet (70 NOK).

Auch die Region von Hamar war vor 100 Jahren von einer starken Abwanderung nach Amerika betroffen. Daher kann heute an der Strandpromenade das **Norsk-Utvandrer-Museum** besucht werden, das sich mit dem Thema beschäftigt. (Geöffnet im Sommer von 10-14 Uhr.)

Gleichfalls am Ufer des Mjøsa-Sees liegt inmitten eines Waldes das **Norsk-Jernbane-Museum.** In dem 1896 gegründeten, hochinteressanten **Eisenbahnmuseum** steht u. a. das alte, 2200 PS starke Dampfross „Dovregubbe". Außerdem gibt es eine eigene Schienenanlage mit Bahnhöfen, Wärterhäusern, Loks und Waggons. In einem dieser alten Wagen ist auch ein originelles Café untergebracht. Rundfahrten können mit dem kleinen Tertit-Zug unternommen werden. Auch rollt seit kurzem wieder die gewaltige Dampflokomotive „Caroline" aus dem Jahr 1861. (Geöffnet: Juli-Mitte Aug. 10.30-17 Uhr, ansonsten 11-15 Uhr, 70 NOK, Nebensaison Sa gratis).

Touristeninformation

- **Turistkontor** in der Vikingskiphalle, Tel. 62553320, www.hedmark.com.

Die Olympiahalle Vikingskip

HAMAR

Orientierung

- Zentrum, Wikingerschiff und Domkirkeodden liegen westlich der E 6 und sind über die Rv 25 zu erreichen.

An- und Weiterreise

- **Bahnhof/Busbahnhof:** Beide liegen unweit östl. des Zentrums. Züge nach Oslo, Lillehammer und Trondheim. **Fernbusse 145, 147.**

Unterkunft

- **Scandic Hotel,** Vangsvn. 121, Tel. 21614000, Fax 21614011, (*****). Neues, komfortables Hotel mit 126 ansprechenden Zimmern, gutem Restaurant, Sauna und Fitnesscenter.
- **Astoria Hotel,** Torggt. 23, Tel. 62707000, Fax 62707001, (*****), im Sommer (***). 79-Zimmer-Kasten im Zentrum. Pub, Nachtclub.
- **Victoria Hotel,** Strandgt. 21, Tel. 6202 5500, Fax 62533223, (*****). Großes und feines Zentrumshotel. Recht gutes Restaurant „Christian Krohg".
- **Seiersted Pensjonat,** Holsetgt. 64, zentrumsnah, Tel. 62521244, www.seiersted.no, 700 NOK für gemütliche Zimmer im Holzhaus (inkl. Frühstück). E 6 ab Richtung Zentrum, bei Statoil rechts, nächste Ampel links.
- **Bellevue Bed & Breakfast,** Holsetgaten 64, nördl. Stadtrand, Tel. 62523477, (**/***). Gemütliche Pension mit familiärer Atmosphäre.
- **Hamar Vandrerhjem,** am Vikingskip, Tel. 62526060, hamar.hostel@vandrerhjem.no. Moderne, gemütliche, ganzjährig geöffnete Herberge. Bett 350 NOK, DZ 800 NOK.

Camping/Hütten

- **Hamar NAF Camping,** 3 km vom Zentrum entfernt, Tel. 62524490, geöffnet: April bis Sept. Großes Areal am See neben dem Eisenbahnmuseum. 10 Hütten (*), 12 Zimmer.

Essen und Trinken

- Recht gut sitzen und leider recht teuer speisen, kann man im seit 1849 existierenden

Stallgården (Torggata 82, geöffnet ab 18 Uhr, Gerichte ab 200 NOK).
• **Preiswerter** sind da die gleichfalls guten Fischgerichte im direkt am Wasser gelegenen **Seaside**.
• Sowohl kostengünstig als auch recht lecker sind die Pizzen im **Pizzanini** (Torggata 24).
• Beliebte Cafés sind das **Alle Tiders** und **Helles Bakeri**. Beide in der am Markt beginnenden Torggata.

Aktivitäten

• Neben dem Vikingskip besitzt die Stadt drei weitere große Hallen, z. B. die **Ankerskogen-Halle** mit großem Hallen- und Freibad, Sauna, Tennis- und Badmintonplätzen.
• **Norrøna Bowling**/Billard: Tel. 62527650.
• Modernes **Kino** im Zentrum.
• **Wandern:** Ein guter Ausgangspunkt für Wanderungen im recht unberührten Berg- und Waldgebiet Hedemarksvidda sind die Hütten Gåsbu (15 km nordwestlich der Stadt) und Budor (30 km nordwestlich).
• In Budor kann im Winter ein großes **Iglu** bewundert werden.
• **Tierpark Amadeus:** 25 km südl. Hamar, nahe der E 6. Kleiner Tierpark u. a. mit Zebras, Kamelen, Affen, Fasanen, Schlangen (im Sommer 10-17 Uhr; 100 NOK).
• **Snilsberg Familiepark:** Halbinsel Nes, Rv 213, westl. Hamar. Hof mit u. a. Lämmern, Ziegen, Ponys. Spielplatz, Hofladen, Naturwanderweg (im Sommer 11-17 Uhr, 80 NOK).

Shopping

• **Løiten Brænderi**, an der Rv 25, zwischen Hamar und Elverum. Ehemalige Schnapsbrennerei mit Museum, Galerie, Café, der größten Kerzengießerei Norwegens und diversen Läden.

Umgebung

Die Umgebung von Hamar ist schon seit über 4000 Jahren eine Ackerbauregion. Spuren längst vergangener Kulturen findet man auf der **Insel Helgøya** im Mjøsa-See.

Interessant und hübsch ist auch die alte **Kirche von Stange** aus dem 12. Jahrhundert.

Lillehammer ⌕XVII/C1

Überblick

Noch 150 Jahre nach der **Gründung** des Marktfleckens „Klein Hamar" durch den Kaufmann *Ludvig Wiese* im Jahr **1827** war Lillehammer ein unscheinbares Örtchen am Nordende des Mjøsa-Sees. Die Siedlung mit dem Skifahrer im Wappen konnte sich zwar als Handels-, Erholungs- und Künstlerzentrum etablieren, hatte jedoch lediglich die 1925 von *Tor Bjørklund* gemachte **Erfindung des Käsehobels** als aufregendes Ereignis vorzuweisen.

Allerdings besaß Lillehammer aufgrund seiner **schneesicheren Lage** schon immer eine gewisse Anziehungskraft auf norwegische Skiläufer. Und da selbst von Leuten, die es wirklich wissen mussten, die Landschaft mit ihren weiten Hochebenen, schönen Wäldern und ski-idealen Berghängen hoch gelobt wurde, entstand die kühne Idee der Bewerbung für Olympia.

Und man hatte Erfolg: 1988 gab der Präsident des IOC, *Juan Antonio Samaranch,* das international völlig unbe-

In der Fußgängerzone

kannte „Lilly Hammer" als Sieger der geheimen Abstimmung bekannt, und mit der Ausrichtung der **17. Olympischen Winterspiele** im Jahr **1994** schaffte Lillehammer den Sprung in die Elite der europäischen Skizentren. Und dies – das ist das Erstaunliche –, ohne an Charme und Gemütlichkeit einzubüßen. Im Gegenteil, Lillehammer ist heute wie vor hundert Jahren ein beschaulicher Ort mit einem pittoresken Zentrum und einer schönen Umgebung. Mit dem Unterschied natürlich, dass seit 1994 ein paar Sehenswürdigkeiten, Sportstätten, Hotels und Restaurants dazugekommen sind. Auch stieg die Bevölkerungszahl innerhalb weniger Jahre um 3000 auf **25.000 Einwohner** an.

Sehenswertes

Die Innenstadt und die olympischen Stätten von Lillehammer erkundet man am besten auf einem Rundgang zu Fuß (3 km).

Die Tour beginnt am Nordende der **Fußgängerzone Storgata.** Wir folgen dem hübschen Boulevard mit seinen kleinen Holzhäusern und den vielen, recht geschmackvollen Geschäften. Nach etwa 150 m (Ausschilderung beachten) führt nach rechts ein Weg zum Markt mit dem alten Rathaus (Anf. 20 Jh.) und dem sehenswerten **Lillehammer-Kunstmuseum.** Schon im 19. Jahrhundert war Lillehammer wegen seines inspirierenden Lichtes bei Dichtern *(Bjørnson, Sigrid Undset)* und Malern beliebt. Zu sehen sind im Museum vor allem Werke norwegischer Künstler, wie *Munch, Werenskiold, Krogh, Gude, Dahl* und *Weidemann* (Geöffnet: Juli-Mitte Aug. 11-17 Uhr, ansonsten Di-So 11-16 Uhr, 60 NOK; schönes Café).

Wir gehen nun zurück zur Fußgängerzone und laufen, vorbei am klobigen neuen Rathaus, zum hübschen **Søndre Park,** an dessen Ende die neugotische **Backstein-Stadtkirche** (1882; geöffnet: Juni-Aug. 11-14 Uhr) liegt. Die Storgate wird nun zur Hauptstraße. Dieser folgen wir bis zur Sondregate, biegen in diese nach links ein und folgen der Ausschilderung sowie dem Maihaugenvegen zum **Maihaugen-Museum** (Sandvigske Samlinger), einem der schönsten und größten Freilichtmuseen Norwegens (Eingang 100 m die Straße hoch). Gegründet wurde die Anlage 1887 vom Zahnarzt *Anders Sandvig.* Sie besteht heute aus 170 hölzernen Bauwerken aus dem Gudbrandsdal, deren eindrucksvollste zu dem im 18. Jahrhundert erbauten Hof Bjørnstadgården gehören. Höhepunkt der Sammlung ist zweifellos die um 1200 erbaute **Stabkirche.** Das erhabene Gebäude wurde 1882 in Garmo bei Lom abgerissen und fand knapp 40 Jahre später hier einen gleichermaßen würdevollen Platz. Vervollkommnet wird die Freilichtanlage durch verschiedene Werkstätten, idyllische Waldwege, Seen, Almen, ein nettes Café mit traditionellem Essen und die spannende **Ausstellung „Wie das Land unser wurde"** im kantigen Hauptgebäude. Auf sehr anschauliche Art kann hier die Entwicklung Norwegens, von der Bronze- und Wikingerzeit über das Mittelalter bis hin zur Neuzeit mit ihrem Überfluss und Reichtum, nachvollzogen werden. Eine neue Abteilung zeigt das Anwesen Bjerkebæk, wo die Literaturnobelpreisträgerin *Sigrid Undset* von 1919 bis 1949 wohnte. Angeschlossen sind ein neues Publikumsgebäude und ein Park. (Geöffnet: 18.5.-30.9. 10-17 Uhr, ansonsten Di-So 11-16 Uhr, 90 NOK, Studenten 70 NOK, Familie 200 NOK. Deutsche Führungen gratis. Im Winter von 7-22 Uhr und im Sommer von 7-10 und 17-22 Uhr ist das Gelände kostenlos zu betreten. Info: www.maihaugen.no.)

Nach diesem Ausflug in die ältere Kulturgeschichte Norwegens begeben wir uns nun den Maihaugvegen entlang zu einer Reise in die jüngere Vergangenheit des Landes, nämlich zum **Olympiamuseum** in der Håkon-Halle. Anhand von vielen Bildern und Dokumenten kann hier das 16-tägige Sportfest von 1994 noch einmal in aller Intensität nachvollzogen werden. (Geöffnet: 1.6.-31.8. 10-18 Uhr, 1.9.-31.5. Di-So 11-16 Uhr; 60 NOK, Studenten 50 NOK, Familien 150 NOK.)

Gleich oberhalb der Halle liegt der **Lysgårdsbakken.** Vom Turm der großen **Sprungschanze** hat man einen wirklich überwältigenden Blick auf Lillehammer und das Gudbrandsdal. Die Anlage ist 9-20 Uhr geöffnet (bis 11.6./ab 23.8. 11-16 Uhr, 15 NOK; Sessellift zum Turm: 40 NOK retour, Anfahrt auch über die Rv 311).

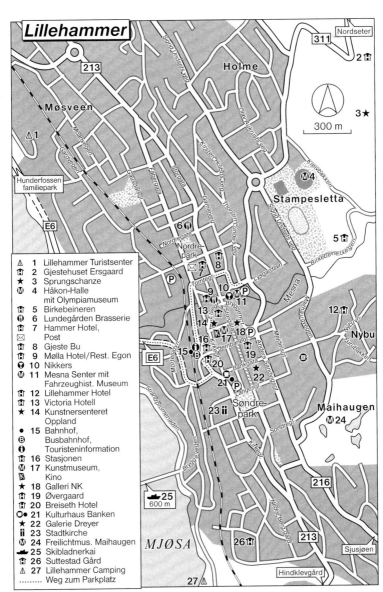

- △ 1 Lillehammer Turistsenter
- 🏠 2 Gjestehuset Ersgaard
- ★ 3 Sprungschanze
- Ⓜ 4 Håkon-Halle mit Olympiamuseum
- 🏠 5 Birkebeineren
- 🍴 6 Lundegården Brasserie
- 🏠 7 Hammer Hotel,
- ✉ Post
- 🏠 8 Gjeste Bu
- 🏠 9 Mølla Hotel/Rest. Egon
- 🎵 10 Nikkers
- Ⓜ 11 Mesna Senter mit Fahrzeughist. Museum
- 🏠 12 Lillehammer Hotel
- 🏠 13 Victoria Hotell
- ★ 14 Kunstnersenteret Oppland
- ● 15 Bahnhof,
- Ⓑ Busbahnhof,
- ❶ Touristeninformation
- 🏠 16 Stasjonen
- Ⓜ 17 Kunstmuseum,
- 🎬 Kino
- ★ 18 Galleri NK
- 🏠 19 Øvergaard
- 🏠 20 Breiseth Hotel
- ☯● 21 Kulturhaus Banken
- ★ 22 Galerie Dreyer
- ⅈ 23 Stadtkirche
- Ⓜ 24 Freilichtmus. Maihaugen
- ⚓ 25 Skibladnerkai
- 🏠 26 Suttestad Gård
- △ 27 Lillehammer Camping
- .... Weg zum Parkplatz

Wir beenden nun unseren Rundgang, indem wir von der Håkon-Halle die Hauptstraße bergab zur Storgate zurücklaufen. Unterwegs lohnt noch der Besuch des **Fahrzeughistorischen Museums** (Kjøretøyhistorisk Museum) im Mesna Senter. Neben etlichen rüstigen Oldtimern sind auch alte Fahrräder und Schlitten ausgestellt. (Geöffnet: 15.6.-19.8. 10-18 Uhr, 21.8.-14.6. Mo-Fr 11-15 Uhr, Sa/So bis 16 Uhr, 40 NOK.)

Sehenswürdigkeiten in Øyer, 13-15 km nördlich der Stadt

An einer kleinen Nebenstraße, parallel zur E 6, liegt **Hunderfossen**, der vielleicht schönste **Freizeit- und Familienpark** Norwegens. Nach Zahlung von 250 NOK (Kinder 230 NOK) wird es märchenhaft-mystisch. Schon kurz hinter dem Eingang lauert, auf eine mächtige Tanne gestützt, der größte Troll der Welt. Doch nicht verzagen, denn nur durch ihn hindurch gelangt man zur traumhaften Märchengrotte. Auch gibt es seit neuestem ein 37 m hohes Soria Moria-Märchenschloss, in dem nun u. a. *Askeladden*, das norwegische *Aschenbrödel*, zuhause ist. Abgerundet wird die gelungene Anlage noch durch ein Energie-, Medien- und Kommunikationscenter, ein Abenteuerkino, eine Badeanlage, ein Eiscremecenter, ein Wachsfigurenkabinett und ein Trollrestaurant. Seit 2007 ist der Park auch im Winter geöffnet. Angeboten werden Schneerafting, Eisbowling, der Besuch im Eis- und im Abenteuerschloss, eine Eisbar, Klettern im Hochseilgarten und der Besuch im Abenteuerschloss. (www.vinterparken.no; www.hunderfossen.no; 19.6.-8.8. 10-20 Uhr, an Wochenenden im Mai, Anfang Juni, Ende August und Anfang Sept.: 10-17 Uhr; im Winter: Mi 16.30-20 Uhr, Sa 15.30-20 Uhr; 200 NOK.)

Auf der gleichen Straße gelangt man auch zu den zwölf **helleristninger (Felszeichnungen) am Fluss Lågen** und zum **Norsk Vegmuseum.** Sehr anschaulich wird in diesem Straßenmuseum die Entwicklung des norwegischen Verkehrssystems dargestellt. Die Geschichte beginnt bei den alten Königs- und Pilgerwegen und endet bei den neuesten, teils ingenieurtechnisch meisterhaften, Tunnels, Schnellstraßen und Brückenprojekten. Auch eine Multivisionshow sowie eine Freianlage mit fünf historischen Gebäuden und alten funktionstüchtigen Maschinen sind zu sehen. Unweit des Vegmuseums wurde zudem 2004 die Zweigstelle des **Fjellsprengningsmuseet** eröffnet. In einem 240 m langen Tunnel erlebt man die Geschichte des Tunnelsprengens. (18.5.-31.8. 10-18 Uhr, ansonsten: Di-So 10-15 Uhr, Eintritt frei! www.vegvesen.no.)

Überquert man nun nördlich der Olympischen Bobbahn den Fluss, so gelangt man zum **Hafjell Alpinzentrum** (an der E 6). Auf dem Weg zum Parkplatz am Sessellift bitte nicht unruhig werden! Nicht das Auto ist zum Gulliver geworden, sondern die Häuser schrumpften zur Miniaturstadt „Lilleputthammer" (9-19 Uhr, 30 NOK).

Wesentlich monumentaler – und künstlerisch bedenklich – ist die am gegenüberliegenden Berghang liegende Waldrodung des Olympischen Fackelmannes. Einsehbar von den Skipisten des Hafjell.

Praktische Informationen

Touristeninformation

● **Lillehammer Turist,** Jernbanetorget 2, 2609 Lillehammer, im Bahnhof, Tel. 6128 9800, Fax 61289801, www.lillehammerturist.

Alter Speicher (Stabbur) im Freilichtmuseum Maihaugen von Lillehammer

Blick von der Sprungschanze

no, geöffnet: 9-19 Uhr, So bis 18 Uhr, im Winter: 9-16 Uhr, Sa 10-14 Uhr, So geschlossen.
- **Nordseter Turist,** Tel. 61264012.
- **Turistkontor Øyer,** Tel. 61277000, Fax 6127 7050.

Orientierung

- In Richtung „Sentrum" fährt man von der E 6 am Einkaufszentrum mit den „zwei Kirschen" nach Osten durch einen Tunnel, biegt gleich danach links ab und fährt nochmal durch einen Tunnel. Nun geradeaus zum Parkhaus oder an der Post nach rechts über die Tomtegate zum Parkplatz am KIWI-Supermarkt (ab 17 Uhr gratis).

An- und Weiterreise

- **Bahnhof/Busbahnhof:** Beide liegen direkt beieinander unterhalb des Zentrums. **Züge** nach Oslo, Hamar, Ringebu, Vinstra, Otta, Dombås, Oppdal, Trondheim. **Fernbusse 145, 147, 154. Lokalbusse** u. a. nach Hamar, Gjøvik, Nordseter, Sjusjøen, Hafjell. www.opplandstrafikk.no.
- **Mietwagen:** Europcar, Tel. 61250103, Budget, Tel. 61250854, Avis, Tel. 61253201.

Unterkunft

- **Lillehammer Hotel,** Turisthotelvn. 7, Tel. 61286000, Fax 61257333, (*****). Großes und edles Hotel oberhalb des Maihaugvegen. Schon die IOC-Honoratioren nächtigten hier. Feine Zimmer, Hallenbad, Sauna, gutes Restaurant, Bar, Pub, Disco.
- **Victoria Hotell,** Storgt. 84b, Tel. 61250049, Fax 61252474, (*****), Sommer (****). Feines Holzhotel mit modernem Anbau. Komfortable Zimmer und gutes Restaurant. Bar, Disco.
- **Breiseth Hotel,** Jerbanegt. 1-5, Tel. 6124 7777, Fax 61269505, (*****/****). Modernes Künstlerhotel am Bahnhof. Altertümliche und neue Zimmer, Restaurant, Cafeteria.
- **Hammer Hotel,** Storgata 108, Tel. 6126 3500, Fax 61263730, (*****/****). Modernes und sehr gemütliches Holzhotel im Zentrum. Hübsche Zimmer.
- **Mølla Hotel,** Elvegaten 12, Tel. 61269294, Fax 61269295, (*****). Nett gestaltetes Hotel in einem alten, 30 m hohen Getreidesilo. Originelles Restaurant.
- **Birkebeineren,** Birkebeinervn. 24, Tel. 6126 4700, Fax 61264750. Für die Olympischen Spiele erbautes Haus mit recht ansprechenden Zimmern und Apartments. An der Straße zur Sprungschanze. DZ im Hotel 980 NOK, DZ im Motel-Bereich 570 NOK. Kaminzimmer, Sauna, W-Lan, www.birlebeinere.no.
- **Suttestad Gård,** Suttestadveien 17, Tel. 61250444, jenshomb@online.no, (**/***) (ab 600 NOK). Alter Hof, romantische Zimmer mit Himmelbetten.
- **Øvergaard,** Jernbaanegt. 24, Str. beginnt am Bahnhof, home.c2i.net/overgaard, Tel. 61259999, (**) (ab 500 NOK). Nette Pension in altem Holzhaus. Küche, TV-Zimmer.
- **Gjeste Bu,** Gamleveien 110, Tel. 61254321, ss-bu@online.no, (*). Preiswerteste Unterkunft im Zentrum, in der Parallelstraße zur nördlichen Storgata gelegen (von der Storgata an der Løkkegata den Berg hinauf). Schlafsaal: 120 NOK. DZ 400 NOK. Aufenthaltsraum, Küche.
- **Stasjonen,** Jernbanetorget 2, im Gebäude des Bahnhofs, Tel. 61260024, Fax 61262331, www.stasjonen.no. Gemütliche Jugendherberge und JH. 28 moderne Zimmer mit Bad, TV, W-Lan. DZ 790 NOK, Bett 325 NOK, 3-Bett-Zi. 900 NOK, inkl. Frühstück.
- **Gjestehuset Ersgaard,** Tel. 61250684, www.ersgaard.no. Weißes Holzhaus in der Kurve an der Straße nach Nordseter. Blick über Lillehammer! (**/***). Das Haus wird vermutlich bald geschlossen.
- **Hindklev Gård,** 6 km südl. an der Rv 213, Tel. 61250624, hindklev@c2i.net. Schöner Hof in ruhiger Lage mit dem Apartment ab 420 NOK.
- **Bjerke Gård,** Nordre Stranden, Tel. 612529 33, www.bjerke-gaard.com. Sehr gemütliche Zimmer auf alter Hofanlage gegenüber der Stadt, am Mjøsa. Schon hohe Gäste weilten in den ehrwürdigen Räumlichkeiten.

Unterkünfte in Sjusjøen/Nordseter

Auf der Hochebene in 850 m Höhe, 20 km östlich von Lillehammer, gibt es folgende, allesamt sehr empfehlenswerte und recht gemütlichen **Hotels/Hütten:**
- **Sjusjøen Høyfjellshotell,** Tel. 62357670, Fax 62347671, (*****).

Stadtplan S. 453, Farbkarte Seite XVII

LILLEHAMMER 457

- **Rustad Hotell & Fjellstue,** Tel. 62363408, www.rustadhotel.no, (****), uriges Kaminzimmer.
- **Sjusjøen Vandrerhjem Fjellheimen,** Tel. 62347680, Fax 62347670, www.sjusjoenhotel.no. Gemütliche JH. Bett ab 200 NOK, DZ ab 400 NOK.
- **Hervorragende Hütten** (*/***/****): Sjusjøen Hytteutleie (Tel. 62334960, www.sjusjoen.no). Sjusjøvangen Hytteutleie (Tel. 6236 3433, www.sjusjovangen.no).
- Sehr gute Unterkünfte auch im noch idyllischeren **Nachbarort Nordseter:** Nordseter Fjellstue og Hytter (**), Apartment ab 400 NOK im Sommer, Tel. 61264008, www.visit nordseter.com), Komfortable Hütten: Tel. 61264012, www.nordseter.no.

Camping/Hütten

- **Lillehammer Turistsenter,** nördlicher Stadtrand, Tel./Fax 61259710, ganzjährig geöffnet. Moderner Platz nahe der E 6 (Abzweig Storhove, an der Esso-Tankstelle nach rechts). Hütten ab 600 NOK, Motel 700 NOK. Badeplatz, Boots-, Fahrradverleih.
- **Lillehammer Camping,** Abzweig Lillehammer Zentrum, Tel. 61253333, Fax 61253365, ganzjährig geöffnet. Platz nahe Skibladner-Kai und Bahnlinie (nachts aber relativ ruhig). Badeplatz. Apartments 700 NOK. Hütte ab 450 NOK.
- **Roterus Fritidsgård,** Rv 216, 6 km Richtung Sjusjøen, Tel. 61269860, www.norutleie.no, ganzjährig geöffnet. Einfache, aber saubere Hütten (*).
- **Samuelstuen Camping,** Rv 213, 18 km südl. Tel. 62360390, ganzjährig geöffnet. Schöner Platz direkt am Mjøsa. 19 Hütten (*), Badestrand und Bootsverleih.
- **Mesnali,** in Sjusjøen, Tel. 62359330, www.mesnali.no. Camping- und Jugendzentrum auf 800 m Höhe. Recht schöne Lage, viele Aktivitäten, u. a. Kanuverleih, Billard, Badminton, Fußball, Volleyball.
- **Hunderfossen Camping,** am Hunderfossen-Familienpark, Tel./Fax 61277300, ganzjährig geöffnet. Schöner Platz am Wasser, leider direkt an der Bahnlinie. 54 Hütten (*/**/***). Bootsverleih.

Unterkünfte in Øyer (Hafjell Alpinzentrum) und Umgebung

- **Hunderfossen Turistsenter,** an der Bobbahn, Tel. 61274000, Fax 61277212, www.hunderfossen-camping.no, ganzjährig geöffnet. Familiäres Hotel (****), 61 gute Hütten (*/****).
- **Rustberg Camping,** oberhalb der E 6, Tel. 61275850, Fax 61278705, ganzjährig geöffnet. Hübscher Platz am Waldesrand. 32 Luxus- und Minihütten (*/****). Swimmingpool im Sommer. Straße in Hörweite.
- **Blomberg Hytter & Camping,** Oddvang, 5 km nördl. Øyer, Tel. 61274100, www.blomberghytter.no. Zumeist einfache, aber saubere Hütten (*/**/***), Zeltplatz. Badestelle. E 6 als leises Rauschen hörbar.
- **Skarsmoen Gård,** etwas südlich von Tretten, Tel. 61276313, www.skarsmoen.no. Schöne, sehr empfehlenswerte Hofanlage etwas abseits der E 6. Tolle Hütten (**/***). Idyllische Lage. 23 km nördl. Lillehammer, an der E 6 ausgeschildert.
- **Skåden Gård,** Tel. 61278160, www.skaadengaard.no. Bauernhof mit Panoramablick ins Tal. Gemütliche Hütten und Zimmer (*/**/***), kl. Museum. In Øyer-Nord abbiegen, dann nach links, an Tankstelle rechts und der Ausschilderung folgen.

Essen und Trinken

- In der Fußgängerzone **Storgata** finden sich u. a. die gemütliche Pizzeria **Peppes Pizza,** das preiswerte **Café Opus,** das winzige, aber sehr gemütliche **Tee- und Kaffee-Haus one-hand-clapping** sowie in der Nebenstraße am Cubus-Bekleidungskaufhaus das familienfreundliche **Café Solveig.**
- Gemütlich am Fluss Mesnaelva sitzt man im **Biergaten Terrassen.**
- **Restaurant Egon,** im Mølla Hotel (Elvegt. 12); all you can eat Di-Sa bis 18 Uhr, So/Mo ganztägig). Preiswerte Mittagsgerichte (ab 100 NOK).
- Ein gemütliches **Kunstcafé** im idyllischen Garten hat die Galleri Dreyer (Bankgata 15).
- **Café Banken,** im Kulturhaus Banken. Gutes Essen und leckere Tapas.
- **Lundegården Brasserie,** Storgata 108a. Sehr gutes, aber wirklich nicht preiswertes Restaurant.

Der Osten

Mjøsa-See und Gudbrandsdal

- Die größte Restaurantauswahl hat das **Lillehammer Hotel.**

Nachtleben

- Am nördlichen Ende der Fußgängerzone liegt die Pizzeria Dolly Dimple's. Ihr gegenüber, in der Elevegate, liegen **Svarte & Berg** (gutes Restaurant, Pub), der angesagte **Pub Nikkers** (Nachtclub, Biergarten, Essen 70-170 NOK) und der vielseitige **Nachtclub Brenneriet**. Gegenüber des Nikkers, auf der anderen Seite des Baches, liegt das **Lille Blå**, ein gemütliches, gläsernes Café sowie ein rockiger Nachtclub (Eintritt frei). Vom Victoria Hotel, die Straße hinab, zwischen Rema 1000 und dem roten Haus hindurch, gelangt man zum relaxten **Pub Zipper** (mit Disco). Etwas heruntergekommener ist die **Independent-Kneipe Felix** (am Südende der Fußgängerzone). Studenten trifft man im **Bingo'n** (Storgata 31), irische Gemütlichkeit herrscht im Pub **Dirty Nelly** vor (Storgata 93).

Kino

- 3 Säle, Kirkegt. 69, **am Kunstmuseum.**

Galerien/Veranstaltungshäuser

- Am Ende der Kirkegate, imposantes, oranges Gebäude des **Kulturhaus Banken.**
- **Kunstnersenteret i Oppland**, am Kunstmuseum, Galerie.
- **Galleri NK**, Storgt. 65. Malerei, Fotografie.
- **Galleri Dreyer**, Bankgata 15. Bekannteste Galerie der Stadt mit hochwertigen Ausstellungen.

Bibliothek/Internet

- Eine Bibliothek mit Internetzugang liegt hinter dem Kino, Tel. 61266400 (Mo-Fr 11-18 Uhr, Sa bis 15 Uhr, Mi/So geschlossen). Weitere Internetanschlüsse gibt es in der Bibliothek der Hochschule im Stadtteil Storhove im Norden Lillehammers (die Storgate immer geradeaus) und in der Touristeninformation.

Festivals

- **Vinterspillene:** um den 20.2, Konzerte, Theater, u. a. abends am gefrorenen Wasserfall des Mesnaelva (www.vinterspillene.no).
- **Julebyen:** romantischer Weihnachtsmarkt und viele weihnachtliche Veranstaltungen im winterlichen Lillehammer. Konzerte, bis 31.12; www.julebyen.com.
- **Literaturfestival/Undset Tage:** Vorträge, Theateraufführungen, Ende Mai; www.litteraturfestival.no.
- **Lillehammer Jazzfestival:** Mitte September, www.dolajazz.no. Mittelgroßes Festival mit bekannten norwegischen Akteuren.

Aktivitäten

- **Baden:** Sjusjøen Sommerland am Høyfjellshotel (beheizte Becken, Rutschen, Boote); Freizeitbad Jorkestad nahe Fåberg (Hallenbad, Rutschen, Sauna), Badestelle im Bach, unterhalb der Brücke der Str. von Maihaugen zur Håkonshalle.
- **Elchsafari:** Turistkontor in Øyer.
- **Mountainbiking:** Das Gebirge rund um Nordseter und Øyer (Panoramaweg nach Nysætra) bietet Hunderte Kilometer Pisten. Ein Eldorado für Biker! (Karte: Lillehammer Omland, 1:50.000); Fahrradverleih: s. u. unter „Veranstalter".

  Hafjell: Das Hafjell möchte sich als **„Bike-Arena"** etablieren. An den Wochenenden von Mitte Juni-Ende Aug. fährt man mit der Gondelbahn empor und über Stock und Stein die Pisten hinab (Mountainbikeverleih).
- **Veranstalter:** in Nordseter: Nordseter Aktivitetssenter, in der Baude am Ende der Hauptstr., Tel. 61264037, www.nordseter.no, Fahrräder: 140 NOK/Tag, Alpinskiausrüstung 170 NOK/Tag, Woche 470 NOK, Langlauf: 140 NOK/Tag, Reiten; Sjusjøen Sport und Aktiviteter, Tel. 62363004, sjusjoen-sport.no, Fahrradverleih, Fjelltouren; Sjusjøen Fritid, Kanutouren, Elchsafari, sjusjoen-fritid.no, Tel. 62363405.
- **Wandern:** Nordseter: Umrundung des schönen Sees Nevelvatn (ca. 5 km); Wanderung zum Panoramaberg Nevelfjell (12 km, retour); Nebenstraße nach Øyer, parallel zur E 6: 2,5 km nach Abzweig in Fåberg, auf Holzschild „Helleristninger" achten. Der idyllische Waldweg führt hinab zu den Felszeichnungen am Fluss (ca. 1,5 km, Wegweiser mit Kühen folgen).

Stadtplan S. 453, Farbkarte Seite XVII LILLEHAMMER 459

●**Wintersport: Hafjell,** 13 km nördlich von Lillehammer, www.hafjell.no. 10 Lifte (820 m Höhenunterschied), 12 leichte bis schwere Abfahrten. Zusammen mit Kvitfjell, Skei und Gålå (ein Skipass für alle Lifte) eine der besten Alpinanlagen des Landes. Skiverleih: Komplett 270 NOK/Tag (billiger in Nordseter, siehe oben unter „Veranstalter").

Eines der vielleicht schönsten und vielfältigsten **Langlaufgebiete,** mit Hunderten Loipenkilometern, beginnt an der Bergstation des Hafjell sowie an den Hüttenzentren Nordseter und Sjusjøen (je ein kleiner Skilift, Skiverleih, Pferde- und Hundeschlittentouren, Eisangeln, Schlittschuhbahn am Sjusjøen Høyfjellhotel). Beliebte Skitouren führen durch die olympische Langlaufarena in Lillehammer, von Nordseter zum Nevelfjell (6 km) und von Nordseter nach Sjusjøen (5 km).

Die 170 km lange **Troll-Løypa** verläuft von Lillehammer nach Sjusjøen und Nordseter (600 m Höhenunterschied), weiter über weite Ebenen zum Venabygdsfjell im Rondanegebirge (bei Ringebu), und endet in Høvringen. In Abständen von 10 bis 30 km gibt es an 9 Orten Unterkünfte. Tourenrennen (20-95 km) in der Troll-Loipe Anfang April, Infos: Ringebu Turistkontor. Die gesamte 170-km-Tour kann auch im Sommer als wunderschöne 7-Tage-Wanderung unternommen werden!

An der Olympischen Freestyle-Arena am Kanthaugen in Lillehammer gibt es eine **Rodelbahn mit Lift.**

●**Angebote für Kinder: Lekeland – Indoor-Spielpark am Hafjell.** Viele Angebote für Kinder von 1 bis 12 Jahren (13-20 Uhr, Wochenende ab 10 Uhr; 95 NOK, Erwachsene 50 NOK).

Barnas Gård-Høistad – Kinderbauernhof mit vielen Tieren (im Sommer 11-17 Uhr, 60 NOK; nördl. Øyer 5 km Richtung Øyerfjell).

●**Weitere Angebote:** Ski-/Bobsimulator nahe der Håkon-Halle. Håkon-Halle: Squash, Kletterwand, Badminton. Bowling: Storgt. 170-174; Bobfahren (im Sommer und Winter) mit Piloten: Bobbahn in Øyer. Tennisclub.

Birkebeiner-Rennen

●In Erinnerung an die Birkebeiner findet jedes Jahr Mitte März dieses Rennen zwischen Lillehammer und Rena statt. Der Sage nach retteten die Birkebeiner im Jahr 1206 den durch Erbstreitigkeiten in Gefahr geratenen Thronfolger *Håkon Håkonson.* Sie brachten den Knaben über das winterliche Fjell in Sicherheit. Noch heute muss auf der sehr beliebten, 58 km langen Skitour in Erinnerung an das Königskind ein 3,5 kg schwerer Rucksack mitgeführt werden (Infos: Tel. 61275810, Fax 61275805, www.birkebeiner.no). Es nehmen regelmäßig **über 8000 Läufer** teil.

Bootsrundfahrt

●**Dampfschiff Skibladner:** siehe „Hadeland und Gjøvik".

Shopping

●Gegenüber der Touristeninformation, beim Einkaufszentrum Mesna-Senter, liegt eine **Glasbläserei mit Souvenirverkauf.**

●Weitere Geschäfte mit einer sehr guten Auswahl an Andenken an Norwegen befinden sich **in der Fußgängerzone.**

Umgebung

Nördlich von Lillehammer, in Fåberg, zweigt die Rv 255 in in das sehr ursprüngliche Gausdal ab. Man passiert in **Aulestad** den ehemaligen Wohnsitz des Nationaldichters *Bjørnstjerne Bjørnson* (18.Mai-30.Sept., meist 11-15 Uhr, 75 NOK). Wenige Kilometer danach gabelt sich die Straße. Verbleibt man auf der Rv 255, folgt eine wunderschöne Fahrt durch das **Espedalen.** Dabei passiert man am Südende des Sees Espedalsvatnet die **„Hölle"** (**Helvete).** Glücklicherweise handelt es sich dabei jedoch nur um **Gletschermühlen** *(jettegryter),* deren bis zu 50 m tiefe Strudeltöpfe zu den größten in Skandinavien gehören.

Wer daran und auch an alten Nickelgruben und Bergwerksanlagen kein gesteigertes Interesse hat, kann stattdessen den **Peer-Gynt-veien** befahren. Diese nach dem Romanheld von *Henrik Ibsen* benannte Gebirgsstraße führt zudem, wie beruhigend, durch die „Paradies-Ebene" bei Skei. Um in diesen Garten Eden zu gelangen, biegt man an der eingangs erwähnten Weggabelung auf die Rv 254 ab. Bevor es wieder in das Tal, nach Tretten an der E 6, geht, zweigt die Straße nordwärts zum Ski- und Urlauberort Skei ab. Durch herrliche Almenlandschaft geht die Fahrt zum Wintersportort Gålå.

Hinweis: Während des Winters ist der Peer-Gynt-veien zwischen Skei und Gålå gesperrt.

●**Unterkunft: Dalseter Høyfjellshotell,** Espedalen, Tel. 61299910, Fax 61299941, www.dalsenter.no, (*****). Bekanntes und erstklassiges Gebirgshotel mit Hallenbad, Tennisplätzen, Kanuverleih und Reiterhof.
●**Camping/Hütten**
Skei: sehr komfortable Hütten ab 500 NOK/Tag, www.gausdal.com, Tel. 61224534.
Gålå: gleichfalls sehr gute, teils historische Hütten, ab 600 NOK/Tag.
Olstad Camping, Vestre Gausdal, Rv 255, Tel. 61225445. Recht einfacher Platz mit 10 Hütten (*), die auch im Winter gegen Vorbestellung gemietet werden können.
Skåbu Hytter og Camping, Skåbu, Rv 255, Tel. 61295654, www.skabu.com. Schöne Anlage. 6 Hütten (*).
●**Natur:** Ab Forset/Vestre Gausdal führt eine kleine Serpentinenstraße zum **Urwald Ormtjernkampen.** Der **Nationalpark** hat nur eine Größe von 9 km². In der Nähe des Nationalparks liegt das kleine **naturkundliche Museum Kittilbu.**
●**Wintersport: Skei** – 8 Lifte, 350 m Höhenunterschied, schöne Anlage am Skeikampen, www.skeikampen.com; **Gålå Ski Arena** – 6 Lifte, 315 m Höhenunterschied, feine Anlage in sehr schneesicherer Lage, www.gala-resort.com.

Über Fåvang, wo eine im 17. Jahrhundert zur Kreuzkirche umgebaute Stabkirche steht, und das Kvitfjell Alpinzentrum gelangt man nach Ringebu. Die größte Sehenswürdigkeit der Region, die Stabkirche von Ringebu, liegt 2 km südlich des Ortes am Hang oberhalb der Straße.

Ringebu ⌕XII/B3

Oberhalb des finsteren Tales, mit Blick auf die mächtigen Berge Rondanes und des Kvitfjell, steht die hölzerne **Stabkirche von Ringebu.** Erbaut wurde das durchaus monumentale, kathedralenartige Gebäude um das Jahr 1270; damals lag es unmittelbar am Pilgerpfad von Oslo nach Nidaros, dem heutigen Trondheim. Aus der Zeit des späten Mittelalters ist nur noch das Kirchenschiff erhalten. Den markanten roten Turm und die reichhaltige Ausschmückung des von zwölf Säulen getragenen Innenraums erhielt das Haus erst im 17. Jahrhundert (Geöffnet: Juni-Mitte Aug. 9-17, im Juli 8-18 Uhr, 40 NOK). Neben der Kirche liegt eine **Galerie** mit Bildern des in Norwegen sehr bekannten Malers *Jakob Weidemann* (Juni-Mitte Aug. Di-So 10-17 Uhr).

In Ringebu zweigt die Rv 27 zum **Venabygtfjell** ab. Die weite **Hochebene** ist ein südlicher Ausläufer des un-

Stabkirche von Ringebu

RINGEBU

gemein imposanten, aber recht kargen Rondane-Gebirges. Im Winter sind hier zahllose Loipen gezogen (u. a. Troll-Loipe von Lillehammer nach Høvringen), und ein kleiner Lift ist in Betrieb.

Touristeninformation

- **Ringebu Turistkontor,** 2630 Ringebu, Tel. 61284700, www.ringebu.com.

An- und Weiterreise

- Siehe unter Lillehammer.

Unterkunft

- **Gudbrands Gard,** Kvitfjell, Tel. 61284800, www.gudbrandsgard.no, (*****/****), Sommer (***). Neuer Hotel-/Hüttenkomplex am Alpinzentrum. Außergewöhnlicher Holzbau mit Grasdach. Gute Küche, Hallenbad und Sauna.
- **Venabu Fjellhotel,** Venabygdfjell, Tel. 6129 3200, Fax 6129350, www.venabu.no, (****/***). Angenehmes Gebirgshotel mit 60 Zimmern. Geführte Gebirgswanderungen, Reiten, Ausflüge zu den Myfallene-Wasserfällen, Hundeschlittentouren, Fahrradverleih, gute Hütten.
- **Spidsbergseter,** Venabygdsfjell, Tel. 6128 4000, www.gudbrandsdal-hotel.com, (****). Schönes und sehr beliebtes Berghotel mit viel Komfort. 24 erstklassige Hütten mit Kamin (**/***), Hallenbad, Sauna. Skilift und Loipen in der Nähe.
- **Tromsnes Gård,** im Zentrum von Fåvang, Tel. 61282276, www.tromsnes.no. Denkmalgeschützter Hof mit Apartments für 650 NOK.
- **Fryra Leir,** 5 km nördl. Ringebu, Tel. 612811 30, Fax 61280103, www.fryaleir.no, Zwischen Kiefern gelegene umgebaute und renovierte ehemalige Militäranlage, von Niederländern geleitet. Sehr preiswerte Unterkunft (Bett 100 NOK, DZ ab 350 NOK) mit günstigen Mahlzeiten. Idealer Ausgangspunkt für Ausflüge ins Gebirge.
- **Sygard Grytting,** Sør Fron, E 6, 15 km nördl. Ringebu, Tel. 61298588, Fax 61298510, www.

grytting.com, Perfekt restaurierter Hof aus dem 18. Jahrhundert, umgeben von Obstbäumen. Historisches Hotel mit Erlebnis-Übernachtung (Abendessen, Frühstück, Führung) für 1300 NOK/Pers. Im ältesten Haus des Hofes, einem Gebäude aus dem 14. Jahrhundert, das schon vor 500 Jahren Pilgern auf dem Weg nach Trondheim als Unterkunft diente, gibt es eine Mittelalter-Herberge (Schlafsaal mit dem Bett für 275 NOK, inkl. gutem Frühstück). Traditionelles norwegisches Essen ab 220 NOK.
- **Dale Gudbrands Gard,** Hundorp, E 6, Tel. 61297111 (****). Hofanlage mit gemütlichen Zimmern und einem Restaurant mit typisch norwegischen Gerichten.

Camping/Hütten

- **Mageli Camping,** zwischen Tretten und Fåvang an der E 6, Tel. 61276322, Fax 6127 6350, ganzjährig geöffnet. Idyllischer Platz am See an der E 6. 32 Hütten (*/**), Badestellen, Bootsverleih.

- **Elstad Camping,** Ringebu, Tel. 61280071. Großer Platz an der E 6. 12 Hütten (*).
- **Barnåla Hyttegrend,** Tel. 61284043, www.lundes.no. Tolle Hütten auf dem Venabygdsfjell. Rezeption im Kiwi Supermarkt.
- **Trabelia,** Rv 27, Tel. 61284035, www.trabelia.no. Campingplatz mit schönen Hütten (**) am Rande des Venabydsfjells.

Aktivitäten

- **Wintersport: Kvitfjell** (www.kvitfjell.no), 6 Lifte, 11 Abfahrten. Olympia- und FIS-Abfahrt, die zu den schwersten der Welt gehört. Aber auch flache Pisten. Liftpreise: siehe „Lillehammer". Langlauf ist am besten auf dem Venabygdsfjell möglich.

Vinstra ⌖XII/B2

Unweit des eher unscheinbaren Ortes lebte von 1732-1785 **Peder Olsen.** Er war das Vorbild für den Jäger, Hallodri und Angeber Peer Gynt im gleichnamigen Drama von *Henrik Ibsen.* In dem 1867 verfassten Werk glänzt der Held Peer Gynt durch wilde und wüste Märchen- und Lügengeschichten. Mit ihnen steht er sinnbildlich für die Auflehnung gegen die Normen der Gesellschaft und für die Ausprägung eines eigenen, individuellen Charakters.

Noch heute wird das Drama regelmäßig am Nationaltheater in Oslo aufgeführt. Die eigentlich dazugehörige „Peer-Gynt-Suite" von *Edvard Grieg,* eines der herausragenden klassischen Werke des 19. Jahrhunderts, wird aufgrund ihrer Länge meist getrennt vom Theaterstück dargeboten.

Das Gehöft des einstigen „Lügenbarons" liegt in Hågå am **Peer-Gynt-veg** südlich von Vinstra. Der parallel zur E 6 laufende wunderschöne Mautweg ist unter Lillehammer beschrieben.

In Vinstra gibt es auch eine **Peer-Gynt-Sammlung** mit einer Kollektion von Fotografien, Büchern und Kostümen (Geöffnet: 30.5.-31.8. 10-17 Uhr).

Ein Ausflug führt ab Vinstra auf der Rv 255 hinauf nach Skåbu, Norwegens **höchst gelegenes Bauerndorf** (850 m) mit tollem Panoramablick.

An- und Weiterreise

- Siehe unter Lillehammer.

Unterkunft

- **FEFOR Høifjellshotell og Hytter,** Vinstra, www.feforhotell.no, Tel. 61290099, Fax 61291760, (*****). Sehr nobles Hochgebirgshotel bei Vinstra. Hütten (***), Hallenbad, Tennis, Reiten.
- **Rondablikk Høyfjellhotell,** bei Kvam, www.rondablikk.no, Tel. 61294940, Fax 6129 4950, (*****). An Nebenstraße 15 km nördlich von Kvam liegt dieses wirklich exquisite Gebirgshotel. Viele Freizeitangebote.
- **Valberg Fjellgard,** Sør Fron, 6 km östl. Vinstra, Tel. 61296442, Gebirgsbauernhof in 850 m Höhe. Vor Vinstra nach Kvarvet abzweigen (12 km). Bäuerliche Zimmer für 400 NOK.
- **Amundsen Gjestgiveri,** Vinstra, Tel. 61290 045, www.amundsenhotel.com. Gemütliches, von Holländern betriebenes Gästehaus mit dem DZ für 850 NOK und gutem Essen (ab 200 NOK). Aufenthaltsraum, Sauna, W-Lan.
- **Gjestgivergård,** Vinstra, Tel. 61216800, Fax 61216801, www.sodorp-gjestegard.no. Gasthaus mit Standardzimmern (DZ 800 NOK), Pub und dem Nachtclub der Region.

Camping/Hütten

- **Furuheim Camping,** Vinstra, Tel. 6129 0981, 1.6.-1.9. Einfacher, gemütlicher Platz an der Rv 255, 500 m von Vinstra entfernt. 11 schlichte Hütten (*).
- **Bustad Hyttetun,** Skåbu, Tel. 61295655, www.bustad-vanderstaak.com. Von Hollän-

dern betriebener Hof mit ansprechenden, sauberen Ferienwohnungen in den Holzhäusern der Anlage (DZ 600 NOK).

Über das mit einigen Sägewerken ausgestattete Dorf Kvam und den Ort Sjoa (Abzweig nach Heidal – siehe unter „Beitostølen") geht es durch das sich verengende Gudbrandsdal zur Stadt Otta.

Otta ⌘XII/B2

Nach den Zerstörungen während des 2. Weltkrieges ist das Zentrum der **2800-Einwohner**-Ortschaft ganz im kantigen Design der 1950er Jahre gehalten. Die herrliche Tallage lässt das Dorf aber nicht einmal unattraktiv erscheinen. Früher lebte man hier hauptsächlich vom Schieferabbau (kleines Museum im Zentrum; meist 12-16 Uhr geöffnet, gratis), heute vornehmlich von ein bisschen Industrie (Sägewerk, Lebensmittelproduktion), Handel und vom Tourismus, da Otta ein idealer Ausgangspunkt für **Touren in das weitläufige Rondane-Gebirge** ist. Günstigster Startpunkt für Wanderungen durch den Nationalpark ist das Rondane Høyfjellshotel in Mysuseter 13 km östlich der Stadt. Erreichbar ist das Hotel auch über eine schmale Mautstraße (20 NOK), die in Sel, etwas nördlich von Otta, beginnt. Dieser Weg führt durch ein Tal, vorbei an den

Bei Otta – die Erdpyramiden „Kvitskriuprestin"

putzigen **„Kvitskriuprestin"**, den **„Weißen Priestern".** Diese bis zu 6 m hohen **Erdpyramiden** entstehen in Regionen, wo wenig Niederschlag fällt und das bisschen Regen in Form von Starkregen niedergeht und so in vegetationsfreien Gebieten unter Steinen kleine Türmchen entstehen lässt. (Erreichbar über einen steilen Pfad; 20 Min. Gehzeit.)

13 km nördlich von Otta liegt **Nord-Sel.** Der Ort, oder vielmehr der **Hof Jørundgard,** wurde durch den Roman „Kristin Lavransdatter" bekannt. Geschrieben hat die über 800 Seiten lange Familiensaga *Sigrid Undset* (1852-1949), die 1928 den Nobelpreis für Literatur erhielt. 1994/95 wurde die im 14. Jahrhundert spielende Geschichte

MJØSA-SEE UND GUDBRANDSDAL

hier auf den Höfen unter Mitwirkung der berühmten Schauspielerin *Liv Ullmann* verfilmt. Neben den schönen Gebäuden sind eine Kristin-Lavransdatter-Statue und eine hübsche Kirche aus dem 18. Jahrhundert zu besichtigen. (Anf. Juni-Mitte Aug. 10-17 Uhr; 70 NOK). In einigen Gebäuden findet man auch ein einfaches Bett für die Nacht. Das Restaurant bietet norwegisches Essen für 150-180 NOK an, u. a. *Sodd* (Lammeintopf) und *Rømmegrøt* (Sauerrahmgrütze).

Touristeninformation

- **Otta Turistkontor**, Postboks 94, 2675 Otta; am Bahnhof. Tel. 61236650, Fax 6123 0960, www.visitrondane.com.

An- und Weiterreise

- Siehe unter Lillehammer. Täglich **Bus** nach Mysuseter, Info: Tel. 177. **Mietwagen:** Rent a Wreck, Tel. 61230871. www.ottadalen.no.

Unterkunft

- **Rondane Høyfjellshotell og Hytter**, Mysuseter, Tel. 61233933, www.rondane.no, (*****). Gutes Hotel am Rande des Rondane-Nationalparks. Hervorragender Ausgangspunkt für Wanderungen. Hütten (****), Spa, Hallenbad, Fahrräder.
- **Rondeslottet Høyfjellshotel**, Raphamn, Straße nach Mysuseter, Tel. 61230266, Fax 61231535, www.rondeslottet.no, (*****). Gutes Hochgebirgshotel.
- Folgende Anlagen bieten Komfort am Rande Rondanes, alle an der E 6 ausgeschildert: **Mysuseter Fjellstue** (Tel. 61233925, teure DZ, billige Betten für Wanderer – 230 NOK); Preiswerte Betten auch im **Mysuseter Servicesenter** (Tel. 61233917); **Formoseter** (Tel. 61231670, www.formoseter.no, alte Alm mit schönen Hütten, 500/800 NOK); **Brekkeseter** (Tel. 61233711), Top-Hütten auf traditionsreicher Alm, (****); **Putten Seter** (Tel. 61233012, www.puttenseter.no), gute Hütten, (***/****).

Camping/Hütten

- **Otta Camping**, Tel. 61230309. 1 km westlich des Zentrums, am Fluss gelegener, ruhiger Platz. 17 Hütten (*), App. 600 NOK.
- **Otta Turistsenter**, direkt in Otta, Tel. 6123 0323, Fax 61231161, www.ulvolden.no, guter Stadtplatz am Fluss. 14 Hütten (**). Fahrradverleih. DZ 600 NOK,

Aktivitäten

- **Hundeschlittentouren:** Ut Adv. Otta, Postboks 3, 2671 Otta, Tel. 61294439, Fax 6129 4239.
- **Rafting:** siehe „Beitostølen".
- **Wandern:** Die kahle, tundraartige **Landschaft des Rondane-Nationalparks** ist ideal für Ausflüge der besonderen Art. Die Natur oberhalb der Baumgrenze ist recht karg, wartet jedoch mit Überraschungen im Detail auf. Die urwüchsige Gegend ist von geglätteten und abgerundeten Formen geprägt, die während der letzten Eiszeit entstanden sind. Im Rondane-Herbst lässt die Heide die Berghänge in unglaublichen Farben erstrahlen.

Im Zentrum des Gebirges, am See Rondvatnet, liegt die **DNT-Hütte Rondvassbu.** Zu ihr gelangt man binnen 2 Stunden auf einem nur sanft ansteigenden Fahrweg ab Mysuseter. Ab der 1170 m hoch gelegenen Hütte sind es über markierte Wege 2 Stunden auf den 2138 m hohen Storronden, „Den Großen Rond", und 4 Stunden auf das Rondslottet, „Das Schloss Rond", mit 2178 m höchster Berg des Gebirges. Mit einem Boot kann man auch zum Nordufer des Sees Rondvatnet übersetzen und über den westlichen Höhenrücken zur Hütte Rondvassbu zurückkehren.

Das nördlich von Mysuseter gelegene Høvringen ist Endpunkt einer 170-km-Wanderung ab Lillehammer (siehe dort).

Übernachtung in Hütten, wie der Rondvassbu, oder im Zelt. Info: www.etojm.com und www.rondanetourist.com. Nationalparkcenter mit Internetzugang im Zentrum von Otta (Mo-Fr 10-16 Uhr, Sa bis 14 Uhr).

Festival

- Anfang Juli finden die **Kristin-Lavransdatter-Festtage** statt (Konzerte, Theater).

Farbkarte Seite XII

DOMBÅS

Nördlich von Otta liegt das Verwaltungszentrum Dovre. Hier zweigt eine schöne Nebenstraße zum alten Gutshof **Tofte** ab. Hier waren vom Mittelalter bis in die heutige Zeit alle norwegischen Könige zu Gast. Nördlich des Hofes zweigt auch der alte **Kongevegen** (Königsweg) in Richtung Fokstugu ab. Der etwa 12 km lange, sehr schöne Pilgerpfad ist eine Wanderung wert.

Dombås ⌕XII/A1

In Dombås biegt das Gudbrandsdal in Richtung Westen ab. Das Tal geht am See Lesjaskogvatnet „fließend" in das Romsdal über. Am Ende des „Doppeltales" ohne Pass liegt die gigantische Felswand des Trollveggen (siehe unter „Åndalsnes"). Die E 6 hingegen schlängelt sich in Serpentinen zum Dovrefjell empor.

Das Dorf **Dombås** selbst hat nicht viel zu bieten außer einem überdimensionalen Einkaufszentrum mit Cafeteria (traditionelle Speisen ab 80 NOK), einem guten Souvenirladen und dem neuen **„Trollpark"**, einer witzigen, kleinen Ausstellung zu Trollen, wie dem im Dovrefjell wohnenden *Dovregubbe*. Dieser ist sehr menschenfreundlich und zog zu Wikingerzeiten u. a. König *Hårfagre* groß, welcher seinerzeit schwor, sich nicht eher das Haar zu schneiden, bis er Norwegen geeint haben würde – daher auch sein Beiname *Harald Schönhaar* (50 NOK).

Touristeninformation

- **Turistkontor im Einkaufszentrum,** Tel. 61241444. Infos und Nationalparkcenter, www.dovrenett.no.

An- und Weiterreise

- **Züge** nach Oslo, Lillehammer, Oppdal, Trondheim und durch das Romsdal nach Åndalsnes.
- **Fernbusse 154, 440.**

Unterkunft

- **Dombås Hotell,** Tel. 61241001, Fax 6124 1461, (*****), Sommer (****). Gemütliches Holzhotel mit hübschen Zimmern und gutem Restaurant.
- **Dovrefjell Hotell,** Dombås, Tel./Fax 6124 1005, (*****), Sommer (****). Ganz nettes Hotel am Ortsrand, jedoch ohne Besonderheiten. Swimmingpool, Sauna.
- **Toftemo Turiststasjon,** E 6, 10 km südl. von Dombås, www.toftemo.no, (*/***). Tel. 61240045. Sehr angenehmes Holzhotel. Gute Zimmer, Hütten (*). Freibad, Golf, Zeltplatz.

Jugendherberge

- **Dombås Vandrerhjem Trolltun,** Tel. 6124 0960, www.trolltun.no, 1 km außerhalb, bergauf an der E 6 nach Trondheim gelegen. Bett 250 NOK, DZ 700 NOK, Hütten (***).

Camping/Hütten

- **Midtskog Camping,** Tel. 61241021. Kleiner, netter Platz, 500 m ab Zentrum an der E 136. 22 Hütten (*).
- **Ljoshaugen Hytter,** 1 km nördlich, 300 m ab E 6, Tel. 61241128. Teils gute, teils einfache Hütten (*/**). Panoramablick über das Tal.
- **Südlich von Dombås** liegen 5 Campingplätze. Teils am Fluss, aber immer nahe der E 6, alle mit einfachen Hütten (*/**).
- **Skeie Gard,** Dove, 10 km südl. Dombås, an E 6 ausgeschildert, Tel. 61240124. Alte Hofanlage über dem Tal, mit Gebäuden aus dem 18. und 19. Jahrhundert. Zimmer (500 NOK) und Hütten (*/**).

Der Osten

Aktivitäten

● Das Turistkontor vermittelt **Elch- und Moschusochsensafaris** und verleiht **Fahrräder** (150 NOK/Tag).

Dovrefjell ⌕XII/A,B1

Nördlich vom 670 m hoch gelegenen Dombås liegen, als Riegel zwischen dem Drivdal und dem Gudbrandsdal, die **weiten Hochebenen und runden Bergkuppen des Dovrefjell**. Ein Teil des Gebietes einschließlich des 2286 m hohen, teils vergletscherten Snøhetta wurde 1974 als **Nationalpark** ausgewiesen und 2002 erweitert.

Von Dombås kommend, passiert man zunächst den Haltepunkt **Fokstugu.** Am alten Bahnhofsgebäude beginnt ein 6 km langer Rundwanderweg durch das **Vogelschutzgebiet der Fokstu-Moore**. Es können (speziell in der Zeit von Ende April bis Anfang Juli) Birkenfinken, Bachstelzen, Moorfalken und Kraniche mit dem Fernglas beobachtet werden. Eine zweite Wanderung führt in drei Stunden Richtung Süden über den **Kongevegen** nach Tofte. Der Königsweg ist Teil eines mittelalterlichen Verbindungspfades von Hof und Herberge in Tofte im Gudbrandsdal über Fokstua, Hjerkinn, nach Nidaros (Trondheim).

Sanft geht es nun bergan, vorbei am bekannten Restaurant Dovregubbens Hall („Halle des Berggeistes"), bis zum höchsten Punkt der Straße kurz hinter **Hjerkinn** (1026 m). Der Ort ist Militärstützpunkt, Bergwerksort (Kupferkies) und mit unter 300 mm Regen und Schnee pro Jahr einer der trockensten Flecken Norwegens, was allerdings nicht heißen soll, dass hier häufig die Sonne scheint ... Von der Straße hat man einen schönen Blick auf den im Westen gelegenen **Snøhetta,** den höchsten Berg des Gebirgsmassivs.

Nach einigen Kilometern Fahrt erreicht man die schon wieder etwas im Tal gelegene **Kongsvoll Fjellstue.** Die schöne **Holzhausanlage** aus dem 18./19. Jahrhundert ist Gasthaus und Forschungsstation zugleich. Auch gibt es hier ein kleines **Dovrefjell-Museum** und einen interessanten **Botanischen Garten** mit vielen Gebirgspflanzen. Einige von ihnen sind in dieser Region endemisch, d. h. nur hier anzutreffen. Neben der Flora (z. B. Einblütige Glockenblume, Frühlingsküchenschelle, Arktischer Mohn) sind auch die auf den Weiten des Dovrefjell lebenden **Moschusochsen** etwas ganz Besonderes. Die Herden repräsentieren die einzigen wild lebenden Bestände auf dem europäischen Festland. Eingeführt wurden sie in den 1950er Jahren aus Südgrönland. Seither haben sie sich, so scheint's, gut eingelebt. Auch wenn die pelzigen Zotteltiere etwas behäbig aussehen, so wird doch ein Sicherheitsabstand von 150-200 m empfohlen. Wer weiß schon, was hinter einem solchen Gehörn vor sich geht ...? Sehen kann man die Vierbeiner mit ein wenig Glück auf eigenen Wanderungen zwischen Kongsvoll und Reinheim oder auf geführten Safaritouren.

DOVREFJELL

An- und Weiterreise

- Siehe unter Dombås.

Unterkunft

- **Kongsvold Fjellstue,** Tel. 72404340, www.kongsvold.no, (*****). Gemütliche Zimmer und nette Cafeteria in schönem Ambiente. Informationszentrum.
- **Hjerkinn Fjellstue,** Hjerkinn, Tel. 61242927, Fax 61242949, www.hjerkinn.no, (**/***/*****). Schönes Hotel mit gemütlichen Zimmern. Reitstall, Sauna.

Camping/Hütten

- **Hageseter Turisthytte,** südlich von Hjerkinn, Tel. 61242960, Fax 61242945, ganzjährig geöffnet. Alte Almanlage mit 12 guten Hütten (**/***) und Zeltplatz.
- **Furuhaugli Turisthytter,** Tel. 61240000, www.furuhaugli.no, ganzjährig geöffnet. Schöne Anlage nördlich des Fokstu-Moores einige 100 m von der E 6. 22 Hütten (*/***), Sauna, Solarium, Fahrradverleih, Zeltplatz.
- **Sletten Fjellgard,** Dalholen, Rv 29, 14 km östl. Hjerkinn, Tel. 62493108, www.fjellgard.no, Hof auf 800 m Höhe, Naturexkursionen, Hütten (**/****), DZ 400-500 NOK.

Aktivitäten

- **Wandern:** 100 m südlich der Kongsvoll Fjellstue beginnt der markierte Weg zur DNT-Hütte Reinheim. Die Wanderung dauert etwa 4,5 Stunden pro Richtung. Man sieht unterwegs recht oft Moschusochsen – wie gesagt: 150-200 m Abstand halten! Ab Reinheim führt, teils über Schneefelder, ein Pfad auf den Snøhetta (5 Stunden, retour).

Nicht durch das Gebirge, sondern durch das Drivdalen führt der **Vårstigen,** der Frühlingsweg. Er ist Teil des oben erwähnten Kongeveien. Der deutlich erkennbare, 6 km lange und gut zu erwandernde Pfad beginnt an einem Parkplatz nördlich der Kongsvoll Fjell-

MJØSA-SEE UND GUDBRANDSDAL

stua. Die Strecke verläuft nahezu parallel zur E 6 und passiert eine alte Grube.

Vom Dovrefjell kommend fährt man hinab in das dunkle Drivdalen. Die Reise geht vorbei an einigen großen Steinbrüchen, wo der norwegenweit bekannte Oppdaler Schiefer gebrochen wird.

Bei Engan lohnt die **Schlucht Magalaupet** einen Halt. Wild tosend durchstürmt die Driva das Gestein, furchterregende Strudeltöpfe bildend. Jahrtausende hat der Fluss gebraucht, um sich so in den Fels zu graben. Vorbei am Driva Kro (Mineralienausstellung) geht es nach Oppdal.

Oppdal ⚐VIII/B3

Der **3500-Einwohner**-Ort liegt zweifellos **in einer der besten Sportregionen Norwegens.** Das Zentrum wurde kürzlich saniert und wirkt nun sehr einladend. Zudem übt die Lage Oppdals in einem weitläufigen Hochtal zu Füßen bis zu 1600 m hoher Berge einen eigenwilligen Reiz aus. Dies müssen wohl schon die Wikinger so empfunden haben, als sie das **Vang-Grabfeld** (Rv 70, 3 km westlich) anlegten.

Zu sehen sind auch eine hübsche Kirche aus dem Jahr 1651 und ein kleines Freilichtmuseum mit 25 Gebäuden.

Über die Natur des Dovrefjell informiert seit Sommer 2005 ein neues **Nationalparkcenter.** (Mo-Fr 9-18 Uhr, So 12-18 Uhr; 20 NOK.)

Touristeninformation

- **Turistkontor,** 7340 Oppdal. Kleine Hütte an der E 6, aber sehr informativ, Tel. 7240 0470, Fax 72400480, www.oppdal.com.

An- und Weiterreise

- **Züge** Richtung Oslo und Trondheim.
- **Fernbusse 154, 440.**
- **Lokalbus** nach Sunndalsøra.

Unterkunft

Buchung und Vermittlung auch über das Turistkontor.
- **Hotell Oppdal,** am Bahnhof, Tel. 7240 0700, Fax 72400701, (*****), Sommer (****). Größtes und bestes Hotel im Ort, aber sicher nicht der allerschönste Platz zum Wohnen. Feine Restaurants und Pubs. Disco.
- **Nor Hotell,** im Zentrum, Tel. 72400800, Fax 72400801, (*****/****). Modernes und ansprechendes Hotel mit gutem Restaurant, Disco und Pub im Keller.
- **Vandrerhjem/Oppdalstunet:** Tel. 7240 4090, Fax 72404101, 1.5.-1.12. Anlage an den Liften mit sehr schönen Blockhütten. Bett 150 NOK, DZ 450 NOK. Spezielle Wochenangebote.

Camping/Hütten

- **IMI Stølen,** 3,5 km nördlich, Tel./Fax 72421370. Gute Anlage, Appartements ab 600 NOK, DZ ab 400 NOK, (*/***), 7 Hütten mit 4 und 19 Betten (*/***), Zeltplatz.
- **Festa Camping,** 12 km westlich, Tel./Fax 72423329, ganzjährig. Komfortabler Platz in schöner Landschaft an der Rv 70. 7 Hütten (*/**/****), Sauna.
- **Granmo Camping,** 6,5 km südlich, Tel. 72424147. Großer Wiesenplatz mit ganzjährig geöffneten Hütten (*).
- **Driva Kro,** 9 km südlich, Tel. 72424158. www.rise.no, nette Cafeteria mit Mineralienausstellung und etwas älteren Hütten (*).
- **Magalaupet Camping,** 12 km südlich, Tel. 72424684, www.magalaupe.no, ganzjährig geöffnet. Herrlicher Platz am Wasser, nahe der Schlucht Magalaupet. Hütten (*/***), Sauna, Fahrradverleih, TV-Zimmer.

Farbkarte Seite VIII **OPPDAL** 469

●**Smegarden Camping,** 8 km südlich, Tel. 72424159, www.smegarden.no, ganzjährig geöffnet. Guter Platz, aber direkt an der E 6. 16 Hütten (*/**).

●**Halsetløkka Camping,** nördlicher Ortsrand, Tel. 72421361, Fax 72422567, ganzjährig geöffnet. Komfortabler, schöner Platz im Wald, aber direkt an der E 6. 25 Hütten (*/***), Sauna, Minigolf, Golf.

Essen und Trinken

●**Gut (und teuer)** essen kann man nur **in den Hotels.**

●**Imbiss und Pizzen** sind im **Grillkroa** und im **Møllen** zu haben.

●Die ansprechendsten Kneipen sind der **Jæger Pub** an der Hovden-Gondelbahn und der **Stallen Pub** im Viking Nor Hotel.

Kino

●Das kleine **Kinohaus an der Hauptstraße** zeigt im Winter 2x wöchentlich einen Film.

Aktivitäten

●**Baden: Badesee und Schwimmhalle** im Zentrum.

●**Mountainbiking/Gondelfahrt:** Die Gondelbahn im Ortsteil Hovden führt hinauf zum Panoramalokal Toppen. Fahrräder können mitgenommen werden. Eine Abfahrt mit über 500 m Höhenunterschied wartet sodann auf den Biker. **Fahrradverleih im Turistkontor.**

●**Wintersport:** Großes, preiswertes Skizentrum mit 16 Liften, 35 Abfahrten und 650 m Höhenunterschied. 50 km Loipen, Curlinghalle, Schlittschuhbahn.

●**Weitere Angebote:** Das Turistkontor vermittelt Reittouren, Kletterkurse, Rafting, Goldgräbertouren, Moschusochsensafari, Drachenfliegen. Zudem gibt es: Golfplatz, Kanuverleih, Rafting, Klettern, Schluchtenwandern, Bowling, Eisklettern, Curling und Hundeschlittenfahrten.

Bootsrundfahrt/Wandern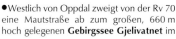

●Westlich von Oppdal zweigt von der Rv 70 eine Mautstraße ab zum großen, 660 m hoch gelegenen **Gebirgssee Gjelivatnet** im Trollheimen-Gebirge. Auf dem wunderschönen Gewässer verkehrt im Sommer das Schiff „Trollheimen II". Es legt in Osen bzw. nahe der Gjevilvasshytta zur Alm Vassenden ab (12 Uhr ab Osen). Auf Wanderwegen geht es entweder zurück zum Ausgangspunkt (3 Std. bis Gjevilvasshytta) oder weiter zur Trollheimshytta im Herz des Reiches der Trolle und Berggeister. Die Hütte kann auch ab der Gjevilvasshytta in etwa acht Stunden erreicht werden. Die Touristeninformation hält Informationen zu **17 Wanderrouten** in der Umgebung bereit.

Shopping

●Im Zentrum gibt es ein sehr gutes Husfliden-Geschäft mit Souvenirs, einen Buchladen, ein großes Einkaufszentrum und Sportläden.

Umgebung

Wer in Oppdal auf die Rv 70 abbiegt, fährt durch die grandiose Felslandschaft des ungemein dramatischen **Sunndal** in Richtung Küste und Kristiansund.

Unterwegs lohnt in **Gjøra** ein 14-km-Abstecher nach **Jenstad** in ein Tal mit vier wilden, aufeinandertreffenden Wasserfällen.

Das Sunndal (www.sunndal.com) endet ausgerechnet in **Sunndalsøra.** Auch wenn der Ort in den letzen Jahren durchaus etwas verschönert wurde, so wirkt das riesige Aluminiumwerk immer noch wie ein Schlag ins Gesicht. Zu der Fabrik führen breite Stromtrassen. Die Energie wird an den **Stauseen** südlich der Gemeinde produziert. Der größte dieser Speicher ist der Aursjø. Zu ihm gelangt man ab Sunndalsøra durch das wildromantische und handtuchschmale **Litldalen.**

Der Osten

Östlich des Gudbrandsdal

Weiter führt der enge Weg erst über die Staumauer und dann durch wilde und raue Berglandschaft hinab in das liebliche und wunderschöne **Eikesdalen** mit dem mächtigen Wasserfall Mardalsfoss.

Ein weiteres sagenhaftes Tal ist das unter Landschaftsschutz stehende **Innerdal**, das sich nördlich von Sunndalsøra parallel zum Sunndalen erstreckt. Vom Parkplatz Nerdalen weg lohnt eine kleine **Wanderung:** In einer Stunde gelangt man zur idyllischen, im Sommer bewirtschafteten Hüttenanlage Rendølsetra. Oberhalb dieser liegt geradeaus rechts der bei Kletterern beliebte **Innerdalstårnet,** das „Norwegische Matterhorn"!

•Unterkünfte
Gjøra Kro & Camping, in Gjøra, Rv 70, Tel. 71694149, www.nisja.no. Gut und sauber. 4 Hütten (*); **Vandrerhjem/Trædal Hotell & Turistsenter,** am Litldal, Tel. 71698700, www.tredal-turistsenter.no, ganzjährig geöffnet, JH mit Campingplatz, Hütten (*), Bett 300 NOK, DZ 650 NOK, Fjordblick; **Eikesdal Camping,** idyllische Lage im Eikesdal, Tel. 71234553, kleine Hütten (*).

Die Fahrt von Oppdal nach Trondheim geht zunächst durch enge Täler mit rauschenden Wildbächen, später durch hügeliges Agrarland. Interessante Sehenswürdigkeiten gibt es keine.

Östlich des Gudbrandsdal

Die Fahrt geht durch endlose Täler und große Waldgebiete, die teils intensiv forstwirtschaftlich genutzt werden. Ab und zu wird die Einheitlichkeit der Natur durch baumlose, etwas über 1000 m hohe Fjellregionen unterbrochen. Für den Touristen am interessantesten sind im Sommer sicher der **Femundsee** samt Nationalpark und das schmucke Städtchen **Røros.** Im Winter hingegen lockt **Trysil** mit Dutzenden Skiliften und Hunderten Kilometern Loipen.

Kongsvinger   ⤴XVII/D3

Etwa 100 km östlich von Oslo, an der Straße Nr. 2 nahe der schwedischen Grenze, liegt die **Festungsstadt** Kongsvinger **(18.000 Einwohner),** deren größte Sehenswürdigkeit eben die Verteidigungsanlage samt angrenzenden Holzhäusern und Park ist. Die Gemäuer des Forts wurden 1681 erbaut und werden noch heute militärisch genutzt. Trotzdem ist die Anlage – und auch ein kleines militärhistorisches Museum – zu besichtigen. Von hier oben hat man eine wunderbare Aussicht auf Kongsvinger, die sanfthügelige Waldlandschaft und die Sandbänke des Flusses Glomma.

Unterhalb der Festung (geöffnet: 8-21 Uhr) liegen der Hauptsitz des

Kongsvinger-Festung

Kongsvinger-Museums mit der Abteilung des nationalen Frauenmuseums *(kvinnemuseet)* (geöffnet im Sommer von 11-17 Uhr) und die 1697 erbaute **Vingerkirche** mit Zwiebelturm.

Auf dem Weg von der Festung hinab zur Kirche kommt man durch **Øvrebyen,** der oberen Stadt. Hier liegt Kongsvingers ältestes Stadtviertel mit Offizierswohnungen aus dem 18. und 19. Jahrhundert. Auch finden sich hier einige alte Häuser der privilegierten Landhändler.

Kommt man auf der Weiterfahrt durch das neue Stadtzentrum, so fällt die Nähe zum billigeren Schweden auf: Es gibt vergleichsweise wenig Geschäfte und so manches leeres Schaufenster.

Touristeninformation

- **Turistkontor Glåmdal,** Tel. 62819459, Fax 62815925, www.glamdalreiseliv.no.

An- und Weiterreise

- **Bahnhof und Busbahnhof** liegen nebeneinander im modernen Ortszentrum südlich der Glomma. Die Altstadt liegt nördlich. **Züge** nach Oslo, Røros und Trondheim.

Unterkunft

- **Vinger Hotell,** Østre Solørvei 6, Tel. 6281 7222, Fax 62817035, (*****). Modernes Hotel mit Spa, Sauna und Hallenbad.
- **Sjøstrand Camping,** Rv 2, Tel. 62827159, ganzjährig geöffnet. 11 km südlich von Kongsvinger gelegener, recht idyllischer Platz mit 14 Hütten (*/**), Boots- und Fahrradverleih.

Aktivitäten

- In Kongsvinger gibt es eine Schwimmhalle, Tennisplätze und einen Golfplatz.

Umgebung

- Auf der Rv 2 gelangt man in die wunderschöne, südlich von Kongsvinger gelegene **Waldlandschaft Finnskogen,** benannt nach finnischen Einwanderern. Der in der Tat Finnland gleichende Finnskogeneweg erstreckt sich entlang der Grenze in Richtung Norden bis Trysil.
- In **Magnor** an der schwedisch-norwegischen Grenze stehen ein 1896 gegründetes, für Besucher offenes **Glaswerk** und, direkt an der Grenze, das **Friedensmonument von Morokulien.**
- Zum **Einkaufen** bieten sich die preiswerteren Supermärkte **im schwedischen Charlottenberg** an.

Auf der Rv 20 fährt man entlang der breiten, mit vielen Sandbänken versehenen Glomma (Glåma) in Richtung Norden. Unterwegs lohnt ein Halt an der 1828 erbauten **Empirekirche von Kirkenær.**

25 km östl. des Ortes, in **Svullrya** an der Rv 201, liegt das **Finnetunet,** ein **Freilichtmuseum** zur Kultur der finnischen Einwanderer (Juli tägl. geöffnet).

Elverum ⌖XVII/D1

In der nach den Zerstörungen des Zweiten Weltkrieges modern wiederaufgebauten **11.000-Einwohner**-Stadt beschlossen seinerzeit König und Reichstag, sich nicht den deutschen Truppen zu ergeben.

Einzige, dafür aber auch durchaus bedeutende Sehenswürdigkeiten sind die zwei Museen (an der Rv 20). Das erste ist das **Glomdalsmuseet.** Das Freilichtmuseum ist mit seinen 95 Gebäuden, verteilt auf 11 Gehöfte, das drittgrößte Norwegens. Das älteste Haus stammt aus dem Jahr 1611. Neben über 35.000 verschiedenen Gegenständen aus dem Leben der Bauern werden auch 250 Gemälde, u. a. von *Munthe, Tidemand, Werenskiold* und *Christian Krogh* gezeigt. (Geöffnet: Juni-Aug. 10-16 Uhr, ansonsten Sa geschlossen, 80 NOK). Die zweite Ausstellung ist das **Norsk Skogmuseum,** das Museum für Forstwirtschaft. Es gibt viel ausgestopftes Getier zu bestaunen und Aquarien zu begucken. Außerdem wird die Geschichte der Wald- und Forstwirtschaft, der Jagd, Flößerei und Binnenfischerei sehr anschaulich präsentiert. (Geöffnet: siehe Glomsdalsmuseet.) Verschiedene Vereine im Ort offerieren Jagdtouren.

Unweit der Museen liegt am Fluss der **Elveparken** mit Bade-, Angel- und Spielplätzen.

Touristeninformation

- **Elverum Reiselivslag,** Storgt. 24, 2409 Elverum, Tel. 62413116, Fax 62416060. www.elverum-turistinfo.com.

An- und Weiterreise

- **Züge** nach Oslo, Kongsvinger, Røros.
- **Fernbusse** 130, 135.

Unterkunft

- **Hotel Central,** Storgt. 22, Tel. 62410155, Fax 62415956, (*****), Sommer (****). Sehr gut ausgestattetes, modernes, rosafarbenes Hotel im Zentrum, mit Golfplatz in der Nähe. Empfehlenswertes Restaurant (Gerichte ab 200 NOK), Nachtclub und Bar.
- **Elgstua,** Trondheimsvn. 9, hinter dem Bahnhof, Tel. 62410122, Fax 62410273, (***). In den Holzhäusern der "Elchstube" übernachtet man einfach, aber gut, und im sehr bekannten Restaurant werden hervorragende Wildgerichte serviert.
- **Dæsbekken Villmarksenter,** in Åsnes, südöstlich von Elverum, Tel. 62954857, www.villmarksenter.hm.no. Östlich von Flisa (Rv 206). Tolles Wildniszentrum. Hütten (*-****), Zimmer (ab 300 NOK), Angeln, Jagt, Fahrrad- und Bootsverleih. Restaurant mit guten Wildgerichten!
- **Finnskogen Fritid,** Våler (Rv 33), 33 km südl. von Elverum, Handy 97082191, www.finnskogenfritid.no. 5 einfache Hütten im Wald. Kanuverleih.
- **Tysken Hund- og Hyttesenter,** Åsnes Finnskoken (an der schwedischen Grenze), Rv 206, östlich von Flisa (südöstlich von Elverum), Tel. 62954607, www.tyskenhundoghyttesenter.com. 8 romantische Hütten im Wald (*/**/***).
- **Bookingkontor Elverum:** Einar Skjæraasenveg 25A, Tel. 62415567, www.elverumhostel.no. Zimmer ab 200 NOK p.P.
- **Midskogen Gård,** an der Rv 3, 5 km westl, Tel. 62417594, www.midtskogen.no. Bauernhof mit Reitmöglichkeiten. Apartment/Zimmer/Hütten 400-800 NOK.
- **Vesterhaug Gård,** Elverum, Tel. 62416661, www.vesterhaug.no. Schöner Hof am Westufer der Glomma, (**/***), 7 Min. ab Zentrum.

Camping/Hütten

- **Elverum Camping,** am Forstmuseum, Tel. 62416716, www.elverumcamping.no. Großer, sauberer und komfortabler Platz mit Hütten (*/**/***).

Der Fluss Glomma bei Kongsvinger

Østerdalsveien

⌕**XVII/C,D1–XIII/C1,2,3**

Zwischen Elverum im Süden und Tynset im Norden verläuft durch das teils liebliche, teils recht raue und waldreiche Østerdalen der Østerdalsveien (Rv 3). Die **Parallelstrecke zum Gudbrandsdal und zur E 6** ist wesentlich verkehrsärmer und auch nicht so reich an Attraktionen. Interessant ist die Route vor allem für jene, die ein wenig mehr Ruhe abseits der Touristenströme suchen, Røros besuchen wollen und bis dato noch keinen **Elch** gesehen haben. Immerhin ist auf dieser Straße die Wahrscheinlichkeit, die Hirschart anzutreffen, sehr groß: Ganz plötzlich kann so ein mächtiges Tier mit 2 m Schulterhöhe vor der Motorhaube stehen und verständnislos in den Fahrgastraum glotzen ...

Erster größerer Ort nach Elverum ist **Rena**. Hier endet bzw. beginnt das alljährliche **Birkebeiner-Rennen** von und nach Lillehammer (siehe auch „Lillehammer/Praktische Informationen"). Das 2000-Einwohner-Dorf ist auch bekannt für seine Skisprungschanzen. Die größte hat ihren kritischen Punkt bei 120 m. Die bekanntesten Wirtschaftszweige des Ortes sind eine Kartonfabrik und der Export von Moosen und Rentierflechten.

Die nächsten Attraktionen des Tales sind zwei Straßen, die aus dem Tal wieder hinausführen. Zunächst ist dies der nach den Birkebeinern benannte Weg Richtung Südwesten über das kahle Fjell nach Lillehammer. Die zweite Route beginnt in **Koppang**. Man zweigt zunächst auf die nach dem Dichter A.O. Vinje benannte Straße ab. Dieser Weg mündet auf den Friisvegen. Der Name „Frei-Eis" lässt jedoch keine Rückschlüsse auf irgendwelche klimatischen Verhältnisse oder auf Stände mit kostenlosen Eistüten zu, sondern bezieht sich auf den Schriftsteller und Jäger J.A. Friis! Die Straße führt über das Gebirge nach Ringebu im Gudbrandsdal.

Die spektakulärste Attraktion des Østerdal liegt 17 km südlich von Alvdal in **Barkeid** (Campingplatz). 500 m nördlich des Ortes zweigt eine kurze, enge und kurvenreiche Straße zur gigantischen **Schlucht Julhogget** ab. Der bis zu 150 m tiefe und 2,5 km lange Canyon beeindruckt durch schroffe und urwüchsige Felslandschaft, wie man sie sich eher auf dem Mond als in Ostnorwegen vorstellt.

Alvdal ist der Heimatort des Schriftstellers *Kjell Aukrust*, eines Autors recht witziger, z. T. satirischer Geschichten, in denen zuweilen die niedliche Ente Solan Gunderson die Hauptrolle spielt. Das **Aukrustsenter** ist 10-18 Uhr zu besichtigen (70 NOK). Im Ort zweigen auch zwei recht sehenswerte Straßen ab. Die erste führt steil und voller Serpentinen hinauf auf den 1666 m hohen **Berg Tron,** der vulkanischen Ursprungs ist. Von hier oben hat man einen grandiosen Blick in Richtung des Rondane-Gebirges.

Eine andere Straße, die Rv 29, führt von Alvdal zurück zur E 6. Man passiert den ehemaligen **Bergwerksort Folldal,** in dem nach Kupferkies geschürft wurde. Täglich können Spaziergänge durch die Stollen unternommen werden (Museum, Gruben, Rondane-Nationalparkcenter: 60 NOK). Eine Kuriosität am Rande: In Folldal, einem der trockensten und schneeärmsten Orte Norwegens, werden ausgerechnet Tretschlitten hergestellt!

Bei Tynset gabelt sich die Straße. Auf der Rv 3 geht es zurück zur E 6, auf der Rv 30 zum schönsten Ort in Ostnorwegen, Røros. Unterwegs lohnt ein Stopp bei **Egil Storbekken** in der Nähe des Ortes Tolga. Wer etwas für typisch **norwegische Volksmusik** und beschwingte Flötentöne übrig hat, liegt bei seiner einfühlsamen Musik goldrichtig. Im Haus sind norwegische Musikinstrumente zu bewundern und auch zu erwerben. (Geöffnet: Ende Juni bis Anfang August, 10-18 Uhr, 40 NOK.)

Touristeninformation

●**Nord Østerdal Reiseliv,** 2560 Alvdal, Tel. 62488050, Fax 62487000, www.osterdalen.com.

An- und Weiterreise

●**Züge** Richtung Oslo, Røros und Trondheim, **Bahnhöfe** u. a. in Rena, Koppang, Barkald, Alvdal und Tynset.
●**Fernbus 135.**

Unterkunft

●**Koppangtunet Hotel,** Koppang, Tel. 62460 455, Fax 62461180, www.koppangtunet.no, (***). Nettes 23-Betten-Hotel mit Cafeteria, Bar und angeschlossenem Freilichtmuseum.
●**Kvebergsøya,** Grimsbu, Rv 29, 12 km östl. Folldal, Tel. 62490333, www.kvebergsoya.com. Traditionsreicher Bauernhof. DZ (600 NOK) und Ferienhaus. Reiten, Reitausflüge, Kutschfahrten, Elchsafaris u.v.m.

Jugendherberge

●**Tynset Hotell,** Tel. 62480600, Fax 62480497, 3.1.-22.12. offen, Zimmer in rotem Holzhaus, Bett 275 NOK, DZ 600 NOK.

Camping/Hütten

●**Koppang Camping og Hytteutleie,** Tel. 62460234, ganzjährig geöffnet. Komfortable und schöne Anlage im Wald mit 20 Hütten (*/**) und Bootsverleih.
●**Gjelten Bru Camping,** 5 km westlich von Alvdal, Tel. 62487444, Fax 62487020, ganzjährig geöffnet. Am Fluss, nahe der Rv 29 gelegener Platz mit 13 Hütten (**), Fahrradverleih, Angelplätzen.
●**Tynset Camping og Motell,** Tynset-Zentrum, Tel. 62480311, ganzjährig geöffnet. 24 Hütten, einfach bis luxuriös, (*/***/****), DZ (*), beheiztes Freibad, Angelplätze.

Aktivitäten

●**An der Glomma,** dem längsten Fluss Norwegens, finden sich einige **gute Angelplätze.**
●Das **Østerdal** sowie das Nachbartal **Renadal** (Campingplätze in Abständen von 20 bis 40 km) eignen sich ideal für **Fahrradtouren.** Es herrscht wenig Verkehr, und es gibt viele sehr einsame Nebenstraßen, die direkt in den Wald zu Elch und Hase führen.
●**Wandern:** Südlich von Alvdal liegen die bisher noch wenig erwanderten **östlichen Ausläufer des Rondane-Gebirges.** Günstiger Ausgangspunkt für Touren sind Follandsvangen und die am Ende der Straße gelegene Hütte Flatsætra (südöstlich von Alvdal am Fluss Sølna). Von beiden Plätzen ist es eine 2,5–3-stündige Wanderung auf markierten Wegen zur Hütte Breisjøsætra.

Trysil ⌁XIII/D3

Östlich des Østerdal, nur 35 km von der schwedischen Grenze entfernt, liegt **Innbygda,** auch Trysil genannt. Es ist mit dem 1132 m hohen Trysilfjell **ei-**

ÖSTLICH DES GUDBRANDSDAL

nes der besten **Alpinskizentren Skandinaviens.** In der schneesicheren Umgebung finden sich auch viele Kilometer Waldloipen. Die Unterkünfte bestehen zumeist aus luxuriösen und nicht ganz billigen Hütten an den Skipisten.

Im Sommer, also in der Nebensaison, kann das **Freilichtmuseum Trysil Bygdetun** mit Sägewerk und Mühle besichtigt werden (Juli-Mitte Aug. 12-16 Uhr, 30 NOK). Auch in der freien Natur gibt es viel zu erleben. Es werden Biber-, Bären- (!) und Elchsafaris organisiert. Es können Flöße zusammengezimmert werden, um damit Angel- und Flusstouren zu unternehmen.

Touristeninformation

●Trysil Turistkontor, 2420 Trysil, Tel. 6245 1000, Fax 62451165, www.trysil.com.

An- und Weiterreise

●Fernbus 130.

Unterkunft

●**Winter-Buchungsservice** für komfortable Hütten (4-20 Betten): Tel. 62450000, Fax 62451620, booking@trysil.com.
●**Trysil Knut Hotel,** Zentrum, Tel. 62449750, (*****), Sommer (***). Mittelklassehotel mit gutem Service. Restaurant mit norwegischen Spezialitäten, Sauna, Disco.
●**Trysil Hotel,** Zentrum, Tel. 62450833, Fax 62451290, (*****), Sommer (***). Recht gemütliches Holzhotel mit gutem Restaurant und Sauna.
●**Trysil Gjestegård,** 1 km südlich, Tel. 6245 0850, (***/****). Sehr gemütlicher Gasthof mit Restaurant und Panoramablick.
●**Trysil Vandrerhjem,** an der Rv 26, Tel. 9013 2761, trysil.hostel@vandrerhjem.no, ganzjährig geöffnet. Neue JH (seit 2006) mit Betten für 200 und DZ für 400 NOK.

Camping/Hütten

●**Klara Camping,** 1 km südlich, Tel./Fax 62451363, ganzjährig geöffnet. Preiswerter Platz mit Blick auf das Trysilfjell. 10 Hütten (**/***), Fahrrad- und Bootsverleih, Tennis.
●**Trysil Hyttegrend,** Øraneset, Handy 90132761, www.trysilhytte.com. Gute Hütten am Fluss (**).

Aktivitäten

●Bei G-Sport können **Fahrräder** geliehen werden (200 NOK/Tag, 370 NOK/3 Tage).
●**Bowlinghalle**
●**Wintersport:** Nicht weniger als 24 Lifte und 62 Abfahrten warten auf den Besucher. Der Höhenunterschied liegt bei 685 m. Es gibt 5 beleuchtete Pisten, einige Après-Ski-Möglichkeiten und 90 km Loipen.
●**Weitere Angebote:** Das Turistkontor vermittelt Biber- und Elchsafaris, Schluchtenwanderungen, Bergsteigerkurse, Kanu- und Raftingtouren.

Femundsee und Nationalparks ⌕XIII/D1

Nördlich von Trysil und südöstlich von Røros liegt die langgestreckte Wasserfläche des Femund. Der **See** ist mit 202 km² der **drittgrößte Norwegens** und mit Sicherheit einer der schönsten, unberührtesten und einsamsten. Kurz: ein Eldorado für Kanuten, Angler und Wildnisfreunde.

Wer sich nicht mit einem kleinen Boot auf die oft recht großen Wellen des Gewässers traut, sollte sich dem seit 1905 in Dienst stehenden **Schiff „Femund II"** anvertrauen. Dieser Schaufelraddampfer verkehrt im Sommer täglich in vier Stunden von Synnervika am Nordende des Sees in

FEMUND-SEE UND NATIONALPARKS

Richtung Femundsenden im Süden. Unterwegs legt das Schiff unter anderem an der Femundshytta, einer verlassenen Bergbaustadt, an.

Fährt man um das Gewässer herum, so gelangt man zu zwei an der schwedischen Grenze liegenden Nationalparks. Zunächst erreicht man den östlich der Straße gelegenen, kleinen **Gutulia-Nationalpark**. Es steht hier ein urwüchsiger Wald mit 350-500 Jahre alten Fichten und Kiefern unter Schutz. Zu besuchen ist auch die Gutuli-Alm.

Die Straße endet in **Elgå**, dem südlichsten **Reservat der Samen**, der Ureinwohner Skandinaviens, welche hier von der Züchtung von etwa 3000 halbwilden Rentieren leben. Auch ist das Örtchen Ausgangspunkt für einsame Wanderungen in den 390 km² großen **Femundsmarka-Nationalpark**, den kahle Bergregionen, baumbestandene Moränen mit riesigen Felsbrocken und viele idyllische Seen auszeichnen. Über das Gebiet informiert das 2005 eröffnete Nationalparkcenter in Elgå (Geöffnet: Mitte Juni-Mitte Aug. 11-17 Uhr, Ende Aug 11-15 Uhr, Sept. nur Sa/So, 40 NOK).

Sehenswert ist auch das **Blokkodden Villmark-Museum** in **Drevsjø** mit Freilichtausstellungen zu den Samen. (Geöffnet im Sommer, Mo-Sa 11-16 Uhr, 40 NOK.)

An- und Weiterreise

● **Bus Røros – Synnervika**, am Nordende des Sees, ab hier Anschluss an **Boot „Femund II"**, 9 Uhr, bis Elgåsenden (165 NOK). Fahrräder und Kanus werden mitgenommen, Infos: www.femund.no.

Nationalpark Femund

Der Besucher erlebt hier eine Landschaft, die an die Verhältnisse nach der letzten Eiszeit erinnert. Im waldlosen südlichen Teil des Nationalparks gibt es große Gebiete mit Geröllhalden nahe des **Berges Store Svuku**. Der nördliche Teil des Nationalparks besteht aus schütterem, zum Teil altem Kiefernwald. Am fruchtbarsten ist der Wald entlang der unteren Abschnitte der **Flüsse Røa und Mugga**. Im Nationalpark gibt es auch viele idyllische Wald- und Gebirgsseen.

Das Inlandeis der letzten Eiszeit, welches Skandinavien komplett bedeckte, hatte sein Zentrum in der Femund-Region. Der Gletscher hinterließ Schotter, teilweise mit Steinen durchmischt, die das Eis mit sich führte. Flussläufe, die seinerzeit unter dem Eis flossen, hinterließen Sand und Schotter. Diese prägen heute als langgezogene Wälle, den sogenannten **Osern**, die Landschaft.

Die Femundsmarka weist einen mageren Erdboden auf, der oft von gewaltigen Steinblöcken übersät ist. Das Klima ist rau. Es gibt nur wenige Pflanzen, die diese Erde und dieses Klima tolerieren. Die genügsame, Licht liebende Kiefer dominiert die Waldlandschaft. Viele Bäume sind abgestorben und blieben als nadel- und rindenloses Totholz stehen. An solchen vertrockneten Kiefern wächst die Wolfsflechte, eine gelbgrüne, buschige Flechtenart, die typisch ist für diese Region.

Unterkunft

● **Johnsgård Turistsenter**, Sømådalen, Westufer, Tel. 62459925, www.johnsgard.no. Schöner Platz mit 19 Hütten (*/**), Zeltplatz.
● **Femund Fjellstue**, Elgå, Tel. 62459541, www.femundfjellstue.no. Guter Platz am Ostufer. Bootsverleih. Hütten (*/**).
● **Femundtunet**, Drevsjø, Tel. 62459066. Ansprechende Anlage am Südufer des Femund. Zeltplatz, Hütten (*/**, ab 300 NOK), DZ (750 NOK).

Der Osten

ÖSTLICH DES GUDBRANDSDAL

- An der Rv 28 bei Midtdal und Narbuvoll die alten Hofanlagen **Larsgaden** (Tel. 62498938) und **Engavoll Gård** (Tel. 62498797) mit ansprechenden Hütten.

Aktivitäten

- **Femundtunet:** in Femund, Tel. 62459066, www.femundtunet.no. Angeltouren, Goldwaschen, Fahrrad- und Bootsverleih.
- **Ornithologie/Flora:** Zwei unter Naturschutz stehende **Feuchtgebiete** liegen nahe der Rv 26. Das **Kvisleflået** befindet sich südöstlich von Drevsjø. Das **Galtsjøen-Reservat** liegt westlich von Isterfossen (Kreuzung Rv 26/217) am gleichnamigen See.
- **Paddeln:** So herrlich eine Paddeltour über den 60 km langen Femund auch ist, starke Winde und Wellengang versauern ein wenig das Vergnügen bzw. machen es sogar etwas unsicher! Auch ist das Zelten am Ufer, bei dichtem Wald, nicht immer möglich. Wetterumschwünge, die ein Weiterkommen verhindern können, kommen durchaus vor. Mit Rat und Tat steht das Femund Canoe Camp in Femundsenden zur Seite. Hier können auch Hütten und Kanus gemietet werden (Tel. 62459019, www.femund-canoe-camp.com).
- **Reiten:** Pferde können bei Femund Horsehire in Drevsjø gemietet werden (Tel./Fax 62459012).
- **Wandern:** Wie das Paddeln, so ist auch die Wanderung **durch den Femundsmarken-Nationalpark** ein Abenteuer. Wer jedoch nicht allzu tief in die menschenleere Wildnis eindringen will, findet ab Elgå, parallel zum Femund, einen herrlichen und einfachen Wanderpfad. Er folgt einem alten Fahrweg bis zum Bootsanleger Revlingodden (1 Stunde). Weiter geht es auf einem markierten Weg Richtung Osten zur bewirtschafteten Hütte Svukuriset (1 Stunde). Ab hier entweder Abstecher zum 1415 m hohen Store Svuku (3 Stunden, retour) oder dem Schild folgend einen zweiten Weg zurück nach Elgå gehen (1 Stunde).

Auch **zum Gutulia-Nationalpark** kann gewandert werden. Dazu biegt man von der Straße von Femundsenden nach Elgådalen zum kleinen See Gutulisjøen ab und parkt dort das Auto. Nun ist es nicht mehr weit (etwa 3 km) bis in die Urwüchsigkeit (Ausschilderung Gutulivollen).

Røros ⌕IX/C3

Überblick

Der **5500-Einwohner**-Ort gehört mit seinen Bergmannskaten und der schmucken Barockkirche mit Sicherheit **zu den schönsten Siedlungen des Landes.**

Seine Existenz verdankt Røros der Entdeckung größerer Kupfervorkommen und der Gründung des Schmelzwerkes im Jahr 1644. Obgleich der Ort durch schwedische Überfälle in den Jahren 1678 und 1679 stark in Mitleidenschaft gezogen wurde, florierte das Geschäft. Zur Exploration der Schätze im Berginneren heuerte man sogar deutsche Experten an. Reich allerdings wurden nur die Minenbesitzer. Die Arbeiter lebten mehr schlecht als recht in winzigen Holzhütten. Hunger und Armut waren tägliche Begleiter. Der Bergbau lief über 330 Jahre lang, und erst zwischen 1977 und 1986 schlossen die letzten Gruben wegen Unrentabilität. Was blieb, sind eine intakte, von der UNESCO als **„Kulturerbe der Menschheit"** eingestufte **Holzhausstadt,** die zur Besichtigung freigegebene Olavsgrube, aber auch einige Abraumhalden, die noch heute vom einst intensiven Bergbau zeugen.

Røros – Fußgängerzone Kjerkgata

Die wirtschaftliche Nutzung der Umgebung veränderte auch das Mikroklima im 630 m hoch gelegenen Røros. Durch das Abholzen der Wälder zum Zwecke der Befeuerung der Schmelzöfen kühlt der Ort im Winter stärker aus als früher. Bei sternenklarem Himmel können die Nächte – selten zwar, aber immerhin – bis zu –40 °C kalt werden.

Sehenswertes

Die Stadt ist ein **lebendiges Museum aus alten Holzgebäuden.** Die schönsten stehen entlang der betriebsamen **Fußgängerzone Kjerkgata,** wo es in den vielen Häuschen etliche Souvenir-, Kunstgewerbe- und Krims-Kramsläden sowie gemütliche Cafés gibt. Älter noch, nämlich aus dem 17. und 18. Jahrhundert, sind die knorrigen Katen und Höfe der Parallelstraße Bergmannsgata. Einige der ältesten Häuser hier sind der **Rasmusgård** (Nr. 9) von 1680, der **Bergskrivergård** (der Hof der ehemaligen Verwaltung des Bergwerkes; Nr. 15) von 1793 und der **Direktørgård** (Nr. 19). In diesem Hof von 1790 ist heute das Rathaus untergebracht.

Über der Stadt, am Ende der Kjerkgata, liegt die **Røros-Kirche.** Sie ist der einzige Steinbau inmitten von Holzhäusern und wurde im Jahr 1784 errichtet. Die Barockeinrichtung entwarf *Peder Ellingsen* (1725-1803). Auf dem Friedhof neben der Kirche liegt das

Grab des Schriftstellers *Johan Falkberget* (1879-1967). In seinen Romanen beschreibt er den täglichen Überlebenskampf der Bergleute von Røros. (Öffnungszeiten der Kirche: im Sommer 10-17 Uhr, So 13-15 Uhr, Eintritt 25 NOK.)

Unterhalb der Kirche, nahe der gleichfalls unter Denkmalschutz stehenden Abraumhalden, liegt das **Røros-Museum (Smelthytta)**. Das Haus ist eine Rekonstruktion der von 1646 bis 1953 in Betrieb befindlichen Kupferhütte. Hier wurde das Erz aus den zahllosen Gruben der Umgebung eingeschmolzen und das Kupfer vom Restgestein getrennt. In der hervorragend aufbereiteten Ausstellung werden anhand vieler Modelle dem Besucher die Verhüttungsprozesse sowie das Leben und die Arbeit der Grubenarbeiter nahegebracht. (Geöffnet: Ende Juni-Mitte Aug. 10-18 Uhr, ansonsten Mo-Fr 11-15 Uhr, Sa/So 11-14 Uhr, 60 NOK.)

13 km östlich von Røros, nahe der Rv 31, liegt die alte **Olavsgrube**. Sie besteht aus zwei Teilen. Zum einen aus der Grube Nyberget, der aus dem 17. Jahrhundert stammenden, zweitältesten Anlage der Region, zum anderen aus der darunterliegenden Kronprinz-Olav-Grube. Ein **Museum** dokumentiert das harte Leben der Kumpel zur damaligen Zeit. Im Rahmen von Führungen kann man 500 m weit und 50 m tief in den Berg vorstoßen. Achtung: Hier drinnen herrschen dauerhaft kühle 5 °C, warme Kleidung ist daher anzuraten! (Ende Juni bis Mitte Aug. täglich 6 Führungen, ansonsten nur Mo-Fr 13 und 15 Uhr, So 12 Uhr, Oktober bis Mai Sa 15 Uhr, 60 NOK).

Touristeninformation

- **Røros Reiseliv**, Postboks 123, 7361 Røros, www.rorosinfo.com, Tel. 72410000, Fax 7241 0208, Turistkontor in der Peder Hjortsgata 2, geöffnet: Mo-Fr 9-16 Uhr, Sa 10-14 Uhr, im Sommer bis 20 Uhr und So bis 18 Uhr, auch Zimmervermittlung.

An- und Weiterreise

- **Bahnhof:** Der aus dem Jahr 1877 stammende Bahnhof liegt südöstlich des Zentrums. **Züge** nach Trondheim und Oslo. Unweit entfernt auch der **Busbahnhof. Fernbusse 135, 611.**

Unterkunft

- **Hotel Røros**, Zentrum, Tel. 72408000, Fax 72408001, (*****). Komfortables Haus oberhalb des Zentrums. Swimmingpool, Nachtclub und Disco.
- **Bergstadens Hotel,** Osloveien 2, Tel. 7240 6080, Fax 72406081, (*****). Am unteren Ende der Fußgängerzone an der Hauptstraße gelegen. Ansprechende, aber teure Zimmer. Swimmingpool, Nachtclub mit Disco, gemütlicher Pub.
- **Erzscheidergården+,** Spell-Olav 6, Tel. 72411194, Fax 72411960, DZ ab 900 NOK. Altes, braunes Holzhaus im Zentrum mit 27, teils urigen, teils urgroßmütterlichen Zimmern mit Spitzengardinen.
- **Vertshuset Røros,** Fußgängerzone, Tel. 72419350, Fax 72419351, (****/*****). Altes Gasthaus mit 17 sehr ansprechenden Zimmern, 7 Apartments und gemütlich-urtümlichem Restaurant.
- **Fjellheimen Turiststasjon,** 1 km ab Zentrum, Rv 30, Tel. 72411468, (***). Einfache Zimmer und **Campingplatz**.
- **Idrettsparken Hotel & Vandrerhjem,** 300 m unterhalb des Zentrums, Tel. 7241 1089, Fax 72412377. Gemütliches, ganzjährig geöffnetes **Hotel mit Jugendherberge** (Bett

Die Røros-Kirche – der einzige Steinbau inmitten von Holzhäusern

 RØROS

350 DZ 650 NOK), Zimmer neu renoviert, Hütten (**) **und Campingplatz.**
- **Malmplassen Gjestegård,** Tolga, 32 km südwestl. Røros, Tel. 62496305, Fax 6249 4840, Einfache, aber gute Zimmer für 800 NOK. Cafeteria mit zivilisierten Preisen (140-170 NOK).

Camping/Hütten

Hinweis: Selbst im Sommer können die Nächte mit **bis zu 0 °C** empfindlich kalt sein.
- **Bergstaden Camping,** J. Falkbergerts vei 34, Tel. 72411573, ganzjährig geöffnet. Einfacher Platz, am nördlichen Stadtrand gelegen. 7 Hütten (*).
- **Håneset Camping,** Rv 30, Tel. 72410600, Fax 72410601, ganzjährig geöffnet. 2,3 km südlich vom Zentrum gelegener, großer Platz mit 9 Hütten (*/***/****).
- **Røste Hyttetun & Camping,** an der Rv 30, 12 km südl. von Røros, Tel. 62497055, www.rostecamping.no. Große und winzige Hütten (*/***), schöner Wiesenplatz, TV-Zimmer.
- **Hummelfjell,** Os, Rv 30, Tel. 62497100, Fax 62497037. Am Skizentrum Hummelfjell, 12 km südl. von Røros gelegene Komforthütten (im Sommer 700-800 NOK).

Essen und Trinken

In Røros ein hübsches Café zu finden, fällt nicht schwer.
- Sehr empfehlenswert ist die alternative Atmosphäre des **Thomasgården** am oberen Ende der Fußgängerzone. Es gibt indischen Tee, ein automatisches Klavier und geschmackvolle Keramik.
- Geht man die Bergmannsgata hinab, kommt man zu den in der Nebengasse gelegenen **Café Kaffestuggu** (Kuchen schon ab 15 Kronen).
- Ein **gemütlicher Pub** für die Tages- und Nachtstunden ist die **Krambua** in der Fußgängerzone. Auch Gerichte für 90-120 NOK werden angeboten.
- **Preiswerte Pizzen** hat das behagliche **Vertshus** in der Kjerkgate 34.

TRONDHEIM

Bibliothek/Internet
- Unweit der Kjerkgata gelegen (mit Internetanschluss).

Veranstaltung
- Auf königlichen Beschluss hin findet seit 1853 jedes Jahr Mitte Februar der **Røros-Markt** statt.

Aktivitäten
- **Reiten: Reitcenter** 6 km nordwestlich der Innenstadt, Tel. 72412983.
- **Fahrradverleih:** Am Bahnhof, Flugplatz und in der Touristeninformation werden **kostenlos** Fahrräder zur Erkundung des Ortes verliehen.
- **Wintersport:** 12 km südlich der Stadt liegt das **Hummelfjell** mit 2 Liften und 6 Abfahrten. Der Höhenunterschied beträgt 300 m. Im Winter können in der Touristeninformation für 20 NOK **Tretschlitten** ausgeliehen werden. Mit ihnen macht die Røros-Erkundung doppelt soviel Spaß.
- Zur kalten Jahreszeit können auch **Hunde- und Pferdeschlittentouren** über das Rørosplateau unternommen werden – Infos über Touristkontor (www.huskytours.no und www.roroshusky.no).
- **Hessdalen**, 30 km nördlich, Rv 30, www.hessdalen.org. Wissenschaftliches Projekt zur Untersuchung von unerklärlichen Lichterscheinungen.

Umgebung
- Knapp 50 km nördlich, an der Rv 30, liegt der Ort **Haltdalen**. Die **Stabkirche** des Ortes wurde in das Freilichtmuseum Trondheim versetzt. 2004 wurde eine im Sommer Di-So 12-16 Uhr geöffnete Kopie des Hauses eingeweiht.

Trondheim – die Stadtbrücke

Trondheim ⌕IX/C2

Überblick

In der Mitte Norwegens, auf halbem Wege zwischen Süd und Nord, dort, wo sich die Landschaft weitet, an der Mündung des Nidelv, liegt Trondheim. Schon 997 ließ *König Trygvasson* seine Residenz an dieser Stelle erbauen. Das alte **Nidaros** wurde Hauptstadt, Pilgerziel und Thing-, also Gerichtsstätte. Noch heute zeugen der markante Dom und der Erzbischofshof von der Zeit, da die Stadt der Nabel der Welt im Hohen Norden war.

Heute präsentiert sich der sympathische **160.000-Einwohner-Ort** als hübsche Holzhausstadt, zu klein, als dass man sich in ihr verlieren könnte, doch groß genug für ein aktives Kultur- und Studentenleben, Dutzende Restaurants, Pubs und zahlreiche Attraktionen. Kurz und gut: Trondheim ist der ideale Ort, um auf dem Weg in den Norden noch einmal Stadtluft zu schnuppern, ohne jedoch nach den Natursehenswürdigkeiten Südnorwegens einen Stadtschock zu erleiden.

Auf einem **Rundgang** durch die gemütlichen Straßen des Zentrums gelangt man zu den windschiefen Stelzenhäusern am Fluss, dem Holzpalais Stiftsgården und, über kurz oder lang, immer wieder zurück zum Markt, dem Mittelpunkt der Stadt, wo König Trygvasson auf einem hohen Sockel noch immer über seine Stadt wacht.

Für den Aufenthalt in Trondheim sollte man einen Tag einplanen.

Stadtplan S. 485, Farbkarte Seite IX **STADTGESCHICHTE** 483

Stadtgeschichte

Trondheim wurde **997** als zweite Stadt in Norwegen (nach Tønsberg) unter dem Namen Nidaros **gegründet,** benannt nach dem Hof Nidarnes des Wikingerkönigs Olav Trygvasson. Nachdem dieser nur drei Jahre später in einer Seeschlacht bei Svolvær auf den Lofoten fiel, übernahm *Olav Haraldson* die Regentschaft. Dieser wurde vor allem durch die Christianisierung Norwegens bekannt, die er mit mehr oder minder feinen Mitteln vorantrieb. König Olav fiel 1030 in der Schlacht von Stiklestad. Nach seiner Heiligsprechung hieß er nur noch **Olav der Heilige.** Man begann in „seiner" Hauptstadt denn auch sogleich mit dem **Bau eines Domes ihm zu Ehren.** Noch bis 1299 hielt die Blütezeit der Stadt Nidaros an. Über das Dovrefjell kamen von Süden Tausende **Olavs-Pilger,** und – logische Konsequenz – im Jahr 1152 verlegte man den **Bischofssitz** hierher. Da jedoch bis dahin immer nur die Stadt Hauptstadt war, in der sich der König samt Gefolge aufhielt, entstand eine arge Konkurrenz zum strategisch noch günstiger liegenden Oslo, das 1299 dann den dauerhaften Hauptstadtstatus zugesprochen bekam.

Nachdem Norwegen 1380 die Union mit Dänemark eingehen musste, ging es mit Nidaros bergab. Die **Dänen** benannten die Stadt um in **Tronthjem.** Zahllose Brände vernichteten den Ort. Vom Wiederaufbau nach 1681 zeugt

Der Osten

der rechtwinklige Grundriss des Zentrums. Architekt und Stadtplaner war der Hugenottengeneral *J.C. Cicignon*. Die breiten Straßen sollten das Übergreifen neuer Brände unterbinden. Am Schnittpunkt der beiden Hauptachsen, Kongensgate und Munkegate, wurde der *Torg* (Markt) angelegt.

Ende des 17. Jahrhunderts ging es langsam bergauf. Trondheim wurde zum **Verladehafen** für das Erz aus Røros. **Industrialisierung** und der **Bau der Dovre- und Røros-Bahn** taten im 19. Jahrhundert ein Übriges, und so wuchs die Einwohnerzahl von 7500 im Jahr 1770 auf 50.000 zu Beginn des 20. Jahrhunderts.

Heute ist Trondheim das wirtschaftliche, wissenschaftliche und kulturelle Zentrum Mittelnorwegens. Die technisch-naturwissenschaftliche Universität zählt über 20.000 Studenten.

Sehenswertes

Südlich des Marktes liegt der imposante, 102 m lange und 50 m breite **Nidaros-Dom, das größte sakrale Bauwerk Skandinaviens,** Norwegens Nationalheiligtum und Krönungskirche. Mit dem Bau wurde im Jahr 1070 über dem Grab Olavs des Heiligen begonnen. Im spätromanischen Stil sind noch das Querschiff und die Sakristei erhalten. Aus der Zeit der Frühgotik stammt die oktogonale Kuppel. Hochgotisch sind Chor und Hauptschiff, die z. T. erst im letzten Jahrhundert in ihren heutigen Zustand versetzt wurden. Denn nach der Reformation verkam die Kirche zunächst und wurde teils sogar als Steinbruch verwendet. Erst mit dem neu erstarkten Nationalbewusstsein Mitte des 19. Jh. begann man mit der Restaurierung und Wiederherstellung des Gotteshauses. So sind denn auch die meisten der 75 Skulpturen der überaus eindrucksvollen Westfassade Werke des frühen 20. Jahrhunderts. In der Mitte ist Christus dargestellt, Olav Tryggvasson ist in der ersten Reihe der erste von links, Olav der Heilige befindet sich in der zweiten Reihe, der vierte von links. Im erhaben-düsteren Inneren fallen die herrlichen Glasmalereien und Rosetten auf. Die Barockorgel wurde 1741 gebaut und überzeugt durch ihren vollen Klang. Im Krönungsdom, in dem auch neun Könige begraben liegen, sind die Kronregalien zu besichtigen. (Geöffnet: Mitte Juni bis Mitte Aug. Mo-Fr 9-18 Uhr, Sa 9-14 Uhr, So 13-16 Uhr, Anfang Mai bis Mitte Juni und Mitte Aug. bis Mitte Sept. Mo-Fr 9-15 Uhr, Sa 9-14 Uhr, So 13-16 Uhr, Mitte Sept. bis Ende April Mo-Fr 12-14.30 Uhr, Sa 11.30-14 Uhr, So 13-15 Uhr, 50 NOK, Familien 125 NOK, Sammelkarte Dom/Erkebispegården 100 NOK, Familien 200 NOK; fast täglich Orgelkonzerte – Anschlagtafel Munkegate.)

Neben dem Dom liegt der Steinbau des **Erkebispegården, das Erzbischofspalais.** Das älteste weltliche Gebäude Skandinaviens, im 12. Jahrhundert erbaut, war bis zur Reformation Sitz des Erzbischofs. Im alten Ost- und im neuen Südflügel sind archäologische Funde, Skulpturen aus dem Dom, die Rüstkammer und ein Widerstandsmuseum untergebracht. (Geöffnet: Mitte Juni-Mitte Aug. Mo-Fr 9-17 Uhr, Sa 9-

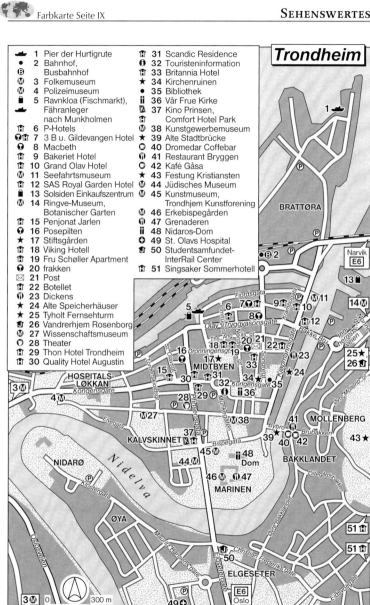

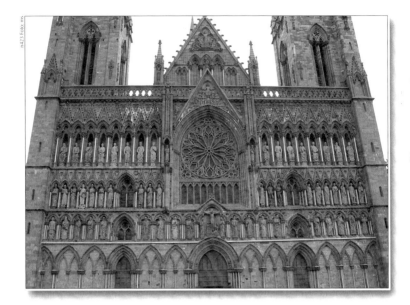

15 Uhr, So 12-17 Uhr, ansonsten meistens 11-14 Uhr, 50 NOK.)

Gleichfalls neben dem Dom, in der Bispegata, befinden sich die Galerie des **Trondhjem Kunstforening** (geöffnet: Di-Fr 10-16 Uhr, Sa/So ab 12 Uhr, 21 NOK, Studenten 15 NOK) samt gemütlichem Café und das **Trondheim-Kunstmuseum.** Wenn nicht gerade eine Ausstellung gastiert, ist die Sammlung nicht sehr berauschend. Einmal *Munch* und etwas *Dahl,* das ist fast schon alles. (Geöffnet: 10-17 Uhr, Winter 11-16 Uhr, 40 NOK, Studenten 20 NOK.)

Folgt man vom Dom weg der Munkegate, gelangt man zum **Nordenfjeldske Kunstindustrimuseet (Kunstgewerbemuseum).** Zu sehen sind Möbel, Glas, Porzellan und Kleidung von der Renaissance bis zur Gegenwart. Beachtenswert sind die zurzeit der deutschen Besatzung entstandenen Wandteppiche mit politischen Inhalten der schwedischen Künstlerin *Hannah Ryggen.* (Geöffnet im Sommer 10-17 Uhr, So ab 12 Uhr, ansonsten: Di-Fr 10-15 Uhr, So 12-16 Uhr, 60 NOK).

Etwas weiter noch, und man hat den **Torget,** den **zentralen Markt,** erreicht. In seiner Mitte thront weithin sichtbar Olav Trygvasson. Rechterhand (Kongensgate) liegt die **Vår Frue Kirke.** Die hübsche Liebfrauenkirche stammt aus dem 13. Jahrhundert und wurde 1739 teils umgebaut. Sie ist Mi 11-14 Uhr zugänglich. Ihr gegenüber beginnt die beschauliche **Fußgänger-**

zone Nordre gate. Ihr folgt man bis zur nächsten Kreuzung und kehrt über die Dronningensgate zur Munkegate zurück. Hier liegt nun links von uns der **Stiftsgården**. Das 1787 erbaute Palais ist mit 3000 m² und 100 Räumen das **größte Holzhaus Nordeuropas**. Erbaut wurde das spätbarocke Gebäude mit der kostbaren und prunkvollen Ausstattung für die Geheimrätin *Elsbeth Schöller*. Davon konnte Geheimrat *Goethe* nur träumen. (Geöffnet: meist Mo-Sa 10-17 Uhr, So 12-17 Uhr, 60 NOK, Studenten 40 NOK, Familien 100 NOK.)

Die Munkegate führt geradeaus bis zum **Ravnkloa**, dem **Fischmarkt**. Hier legen jede volle Stunde von 10-18 Uhr die **Boote nach Munkholmen** ab (50 NOK, retour). Die **Mönchsinsel** war die Richtstätte der Stadt, bis hier im Jahr 1000 ein Benediktinerkloster gegründet wurde. 1658 baute man dieses wieder zu Festung und Gefängnis um. Heute finden sich hier draußen im Trondheimsfjord ein Restaurant und Badeplätze.

Weiter geht es nun, vorbei an den bunten Holzlagerhäusern der Fjordgate, zum **Seefahrtsmuseum** am Ende der Straße. Das kleine, 1725 als Zuchthaus erbaute Gebäude ist vollgestopft mit einer hübschen Sammlung von Schiffsmodellen, Seekarten und Instrumenten. Im 2. Weltkrieg musste das Häuschen übrigens als Entlausungsstelle herhalten. (Geöffnet: 1.6.-31.8. 10-16 Uhr, 40 NOK, Studenten 20 NOK.)

Ab dem Museum lohnt ein Abstecher über die Fußgängerbrücke an das andere Flussufer. Hier liegt das neu gestaltete **Stadtviertel Solsiden**, mit Shoppingcenter, Restaurants, Cafés und schönen Plätzen am Wasser.

Wir laufen die Kjøpmannsgata entlang und passieren die zum Teil aus dem 18. Jahrhundert stammenden **Speicherhäuser am Nidelva**. Am Ende der Straße führt die **alte Stadtbrücke** *(Bybro)* aus dem Jahr 1861 über den Fluss. An ihrem jenseitigen Ende liegt das hübsche **Holzhausviertel Bakklandet**. Bewohnt wird es vornehmlich – die Kneipen sind ein deutliches Indiz – von Studenten. Folgt man der Verlängerung der Brücke den Berg hinauf, gelangt man zur **Festung Kristiansten**. Von der um 1681 erbauten Anlage (heute mit Café) hat man einen schönen Blick auf die Stadt. Fahrradfahrer können unterwegs übrigens „trampe", den wohl einzigen Fahrradlift der Welt benutzen.

Weiter nordöstlich der Festung steht der 120 m hohe **Fernsehturm Tyholttårnet** mit einem Drehrestaurant in 74 m Höhe. Es bietet sich ein toller Rundblick auf die Stadt, für den man allerdings happige 30 NOK bezahlen muss. Geöffnet ist 11.30-23 Uhr, am Sonntag nur 12-22 Uhr (Bus 20, 60).

Weitere Museen in der Innenstadt

● Schräg gegenüber der Vår Frue Kirke, in der Kongensgate 1, liegt im Gebäude der Norges Bank das **Vitensenter.** Anhand von recht spannenden Experimenten kann der Besucher viel über Naturwissenschaft und Technologie erfahren (Geöffnet: Mo-Fr 10-16 Uhr, Sa/So 11-17 Uhr).

Der Osten

Frontansicht des Nidaros-Doms

- Noch einmal um die Wissenschaft geht es im **Vitenskapsmuseet (Wissenschaftsmuseum) der Universität,** in der Erling Skakkesgt. 47. Zu sehen sind archäologisches Material aus der Wikingerzeit, dem Mittelalter und der samischen Kultur sowie eine Sammlung von Kircheninventar. Erklärt werden auch die Bedeutungen der Felsritzungen. Es gibt eine ausführliche naturhistorische und Umweltausstellung mit Luchs, Bär und nordischen Vogelarten. (Geöffnet: Di-Fr 9-14 Uhr, Sa/So 12-16 Uhr, 50 NOK.)
- In der Kongensgate 95 gibt es ferner ein **Polizeimuseum** (geöffnet im Sommer Mo-Fr 10-15 Uhr), in der Arkitekt Christies gt. 1b ein **Jüdisches Museum** (Mo-Do 10-16 Uhr, So 12-15 Uhr) und ein **Straßenbahnmuseum** an der Haltestelle Munkvoll (geöffnet im Sommer Do-So von 11.30-14.30 Uhr).

Museen außerhalb der Innenstadt

- Südwestlich der Innenstadt liegt das **Trøndelag Folkemuseum Sverresborg.** Zu sehen sind alte Hofanlagen, Wohnkaten der Samen und die winzige **Holtalen-Stabkirche.** Das einschiffige, überaus schlichte Gotteshaus wurde um 1170 erbaut und 1884 hierher umgesetzt. Ergänzt wird die durchschnittlich gute Freilichtanlage durch Ausstellungen zum Skilauf, zur Telekommunikation und zu den verschiedenen Handwerksinnungen. Die etwas bedrückende Aufmachung der neuen Ausstellung im Hauptgebäude, welche den Lebenslauf von der Wiege zum Grabe schildert, lässt nicht gerade Frohsinn aufkommen. (Erreichbarkeit: Bus 8, 9 ab Dronningensgt, Auto: Ab Torget über Kongensgate, den Gleisen folgen und in den Byåsveien nach links abbiegen. Ausschilderung beachten. Geöffnet: 1.6.-31.8. 11-18 Uhr, ansonsten 11-15 Uhr, 80 NOK, Studenten 55 NOK, Familien 200 NOK.)
- Über die E 6 erreicht man das 2 km östlich des Zentrums gelegene **Ringve-Museum.** In dem alten Gutshof aus dem 17. Jahrhundert ist ein für Norwegen einmaliges **Spezialmuseum für Musik** untergebracht. Über 1000 Instrumente gehören zur Sammlung, unter ihnen ein Flügel von Chopin und die berühmten Hardangerfiedeln. Im neueröffneten Teil „Museum im Heuboden" können die verschiedenen Stationen der Musikgeschichte, wie z. B. die Erfindung des Klaviers, der Jazz, Rock und Pop usw., nachvollzogen werden. Auch traditionelle Instrumente aus aller Welt sind zu bestaunen. Viele Liebhaberstücke, wie eine Locke Richard Wagners, die Gipshand Chopins, diverse Spieluhren und eine Spazierstockvioline, vervollständigen die sicher einmalige Ausstellung, die auf der Privatsammlung Viktoria Bachkes aufbaut. (Lade Allé 60, Bus 3, 4 ab Munkegaten, geöffnet: 19.6.-8.8. 11-17 Uhr, ansonsten meist So 11-16 Uhr, Führungen und häufig Konzerte, 75 NOK, Studenten 40 NOK.)
- Unweit des Museums, in der Lade Allé 58, liegt der **Botanische Garten von Ringve.** Er ist täglich kostenlos geöffnet und beinhaltet 4 Hauptabteilungen mit über 2000 Pflanzenarten. Zu sehen sind u. a. ein Kräutergarten, ein Arboretum und ein Parkabschnitt, der im englischen Stil angelegt ist.

Praktische Informationen

Touristeninformation

- **Turistkontor,** Munkegata, Torget, P.b. 2102, 7001 Trondheim, www.visit-trondheim.com, Tel. 73807660, Fax 73807670, geöffnet: Ende Juni bis Anfang August 10-18 Uhr, ansonsten meist: Mo-Fr 9-16 Uhr, Sa 10-14 Uhr. **Vermittlung von Privatunterkünften** (DZ ab 400 NOK).

Orientierung

- Der Ausschilderung „Sentrum" folgend, gelangt man in jedem Fall zur Prinsensgt. im Zentrum. Die E 6 selbst führt an der Innenstadt vorbei. Seit Anfang 2006 gibt es keine Mautgebühr für die Fahrt ins Zentrum mehr.

Parken

- Parken entlang der Straßen **im Zentrum:** 16 NOK/Std. (8-20 Uhr, Sa bis 15 Uhr). Preiswerter: Nordwestlich des Bahnhofs, am Hafen (12 NOK/Std.); **Parkhäuser:** am Markt (17 NOK/Std.) und Bhf. (14 NOK/Std, max. 100 NOK/24 Std.), preiswerter: am St. Olavs Hospital, südl. des Zentrums (12 NOK), am

Hafen (Pirbadet) und an der Brücke Bakke Bru (10 NOK; max. 100 NOK/24 Std.).

An- und Weiterreise

- **Bahnhof:** Er liegt direkt nördlich der Innenstadt. **Züge** nach Bodø, Røros und Oslo.
- **Busbahnhof:** Naben dem Bahnhof gelegen; **Fernbusse 135/611** (Røros, 210 NOK), **155** (Oslo, 620 NOK), **440** (Bergen, 800 NOK), **630** (Ålesund, 510 NOK).
- **Schnellboote/Fähren:** Der Hurtigruten-Pier liegt nördlich vom Bahnhof. Hier starten auch Schnellboote zur gegenüberliegenden Fjordseite (Vanvikan) und nach Hitra/Kristiansund (410 NOK), Tel. 73890700.
- **Flughafen Trondheim Værnes:** liegt 32 km östlich der Stadt (Flughafenbus ab Bhf, 100 NOK), Tel. 73822500. Braathens, Tel. 74843200. Verbindungen u. a. nach Oslo, Bergen, Kopenhagen, Bodø.

Autovermietung

- **Avis,** Kjøpmannsgt. 34, Tel. 73841790, Fax 73841791.
- **Europcar,** Tel. 73828850.
- **Budget,** Tel. 73526920.
- **Rent-A-Wrack,** Tel. 73952080.

Taxi

- Taxizentrale: Tel. 07373.

Stadtverkehr

- Das Zentrum ist so kompakt, dass sich eine Fahrt mit dem Bus erübrigt. Zum Freilichtmuseum fährt Bus 8 und 9, zum Ringve-Museum Bus 3 und 4. Haupthaltestellen liegen in der Prinsensgt. Im westlichen Teil der Kongensgt. beginnt die einzige Straßenbahnlinie Trondheims. Sie führt zum Naherholungsgebiet Bymarka/Gråkallen.

Unterkunft

Hotels (*****-***)

- **SAS Royal Garden Hotel,** Kjøpmannsgt. 73, Tel. 73803000, Fax 73803050, (*****). Eines der besten Hotels der Stadt, mit dschungelhaft begrüntem Innenhof, feinen Zimmern, Schwimmhalle, Sauna und natürlich guten Restaurants.
- **Grand Olav Hotel,** Kjøpmannsgt. 48, Tel. 73808080, Fax 73808081, (*****). Gleichfalls luxuriöses Hotel mit 106 Zimmern gegenüber dem SAS. Geschmackvolle Zimmer und nettes Restaurant.
- **Britannia Hotel,** Dronningensgt. 5, Tel. 73800800, Fax 73800801, (*****). Erstklassiges Hotel in einem schönen Jugendstilgebäude. Das Hotel beherbergt auch ein ausgezeichnetes Restaurant mit Palmengarten, Pub, Pianobar und Sauna.
- **Scandic Residence,** Munkegt. 26, Tel. 73528300, Fax 73526460, (*****). Feines Jugendstilhotel, am Markt gelegen. Das nette Restaurant und das Café lohnen ebenfalls einen Besuch.
- **Gildevangen Hotel,** Søndregate 22b, Tel. 73870130, Fax 73523898, (*****). Natursteinhaus in Bahnhofsnähe. Nette Zimmer, speziell unterm Dach.
- **Bakeriet Hotel,** Brattørgata 2, Tel. 7399 1000, Fax 73991001, (*****), Sommer (***). Ansprechendes und komfortables Hotel mit gemütlichen Zimmern.
- **City Living – Trondheim Booking,** Tel. 80082080, www.trondheim-booking.no. Zusammenschluss der Hotels: **Quality Hotel Augustin,** Kongensgt. 26; **Comfort Hotel Park,** Prinsensgt. 4a; **Fru Schøller Apartment,** Dronningensgate 26; **Viking Hotell,** Nordregt. 12 (in der Nähe des Fru Schøller). Gute, aber unspektakuläre DZ für 600 (Viking) bis 850 NOK.
- **Thon Hotel Trondheim,** Kongensgate 15, Tel. 73884788, Fax 73516058, Mittelklassehotel mit wirklich guten Preisen (DZ ab 800 NOK). Recht schnell ausgebucht.
- **P-Hotels,** Nordregt. 24, Tel. 73802350, www.p-hotels.no. Neues, preiswertes Konzept. Inkl. Frühstück: DZ 750 NOK, Internetbuchung.
- **Botellet,** Kjøpmannsgt. 34/41 (Str. beginnt an der Brücke Bybro), Rezeption in der Texaco Tankstelle, Tel. 73807950, (***), DZ 600 NOK.

Preiswerte Unterkünfte

Günstige Privatzimmer (ab 400 NOK) vermittelt die Touristeninformation.
- **Pensjonat Jarlen,** Kongensgt. 40, Tel. 7351 3218, Fax 73528080, www.jarlen.no, (**).

Günstiges und sehr zentral gelegenes 68-Betten-Gästehaus, DZ 560 NOK, 3-Bett-Zi. 700 NOK, 4-Bett-Zi 900 NOK.
- **Åse's Romutleie,** Nedre Møllenberggt. 27, Tel. 73511540, aaseander@hotmail.com, 15.6.-1.9., (*). Zentral: Über die Brücke Bakke Bru, Kreisverkehr links, dann rechts in Nonnegt, die 2. Querstraße rechts.
- **Inger Stock,** Porsmyra 18, Tel. 72888319, 5-Zimmer-Pension, (*). Aus Richtung Süden: von der E 6 nach Tillerbyen abfahren und Ampel am Rema 100 nach links, nächste Ampel nach rechts, 3. Straße links.
- **Rødde Folkexhøyskole,** Melhus, E 6, 15 km südl, Tel. 72852910, rodde@rodde.fhs.no, nur im Sommer; DZ 400 NOK.
- **Singsaker Sommerhotell,** Rogertsgt. 1, Tel. 73893100, sommerhotell@singsaker.no, Mitte Juni-Mitte Aug. Weißes Holzhaus des Studentenwohnheims. Bett 190 NOK, DZ ab 620 NOK inkl. Frühstück, recht viel Geld für kleine Zimmer ohne eigenes Bad! Ab 8.8. noch teurer! Zu Fuß: ab Brücke Bybroa den Hang hinauf. Auto: ab Elgeseter der Christian Frederiks gate folgen.

Jugendherberge

- **Trondheim Vandrerhjem Rosenborg,** Weidemannsvei 41, Tel. 73874450, www.trondheim-vandrerhjem.no, ganzjährig, in kastenförmigem Betonbau. Bett ab 270 NOK, DZ ab 620 NOK. 800 m ab Brücke Bakke bru, über Innherredsveien, abbiegen in die Rosenborggt. und nach links in den Weidemannsvei.
- **Studentsamfundet-InterRail Center,** Elgesetergate 1, Tel. 73899538. Im dem vom 25.6. bis 17.8. geöffneten Studentencenter gibt es das schlichte Bett im 20-Mann-Schlafsaal für unschlagbare 135 NOK, Frühstück inklusive. Gemütliche Kneipe (bis 2 Uhr offen) und kostenloser Internetzugang. Im roten, turmähnlichen Haus hinter der südlichen Brücke über den Fluss.

Camping/Hütten

- **Flakk Camping,** Flakk, Rv 715, Tel. 7284 3900, geöffnet: 1.5.-1.9. Sehr schöner Platz am Fähranleger, 10 km westlich von Trondheim. Leider teils auch nachts Maschinengeräusche der Fähre. Badeplatz am Fjord. 4 Hütten (*), Zelt 140 NOK.
- **Sandmoen Motell & Camping,** Heimdal, E 6, Tel. 72596150, Fax 72596151, ganzjährig geöffnet. Großer, lauter Platz. Oft überlaufen. Zimmer (***), 35 Hütten (**). Mäßige Qualität.
- **Øysand Camping,** E 39, 20 km ab Trondheim, Tel. 72872415, www.oysandcamping.no, geöffnet: 1.5.-1.9. akzeptabler Platz am Fjord, 24 Hütten (*/**), Zimmer (*), Badeplatz.
- **Tråsåsvika Camping,** E 39, Tel. 73867822, Fax 72867979, geöffnet: 1.5.-30.9. Idyllischer akzeptabler Platz am Trondheimsfjord 35 km südwestlich von Trondheim. Ganzjährig 17 Hütten (*/**). Bootsverleih.
- **Vikhammer Camping,** nahe der E 6, Rv 950, Vikhammer, www.vikhammer.no, Tel. 73976164, Fax 72848211, ganzjährig geöffnet. Noch recht guter Platz am Fjord 14 km östl. Trondheim (außerhalb der Mautstation). 21 Hütten (**) und DZ (**). Auch Langzeitmiete.
- **Storsand Gård Camping,** in Malvik, nahe der E 6, Tel. 73976360, Fax 73977346, ganzjährig. 17 km östlich von Trondheim. Akzeptabler Platz, Lage am Fjord, recht laut. 70 Hütten (*/**), Badestellen, Zelt 180 NOK.

Essen und Trinken

- Die besten und teuersten Restaurants der Stadt beheimaten das **Britannia Hotel** (Palmehaven, Jonathan Restaurant und Weinkeller) und das **Royal Garden Hotel** (Prins Olav Grill, Bakkus. Von Kritikern hoch gelobt wird auch das **Restaurant Bryggen*** (Øvre Bakklandet 66, Tel. 73874242) am Ende der Bybru in einem alten Speicherhaus. Sehr empfehlenswert ist außerdem das **Grenaderen** (Kongsgårdsgt. 1e, Tel. 73516680), wo norwegische Spezialitäten serviert werden. Gleiches gilt für das alte **Vertshuset Tavern,** direkt neben dem Freilichtmuseum. Sehr gut, aber auch nicht ganz preiswert ist das italienische **Restaurant Puro** (im Einkaufszentrum Solsiden).
- Wesentlich kostengünstiger sind hingegen **Peppe's Pizza** (in einem alten Speicherhaus, Kjøpmannsgate), **Dolly Dimple's** (Nordregt, Fußgängerzone, Pizzen), **Pizza og sånn** (Ein-

kaufszentrum Solsiden), **Egon** (Thomas Angelsgt. 8, Nebenstr. der Nordregt. und im Fernsehturm, all you can eat Di-Sa bis 18 Uhr, Mo/So ganztägig, Mittagsgerichte ab 100 NOK) und das Essen im **InterRail Center.** Sonderangebote haben teils auch das **Peking House** und **Dickens** (beide in der Kjøpmannsgt.).

Cafés

- Schöne Cafés sind das am Markt gelegene **Straßencafé Vinterhavn,** die **Dromedar Coffeebar** und das **Kafé Gåsa** in Bakklandet (am Ende der Bybro) sowie das **Café in der Bibliothek.**

Kneipen/Nachtleben

Fast alle Kneipen haben, zumindest am Freitag und Samstag, bis 2.30 Uhr geöffnet.
- Neben dem **InterRail-Center** ist bei Studenten das **3 B** (Brattørgata) am beliebtesten.
- Unglaublich gemütlich sind die meisten **Kneipen in Bakklandet,** speziell das **Kafé Gåsa.** Die vielleicht beste, **Den gode nabo,** liegt in einem uralten Speicherhaus direkt neben der Bybro. Gleichfalls nett sitzt man im **Posepilten** (Prinsensgt. 32, Fr/Sa bis 4 Uhr offen), wo es auch preiswerte Gerichte (90 NOK), die **Musicbar Smoke** und die **Disco d-moll** gibt. Das Kino und **Theatercafé Replikken** (Olav Trygvasonsgt. 5) kennzeichnet ebenfalls Jazzstimmung, es hat Sa/So bis 4 Uhr geöffnet. Schottisch geht es im **Macbeth** (Søndregate 22b) zu.
- **Beliebte Discos** sind das **Ricks** (Nordre gate), **Monte Cristo** (Prinsensgt. 38-42, Nachtclub, Pianobar) und **frakken** (Dronningensgate).

Bibliothek und Galerien

- **Bibliothek:** Kongensgate 2. In dem im Sommer Mo-Fr 9-16 Uhr (ab 22.8. bis 19 Uhr) geöffneten Haus liegen einige hübsch präsentierte Kirchenruinen des alten Trondheim. Es gibt ein hübsches Tagescafé, **Internetanschluss** und internationale Zeitungen.

- **Trøndelag Kunstnersenter:** E.C. Dahlsgt. 7; **Aunes Keramikk:** Kongensgt. 27; **Modern Art Gallery:** Olav Trygvasonssgt. 22.

Internet

- Kostenloser Internetzugang in **InterRail-Center** und in der **Bibliothek.** Zudem: **Dataport** (Kjøpmannsgate 34), **www.cafedotcom.no.** (Kongensgt. 19).

Kino

- Trondheim hat zwei Kinos: **Prinsen** (Prinsengt. 2b) und **Nova** (Olav Trygvasonsgt. 5).

Theater

- Das **Trøndelag Theater** liegt in der Prinsensgate. Symfonieorkester, Infos: Tel. 7399 4050.

Festivals

- **Olavsfesttage:** ca. 26.7.-7.8, Mittelaltermarkt neben dem Dom, Konzerte, Oper, Ritterturniere (www.olavsfestdagene.no).

Aktivitäten

- **Angeln:** Im Nidelv ist der **Forellen- und Lachs**bestand gut. Infos in Sportgeschäften.
- **Baden:** Der klassische Trondheimer Strand liegt auf der **Insel Munkholmen,** die man mit der Fähre ab dem Ravnkloa erreicht. Pirbadet, **Norwegens größtes Hallenbad** (Wellenbad, Rutschen, Sauna), Havnegata 12, 120 NOK.
- **Fahrradverleih:** An Dutzenden von Ständen in der Innenstadt kann gegen 20 NOK Pfand ein Stadtfahrrad **kostenlos** (!) ausgeliehen werden.
- **Wandern:** Im **Naherholungsgebiet Bymarka,** erreichbar mit der Straßenbahn, gibt es zahllose Wanderwege, z. B. in Richtung Gråkallen.
- **Wintersport:** Zum einen liegt im Süden der Stadt **Granåsen** mit der neuen Skisprungschanze und vielen Loipen. Zum anderen ist da das **Vassfjell-Skizentrum** 8 km südlich der Stadt: 5 Lifte, 460 m Höhenunterschied. Freitag ab 13 Uhr 50 % Studentenrabatt, ansonsten 20 %.

- **Weitere Angebote:** Bowling hinter dem Einkaufszentrum Trondheims Torg (am Markt); Eishalle Leangen (Tel. 73915037); Tennisclub (Tel. 73522993); Golfplatz in der Bymarka. Kanalen-Unterhaltungscenter mit Spielen und Automaten in der Søndre gate.

Shopping

- Das größte **Einkaufszentrum** der Stadt ist der bis 20 Uhr geöffnete **Trondheims Torg** am Markt. Andere sind das **Olavs Kvartalet** in der Kjøpmannsgate, das **Byporten** in der Fußgängerzone Nordre gate und das neue **Solsiden,** direkt am Wasser (siehe Stadtplan).
- **Fischhalle** mit viel Auswahl, am Platz Ravnkloa.
- Leckeres Ökobrot und Backwaren gibt es bei **Godt Brød** (Thomas Angellsgt. 16).
- **Supermarkt:** Bunnpris in der westlichen Kongsgt, auch So ab 11 Uhr geöffnet.
- **Bücherantiquariat** hinter der Vår Frue Kirche. **Buchläden** in der Nordre gate (auch deutsche Bücher), **Sportladen** in der Fjordgate. **Norwegische Strickwaren:** Husfliden, Olav Trygvasonsgt. 18.

Sonstiges

- **Post:** Dronningensgt. 10, **Arzt:** Legevakt, Tel. 73522500, **Apotheke:** Solsiden Einkaufszentrum (bis 24 Uhr) und Kongensgt. 11.

Umgebung

Orkanger ⌁VIII/B2

Der Hauptort der Gemeinde Orkdal liegt 42 km westlich von Trondheim an der Straße E 39. Südlich des etwas nichtssagenden Dorfes erstreckt sich das liebliche **Orkladal** mit seinem Lachsfluss, Wäldern, Feldern und Trockenrasen. Bis 1987 noch wurde hier kupferhaltiger Schwefelkies gefördert. Die 1654 gegründete Grube in Løkken gehörte zu den ertragreichsten der Welt und kann heute zusammen mit dem **Orkla-Industriemuseum** besichtigt werden (Infos im Turistkontor). Dieses umfasst auch ein **Eisenbahnmuseum** einschließlich Museumsbahn, die auf einem Teilstück der 1904 erbauten Thamshavn-Bahn zwischen dem Werk in Løkken und dem Verladehafen am Fjord verkehrt.

- **An- und Weiterreise: Fernbus** Ålesund – Trondheim
- **Unterkunft: Kvåles Kro og Ridesenter,** Fannrem bei Orkanger, Tel. 72485215, Fax 72486230, ganzjährig geöffnet. Kleiner Platz mit 5 Hütten, der auch über ein Reitzentrum verfügt.
Bårdshaug Herregård, Tel. 72479900, Fax 72481923, www.baardshaug.no, (*****), Recht mondäner alter Herrenhof in Orkanger. Sehr ansprechende Zimmer, Park, Restaurant, Bar, Bibliothek.

Fosen   ⌕VIII/B1; IX/C1

Die nördlich von Trondheim gelegene **Halbinsel** erreicht man am besten mit der Fähre ab Flakk (westlich von Trondheim) oder ab Valset (Rv 710). Als eine verkehrsarme Alternative zur E 6 bietet sich die Rv 720 (später Rv 17) an. Die kulturellen Sehenswürdigkeiten liegen jedoch etwas abseits an der Straße 710.

Mit der Fähre ab Valset gelangt man nach **Brekstad** (Kirche aus dem 14. Jahrhundert), dem Zentrum der dicht besiedelten und fast topfebenen Gemeinde Ørland. 7 km östlich des Handelsörtchens liegt die **Burg Austrått,** ein alter Fürstensitz. Die Anlage wurde 1654-1656 im Stil der Renaissance erbaut. Die Kirche stammt aus dem 12. Jahrhundert. Im Sommer wird in der 11-18 Uhr geöffneten Festung ein Café betrieben. In der Umgebung befinden sich der nördlichste Eichenwald der Welt und mehrere Hügelgräber. Ein Ableger der Burg ist der **Hof Uthaug** im gleichnamigen Dorf, nördlich von Brekstad. Die Anlage wurde 1710 als Witwensitz erbaut und ist wie auch die schöne Straße Sjøgata zu besichtigen. 1 km westlich von Uthaug liegt auf einer kleinen Insel der rote **Leuchtturm Kjeungskjær Fyr,** welcher besonders gut von den Schiffen der Hurtigrute zu sehen ist.

Folgt man weiter der Straße 710, so gelangt man in die hübsche Gemeinde **Bjugn** mit natürlicher Küstenlandschaft und idyllischen, abgelegenen Orten, z. B. Råkvåg, zu erreichen über die Rv 715/718, und Lysøysund, anzusteuern auf der Rv 721.

- **Touristeninformation:** Turistkontor Ørland im T-Centeret Brekstad, Tel. 72525460; www.fantastiske-fosen.com.
- Das **Schnellboot** von Trondheim nach Kristiansand hält in Brekstad.
- **Fähre:** Flakk – Rørvik (65 NOK/Auto inkl. Fahrer, 30 NOK p.P, 0-24 Uhr).
- **Camping/Hütten**
Austrått Camping, nahe der Burg, Tel./Fax 72521470. Guter Platz mit 14 Hütten (*) und Motelzimmern, außerdem Minigolf und Bootsverleih.
Hüttenverleih: Oldnesset Hytter (Lysøysund, Tel./Fax 72529494).
- **Monstad Camping** in Monstad, Rv 715, Tel. 72531540, Hütten (**).
- **Angeln:** Überall ideale Angelbedingungen!
- Im hübschen Örtchen Råkvåg bietet sich das gemütliche **Bryggecaféen** zur Einkehr an.
- In **Brekstad** gibt es eine **Bibliothek,** ein kleines **Kino** sowie eine **Schwimmhalle.** Für Vogel- und Botanikfreunde lohnen der Besuch des **Grandfjæra-Naturreservates** (westlich von Brekstad) und der **Inselgruppe Tarva** (der Gemeinde Bjugn vorgelagert).

Anhang

Stabkirche in Øye

Trollfjord

Gudbrandsdal

Literaturtipps

Sachbücher

- *Arnold, Matthias:* **Edvard Munch,** Rowohlt Verlag. Monografie mit Bildern.
- *Baumgartner, Walter:* **Knut Hamsun,** Rowohlt. Monografie mit Bildern.
- *Brennecke, Detlef:* **Fridtjof Nansen,** Rowohlt Verlag. Monografie mit Bildern.
- *Brennecke, Detlef:* **Roald Amundsen,** Rowohlt Verlag. Monografie mit Bildern.
- *Brimi, Arne:* **Norwegische Naturküche,** Universitetsforlaget. Der norwegische Spitzenkoch lädt ein, die Küche seiner Heimat näher kennen zu lernen. Bilder und Rezepte.
- *Bugge, Alexander:* **Die Wikinger,** Reprint Verlag. Die Wikinger aus der Sicht der Wissenschaft zu Beginn des 20. Jahrhunderts.
- *Bugge, Gunnar:* **Stabkirchen. Mittelalterliche Baukunst in Norwegen,** F. Pustet Verlag. Teures und umfassendes Buch über die hölzernen Pagoden des Nordens.
- *Falck-Ytter:* **Polarlicht,** Verlag Freies Geistesleben. Hervorragende Präsentation des mystischen Lichtes. Farbige Abbildungen, Phänomenerklärungen.
- *Gjaerevoll, Olav* und *Jørgensen, Reidar:* **Gebirgsblumen in Skandinavien.** Beschrieben sind 164 Pflanzenarten. Farbige Zeichnungen.
- *Graham-Campbell, J.* (Hrsg.): **Bildatlas der Weltkulturen – Die Wikinger,** Bechtermünz Verlag. Geschichte, Mythologie und Kultur der Wikinger.
- *Herrmann, Paul:* **Nordische Mythologie.** Das Buch entführt in die sagenhafte Welt der Trolle und nordischen Götter.
- *Lindholm, Dan:* **Stabkirchen in Norwegen,** Verlag Freies Geistesleben. Eindrucksvolle Präsentation aller Stabkirchen des Landes. Zahlreiche Schwarz-Weiß-Abbildungen.
- *Norske Profiler:* **Aktuelle Kunst aus Norwegen,** DuMont. Teures, doch sehr umfassendes und gutes Buch.
- *Nyary, Josef:* **Die Vinland Saga,** Lübbe. Die Sage von der Entdeckung Amerikas durch die Wikinger.
- *Rieger, Gerd Enmo:* **Henrik Ibsen,** Rowohlt Verlag. Monografie mit Bildern.
- *Roberts, Morgan J.:* **Mythologie der Wikinger,** Athenaion Verlag. Lebendige Darstellung der alten nordischen Mythen und Sagen. Reich bebildert.
- *Röhrig, Tilman:* **Erik der Rote oder Die Suche nach dem Glück,** Dressler Verlag. Erzählung von den Entdeckungen und Fahrten Erik des Roten.
- *Schmidt-Luchs, Carl W.:* **Angeln in Norwegen,** Jahr Verlag. Alles rund um den Fisch.
- *Simek, Rudolf:* **Die Wikinger,** Beck Verlag. Wikingerforschung.
- *Welle-Srand, Erling:* **Bergwandern in Norwegen,** Nortra. Reiner Wanderführer für die Nationalparks und Gebirge Norwegens. Routen, Hütten des DNT.
- **Norwegisch – Wort für Wort,** Reihe Kauderwelsch, Bd. 30. Der unkomplizierte Sprechführer, auch für Anfänger, aus dem Reise Know-How Verlag (als **Kauderwelsch digital Norwegisch** auch auf CD-ROM erhältlich).
- **AusspracheTrainer Norwegisch,** Reise Know-How Verlag, Bielefeld. Au-

LITERATURTIPPS

dio-CD, ca. 60 Min. Laufzeit, die wichtigsten Sätze und Redewendungen des Kauderwelsch-Bandes zum Hören und Nachsprechen.

Belletristik

- *Aldo, Keel* (Hrsg.): **Skandinavische Erzähler,** 2 Bände, 2 x 550 Seiten, Manesse Bibliothek. Einzige, noch dazu sehr umfassende Sammlung der Geschichten bekannter und weniger bekannter Erzähler des Nordens.
- *Ambjørnsen, Ingvar:* **Weiße Nigger,** Rowohlt. Sarkastischer Blick auf die norwegische Gesellschaft und ihre Underdogs.
- *Amundsen, Roald:* **Die Eroberung des Südpols,** Ed. Erdmann Verlag. Spannender Bericht über die beschwerliche Reise in der Antarktis.
- *Asbjørnsen, Peder Christian* und *Moe, Jørgen:* **Norwegische Märchen,** Die Andere Bibliothek. Sammlung der schönsten Märchen der „Gebrüder Grimm Norwegens". Ergänzt durch alte, stimmungsvolle Fotografien.
- *Askildsen, Kjell:* **Eine weite, leere Landschaft,** Verlag Butte, Moekenberg. Erzählungen über die oft wirren, teils schockierenden Erlebnisse älterer und junger Zeitgenossen.
- *Bjørnstad, Ketil:* **Ballade in g-Moll – Edvard Grieg und Nina Hagerup.** Sympathischer Roman über das berühmteste Musikerehepaar des Landes und eine Liebeserklärung an Norwegen.
- *Christensen, Lars Saabye:* **Der Alleinunterhalter,** btb Verlag. Charmantes, turbulentes, witziges und melancholisches Buch über das Leben eines Alleinunterhalters im norwegischen Dorfalltag.
- *Faldbakken, Knut:* **Das Jahr der Schlange.** Kriminalroman über rätselhafte Mordfälle im sonst so ruhigen Hamar.
- *Fosnes Hansen, Erik:* **Momente der Geborgenheit,** Kiepenheuer. Beschwingte Erzählung über die Zufälle und Geschichten, die das Leben schreibt.
- *Gaarder, Jostein:* **Sofies Welt,** Hanser. Bestsellerroman, der die Geschichte der Philosophie und das Leben in der modernen Welt auf wundersame Weise verquickt.
- *Gulbranssen, Trygve:* **Und ewig singen die Wälder.** Der klassische Roman über die norwegische Bauernwelt des 19. Jahrhunderts schlechthin.
- *Hamsun, Knut:* **Hunger,** DTV. Bedeutendes Werk über das oft entbehrungsreiche und elende Leben in Oslo zu Beginn des 20. Jahrhunderts.
- *Hamsun, Knut:* **Segen der Erde,** DTV. Mit dem Nobelpreis ausgezeichneter Roman über das Bauernleben und den eisernen Willen, dem Land Früchte abzutrotzen.
- *Heyerdahl, Thor:* **Kon-Tiki,** Ullstein Verlag. Spannendes Buch über die Reise mit dem Balsafloß zur Osterinsel.
- *Hobæk Haff, Bergljot:* **Scham,** Verlage Econ und Claassen. Abenteuerliches und doch gefühlvolles Buch über das ungewöhnliche Leben einer Familie.
- *Holt, Anne:* **Selig sind die Dürstenden** und **Blinde Göttin.** In beiden Romanen lässt Holt ihre Kommissarin in den zwielichtigen Szenen Oslos ermitteln.

LITERATURTIPPS

- *Ibsen, Henrik:* **Nora; Die Wildente,** Reclam. Beide Dramen gehören zu den Klassikern des 19. Jahrhunderts.
- *Kjærstad, Jan:* **Der Verführer,** Kiepenheuer. Eloquenter Kriminalroman von einem der beliebtesten Autoren Norwegens über das Leben eines Fernsehstars.
- *Lindell, Unni:* **Das Mondorchester,** Econ Verlag. Poetisches Buch über die Leidenschaft für den Mond.
- *Loe, Erlend:* **Die Tage müssen anders werden, die Nächte auch,** Droemer Verlag. Herrliches, witziges und erstaunliches Buch über die Suche eines Studenten nach dem Lebenssinn.
- *Nansen, Fridtjof:* **Auf Skiern durch Grönland und Eskimoleben,** Verlag Volk und Welt. Beeindruckender Bericht über die Überquerung des grönländischen Inlandeises und die Inuit.
- *Nansen, Fridtjof:* **In Nacht und Eis,** Brockhaus Verlag. Spannender Bericht über die Expedition von 1893-1896.
- *Raffaelsen, Ellenor:* **Julia 3 – Gefährliche Mitternachtssonne.** Spannendes, nettes Jugendbuch über eine Exkursion in den Norden.
- *Seaver, Kirsten:* **Die Gudrid-Saga,** Limes Verlag. Geschichte einer ungewöhnlichen Frau zu Zeiten der Wikinger und deren Entdeckung Amerikas.
- *Staalesen, Gunnar:* **Begrabene Hunde schlafen nicht,** Goldmann. Varg Veum ermittelt in einer unheimlichen Mordaffäre.
- *Staalesen, Gunnar:* **Schwarze Schafe,** Goldmann. Der beliebte Krimiautor Staalesen legt seinem Detektiv eine gute Portion Sarkasmus in den Mund und lässt ihn im Bergener Rauschgiftmilieu ermitteln.
- *Ullmann, Linn:* **Die Lügnerin.** Meisterhaftes Buch der Tochter Liv Ullmanns. Eine Familienerzählung mit Witz und ironischem Blick auf die Dinge des Alltags und des Zusammenlebens.
- *Undset, Sigrid:* **Kristin Lavransdatter,** Der Kranz (1. Teil), Die Frau (2. Teil), Herder. Bedeutendes Monumentalwerk über das Leben Kristins im Mittelalter.
- *Wassmo, Herbjørg:* **Das Haus mit der blinden Glasveranda/Der stumme Raum/Gefühlloser Himmel.** Trilogie über das Leben Toras, eines vom Stiefvater missbrauchten Kindes.

Oslo – Domkirche

Der Weg ist das Ziel...

Zehn Schiffe, sechs Routen, zehn Häfen und bis zu 15 Abfahrten täglich! Als größte norwegische Reederei bieten wir Ihren Kunden diese einzigartige Vielfalt und damit ein Höchstmaß an Individualität und Freiheit für die Urlaubsplanung. Ob Kreuzfahrtambiente auf der Strecke Kiel-Oslo-Kiel, Kurzreisen, Rundreisen mit dem PKW oder der Bahn, Ferienhäuser oder ausgesuchte Hotels. Wir haben das volle Programm: Ihre Kunden kommen an Bord, fühlen sich wohl und ihr Urlaub beginnt sofort!

Infos und Buchung:
www.colorline.de
Tel.: 0431/7300-300
oder in Ihrem Reisebüro

Color Line.
Fantastisch. Magisch. Norwegen!

Kleine Sprachhilfe (bokmål)

Aufgrund der über 400 Jahre währenden politischen und kulturellen Zwangsunion mit Dänemark ähnelt das Norwegische, speziell das „bokmål", sehr dem Dänischen. Allerdings: Sind im Schriftlichen fast 90 % der Worte ganz oder teilweise identisch, so ist doch die Aussprache eine völlig andere. Zu gerne verschlucken die Dänen alle Endungen, ja sogar halbe Worte, was die angestrengt zuhörenden Norweger schier zur Verzweiflung treiben kann, obgleich sie den Sinn der Worte meist erahnen werden.

Da Norwegen gleichfalls mit Schweden eine Zwangsunion eingehen musste, gibt es auch hier sprachliche Bande. Allerdings ist die Sprachsituation genau entgegengesetzt. Verstanden wird fast jeder aus dem östlichen Nachbarland, mit dem Schriftlichen gibt es jedoch oft genug Probleme. Zumal einige Worte genau das Gegenteil bedeuten. *Rolig* meint so z. B. im Norwegischen „ruhig", im Schwedischen jedoch „fröhlich". Missverständnisse sind da nie ganz ausgeschlossen.

Teilweise verstanden werden Norweger zudem in Finnland (wo aufgrund der schwedischen Minorität Schwedisch zweite Amtssprache ist) und in Island. Allerdings entspricht das Isländische in seiner über 1000 Jahre gepflegten sprachlichen Reinheit dem „Norse" der alten Wikinger. Schon so mancher Norweger fühlte sich bei einem Besuch im Land der Geysire wie auf einer Reise in die eigene Vergangenheit und begriff zunächst nichts von den eigentümlichen Sprachkonstrukten.

Für Deutsche ist Norwegisch eine einfach zu erlernende Sprache. Viele Worte ähneln denen der eigenen Muttersprache *(reise, glass, koste, sende, spise, høre)*.

In Norwegen ist es üblich, sich zu **duzen** und mit dem **Vornamen** (seltener Vor- und Nachnamen) anzureden. Man beachte: Das deutsche „du" wird im Norwegischen gleich geschrieben, aber immer „dü" ausgesprochen; sagt man „du" (was *do* geschrieben wird), so bedeutet dies „Toilette" (die auch *toalett* heißt).

Die norwegische **Grammatik** ist recht einfach. Es gibt keine Fälle und nur eine Beugungsform des Verbs. Das weibliche Geschlecht existiert, kann aber durch das männliche ersetzt werden. Die bestimmte Form des Substantivs wird durch eine Endung ausgedrückt. Bsp.: männlich: *en vei* (ein Weg), *veien* (der Weg), *veier* (Wege), *veiene* (die Wege), weiblich: *ei/en gate* (eine Straße), *gata/gaten* (die Straße), *gater* (Straßen), *gatene* (die Straßen); *et hus* (ein Haus), *huset* (das Haus), *hus* (Häuser), *husene* (die Häuser).

Die Buchstaben **æ, ø** und **å** stehen am Ende des Alphabets. Sie werden wie folgt ausgesprochen: æ („a" mit Tendenz zum „ä"), ø („ö"), å (kehliges „o").

Wörter zu Essen: siehe Kap. „A–Z/Essen und Trinken", zu Straßenschildern: „A–Z/Autofahren".

Wer mehr lernen möchte, sollte sich den Sprechführer **Norwegisch – Wort für Wort** besorgen.

Verständigung

ja	ja
nei	nein
Hei!	Hallo!
God dag! („gu daag")	Guten Tag!
Hva heter du? („wa heter dü")	Wie heißt du?
Jeg heter ... („jei heter")	Ich heiße ...
Hvor kommer du fra? („wur kommer dü fra")	Wo kommst du her?
Jeg kommer fra ...	Ich komme aus ...
Jeg bor i ... („jei bur i")	Ich wohne in ...
Hvordan går det? („wurdan goor dé")	Wie geht es dir?
oder (gleich beliebt):	
Hvordan har du det? („wurdan har dü dé")	wörtlich: Wie hast du es?
Det går bra. („dé goor bra")	Es geht gut.
bare bra	sehr gut (wörtlich: nur gut)
dårlig („doorli")	schlecht
takk	danke
vær så god („wa sche gu")	bitte (wörtlich: sei so gut); wenn man aber jemanden bittet, etwas zu tun, sagt man:
vær så snill („vär saa snill")	wörtlich: sei so nett
Snakker du tysk/ engelsk/fransk/ norsk? („snakker dü tüsk/engelsk/ fransk/noschk?")	Sprichst du deutsch/ englisch/französisch/norwegisch?
Jeg snakker ...	Ich spreche ...
Jeg snakker bare litt ...	Ich spreche nur etwas ...
Jeg forstår ikke! („jei forstoor ikke")	Ich verstehe nicht.
Jeg skjønner virkelig ingenting! („jei schönner wirkeli ingenting")	Ich kapier' wirklich gar nichts!
Kan du snakke litt saktere? („kan dü snakke litt sakktere")	Kannst du etwas langsamer sprechen?
Unnskyld! („ünnschül")	Entschuldigung!
Det går bra/greit.	Okay, ist in Ordnung.
Hvor mye koster det? („wur müe koster dé")	Wie viel kostet das?
Det koster ...	Es kostet ...

Zahlen

en/ett – 1
to („tu") – 2
tre – 3
fire – 4
fem – 5
seks – 6
sju („schü") oder *syv* („süv") – 7
åtte – 8
ni – 9
ti – 10
elleve („elwe") – 11
tolv („tol") – 12
tretten – 13
fjorten („fjurtn") – 14
femten – 15
seksten („seisten") – 16
sytten („sötten") – 17

KLEINE SPRACHHILFE

aatten – 18
nitten – 19;
20 – zwei Möglichkeiten: *jjue* („chüe") oder *tyve*.
21 heißt dementsprechend: *tjueen* („chüe-en"), *enotyve* („en o tüwe").

Der lieben Zunge wegen kann es besser sein, für 20 das Wort *tyve* zu benutzen. Denn 27 würde ansonsten *tjuesju* („chüeschü") heißen, und damit haben selbst Norweger ihre liebe Mühe ...
tretti oder *tredve* – 30
førti – 40
femti – 50
seksti – 60
sytti („sötti") – 70
åtti („oti") – 80
niti – 90
hundre („hündre") – 100

Zeit

tid	Zeit
time	Stunde
dag	Tag
natt	Nacht
døgn	Tag und Nacht, 24 Stunden

Zeichen (Beschriftungen)

Adgang forbud	Zutritt verboten
ankomst	Ankunft
avgang	Abfahrt
bilferje oder *bilferge*	Autofähre
bildekk	Autodeck
brygge	Anlegestelle
bekk	Deck (auf Booten)
drosje	Taxi
inn	Eingang
lugar	Kabine
lukket, stengt	Geschlossen
lykehus	Krankenhaus
ut/nødut	Ausgang/Notausgang (eines der beliebtesten Schilder in norwegischen Häusern)
åpent	Geöffnet

Wochentage

mandag (*måndag*)	Montag
tirsdag (*tysdag*)	Dienstag
onsdag	Mittwoch
torsdag	Donnerstag
fredag	Freitag
lørdag (*laurdag*)	Samstag
søndag (*sundag*)	Sonntag

Monate

måned	Monat
januar („januär")	Januar
februar („februär")	Februar
mars („marsch")	März
april („apriil")	April
mai	Mai
juni („jüni")	Juni
juli („jüli")	Juli
august („august")	August
september	September
oktober („oktouber")	Oktober
november („nuwember")	November
desember	Dezember

Nordeuropa

Ob Lappland oder Lofoten, Island oder Dänemarks Nordseeküste, der kühle Norden hat seine Reize, die in den Reise-Handbüchern von REISE KNOW-HOW beschrieben werden. Alles Wissenswerte und praktische Tipps für die Reiseplanung und -durchführung.

Frank-Peter Herbst, Peter Rump
Skandinavien - Der Norden
Handbuch für individuelles
Reisen und Entdecken
456 Seiten, über 50 Stadtpläne und Karten, ca. 180 Fotos, farbiger Bildteil

Martin Schmidt
Norwegen
Reisehandbuch für Individualisten
636 Seiten, 21 Stadtpläne, 190 Fotos, 24-seitiger farbiger Kartenatlas

Barbara C. Titz, Jörg-Thomas Titz
Island mit Färöer-Inseln
Reisehandbuch für Individualisten
660 Seiten, 35 Karten und Pläne, 200 Fotos, 24-seitiger farbiger Kartenatlas

Roland Hanewald
Dänemarks Nordseeküste
Reisehandbuch für Individualisten
336 Seiten, 28 Orts-, Regional- und Inselkarten, 90 Fotos

REISE KNOW-How Verlag, Bielefeld

Die Reiseführer von Reise

Reisehandbücher
Urlaubshandbücher
Reisesachbücher
Edition RKH, Praxis

Algarve, Lissabon
Amrum
Amsterdam
Andalusien
Apulien
Athen
Auvergne, Cévennen

Barcelona
Berlin, Potsdam
Borkum
Bretagne
Budapest
Burgund

City-Trips mit
 Billigfliegern
City-Trips mit Billig-
 fliegern, Bd.2
Cornwall
Costa Blanca
Costa Brava
Costa de la Luz
Costa del Sol
Costa Dorada
Côte d'Azur, Seealpen,
 Hochprovence

Dalmatien
Dänemarks
 Nordseeküste
Disneyland
 Resort Paris
Dresden

Eifel
El Hierro
Elsass, Vogesen
England, der Süden
Erste Hilfe unterwegs

Estland
Europa BikeBuch

Fahrrad-Weltführer
Fehmarn
Föhr
Formentera
Friaul, Venetien
Fuerteventura

Gardasee, Trentino
Golf von Neapel,
 Kampanien
Gomera
Gotland
Gran Canaria
Großbritannien

Hamburg
Helgoland
Hollands
 Nordseeinseln
Hollands Westküste
Holsteinische Schweiz

Ibiza, Formentera
Irland
Island, Faröer
Istanbul
Istrien, Kvarner Bucht

Juist

Kalabrien, Basilikata
Katalonien
Köln
Kopenhagen
Korfu, Ionische Inseln
Korsika
Krakau, Tschenst.

Kreta
Krim, Lemberg, Kiew
Kroatien

Landgang
 an der Ostsee
Langeoog
La Palma
Lanzarote
Latium mit Rom
Leipzig
Ligurien,
 Cinque Terre
Litauen
London

Madeira
Madrid
Mallorca
Mallorca,
 Leben/Arbeiten
Mallorca, Wandern
Malta, Gozo, Comino
Mecklenb./Brandenb.:
 Wasserwandern
Mecklenburg-Vorp.
 Binnenland
Menorca
Montenegro
Moskau
Motorradreisen
München

Norderney
Nordseeinseln, Dt.
Nordseeküste
 Niedersachsens
Nordseeküste
 Schleswig-Holstein
Nordspanien
Nordzypern
Normandie
Norwegen

Ostseeküste
 Mecklenburg-Vorp.
Ostseeküste
 Schleswig-Holstein
Outdoor-Praxis

Paris
Piemont, Aostatal
Polens Norden
Polens Süden
Prag
Provence
Provence, Templer
Pyrenäen

Rhodos
Rom
Rügen, Hiddensee
Ruhrgebiet
Rumänien,
 Rep. Moldau

Sächsische Schweiz
Salzburg,
 Salzkammergut
Sardinien
Schottland
Schwarzwald, südl.
Schweiz, Liechtenstein
Sizilien, Lipar. Inseln
Skandinavien,
 der Norden
Slowakei
Slowenien, Triest
Spaniens
 Mittelmeerküste
Spiekeroog
St. Tropez
 und Umgebung
Südnorwegen
Südwestfrankreich
Sylt

Teneriffa
Tessin, Lago Maggiore
Thüringer Wald
Toscana
Tschechien
Türkei, Hotelführer
Türkei: Mittelmeerküste

Umbrien
Usedom

Venedig

Know-How auf einen Blick

Wales
Wangerooge
Warschau
Wien

Zypern, der Süden

Wohnmobil-Tourguides

Kroatien
Provence
Sardinien
Südnorwegen
Südschweden

Edition RKH

Durchgedreht –
  Sieben Jahre im Sattel
Eine Finca auf Mallorca
Geschichten aus dem
  anderen Mallorca
Mallorca für Leib
  und Seele
Rad ab!

Praxis

Aktiv Algarve
Aktiv Andalusien
Aktiv Dalmatien
Aktiv frz. Atlantikküste
Aktiv Gardasee
Aktiv Gran Canaria
Aktiv Istrien
Aktiv Katalonien
Aktiv Polen
Aktiv Slowenien
All inclusive?
Bordbuch Südeuropa
Canyoning
Clever buchen,
  besser fliegen
Clever kuren
Drogen in Reiseländern
Feste Europas
Fliegen ohne Angst
Frau allein unterwegs
Fun u. Sport im Schnee
Geolog. Erscheinungen
Gesundheitsurlaub
  in Dtl. Heilthermen
GPS f. Auto, Motorrad
GPS Outdoor-
  Navigation
Handy global
Höhlen erkunden
Hund, Verreisen mit
Inline Skating
Inline-Skaten
  Bodensee
Internet für die Reise
Kanu-Handbuch
Kartenlesen
Kommunikation unterw.
Kreuzfahrt-Handbuch
Küstensegeln
Langzeitreisen
Marathon-Guide
  Deutschland
Mountainbiking
Mushing/
  Hundeschlitten
Nordkap Routen
Orientierung mit
  Kompass und GPS
Paragliding-Handbuch
Pferdetrekking
Radreisen
Reisefotografie
Reisefotografie digital
Reisekochbuch
Reiserecht
Respektvoll reisen
Schutz vor Gewalt
  und Kriminalität
Schwanger reisen
Selbstdiagnose
  unterwegs
Sicherheit Meer
Sonne, Wind,
  Reisewetter
Spaniens Fiestas
Sprachen lernen
Survival-Handbuch
  Naturkatastrophen
Tauchen Kaltwasser
Tauchen Warmwasser
Trekking-Handbuch
Unterkunft/Mietwagen
Vulkane besteigen
Wandern im Watt
Wann wohin reisen?
Wein-Reiseführer
  Deutschland
Wein-Reiseführer
  Italien

Wein-Reiseführer
  Toskana
Wildnis-Ausrüstung
Wildnis-Backpacking
Wildnis-Küche
Winterwandern
Wohnmobil-Ausrüstung
Wohnmobil-Reisen
Wohnwagen
  Handbuch
Wracktauchen
Zahnersatz, Reiseziel

KulturSchock

Familienmanagement
  im Ausland
Finnland
Frankreich
Irland
Leben in fremden
  Kulturen
Polen
Rumänien
Russland
Spanien
Türkei
Ukraine
Ungarn

Wo man unsere Reiseliteratur bekommt:
Jede Buchhandlung Deutschlands, der Schweiz, Österreichs und der
Benelux-Staaten kann unsere Bücher beziehen. Wer sie dort nicht findet,
kann alle Bücher über unsere **Internet-Shops** bestellen.
Auf den Homepages gibt es **Informationen** zu allen Titeln:

www.reise-know-how.de oder www.reisebuch.de

Kauderwelsch?
Kauderwelsch!

Die **Sprechführer der Reihe Kauderwelsch** helfen dem Reisenden, wirklich zu sprechen und die Leute zu verstehen. Wie wird das gemacht?

- Die **Grammatik** wird in einfacher Sprache so weit erklärt, dass es möglich wird, ohne viel Paukerei mit dem Sprechen zu beginnen, wenn auch nicht gerade druckreif.
- Alle Beispielsätze werden doppelt ins Deutsche übertragen: zum einen **Wort-für-Wort,** zum anderen in „ordentliches" Hochdeutsch. So wird das fremde Sprachsystem sehr gut durchschaubar. Ohne eine Wort-für-Wort-Übersetzung ist es so gut wie unmöglich, einzelne Wörter in einem Satz auszutauschen.
- Die **Autorinnen und Autoren** der Reihe sind Globetrotter, die die Sprache im Lande gelernt haben. Sie wissen genau, wie und was die Leute auf der Straße sprechen. Deren Ausdrucksweise ist häufig viel einfacher und direkter als z.B. die Sprache der Literatur. Neben der Sprache vermitteln die Autoren Verhaltenstipps und erklären Besonderheiten des Landes.
- **Jeder Band** hat 96 bis 160 Seiten. Zu jedem Titel ist ein **AusspracheTrainer auf Audio-CD** erhältlich.
- **Kauderwelsch-Sprechführer** gibt es für über 100 Sprachen in **mehr als 200 Bänden,** z.B.:

Norwegisch – Wort für Wort
Band 30, 176 Seiten
Schwedisch – Wort für Wort
Band 28, 112 Seiten
Finnisch – Wort für Wort
Band 15, 176 Seiten
Dänisch – Wort für Wort
Band 43, 128 Seiten

REISE KNOW-HOW Verlag, Bielefeld

HILFE!

Dieses Reisehandbuch ist gespickt mit unzähligen Adressen, Preisen, Tipps und Infos. Nur vor Ort kann überprüft werden, was noch stimmt, was sich verändert hat, ob Preise gestiegen oder gefallen sind, ob ein Hotel, ein Restaurant immer noch empfehlenswert ist oder nicht mehr, ob ein Ziel noch oder jetzt erreichbar ist, ob es eine lohnende Alternative gibt usw.

Unsere Autoren sind zwar stetig unterwegs und versuchen, alle zwei Jahre eine komplette Aktualisierung zu erstellen, aber auf die Mithilfe von Reisenden können sie nicht verzichten.

Darum: Schreiben Sie uns, was sich geändert hat, was besser sein könnte, was gestrichen bzw. ergänzt werden soll. Nur so bleibt dieses Buch immer aktuell und zuverlässig. Wenn sich die Infos direkt auf das Buch beziehen, würde die Seitenangabe uns die Arbeit sehr erleichtern. Gut verwertbare Informationen belohnt der Verlag mit einem Sprechführer Ihrer Wahl aus der über 200 Bände umfassenden Reihe „Kauderwelsch" (Auswahl siehe unten).

Bitte schreiben Sie an:
REISE KNOW-HOW Verlag Peter Rump GmbH, Postfach 140666, D-33626 Bielefeld, oder per e-mail an: info@reise-know-how.de
Danke!

Kauderwelsch-Sprechführer –
sprechen und verstehen rund um den Globus

Afrikaans ● Albanisch ● Amerikanisch - *American Slang, More American Slang,* Amerikanisch oder Britisch? ● Amharisch ● Arabisch - Hocharabisch, für Ägypten, Algerien, Golfstaaten, Irak, Jemen, Marokko, ● Palästina & Syrien, Sudan, Tunesien ● Armenisch ● *Bairisch* ● Balinesisch ● Baskisch ● Bengali ● *Berlinerisch* ● Brasilianisch ● Bulgarisch ● Burmesisch ● Cebuano ● Chinesisch - Hochchinesisch, kulinarisch ● Dänisch ● Deutsch - *Allemand, Almanca, Duits, German, Nemjetzkii, Tedesco* ● Elsässisch ● Englisch - *British Slang, Australian Slang, Canadian Slang, Neuseeland Slang,* für Australien, für Indien ● Färöisch ● Esperanto ● Estnisch ● Finnisch ● Französisch - kulinarisch, für den Senegal, für Tunesien, *Französisch Slang, Franko-Kanadisch* ● Galicisch ● Georgisch ● Griechisch ● Guarani ● Gujarati ● Hausa ● Hebräisch ● Hieroglyphisch ● Hindi ● Indonesisch ● Irisch-Gälisch ● Isländisch ● Italienisch - *Italienisch Slang,* für Opernfans, kulinarisch ● Japanisch ● Javanisch ● Jiddisch ● Kantonesisch ● Kasachisch ● Katalanisch ● Khmer ● Kirgisisch ● Kisuaheli ● Kinyarwanda ● Kölsch ● Koreanisch ● Kreol für Trinidad & Tobago ● Kroatisch ● Kurdisch ● Laotisch ● Lettisch ● Lëtzebuergesch ● Lingala ● Litauisch ● Madagassisch ● Mazedonisch ● Malaiisch ● Mallorquinisch ● Maltesisch ● Mandinka ● Marathi ● Modernes Latein ● Mongolisch ● Nepali ● Niederländisch - *Niederländisch Slang,* Flämisch ● Norwegisch ● Paschto ● Patois ● Persisch ● Pidgin-English ● *Plattdüütsch* ● Polnisch ● Portugiesisch ● Punjabi ● Quechua ● *Ruhrdeutsch* ● Rumänisch ● Russisch ● Sächsisch ● Schwäbisch ● Schwedisch ● *Schwiizertüütsch* ● *Scots* ● Serbisch ● Singhalesisch ● Sizilianisch ● Slowakisch ● Slowenisch ● Spanisch - *Spanisch Slang,* für Lateinamerika, für Argentinien, Chile, Costa Rica, Cuba, Dominikanische Republik, Ecuador, Guatemala, Honduras, Mexiko, Nicaragua, Panama, Peru, Venezuela, kulinarisch ● Tadschikisch ● Tagalog ● Tamil ● Tatarisch ● Thai ● Tibetisch ● Tschechisch ● Türkisch ● Twi ● Ukrainisch ● Ungarisch ● Urdu ● Usbekisch ● Vietnamesisch ● Walisisch ● Weißrussisch ● *Wienerisch* ● Wolof ● Xhosa

Mit Reise Know-How ans Ziel

Die Landkarten des **world mapping project** bieten gute Orientierung – weltweit.

- Moderne Kartengrafik mit Höhenlinien, Höhenangaben und farbigen Höhenschichten
- GPS-Tauglichkeit durch eingezeichnete Längen- und Breitengrade und ab Maßstab 1:300.000 zusätzlich durch UTM-Markierungen
- Einheitlich klassifiziertes Straßennetz mit Entfernungsangaben
- Wichtige Sehenswürdigkeiten, herausragende Orientierungspunkte und Badestrände werden durch einprägsame Symbole dargestellt
- Der ausführliche Ortsindex ermöglicht das schnelle Finden des Zieles
- Wasserabstoßende Imprägnierung
- Kein störender Pappumschlag, der den behindern würde, der die Karte unterwegs individuell falzen möchte oder sie einfach nur griffbereit in die Jackentasche stecken will

Derzeit über 160 Titel lieferbar (siehe unter www.reise-know-how.de), z.B.:

- **Skandinaviens Norden** (1:875.000)
- **Südschweden/Südnorwegen** (1:875.000)
- **Dänemark** (1:300.000)

world mapping project
Reise Know-How Verlag, Bielefeld

Register

A
Aasen, Ivar 68, 378
Abblendlicht 28
Abel, Niels Henrik 256
Aga 296
Agrarwirtschaft 112
Aker Brygge 144
Akkerhaugen 271
Ål 416
Ålesund 393
Alkohol 38
Alvdal 474
Ambjørnsen, Ingvar 123
Amundsen, Roald 150, 201
Åndalsnes 389
Angeln 59
Anreise 14
Aquavit 38
Arbeiten 48, 49
Arbeitslosenrate 112
Architektur 118
Årdal 292
Årdalsfjord 348
Arendal 219
Åseral 282
Åsgårdstrand 191
Askim 186
Atlanterhavsvegen 403
Aulestad 459
Aurland 345
Ausfuhr 32
Ausländer 116
Ausreisebestimmungen 31
Ausrüstung 24
Austevika 371
Austrått 493
Auswanderung 248
Auto 14
Autofahren 25
Automobilclub 30
Avaldsnes 305

B
Baden 60
Bærums Verk 156
Bahn 21, 76
Bahnstrecken 77
Balestrand 362
Banken 41
Barbeque 38
Barkeid 474
Baustile 120
Bautasteine 222, 311
Bed & Breakfast 73
Begby 180
Behinderte 31
Beitostølen 427
Benzin 28
Bergen 312
Bergen-Bahn 77
Bergsteigen 60
Besseggen 430
Bevölkerung 113
Bier 38
Bildung 108
Billigfluglinien 23
Birkebeiner-Rennen 459, 474
Birkenes 225
Bjølstad 428
Bjordal 335
Bjørnson, Bjørnstjerne 121
Bjugn 493
Bleikøya 147
Bø i Telemark 271
Boine, Marie 126
Bokmål 68
Bømlo 310
Borgund 425
Borre 190
Botne 190
Botschaften 3153
Bøyabreen 365
Bøyaelvi 364
Braathens 80
Brandal 399
Brandbu 445
Brekstad 493
Bremanger 372
Brevik 208
Briefmarken 55
Briksdalsbreen 380
Brokke 284
Bud 403
Bulandet 337
Bull, Ole 325
Bus 20, 79
Bygdøy 147
Bygland 283
Byglandsfjord 283
Bygstad 368
Bykle 285

C
Camping 74
Campingkocher 25

D
Dale 332
Dalen 278
Dalsfjord 337
Dänemark 14
Diebstahl 53
Diesel 28
Dombås 465
Dovre 93
Dovrefjell 466
Dovrefjell-Sunndalsfjella 93
Drachenboote 101
Drammen 186
Drangedal 213
Drevsjø 477
Drøbak 172, 183
Dyrepark 231

E
EC-Karte 41, 53
Edda 103, 438
EG-Beitritt 106
Egersund 241
Eidfjord 299, 301
Eidfoss 379
Eidsbugarden 349
Eidsvoll 447
Eikesdalen 470
Eiktre 225
Eiktunet 445
Einkaufen 32
Einreisebestimmungen 31
Einwohner 87
Elch 90, 474
Elektrizität 35
Elgå 477
Elverum 472
Erdöl 111
Erik der Rote 101, 201
Erikson, Leif 102
Espedalen 459
Espevær 310
Essen 35

Register

Etne 309
Evje 282

F
Fagernes 422
Fähre 1481
Fana 324
Fauna 90
Feda 236
Fedafjord 235
Fedje 336
Feiertage 39
Feigefossen 354
Felszeichnungen 101, 181, 372
Femundsee 476
Femundsmarka 93
Femundsmarka-Nationalpark 477
Ferienhäuser 75
Fernbusverbindungen 78
Fernsehen 110
Feste 39
Fevik 221
Film 40, 127
Fimreite 351
Finse 420
Fischerei 112
Fjærland 364
Fjordbyen 153
Fjorde 87
Fjordinger 377
Flå 412
Flåm 343
Flåm-Bahn 77, 344
Flekkefjord 236, 239
Flora 88
Florø 370
Flug-Know-How 23
Flugzeug 22, 80
Flydalsjuvet 387
Fokstugu 466
Folgefonn 93
Folgefonn-Gletscher 312
Folklore 129
Førde 368
Forollhogna 93
Forsand 257
Fosen 493
Foto 40
Fram 148
Frauen 116

Fredrikstad 176
Freizeit 58
Fremdenverkehrsamt 43
Freundschaftsgesellschaft 45
Friedensnobelpreis 142, 143
Frøya 407
Frühling 57
Fyresdal 276

G
Gaarder, Jostein 123
Galdhøpiggen 436, 441
Gamalost 36, 339
Gamle Hellesund 225
Gamle Strynfjellsveg 385
Gamlebyen 153
Gamlehaugen 324
Gardnos Brekzie 412
Garmo 432
Gästehäuser 73
Gaular 367
Gaupne 356
Gaustabanen 268
Gautefall 214
Geilo 416
Geirangerfjord 386
Geirangervegen 387
Geld 41
Geografie 86
Geologie 86
Geschichte 100
Geschwindigkeitsbegrenzung 26
Gesellschaft 106
Gesundheit 41, 109
Gewichte 50
Gimmestad 379
Giske 397
Gjerde 356
Gjøvik 445
Gletscher 312, 356, 365, 380, 381
Gletscherwandern 61
Gloppen 379
Gloppenelva 379
Gol 412
Gold waschen 61
Golf 61
Golfstrom 96
Götter 438
Granvin 302

Gressholmen 147
Grieg, Edvard 125, 324
Grimsdalstunet 278
Grimstad 221
Grøndal 414
Grønland 149, 152
Grovane 231
Grünerløkka 149, 151
Gudbrandsdal 444
Gudvangen 341
Gunnarstorp 180
Gutulia 93
Gutulia-Nationalpark 477

H
Hadeland 445
Hafjell 455
Hafrsfjord 254
Hafslo 353
Halden 172
Halden-Kanal 173
Halling 411
Hallingdal 410
Hallingskarvet 419
Hamar 448
Hamre 332
Hamsun, Knut 122, 222
Handy 70
Hankø 182
Hanse 103
Haraldshaugen 308
Haraldson, Olav 102
Hardangerfjord 290
Hardangervidda 93, 418
Hareid 399
Hareidlandet 399
Haugesund 307
Haukelifjell 280
Haukeligrend 280, 287
Hauptstadt 136
Haustiere 42
Hedal 421
Hedmark-Museum 448
Hedrum 203
Hegge 427
Heidal 428
Helgøya 450
Hellern 239
Hellesøy 332
Hellesylt 386
Hem 203

REGISTER

Hemsedal 413
Herbst 58
Hermansverk 361
Heyerdal, Thor 148, 201
Hidra 237
Hitra 407
Hjerkinn 466
Hjertøya 402
Hochschule 109
Hokksund 259
Hol 416
Holberg, Ludvig 121
Høllen 232
Holmenkollen 154
Holmestrand 190
Hønefoss 408
Hornelen 372
Hornes 180
Hornindalsvatnet 379
Horten 189
Hostels 73
Hotels 71
Hovden 286
Hove 340
Hovedøya 147
Høyanger 337
Høyjord 194
Huldrefossen 369
Hunderfossen 454
Hundeschlitten 61
Hurtigrute 82
Hütten 74, 417
Hvaler 180
Hydnefossen 413
Hytter 417

I

Ibsen, Henrik 121, 207, 221
Information 43
Innbygda 475
Innerdal 470
Internet 44
Isfjord 391
Isomatten 25
Iveland 282

J

Jæren 239
Jagd 62
Jazz 127
Jedermannsrecht 45
Jelsa 292
Jenstad 469
Jevnaker 445
Joiken 113
Jølstra 367
Jomfruland 213
Jondal 297
Jøssingfjord 239
Jostedaalsbreen
   Nationalpark 383
Jostedalen 356
Jostedal-Gletscher 356
Jostedalsbreen 93
Jotunheimen 93, 436
Jugendherbergen 73, 162
Julhogget 474
Justøya 225
Jutulporten 431
Juvasshytta 439

K

Kalmarer Union 103
Kalnes 175
Kalvåg 372
Kampen 149
Kanu 62
Kap Lindesnes 234
Kardemommeby 231
Karmøy 305
Karten 45
Käse 339
Kaupanger 350
Kielland, Alexander 121
Kinder 46
Kinn 371
Kino 48
Kinsarvik 299
Kittelsen, Theodor 124, 209, 410
Kjerringa 376
Kjerringvik 202
Kjeungskjær Fyr 493
Kleidung 24
Klettern 60
Klima 96
Klippfisch 393
Knaben 235
Kobolde 277
Kolonnekjøring 27
Kolsås 156

Kongevegen 242, 465, 466
Kongsberg 260
Kongsvinger 470
Kongsvoll Fjellstue 466
Kon-Tiki 148
Koppang 474
Korssund 338
Kragerø 209
Krankenkasse 109
Krankenversicherungskarte 41
Kreditkarte 41
Kreisverkehr 28
Kreuzfahrt 14
Kriminalität 58
Kristiansand 225
Kristiansund 404
Krøderen 409
Krossdal 332
Krossobanen 268
Kultur 118
Kunst 118
Kvinesdal 235
Kviteseid 276
Kvitfjell 462

L

Lachsangeln 59
Lærdal 347
Lågen 455
Landkarten 45
Landsmål 68
Langesund 208
Langfoss 293, 310
Langøyene 147
Larvik 198
Last-Minute-Flüge 23
Legevakt 42
Leikanger 361
Leirvassbu 439
Lekeland 208
Lie, Jonas 121
Lillehammer 450
Lillesand 223
Lillingstonheimen 337
Lindesnes 234
Lindøya 147
Lista 235
Literatur 120
Litldalen 469
Ljosland Fjellhage 282
Loen 381

REGISTER

Loendal 381
Loenvatn 381
Lofthus 298
Lognevatn 282
Lom 432
Lomen 424
Lummen 90
Lunde 273, 311
Lungegårdsvann 322
Lunner 445
Luster 358
Lustrafjord 360
Lyngdal 235
Lyngør 218
Lysefjord 256
Lysøen 324

M

Måbø 301
Maestro-Karte 41, 53
Magalaupet 468
Mahlzeiten 36
Malerei 124
Måløy 373
Mandal 232
Maråk 386
Maße 50
Massenmedien 109
Massneset 335
Matre 335
Maut 28
Meeresangeln 60
Meile 50
Mietwagen 50
Mineralien 61
Mitfahrzentralen 24
Mitternachtssonne 98, 100
Mjonøy 280
Mjøsa-See 444
Mobiltelefon 70
Modal 335
Molde 401
Mollestadeika 225
Moltebeere 89
Monarchie 106
Mongstad 336
Morgedal 275
Mørkedal 414
Moschusochsen 90, 466
Moskog 368
Moss 182

Mosterøy 249
Mücken 51
Munch, Edvard 124, 152, 191
Mundal 364
Museen 51
Musik 125
Mysen 186
Mythologie 438

N

Nachtleben 51
Nærbø 242
Nærøydal 341
Nærøyfjord 341, 342
Nakholmen 147
Nansen, Fridtjof 201
Napoleonischen Kriegen 103
Nationalfeiertag 39
Nationalpark 92, 93, 476
Naturschutz 92
Nautnes 332
Nes 271, 368
Nesbyen 411
Nevlunghavn 200
Nigardsbreen 356
Nisser 277
Nobel, Alfred 143
Nobelpreis 143
Nomeland 284
Norddalsfjord 387
Norderhov 409
Nordfjord 373
Nordfjordeid 377
Nordland-Bahn 77
Nord-Sel 463
Nordsjøvegen 239
Norheim, Sondre 275
Norheimsund 303
Normannen 101
Norsjø 273
Norsk-Jernbane-Museum 448
Norsk-Utvandrer-Museum 448
Nor-Way Bussekspress 79
Norwegian 23, 81
Norwegisch 69
Notfall 52
Notodden 266
Notrufe 53
Nøtterøy 193
Numedal 262
Nynorsk 68

O

Odda 294
Öffnungszeiten 53
Ogna 241
Ölbohrinseln 112
Olden 380
Oldtidsveien 180
Olympische
  Winterspiele 451
Onarheim 311
Oppdal 468
Oppstryn 383
Orientierungssport 62
Orkanger 492
Orkladal 492
Ormtjernkampen 93
Ørnevegen 387
Orre 242
Ørsta 378
Osa 302
Oseberg-Schiff 192
Osen 368
Oslo 134
Østerdalsveien 474
Osterøy 332
Otta 463
Ottadalen 431
Outdoortravel 63
Øvre Årdal 349
Øvre Eidfjord 301
Øye 425
Øyer 454
Øygarden 332
Øystese 303

P

Paddeln 62
Panne 30
Papageientaucher 90
Parlament 104, 106
Parteien 107
Peer Gynt 462
Peer-Gynt-veien 460
Pensionen 73
Pferde 377
Pflanzen 88
Polarkreis 98
Polarnacht 98, 100
Politik 107
Pølser 39
Porsgrunn 207

REGISTER

Post 54
Preisniveau 32
Prekestolen 256
Presse 109
Promillegrenze 26
Pullover 332

Q
Quisling, Vidkun 105

R
Radfahren 55
Radio 111
Rafting 63
Randsfjord 409
Rauchen 57
Ravnejuvet 279
Rechts vor links 28
Reiårsfossen 283
Reichsversammlung 447
Reinli 421
Reiserouten 130
Reisezeit 57
Reiten 64
Religion 87, 117
Rena 474
Rennfast 249
Rentier 90
Rentierzucht 114
Restaurants 35, 36
Riddarspranget 428
Riksforsamling 104
Ringebu 460
Ringerike 409
Risør 214
Rjukan 267
Rjukandefoss 413
Rodeløkka 149
Røldal 291
Rømmegrøt 36
Romsdal 391
Romsdal-Bahn 78
Rondane 93
Rorbuer 75
Røros 478
Røros-Bahn 78
Rosendal 312
Runde 400
Ryfylke 292
Rysstad 284

S
Sæverud, Harald 325
Salmeli 236
Samen 113, 477
Samisch 69
Sand 292
Sandane 379
Sandefjord 195
Sandnes 255
Sandvika 174
Sandvin-See 294
Sarpsborg 174
SAS 80
Sauda 291
Schlafsaalunterkünfte 73
Schlafsack 24
Schnellboot 81
Schönhaar, Harald 102
Schulpflicht 108
Seeadler 90
Segeln 64
Selja 375
Selje 375
Seljord 274
Sem 194
Setesdal 281
Setesdal-Bahn 231
Sicherheit 58
Silberschmuck 281
Sima-Kraftwerk 299
Sira 237
Sirdal 237
Sirdalsheiane 284
Sjoa 428
Skarvan og Roltdalen 93
Skåtøy 213
Skei 367
Skibladner 444
Skien 207
Skilauf 64, 275
Skjeberg 174
Skjolden 360
Skottfoss 272
Skredhaugen 298
Skudeneshavn 305
Slådal 432
Slettebø 241
Slidredomen 424
Smøla 407
Snøhetta 466
Snøvegen 346

Snowshoe Thompson 269
Sogndal 351
Sogndalsstrand 240
Søgne 232
Sognefjellhytta 437
Sognefjellveien 437
Sognefjord 337
Sola 254
Solberg 180
Solvorn 353
Sommer 57
Sørland-Bahn 77
Sotra 332
Sozialwesen 109
Spiterstulen 439
Sport 58
Sprache 69
Sprachkurse 48, 500
St. Hanshaugen 149
Staat 106
Stabbur 120
Stabkirchen 102, 118
   Borgund-Stabkirche 425
   Eidsborg-Stabkirche 278
   Fantoft-Stabkirche 324
   Flesberg-Stabkirche 262
   Hedal-Stabkirche 421
   Heddal-Stabkirche 266
   Hegge-Stabkirche 427
   Hopperstad-Stabkirche 340
   Høre-Stabkirche 424
   Kvernes-Stabkirche 403
   Lom-Stabkirche 433
   Lomen-Stabkirche 424
   Nore-Stabkirche 263
   Øye-Stabkirche 425
   Reinli-Stabkirche 421
   Ringebu-Stabkirche 460
   Rødven-Stabkirche 391
   Rollag-Stabkirche 263
   Urnes-Stabkirche 353
   Uvdal-Stabkirche 263
   Vågå-Stabkirche 431
Stadhavet 373
Stadlandet 375
Stalheimskleiva 341
Stathelle 208
Stavanger 243
Stavern 200
Storbekken, Egil 475
Storedal 180

REGISTER

Storting 104, 106
Strom 35
Stryn 383
Strynselv 383
Studieren 49
Styrvold 203
Suldalslågen 292
Suldalsvatnet 292
Suleskavegen 284
Sunndal 469
Sunniva 375
Sunnmøre 378, 397
Suphellebreen 366
Surfen 66
Svanøy 371
Svarstad 203
Svellnosbreen 441
Svinesundbrücke 172

T
Tanken 28
Tauchen 66
Telefonieren 69
Telemark 259
Telemark-Kanal 272
Theater 127
Tiere 90
Tjølling 202
Tjøme 193
Tofte 465
Tolga 475
Tønsberg 191
Tørdal 213
Torpo 416
Toten 445
Tourismus 112
Touristeninformation 43
Tøyen 149
Trachten 129
Trampen 70
Trinken 35
Troldhaugen 324
Trolle 390
Trollstigen 389
Tron 474
Trondåsen 237
Trondheim 482
Trysil 475
Tunnel 28
Turistkontor 43
Turtagrø 349

Tvedestrand 218
Tyrifjord 408
Tysnes 311

U
Uhrzeit 71
Ula 202
Ulefoss 273
Ullevål Hageby 149
Ulriken 323
Ulvik 302
Ulvøysund 225
Umweltschutz 92
Undredal 341
Undset, Sigrid 122, 463
Universität 109
UNO 105
Unterkunft 71
Ureinwohner 113
Urnes 353
Uthaug 493
Utne 296
Utsira 310
Utvær 337

V
Vågåmo 431
Valdres 421
Valdresflya 427
Valdres-Tal 424
Valle 285
Vangsnes 339
Varden 402
Vassfaret Bjørnepark 412
Vegetationszonen 88
Venabygtfjell 460
Vennesla 231
Verfassung 106
Verhaltenstipps 15
Verkehrsmittel 76
Verkehrsvorschriften 26
Verlust von Geld 53
Versicherungen 82
Vesterhus 225
Vestkapp 375
Vestre Slidre 424
Vigatunet 292
Vigeland, Gustav 125, 154
Vik 339
Vikafjell 339
Vingen 372

Vinstra 462
Vogelinsel Runde 399
Volda 378
Volksmusik 129
Vøringfoss 299
Voss 333
Vrådal 276

W
Währung 41, 87
Walfang 91
Wanderhütten 76
Wanderkarten 46
Wandern 66
Wasserkraft 111
Weidemann, Jakob 125
Weltkriege 105
Wergeland, Henrik 121
Westufer 296
Wetter 96
Wetterverhältnisse 64
Widerøe 81
Wikinger 101, 186, 197
Winter 27, 57
Wirtschaft 111
Wohnmobil 29

Z
Zeit 71
Zeitungen 109
Zelt 25
Zoll 31
Zoo 231

Der Autor

Martin Schmidt, geb. 1973 in Erfurt, bereiste Norwegen unzählige Male mit dem Auto, dem Fahrrad, per Bus und Bahn zu allen Jahreszeiten. Seine Kenntnisse der norwegischen Sprache erwarb er auf der Sommerschule Oslo 1998, 1999, 2000, 2003 und 2004 sowie während eines halbjährigen Aufenthaltes in Lillehammer. An der dortigen Hochschule wurde die Grundlage für die Diplomarbeit zur Tourismusentwicklung im Hallingdal und Gudbrandsdal gelegt, welche den Abschluss des Studiums der Geografie an der Universität in Halle/Saale bildet. Der Autor ist heute freiberuflich tätig (Infos: www.norwegeninfo.net).

Danksagung

Neben allen Freunden, Verwandten und Bekannten danke ich speziell allen Lesern, die mit ihren Zuschriften zur Aktualität des Buches Südnorwegen, das die Grundlage für einige Kapitel dieses Buches bildete, beitrugen.

Mein besonderer Dank gilt: Prof. Dr. Ulrich Schmidt und Christine Schmidt, Eva König, Reinhard Kappler, Thomas Koschitzki, Marten Winter, Bettina Tesch, Stefan Bach, Sigrid Thorbjørnsen, Liv Sissel Stende, Ellenor Raffaelsen, Torstein Hattlevik, Kyrre Vigrestadt, Eva Hurlen, Halvor Gaarder, Stephen Walton, Fiona Turner, Nadine Littmann und Marcel Krauss.

Kartenverzeichnis

Stadtpläne
Ålesund 395
Bergen 316
Fredrikstad 177
Kragerø 210
Kristiansand 227
Lillehammer 453
Oslo Übersicht ....Umschlagklappe vorn
Oslo Zentrum 141
Risør 216
Sandefjord 196
Stavanger Übersicht 250
Stavanger Zentrum 244
Trondheim 485

Übersichtskarten
Bergen, Sognefjord XIV
Fährverbindungen 17
Finnmark II
Gudbransdal XII
Møre og Romsdal VI
Norwegen Übersicht ....Umschlagklappe hinten
Oslo bis Lillehammer XVI
Oslofjord XX
Polarkreis bis Narvik IV
Sogn og Fjordane X
Stavanger bis Bergen XVIII
Südlichstes Norwegen XXII
Trøndelag VIII
Trondheim bis Polarkreis V

Südnorwegen

Kartenübersicht

Umschlag vorn: Oslo
Umschlag hinten: Skandinavien
II/III: Finnmark
IV: Polarkreis bis Narvik
V: Trondheim bis Polarkreis
VI/VII: Møre og Romsdal
VIII/IX: Trøndelag
X/XI: Sogn od Fjordane
XII/XIII: Gudbrandsdal
XIV/XV: Bergen, Sognefjord
XVI/XVII: Oslo bis Lillehammer
XVIII/XIX: Stavanger bis Bergen
XX/XXI: Oslofjord
XXII/XXIII: Südlichstes Norwegen

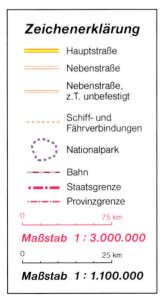

Zeichenerklärung

— Hauptstraße
— Nebenstraße
— Nebenstraße, z.T. unbefestigt
----- Schiff- und Fährverbindungen
⬭ Nationalpark
— Bahn
▪—▪— Staatsgrenze
·—·— Provinzgrenze

0 ——— 75 km
Maßstab 1 : 3.000.000

0 ——— 25 km
Maßstab 1 : 1.100.000

II Andenes, Alta, Hammerfest, Kirkenes

Mehamn, Narvik, Nordkap, Tromsø   III

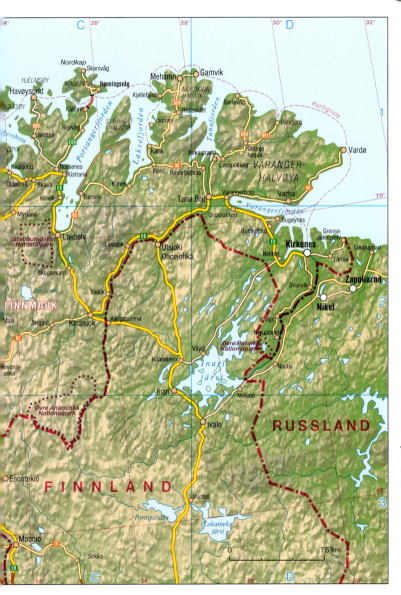

IV ANDENES, BODØ, MOSJØEN, NARVIK

VI ÅLESUND, DOVREFJELL, KRISTIANSUND

MOLDE, ROMSDAL, SUNNDAL, TRONDHEIM VII

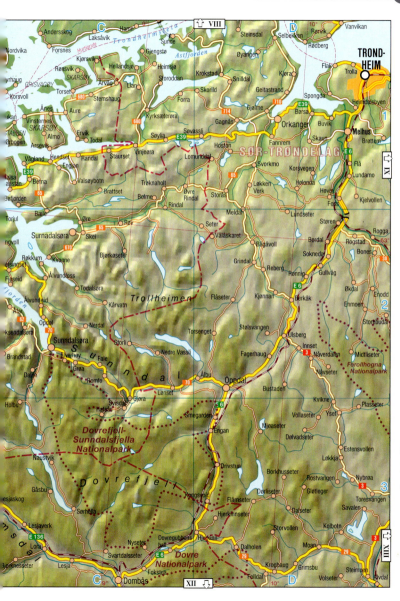

VIII Hitra, Oppdal, Røros

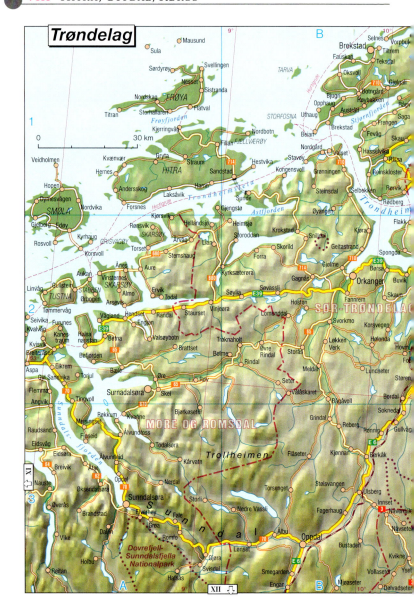

STJØRDAL, SUNNDAL, TRONDHEIM IX

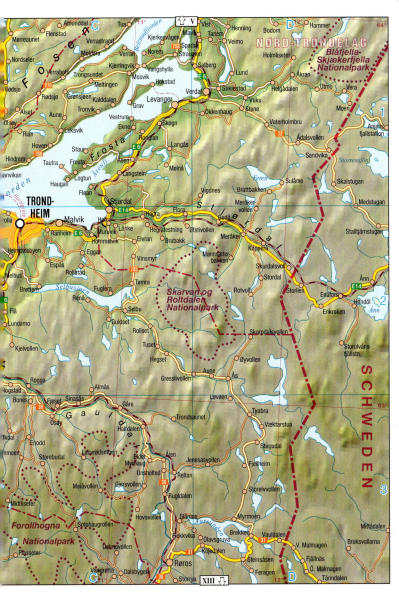

X Førde, Geirangerfjord, Jostedalen

JOTUNHEIMEN, NORDFJORDEN, ROMSDAL XI

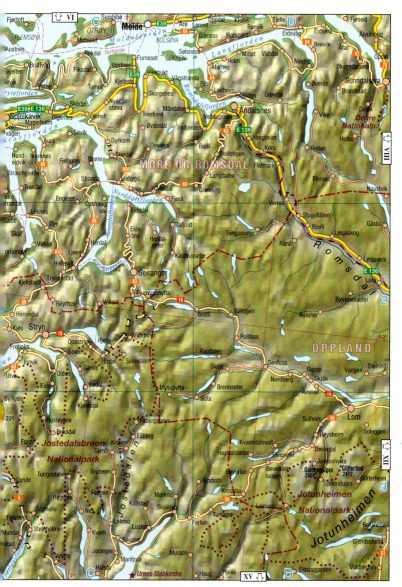

XII Dovrefjell, Femunden, Gudbrandsdal

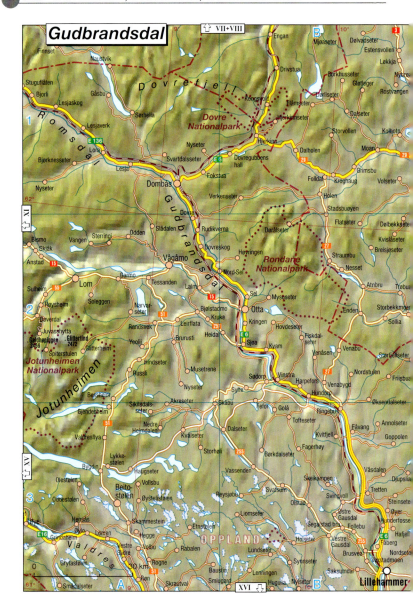

JOTUNHEIMEN, LILLEHAMMER, ØSTERDALEN XIII

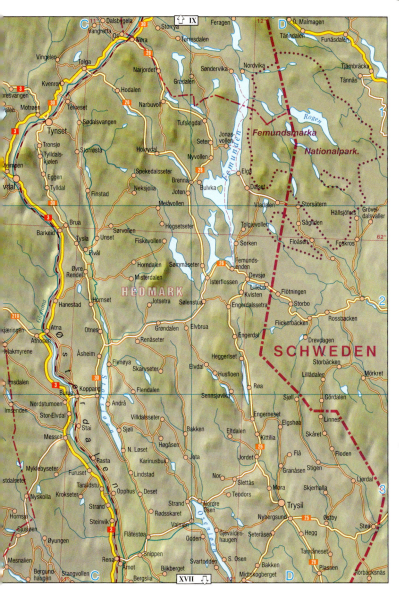

XIV Bergen, Hallingdal, Hardangerfjord

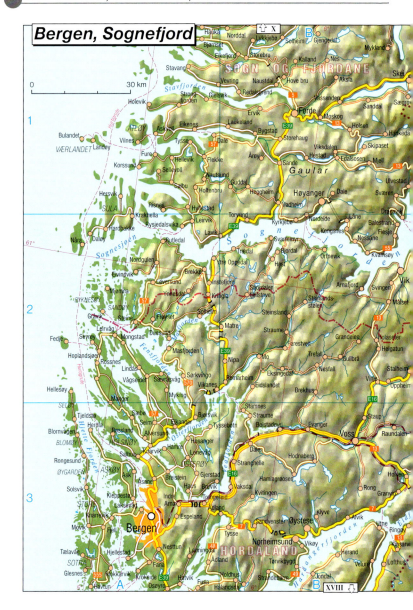

JOSTEDALEN, JOTUNHEIMEN, SOGNEFJORDEN XV

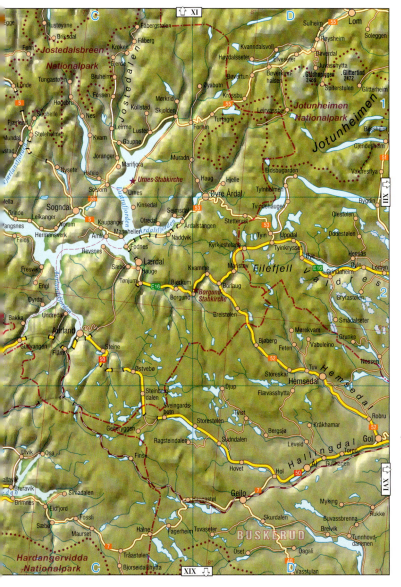

XVI Gol, Hallingdal, Kongsvinger,

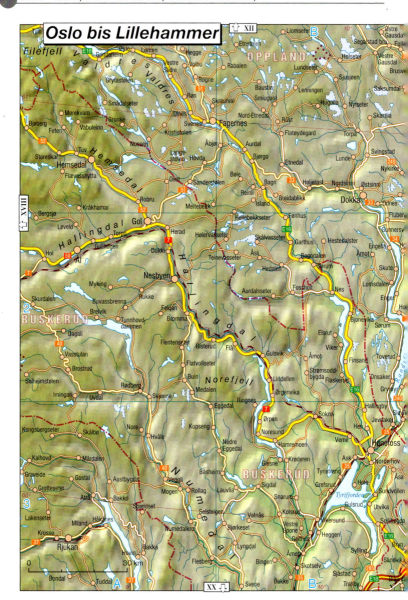

XVIII BERGEN, HARDANGERVIDDA, HAUGESUND

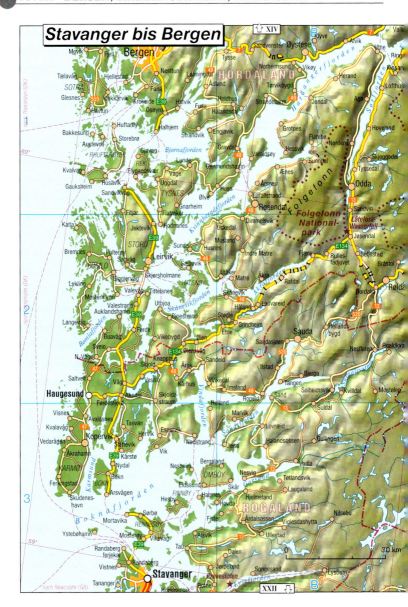

SETESDAL, STAVANGER, TELEMARK-KANAL XIX

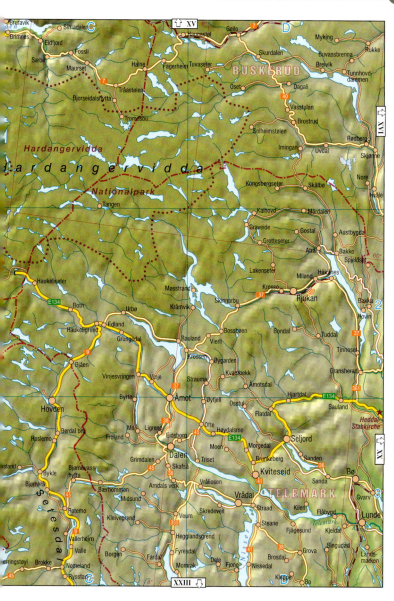

XX Fredrikstad, Larvik, Numedal

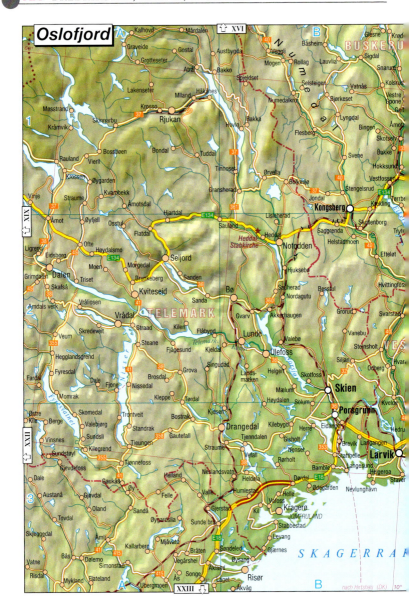

Oslo, Risør, Telemark-Kanal XXI

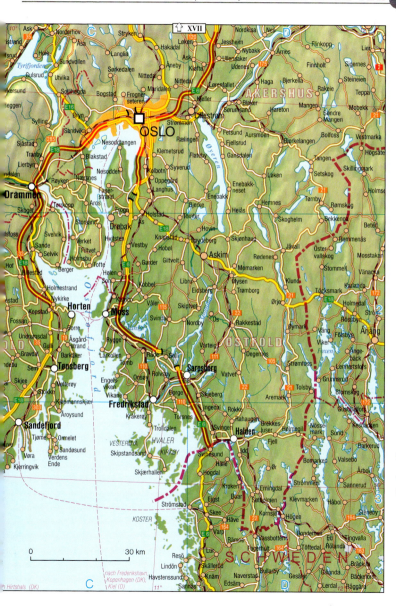

XXII Arendal, Flekkefjord, Kristiansand

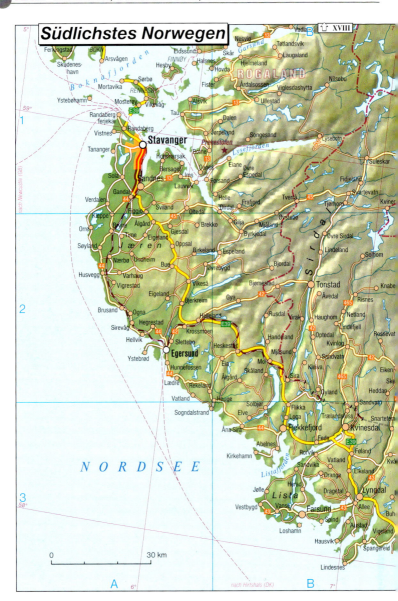

SETESDAL, STAVANGER, TELEMARK-KANAL XXIII

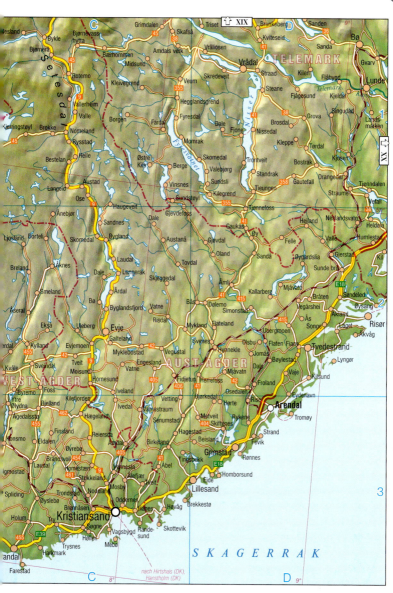

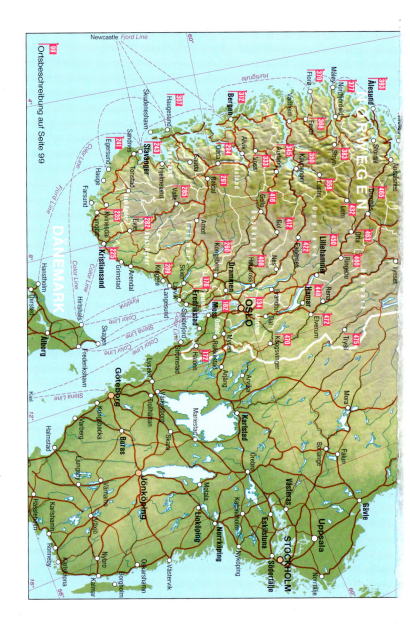